愛着と精神療法

著
デイビッド・J・ウォーリン

訳
津島　豊美

星 和 書 店

Seiwa Shoten Publishers

2-5 Kamitakaido 1-Chome
Suginamiku Tokyo 168-0074, Japan

Attachment in Psychotherapy

by

DAVID J. WALLIN

Translated from English

by

Toyomi Tsushima

ジーナ、アーニャ、ガブリエルへ

ただ結びつけることさえすれば、というのが彼女の説きたいことの全部だった。ただ詩と散文とを結びつけることさえすれば、そのいずれもが光を発し、人間的な愛はその頂点に達することになる。もう断片的に生きるのはやめて、結びつけさえすれば、人間のうちに孤立してしか生きていけない獣も修道僧も死ぬのである。[a]

——E・M・フォースター（一九一〇／一九九九）

彼自身の反省対象としての実在は、まさに彼自身を振り返るなりゆきにおいて、たちまち彼自身を新天地へと上らせることができるようになる。本当に、別世界が生まれるのだ。

——ピエール・テイヤール・ド・シャルダン（一九五九）

a　訳は、『ハワーズ・エンド』吉田健一訳　河出書房新社より引用。

著者について

デイビッド・J・ウォーリン博士は、カリフォルニアのミル・ヴァレィとアルバニーで個人開業している臨床心理士です。ハーバード大学を卒業し、カリフォルニア州バークレー市にあるライト・インスティテュートから博士号を授与されています。そしてほぼ三十年間、そこで臨床を実践し、教育に携わり、精神療法に関する著作を生み出してきました。ウォーリン博士は、『**Mapping the Terrain of the Heart: Passion, Tenderness, and the Capacity to Love**』の（スティーヴン・ゴールドバートとの）共著者でもあります。

日本語版への序文

愛着と精神療法の著者として、本書が、現在までに、日本語版(本書)も含め七カ国語に翻訳されているということを、大変嬉しく思っています。明らかに、愛着理論の魅力とは文化的境界を超えたものです。たぶん、この理論による心理発達の理解が、進化論的生物学という普遍的学究に基づいたものだからでしょう。ジョン・ボゥルビィが述べたように、人間は、「愛着」するように、すなわち、より強く、そして(あるいは)より賢い他者との近接性を通して安全を希求するように、進化論的にデザインされています。したがって、愛着とは、食事や生殖と同じくらい生存に必要な生物学的衝動であり、また乳幼児期のみならず生涯を通して私たちの行動を形作るものなのです。この事実は、精神療法にきわめて重大な影響を及ぼすものと言えるでしょう。

三十年近くもの間、私は臨床家として、ボゥルビィの洞察が火をつけた研究にひきつけられてきました。なぜならば、どれほど発達というものが関係的(relational)文脈において促進されるものなのか(あるいは妨げられるものなのか)ということが、その研究により明らかにされているからです。敏感に応答する親が差し出すものと、共感的に調律する治療者が差し出すものとは、非常に似ています。ゆえに、この研究は、発達を促進するのに適した治療スタンスの構成要素を同定する助けになるのです。それはまた、歪んだ発達が行きつくところや、治療者が患者の発達上の傷を癒す助けとなるべく自らの応答を適合させる方法についても明らかにしています。さらに、発達には二人の人が必要とされるため、この研究は、**治療者自身**の自己覚知力および変化する力が、患者の気づきと変化を促進するための前提条件となるという臨床所見を強調するものでもあります。なお、本書では、「発達行動あるところに関係性あり」という理解を精錬するにとどまらず、愛着理論・研究に関するさらなる二つの含蓄についても詳述しています。

第一に、児童期においても精神療法においても、体験の非言語的側面は決定的に重要です。人格とは、元来、言語獲得に先立って形作られるものなので、治療者が患者の情緒的中核に到達したいのであれば、患者の言葉の裏にある体験の流れに注意を向けなければならないのです。つまり、患者は、私たちに**語れない**ことを、しばしば**見せる**ことがあるので、私たちはそれにしっかりと注意を向ける必要があるということです。本書において詳述していますように、患者は、言葉で語れないことを、私たちの中に**呼び起こし**、私たちと共に**エナクトし**、そして（あるいは）**体現する**のです。

第二に、ある愛着研究の所見、すなわち私たちをボゥルビィのところからはるばるブッダのところまで連れて行ってくれる結論があります。それは、体験に対するスタンスを変えることによって、その体験を変化させることができるというものです。愛着研究は、「メンタライジング」（すなわち、反省的［reflective］）スタンスの持つ力を強調していますが、私は、本書を執筆するなかで、**マインドフルネススタンス**、すなわち現在の瞬間《プレゼントモーメント》へと意識的・非判断的に注意を向けることもまた体験を変化させることができるということを実感しました。ゆえに、治療者として自らの中に培うべきこと、および患者の中に強化あるいは点火すべきこととは、メンタライジング力とマインドフルネス力の両方であると言えるでしょう。なお、それらには相乗的影響力および過去による束縛をゆるめる力があるため、私は、この一対の力を「心理的解放の二重らせん」と表現しました。

私の愛着に焦点づけたアプローチの核心には、①私たち治療者の個人的まき込まれ、情緒的な反応しやすさ，および不可避的主観性は，うまくいっている治療にみられる基本的特徴であるという理解，そして②私たちが患者と共に創造する関係性それ自体が治療的変化の主たる原動力なのだという理解があります。これらの発想（そして，望むらくはそれらの持つ治療的潜在力）を，私が生活し臨床を実践している地域の臨床家のみならず，日本の精神科医や心理療法家，そして全てのメンタルヘルスに携わる人々に向けて，こうしてお伝えすることができるということは，私にとって喜びであるうえに，大変名誉なことと思っています。

デイビッド・J・ウォーリン

序文

精神療法は、どのようにして人を変えうるのだろうか？　これは、私が本書を生み出すに至る知的探究のきっかけとなった、ただ一つの疑問です。

この疑問は、ここ三十年以上もの間、私の好奇心の最も深いところにインスピレーションを与えつづけてきました——きっと、職業的理由のみならず、個人的理由でも。私は、大学院生として学位論文のトピックをさがしていた際、熟練された臨床家が実際に彼らの患者と共に**している**ことを観察することにより、その神秘を解明しようと考えました。何年か後になり、愛着研究家たちが、子どもに敏感に応答する親が実際にしていることを観察することにより、これに関連する方針をとってきたということを、私は知りました。

「良い治療者が患者と共にしていることは、うまくいっている親が子どもと共にしていることに類似している」（ホームズ、二〇〇一）ため、児童期における発達促進的関係性に関する研究は、最も効果的に変化を促進するような治療関係に関し、非常に多くのことを教えてくれると思われました。同様に、愛着研究（歪んだ発達のなりゆきに関する）は、患者を最初の治療場所へとたどり着かせるような苦痛と脆弱性について理解するための科学に基づいた基礎を提供してくれると思われました。

しかし、厳密には**何が**その研究の臨床的含蓄であり、またそれらはどのようにして私たち治療者の仕事をより効果的なものにしうるのでしょうか？

これらの疑問がそれほどまで長い間、答えの途上にあるのは、部分的には、ある歴史上の災難のためです。本質的に私たちを形作っているのは、内的に駆り立てられた幻想などではなく、早期児童期における**現実の**関係なのだという確信を深めるにつれ、愛着理論の父となった男ボゥルビィは、自分がますます精神分析仲間との間に不調和を感じていることに気づきました。人間発達の核心に（性的欲動あるいは攻撃欲動よりもむしろ）愛着を位置づけたために、彼は、当時の精神分析の支配層により、事実上その主流から外されてしまったのです。その結果、愛着理論は、精神療法家よりもむしろ主として学術研究者の知的な領地となりました。それゆえ、ボゥルビィ自身はほとんどの時間を患者の治療に費やしていたのに、彼の理論（治療効果を増大させるために最初に公式化されたもの）を追試し精錬したのは研究者であり、そのほとんどが臨床家ではなかったというのは、いかにも皮肉なことです。

これらの研究者は、愛着理論を現代発達心理学において優勢のパラダイムにしてきた親子関係、内的世界および精神病理に関する知的財産を産出するなかで、人と人との最も親密なきずなに関する研究に経験的精密さをもたらしてくれました。それらは、研究を基礎としたほかのどの枠組みよりも、どのようにして私たちは私たちになるのかということを教えてくれたのです。しかし結果として、ごく最近まで、治療者は、どのようにその理論が応用されうるのかということに関し、推論に頼るしかありませんでした。そうして、愛着理論の臨床的裏づけは、実現されないまま今日に至っているのです。

本書は、その裏づけを実現するための私の苦心と努力を形にしたものです。愛着理論、関係精神分析をはじめ、神経生物学、認知科学、外傷研究、仏教心理学についても記述していますが、その目的は、どのようにすれば、治療者は、愛着研究の中心となる三つの所見を実践的に利用で面の重要性、③反省[a]とマインドフルネスの持つ変化をもたらす影響力——に焦点づけています。ゆえに私は、①発達の坩堝《るつぼ》としての治療関係、②非言語的側面の重要性、③反省とマインドフルネスの持つ変化をもたらす影響力——に焦点づけています。

三年も前から思い巡らしてきたので、著述自体はあっという間に完成するはずでした。私は一九九〇年代半ばより愛着と精神療法に関する教育に携わってきましたから、その講義録ならば六～九ヵ月もあれば本にすることができるだろうと見込んでいました。ところが、その置換作業は、はるか遠くまで延び、かつ予期していた以上に実り多い発見のプロセスとなりました。この後につづく各章を、読者であるあなたが、私の発見体験を共に分かち合えるような書き方でそのプロセスの所産を書き記せればいいなと、私は思っています。

a 訳注 reflection という用語は、「内省」、「リフレクション」などさまざまに訳されているが、本書では introspection の訳語として「内省」をあて、reflection には現象学や社会学などにおいて広く用いられてきた「反省」という訳語をあてることにした。

謝辞

稿を終えるにあたり、本書の執筆を助けてくれた全ての方々に感謝を伝えられることに、多大なる喜びを感じています。

始めに、ナンシー・カプラン――彼女は真に私を愛着理論へと導いてくれました。オーウェン・レニック――彼は私が愛着理論を臨床実践へと橋渡しするという危険を冒すよう感化してくれました。そしてカーレン・リヨンズ＝ルース――彼女は私が発達研究と関係精神療法とを総合するのを励ましてくれました。フィリップ・シェーヴァーが自らの洞察と経験を惜しみなく私に教えてくれたことは、彼の並外れた寛大さの証明と言えるでしょう。フィルがダライ・ラマに対し愛着に関するプレゼンテーションを行ったということを聞いた私は、すぐさま彼に電話しました。そして彼もまた、愛着とマインドフルネスとを組み合わせることの治療的展望に深い興味を抱いているということを知りました。また、エリック・ヘッセとメアリー・メインにも大変感謝しています。彼らは私がバークレーにいながらにして接触できたうえに、非常に思慮深い示唆や支持を与えてくれました。また大西洋の反対側では、ピーター・フォナギーが尽きることなく私の問いかけに応じてくれました。彼の発想と私のそれとについて語り合うことは、それはもう大変な喜びを伴いましたし、助けにもなりました。

シンディ・ハイデンの貴重な編集上の意見、聡明な助言、熟達した支持力にも、心からの感謝を申し上げたいと思います。本書の企画を計画した時からそれが終わるまでずっと、彼女は私に安全基地を提供してくれました。ギルフォード・プレス社のジム・ナジェットには、私は格別の恩義を感じています。この企画の始まりから、彼は本書の潜在力を認め、また終始、中身に関しても装丁に関しても重要な貢献をしてくれました。

本書の各章を読み、内容について議論し、私に援助の手を差しのべてくれた多くの友人、家族、仲間のうちでも特に、スティーヴン・セリグマン、リチャード・ターナス、マイケル・ブルームライン、ロイド・カミン、キャサリン・カミン、スティーヴン・ゴールドバート、フリーダ・ウォーリン、マイケル・ウォーリン、ローリー・コーエン、ディビッド・シャドック、マイケル・ガイ・トンプソン、ダイアナ・フォーシャ、ジュディ・ピクルス、リネット・ビル、バーバラ・ホリフィールド、ジュールス・バースタイン、ヨハン・ブッシュ、エヴァ・チャーニィ＝ダーニッシュ、サラ・フィッシャー、マイケル・グレイ、リンダ・ヘンドリックス、ホラシオ・ミラーに深謝いたします。また、ボブ・キャシディは、私の発想を世界中に広めたと同時に、うっかり本書の存在を知らしめてくれました。そのことにも感謝したいと思います。そして、リンダ・グラハムとの昼食時の会話はいつも有益であり、またしばしばインスピレーションを与えてもくれました。彼女にも特別な感謝を表したいと思います。

私の患者さんたち――ことに私たちの共有体験を本書に掲載することを許可してくれた方々には、多大なる恩義を感じています。彼らが自らの人生、心および精神に私を入らせてくれた時、私は治療者としてどうすることがより助けになるのかということを学んだだけでなく、私自身についても学ぶことができました。

私の個人的、職業的、創造的生活に、特に貴重な貢献をしてくれたアリス・ジョーンズにも感謝いたします。

最後に――そして最も大きな、伝えきれないほどの感謝を、私の妻ジーナ、子どもたちのアーニャ、ガブリエルに捧げます。彼女らは、愛と、（ほとんど）尽きることのない忍耐と――そう、彼女らの犠牲の上に立って初めて本書は生まれたのです。これらの贈り物より優れて、ジーナの知性、感受性、そして臨床的明敏さが、彼女を著しく洞察力のあるパートナー、そして貴重な協力者にさせてきたと言えるでしょう。本書が生まれたのは、彼女が私の発想を磨いてくれたおかげなのです。

目次

著者について　vii
日本語版への序文　ix
序文　xiii
謝辞　xvii

第一章　愛着と変化……1
変化を起こす関係性……4
未思考の知……4
体験に対するスタンス——表象、反省、マインドフルネス……5

◉第一部◉　ボウルビィを越えて……13

第二章　愛着理論の基礎……15
ジョン・ボゥルビィ——近接性、保護、分離……15
メアリー・エインズワース——愛着、コミュニケーション、「ストレンジ・シチュエーション」……21
ウガンダでのエインズワース　23
「ストレンジ・シチュエーション」　24

乳児の愛着分類　27
安定型愛着／回避型愛着／両価型愛着
コミュニケーションがカギです　29
無秩序型愛着　32
乳児期の愛着パターンの長期的影響　34

第三章　メアリー・メイン……37
――心的表象、メタ認知、成人愛着面接（ＡＡＩ）――
ボゥルビィと内的作業モデル……38
内的作業モデルを再概念化する……41
乳児の行動と六歳児の内的世界　45
親の内的世界と乳児の行動――成人愛着面接とストレンジ・シチュエーション　46
「テンプレート」としてではなく「ルール」としての作業モデル　48
愛着パターンの世代間伝達……55
メタ認知――考えることについて考えること、表象世界について表象すること――……59

第四章　フォナギー以後……64
ピーター・フォナギー――メンタライジング、体験様式、自己の間主観的起源……64
メンタライジングと「反省機能」スケール　65

体験様式　69
情動調節、世代間伝達、間主観性　71
適切な包容と安定した愛着／子どもの情動を映し出すこと／不安定愛着の世代間伝達／問題のある映し出し／包容を越えて
愛着から間主観性へ　……　77
生来的間主観性　78
愛着、メンタライジング、間主観性
発達課題としての間主観性　83
精神療法理論としての間主観性　85
治療関係における愛着と間主観性　86
◉第二部◉　愛着関係と自己の発達　……　89
第五章　自己の多重側面　……　91
自己体験の領域　……　91
身体自己　92
情緒自己　93
表象自己　95
反省自己とマインドフル自己　100
愛着の神経生物学　……　102

愛着、体験と脳　103
脳の構造　104
脳幹／辺縁系／新皮質／鏡ニューロン系／左右差――一人に二つの脳
統合と脳　116
安定を取り戻すこと――愛着、体現された心、マインドフルな身体……117
脳に立ち戻る　120

第六章　愛着体験の多様性……125

乳児期およびそれ以後における愛着パターン……127
安定型／自律型愛着――自由に結びつき、探索し、反省する　128
回避型／愛着軽視型愛着――それほど輝かしくもない孤立　130
両価型／とらわれ型愛着――自分の心のための空間が残されていない　136
無秩序型／未解決型愛着――外傷と喪失の傷跡　139
警告および用語上の注意……144

第七章　愛着関係はどのように自己を形作るのか……147

情動調節と愛着方略……149
関係的プロセスと発達的デシデラータ……155
共同創造、統合、間主観性……160

◉第三部◉　愛着理論から臨床実践へ …… 169

第八章　非言語的体験と「未思考の知」 …… 172
――情緒自己核への接近――
非言語的体験に焦点づけた研究の要点 …… 173
非言語的な言葉を理解する …… 177
未思考の知のエナクトメントにとりくむ …… 184
未思考の知の呼び起こしにとりくむ …… 191
未思考の知の体現にとりくむ …… 195

第九章　体験に対する自己のスタンス …… 201
――埋没、メンタライジング、マインドフルネス――
埋没（embeddedness） …… 204
メンタライゼーション …… 206
マインドフルネス …… 207
埋没からメンタライジングへ …… 210
精神療法における反省自己の強化と統合の促進 …… 218
反省自己を強化する――臨床プロセスの実例 …… 225
体験に対するスタンスとその変化　228

暗黙の／解離された体験へとつづく非言語的道すじ 229
暗示を明示にする 232
体験の意味を理解する――解釈、メンタライジング、物語り 237
メンタライジングとマインドフルネス 241
精神療法におけるマインドフルネス…… 242
マインドフル自己の目覚め 244
マインドフルネスという治療行動 249
マインドフル自己と反省自己 252

第十章 愛着理論の臨床的側面を深める
――間主観性と関係性の視点――…… 255
ワン・パーソン・サイコロジーを越えて…… 256
愛着と間主観性――収斂し、補完し合う理論…… 257
治療者の個人的まき込まれ 259
統合、解離、多重性 261
伝統的概念の再考――精神療法を民主化し、治療者役割を人間的にすること…… 265
転移の再定義 266
逆転移再考 270
抵抗再考 272

中立性再考　272
臨床レパートリーへの間主観性の寄与……274
エナクトメントの弁証法　275
自己開示　278
「かかわり合いの母体（interactive matrix）」　283
「分析の第三主体」　285
間主観的視点が愛着理論に付加するもの……286

◉第四部◉　精神療法と愛着型……291

第十一章　発達の坩堝を構成する……293
精神療法において共同作業的コミュニケーションを促進する……293
対話を包含的なものにする　294
積極的に修復を開始する　298
対話を向上させる　300
四つに組み、もがくことをいとわない　304
患者を精神療法に導入する……306
分離、中断、終結……309
患者の愛着に関わる心理状態を評価する……314
臨床的評価とＡＡＩ　315

第十二章　愛着軽視型患者 …… 320
――孤立から親密へ――
共感と直面化 …… 322
治療的かかわり合いと愛着軽視型患者 …… 326
価値下げ型　329
理想化型　331
コントロール型　333
神経生物学的覚書に基づくまとめ　337

第十三章　とらわれ型患者 …… 340
――自分自身の心のための居場所を作る――
無力型 …… 343
包含性（inclusiveness）　348
発達勾配　349
関係性――パターンと落とし穴　352
恋愛性転移　355
怒り・混乱《カオス》型 …… 357
共感　359
限界設定　362

関係性——パターンと落とし穴　363
マインドフルネスと瞑想の位置づけ　367

第十四章　未解決型患者——外傷と喪失の傷を癒す——　369
患者の安全への恐れを克服する　372
解離、投影性同一視と逆転移　376
患者の安全への恐れを克服する（つづき）　381
外傷を言葉にする　385
メンタライジングとマインドフルネス　387

◉第五部◉　臨床的焦点を鮮明にする　389

第十五章　非言語領域 I——呼び起こされたもの　およびエナクトしたものをとり扱う——　391
非言語的コミュニケーション　395
呼び起こされたものを、どうとり扱うか？　399
エナクトしたものを、どうとり扱うか？　408
エナクトメントを認識する　413

エナクトメントの型《パターン》　415
認識されていないエナクトメント
反復としてのエナクトメント、修復としてのエナクトメント　422
エナクトメントに関する気づきに従って行動する　423
内的体験を整理することと、内的プロセスを共有すること／修正感情体験？　それとも、エナクトメント？／新たなものの中にある古いものと、古いものの中にある新たなもの／解釈、個人表現力、治療者の変化する力　428

第十六章　非言語領域 II……442
――身体をとり扱う――
身体に注意を向ける……445
身体を読む　446
情動の語彙／身体的逆転移／耐容性の範囲
身体について語る　450
身体を用いる　456
脱身体化と未解決型患者……459
「再身体化」と回避型患者　463

第十七章　メンタライジングとマインドフルネス
――心理的解放の二重らせん―― …… 465
「脱埋没」のプロセスとしてのメンタライジングとマインドフルネス …… 467
関係的文脈においてメンタライジングとマインドフルネスを発達させる …… 471
二重らせん――臨床事例 …… 473
「一年間、ありがとう」 474
「誰もハンドルを握っていない」 476
「岐路に立つ」 479
「考えたくないんです」 482
「別の種類の悲しみ」 486
エナクトメントと二重らせん 491
情動調節と二重らせん 493
発動性と二重らせん 495
統合と二重らせん 496
マインドフルネスを育む …… 499
マインドフルな治療者 500
マインドフルな患者 502
メンタライジングを育む …… 505
患者の心を読みとることを通して「マインド・リーディング（読心）」を教える 506

患者のメンタライジングと治療者の介入　506
メンタライジング、マインドフルネス、そして治療者の寄与……514

文献　532
訳者あとがき　533
索引　551

第一章　愛着と変化

……治療者の役割は、子どもに安全基地を提供している母親のそれと類似している。子どもはそこから世界を探索しに出かける。――ジョン・ボゥルビィ（一九八八）

ボゥルビィの言うところによれば、私たちの人生は、ゆりかごから墓場まで、親密な愛着を中心に展開していきます。そのような愛着に対する私たちのスタンスは、最初の関係性により最も影響を受けて形成されますが、それでもなお私たちには順応性があります。もしも早期のかかわりに問題があったとしても、それにつづく関係性が第二のチャンスを与えてくれます。そしてそのチャンスはおそらく、私たちに、愛し、感じ、反省する潜在力を与えてくれることでしょう――安定した愛着からあふれ出す自由とともに。精神療法とは、最良の場合、まさにそのような治療的関係性を提供するものなのです。

私たちは精神療法家として、どのようにすれば患者を自らの生育史からくる限界を越えて確実に成長させてあげられるのか――愛着理論は、未だこの疑問と直接的に向き合ってはいません。しかしボゥルビィの独創的な洞察に感化されて現在行われている研究には、莫大な臨床的価値があります。すなわちそれは、特に関係性の文脈での自己の発達に関し、より斬新で明快な視点を私たちに示してくれているのです。

この研究の持つ力を利用しようと試みるなかで、私は精神療法にとって最も深遠で肥沃な含蓄があると思われる三つの所見を同定しました。すなわち第一に、共同創造される**愛着関係**が発達の中心文脈であるということ。第二に、**前言語的体験**が発達途上にある自己の核を構成するということ。第三に、**体験に対する自己のスタンス**は生育史上の事実そのものよりも愛着の安定性を正確に予測するということ――です。

臨床的含蓄としてこれら三つの中核的結論を引き出すにあたり、もちろん私は愛着の文献へと手を伸ばしました。しかし、私はそれを越えて手を伸ばすこともしました――間主観性理論および関係性理論はもちろん、情動神経科学（アラン・ショアー[255]はそれを「愛着神経生物学」と呼んでいます）や、認知科学、外傷研究、そして意識の探究に至るまで。本章においては、それら三つの中核的所見、すなわち①発達における愛着関係の重要性、②前言語的体験、③反省機能――について深めていきます。そうして、**関係性を通して自己を変化させること**を含むひとつの精神療法モデルで、臨床的産出物を抽出してみようと思います。ここでの私の目的は、情緒的な癒しへの方向づけ、すなわち患者の助けになろうとして私がとってきた多彩なアプローチの全ての基礎を成している研究、理論および個人的体験を参照し、そこから引き出された臨床哲学を伝えることです。

これから述べるように、関係性を通して変化を起こすという、私の提案する精神療法モデルは、愛着理論それ自体が展開する物語と並行してその軌道を描いています。ボゥルビィ[39]は、愛着とは進化論的必然性に根ざした生物学的に必須のものであるということを認識することから始めました。すなわち、養育者との愛着関係は、乳児の身体的・情緒的生存および発達にとって決定的に重要なものである、と。乳児愛着することが必要条件であると仮定すれば、乳児は養育者に必ず適応しなければならないということになります――愛着のきずなを脅かすあらゆる行動を防衛的に排除しながら。メアリー・エインズワースの研究[5]は、つづいて以下のことを明確にしました。すなわち、乳児の安定性あるいは不安定性を決定するのは、愛着関係における**非言語的コミュニケーション**の質であるということ、そして乳児が自分自身の感情へとつながる道はそれと共にあるということです。メアリー・メインの調査[196]は、これらの早期の生物学的要求としての非言語的かかわり合いが、乳児の心的表象として記録される道すじを明らかにしました。またさらには、年長の子ども、思春期の子どもおよび成人が、自由に考え、感じ、記憶し、そして行動することのできる度合いに影響を与えている情報処理のルールについても、メイン[190]の調査は明らかにしています。そして最後に、メインとピーター・フォナギーら[99]は、体験に対する自己のスタンスの決定的重要性を強調しています。彼らは、①愛着の安定性、②豊かな回復力、③安定した子どもを育てる力――は皆、体験に対して反省的スタンスをとる力との間に相関関係を有するということを示しました。したがって、ボゥルビィからエインズワース、メイン、フォナギーへとつづく愛着理論の発展的物語り[a]は、①親密なきずな、②非言語領域、③自己と体験との関係――へと焦点づけることを通して展開されてきたと言えるでしょう。

前記と同じ三つのテーマが、関係性を通して変化を起こす治療モデルを構成しています。このモデルにおいては、患者の治療者との愛着関係は基礎であり、また最重要のものでもあります。それは安全基地、すなわち探索、発達および変化の**必要条件**を供給するのです。この安全基地感覚は、患者がつらい感情に耐え、調節し、伝達するのを助ける、よく調律（attune）（80ページ参照）された治療者の有効性（effectiveness）から生じるものです。そのような情動調節的相互交流を通して生じる安心感のおかげで、治療関係は、患者の中で否認あるいは解離されている体験（患者が言葉にしたことのない、またおそらく言葉にできない体験）に接近するための文脈を提供することができるのです。また、治療関係は、これらの体験のための居場所を作ろうとしている治療者と患者がそれらを理解しようとすることのできる文脈でもあります。解離されていたり未だ言語化されていなかったりする感情・思考・衝動に接近

a　訳注　story を「物語」、narrative を「物語り」として、それぞれ訳し分けた。

し、つながり、反省することは、患者の「物語り能力」を強化します[152]。そしてそうすることが、患者の体験に対するスタンスをより反省的な方向へとシフトさせる助けにもなると思われます。概して、愛着に焦点づけた治療の核心としての**関係的・情緒的・反省的プロセス**は、否認されていた体験の統合を促進します。そうして患者の中に、よりまとまりのある安定した自己感を育てていくのです。

変化を起こす関係性

最初の愛着関係が子どもの発達を促進するのと同様に、患者の変化を促進するのは結局のところ、治療者との**新たな愛着関係**です。ボゥルビィ[44]の言葉で言い換えれば、そのような関係性は「安全基地を提供する」と言えます。安全基地は、患者が、感じてはいけないことを感じたり、知ってはいけないことを知ったりする危険を敢えて冒すことを可能にします。ここでの治療者の役割は、患者が過去の愛着パターンを解体し、現在において新たな愛着パターンを構成するのを助けることです。ご存知の通り、最初の愛着において演じられてきたパターンは、他者とのかかわり方へとひきつづき反映されるのみならず、感じ方や考え方の癖にも反映されます。それに対応して、患者の治療者との関係性は、愛着のみならず情動調節や思考においても新たなパターンを生み出す潜在力を持っています。別の見方をすれば、治療関係とは、内的・外的現実に関する患者自身の体験と彼らとの関係が本質的に変化しうる発達の坩堝《るつぼ》と言えるでしょう。

未思考の知

患者の最初の愛着パターンの前言語的根源とそれらが要求したであろう否認および解離を考慮すれば、治療者は、患者が未だ言葉にできない体験の非言語的表現に調律しなければなりません。すなわち、治療者は、クリストファー・ボラス[33]の言う、患者の「未思考の知（unthought known）」と結びつく方法を見出さなければならないのです。治療上の対話において、患者が未だ話すことのできない（あるいは未だ考えられない）言外の意味を把握するには、何人かの著者[17,24]が参照しているように、臨床家の「双眼的ヴィジョン」というものが要求されます。それは、患者と治療者の両方の主観をたどるということです。ここで根底にある想定とは、自らの解離あるいは否認された体験とつながれない（あるいはつながろうとしない）患者は、それを他者の中に**呼び起こし**（**evoke**）**たり**、他者と共に**エナクト**（**enact**）（408ページ参照）**したり**、**体現**（**embody**）**したり**するだろうということです。臨床的含蓄として、治療者は、①自分自身の主観的体験、②患者と治療者が共に創造する転移–逆転移エナクトメント、③情緒の非言語的表現と身体——に、特別な注意を払わなければならないということが言えます。それらは全て、患者が否認あるいは解離してこなければならなかったことに接近し、そしてついには統合するための道すじなのです。

体験に対するスタンス——表象、反省、マインドフルネス

愛着研究は、関係的体験および非言語的体験の重要性を強調しているのみならず、反省機能およびメタ認知の突出性についても強調しています。より概括的に言えば、この研究は、体験に対する自己のスタンスの及ぼす決定的影響について明らかにしていると言えるでしょう。

安定した愛着は、体験に対する反省的スタンスに、明らかに関連しています。メインの報告[190]では、このスタンスは、信念や感情は「**単に表象にすぎない**」ということを認識するメタ認知力に基づいていると述べられています。そのようなスタンスをとることにより、私たちは体験の直接的「現実性」から一歩下がり、その根底にある心理状態の見地から応答することができます。すなわち、フォナギーの言葉を用いれば、私たちは「メンタライズ（mentalize）（65ページ参照）」することができるのです。メンタライズというより大きな自由があれば、私たちが最

初の関係性の道程で生じた情緒的反射に支配されてそこから逃れられなくなるということは、より少なくなるでしょう。メインの成人愛着面接を用いた研究が明らかにしているように、体験に対する反省的スタンスとは、不安定な個人においてみられるものとは全く異なるものです。不安定な個人の場合には、体験による影響を最小限にしたり否認したりする（愛着軽視型心理状態の場合）か、あるいは体験に圧倒されてしまう（とらわれ型心理状態の場合）かのどちらかになる傾向があります。一般には、反省的スタンスをとれる人ほど、回復力に富み、安定した子どもを育てる力もあるということになります。

同様に、安定した患者を「育てる」ためには、私たちは、この十分な心理的深みを持つ反省力を私たち自身の中で培っておかなければなりません。そしてもちろん、私たちに助けを求めて来る人々の中にもそれを養わなければなりません。患者のメンタライジング力を育てる努力（あるいはそれを抑制から解放する努力）こそ、私たち治療者が差し出す援助の本質的特徴と言えます。すなわち、患者がメンタライズできるように援助すればするほど、彼ら自身の情動を調節する力を強め、解離されていた体験を統合する力を強め、より確実でまとまりのある自己を感じられる力を強めることになるのです。

反省的スタンスをとる力のほかに、私は、次のことを主張するつもりです。すなわち、ある意味で、私たちの主観的中核により近く、「より深い」内的・外的体験に対するスタンスのための潜在力が存在するということです。ここで私は、現在の瞬間《プレゼントモーメント》（present moment）における体験に対しいかなる判断をも下さない意識的な注意を含むスタンスについて考えています――すなわち、**マインドフルネス**（**mindfulness**）というスタンスです[122,160]。マインドフルネスという概念は愛着用語には含まれていませんが、この仏教心理学に由来する概念も、自然な暮らしの中から生まれたひとつの愛着理論・研究と考えてよいでしょう。事実、フィリップ・シェイヴァー（『**愛着の手引き**』の共著者）が、私にこう語っていました。彼は先日、ダライ＝ラマのための科学的プレゼンテーションを準備していた際、仏教に関する本を十冊ほど読む機会があったのですが、驚いたことに、そこには愛着理論の心理学と矛盾がないばかりか、多くの点でほぼ同一の心理学が記されていたとのことでした（シェイヴァー、個人的対話にて、二〇〇五）。

マインドフルネススタンスが意味していることを明らかにするために、四つの同心円を想像してみてください。それらは各々、「マインドフル自己」という実在の、瞬間から瞬間へとつづく体験に寄与している要素を表象しています。

最も外側の円は、外的現実を表しています。外的現実の世界は、私たちにふりかかってくる出来事や私たちが共同創造している状況のみならず、（おそらく最も重要なことに）私たちとかかわりのある人々をも含んでいます。

その内側へと入ると、そこには二番目の円があります。そこは表象世界を表しています。すなわちそれは、以前の体験の心的モデル、つまり私たちが新たな瞬間毎にそれに適した道具を再発明する必要のないようにするためのモデルです。表象モデルは、過去や現在に関する解釈を鮮明にし、未来予想を確立できるよう方向づけてくれます。

二番目の円の内側には、三番目の円があります。それは私たちの、体験に対し反省的スタンスをとることのできる部分を表しています。手短に言えば、「反省自己」と言えるでしょう。ここでは、表象（内的作業モデルを含む）は、外的現実体験を仲介したり濾過したりしていると理解されています。私たちは、外的現実という客観的世界と表象という主観的世界とを同等視することもしなければ、主観的体験に対する外的現実の影響を否認することもしません。そのようなスタンスをとることにより、意識的にも無意識的にも、ただ単純にその体験を額面どおりに受けとるのではなく、むしろその体験の意味について反省することができるのです。このことは、私たちに内的自由という重要な尺度を与えてくれると言えるでしょう。

愛着理論は、明示的には、この最初の三つの円により表された要素のみを扱っています。すなわち、①外的現実、②表象世界、③反省自己の三つです。

ところが、そこには、発展途上にある愛着理論の物語りへと向かう一本の軌道があるように、私には見えるのです。それはまるで、三つの円の内側にある四番目の円へと向かって指している矢のように見えます。この四番目の円は、マインドフル自己と私が呼んでいるものを表しています。

いくぶん誇張して神秘的に描きましたが、この自己とはつまり、実際に体験を反省しているのは「誰（あるいは何）」なのか？ という疑問に対する答えです。反省的スタンスがメタ認知（考えることについて考えること）を含んでいるのならば、**考えることについての考えを考えているのは誰なのか？** という疑問がわくのは自然なことでしょう。私がそうしたように、目を閉じて、この疑問をあなた自身に向けてみていただけますか？――その疑問に対する私自身の（経験的に引き出された）答えには、驚きました。すなわちその答えは、「**誰もいない**」だったのです。仏教心理学の基本的教義にはぴったり当てはまるのですが、このとらえどころのない理解は、マインドフル自己とは①安定した自己であると同時に②（個人的な）自己は全くなく、ただ気づいているだけという状態でもあるという逆説的状況を反映していると言えます[90,129,169]。

ジェレミー・ホームズ[152]が愛着について詳述していますが、彼も同じ逆説についてふれています。すなわち彼は、①自己体験の持つ深みと幅、**および**②自己とは「全くのフィクション」であるという事実――の**両方**を意識するという「等距離の姿勢（equidistant position）」を表すために、仏教から**無執着**（**nonattachment**）という用語を借りたことを認めています。

このマインドフルネスという事象を別の角度からも見てみると、次のようになります。すなわち、体験に対する反省的スタンスがメタ認知を伴うように、マインドフルスタンスは**メタ意識**、すなわち気づいていることに気づいていることを含んでいます。別の言い方をすれば、体験を**反省する**自己が体験の内容に注意を向けているとするならば、**マインドフル**自己は体験のプロセスに注意を向けていると言えるでしょう。すなわち、そのようなマインドフルな注意は、体験が構成されるプロセスを明らかにするのです。[90]

フォナギーは、精神療法を補助するものとしてのマインドフルネス瞑想の持つ臨床的潜在力を強調している研究についてふれています。彼は、「我々が『メンタライジング』と呼ぼうとしているものは、まさに瞑想訓練により促進される」と述べています。[97] フォナギーの着眼点は、まさにそのとおりだと思います。しかもマインドフルネスは、正式な瞑想以上のものを含んでいます。また、瞑想が支持しているのはメンタライジングだけではありません。

マインドフルな気づきを日頃から働かせていると、愛着研究において児童期の安定した愛着史に関連して見出されたのと同じ利益（身体・情動自己調節、他者との調律されたコミュニケーション、洞察、共感など）が助長されるようです。[167,168] これらの結果が平行《パラレル》であることに関し、ほかの解釈もありうるとは思いますが、私としては、マインドフルネスと安定した愛着とは等しく、言わば**内在化された安全基地**という同じ貴重な心理的資源を生み出す可能性を有する（その道すじは大変異なっているけれども）という事実から、それらの利益は生じているということを示唆したいと思います。

①児童期における安定した愛着関係と②精神療法は、認められ、理解され、世話をされたという体験（そのまま内在化されうるような）を提供することにより、この安心させてくれる内的存在の発達を助けます。マインドフルネス訓練は、純粋に気づいているだけという無私無欲の自己あるいは普遍的自己の体験（ちらりと見るにせよ、じっと見つづけるにせよ）を提供することにより、安心させてくれる内的存在に匹敵するものを発達させる潜在力を持っていると思われます。そのような体験（他者との関係における体験と同じくらい多くの、自分自身との関係における体験を含む）は、しばしば安心、受容、結びつきといった深遠な感情により特徴づけられます（リンダ・グラハム、個人的対話にて、二〇〇六）。

私たち治療者にとって、マインドフルでいられる力とは、患者の助けになろうとする際に、決定的に重要なものでしょう。第一に（そしておそらく最も重大なことに）、マインドフルスタンスは、現在の瞬間にしっかりと入り込んでいる実存体験を育ててくれます。仏教哲学者のみならず、英国の精神分析家ウィルフレッド・ビオンも、[28]「記憶なく、欲望なく、理解なく」患者に接近することの有益性を絶賛するなかで、この開放的実在状態をとらえ、表現しています。そのように、想起している過去や、望んでいる未来、あるいは理論の要約よりもむしろ今ここに根ざすことにより、私たちは愛着軽視型あるいはとらわれ型であるところの自分自身の傾向に流されにくくなるのです。マインドフルスタンスは、患者とのかかわり合いにおいて生じる瞬間の要請に応えて、私たちがより完全に現在に在り、開放的になり、応答できるようにしてくれます――まるで、「ほどよく」調律してくれる親のように。第二に、マインドフルで現在中心のスタンスは、身体の内側に在る体験や、それについての気づきを促進してくれます。そしてその結果生じる私たち自身の身体的反応への調律がシグナルを増幅してくれるおかげで、私たちは患者の内的状態の非言語的表現に波長を合わせることができるのです。したがって、マインドフルネスは、患者の未だつながれないか、あるいは解離している体験と結びつく力のみならず、きめ細かな共感性を高めてくれる潜在力をも持っているのです。第三に、マインドフルネスは（愛着に関わる安定した心理状態のように）、受容的態度を育ててくれます。受容的態度とは、**ありのままの**体験に対する非防衛的な開放性および受容力であり、私たちが患者の感情、思考、願望の全てのスペクトラムのための居場所を作る助けとなるものです。このような道すじを通して、治療者のマインドフルネスは、患者の統合のプロセスを促進するような関係性を助長するのです。

そのような統合は、精神療法の第一義的目標であると同時に、（先に示唆しましたように）安定した愛着およびマインドフルな気づきの訓練の必然的結果でもあると言えるでしょう。なお、治療関係に変化を起こすものの一部としての治療者のマインドフルスタンスには、おそらく「伝わりやすい」性質があると思われます。つまり、治療者の反省的スタンスの表現が患者のメンタライズ力の点火を助けるのとまさしく同様に、それは患者のマインドフルネス体験に点火するのです。加えて、患者によっては、治療者が瞑想の正式な訓練を奨励することも有用でしょう。

さて、愛着理論・研究という眼鏡を通して見ることにより、精神療法の持つ治療力とは治療的かかわり合いから一次的に引き出されるものなのだということが明らかになってきたと思います。患者が治療者との間に作り上げる新たな愛着関係は、発達の坩堝として潜在的に機能しうるのです。次章からは、私の個々の患者との治療作業を方向づけている三つの中心概念（すなわち、①関係性、②非言語的側面、③体験に対する自己のスタンス）について、より深く探求していきます。第一部では、本書の概念的基礎を構成しつつ、愛着理論・研究の物語を要約します。第二部では、自己の発達に対する愛着関係の影響について記述します。第三部では、愛着理論と精神療法実践との間に最初の橋を渡してみます。第四部では、その患者に優勢の愛着パターンを同定することから導き出される臨床的含蓄について説明します。第五部では、非言語領域における治療作業の本質について、より詳細に記述すると同時に、より反省的でマインドフルな体験に対するスタンスを、私たちの中で培いつつ患者の中からも引き出そうとすることのできる方法についても詳細に記述してみます。

◉第一部◉

ボウルビィを越えて

ジョン・ボゥルビィと言えば、もちろん愛着理論の父です。彼の独創的貢献は、メアリー・エインズワースにより経験的に立証され、ついには綿密に仕上げられました。彼らの知的関係は、交雑しつつ互いに影響し合うものであり、ボゥルビィの発想がエインズワースの研究の最初の原動力となり、次いでそれがボゥルビィの考察を鮮明にする――そんなふうにして、その理論に関する研究と精錬は、閃光を放ちつつさらに循環していきました。そうして彼らの共同研究は、愛着理論の基本構造を誕生させ、さらにその理論が引き金となった経験的調査の爆発的増加へと導いたのです。

ボゥルビィとエインズワースの論旨は、メアリー・メインの仕事を通して拡張されました。メインは、愛着研究の焦点を、①乳児期から成人期へ、②非言語的行動から心的表象へ――と移していきました。そして今度は、メインの貢献が、ピーター・フォナギーとその仲間にインスピレーションを与えました。フォナギーらは、間主観的愛着関係を、洞察や共感のために必要不可欠な人間的適応力が発達する中心文脈として同定しました。

愛着理論・研究の物語に関与していくにあたり、第一部では、精神療法にとって最も直接的で肥沃な含蓄のあるこれらの発見に、集中的にとりくむことにしましょう。そうして概念的基礎が身につけば、臨床に焦点づけた後半の章を理解しやすくなることでしょう。

第二章 愛着理論の基礎

一般には、ボゥルビィが愛着理論の父とされていますが、インゲ・ブラゼルトン[49]のように、実際にはその理論は**二人の親**による創作品であり、もう一方の親（母親）はメアリー・エインズワースだと主張している人もいます。エインズワースは、「その理論を構築したのはボゥルビィですから」と何度も強調したと言われていますが[163]、彼女は自らの重要性をかなり控えめに述べていたものと、私は思っています。かつて私が、ボゥルビィの息子さんであるリチャード・ボゥルビィ先生に、「お父さんはエインズワースの役割をどうみていたのですか」と尋ねた際、彼は父親の視点から、次のように答えてくれました。

彼らは、力動的な二人組でした。誰が理論を構築したとは言えません。彼らは言わば階段のステップであり、一人は大事なステップ、一人は要らないステップとは言えないでしょう。彼らの関係とは、ひとつの長い対話でした。エインズワースがいなかったら、私の父はずっと影のままだったことでしょう。……（でも、）私の父がいなかったら、エインズワースのほうも何者にもなりえなかったことでしょうね。

（リチャード・ボゥルビィ、私的対話にて、二〇〇四）

ジョン・ボゥルビィ
――近接性、保護、分離

ボゥルビィの中核的貢献は、子どもの養育者への愛着を生物学に基づく進化論的必然性として認識したことです。ボゥルビィは、動機づけシステムとしての愛着の主要な性質を、養育者との物理的近接性を保ちたいという乳児の絶対的要求に根ざしているものとして理解しました。なお、彼はそれを、情緒的な意味での安心を得るためだけでなく、実際に乳児の文字通りの生存を保証するためのものとしても考えていました。人間の祖先が適応しなければならなかった自然環境には、捕食動物の群れやその他の致命的脅威が存在していたため、乳児が保護してくれる人物から離れて何時間どころか何分も生存することなど、とてもありえませんでした[195]。そこで、生存および生殖の確率を高めるために、ボゥルビィが**愛着行動システム**と呼んだものが、進化により「デザイン」されたのです。それだけに、愛着システムは、摂食や交接と同じくらい遺伝的にプログラムされた人間的構成要素と言えるでしょう[39]。

この、脅威や危険に対する生まれつきの本能に導かれた反応の証拠を、次の三種類の行動の中にみることができます。

一　**保護してくれる愛着人物a（あるいは複数の愛着人物からなる小組織）を希求し、モニターし、その人物との近接性を保とうとすること。**その人物は、絶対ではないけれども、通常は親類である。その人物（母親、父親、その他の養育者）が誰であれ、その人は愛着組織の頂点に居ると思われるが、現実には、この優位の場所は、通常、母親により占められる——子どもがどのくらい母親とかかわり合っているかにかかわらず[原注1]。愛着人物に向かって泣くこと、しがみつくこと、呼ぶこと、這うこと——は全て、幼児が近接性により安定を得るための、生物学的に深く浸透している行動レパートリーの一部である。

二　**愛着人物を「安全基地」（エインズワースの言葉としての）として用いること。**そこから、よく知らない状況や体験を探索しに出かける[1]。安全基地現象をよく説明しているものの一つに、マーガレット・マーラーの有名な乳幼児観察があるが、それによれば、乳幼児は母親から離れて短い冒険に出かけ、「燃料補給」をするために母親の元へと戻ってくるが、ほんの二〜三瞬間《モーメント》[b]そこに居たかと思うと、また次の探索を再開する[187]。ボゥルビィが**探索行動システム**と呼んだものは、愛着システムと密接な関係にある。子どもの愛着人物が、必要に応じて保護と支持を与えてくれる安全基地として利用可能な場合、一般に、子どもは自由に探索できると感じる。他方、愛着人物が一時的に不在となれば、探索は突然中止される。

三　**危険な状況や警戒すべき瞬間において、「安全な避難所」としての愛着人物の元へと逃げ込むこと**。陸上生活をするほかの霊長類と共通して（しかしほかの多くの種とは異なり）、脅威にさらされている人間は、（穴や巣のような）**場所**に安全を求めるのではなく、「より強く、そして（あるいは）より賢い」とみなされる**人**と一緒にいることに安全を求める[44]。①乳児の生存にとっての内的・外的脅威、②「危険の自然な手がかり」（たとえば、暗がり、騒音、よく知らない状況）、③実際の、あるいは切迫した母親からの分離——は全て、愛着行動の特質としての近接性を希求する引き金となりうる。

物理的近接性それ自体が、ボゥルビィが最初に愛着理論を明言し始めた頃に考えていた愛着の「目的（set goal）」だとすれば、そのヴィジョンは、それ以来ずっと推敲され、精錬されつづけてきたと言えるでしょう。ボゥルビィ自身もその後、物理的近接性（それ自体も決定的に価値あるものですが）は、慰めとしての養育者の利用可能性を意味する象徴でもあるということを認めるようになりました。この見

a　訳注　attachment figure は、「愛着対象」と訳されている場合もあるが、本書においては、心的対象 object と現実の人間存在である figure との相違を明確にするために、「愛着人物」と訳した（語呂は良くないのだが）。

b　訳注　ダニエル・N・スターンによれば、現在の瞬間（present moment）とは一秒から十秒（平均三〜四秒）である。ゆえに二〜三瞬間は、約十秒と推察される。

地によれば、愛着行動の目的は、現存する危険から身を守ることにとどまらず、養育者がずっと利用可能な状態でいてくれるという保証でもあると言えます。また、養育者が物理的には接近可能でありながら同時に情緒的には居ないという場合もありうるので、ボゥルビィは、愛着人物の「利用可能性」とは単に近づきやすさだけの問題ではなく、情緒的応答性の問題でもあるということを明確にしました。

理解が広がるにつれ、彼はついに、愛着に特異的な内的側面についても付け加えるに至りました。すなわち、①養育者の利用可能性に関し決定的に重要なのは、実際のところ、子どもの**評価**である。②この現在下している評価は、過去における養育者の利用可能性に関する子どもの体験に、主として左右される――と主張したのです[40]。同じ脈絡で、スルーフとウォーターズ[283]は、こう主張しています。すなわち、愛着システムの目的とは、距離の調節が重要なのではなく、むしろ「安心感（felt security）」、つまり主観的状態が重要なのであり、またそれは養育者の行動のみに左右されるのではなく、子どもの内的体験（子ども自身の気分や身体の状態、想像などを含む）にも左右される、と。

ボゥルビィは最初、乳児と年少の子どもの行動に焦点づけていましたが、そうしているうちに彼は、生物学的に駆動される愛着欲求の表明は一生を通じて重要であると確信するようになったということを心に留めておいてください。この確信は、統計や日々の体験により、暗に実証されています。配偶者がいて、かつ（あるいは）親しい友人がいる人のほうが、孤独な人よりも長生きするということが、保険統計により示されていますし、二〇〇一年九月十一日のように、脅威の下《もと》では皆、親しい人と接触を持とうとするのがほぼ普遍的体験であるということも、データにより実証されています。脅威が極度になればなるほど、結びつきを保ちたいという願望も強まります。肌と肌とを触れ合うような文字通りの近接性を通してということも稀ではありません。乳児の生存にとっては必須であるところの身体的親密さが、年長の子どもや成人にとっては間違いなく情緒的に必須のものとして、しばしば体験されるようです。

一生を通じて、私たちは、最も愛着している人の物理的・情緒的居場所（すなわち、近づきやすさと応答性）をモニターする傾向があります。ゆえに、特に安心感がその目的として近接性に追加されるや否や、愛着とは、成長に伴い脱すべき子どもっぽい依存性というよりも、むしろ継続する人間的要求としてとらえられるべきものとなるのでしょう。ボゥルビィ[41]は、次のように説明しています。

ほかの人間に対する親密な愛着とは、各人の人生が回っている車輪の中心（hub）にあたります。乳児期あるいは幼児期のみならず、思春期や成人期、そして老年期になるまでずっと、それはその位置にありつづけるのです。

しかし、早期児童期において、また一生を通じて、何が安定した愛着を可能にするのでしょう？　ボゥルビィは、彼の時代における精神分析的な説明には、心底不満でした。健康な（また病理的な）発達の起源は、子どもの発達的関係性の実状の中にあるのではなく、むしろ子どもの幻想の中にのみ存在すると位置づけたメラニー・クラインの考え方などが、それにあたります。ボゥルビィは、一九八九年に永眠する一年弱前に、ロバート・カレン[163]との面接において、自らのヴィジョンを次のように語っています。

私は、現実生活の出来事、すなわち両親による子どもの扱い方は、発達を決定するカギとなる重大事項であると考えています。メラニー・クラインは、全くそう考えてはいないようですが。……内的関係性は外的関係性を反映するという概念は、彼女の思考からは完全に抜け落ちていました。

精神分析の訓練中、ボゥルビィは、クラインのスーパーヴィジョンを受けていました。ボゥルビィが重篤な不安を抱えた男児と週五回の治療作業をしていた際、クラインは、その年少の患者の、不安に圧倒されている母親に、ボゥルビィが会うことを禁じました。彼はそのことで狼狽しましたが、それはその後、恐怖へと転じました。その症例にかかわり始めて三ヵ月が過ぎた頃、その母親は激越型うつ病のために入院してしまったのですが、その時のクラインの反応と言えば、子どもを治療に連れてくる人がいなくなったことに対する苛立ちだけだったのです。

この不幸な女性が衰弱したという事実には、彼女は何の臨床的関心も持たないのか……率直に言って、このことは私を恐怖に陥れました。そしてこの時を境に、現実生活の体験は発達に大変重要な影響を及ぼすということを実証することが、私の人生のミッションとなったのです。

現実——つまり私たちにとって最も重要な人が、私たちをどのように扱ったか——をボウルビィが強調したのは、彼の時代における精神分析の陳腐な決まり文句に対する彼の反応だったという面も、ほんの少しはありました。しかし、**極端な環境下で育っている子どもたち**のことを彼が世に知らしめたということのほうが、おそらくより重要でしょう——特に、母親との関係が、剥奪、分離あるいは喪失により崩壊している子どもたちのことを。一九三〇年代後半、ロンドン児童相談センターの精神科医として、ボウルビィは、非行少年の治療および研究に三年近くを費やしました。そして、彼は「四四人の少年泥棒——その性格と家庭生活」[37]において、早期児童期における分離の遷延が与えた壊滅的影響について、詳細に述べています。世界保健機構（WHO）は、その業績を評価し、一九四九年、第二次世界大戦の余波でホームレスになった子どもたちのその後の情緒状態に関する学術論文の執筆を、ボウルビィに委任しました。[38]そしてついに、タヴィストック・クリニック児童部門の副部長となったボウルビィは、長期入院あるいは施設入所により両親から引き離されていた幼児の精神的荒廃を目の当たりにしたのです。

彼が観察していた非行少年やホームレス、そして入院中の子どもたちには、現実に起きた分離と喪失が、まぎれもなく悲惨な影響を与えていました。ボウルビィ[39]は、子どもが痛ましい現実に対処しようとしてもがいていることを表す一連の反応の中に、一様にその影響がみられるということを発見しました。外傷的な分離に対する反応は、抗議に始まり、絶望がそれにつづき、そしてついには脱愛着へと至っていたのです。

ボゥルビィの分離と喪失の研究は、人間発達を理解するための彼のアプローチに深遠なる影響を与えましたが、この種の外傷自体が、多くの面で、彼の調査の主要な焦点となったということもまた真実です。なぜならば、それらは経験的に立証することや、科学的に研究することが可能だったからです[43,48]。対照的に、戦争の混乱により荒廃させられた子どもたちに関するWHOの学術論文では、調査ははるかに困難でした。しかしやはり慢性的に不適切な養育が行われたことにより同様の心をむしばむ影響がみられたということを、ボゥルビィはほのめかしています。同じ報告において、彼は、健康な発達を可能にするためには、「乳児と年少の子どもは、温かで親密で持続的な母親（あるいは永続的な母親代理）との関係を体験すべきであり、またその関係において、両者（母子）には満足と楽しみのいずれもが必要である」ということを理論化しています[38]。

要点は、こうです。すなわち、分離や喪失による外傷よりもはるかに普遍的に病理的発達を形作るのは、むしろ子どもと両親との間に進行している毎日のかかわり合いなのだということが、ボゥルビィにはわかったのです。しかし、そのことを研究する経験的手段を、彼は未だ持ち合わせていませんでした。そしてこれらの平凡だけれども非常に研究しづらいかかわり合いは、やがてボゥルビィの仲間であるメアリー・エインズワースの探究の焦点となっていったのです。

メアリー・エインズワース――愛着、コミュニケーション、「ストレンジ・シチュエーション」

トロント大学の発達心理学者で研究者のエインズワースはまた、優れた診断学者でもあり、当時ロールシャッハテストの第一人者であったブルーノ・クロッパーとの共著も出版しています。エインズワースは、一九五〇年に結婚し、夫と共にロンドンへと移住しました。そしてその年の終わりに、ボゥルビィが、『**タイムズ紙**』に、早期児童期に母親から分離されたことによる心理的影響に関する研究者を募集するという求人広告を載せているのをみつけて、それに応募しました。そうして、ボゥルビィとエインズワースとの、相互に影響を与えながら四十年近くもつづいた共同研究が始まりました。ボゥルビィの仮説を経験的に立証する最初の役割を、エインズワースが負ったのです。最初はウガンダで、つづいてボルチモアで行われた彼女の調査は、愛着理論・研究を変化させていきました。

エインズワースの研究は、明らかにボゥルビィの多くの発想を確証しましたが、それにとどまらず、愛着概念の発展にとっての絶対的重要性が立証された彼女独自の貢献を生むことにもなりました。おそらく、彼女の発見のうち最も重要なものは、①生物学的に駆動される生まれつきの愛着システムは、実に**適応性のあるものである**ということ、そして②個々人の愛着行動における質的相違は、養育者の行動の相違に依存するということ——の二点でしょう。[137]これらの発見は、乳児期および成人期における愛着型の分類へとつづいており、それはまさに精神療法に応用できる愛着理論の中心部分でもあります。

エインズワースはまた、種々の親と子のかかわり合いが、一方では最も安定した愛着を生み出していると思われるのに対し、他方では多彩な不安定愛着を生み出してもいるようだということを（予備段階ではありますが）同定しました。彼女は、安定あるいは不安定愛着のカギとなるものが、乳児－養育者間の**コミュニケーションパターン**においてみられるということを悟ったのです。

そのうえ、エインズワースは、「安全基地」概念に寄与し、近接性にのみ焦点づけることを越えた動く愛着（moving attachment）に関し、中枢的役割を果たしました。彼女の言う動く愛着には、養育者に対する子どもの**期待**の影響も含まれています。その期待とは、最終的にはボゥルビィが「内的作業モデル」と呼んだ心理的地図あるいは表象として形になるもののことです。そしてとうとう、彼女の貢献には彼女の名前がつきました。それは、愛着研究と実質的に同義語となっています。すなわち、エインズワース・ストレンジ・シチュエーションです。初版は一九六四年にボルチモアで作成され活用されましたが、この乳児–親関係を研究するための実験室的手順ができあがったことにより、同種の研究が爆発的に増加し、その結果、愛着理論は現代発達心理学の優勢のパラダイムとなったのです。

✤ウガンダでのエインズワース

ストレンジ・シチュエーションを生みだすことになった調査の旅は、その十年前にエインズワースが夫と共に再度転居した時から始まりました。今度はウガンダでした。ボゥルビィと一緒に三年半にわたり外傷的な分離の影響に関する研究をしていたエインズワースは、ボゥルビィ同様、「歪んだ発達」に関する研究を愛着の正常発達を理解するための基礎とするのは不適切だと確信するようになりました[202]。それゆえ、彼女はカンパラに定住して間もなく、乳児と母親とのかかわり合いに関する初めての自然主義的長期研究を開始しました。エインズワースは、離乳前の乳児のいる二六の家族を九ヵ月にわたって観察しました。彼女は二週間に一度、毎回二時間、各家族を訪問し、愛着の個体発生に関する基本的疑問を解明するためのデータ収集を始めたのです。基本的疑問とはすなわち、①愛着のきずなの「懐胎《かいたい》」を特徴づけるものは何か？　また、その「誕生」のシグナルとはどのようなものなのか？　②何が安定した愛着を促進するのか？　また何が阻害するのか？——ということです。

そのデータ[2]は、次のことを示唆しました。すなわち、乳児は初期には他者と母親とを区別できないが、生後六〜九ヵ月になると母親を明らかに好むようになり、強いきずなを結晶化する。その段階を通して愛着は発達するのではないか、と。真の愛着の結晶化は（ほかにもさまざまな行動があるなかで）、①乳児が苦痛を感じたり警戒したりした時に、母親のもとへと逃げ込むこと、②母親を、探索の際の安全基地として用いること、③母親との再結合を求めて積極的に母親に接近すること――に反映されていました。乳児に共通する発達経路に関するエインズワースの記録は、ボウルビィの理論に明白な経験的支持を与えました。しかし、最も彼女の興味をひいたのは、実は（共通性よりもむしろ）これらの乳児の間にみられる相違だったのです。

乳児の大半は見間違えようもなく愛着していましたが、少数の乳児は母親により慰められることがありませんでしたし、ほとんど探索行動をとることもできませんでした。そして、さらに少数の乳児には、実質的な愛着の兆候が全くみられなかったのです。エインズワースは、これらの予想外のバリエーションは、乳児が体験してきた世話の性質の相違を反映していると推論しました。母親から最大限の世話と注目を得ている乳児は、一般には、ほぼ安定しているようでしたが、衝撃的な例外もまた存在していたのです。そのことから、エインズワースは、重要なのは世話の量ではなく、むしろ**質**なのだと確信するようになりました。彼女は、母親との面接に基づき、乳児のシグナルに対する母親の感受性が最も重要であると、仮に結論づけました。また、乳児の愛着の安定性と、母親が授乳を楽しんでいることとの間の正の相関をも発見しました。[49][202] 後者の所見は、ボウルビィの初期の仮説、[38] すなわち健康な発達は、**親と子のいずれも**が愛着関係を楽しんでいるということにかかっているという仮説を支持しています。

結局のところ、エインズワースは、母親のどの種類の行動が安定した愛着の発達を導き、どの種類の行動がそれを導かないのかを特定することはできませんでしたが、母親の調律と愛着とが関連しているという見込みを同定したことは、その八年後に彼女がボルチモアで行った追試（ウガンダで行った研究の非常に重要な精錬でもあった）の際に発見したことのヒントになったことでしょう。

✤「ストレンジ・シチュエーション」

一九六三年、エインズワースは、家庭生活を基盤とした早期発達に関する研究に参加してもらうために、二六名の妊娠中の女性に集まってもらいました。そして赤ちゃんが生まれた直後から一歳を過ぎる頃まで、赤ちゃんと母親とのかかわり合いを詳細に記録しました。各家庭に対し、毎回四時間の訪問を計十八回行う間にエインズワースとそのチームが集めたデータによれば、ボルチモアで記録された愛着行動と、最初にウガンダで観察されたそれとの間にはほぼ完全なる重複がみられました。この比較文化的相関関係は、愛着とは普遍的な本能的要求であるというボゥルビィの主張に支持を与えました。しかし、エインズワースはまた、二つの集団間に当惑せざるをえないゆゆしき相違が存在していることにも気づいていました。すなわち、ウガンダの乳児は家庭内で顕著な安全基地行動を示したのに対し、ボルチモアの集団はそうではなかったのです。

　エインズワースにとって、安全基地現象は中心概念であり、その存在は安定を象徴し、探索行動と愛着とのバランスのとれた適応力を反映しているはずでした。ウガンダでは、乳児は愛着人物のいるところではゆうゆうと探索行動を行っており、その人物が立ち去る時にのみ突如として探索が終わりになっていました。対照的に、ボルチモアでは、探索行動は愛着人物がいるかいないかにかかわらず行われているように見受けられました。[原注2] ボゥルビィの理論によれば遺伝的に授けられたものであるはずの安全基地行動が事実としてあるか否かの判断を容易にするために、エインズワースは（バーバラ・ウィッティヒと共に）、例の議論を巻き起こした手順の初版を考案し、ボルチモアの乳児に「ストレンジ・シチュエーション」を提示してみました。そうすることで、慣れの問題を避けて通ろうとしたのです。[5]

　このおおよそ二十分かかる構造化された実験室的評価では、まず、母親とその一歳ちょうどになる赤ちゃんが、おもちゃでいっぱいの心地よい部屋へと招き入れられます。この三分間のエピソードのシリーズでは、まず母親の居るところで赤ちゃんが探索行動をし、その後、母親との分離が二回、再会が二回、そして乳児が見知らぬ人（必ず熟練した乳児観察者が担当します）と遭遇するという各々の機会がそれにつづきます。①見たこともない部屋、②分離、③見知らぬ人――という、乳児を不安にさせる要素が、予想通りの生物学的基礎を持つ愛着行動システムを顕在化する引き金を引くだろうということを期待したのです。エインズワースは、自宅で安心していると評価された乳児は、母親を安全基地として用いつつ、①母親の居るところでは安心して遊び、②母親が去れば苦痛を体験し、③母親が戻ってくれば十分に安心して楽しい探索行動を継続することができるだろう――と予想しました。また、エインズワースは、自宅ですら安心できないと思っている乳児は、分離のエピソードにおいては、それはもう、ひどく狼狽するだろうと予想しました。しかし実際には、一部の乳児のストレンジ・シチュエーション行動により、エインズワースは完全に不意打ちを食らわされたのでした。

ボルチモアの乳児の大多数、すなわち一年間の家庭訪問による観察に基づき「安定」していると判断された乳児は、まさに期待通りの反応を示しました。すなわち、自由な探索行動という面でも、母親と結びつくことにより慰めを得るという面でも、いずれも柔軟な適応力を示していました。しかし、エインズワースが期待していなかったこと――そしてすぐには理解できなかったこと――も起きました。すなわち、実質的には少数の乳児ですが、彼らは探索行動のために、母親と結びつくことを完全に犠牲にしているように思われたのです。彼らはその手順の最初から最後まで、ずっと探索行動をしつづけただけでなく、母親との再会を避けてもいたので、その乳児たちは、「回避型」として記録されました。対照的に、それよりも少数の乳児ですが、母親と結びつくために、探索行動を完全に放棄しているように見える乳児もいました。彼らはずっと、母親の居る場所に心を奪われていただけでなく、再会しても、怒っているか、あるいは受身的でありながら慰めに応じないかであったため、その乳児たちは、「両価型」として記録されました（あるいは、「抵抗型」と言い換えることもできます）。

疑いなく、エインズワースの愛着理論に関する最も偉大な貢献とは、彼女がストレンジ・シチュエーションを通して三つの異なる愛着型《パターン》を発見したことですが、それらは各々に対応する家庭内での母－乳児相互交流パターンの相違に結びついていました。

①乳児の分類と、②それらを生み出していると思われる母親と乳児との相互交流スタイルとは、いずれも臨床作業に深く関連していますので、ここで、いくぶん詳細に要約しておくのは重要なことでしょう。

✿乳児の愛着分類

安定型愛着

安定型の赤ちゃんは、①安心している時には探索し、②安心していない時には結びついて慰めを求めるという、各々の衝動への均等な接近しやすさを有しているように見受けられます。エインズワースは、愛着が安定しているのか不安定なのかを最もはっきりと表すのは、乳児の分離に対する反応ではなく、むしろ再会に対する反応のほうであると結論づけました。安定型の乳児は、分離により苦しめられても、母親と再会すると、ほぼ即座に安心して遊びを再開できたのです。

この種の柔軟性と回復力は、赤ちゃんのシグナルやコミュニケーションに対して敏感な、感受性の高い母親とのかかわり合いの遺産なのでしょう。一般に、安定型乳児の母親は、乳児が泣き叫ぶとすぐに気づいて優しく抱っこし、慰めますが、乳児が望む以上に抱きつづけるということはありませんでした。これらの母親は、自分自身のペースや考えを赤ちゃんに押しつけるよりもむしろ、赤ちゃんの生理的なリズムに自分自身のリズムをスムーズに調和させていると思われました。そんな、見たところ「ほど良い」（ウィニコットの表現ですが）やり方で、これらの母親の行動は、誤調律よりも感受性を、拒絶よりも受容を、支配よりも協力を、リモートコントロールよりも情緒的利用可能性を表す傾向がみられました。

回避型愛着

回避型の赤ちゃんは、ストレンジ・シチュエーションの手順特有の脅威を与える環境にさらされると、独特の冷めた態度をとるようです。母親が去ろうが戻ってこようが、顕著と言っていいほどの無反応さで絶え間なく探索行動をつづけ、外見上は全く苦悩しているようには見えないため、これらの赤ちゃんは落ち着いていると、容易に勘違いされてしまいます。実際には、分離のエピソードの間中、その乳児たちの心拍数は、見るからに苦しんでいる安定型の乳児たちのそれと同じくらい増加しています。なお、その手順の前後のコルチゾール（身体の主要なストレスホルモン）値などは、安定型の乳児のそれよりも顕著に上昇しているのです。[278][284]

エインズワースは、回避型の赤ちゃんにみられる表面的無関心は、愛着行動の見かけ上の欠如と同様に、ボゥルビィが両親からの分離が遷延した二〜三歳児にみた脱愛着と同種の防衛的適応を反映していると確信するようになりました。これらの回避型の赤ちゃんは、分離や喪失により外傷を受けた年長の子どもたちと同様に、あたかも、心地よさや世話を求めても、おそらく何の役にも立たないと結論づけてしまったかのようでした。つまり、ある意味で、あきらめてしまっていたのです。

おそらく意外ではないと思いますが、回避型と判断された赤ちゃんの母親は、結びつこうとする乳児の試みを積極的に拒絶しているということを、エインズワースは発見しました。[5] 後に、このような母親たちをほかの研究者が観察した際にも、乳児が悲しそうな表情をしていても、前記と同様の引きこもりが見られたようです。[136] ①情緒表現の抑制、②身体接触への嫌悪、③無愛想——が生じていれば、それらは全て、回避型乳児を育んでいると思われる育児の兆候でした。そしてそれらの赤ちゃんが母親に抱いてもらう時には、抱きしめたりしがみついたりすることなく、むしろ決まって完全に脱力するのでした。

両価型愛着

エインズワースの研究では、二種類の両価型乳児が同定されました。すなわち、怒りっぽい乳児と受動的な乳児です。いずれも母親の居場所に心を奪われるあまり自由に探索行動をすることができず、また母親が去ろうとすると、それに対する反応として圧倒的苦悩を示していました。乳児のあまりの苦悩ぶりに、分離のエピソードを中止しなければならないこともしばしばでした。再会の際には、怒りっぽいほうに分類された乳児は、①母親と結びつこうとして積極的にアタックすることと、②拒絶的な態度をとること（母親に抱かれまいとして身体を反らすことから、あらん限りの力でかんしゃくを起こすことまでの一連の態度）の間を揺れ動いていました。対照的に、受動的なほうに分類された乳児は、ただ呆然としているか、あるいは暗に慰めを求めようとするのがせいぜいという感じでした。まるで、あまりにも無力感と絶望感に圧倒されすぎているために、母親に直接的に接近できないかのようでした。不幸なことに、再会により両価型乳児の苦悩は改善されないようでしたし、母親の居所に心を奪われている状態が終わることもないようでした。まるで、たとえ母親がそこにいたとしても、そこにはいない母親をさがしつづけているかのようでした。

エインズワースは、現に、両価型の赤ちゃんが、最良でも、予測はできないが時たま利用可能となる母親の子どもであるということを発見しました。そしてこれらの母親は、（回避型乳児の母親と違って）言語的にも身体的にも拒絶的ではなかったものの、乳児のシグナルに対する応答性は、まさに鈍感と呼ぶにふさわしいものでした。[原注3] 結局のところ、両価型の赤ちゃんの母親は、巧妙に、あるいは不器用に、赤ちゃんの自律性を殺いでいると思われました。おそらくこのことが、これらの赤ちゃんを特徴づけている探索行動の抑制を、部分的に説明していると言えるでしょう。[5]

✤コミュニケーションがカギです

安定型と種々の不安定型とを区別するなかで、エインズワースは、愛着関係においては乳児と養育者との**コミュニケーションの質**こそが最も重要だということを発見しました。

安定型の母子においては、乳児は、①分離の後、心地よくしてほしいという要求、②再会し、慰めてもらっている時の安心感、③その結果として遊びを再開できる状態になる――ということを明白に表現していました。母親は、乳児の非言語的な手がかり（ⓐ両腕を挙上し、目に涙をためて近寄ってくる、

ⓑ抱っこすると身体を密着させてくる、ⓒ究極的な落ち着かなさ）を正確に読みとり、よく調和した応答（(1)乳児を抱き上げる、(2)優しく抱っこする、(3)遊びへと手放す）をしていました。この一連のやりとりは、**共同作業的で随伴的**（**contingent**）**なコミュニケーション**と表現できる、ある種の調律されたコミュニケーションを表していました。つまり、片方がシグナルを発すると、もう片方は行動でそれに応える——ということは、実質的に、私はあなたが感じていることを感じとることができるし、あなたの望みに応答することもできる、ということを意味していると言えます。

不安定型の母子においては、コミュニケーションは、質的に非常に異なっていました。分離の際、回避型乳児には明らかにそれとわかる苦悩の表現が欠如していました（しかし、間接的には、心拍数の増加とコルチゾール値の上昇という形で、それは明白に表れていました）。同様に、再会の際にも、それらの乳児には慰めてほしいという要求の表現が欠如していました。要するに、回避型乳児の場合、結びつきを求めるためのコミュニケーションは、実質的に全て抑制されていました。すなわち、これらの乳児は、近接性を求める願望などないのだということを表現し、母親が愛情深く声をかけてみたところで、何も聞こえていないかのようだったのです。

両価型乳児に関しては、ほぼ真逆と言ってよいでしょう。すなわち、その乳児たちの場合、愛着に関する表現はオーバーになるようです。事実、エインズワースの手順が始まると同時に、これらの乳児は母親の利用可能性に心を奪われて不安な様子を示します。分離に際しての彼らの苦悩は極端に重篤で、母親と再会した後も、その乳児たちが安心するということは、まずありません。両価型乳児が愛着要求を伝えようとする場合、母親がどんなに彼らに奉仕しても、まさに大声で頑固に主張するという形をとるようです[5,189,272]。

エインズワースは、ストレンジ・シチュエーションにおけるコミュニケーションパターンの相違とは、各々に特有の自我の強さと脆弱性とを有する親に対し、可能な限り最良の愛着を育みたいという乳児の要求の表れとして理解できると考えるに至りました。「ただ、結びつけることとさえすれば！」と、フォースターは書いています。しかし、結びつく（愛着する）ためには、乳児は養育者の性格に適応しなければならないのです。家庭において、安定型乳児の母親は、乳児のシグナルを敏感に受けとり、応答していることが観察されましたが、そのような母親の行動は、まさに乳児の行動次第でした。この所見こそ、メアリー・メインが「早期調律」の証拠として解釈したものでした[191]。したがって、安定型乳児が自らの感情や要求を直接的に伝えるのは、もっともなことと思われました。すなわち、あたかもそのような伝え方が、良く調律された応答を引き出すということを予測しているかのようだったのです。

回避型乳児の母親は、家庭においても愛着行動を拒絶しているように見受けられました。すなわち、彼女らは情緒的に利用不可能なうえに、身体接触を不快に感じるようでした。それに、乳児が悲しそうにしている時、彼女らは引きこもる傾向があったのです。母親の拒絶に対し、乳児のほうが怒りをもって反応するということも少なくありませんでした。つまり、これらの回避型乳児にとっては、愛着要求を伝えようとせずに抑えるほうが適応的だったのです。すなわち、母親から拒絶されないように距離を保つとともに、乳児自身が欲求不満にさらされて母親を突き飛ばしてしまいかねないような怒りを抱くのを回避するためです。

両価型乳児の母親は、乳児のシグナルに対して調和を欠いた反応をしていることが、観察からわかりました。そしてごくたまに情緒的に利用可能となるのですが、それがいつなのかは予測不能でした。この予測不能性は、母親自身の心理状態が、彼女の乳児に調律する力をひどく阻害するために生じていると思われました[264]。母親側にそのような予測不能な応答性がみられると仮定すれば、両価型乳児が愛着要求を間違いなく伝えようとして執拗になるのは適応的なことだと思われました。すなわち、圧力を与えつづければ世話をずっと受けられるだろうと思っているかのようだったのです。

✤無秩序型愛着

エインズワースの研究、そして疑いなく、教師としてもさることながら、彼女の人間としての豊かさは、彼女と共に作業することを選んだ非凡な才能を有する多くの生徒たちにとって大変魅力的だったようです。その生徒たちの中には、インゲ・ブラゼルトン、ジュード・キャシディ、アリシア・リバーマン、エヴェレット・ウォーターズ、そして最も著名なメアリー・メインも含まれていました。愛着理論・研究に関するメインの貢献については、第三章で再度詳しく述べる予定です。ここでは、それらは重大な貢献であるとだけ述べておけば十分でしょう。すなわち、最初の三種類の「組織化された」愛着分類の現状を概略するうえで決定的に重要なのが、まさにエインズワースの先駆的業績のほぼ二十年後にメインが発見した、先に発見されていなかったパターン——無秩序／無方向型愛着です。

メインとその昔の生徒であるジュディス・ソロモンは、そのストレンジ・シチュエーション行動が伝統的分類に単純には適合しない乳児のビデオテープ二百本を微に入り細に入り見直すなかで、そのうち九〇％の乳児が、親の居るところで、不可解で矛盾した反応や怪奇な反応を見せているということに気づくに至りました。たとえば、再会に際し、母親に背を向けながら近づいたり、床へと崩れ落ちたり、あるいはその場に凍りついたり、当惑した解離様状態に陥ったりしていたのです。ある乳児などは、母親を見て、自らの口を手でふさぎ、それこそダーウィンが霊長類に見た身振り（叫びを抑えているようだとダーウィンが解釈した身振り）を示していました[144]。無秩序型愛着が発見されるのにそれほど長期間を要したのは、おそらくこのような行動（しばしば十〜三十秒以内で終わりました）が、乳児のストレンジ・シチュエーション行動全体の流れの一部に見られただけだったからなのでしょう[197]。同じ理由で、無秩序型愛着に分類された乳児は、その乳児のストレンジ・シチュエーションにおける全般的行動からみて、各々安定型、回避型、両価型のいずれかに代替分類することもできました。

メインは、無秩序型愛着は、愛着人物が、安全な避難所としてのみならず、同時に危険の源としても体験されている時（すなわち、警戒すべき瞬間には親のほうを向くようにプログラムされているはずの子どもが、接近と回避という矛盾した衝動の狭間にとらえられてしまっている時）に生じるのだろうと仮定してきました。それは、子どもの親に対する依存性が逃げ道を与えてくれないために生じる筋の通らない心的態度なのです。したがって、そのような恐ろしい「生物学的逆説性」が、無秩序および（あるいは）無方向という形に帰結するのは無理もないことと思われます。

たとえば、両親から虐待を受けている乳児に関するある研究では、八二％の乳児が無秩序型愛着に分類されましたが、対照群では、それは一八％にしかみられませんでした。[60] そのうえ、無秩序型乳児は、貧困、精神病、薬物乱用などのストレス因子にさらされている家族を含むハイリスク群において、極端に多くみられました。しかし、驚いたことに、無秩序型はまた、虐待されたことのない乳児にも、またハイリスク群から抽出したわけではない乳児にもみられたのです。

この所見を理解しようとするなかで、メインは、乳児の無秩序さは、怒りや虐待により明らかに子どもを**脅している**ような親とのかかわり合いの結果としてのみ生じるわけではなく、親のほうが**脅されている**と子どもが体験しているようなかかわり合いの結果としても生じるということを提案しました。特に、親の恐れが子どもに対する反応として生じていると思われる場合、また親が物理的に引きこもる形で反応する場合、あるいは解離様状態へと退避する形で反応する場合に、無秩序が生じるようです。要約すると、無秩序型愛着は、①脅す親、②脅されている親、あるいは③解離している親と子どもとのかかわり合いから生じるものとして理解できると、メインは示唆しています。安定型、回避型、両価型の乳児の組織化された方略と対比すれば、無秩序型愛着は、「解決されない恐怖」を体験している乳児側の方略の**崩壊**を反映していると理解してよいでしょう（メイン&ヘッセ、一九九二）。

✤乳児期の愛着パターンの長期的影響

エインズワースによる画期的研究（それ以来、幾度も再現されていますが）に習い、多数行われた追試により、乳児期の愛着型は長期的に影響を及ぼすということが示されてきました。すなわち、安定型、回避型、両価型、無秩序型の愛着史は、良くも悪くも、それにつづく児童期、思春期、成人期における愛着に関連しているということがわかってきたのです。

安定型の愛着史を持つ子どもは、事実、同年代の不安定型の子どもよりも、しっかりとした自己評価、情緒的健康、回復力のある自我、肯定的感情、自発性、社会性、遊びに専念できるなどの特徴がみられます。学校では、乳児期に安定型だった子どもは、教師に、温かく、年齢相応の扱いを受けます。ところが、回避型の子ども（しばしばむっつりしていて横柄な感じに見えたり、反抗的に見えたりする）は、教師の怒りに満ちた支配的な反応を引き出す傾向がありますし、両価型の子ども（しばしばすがりつきがちで、未熟に見えたりする）は、甘やかされたり赤ちゃん扱いされたりしがちです。回避型の子どもはほかの子どもをいじめる傾向がある一方で、両価型の子どもはいじめの対象になることがしばしばあります。ちなみに、安定型の子どもはいじめっ子にもいじめられっ子にもならないようです[87,284,312]。

人生の早期において安定型愛着に恵まれた人は、歳を重ねても、ある程度の回復力を持っているようです。対照的に、乳児期における無秩序型愛着は、児童期以降の精神病理に影響する非常に重大な危険因子とみられています。たとえば、境界例の患者には、しばしば無秩序型の愛着史がみられます[78,97,253]。不安定愛着にみられる組織化された方略もまた危険因子ですが、前記よりはずっと軽いものです。回避型愛着は、強迫性、自己愛性、スキゾイドの病理と結びついていることが示唆されています。一方、両価型愛着は、ヒステリー性あるいは演技性の病理と結びついているようです[253,272]。

これらの所見をどう理解すべきかという問題が、未だ答えの出ていない疑問として残されています。最初の関係性の影響は、永続的でしょう。なぜならば、最初にこれらのパターンを形作る際にその場に居て片棒を担いだのと同じ親と子どもがそれ以降もかかわりつづけることを通して、行動、コミュニケーション、情動調節の最初のパターンが単純に維持されるだけでなく、増強されるからです。一方、エインズワースがストレンジ・シチュエーションを通して分類した愛着型が、心の中に構造化されたパターンとして内在化されるということも、おそらく確かでしょう。

つまり、生物学的に駆動されたかかわり合いとして始まるものが、心理学的に心的表象として記録されるということなのでしょう。そしてその表象は、行動や主観的体験を形作るために、一生を通じて維持されるのでしょう——最初の愛着人物が、物理的に存在しつづけているか否かにかかわらず。そうして、エインズワースの乳児期における愛着行動に関する研究は、彼女の最も才能に恵まれた生徒、メアリー・メインへと受け継がれました。そしてメインは、早期愛着体験が心の中で記号化され、自己と他者との未来の関係性（年長の子ども、そして成人期へとつづく）に影響を及ぼすものとして維持されていく道すじを、明らかにしていったのです。

◆原注

1　ボゥルビィによれば、乳児が母親との近接性を選択的に求めるという事実は、愛着が主として利用可能性に関わる機能であるという現実に由来しています。興味深いことに、メアリー・メインは、スウェーデンで行われた研究を引用しつつ、母親が外で働いていて、父親が事実上、主たる親であるという場合でさえも、乳児は母親のほうを強く好むということを指摘しています。メインは、この「驚くべき所見」は、出生前体験（赤ちゃんは子宮の中にいる時から母親の声にさらされているので、当面はそれを好む——など）により説明できるかもしれないと示唆しています。つまり、母親が第一愛着人物になるということは、赤ちゃんが子宮から生まれ出《い》でる以前から、すでに多かれ少なかれ保証されていると言えるでしょう[192]。

2　エインズワースは、仮に、この相違を、アメリカの赤ちゃんは、ウガンダの赤ちゃんとは非常に対照的に、皆、普段から母親が行ったり来たりすることにすっかり慣れっこになっているという観察事実に基づいて説明しています。しかし彼女は、理論的には生物学的に普遍的なものであるはずの安全基地行動がボルチモアの乳児には全く見られなかった（家庭内の慣れ親しんだ設定でさえも、明らかに見られなかった）という事実を認めることには、抵抗感を禁じえなかったようです。

3　エインズワースの観察した修復のエピソードにおいて、それらの母親のうち四一％が赤ちゃんを不適切に扱ったのに対し、「優しく注意深く」扱った母親はたったの二％しかいませんでした。安定型の乳児の母親の五三％が乳児を優しく注意深く扱い、不適切な扱いはごくたまにしか見られなかったのとは、全く対照的です。

第三章 メアリー・メイン

——心的表象、メタ認知、成人愛着面接（AAI）——

一九七〇年代半ば、カリフォルニア大学バークレー校に移って間もなく、メアリー・メインは、愛着に関する野心的な長期研究を開始しました。それは、中流階級の家族群に関し、その家の乳児が児童期、思春期、それ以降……と発達していくところを追跡することを目的として行われました。このプロジェクトの開始段階には、各々の乳児に関する二種類のストレンジ・シチュエーション評価が行われました——二種類とはつまり、母親との間で行った評価と、父親との間で行ったそれのことです。そしてその五年後には、メインはその研究の第二段階、すなわち四十家族に関するビデオテープを用いた評価を始めました[196]。この研究は、「愛着研究における第二の革命」と称せられるほどの、きわめて創意に富んだ構造で始動されました[163]。

第一の革命は、ストレンジ・シチュエーションの発明により、乳児の安定性を二十分間の同一評価基準により測定するという実験室的手順を研究者たちが得た時に起きたと言えます——エインズワースのチームは、最初は七二時間の家庭訪問による観察からそれと同じデータを得ていたのですから。さて、エインズワースの画期的研究の標的が、**行動**だったということを思い出してください。メインが言っているように、ストレンジ・シチュエーションによる評価は、「親の身体の物理的な動きを気にしながら、乳児が自らの身体の物理的な動きを組織しているところ」の観察から引き出されたものでした[196]。

対照的に、メインの六歳児とその親に関する研究は、対人的かかわり合いという外的世界から、**心的表象**という内的世界へと、その焦点をシフトしていきました。彼女の研究は、（精神分析的なフレーズを用いれば）内在化された対象関係を引き出すようにデザインされていました。ここで言う内在化された対象関係とは、記憶、情緒、信念などの複合的ネットワークに内在する個々人の愛着の歴史を要約したものであり、現在および未来の愛着行動を形作るものです。

これらの発展を意味づけるために、ボゥルビィの残した二つの卓越した貢献について考えてみましょう。第一に、彼は愛着を、紛れもない生物学的基礎を持つ絶対的基本行動／動機づけシステムとして同定しました。第二に、彼は、愛着システムの機能の個々人における相違は、その人の自己と他者に関する「内的作業モデル」と切っても切れない関係にあると推論しました。[47] エインズワースの研究がボゥルビィの第一の貢献のためになされたとするならば、メインの研究は彼の第二の貢献のためになされたと言えるでしょう。すなわち、ストレンジ・シチュエーションにより、愛着行動の経験的探究が可能になったのと同様に、メインの革新により、内的作業モデルの経験的研究が可能になったのです。また、ストレンジ・シチュエーションにより、一九六四年、乳児期の愛着関係への窓が開けられたのと同様に、メインの最も重要な方法論的貢献である成人愛着面接により、その二十年後、研究者たちは後期思春期およびそれ以降における愛着に関する内的世界の探究を開始することができたのです。しかし、メインの革新の重要性およびそれらが導き出した発見を十分に理解したいのならば、私たちはまず、ぐるりと昔に戻り、内的世界を理解するためのボゥルビィの先駆的努力について、おさらいをしなければなりません。

ボゥルビィと内的作業モデル

ご承知の通り、ボゥルビィは、心的表象という内的世界に関するその時代の精神分析的な理論づけに不満を抱いていました。特に、内在化された対象関係および「幻想」は子どもの内側から生じるというクライニアンの概念に対しては、彼は嫌悪感から後ずさりしたほどです――彼はむしろ、それらは子どもの現実の人々との実際のかかわり合いから生じると考えていたのですから。彼はまた、力動的で発展的な表象世界を「イメージ」あるいは「地図」といった静的な隠喩《メタファー》により描写することにも気がすすみませんでした。代わりに、彼はケネス・クレイクが提唱していた「内的作業モデル」理論に引きつけられました。ケネス・クレイクとは、人工知能と呼ばれるに至ったものの最前線の革新者です。[50]

もしも有機体が、頭の中に、外的現実に関する「微小スケールモデル」と、その有機体自身にとって可能な行為に関するそれとを持っているのならば、そのうちの最良のものを含む多彩な選択肢を試用してみたり、未来の状況に事前に反応したり、現在と未来のために過去の出来事からの知識を応用したりすることができるだろう。また、緊急事態に直面した際にはいつでも、はるかに十分で、安全で、満足のいく仕様で反応することができるだろう。[65]

（クレイク、一九四三）

ボゥルビィはまた、対象とかかわる乳児の行為（対象を握る、吸う、あるいは大振りで叩く）は、物理的世界そのものおよび乳児がそれに与える影響のいずれに関する知識にもなると主張していた認知心理学者のジャン・ピアジェにも影響を受けました（ここで言う知識とは、「図式（schemata）」として内的に記録される知識のことです）。それと非常によく似た言い方で、ボゥルビィも、乳児が養育者との間で繰り返しているかかわり合いは、作業モデルとして内的に記録され、対人世界に関する知識となると主張しています。

世界に関する作業モデルの中心的特徴とは、①誰が愛着人物なのか、②どこで愛着人物が見つかりそうか、③どのように応答してくれることが期待できそうか――に関する概念である。同様に、自己に関する作業モデルの中心的特徴とは、愛着人物のまなざしの中で、自分がどのように受け入れられているのか（あるいは受け入れられていないのか）――に関する概念である。これらの相補的モデルの構造は、愛着人物がどのくらい接近しやすく、また応答してくれそうかということに関する予想に基づいている。[40]

ボゥルビィは、次のことを推論しました。すなわち、早期乳児期より、個々人の愛着に関する作業モデルが、既に繰り返し生じている養育者とのかかわり合いのパターンを認識させてくれるがゆえに、養育者が次に何をするかが「わかる」ようになるのだということです。また、その作業モデルは期待および期待から生じる行動のいずれにも影響を与えるため、かかわり合いにより形作られるのと同様に、かかわり合いを**形作る**ことも可能なのです。

最もよく機能している愛着モデルは、まさしく「作業」モデルです。すなわち、それらは新たな体験に基づく修正に対して開放的という、暫定的な性質を持っています。おそらく、このことは、「最も健康な」患者はまた、変化を助ける治療を最も有効に用いる力を持った患者でもあるという臨床的な印象を、よく説明していると言えるでしょう。対照的に、不安定愛着のモデルは、より堅く、より開放的でない傾向があります。ゆえに、それは新たな体験を強制的に古い体験に適合させようとしがちです。たとえば、回避型患者で、拒絶されることを期待するようになっている人は、治療者が受容的だとしても、「それはお金をもらっているからにすぎない」と読みとってしまうことでしょう。

ボゥルビィは、一方では、内的作業モデルは、新たな関係性や変化した関係性の見地から、あるいは意識の高まりを通してさえも、「更新される」潜在力を持っていると確信していました。しかし他方では、彼は、これらのモデルがしばしば修正に抵抗するということにも気づいていました――ある部分では、それらがきわめて頻繁に意識の外で作用しているためであり、また別の部分では、それらが自己保護的な（自己破壊的であるとしても）防衛であるためです。

実際には、これらの愛着モデルとは、どれほど持続性のあるものなのでしょうか？　その構造はどうなっているのでしょう？　乳児期およびそれ以降において、それらは実際にはどのように発達するのでしょうか？　何が安定型のモデルを不安定型のモデルと区別しているのでしょう？――仮の答えならば、ボゥルビィの理論の中に見つけられたでしょう。しかし、このような疑問が経験的に立証されたことはありませんでした――メアリー・メインの研究がなされるまでは。彼女の所見は、ボゥルビィの内的作業モデルに関する理論の重大なる精錬として、まもなく結晶化されていきました。

内的作業モデルを再概念化する

「表象プロセスを直接目にすることはできない[196]」という自明の理を出発点としつつも、それまでは目に見えなかったものを「見える」ようにする調査方法を発明したのは、まさに彼女の天賦の才能の一部でした。ちょうど考古学者には、発掘された人工物を基に遠い昔の文明を心に描くことができるように、メインには、彼女が「表象的人工物」と呼んでいるものを基に（彼女の長期研究における）親子の内的世界を心に描くことができたのです[190]。

これらの表象的人工物に関するメインの探究は、投影法（ボゥルビィと出会う数年前のエインズワースにとって人間の精神を覗く窓でした）のみならず、言語学（それはメインの初恋の対象でした[163]）にまでさかのぼります。愛着に関する個々人の作業モデルは、行動のみならず、物語り、談話、想像における特徴的パターンにも表れるだろうという推論に従い、メインは自らの研究を組み立てていきました。

その後の愛着研究に最も大きな影響を与えたのは、彼女が「一見簡単そうな」大まかに構造化されたプロトコルを案出したことです。彼女はそれを成人愛着面接（Adult Attachment Interview: AAI）と名づけました。彼女の研究では、それに従い、親が、自身の親との関係に関する生育史（喪失、拒絶、分離の体験を含む）を思い出して反省できるような質問をします[118-120,273]。初版は、メインの言葉を借りれば、「無意識を驚かす」ことで、愛着システムに「呼び水をする」ことができるようにデザインされています。それだけに、この半臨床的な面接は、ストレンジ・シチュエーションが乳児期の愛着を評価するためにそうであったのと同じくらい、成人期の愛着を評価するために有力な手段であるということが立証されました[191]。

しかし、その二つの方法により測定された「愛着」の性質は、いくらか異なっているということにご注目ください。すなわち、ストレンジ・シチュエーションの分類は、**特定の関係**に特有の愛着の質をとらえています。その結果、片方の親との関係では安定型に分類されても、もう片方の親との関係では不安定型に分類されるという乳児が存在しうるし、現にしばしば存在します。事実、ストレンジ・シチュエーションのプロトコルは、乳児の性格特徴よりもむしろ関係性を同定すると言われてきました。対照的に、成人の分類は、特定の関係から**独立したもの**なので、メインは、AAIが、実際に被験者の現在を占めている「愛着に関わる心理状態」を評価しているということを示唆してきました[原注1][191]。

AAIは、愛着に関する記憶にはっきりと注意を向けられるような一連の質問（とそれにつづく「精査」）から成っています。被験者は、児童期における両親との関係を総合的に述べるよう求められた後、各々の親との早期関係を最もよく表している五つの形容詞あるいはフレーズを選択するよう求められます。そして次に、それらの記述子を一つずつと取り上げ、思い出して語れるように、質問を通して促されます。すなわち、「**親愛な**――あなたはお母さんとの関係を表すために、親愛なという言葉を用いました。なぜこの形容詞を選んだのかを説明するような思い出あるいは出来事を、いくつか語ってみてくださいますか？」というふうに[193]。つづいて、被験者は、ある程度速い速度で、より複雑で詳細な質問をされます（表3.1を参照）。

メインの最も近しい共同研究者（夫でもある）のエリック・ヘッセは、表3.1のような省略あるいは修正されている質問表に基づいて行うのでは、正式なAAIを行うことはできないと主張しています。しかし私は、このような質問表は、臨床において（特に、治療初期において）行う際には非常に役に立つと考えています。たとえば、最近、私は、妻との葛藤がエスカレートして婚姻関係を脅かしているとい

表 3.1　成人愛着面接プロトコルの短い要約（ジョージ、カプラン、メイン［1996］からの引用）

このプロトコルを修正した短い要約を基にしてAAIを行うことはできない（この表では、追跡精査のための重大な質問など、いくつかの質問が省略されているため）。メアリー・メイン教授に手紙を書けば、施行のための詳細な指針を含む全プロトコルを手に入れることができる（カリフォルニア大学バークレー校精神医学教室。バークレー、CA 94720)。──文献ヘッセ［1999］より引用。Guilford Press より 1999、出版。許可を得て重版)。

1　はじめに、ちょっとだけあなたの家族についてお聞きしたいので、お答えいただけますか？──たとえば、直系の家族メンバーは、どなたですか？　また、あなたはどこに住んでいらっしゃいましたか？

2　さて、あなたに、幼い頃のご両親との関係について語っていただきたいのですが。あなたが思い出せる、一番昔の思い出から始めてみましょう。

3－4　子どもの頃の、お母さん／お父さんとあなたとの関係を表現する形容詞あるいはフレーズを、5つ挙げてくださいますか？　私がそれらを書き出しましょう。5つ全部書き終えたら、あなたがその各々を選ぶに至った思い出あるいは出来事について、尋ねさせていただきましょう。

5　どちらの親のほうに、あなたはより懐いていると感じていましたか？　それはなぜですか？

6　子どもの頃、困った時、あなたはどうしましたか？　また、そうすると何が起きると思いましたか？　情緒的に困った特定の出来事を、いくつか教えていただけますか？　怪我は？　病気はどうですか？

7　ご両親からの最初の分離について語っていただけますか？

8　子どもの頃、拒絶されたと感じたことがありますか？　あなたはどうしましたか？　また、ご両親は、あなたが拒絶されていると受けとっていることに気づいていたと思いますか？

9　ご両親は、あなたを脅したことがありますか？──それはしつけでしたか？　それともふざけて？

10　あなたの早期体験は、総合的にみて、大人になってからの人格に、どのように影響していると思われますか？　あなたの発達にとってつまずきと思われるような何らかの局面がありますか？

11　あなたの幼少時を通して、ご両親がとった行動について、なぜご両親はそうしたと思いますか？

12　子どもの頃、親のように懐いていた大人が、ほかにもいましたか？

13　子どもの頃、親やほかの近しい人で好きだった人を失う体験をしたことがありますか？　あるいは、大人になってからはどうですか？

14　ご両親との関係において、子どもの頃と大人になってからとでは、多くの変化がありましたか？

15　最近のご両親とあなたとの関係で、あなたが好ましいと思うのは、どんなことですか？

う新患に会いました。彼が父母との早期関係（最も成長途上にあった時期の）について語り終えた後、私は彼に、子どもの頃、怖い時や狼狽した時、通常、どうしていましたか？　と尋ねました。最初、その患者は、何を感じていたのか、ひとつも思い出せませんでしたが、最近、彼の四歳になる娘が「夜恐怖」になったということにふれたとたんに、彼は、はっと気づきました。娘は、慰めを求めて母親のほうを振り返ることができるのに、彼には、どういうわけか、いつも彼の親は彼のためにそこにいてはくれないと、わかっていたのです。彼は幼い頃から「それを乗り越える」ことを学んでいたので、今さら自分の脆弱な感情を認めるというのはほとんど耐えがたいことでした。つまり、彼にとっては、怒り出すことのほうが、はるかに容易だったのです。

メインは、①言語はそれが表現することと同じくらい多くのことを隠している可能性があるということ、また②内的表象とは主として無意識的なものであり、それゆえ言語化不可能であるということ――を知っていたので、その研究においては、親の用いる特定の言葉よりもむしろ、親が言葉を用いる際の特定の**用い方**に注意を集中しました。すなわち、彼女は、内容よりもむしろプロセスと形式のほうに焦点づけたのです。その人が**何を伝達しているのか**よりも、主として**どのように伝達しているのか**に注目することを通して表象世界を理解するという点が、このアプローチを独特のものにしています。この点が、彼女のAAIによる業績を、臨床家にとってかけがえのないものにしてきたと言えるでしょう。

メインの長期研究[原注2]は、愛着研究を行動のレベルから表象のレベルへと効果的に移行させた、二つの重大な発見を産出しました。そうしてこの研究は、患者の行動の根底にある情緒や信念に専ら関心を向けている臨床家にとって、直接的に意味のあるものとなったのです。どちらの発見も、児童期の分離を写した写真に対する六歳児の反応や親のAAI回答のような、内的表象を反映しているとみなされる表象的人工物からの推論に依拠したものです。

これらの人工物について研究するなかで、メインは二つの際立った相関関係を見出したのです。すなわち第一に、子どもが一歳の時に主要な親との間でみせたストレンジ・シチュエーション行動と、その子が六歳になった時の内的世界の構造との間にみられる相関関係を発見し、第二に、子どものストレンジ・シチュエーション行動と、親の「愛着に関わる心理状態」との間にみられる**世代間相関関係**を発見したのです。これら二つの所見は、乳児の非言語的行動パターンが表象パターンを予見しうるということを示していますが、それらは内的作業モデルに関するボゥルビィの概念をメインが精錬してきた、その中心と言えるものです。

✤乳児の行動と六歳児の内的世界

ストレンジ・シチュエーションにおいてメインが観察した母子間のコミュニケーションパターンと、六歳児の表象的人工物との間にみられる構造的一致は、きわめて非凡と言えるほどのものだということが判明しました。[原注3] そのことを説明するために、分離の写真に対する反応として現れた、次の短い対話について考えてみましょう。差し迫った二週間の分離に直面する子どもの姿を写した写真を各々の子どもに見せてから、調査者が、「この子はどうしたと思う?」と尋ねました（以下、調査者の言葉は太字で記載）。

子1（乳児期は安定型）――泣く。（と言って、くすくす笑う。）**泣く?**（うなずく。）**どうしてこの子は泣いちゃうの?** だって、ママとパパのことを本当に愛しているから。**ママとパパのことを本当に愛しているから?** うん。**ほかには、この子は何をする?** 少しだけ遊ぶかな。

子2（乳児期は回避型）――知らない。**この子はどうするかな?** 知らないってば! **何も浮かばない?** うっ、痛っ。（おもちゃの馬を使って、高い声で。）知らない。**そうなの?** ふう。[a] しゃんと座れっ、ライオン!

子3（乳児期は両価型）――追いかける。**誰を?** パパとママを。新しいおもちゃの車でね――ぶううう〜――すぐに追いつくよ。**それで、どうなるの?** え〜と、え

a 訳注 もう耐えられない、というような、ため息。それにつづく、「しゃんと座れっ、ライオン!」は、おもちゃのライオンに八つ当たりするように、注意している様子。

〜と……弓矢を放って、そいつらを撃つんだ。**お父さんとお母さんを撃っちゃうの？**　うん。もしそうしたければね。

子４（乳児期は無秩序型）――たぶん、かくれちゃう。**かくれちゃう？**　うん。**それで、どうなるの？**　たぶん、クロゼットに閉じ込められるんじゃないかな。（ひきつり笑い。）**クロゼットに閉じ込められるの？**　そう。僕はクロゼットに閉じ込められたよ。[196]

子どもたちの母親とのストレンジ・シチュエーション行動における相違は、六歳児における右記のような①分離の「物語り」におけるそれと一致した相違のみならず、②家族画、③家族写真に対する反応、④両親との短い分離の後、再会する際の彼らの行動――における一致した相違までも予見していました。これらの結果の集積は、「母と乳児とのかかわり合いにみられる異なるパターンは、**異なる行動**を発達させるのみならず、**異なる表象プロセス**をも発達させるにちがいない」ということを実証していると言えるでしょう。[193]この所見を考慮すれば、私たちの最初の愛着作業モデルは最早期のかかわり合いの坩堝において作り上げられるのだということが明白になってきます。

✿親の内的世界と乳児の行動
――成人愛着面接とストレンジ・シチュエーション

メインの第二の発見は、次のことを強く示唆しています。すなわち、①**親の内的作業モデル**は、子どもとの発達的かかわり合いの性質に決定的影響を及ぼすということ、そして②その発達的かかわり合いの性質が、今度は子ども自身の作業モデルを形作るということ――です。メインは、彼女の研究において（五年前、ストレンジ・シチュエーションにより評価した）子どもたちの愛着にみられた安定性と、親の「愛着に関わる心理状態」（AAIにより評価した）との間に、重大な相関関係がみられることに気づきました。

より明確に言えば、ストレンジ・シチュエーション分類は、**AAIの結果を予見していた**のです。[196]そして重要なことに、逆もまた真であるということも示されました。すなわち、つづいて行われたメインの研究および世界中の莫大な数の調査者による追試が、親のAAI分類は、子どものストレンジ・シチュエーション分類が安定型か不安定型かに関し、七五％の確率で予見するということを実証したのです。驚いたことに、**子どもが生まれる前に**、親に対して施行したAAIまでもが正確に予見していました[306]。

AAIが、ストレンジ・シチュエーションと同じくらい、愛着システムに「呼び水をする」ということを思い出してください。AAIには、応答者にとってきわめて喚起的もしくはストレスフルな体験を引き起こす潜在力があるのです。それにより、応答者は、「まとまりのある談話」を語れるだけの力があるかないかを実証する豊富な機会を得ることでしょう。なお、「まとまりのある談話」とは、愛着に関わる安定した心理状態の特徴としてメインが同定したもので、内的一貫性があり、もっともらしく、協力的なAAI回答においてみとめられました[190][191]。

メインの研究により、安定型愛着の子どもを育てた親のAAI回答と、不安定型の子どもの親のAAI回答との間には、著しい相違があるということが明らかになりました。前者は、親の、面接者と協力し合いつつとりくむための適応力のみならず、愛着に関する生育史を探究する際の、回想することの容易さ、思慮深さ、客観性をも明白に反映していました。彼らは愛着関係に関し、まさしく客観性を持っていた（すなわち、愛着関係の重要性やその影響を容易に認めた）ので、メインは彼らのことを、愛着に関し、「安定／自律型」の心理状態を有する人たち、と記述しました。

きわめて対照的に、不安定愛着の子どもを持つ親は、AAI回答において、まとまりを保ち協力的に談話をつづけることの困難さが一般的なパターンとして現れました。なお、まとまりのなさと共同作業の失敗とを表す三つの**独特のパターン**は、不安定型のストレンジ・シチュエーション行動の三つのパターンとの一致を映し出しているということもわかりました。回避型乳児の親は、「愛着軽視型（dismissing）」の親と名づけられました。なぜならば、①愛着の価値と影響を軽視する傾向、②愛着に関連した体験を思い出せないと主張する傾向――がみられたからです。両価型乳児の親は、「とらわれ型」と名づけられました。なぜならば、過去の愛着体験が絶えず現在へと侵入してきているようだと思われたからです。最後に、無秩序型乳児の親は、過去の外傷について話し合っている時、断続的に無秩序あるいは無方向状態となってしまうようだったため、「未解決／無秩序型」と名づけられました。[190,191,193,196,264] 表3.2に要約を記しましたので、ご参照ください。

メインの研究は、AAIにおける親の「談話様式」（すなわち、親自身の愛着体験に関する話し方）と、ストレンジ・シチュエーションにおける乳児の愛着行動との間に、否定し難い一致がみられることを明らかにしました。親自身の過去をまとまりある形で反省する力の強靭さが、子どもに安心感を伝える力に重大な影響を与えていると結論づけるのは、妥当なことでしょう。そして、この後まもなくふれる予定ですが、「愛着に関わる心理状態」の安定性は、結局のところ、個人史における特定の事実によると言うよりも、たとえ問題を多く含んでいたとしてもその個人史を深く理解する努力の成否によるところのほうが大きいと言えそうです。

✤「テンプレート」としてではなく「ルール」としての作業モデル

メインは、自らの研究において、（一）乳児の非言語的行動パターン、（二）六歳児の愛着表象、（三）AAI中の親の談話の形式と内容――の三者間に、驚くほど正確な一致がみられることに気づき、感動を覚えました。彼女は、これらの一致について、次のように例示しています。

ストレンジ・シチュエーションにおいて不安定－回避型の乳児は、親から逃れようとして、①顔を背ける、②離れていく、③無視する――という行動をとるが、その五年後には、その子は親を思い出させる表象を避けるために顔を背ける。親は、子どもとの談話において、物体としての子どもとその活動性に焦点づけて話し、修辞的に質問し、（子どももそうであるように）交互に話す機会

表 3.2　AAI 分類と一致する乳児のストレンジ・シチュエーション行動パターン

成人愛着分類システムに関する記述は、メイン、カプラン、キャシディ（1985）およびメイン、ゴールドウィン（1984－1998）より要約。乳児の A、B、C 分類に関する記述は、エインズワース、ブレハー、ウォーターズ、ウォール（1978）より要約。乳児の D 分類に関する記述は、メイン、ソロモン（1990）より要約。ヘッセ（1999）より引用。1999 年、Guilford Press。許可を得て重版。

成人の愛着に関わる心理状態	乳児のストレンジ・シチュエーション行動
安定／自律型（F） まとまりのある協力的な談話。愛着を重視しており、どんな特定の出来事／関係性に関しても客観性を保てていると思われる。愛着に関連した体験の描写と評価には一貫性がある（その体験が好ましいか否かにかかわらず）。談話において、グライスの格言に顕著に違反することはない。	安定型（B） 分離前のエピソードにおいては、部屋やおもちゃを興味深そうに探索する。分離の際には、親が居ないことに気づいてさみしそうにするというサインがみられる――しばしば第二の分離の際には、泣く。明らかに、見知らぬ人よりも親のほうを好む。親を積極的に迎え、通常は自分から身体接触する。通常、第二の再会では何らかの接触が与えられるが、その後、落ち着いて、遊びへと戻っていく。
愛着軽視型（Ds） まとまりがない。愛着に関連した体験および関係性をはねつける。普通だと主張（「優れて、ごく普通の母親です」など）し、その一般化された生育史表象は、詳述された出来事により支持されないか、あるいは積極的に反駁される。そのため、グライスの質の格言に違反している。面接記録もまた、極度に短く、量の格言にも違反している。	回避型（A） 親からの分離の際、泣かない。 再会の際、親を積極的に避け、無視する（すなわち、離れていく、後ろを向く、抱き上げられると身体を反らせて降りようとする）。ほとんど（あるいは全く）近づいたり接触を持とうとしたりしない。苦悩も怒りも示さない。親に対する反応には、見たところ情緒が伴っていない。最初から最後まで、おもちゃや環境に関心を向けている。
とらわれ型（E） まとまりがない。過去の愛着関係／愛着体験にとらわれていて、怒って	抵抗／両価型（C） 分離に先立ち、もう既に用心していたり、苦悩していたりするのか、

いるように見えたり、受身的であったり、怯えていたりする。話す際の一文一文が長く、文法的に混乱していたり、あいまいな表現が多かったりする（「え～っとえ～っと」、「ていうか」）。そのため、グライスの方法の格言および関連性の格言に違反している。回答は、しばしば極端に長くなり、グライスの量の格言にも違反している。

未解決／無秩序型（U）

喪失や虐待に関する話になると、論証あるいは談話のモニタリングに著明な逸脱を示す。たとえば、死んだ人が、身体的な意味合いで未だ生きているとか、子どもの頃にそう念じたからその人は死んだのだ――などという信念について、短く述べるかもしれない。あるいは、長時間の沈黙や、称賛的な語りへと逸脱しがちかもしれない。語り手は通常、同時にDs、E、Fのいずれかにも適合するだろう。

ほとんど探索しない。手順の最初から最後まで、親のことにとらわれている。怒っているか、あるいは受身的に見える。親との再会の際、落ち着かせたり慰めたりしても効果がない。通常、親のことで頭が一杯のまま、泣きつづける。再会後に探索行動へと戻ることはない。

無秩序／無方向型（D）

親の居るところでも、無秩序な行動および（あるいは）無方向の行動を示し、行動方略の一時的崩壊を思わせる。たとえば、解離様の表情を示し、両手を挙上したまま、かたまってしまったりするかもしれない。親の入室の際、起き上がり、その後、うつむいて床にうずくまったりするかもしれない。あるいは、しがみついているのに、激しく泣き、目をそらし、反り返ったりするかもしれない。乳児は通常、同時にA、B、Cのいずれかにも適合するだろう。

訳注　グライスの格言　日常言語学派の流れをくむ哲学者、ポール・グライス（Paul H. Grice, 1913－1988）による。

［A］量の格言
（1）必要な量の情報を発話に盛り込め。
（2）必要以上の情報を発話に盛り込むな。

［B］質の格言
（1）間違っていると思うことを言うな。
（2）十分な証拠のないことを言うな。

［C］関連性の格言
（1）関連のあることを話せ。

［D］方法の格言
（1）はっきりしない表現は避けよ。
（2）解釈が分かれるような言い方をするな。
（3）簡潔に話せ。
（4）順序よく話せ。

（参考　「日本語語用論のしくみ」加藤重広著　研究社　2004）

を提供したり、話題を推敲したりするということは、ほとんどみられない。回避型乳児の親は、ついぞ自分の幼少時の出来事を思い出せない状態のまま、そして（あるいは）それらの出来事による影響をはねつけるか脱価値化するかした状態のまま、成人愛着面接を終えてしまう傾向がある。愛着を引き出したり関係性を想起させたりする潜在的なきっかけに対する選択的不注意は、親子双方により維持されているルールであるらしく……。[196]

メインは、内的作業モデルは、精神分析理論における内在化された自己・対象イメージのようなテンプレートとしてではなく、むしろ「情報への接近をすすめたり、逆に制限したりするような**構造化されたプロセス**」として考えると、最もよく理解できると提案しました[196]（強調は著者）。ボゥルビィの最初の概念の上に立って、メインは、内的作業モデルを次のように再度理解し直しました。

> 愛着に関する情報を組織するための意識的・無意識的**ルール**についてですが、……安定型 対 種々の不安定型愛着組織という用語は、内的作業モデルの特定の型を参照するのに最良の用語と言えるでしょう…**それは、感情や行動のみならず、注意、記憶、認知までも指しています……**。個々人の内的作業モデルの相違は、**非言語的行動パターンの相違のみならず、言語的パターンや心の構造にまで関係していると言えるでしょう。**（強調は著者）

メインは、私たちが最初の関係性において内在化するルールは、最初は乳児期において特定の愛着人物との関係で「うまくいった」体験から生じると仮定しました。これらの「愛着に関するルール」は、まさしく文字通り、生きるためのルールであり、それは生物学的に伝達された生存に基づく愛着システムと、私たちが体験する養育という現実との相互作用から生じるものです。以前、メインは、回避型乳児と両価型乳児におけるコミュニケーション行動の相違は、親との愛着を最大限活用するための**適応方略**の相違を各々反映するものとして理解しうると推論していました。つまり、一方は、いつも決まって非応答的であり、またもう一方は、いつ応答してくれるかわからない——そういう各々の親に対応しているのだと、メインは考えたのです[188,191]。そしてさらに、「行動／コミュニケーション」方略において最初に体現されたルールはまた、ついには愛着に関する感情・願望・記憶に接近する範囲およびその性質を決定する「表象／注意」方略をも生み出すということを、メインは付け加えました。以前、エインズワースが、安定した愛着と、愛着と探索との柔軟なバランスとを同等視していたのと全く同じように、メインもついに、焦点づけ・情動・思考・記憶の柔軟性を、安定性のマーカーとして同定しました。彼女の研究において最も安定していた親子は、「予測可能な『ルール様の』規則正しさやパターン化」から最も自由な親子でもあったということを、彼女は指摘しています[191,196]。

乳児のコミュニケーションパターン、すなわち愛着関係を育む（あるいは断絶を避ける）ために用意された発生途上の表象方略について考えると、それが対人世界および内的世界のいずれにも大いに関わりがあることは明白です。ストレンジ・シチュエーションにおいて、エインズワースは、柔軟性（安定型愛着の乳児において）や、抑制あるいは増幅（不安定愛着の乳児において）により多彩に特徴づけられたコミュニケーション行動を観察してきました。メインの仕事は、これらの対人的コミュニケーションパターンの相違が、各々の乳児の自分自身とのコミュニケーションパターンの相違にも一致して映し出されているということを示唆したのです。

安定型乳児は、母親の応答性を確信していたので、自らの愛着に関わる感情や要求に十分調律することができました。すなわち、彼らはそれらに気づくことも、表現することもできたのです。回避型乳児は、母親の拒絶とそれに対する反応としての自らの怒りとを先どりしてしまうので、愛着に関わる感情や要求に気づいたり表現したりすることなど、もってのほかでした――だからこそ、そのような内的体験を抑制あるいは軽視するという回避型方略をとるわけです。両価型乳児は、母親の予測不能な利用可能性（availability）に応じて、愛着に関わる感情や要求への気づきも表現も、見るからに増幅あるいは最大限にする方略を発達させていました――まるで、世話を継続する保証を得ようとしているかのようでした。

メインはさらに、これらの組織化された表象／注意／行動方略において体現されるルールは**積極的に実行される**という、臨床的にも重要な点を付加立証しています。たとえば、回避型乳児は、単に母親に気づかないというだけではないのです。むしろ、彼らは自らの関心をおもちゃへと限定し、積極的に母親を鼻であしらったり無視したりするのです。まるで、ストレンジ・シチュエーションにより呼び起こされた不安を感じてしまうことのないように、また期待してはいけないと学んできた心地よさを母親に求めるという苦悩を感じてしまうことのないように、気を散らしているかのようでもあります。彼らは出力することを歓迎されていない愛着システムを抑制するために、探索システムを過活性化していると推論できるでしょう。同様に、両価型乳児は、単に母親にとらわれているというだけではないのです。むしろ、積極的に結びつきを求め、また母親の居所を厳重にモニターすることに注意を集中するのです。そして、おもちゃを完全に無視し、対人的環境のみをスキャンしているようです。苦悩を増強するかもしれないどんな些細なきっかけにも油断しません。彼らは、①母親の予測不能な注意をふん捕まえることと、②母親が阻害しがちな自律的探索を抑制することとの、いずれのためにも愛着システムを過活性化していると推論できるでしょう（メイン、一九九五、一九九九）。

私たちの患者も、これらの乳児に酷似しています。すなわち、「愛着のルール」の厳守を積極的に強化していることがわかるのです。たとえば、愛着に関わる心理状態が愛着軽視型の患者が、他者の要求に注意を独占されているという状況は、かなり頻繁にみられることです。そうすることで、彼らは未だ対処したことのない自分自身の情緒的要求を否認する癖を助長しているのでしょう。それに対し、とらわれ型の心理状態にある患者が、恋人が本当に自分だけとつきあっているのかという疑念にとらわれているということも、よくあります。そうすることで、彼ら独自の要求を軽視するといういつものやり方を助長しているのでしょう。

ここでの臨床的含蓄は、私たちの患者は、ある意味で、先在する期待および現在用いている対処方法を支持し、主観的に「正当」と思えるようにするよう自らの注意力を無意識的に行使しているのだろうということです。メインが「二次的安心感」と呼んだものを生み出すために、前記のような成人は、いつも決まって応答してくれないか、あるいは予測不能だけれどもたまに応答してくれる親との近接性（と同時に自己組織化）を維持するための「二番目に良い方略」を採用せざるをえなかったのでしょう[191]。これに関連して、私たちの患者に（そして私たち自身にも）みられる思考、感情、記憶および行動の多くは、愛着に関する旧式の（しかしおそろしくしつこい）内的作業モデルを保護するために生じ、また維持されてきたのだととらえたほうがよいのでしょう。

これらのモデルの「粘着性」は、長い間、臨床家にとっても研究者にとっても等しく関心の的でした。フロイトはもちろん「反復強迫」へと私たちの注意を向けてくれましたが、ボゥルビィ[41]は、内的作業モデルの「自己保存的性質」に注目しました。メインは、これらのモデルに関して熟考したうえで、それらのモデルの（とりわけ不安定型の）不変性を、それらが最初に出現する決定的文脈（すなわち、生存のため）に帰するものとしました。つまり、（一）生存を可能にしてきたルールは、容易には放棄されそうにないということ、（二）内的作業モデルにより命じられたルールは、これらのモデルを保護するために、実際に長年を通して機能するということ——に注目したのです。そのようなルール、すなわち自分自身に何を気づかせ、感じさせ、想起させ、また何をさせるかを決定しているルールは、厳格に実行されます。なぜならば、それらに違反することは、情緒的生存を可能にしている心理状態や存在のあり方に異議を唱えることになるからです。したがって、安定型、回避型、両価型あるいは無秩序型の乳児において最初に生じた愛着に関する特定のモデルは、気づき・情動体験・行動のパターンをそれと一致させることにより、積極的に永続する傾向にあるのです。そしてついには、親としての養育行動までもがそうなります。

愛着パターンの世代間伝達

前述のように、愛着パターンは、世代を交差して維持されるほど強固な性向を持っています。メインの最初の調査の追試として、ファン＝アイゼンドーン[306]は、当時入手できた類似の研究のメタ分析（六ヵ国十八例）を行いました。彼は、親のＡＡＩ分類は概ね子ども（乳児）のストレンジ・シチュエーション分類を予見していると結論づけました。安定型乳児は安定型成人となり、そして親になれば安定型の子どもを育てるということのほうが、そうでないことよりもはるかに多かったのです。同様に、回避型乳児は愛着軽視型成人になり、その子どもは回避型になる傾向があると予期される、なども示されました。また、三世代を交差する愛着の運命を探究した研究が一つだけあるのですが、それは、祖母の愛着分類は既に成人した娘のそれのみならず、娘の子どもたちのそれに至るまで一致する傾向があるということを示唆しています[144]。どのように、またどうして、愛着に関し、世代間伝達が生じるのかは、研究者にとっても臨床家とっても等しく重大な疑問です。また、その疑問の答えは、養育に関する重要な含蓄を含んでもいることでしょう。

メインの研究は、安定型愛着とは、親の柔軟性がもたらす子どもの柔軟性という所産であるということを示唆しました。行動と情動の広いレパートリーを持ち、ほぼ無制限と言える注意力を発揮できる安定型の親は、乳児のシグナルに対し敏感な応答を提供するための備えを十二分に持っているように見受けられます。そしてそのような応答性は、エインズワースその他の研究者により、安心感を生じさせるうえで中心的役割を演じているものとして説明されています。

不安定型に関しては、メインは、愛着軽視型およびとらわれ型の親は、子どもとかかわる際、愛着に関わる親自身の心理状態を保護するために、ある種、無意識的に計算された行動をとっているということを示しました。これらの心理状態は、元々は、親自身の親との近接性を保つための絶対的で最優先の要求に応答するなかで生じたものです。このような選択的無視あるいは誤調律の応答を命じるルールを通して自分自身を守っている親にとっては、そのような心理状態に対するどのような挑戦も全て（彼ら自身の子ども［乳児］の行動の様相も含む）が脅威となっていました。不幸なことに、そのような不安定な親自身を守るために彼らの注意と行動が極度に制限されていることもまた、子ども（乳児）のシグナルに対し一貫して敏感であるための力を土台から侵食していました。反応として、これらの乳児は、親のルールを映し出すようなルールを採用していました。つまり、回避型乳児は愛着行動を軽視し、人間以外の環境を探索する行動を最大限にしていたのに対し、両価型乳児は愛着行動を最大限にし、自律的探索を軽視していたのです。

安定型、回避型および両価型の乳児と異なり、無秩序型乳児は、繰り返し、親をぞっとするような恐ろしいものとして体験してきたのだろうと確信できました。なぜならば、これらの親は、しばしばあからさまに虐待していましたし、それでいて時には、乳児に脅されているように、また（あるいは）解離しているように見えたからです。メインのＡＡＩ研究は、無秩序型の親は自らの児童期における未解決の外傷あるいは喪失体験にとらわれているということを示しています。

全く意識的に処理されたことのないこれらの圧倒的体験は、解離状態により保護され休眠中となっていましたが、情緒的に興奮させる特定の文脈により活性化される可能性がありました。外傷あるいは喪失を呼び起こすきっかけ（たとえば、子どもの苦悩、要求あるいは怒りなど）に直面すると、これらの未解決型の親は、（それまでは）解離されていた体験の洪水に飲み込まれてしまいがちでした。そしてそのような状況が、子どもを怖がらせるような親の行動の引き金になるということが、非常に頻繁にみられました。そうしてこれらの子どもは、呆然とさせられるような矛盾に捕まえられてしまったのです。つまり、安全を求めて反射的に親のほうを向くのと同じ瞬間《モーメント》に、親に対する恐怖が、そこから逃れたいという願望を引き起こすのです。この種の体験の反復は、乳児期全体の無秩序へとつながり、後には、解決できない矛盾の「解決」手段としての、支配的で、親と役割が逆転した行動へとつながっていきました。したがって、親の未解決の喪失あるいは外傷の遺物は、まるでカプセルにでも入れられたように封じ込められた解決困難な外傷として、そのまま子どもへと遺されていったのです。ここで短い例を提示しましょう。

少し前に、私は、あらゆる種類の医療行為が心底怖いという男性患者の精神療法をしていました（採血を受けるかもしれないと予想しただけで、彼は一度ならず気絶していました）。私は彼に、「子どもの頃、お医者さんへ連れて行ってくれたのは誰ですか」と尋ねました。「母です」と、彼は答えました。この男性とはかれこれ数年間、精神療法をつづけていましたが、この物語については聞いたことがありませんでした。その後、彼はある物語を淡々と語りました。そしてその物語は、長期的につづいた彼の恐怖に意味を持たせ始めたのです。

「ママのお母さんが、難しくないはずの手術を受けるために病院へ行ったのは、ママが五歳の時でした。彼女は手術中に死にました。でもママは、お母さんが死んだということを聞かされませんでした。ママのお父さんから、お母さんは具合が悪くて、とてもお前の世話をすることはできないと言われ、ママは親戚の家へと預けられました。そしてママが八歳の時、お父さんが再婚したので、家に連れ戻されました。でも、お父さんは新しい奥さんを紹介する時、『きみのお母さんだよ』と言っただけだったのです。彼女はそれを信じました。でも、数年後、彼女は真実を知ってしまったのです」

この種の外傷と不安定さがどれほど親から子へと伝達されるかを説明するために、メインは次のように述べています。すなわち、愛着の不可避性とは、発達上の犠牲がどれほど途方もないものであっても、幼児が、ある意味、親の心理的現状を保護するように応答してしまうほど強いものなのだ、と。また同じ理由で、子どもが成長した後も、親は通常、子どもと共謀して、今や共有するようになった心理状態を強化するようなかかわり合いのパターンを維持するだろうとも述べています。

たとえば、未解決型の親は、無秩序型の子どもの役割逆転的な行動を歓迎するでしょう。なぜならば、そのような行動は、彼ら自身の情緒的要求とぴったり合っているからです。ずっと昔、自身の親に対し、心配したり、あるいは罰したりという形で応答することを学んできた彼らは、今度は子どもから同じ応答を「誘い出す」ことでしょう。なぜならば、そうすることで、オリジナルの必要不可欠な内的・対人的パターンを保護することができるからです。したがって、これらの堅固な注意・行動パターンを永続させようという親の（しばしば無意識的な）要求は、子どもの中にも同様の堅固なパターンを引き起こします。メインは、このことが不安定愛着の世代間伝達のメカニズムであろうと推論しています[191]。

しかし、問題は未解決のまま残っています。先に述べたメタ分析において、ファン＝アイゼンドーン[306]は、関連研究に、高度に洗練された統計処理を施しました。そして、愛着研究者は、彼が「伝達ギャップ」という言葉でうまく表したものに直面したと結論づけています。養育者の敏感な応答性という性質が、愛着が安定型となるか不安定型となるかの基盤となると、長い間、考えられてきました。確かに、部分的にはそれで説明がつくと思われます。しかし、その親の作業モデルが、どのように、そしてなぜ子どもの作業モデルとなる傾向があるのかということに関しては、決して完全にわかったというわけではありませんでした。一九九一年に、メアリー・メインが、二つの不可欠な概念、すなわち**メタ認知的知識**と**メタ認知的モニタリング**を愛着領域へと導入したのは、きわめて印象的なことです。そしてそれらの概念は、後に、ピーター・フォナギーの協力を得て、いわゆる伝達ギャップを閉じるのを助ける役割を果たしたのです。

メタ認知――考えることについて考えること、表象世界について表象すること――

乳児、六歳児および成人の表象世界を地図化する試みにおいて、メインはずっと、ボゥルビィの内的作業モデルの概念に依拠してきました。しかしある時点で、彼女は次のことを悟るに至りました。すなわち、実際に愛着に関する単一の「モデル」を持っていると言えるのは、**安定型**の個人だけだということです。彼らの一貫して敏感な養育者（安全基地を提供してくれる）との体験は、他者は彼らの要求に応えてくれるだろうという比較的不変の予測に帰着すると思われました。

対照的に、不安定型の個人は、そのような安全基地を提供してくれない代わりに、①拒絶、②予測不能性、③恐怖――を与える親に育てられていました。このような好ましくない体験の結果としての、①矛盾した、②まとまりのない、③解離された愛着表象について記述するために、メインは、「多重モデル」という用語を用いましたが、ここでも彼女はボゥルビィの先例に追従しています。ボゥルビィは次のように書いています。「多重モデル仮説――それは、大いに影響を与えるが比較的（あるいは完全に）無意識的なモデルのひとつであり、別の用語で言うところのフロイトの力動的無意識仮説を言い換えたに過ぎない。[190]」

安定型の個人における「ひとつに」統合されたモデルは、柔軟性を育み、また愛着に関する情報にふれることを容易にしますが、それとは異なり、多重モデル（すなわち、矛盾しているか、あるいは葛藤している）は、問題にかかわるための注意力を防衛的に狭めるよう命じるのです――すなわち、ボゥルビィ[44]が言い表しているように、そのような注意力を働かせるのは「知ってはいけないことを知り、感じてはいけないことを感じること」なのです。既に見てきたように、この脅迫するような思考・感情の堅固な締め出しは、不安定型の親が乳児のシグナルに敏感に応答する力を阻害します。またそれは、必然的に、これらの親が自らの体験から一歩下がって反省する力を土台から侵食してしまいもするのです。

メインによれば、多重モデルについての考察は、彼女を**メタ認知**へと直ちに導いたとのことです[190]。そしてここで、メインはまさに、体験（特に心的体験）に対する自己のスタンスという臨床的重大問題へと、私たちを一直線に運び込んでくれます。それまでは主に認知心理学者により研究されていたことですが、メタ認知とは、認知についての認知を指しています。すなわち、考えることについて考えることです。メインを換言すれば、それは私たち自身の（あるいは他者の）心的表象の「**単に表象にすぎない性質**」を認識する力を意味します。

メインは、表象（「私は忘れっぽい人です」）とメタ表象あるいはメタ認知（「私は、彼女は忘れっぽいと、しばしば感じている者です――なぜなのかはわからないけれど」）との区別を強調しています。メタ認知を働かせる力があれば、私たちは、さしあたり自分が特定の心理状態にあるということに気づけることでしょう。逆に、そのような力が欠けているならば、私たちは**単にその心理状態にあるだけ**ということになります。メインはさらに、「メタ認知的知識」と「メタ認知的モニタリング」とを区別しました。

メタ認知的知識とは、認知科学者が「見かけと現実との区別」と呼んでいるものを把握する力をその中核とするものです。それなしには、私たちの発想や知覚は正当性を欠いているかもしれないとか、他者は間違ったことを信じているかもしれないなどということを悟ることはできません。私たちの患者は、「知識の間違いやすい性質」に気づけなければ気づけないほど、自らの体験を反省する力のみならず反省したいという気持ちまでもが制限されてしまいがちです[190]。たとえば、ある患者が、最近、明確な自己主張を行いましたが、それは私からみると、あまりにも本当らしくないものでした。彼の確信に関して私が興味を示すと、彼は、単に本当だと**感じているだけ**だ、と言いました。そして彼は、あたかもこれがそのことに関する決め台詞《ゼリフ》だと言わんばかりに、「感情とは、究極の真実ではないのですか？」と、断固として付け加えました。

治療者として、治療カップルにおける**両パート**

ナーのいずれに関してもメタ認知的に理解する力を持っているということは、患者が変化できるようにするうえで決定的に重要なことです。私たちを、反省的反射的（reflexively）ではなく、むしろ反省的（reflectively）に応答させてくれるのは、まさにこの種の理解なのです。すなわち、感情、信念および願望を、額面どおりに、直接的に、盲目的に受けとるのではなく、むしろそれらの持つ複雑な意味合いについて考察できるようにしてくれるのです。

見かけと現実との区別を越えて、メタ認知的知識は、**表象変化**（信念や感情は、やがては変化しうる、という感覚）および**表象多様性**（同じ状況に関し、他者は自分とは異なる信念や感情を抱くかもしれないが、それらは等しく妥当なものかもしれない、という認識）を認められるようにしてくれます。最も重要なことは、おそらく、メタ認知的知識は、私たちの現在進行中の体験がその根底にある心理状態（私たちが信じ、感じ、欲していることを含む）により深く影響を受けているということに気づけるようにしてくれるということでしょう。

そのような知識は、メインが**メタ認知的モニタリング**と呼んでいるもののための基礎を供給してくれます。メタ認知的モニタリングとは、体験の内側と外側にいちどきに我が身を置いてみることにより積極的に自己吟味するスタンスを意味します。この反省的スタンスに立つことにより、私たちは体験から一歩下がり、その体験に関する自らの**発想**の見地が矛盾しているかもしれない、偏っているかもしれない、本当らしくないかもしれない、ということに気づくことができるのです。また、そのような矛盾あるいは潜在的「誤り」をいち早く理解あるいは解決しようとする努力にもつながることでしょう。このように、メタ認知的モニタリングにより、私たちは、自らの体験を形作っている心の癖を観察し、興味を持つということができるようになるのです。

AAIの文脈においては、メタ認知的モニタリングの実例がみられれば、それは安定型愛着のマーカーとみなされました。逆に、そのようなモニタリングの逸脱が親にみられれば、それはその親の子ども（乳児）が無秩序型であることを予見していると考えられました。[191]

強靭なメタ認知力が、それを十分習得できる年齢の子どもにみられれば、好ましくない愛着体験の持つ破壊的影響（外傷を含む）を減弱する潜在力を持っているとと考えてよいだろうと、メインは述べています。もちろん、同じことが成人にも言えるでしょう。逆に、発達的にみて明らかな**メタ認知の欠如**が年少の子どもに見られれば、問題の多い愛着関連の出来事による影響への脆弱性は増大するということにも、彼女は注目しています。また、メタ認知が未だ発達していないかあるいは防衛的に抑制されている成人にも、同じことが言えるでしょう。なお、メタ認知が回復力あるいは脆弱性を授ける役割を負っていることは確実と思われますが、それが愛着に関わる**総合的中心**と言えるのかという疑問については、メインは未解決だったようです。

メタ認知のために機能できる力が、安定性（そしてその欠如と不安定性）に**関連している**ということは、彼女にとって、きわめて明白なことでした。しかし、メタ認知が安定した愛着を育むのか、**あるいは**安定した愛着がメタ認知を育むのかという点について言明する段階には、未だ彼女は至っていませんでした。これは単純に、その問題を解決するために必要な研究が、未だ手つかずの状態にあったためです。同じ理由で（親のメタ認知的モニタリングに関わるＡＡＩスコアが高いということが子どもの安定した愛着に関連しているという事実にもかかわらず）、親のメタ認知の質が、子どもの愛着が安定型か不安定型かを決めるうえで決定的役割を負っているということについても、メインは主張する段階にありませんでした。[190] しかし数年後には、ピーター・フォナギーという大西洋の反対側で愛着に関し研究している精神分析家が、まさしくそれを主張することを可能にしました。彼は、メインのメタ認知に関する概念化を、「心の理論」として知られる心理的能力の見地から拡張している間に、それを成し遂げたのです。[101]

◆原注

1　重要なことですが、メインの研究（およびほかの研究者のそれ）により、この「状態」は、やがてはそのような不変性を持つようになるものであるということが示されましたので、それは正確には、「特性」と記述されるべきものでしょう――そうだとしても、それは決して不変ではないのですが。

2　メインの長期研究の第二段階として、彼女とその仲間が、一九八二年、四十家族に関する各二時間のビデオテープによる評価を行ったことを思い出してみてください。分離と再会をめぐって作られた六歳児とその親を評価するためのプロセスが、明らかに愛着システムを活性化しました――まさにストレンジ・シチュエーションの時のように。調査現場に到着した各家族は、ポラロイド写真をとるのでじっとしてくださいと言われました。そしてその後、全家族が、二歳児の両親からの分離をドラマチックに描写した短いフィルムを見せられました（ロバートソン&ロバートソン、一九七二）。次に、実際の分離の時が来ました。六歳児はプレイルームに連れて行かれ、その間に両親は各々別々の部屋でAAIを施行されました。他方、六歳児は、女性の調査者と共に二十分間の「ウォーミングアップ」面接に参加しました。つづいてその同じ調査者が、その子どもに、両親から分離されようとしている子どもに関する六枚組の写真を順に見せました。各々の写真を見た後、子どもは、「その写真の子どもは、両親が去った後、何を感じ、どうすると思う？」と尋ねられました。その後、調査者は、先に撮ったポラロイド写真を見せながら、「でも、ここに君と君の家族が映っている写真があるよ。みんなそろっているよね」と言うのでした（メインら、一九八五）。また子どもは、家族の絵を描くようにとも言われました。最後に、子どもは少しの時間、箱庭で自由遊びをし、そうしているうちに片方の親が戻ってきました。その再会から三分後にはもう一人の親が戻ってきて、三分かそれ以上の再会の時を過ごしました。

3　母親とのストレンジ・シチュエーション行動から六歳児の愛着表象を予見した場合、その適合率は六八～八八％にものぼります。興味深いことに、父親とのストレンジ・シチュエーション行動の場合には、有意に関連を示していたのは再会行動と談話だけでした（メイン、一九九五）。

第四章　フォナギー以後

メインの言うところによれば、彼女とフォナギーは、別々に**心の理論**についての研究に引きつけられてきたとのことです（メイン、私的対話にて、二〇〇四）。心の理論とは、私たちが皆さまざまな度合いで、自分自身の行動および他者のそれを、その根底にある心理状態（信念、情緒、願望を含む）を基礎として理解する、その道すじを指しているものです。ここでの発想とはすなわち、児童期の初めに、私たちはある「理論」を発達させる。そしてその理論により、他者の気持ちになって考えることで、その人がどうするかを理解できるうえ、ある程度は予測できるようになる、というものです。フォナギーは、メインが影響を受けたのと同じ心の理論に関する著作からインスピレーションを得てきたものと思われます。しかし、彼はその著作を読むことにより、彼女よりもずっと幅広く、それを概念化していきました。

ピーター・フォナギー――メンタライジング、体験様式、自己の間主観的起源

四半世紀以上も前、フォナギーは、ロンドン大学の新米講師として、フロイト記念精神分析客員教授によるセミナーやコンサルテーションを組織するためのつなぎ役に任命されました。そしてその時（一九八〇年）の客員教授が、まさにジョン・ボゥルビィその人だったのです。その年、ボゥルビィの講義を受けながら、フォナギー（今や彼自身もフロイト記念教授の地位を得ています）は、ボゥルビィの発想のみならず、彼の深遠なる社会的関心にも非常に

ひきつけられたと言っています。

ボウルビィは、自分ほど恵まれていない人々の幸せのために、非常に献身的でした。彼のヴィジョンは、私にとってはとてつもなく印象的なものでした。それは、社会的権力や社会的圧力についての考察と共に、科学とひとりの人間およびその主観性への気遣いとを結合したヴィジョンだったのです。そのことが、私にとっては今も変わらず、愛着理論の見地が最も重要で、最も興味をそそられるものだということの理由なのでしょう。

（フォナギー、私的対話にて、二〇〇五）

数年後、フォナギーは、ミリアム・スティールおよびハワード・スティールと共同して、愛着パターンの世代間伝達に関する研究を開始しました。この研究の開始から終了までずっと、フォナギーとその仲間は、ボウルビィのコンサルテーションを受けていました。彼らはまた、メアリー・メインから成人愛着面接（ＡＡＩ）の訓練も受けていました。

✽メンタライジングと「反省機能」スケール

メインの草分け的研究に感化されたフォナギーは、まず始めに、個々人のメタ認知力の相違に関する彼女の発想を運用可能にしようと試みました。ところが、メインは、ＡＡＩ施行中の成人の思考と回想に関する**自己モニタリング**についての研究に専念していました。そこでフォナギーは、（心の理論からヒントを得て）その焦点を拡大し、成人の心理状態全般への注意（特に、他者の心理状態への注意）もそれに含めることにしたのです。[99] フォナギーは後に、彼が**メンタライジング**と呼んだ力の持つ特質に関し、こう述べています。すなわち、**メンタライジング**とは、「世界に関する体験を仲介する心というものがあるということを悟るプロセス」であり、それは**自己認識**ではなく、むしろ心全般に関する知識である、と。[97] また、そのような知識は主として暗黙の知識なので、フォナギーとターゲット（印刷中）は、「心理状態について明示的に考える」活動を表すために「メンタライゼーション・プロパー」という用語を用いています。メンタライジング活動

（たとえば、ある娘の言及――父親が彼女を「拒絶」しているのは、彼女を憎んでいるのではなく、むしろ彼の抑うつによるものかもしれない――のように）は、フォナギーが**反省機能**のための適応力と呼んだものに根ざしています。

反省機能があれば、私たちは、自分自身や他者を心理的な深みを持つ存在としてみることができます。それにより私たちは、自らの体験を、表面的な行動のみならずその根底にある心理状態（すなわち、行動を理解可能なものにしたり、行動に意味を与えたりする願望、感情、信念）に基づいて理解し応答することができるのです。それだけに、反省機能は、洞察力や共感力と密接に関係しています。

個々人のメンタライジング力の強さを評価するために、フォナギーとその仲間は、**反省機能スケール**を考案しました。このスケールは研究を目的としてデザインされたものですが、非公式には、私たちの患者がどのような介入により効果を得られるのか、その臨床的判断にも役立てられています。被験者（あるいは患者）が、次のことを示していれば、強いメンタライジング力（そしておそらくは、治療者の解釈を受容する力）があると言えそうです。すなわち、

○**心理状態というものの本質に気づいていること**。たとえば、①自分自身や他者に関する私たちの理解は、いつも決まって不完全だということ。②人は、痛みを最小限に抑えるために心理状態を修正するかもしれないということ。③人は、内的状態を意識的に偽るかもしれないということ。④一定の状況においては、一定の心理的反応が予測できるということ。

○**行動の根底にある心理状態を詳しく識別しようと心がけていること**。たとえば、①行動について、信念・感情・願望の見地からもっともな説明ができること。②他者に関する私たちの解釈が、自分自身の心理状態の影響を受けているかもしれないということを理解していること。③ある状況に関する感情が、その状況の客観的見地とは一致していないかもしれないということを悟っていること。

○**心理状態の「発達的」様相を認識していること**。たとえば、①昨日感じたことは、今日あるいは明日感じることとは異なっているかもしれないということ。②親の行動は、親自身の親の行動により形作られていると同時に、その子どもの行動を形作ってもいるということ。③児童期の視点は、しばしば成人としての理解の見地から修正される必要があるということ。

○**面接者（あるいは治療者）に関連する心理状態に気づいていること**。たとえば、①話さなければ、治療者は、患者が知っていることを知ることはできないということ。②治療者は、患者の物語に対し、治療者自身の固有の情緒的応答をするかもしれないということ。③治療者の生育史とその結果としての心理状態は、患者のそれとはかなり異なっているかもしれないということ。

（フォナギー、ターゲット、スティール＆スティール、一九九八より許可を得て修正）

フォナギーは、ここで耳を澄ますべきは、心理状態にかかわる際の原則に関する宣言（「人は、ほかの誰かが感じていることを決して知ることはできない」）ではなく、むしろそのような原則が**暗々裏に**理解される徴候（「子どもの頃は、母親は私の世話をしてくれなかったと確信していました。でも、私が**母を**拒絶していたことに対して**母が**どんなふうに感じていたかを父親から聞いたものですから、今となっては、母が何を感じていたのか、定かではないのです」）のほうであると主張しています。

一九八七年、フォナギーとスティール夫妻は、妻が妊娠中の百例のカップルを募集し、彼らのスケールを用いてＡＡＩ研究を行いました。その研究は、多くの理由で注目に値するものでした。第一に、それは、**乳児の誕生以前に評価した親の愛着に関わる心理状態**により、乳児の一歳ちょうどの時点でのストレンジ・シチュエーション分類を予見できるということを立証したからです。第二に、強い反省力を持つ親が安定型の子どもを育てる確率は、そうでない親がそうする確率の三〜四倍以上にのぼりそうだということをも示したという点です。最後に、強い反省力には、不利な愛着史のために通常ならば不安定型の子どもを育てる方向へと親を導いてしまうはずの「悪循環」を壊す力があるということを証明しているという点です。

心理状態を反省する力は、問題の多い過去に対する「解毒剤」として作用する可能性があるという予測を検証するために、その研究では、母親を二グループに分けました。すなわち、第一グループを、重篤な剥奪を体験したことのある母親（親の精神病、長期にわたる親との分離など）とし、第二グループを、それがない母親としました。その結果、剥奪経験のある母親のうち、**強い反省機能**を有する母親は皆、安定型の子どもを育てていました。それとは正反対に、反省機能の弱い母親十七名のうち、安定型の子どもを育てていたのは、たったの一人でした。明らかに、メンタライズ力の強さは、困難の多い早期体験による影響を緩衝する保護因子となっていたうえに、不安定愛着を世代間伝達する可能性を減弱してもいたのです。[96,100,101]

これらのような発見により、フォナギーは、メンタライジングをまさに愛着の中核とみなすようになりました。事実、彼は「愛着はそれ自体では終わらない。むしろそれは表象システムを生み出すために存在している。そしてその表象システムは、おそらく人間の生存のために進化してきたのだろう」とまで主張するようになっています。[97] この表象システムが、進化論的生存に多大なる有利さをもたらしているる**メンタライジング**システムです。すなわち、それにより、人は、自らの行動のみならず、他者の行動をも理解し、解釈し、予測することができるのです。それだけに、それは「社会的理解力の基礎」であり、働く、遊ぶ、協力するなどの全ての行動にとって決定的なものです。[6]

十五年以上にもわたる、フォナギーとその仲間による類稀なる精力的な研究プログラムおよび理論構築は、メンタライジングおよび愛着が、発達、精神病理学、精神療法のどの分野においても決定的に重要な、結びつける役割を果たしているという力強い論拠をますます生み出してきました。要するに、親のメンタライジングは、子どもの安定した愛着を促進するために決定的に重要なものであり、また安定した愛着は、子ども自身の持つ潜在的メンタライジング力を活性化するための中心文脈を提供するのです。私たちの患者にみられる精神病理の多くは、①メンタライジングの抑制か、あるいは②最初の環境でそれを発達させ損なったかのどちらかを反映するものとしてとらえることができるでしょう。それと一致して、精神療法とは、患者のメンタライズ力を回復させるかあるいは点火する努力として理解することができるでしょう。

内的作業モデルに関するメインの推論と同じく、フォナギーも、早期の愛着体験の表象に関し重要なのは、記録された「テンプレート」ではなく、体験（特に、大変情緒的な［emotionally charged］体験）の精査を可能にするメンタライジング力の深さであると提案してきました。彼は、感情を感じると同時にその意味を反省するという力を表すために、「メンタライズされた情動性」という用語を提案しています。また、フォナギーの優れた共同研究者であるメアリー・ターゲットは、次のように述べています。「最も発達した反省機能とは、感情について考え、考えについて感じるということを含んでいます」（私的対話にて、二〇〇五）。

✤体験様式

フォナギーの探究の多くは、内的世界と外的現実との関係に関する感覚を表す心理的体験様式についての理解を助けることを目的としてきました。フォナギーは、三つの主観的様式《モード》について記述しています。すなわち、①心的等価、②ごっこ、③メンタライジング、です。

心的等価様式（**mode of psychic equivalence**）においては、内的世界と外的現実とは単純にイコールです。そこでは、信念と事実との間に相違はありません。私たちが考え、感じることは、物理的世界において私たちに生じていることを映し出しただけのもののようです――その逆も真なり、です。このような心境では、たとえば私たちがひどい扱いを受ければ、私たちが悪いのだと感じてしまうでしょう。そして、私たちが悪いのだと感じている時、私たちはひどい扱いを受けるだろうということを「知っている」のです。そのような閉じたシステムにおいては、心理的行動主体としての自己は、すっかり沈没させられてしまいがちです。すなわち、体験を解釈したり創造したりする「私（I）」は存在せず、ただ体験が起きる対象としての「私（me）」がいるだけなのです。

「ごっこ」様式（**pretend mode**）においては、内的世界は外的現実から分断されています。ここでは、私たちは現実性という束縛から解放されています。すなわち、私たちの想像することは何でも現実として感じられるし、無視することは何でもそこには実在しないということになります。解離、否認および極端な自己愛的誇大性は全て、この「ごっこ」様式にあたります。この様式においても、心的等価様式と同様に、体験の解釈者あるいは創造者としての自己は、制約を受けています。なぜならば、現実を考慮することが、想像していることへの脅威となるうえに、無視していることへと通じる扉を開くことになるからです。

メンタライジング（**あるいは反省**）**様式**（**mentalizing or reflective mode**）においては、内的世界は外的現実と分離していながら同時に関係してもいるということを、私たちは認識することができます。ここでは、①思考、感情および空想と、②実際に私たちの身に起きていることとが、いずれも影響を与えたり受けたりするということについて、反省することができます。この様式においては、主観的体験には解釈できる深みがあると感じられます。私たちは出来事とそれに対する自らの反応との相違を把握することができるので、内的自由という尺度を楽しむことができます。メンタライジングは、自己と他者の世界とは、豊かで、複雑で、曖昧なものだということを明らかにします。またそれは、外的現実に関する心的表象を実際の現実の変化に応じて修正する潜在力を私たちは持っているのだということを明らかにしてくれるのです。

フォナギーによれば、これらの体験様式は、発達の経過に従い、順次展開します。最初、乳幼児が心的等価の世界（すなわち主観的体験が抗し難く、時には脅威となるほどにリアルな世界）を生きるのは、避けられないことです。次に、子どもは、ごっこ様式（すなわち主観的体験が現実から分断される様式）を通して、ある種の解放をおぼえます。つまり、遊びにおいては、現実による制約が単純に存在しないふりをすることができるのです。最後に、正常発達においては、四歳の初め頃には、これら二つのより早期の様式を統合する向きが生じます。今や、内的世界は、外的世界と同等でも、完全に分断されてもいません。反省様式が現れるに伴い、内的現実と外的現実との関係について、暗示的（implicit）にも明示的（explicit）にも考慮する力が育ってくるのです[6,96,97]。

私たちが精神療法で会っている患者は、しばしば、心的等価様式および（あるいは）ごっこ様式から自分自身を救出することができません。前者の例では、彼らは感情や思考にいじめられています。すなわち、それらは事実とイコールなのだから、それらに服従して行動するようにと要求されているのです。後者の例では、彼らは希望的観測により、お高くとまっています。しかし自らの感情からも、彼らにとって重要なはずの人々からも、離れて孤立しているのです。

精神療法家および患者にとって、また研究者にとっても同様に、重要なのは次の疑問にちがいないでしょう。すなわち、何が心的等価様式およびごっこ様式という体験様式からメンタライジング様式への移行を促進するのか？　です。フォナギーの答えは（ボゥルビィ、エインズワース、メインの結論を精錬したものですが）次の通りです。すなわち、①愛着という間主観的関係性が、最初に情動調節をたっぷりと与えてくれること、そしてその後、②反省力のある他者の居るところで、少しばかり遊ぶということも、決してとるに足らないことではない、ということです。

✽情動調節、世代間伝達、間主観性

フォナギーは、体験の反省様式への架け橋は、情動調節を基礎として造られると確信しています。愛着行動の「生物学的機能」とは捕食動物からの保護ですが、赤ちゃんはまた、**情緒的生存**を確保しても

らいたくて愛着人物を求めるという面もあります。赤ちゃんは、生まれた瞬間から苦悩の感情に支配されますが、それらの苦悩を自分で管理しようにも全く無防備なのです。「安心感」を体験することが愛着の目的とみなされてきましたが、赤ちゃんは自らを圧倒する情動の調節を助けてもらうという点でも、愛着人物に依存しているのです。

フォナギーによれば、赤ちゃんの苦悩を「包容すること（containing）」に概ね成功している親は、通常、メンタライジングのための確かな潜在力を備えた安定型愛着の子どもを育てるだろうということです。なぜ、そうなることになっているのでしょう？ また、何が、①情動調節、②愛着の安定、③メンタライジングの三者間の交通を途絶するのでしょうか？

適切な包容と安定した愛着――

精神分析家ウィルフレッド・ビオン[25]は、支持的な母親は、赤ちゃんの情緒体験を心理的に包容する、赤ちゃんはそれを自力で管理することはできないが、母親の中に呼び起こすことならばどうにかできるのだ――と提案しています。そのような包容は、赤ちゃんには未だ耐えられない情緒体験を、母親自身の内に抱えて持ちこたえ、処理し、赤ちゃんが耐えられるような形にして、赤ちゃんへと返すということを必要とします。ビオンの発想を描写しつつ、フォナギーは、親は乳児の苦悩する情動を、情動的コミュニケーションおよび身体的ケアという言葉を通して包容することができるということを示唆しています。すなわち、（一）親は、苦悩の原因とその情緒的影響についてわかっているということ、（二）親は、苦悩に**対処する**ことも緩和することもできるということ、（三）親は、子どもの**意図スタンス**（それにより、行動［特に親の行動］の根底にある意図を推論すると言われている子どもの力）が新生していることを認識できるということ――を通して包容することができると言うのです[74]。印象的なのは、包容の第三の要素、すなわち親が子どもを、親とは別個の心を持った存在として認識しているということ、そして子どものほうも、自分自身の心と同様に親の心をも読みとる潜在力を持っているということ——が、「子どもが安定した愛着を形作る見込みを最大限にするうえで最も重要なことだろう」と、フォナギーが確信しているということです。[101]

乳児が管理しきれない情緒を、①共感、②対処、③子どもの意図スタンスへの理解を伝える応答——により適切に包容している親は、相互交流情動調節のプロセスに従事していると言えます。このプロセスを通して、安全な避難所として、また安全基地としての愛着関係に関わる子どもの信頼感を強化しているのです。そして、子どもの意図スタンスを認めることにより、これらの（メンタライズ力のある）親は、子ども自身のメンタライズ力の基になるような建築資材を提供しているのです。ここで言う①情動調節、②安定した愛着、③メンタライジングの三者の持つ相乗効果（synergy）には、注目しておきましょう。

子どもの情動を映し出すこと——

……鏡の先駆《さきがけ》は、母親の顔である。

——ウィニコット・D・W[318]

フォナギーは、情緒調律する親は、「随伴的」かつ「標識された（marked）」情動の映し出し（mirroring）を通して、共感および対処能力を伝達すると述べています。随伴的な映し出しとは、正確にはこういうことです。すなわち、①乳児の情動と一致した親の表情あるいは発声が表現される、②そしてその親の情動表現が、子ども自身の情動の最初の表象の基礎となる——ということです。そのような随伴的な表現は、親自身の情緒体験というよりもむしろ、**子どもの情緒体験の反映**と考えられるため、親はこれらを、ごっこことしての表現あるいは「あたかも」的表現（たとえば、情動を誇張して映し出したり、心をかき乱すような情動とそれに反対する情動とを混ぜ合わせたりすることによる表現）として「標識」しなければなりません。[97]親の応答とは、このような方法で、「赤ちゃんに、赤ちゃん自身の自己を与え返す」ことなのです。

そのような情緒調律された映し出しは、絶対的に重要です。なぜならば、親は「乳児が表現している内的状態に共鳴し、反省し、表現する」ことを通して、子どもが徐々に自らの情緒（認識し共有することのできる心理状態としての）を発見できるようにするのですから。そしてそれは、情動調節および衝動コントロールのための基礎を確立する発見なのです。[6] 加えて、**親の**（意図スタンスを持つ存在としての）子どもイメージが映し出される中に子ども自身を見ることにより、その子どもは、感じ、信じ、欲し、**メンタライズする**個人としての自分自身を体験し始めることができるのです――身体的現実の見地からのみならず、心理状態の見地からも体験に応答する個人としての自分自身を（フォナギーら、一九九五）。おそらく最も重要なことは、親の映し出しの**有標性**（**markedness**）を通してこそ、子どもは、自分の心は自分のものであるということに気づけるようになるということです。すなわち、有標性においては、私たちは、自らの個人性を維持しながら同時に自らが感じていることを否認します。つまり、実質的に、子どもが私たちにそうであってほしいと望んでいるようになるのです。これは、子どもの個人性が新生するうえで核となるプロセスです。そして、もしも養育者がそうすることができないならば――もしも養育者が自分自身のことで頭が一杯である（非随伴的な映し出し）か、あるいは子どものことにとらわれすぎている（標識されていない映し出し）かであれば、子どもは効果的に分離性の感覚を発達させることができません。

（フォナギー、私的対話にて、二〇〇五）

ゆえに、おおざっぱに言えば、これこそが、活きた関係性の文脈における高度に随伴的なメンタライジングにより可能となる相互交流情動調節のプロセスであり、そのようなプロセスを通して、安定型愛着は、世代から世代へと伝達されるのです。フォナギーによれば、メンタライジングこそが、このプロセスを仲介し、親自身の愛着史に問題があっても、安定型愛着の子どもを育てることを潜在的に可能にしているのです。

不安定愛着の世代間伝達――

フォナギーは、多くの不運なシナリオについても同定していますが、その全てにおいて共有されるテーマは、そのような親には子どもの管理しきれない情動を包容することができないということです。とらわれ型の親は、子どもの苦悩を共感的に映し出すことはできても、それに対処することはできないでしょう。愛着軽視型の親は、対処と安定性の感覚をもたらすことには成功しますが、共感を伝えることには失敗するでしょう。また、親自身の脆弱性のために、子どもの意図スタンスに共感的に応答する力が弱まっているという場合もあります。これらの脆弱性の中心にあるのは、子どもの分離性(separateness)により引き金を引かれての反響的不安や、親自身のメンタライジング力の欠陥です。たとえば、ある妊娠中の母親が、私に語ってくれました――彼女は、赤ちゃんといるのが不快なのだ、なぜならば、赤ちゃんは彼女を「見透かす」ことができるに決まっているからだ、と。ならば、彼女は、赤ちゃんが何を見透かすかもしれないと恐れていたのでしょう？――それは、泣いたり、かんしゃくを起こしたり、ちらかしたりという、赤ちゃんが自分勝手にやることなすことの全てに耐えられないという、軽蔑心でいっぱいになった彼女の気持ちだったのです。

親が、子どもの痛ましい情動を慢性的に包容できない場合、子どもはそれらの情動に対する親の特徴的応答の内在化を反映するような振舞い方をしがちです。たとえば、愛着軽視型の母親が、乳児の苦悩を無視するかあるいは抑え込むかたちで応答するならば、乳児も、自らの痛ましい情動に対応するために回避的方略を上手に発達させるでしょう――言い換えれば、乳児は、それらの情動を避けるかあるいは抑え込むでしょう。不安定な親の子どもは、親の防衛を効果的に「借り」ます。したがって、多くの場合、親の不安定性の遺物が、すなわち子どもの中のそれに相当する不安定さであると言えるでしょう。(フォナギーら、一九九五)

問題のある映し出し

もしも母親の顔が何も応答してくれないのならば、鏡とは、単に見るためのものであって、覗き込んで調べるためのものではないということになります。

——ウィニコット・D・W[318]

フォナギーは、特定の精神病理は、調律および映し出しの特定の失敗に関連しているかもしれないということを示唆しています。親による情動の映し出しが「標識」されていない場合、子どもは自らの苦悩の持つ伝わりやすさに圧倒されるように感じることでしょう。つまり、子どもが慌てたところで、ただ親の中に同じ情緒を引き起こすことにしかならないと思えることでしょう。標識されていない映し出しに繰り返しさらされることは、心的等価様式を強化すると考えられます。なぜならば、子どもの内的体験は、決まって外的体験に等しいと思えるし、出口がないと思えるだろうからです。フォナギーは、これが部分的には境界例病理の起源かもしれないと述べています。

対照的に、非随伴的な映し出しは、内的空虚感および種々の偽りの自己に帰結する可能性があります。なぜならば、子どもが内在化するように誘われているのは自らの情緒自己イメージではなく、むしろ親の情緒自己イメージなのですから。この場合には、子どもの内的体験と外的世界からの応答に含まれるその反映との連結が分断されているので、非随伴的な映し出しは、ごっこ様式の使用を強化すると考えられます。したがって、フォナギーによれば、いつも決まって非随伴的な映し出しにさらされている子どもは、空虚な自己の苦しみを和らげるための誇大性機能を思わせられるような、自己愛の病理に陥りやすいと言えます。[97]

包容を越えて

心的等価やごっこから外へ出る通路が、包容および情動調節によって生じ始めると、それは、部分的には遊びを媒体としながら、反省の境域へとつづいていきます。子どもがすっかり遊びに夢中になっている時、想像世界と現実世界とは完全に分離されていると考えられます。しかし、その遊びを、親や年長の子どもが見ていてくれる場合、あるいはそんなふうにして治療者が見ていてくれる場合には、そうしているうちに、ごっこの世界と現実世界とが重複し始めることでしょう。観察者は、コメントしたり、見たり、あるいは「解釈」したりしながら、内的体験と外的現実とを連結させていきます。そうしてその二つは、等価や解離に陥らずに、関係し始めることが可能となるのです。こうして、メンタライジングのための——ひいては「メタ表象」のための——基礎作業が確立されます（「メタ表象」とは、その人自身の内的体験および他者の内的体験は**単に表象にすぎない**という見地から反省する力を指しています[97]）。

フォナギーは、そのような発達は、関係的文脈および間主観的文脈においてのみ生じるということを強調しています。先に論じた情動の映し出しは、他者の心の中に自分自身の様相をみとめることを通して起きる間主観的プロセスの核となる要素です。子どもの発達過程にせよ精神療法過程にせよ、心理的自己すなわち情緒自己および反省自己は、最初は他者により認識され、理解されるなかで、発見される（あるいは、おそらくは創造される）ようです。そのような認識や理解に最適の設定とは、もちろん愛着関係です。

愛着から間主観性へ

間主観的な気づきに関する最初の長時間にわたる指導授業は、通常、愛着人物と共に行われます。愛着人物の存在および参加は、子どもの生存にとって不可欠です……。

——カーレン・リヨンズ＝ルース[183]

間主観性は、乳幼児研究家にとっても精神分析理論家にとっても等しく中心概念となってきていますが、それの意味するところについては未だ意見の一致をみていません。間主観性は、人間性の特徴として、誕生の時からさまざまな形で見られますが、それはひとつの発達的偉業であると同時に（あるいは）治療論でもあります。この言葉が多くの意味で用いられているなか、ビービー、ノブローチ、ラスティン、ソーター[20]は、「間主観性の諸形態《さまざま》」という観点からそれを考えることを推奨しています。なぜならば、間主観性とは、おおざっぱに言えば、二つの主体の間に起きる相互交流を表しているからです。つまり二つの心が向き合うことであり、それは明らかに、児童期および精神療法における発達的関係性の中心なのです——そして、本書のテーマでもあります。

✤生来的間主観性

乳幼児研究は、間主観性の基本形は、事実、誕生の時から存在しているということを示唆しています。私たちは、間主観的であるようあらかじめプログラムされている、つまり神経学的に「ハードウェアに組み込み済み」のようなのです（鏡《ミラー》ニューロンの発見は、この物語のカギとなる部分です。第五章の、愛着の神経生物学に関する議論で詳しくとり上げる予定です）。アンドリュー・メルツォフとコルウィン・トレヴァルサンは、新生児において、その最初の証拠を見つけた研究者です。トレヴァルサン[299]は、それを**一次的間主観性**と呼んでいます。

メルツォフとその仲間は、生後四二分の新生児が、大人の表情を意図的に模倣することを発見しました。生まれて初めて「おしゃぶり」を吸っている間（つまり、この間には模倣はできませんが）、乳児は大人の顔（口を大きく開けたり、舌を突き出したりしているところ）を見ていました。その後の二分半の間、おしゃぶりを口からとり除くと、乳児が徐々に上手に、大人の顔に見た表情に類似した表情をつくっていくのが観察されました。生後六週にもなると、ある日、乳児が、ある大人の表情によるジェスチャーを見て、その翌日、その大人の「中性的な（neutral）」表情と出くわせば、前日のジェスチャーを模倣することでしょう。明らかに、未だ生まれたばかりの乳児が、他の誰かの顔に**見た**ものと、自分の顔に**感じた**ものとが一致しているということを探知できるのです——そしてその心的表象を維持することも。この意識的な異種感覚マッチング（cross-modal matching）は、自己と他者とを相互連絡するための、そして「私はあなたに似ている」ということを理解するための驚くべき早期能力を示していると言えます[206-208]。模倣および関連性の知覚を通して、乳児は、他者の中に自分自身の様相を発見するのです。

トレヴァルサンも、メルツォフと同様に、新生児の模倣に生来的間主観性の証拠を見つけ出しました。しかし、模倣を越えて、トレヴァルサンは、乳児と大人の間での**相互に調節し合うコミュニケーション**を観察しました。すなわち、「双方とも、すぐさま相手の動機および目的を映し出すことができる。そのように、乳児とそのパートナーは**直接的に共鳴する接触**《コンタクト》**の状態**にある」[20]と。この接触の基礎となっているのは、事実、誕生の時から随伴的影響を探知できるという乳児の力です。その力とはすなわち、パートナーの行動は赤ちゃんの行動に随伴して起きる（あるいは、起きない）ということを認識する力であり、逆もまた同様です。赤ちゃんは、随伴的応答を強く好みます。そして、そのような応答性を認識する赤ちゃんの力が、共同行動における相互調節を生じさせているのです。トレヴァルサンによれば、その互いのコミュニケーション行動のタイミング・形・強度のマッチングの「読みとり」を通して行うものこそが、乳児とそのパートナーとの非言語的「原対話（protoconversations）」なのです。これらの行動対話は、きわめて優美な相互協調（intercoordination）を表します。それは、自己と他者の行動のみならず内的状態（特に動機および意図）のマッチングをも反映していると思われます[300]。フォナギーは、人間は間主観的関係を持つようにあらかじめ適応しているという点において、トレヴァルサンと一致しています。すなわち、「いわゆる一次的間主観性は、**確実にあります**。私たちは、自分の心が他者の中に存在すると確信して生まれてきます。私たちは、自分の心の中にあるものを見るために、そしてそれが何を意味しているのかを発見するために、他者を見るのです」と述べています（フォナギー、私的対話にて、二〇〇六）。

ほぼ同じ文脈で、ダニエル・スターン[286]は、次のように言及しています。すなわち、赤ちゃんは自分自身を発見するために母親を見る、また同時に、他者および世界について発見するためにも母親を見るのだ、と。スターンによれば、乳児は、生後おおよそ九～十二ヵ月頃に、重大な発見をします。すなわち、乳児は、自分には心があるということ、また母親にも心があるということ、そして心の主題（内的主観的体験）は共有できるのだということを発見するのです。たとえば、一歳児が、「見かけ上の絶壁」の向こう側にある、いかにもすてきなおもちゃにたどり着くために、すこしばかりドキッとするようなガラスの表面を横断するよう誘われるという古典的実験があります。この曖昧な状況に直面した赤ちゃんは、決まって、母親の顔とその表情が伝えている主観的評価を見たうえで、赤ちゃん自身の主観的体験がどうあるべきかを決めます。すなわち、母親が微笑んでいれば、赤ちゃんは、十分に安全そうだから、大胆に前へ進むという冒険に出てもいいだろうと感じているように見えます。母親がぎょっとしているように見えれば、赤ちゃんは慌てて後ずさりするでしょう。この種の「社会的参照」には、他者の心の中を覗き込むことにより、子どもが自分自身の心を決めていくという、共同注意の一形態が含まれています。

そのような注意の焦点の共有は、間主観的関係の特質の一つです。ほかにも二つあります。すなわち、意図の共有、そしておそらく最も重要なものとして、感情状態の共有があります。**情動調律**とは、スターンの用語で、①情緒的共鳴、②情緒的コミュニケーションという二重のプロセスを指していますが、それのおかげで、私たちは、①ほかの誰かが感じている何かをつくづくと同じように感じること、②体験を共有しているという事実をその人に伝えること――をいずれも、することができるのです。

スターンは、次のように述べています。すなわち、赤ちゃんが、赤ちゃん自身の内的状態に母親が調律してくれていると感じるためには、母親は赤ちゃんの情動を模倣する必要はない、なぜならば、模倣とは、体験に応答するのではなく、行動に応答するというコミュニケーションだからである、と。母親が赤ちゃんの**体験**を共有しているということを伝えるためには、母親は、赤ちゃんの情緒表現行動に対し「異種感覚的」な応答を差し出さなければならないのです。たとえば、赤ちゃんが、ワクワクしていることを身体で表現していたら、母親はそれに対し、リズミカルに声を出したりするかもしれません。あるいは、赤ちゃんが落胆していたら、母親は、赤ちゃんの不幸な泣き声と同じ時間的輪郭を持つ、聞きとれるほど大きなため息をついて、赤ちゃんに調律を伝えたりするかもしれません。コミュニケーション行動のタイミング・強度・形（この点では、スターンはトレヴァルサンに同調しています）という非言語的側面を通して、調律は表現されるのです。

スターンは、**意図**、**感情および注意の焦点の共有**こそが子どもの間主観的体験の性質の輪郭をはっきりさせるのであり、やがてはそれが子ども自身の体験となるのだと考えています。ここで、重大な発達上の疑問に出くわします。すなわち、何が共有できて、何が共有できないのかということです。この疑問に対する答えが、「どの体験が、互いに考慮し受容できる範囲内であり、どれがその範囲を越えているのか」を決定します[286]。調律された応答を呼び起こす意図、感情および注意の焦点は、共有可能なものであるがゆえに、子どもの自己感へと統合されうるのです。しかし、そのような応答を呼び起こすことに失敗してしまえば、それは共有されることもなければ統合されることもないでしょう。この角度からみれば、間主観的関係性とは、主観的体験を形作るうえでの決定的文脈なのです。スターン[287]は、そのことを、「二つの心が間主観性を創造する。しかし同じく、間主観性のほうも二つの心を形作っている。つまり、精神内界から間主観的なものへと、重心は移りつつあると言えよう」と述べています。

愛着、メンタライジング、間主観性 ――

スターンは、愛着と間主観性とは、別々の相補的な動機づけシステムであると確信しています。愛着システムは、①物理的近接性の持つ安全性、および

②探索行動により可能となる学習、という密接した要求の釣り合いをとっています。間主観的システムは、私たちの、①他者を知りたい、②他者から知られたい、という要求により駆り立てられています。愛着が安心感を育てるために存在しているとすれば、間主観性は心理的親密さの体験および所属感の体験を促進するために存在していると言えます。愛着と同じく、間主観的体験も、生存にかかわる進化論的有益性を授与しています。一つには、それは集団形成および集団が効果的に機能することを促進します（恋に落ちている二人という集団を含めて）。もう一つには、それは自己同一性の形成およびその維持にも貢献しています。間主観的関係性なしの愛着は可能です（自閉症のように）し、愛着と無関係な間主観性もありえます（気が合いそうな他人とたまたま出遭う場合など）が、愛着と間主観性とは相互に促進し合っているのが一般的です（精神療法のように）。

スターンは、メンタライジングを間主観性のひとつの表れとみなしていますが、同時に彼は、私が思うには、その二つを全く異なるものとみなしてもいると思われます。**メンタライジング**という言葉の持つ含蓄が示唆しているのは、私たちに、自らの体験および他者の体験を理解したり、深長な意味を感じとったりさせてくれる、そのプロセスでしょう。それに対し、**間主観的関係性**というフレーズの持つ含蓄が示唆しているのは、理解したり意味を見出したりすることよりも、むしろ自分自身と他者との間における共鳴とか、提携とか、「心象風景の共有」なのではないかと思われます。個人的境界の浸透性あるいは「間透徹性（interpenetrability）」こそが、私たちを他者の主観的体験へと参加させてくれるのでしょう。この見地から、間主観性の特徴としての情動調律とは、単にコミュニケーション手段としてのみならず、スターンが「対人関係的霊的交渉《コミュニオン》（communion）」と呼んでいるものとして理解することもできるでしょう——すなわち、他者の主観的体験を変えようという意図を持たずにその体験に参加する、共に在る、あるいは共有する、というように。[286][288]

✤発達課題としての間主観性

トレヴァルサンとスターンは、自己体験－他者体験間の一致の知覚にみられる間主観性の生来性およびその起源を強調するのみならず、間主観的体験が相互調節されているという事実についても強調してきました。精神分析理論家ジェシカ・ベンジャミンは、間主観性の概念を一歩先に進めて、最も広義の間主観性は、一致のみならず相違にも依拠しており、また相互調節のみならず相互認識にも依拠しているということを提案しています。

ベンジャミン[23]は、「二つの主体が出会うこととは、ある主体が対象に出会うことと、どう違うのですか?」と尋ねています。その疑問に答えつつ、彼女は次のように示唆しています。すなわち、間主観的関係性のための適応力とは、発達途上の、不完全に習得された力であり、その頂点においては、二つの**主体**、つまり二つの、別々でありながら同等の、主導性および体験の中心としての主体が出会うことを可能にするものである、と。ベンジャミンによれば、これは、「あなたは私が感じていることを知っている——たとえあなたが欲していることや感じていることと反対のことを、私が欲したり感じたりしている時でも」、「私の気持ちは、まさにあなたの気持ちである——ということに、恐れを感じることなく、私たちは感情を共有することができる」というような心の出会いです。この種の間主観的関係性は、ベンジャミンが**相互認識**（**mutual recognition**）と呼んでいるものを例証しています。すなわちそれは、相手を認識し、また相手からも認識されるという力なのです。

そのような認識は、他者に関する「精神内的」体験に反対するものとしての「間主観的」体験にとっては本質的なものです。後者は、私たちが、他者を別の主体（元来、私たちが操作している心的領域の外側に存在している）として知覚していることに依拠しています。前者は元来、投影、同一化その他の精神内的プロセスを通して他者へと応答するということを意味します——その場合の他者とは、本質的に、私たちの表象世界における対象（理想化されるためであろうと、脱価値化されるためであろうと）であり、現実の人として体験されているわけではないのでしょう。マルティン・ブーバー[55]の用語である対話の「間人間的（interhuman）」哲学においては、間主観的関係性とは、①相互性、②対話、③他者独自の言葉で他者を体験する力――により標識される「私とあなたの（I-Thou）」関係に向かって進むものとされています。対照的に、精神内的関係とは、相互性を欠き、無理強いが交渉に取って代わり、他者に関する体験よりも先在する概念のほうが優位にあるような「私とそれとの（I-It）」関係性の中に、私たちを閉じ込めてしまうものとされています。

ベンジャミン[23]は、一方では、精神療法の目的に関し、「対象在るところに主体在らしめよ」と（フロイトの言葉を言い直して）主張しています。また他方では、彼女は（ブーバーと同じく）、主体／主体、主体／対象のいずれの種類の関係性も必要である、逆説的だが、いずれもがもう一方を可能にするのである、と確信しています。

その逆説を明確化するなかで、ベンジャミン[23]は、乳児の最早期における一致と類似性の気づきから、よちよち歩きの子のラプロシュマン（rapprochement）（一歳半頃から始まる分離－個体化と関係性との間の葛藤）に至るまでの間主観性の発達の軌跡をたどっています。

それは、「私たちはこの感情を感じている」に始まり、その後「私は、別の心であるあなたと、この同じ感情を共有していることを知っている」へと移行すると言ってよいでしょう。しかし、ラプロシュマン（子どもが相違に直面し始める際に生じる危機）においては、「あなたと私は、同じことを欲したり感じたりしていない」となります。この発見に対する最初の反応は、自己－他者間の認識の断絶（breakdown of recognition）です。すなわち、「私は私のやり方を主張する。私はあなたに強要しようとし始める。だから、私はそのしっぺ返しとして、あなたの拒絶に遭う。つまり、あなたが私に強要しているのだ」ということになってしまうのです。

子どもが相互認識力を獲得し始めるためには、「認識の断絶」を修復するということが決定的に重要です。この力を発達させるのは、もちろん一回きりの出来事ではありません。むしろ、早期から始まるだろうけれども一生涯つづくプロセスなのです。そのためには、第一に、子どもは自分自身の現実を主張できるようにならなければなりませんし、第二に、他者の現実と対立することを受け入れられるようにならなければなりません。

ウィニコットに従い、ベンジャミンは、次のように主張しています。すなわち、他者とは実際には対象ではなく、別個に存在している主体なのだということを学ぶ好機が与えられるのは、怒りを強く表現しても、その他者が「破壊を生きのびる」（仕返しするでもなく引きこもるでもなく）ことを経験から知った子どもだけである、と。ここに、他者が、対象として扱われていながら主体としてもみとめられるという矛盾の解決があります。自らの意志を他者に押しつけ、他者の意志を否定する試みに失敗することを通して、子どもは、①相違は必ずしも共有体験に対する障害になるわけではないということ、また②対話により、どちらかが優位に立ちどちらかが従わざるをえないという要件を不必要なものとすることができるということ――を発見します。この発見は、関係性には二つ（二つの望み、現実に関する二つの視点、二つの主体）のために居場所を作る潜在力があるということを子どもに実感させてくれます。そうして子どもは、自らの主体性をより十分に所有できるようになるのです。

相互認識とメンタライジングが、概念的には従兄弟であるということにご注意ください。フォナギーは、ベンジャミンの主体と対象に関する議論について言及してはいませんが、彼女の主張と同様のこと、すなわち私たちがメンタライズしているならば、**対象**としての他者ではなく**人**としての他者に応答するということを示唆しています。

✤精神療法理論としての間主観性

ベンジャミンは、「間主観性」という用語を臨床理論の闘技場へと導入したロバート・ストロロウとその仲間を、大変信頼しています。精神分析的自己心理学の拡張としての彼らの業績の特徴を表すものとして、彼らは、分析的文脈における間主観性について、「二つの主体（患者の主体と分析家の主体）が交差することにより構成される特異的な心理的領域」と表現しています[294]。同様に、『**臨床的間主観性入門**』において、ナターソンとフリードマン[218]は、「間主観性とは、関係性における二人の人の意識的・無意識的主観性が互恵的に影響し合うことを示す、全てを包含する用語である」と明記しています。

これらの著者は、「間主観性」という言葉を、治療のための特異的アプローチとの関連で用いていますが、私はそれを、より広く用いたいと考えています。すなわち、愛着理論と乳児−親研究の肥沃な臨床的洞察を共に同調したり拡げたりするなかで、ここ二十年かけて形になってきた臨床研究の貴重な蓄積のための、最高の包括的用語とみなしたいのです。さて、「間主観性理論」、「関係精神分析」、「社会構成主義」などの用語でさまざまに表現されていますが、これらの面接室から生まれた所見は、臨床領域におけるパラダイム転換を成し遂げてきました。それは、愛着研究がきわめて中心的なものとして同定した「言葉にされていない」体験と作業するための新しい手段を、私たちに与えてくれたのです。このパラダイム転換の核心は、客観的観察者としての匿名の治療者という理想化を排するということです。私たちがエナクトメントにまき込まれることは不可避なのだという認識が、それに取って代わりました。エナクトメントとは、患者−治療者双方の脆弱性の連動を反映しているものです。また同時にそれは、そのような潜在的障害物を、治療的好機へと変化させる挑戦の反映でもあるのです。

✤治療関係における愛着と間主観性

ボゥルビィによる発展的洞察と同様に、エインズワース、メイン、フォナギーの研究は、人格が形成される坩堝としての愛着関係の絶対的重要性を指摘しています。含蓄によれば、愛着関係（愛でも精神療法でも）はまた、早期の情緒的な傷が最も癒される可能性のある設定でもあると言えます。したがって、治療者とは、患者がかかわることで、新しい愛着パターンを発達させうる新たな愛着人物と言えるでしょう。

フォナギーは、愛着研究と臨床実践との間に橋を架けようと試みるなかで、患者が、治療者の心の中に、考え、感じる存在としての患者自身のイメージをみつけられるようにすることの重要性を強調しています。この見地によれば、精神療法は、患者のメンタライジング力および情動調節力が発達しうるような安定した愛着関係を生じさせることにより「効果的に働く」と言えるでしょう。フォナギーによれば、そのような関係性とは、患者が他者から知られるプロセスにおいて自分自身を知るようになるという間主観的関係性でなければなりません。

フォナギーが、愛着、間主観性および精神療法の各領域に橋を架けようと試みた唯一の臨床家／研究者というわけではありません。フォナギーに加えて、ビービー[18]、ビービーとラックマン[21]、ビービーら[20]、フォーシャ[106,107]、ホームズ[152,153]、セリグマン[260,261]、スレイド[272,273]は皆、間主観的愛着関係の果たしている発達的役割に関する理解を助けるべく、重要な貢献をしてきました。中でも特記に値するのは、おそらく、一九九五年にダニエル・スターンにより世に出された共同の労作による貢献でしょう。

その時、スターンは、多くの発達心理学者および精神分析家（最も卓越しているのは、カーレン・リヨンズ＝ルース、ルイス・サンダー、エドワード・トロニックでした）と共に、変化プロセス研究グループ（CPSG）と今日呼ばれているグループの形成へと導きました[34,36,184,289]。人間は間主観性を「ハードウェアに組み込んで」いる、というスターンの結論に依拠しているこのグループは、児童期および精神療法における発達（進展）を理解するために、かかわり合いのニュアンスに注意を向けるということの重要性を強調してきました。特に、彼らは、共同創造された、暗黙の、そしてしばしば言葉にされていないプロセスに焦点づけてきました。そして、乳児－親関係においても、患者－治療者関係においても、そのようなプロセスを通して変化は起きるのだと主張しています。彼らの見地によれば、分析された治療関係よりも、むしろ**生**《なま》**の** (**lived**) 治療関係こそが、第一義的な治療的介入なのです。スターン自身、かつてある種の間主観的霊的交渉としての情動調律に注意を向けていたことを（おそらく）思い出しつつ、最近は次のように論じています。すなわち、意味の追求は、体験（ことに、しばしば最も重要な治療的変化をその中に生み出しうるか、あるいはその体験自体が重要な治療的変化であるという患者－治療者間における間主観的な出会いの体験）を深めることを端折ってしまうだろう、と。マインドフルネスについては直接的に言及してはいませんが、スターンは、これに関連して、現在の瞬間《プレゼントモーメント》に焦点づけることの絶対的重要性を強調しています[288]。

これらの貢献を列挙し概観してきたところ、ほとんど失われていた愛着理論の臨床的側面が補足され、ひとつの統合的治療アプローチのアウトラインが明らかになってきました。次章以降では、それを精錬しつつ、このアプローチにより、新たな愛着関係を治療作業の中心に位置づけていきます。この共同創造される間主観的関係性の文脈においては、患者の未だ終結していない発達的用件を私たちが認識し、そして患者がそれを再訪できるようにするうえで、暗黙の、言葉にされていないコミュニケーションが決定的役割を果たします。また同じく重要なこととして、そのような方法により、患者の、自由に感じ、考え、愛するための、いくぶん未発達な能力を育てる保育器として機能できるような治療関係を構築することができるのです。ウィニコット（一九六五）は、「成熟プロセスにおいて特徴的なのは、**統合**へと向かう衝動です」と著しています。ともかくも、私たちが患者の中の衝動を再起動させることができれば、新たな愛着関係が育ち、変化しうることでしょう。

◉第二部◉

愛着関係と自己の発達

自己が最初に形成されるのは、良くも悪くも、子どもの最初の関係性の坩堝《るつぼ》においてです。精神療法とは、これらの発達上の関係性に不足があったことにより健康的な発達路線から脱線させられてしまった患者のために、その自己が癒されるような潜在力を持つ相互交流的愛着母体（matrix of attachment）を作り直すことと言えるでしょう。敏感に応答する親が提供するものと、共感的に調律する治療者が提供するものとの間には重複がみられるということを思えば、私たち臨床家の仕事は、児童期の変化プロセスを理解していればいるほど、ますます強靭なものとなることでしょう。

そのような理解を得るためには、（発達過程において出現し、それにつづく生活体験を準備するものとしての）自己の、心理学的側面のみならず神経生物学的側面についても、いくぶん詳細な説明が必要となります。これから見ていくように、児童期以降の発達の軌道は、本質的に、子どもがつらい情緒のとり扱い方を最初に学習する（あるいは学習し損なう）道すじにより形作られます。そして愛着関係は、最初にこの情緒的学習が起きる学校なのです。愛着研究は、相互交流情動調節の早期パターン（安定型、不安定型のいずれも）を同定していますが、それは、患者との間で古い体験をやり直すと同時に新たな体験を共同創造するような発達促進的関係を生み出すための、治療者としての私たちの力を高めてくれます。

第五章では、愛着の文脈において最初に形作られ、その後もその文脈において作り直されると考えられている自己の多重側面について記述します。第六章では、乳児期から成人期まで一貫している愛着体験の多様性を立証し、また愛着に関わる四つの原初的心理状態各々の起源、意味および影響力を把握するための比類ない喚起的基礎を与えてくれる研究を要約します。第七章では、児童期と精神療法のいずれにおいても最も効果的に安定性を育てるような、①情動調節、②共同創造される愛着関係、③共同作業的コミュニケーションの質——に焦点づけつつ、愛着研究と臨床実践との間に橋を架け始めます。

第五章　自己の多重側面

私たち各々の内部で、（狭義の）身体・脳・心の総体は、**自己**という比較的安定した内的判断基準を生み出すために、相互にかかわり合っています。自己は人間存在の一部であり、意識的にも非意識的にも生活を**体験する**と同時に形作ってもいるものです。自己はまた、体験に対する私たち独自の応答性の特徴を決定している、多少なりとも永続的なパターンの一群という観点からも描写できます。私たちの現在の自己の特徴は、生育史および現在の文脈の両方に左右され、多様なものとなります。通常、ここで最も影響を与えているのは、もちろん、自己を形作ってきた愛着関係の生育史です。

自己体験の領域

愛着関係の影響は、身体・情緒・表象世界という、相互に関係し合い重複し合っている領域において記録されます。そしてそれらは、それぞれに体験に対する自己のスタンスを形作っています。これらの自己の領域あるいは側面は、連結され相互に影響し合っていますので、各々をほかの領域から区別することは難しいと思われます。たとえば、体性感覚は表象を形作っている情緒の一つの要素ですが、それは、つづいて生じる感覚・情緒・表象の性質へと、順次影響していきます。しかし、この種の環《ループ》や重複があるとしても、自己の各領域を個々に同定しておくことは、臨床的にきわめて価値のあることです。なぜならば、そうすることが、個々の患者（および臨床家）が治療関係へと運び込む統合（あるいは統合の欠如）の性質を明らかにする助けになるからです。

自己の多彩な側面が、どの程度自由に接近し、また統合されうるかは、主として愛着史の特色により決定されます。患者は、どれくらい幅広い身体感覚を体験し、情緒を感じ、自分自身の考えを考えることができるでしょう? また、それらの領域をどれくらい効果的に統合できるでしょうか（たとえば、感情に考えを結びつけることによって）? これらのような疑問に対する答えは、患者が私たちの提供しようとしている新たな愛着関係に何を最も求めているのかを明らかにするのを助けてくれることでしょう。

✤身体自己

……自我と言えば、まず第一に、身体自我である。
——ジグムント・フロイト[112]

乳児の最初の体験は、確実に身体に記録されているようです。すなわち、授乳されたあとの満足感。母親の腕の中で心地よくまどろみ、そして眠りに落ちていくところ。冷え冷えとした部屋で、おしめを変えてもらう時の、涙が出るほど冷たい感覚。——ダニエル・スターン[286]は、『**乳児の対人世界**』の文中で、赤ちゃんの「中核自己」は、赤ちゃん自身の身体（およびその境界）の中心における「自己の不変要素」の早期体験から現れると述べています。神経生物学者アントニオ・ダマシオ[68]もまた、「身体の構造および操作の特記すべき不変性」は、自己体験にとって非常に重要な安定の源であると主張しています。

もちろんボゥルビィも、愛着理論の基礎を進化論的生物学に置き、乳児が養育者との近接性を希求するのは本来、身体保護要求に根ざしたものであると主張しています。その後の研究でも、愛着人物の傍に居ることが、文字通り、乳児の身体内機能の調節をもたらしているということが示されています。また、乳児の発達途上にある生理学的状態が体験に対する身体自己の応答性をどう形作るのかということに対しても、愛着関係の質（安定型あるいは不安定型）が影響するということが証明されています。たとえば、敏感に応答してくれる母親を持つ安定型の乳児は、愛着軽視型、とらわれ型、そして特に無秩序型の母親を持つ不安定型の乳児よりも、生理学的ストレスに対する反応を賦活する閾値が高いのです[183][228]。

したがって、原初の自己感とは身体体験に根ざしたものであり、その性質は主として早期愛着関係の質に左右されると言えます。そのような体験が最初の年月間に自己を形成すると、しばしばその影響はずっと持続します。潜在的には、身体体験は、人生全体を通して自己を樹立し、情報を増やし、豊かにする可能性のあるものです。しかしその一方で、身体体験は、否認されたり、解離されたり、歪められたりもします。つまり身体それ自体が、多様な心理的目的のために利用されたり攻撃されたりするのです。患者の身体体験は根源的であり、またそれは関係性の文脈上で形作られるため、愛着志向療法は、身体自己に焦点を当てることも含めて行われなければならないと言えます。「対話療法（talking cure）」に、どのように身体を統合するのか——それこそが、発達および精神療法における非言語的体験の役割を探究しつつ、私がとり上げようとしている問題なのです。

✤情緒自己

> 苦や快の感情、あるいはそれらの中間的な質の感情が、人間の心の基盤である。
>
> ——アントニオ・ダマシオ[69]

スルーフとウォーターズ[283]が、愛着の目的として、近接性に「安心感（felt security）」を付け加えた際、彼らは、愛着にとっての情緒の重要性を強調しました。確かに、**安心を感じること**こそが最も本質的なのであって、それは赤ちゃんにとっては、近接性さえも上回るものでしょう——もちろん、赤ちゃんにしてみれば、安心感がないままに身体的には愛着人物の傍にいるということも、当然あるでしょうし……。乳児期を越えても同様に、私たちが**どのよ**

うに感じるのかということは、明白に、自分は何者かという感覚の中心でありつづけています。

　ボウルビィ[44]は、情動のやりとりは、生後、最初の数年間に「私たちが持っている、ただひとつのコミュニケーション手段」であると述べ、情緒の第一位性[原注1]を強調しています。ダニエル・スターン[286]は、ボウルビィに同調しつつも一歩先へと進んで、「人生早期においては、情動はコミュニケーションの一次的媒体であると同時に一次的主体でもある」と述べています。アラン・ショアー[252]は、その問題について簡潔に要約し、「中核自己は、情動調節のパターンの中に存在している」と表現しています。

　情緒反応とは、少なくとも三つの理由により、自己感の発達にとって本質的なものと言えます。第一に、ボウルビィ[39]は、**愛着**の三部作の第一巻おいて、次のように言及しています。すなわち、「情緒とは……その個人自身の有機体としての状態か、あるいは彼が自分自身を見出すところの環境状況という連続体か、そのどちらかに関する**直観的評価**である」（強調は著者）と。

　第二に、その言葉の語源（ラテン語の **motore**——動くという意味）において示唆されているように、情緒（emotion）は、行動を駆り立てます——時には、愛着システムなどを含む生来的行動システムの引き金となることによって。ボウルビィによれば、情緒的評価とは、生存にかかわる価値のあるものです。なぜならば、それらはとっさの決断を促進するからです（たとえば、戦うか逃げるかなどの）。特定の情緒がそれぞれ別の行動傾向を自動的に刺激するように、進化論的にデザインされています。すなわち、怒りは対決や抑制の引き金となり、恐怖は逃走や身体的麻痺の引き金となり、無力感は虚脱の引き金となるなどです[68,305]。

　第三に、情緒は常に身体と結びついています。身体感覚とは、情緒がとる最初の形です。そして情緒とは、必ず身体を通して表現されるものです。情緒を感じる時、私たちは身体に走っているものを感知して（あるいは想像して）います[69]。ウィリアム・ジェームス[157]が若干誇張気味に示唆しているように、私たちが恐れるから、身体が危険から逃走するのではなく、むしろ、身体が逃走するから、私たちは恐れるのです。情緒は、身体に基礎を置きつつ浸透するように広がり、主観的体験よりも優位に立つということがしばしばあります。激しい情緒を感じると、それらはしばしば理性的な分析や意志決定を打ち負かしたり先どりしたりしてしまうのです。

要するに、情緒とは、私たちが対面している体験の善し悪しを**本能的に評価するプロセス**であり、私たちは、主としてそのような評価に基づいて、どう行動するかを（意識的あるいは無意識的に）決定するのです。より広い意味では、情緒とは、内的評価システム、すなわち人生全体を通して、体験に意味を割り当てたり、どう進んでいったらよいのかを選択したりできるようにしてくれるシステムを供給するものとして理解することができるでしょう。[264]

フォナギーら、[97] ショアー、[254] その他の研究者は、①情緒の調節とは自己の発達にとって本質的なものであるということ、また②愛着関係とは、情動を調節すること（すなわち、情動に接近し、調節し、それを利用すること）を学ぶ際の主要な文脈であるということ――を提案しています。私たちの最初の愛着を特徴づけている関係性のパターンとは、本質的には、体験に対する独自の応答性の性質（すなわち、自己の性質）を、その後にわたり大いに決定する情動調節パターンなのです。それと一致して、治療者が生み出そうとしている新たな愛着関係においても、患者の情緒はその中心にあり、それらの効果的な調節（それにより、患者がそれらを感じ、調節し、伝達し、理解できるようになる）は、通常、患者が回復し、成長することを可能にするプロセスのまさに核心と言えるでしょう。

✤表象自己

……脳内モデルという発想は、つまり、おもちゃを、道具でありながらも模倣世界として、私たちに最もよく合う方法で操作できるように組み立てるということです。そうすることで、それが表象している現実世界をどのように操作すればよいのかがわかるようになるのです。

――J・Z・ヤング（一九六四）[39]

ボゥルビィは、現実世界の地図としての表象世界を持つことは進化論的必然であると主張しています。すなわち、有効に機能するために、私たち人類は、世界と自分自身に関する知識を必要としたのです（今も必要ですが）。また、この知識は持ち運び自由でなければなりません。私たちは、そのような知識を過去の体験記憶から引き出し、現在と未来の体験を予測するために利用します。すなわち、内的作業モデルです。しかしながら、昔から言われているように、地図は現地ではありません。[a]

愛着関係の作業モデルとは、多かれ少なかれ生《なま》の関係性の体験の選択的・表象的サンプリングです。ダニエル・スターン[286]の枠組みによれば、それらは「一般化されたかかわり合いの表象」として構成されます。一生を通じて、それらは体験に対する基本的オリエンテーションあるいは応答性の特質を供給しつづけてくれます。

早期関係が安定型ならば、その結果として、私たちは十分な応答力を持つことでしょう。すなわち、自由かつ柔軟に考え、感じ、行動することができるでしょう。この場合には、新たな体験を考慮に入れて、古い表象を修正することができます。そのような順応性のある表象は、感情と共に、意識的選択を適応的に行ううえでの手引きとして用いられます。一方、発達上の関係性が回避型、両価型、あるいは無秩序型として標識される場合には、そのような表象に関わる「応答の柔軟性」（スィーガル、一九九九）は、より低くなるでしょう。

おそらく最も決定的なことは、早期の愛着が、①安全基地としての関係性の体験、そして②その結果としての**内在化された安全基地**という心的表象のための土台——を供給する（あるいは、供給しない）範囲です。この内的表象は、安心感を高めてくれる愛着人物との実際の近接性を必ずしも求めなくとも、時々その人たちとの**象徴的**つながりを得ることを通して、情緒的平衡を回復できるようにしてくれます[153,210]。（意識的にでもそうでなくても）そのような安心させてくれる内的存在のほうを向くことができれば、私たちはある程度の回復力を得て、自分自身や世界を探索するための自信を取り戻すことができるでしょう。また逆に、内的安全基地を欠いていれば、その自信は得られないか、あるいは弱いものにとどまります。

対象関係論により明らかにされているように、心的表象が「**作動する**」ように発達するためには、二つの基本的プロセスを必要とします。すなわち、分化と統合です[166]。**分化**（**differentiation**）は、心理的境界を創造します――ことに、自己と他者との間、および内的世界と外的現実との間に。よく分化された自己表象は、他者が自分に関して抱く感情により限定されているのだと感じることなく自律的に機能できるようにしてくれます。一方、分化に問題がある場合、つまり内側と外側との区別や心的世界と現実世界との区別を欠いている場合には、まさに心的等価の様式、すなわち多くの不安定愛着患者を土台から侵食している様式が標識するとおりになります。**統合**とは、総合と結合とを含んでいます。統合された自己表象および他者表象は、私たちが、情緒的に矛盾した体験を一緒に抱えていられるようにしてくれます――たとえば、ある人に対して怒りを抱いていてもなおその人を愛することができるというように。統合は、落ち着いた心を育んだり、体験のニュアンスや複雑さへの気づきを促進したりします。統合された表象がなければ、私たちは、自己と他者を極端で安易なとらえ方で体験してしまいがちでしょう――すなわち、全て良いか全て悪いか、英雄か悪党かというように。

情緒自己の根源が身体体験にあるとみられているのとまさに同様に、**表象自己**は、本質的に情緒体験に基づいています――それもしばしば非常に情緒で満たされた性質の体験に。ボゥルビィ[39]が指摘しているように、愛着体験および（あるいは）その断絶は、最も強烈な感情を呼び起こす傾向があります。したがって、自己表象、他者表象および関係表象

a　訳注　原文は、The map is not the territory. ＮＬＰ（Neuro Linguistic Programming、神経言語プログラミング）の一概念で、「自分自身の考え方や在り方が、必ずしも現実の世界の全てではない」という考え方の比喩表現。つまり、頭の中の世界を「地図」に、ありのままの現実を「現地」に、それぞれ喩えている。

は、強力な情緒的要素を含んでいるどころか、ほとんどの場合、意識の外でそれらを支えている情緒により現に**優位を**占められているのです。[原注2]

内的表象を修正することに全力で抵抗しているものの大部分は、まさにその**無意識的**情緒的側面です。たとえば、もしも私たちが、発達上のかかわり合いを通して、他者と親密になるのは危険だということを学んできたとすれば、親密さを希求していることに気づかないようにしておくための防衛が設けられてきたはずです。すなわち、親密になろうと努めるよう動機づけされることなど絶対にありません――うまくいけば、古い（回避的）愛着モデルをより安定したモデルに更新できるとしても、決してそうはしないでしょう。同様に、情緒は、自己に向けての身体的シグナルのみならず、他者に向けてのそれをも含んでいるため、自分から近づこうとしても拒絶されるだろうという予想が恐怖や怒りの感情に帰結し無意識的身体表現という形をとれば、まさしくその作業モデルにより予想していた通りの拒絶を招いてしまうかもしれません。ボウルビィとメインが共に強調してきたように、作業モデル（ことに不安定なほうの）は、自己永続化する性質を持つ傾向があります。ゆえに、早期の愛着関係において前言語的に形作られたこれらの内的表象が、発達途上の自己の性質に強力かつ大規模に無意識的影響を及ぼすのは、避けられないことなのです。

多重の、相互にかかわり合っている領域に、そのような表象が存在するということを知っていることは、治療者にとって決定的に重要です。メインが示唆しているように、内的作業モデルは、心に描けるイメージやはっきりと表現できる信念にのみ（すなわち象徴にのみ）体験を記録したり暗号化して残したりするわけではなく、私たちが（思考、感情、願望および記憶を含む）何に注意を向けられるのか（あるいは向けられないのか）を決定する「ルール」にも記録されるのです。[190][196] その他の愛着研究者もそれにつづいて、カーレン・リヨンズ＝ルースが**エナクティヴ表象**と呼んでいるものに焦点づけてきました。これは前象徴的体験表象であり、行動あるいはかかわり合いにおいてのみ表現されるということがわかっています。すなわち、「手続き」において、あるいは在り方において（ことに他者と共に在る在り方において）表現されるのです。たとえば、私たちには自らの乳児期を思い出すことができませんが、親として我が子と共に在る時には、その一面を十二分にエナクトしていることでしょう。さらに、愛着領域以外でも、外傷研究者（ヴァン・デア・コーク、一九九六のように）や神経科学者（ルドゥー、一九九六のように）が、**身体・情緒記憶**について論じていますが、そのような記憶とは体験を身体感覚や情動反応という形で暗号化したものです。

これらの表象の多彩な形（象徴表象のみならず、身体表象、情緒表象、エナクティヴ表象も）を理解することには、多大なる臨床的価値があります。治療において、目に見えない過去の刷り込みとして影の中に存在していた表象を明るみに出すことができれば、患者は、現在の中で感じ、考え、行動するための、より大きな自由を得られることでしょう。この問題については、非言語的体験の章で詳細にとり上げる予定です。ここでは、これらの暗黙の表象を明白にするためには、またそうしてそれらを意識的反省の影響下へと潜在的に統合するためには、治療者は言語的コミュニケーションのみならず、患者の身体的・情緒的・エナクティヴコミュニケーションにも調律しなければならない、とだけ言っておけば十分でしょう。

もちろん、ここで患者に当てはまることは、治療者にも等しく当てはまります。すなわち、自らの体験表象に気づいている時にだけ、私たちはそれらに疑念を抱くことができるのです。気づきがもたらしてくれる理解なしには、いつ何時《なんどき》、何を考えたり感じたりしているとしても、私たちは、患者に負けず劣らず信用ならない状態にあると言えます――特に、その瞬間の情緒の流れが強い場合には。そのような非反省的心理状態においては、私たちは、単に自らの主観的体験に埋没あるいは沈没しているというだけのことなのです。したがって、より広い視野を持てていないならば、私たちは、心理的体験の**表象にすぎない性質**を本質的に把握することに失敗します。ゆえに、私たちは、現実（私たちにとって現実と思われるもの）の捕虜にとどまってしまうのです。

✤反省自己とマインドフル自己

自己の身体的・情緒的・表象的側面は、人間にとって生来的なものであるがゆえに、ほとんどの人にとって接近しやすいものですが、反省自己およびマインドフル自己の領域については、接近できる**可能性があるに**すぎません。しかし、これらは潜在的可能性でありながら決定的に重要なものです。異なる方法ではありますが、マインドフルネスとメンタライジングは等しく回復力を生み探索行動を可能にする内在化された安全基地に関連しています。そのうえ、両者はいずれも洞察や共感、情動調節や自己発動性の感覚、および内的自由や人生において直面する複雑でしばしば困難な状況に適応的柔軟性を以て応答する力を育ててくれます。したがって、メンタライジングとマインドフルネスは、心理的解放へとつづく小道と言えるでしょう。

前述したように、反省自己あるいはメンタライズする自己は、一般に、愛着人物を安全基地として体験することが安心感をもたらし、世界（内的世界を含む）を探索できるようにしてくれるという関係性を通して現れます。ダイアナ・フォーシャ[107]は、それを、次のように示唆しています。すなわちそれは、「理解されること、そして愛があり、思いやりがあり、調律してくれて、落ち着いている心（mind）とまごころ（heart）を持つ他者の中に存在しているという感覚を持つこと」であり、またそのような他者とは、対象というよりもむしろ人として――すなわち、行動の根底にある感情、意図、信念に意味を見出せる存在として理解される機会を私たちに与えてくれる他者である、と。その人の心の中に私たちの心が在るような人と共に育つことで、私たちの中には「心理的行動主体（mental agent）」（フォナギー＆ターゲット、印刷中）が備わるようになります。心理的行動主体には、主観的体験がそれ自体により圧倒されたり閉め出されたりしていると感じることなくそれ自体のために在ることができるように、主観的体験の意味を意識的に理解しようとすることができます。私たちの患者の多くは、児童期に、そのような心理的行動主体を支持してくれるような関係を体験してこなかったために、相変わらず自らの内的体験に飲み込まれたり、あるいはそれと疎遠になったりしています。そして、私たち治療者が、そのような患者たちの内に反省自己を養う力をもたらせるようなある種の新たな愛着関係を提供できるのは、主として私たちのメンタライズ力のおかげなのです。

別の経路によってですが、マインドフルネスも（メンタライジングと同様に）、私たちが自らの体験に沈没させられたり、体験から解離したりすることなくそれのために在ることを可能にしてくれます。メンタライジングが、心理的行動主体として振舞えるようにすることにより私たちの内的自由を促進するとすれば、マインドフルネスは、「注意の行動主体（attentional agent）」として振舞えるようにすることにより私たちの自由を促進します。「今ここで」の体験に対し、自発的で、不断の、価値判断を伴わない注意を働かせることが、その体験を変化させるのです。すなわち、それを深めると同時に「軽くする」のです。深めることができるのは、私たちがより十分に現在に在り、受容的であり、気づけるからであり、また軽くすることができるのは、現在中心の気づきが、過去や未来の重荷を負わされていないうえに、恥や恐怖により邪魔されてもいないからです。そのような気づきは多くの意味で有益でしょう。それは、つらい情緒の調節に貢献します。またそれは、反応の習慣的パターンを脱自動化する傾向もあります[90,201,243]し、私たちが「目覚め」、そしてあたかも「初心」[297]に帰ったように世界を新たに体験し直せるようにしてもくれるのです。さらに、第一章で示唆したように、マインドフルな自己は、私たちが気づいている思考・感情・感覚よりもむしろ、気づきそれ自体にますます同一化していく傾向があります。この気づきとの同一化は、最終的には無我の体験という（私的）自己を守りたいという要求を減じる体験になるのですが、それは、内在化された安全基地感覚を強化してくれます。そしてついには、マインドフルネスは、心を落ち着かせてくれるのです。それは、心的非難の音量を下げ、自己の全ての領域から発せられるシグナルに対する受容性を高めてくれます。そのように、マインドフル自己という体験は、統合されている体験であるのみならず、今まさに統合しつつある体験でもあるのです。すなわち、それらは異なる自己の見地間にも、自己–他者間にも、適切な結びつきを育ててくれるのです。

このように理解すれば、マインドフルネスが、メンタライジングと同様に、治療に不可欠な資源と考えられるということをおわかりいただけるでしょう。マインドフルネスとメンタライジングとはいずれも、私たちが生じさせようとしている新たな愛着関係を強化し、またそのような愛着関係により強化されます。これらの相補的な力を、患者の中に、また私たち自身の中に、どのようにして培うのか――このことが、この後の章で、体験に対する自己のスタンスという点において、私が論じようとしていることなのです。

愛着の神経生物学

……愛着関係の進化論的役割とは、人間の乳児に物理的保護を与えることをはるかに越えたものである。愛着は、脳が社会認知を促進するようにプロセスされること、つまり各人が他者と協力共同しつつ実在できるように脳が適切に組織され準備されることを保証している。脳は、そのようにあらかじめデザインされているのだ。

――ピーター・フォナギー、メアリー・ターゲット[103]

心理的パターンは同時に神経組織のパターンでもあるため、また脳も心と同様に愛着関係の坩堝《るつぼ》において発達するため、現代神経科学の基礎について熟知することは、自己の多重側面に関する私たちの理解を豊かにしてくれることでしょう。二十世紀の最後の十年間は、「脳の十年」と呼ばれてきました。神経科学研究が、この時期に爆発的に増加したためです。革新的神経イメージング技術が脳の構造と機能に関する私たちの知識を急速に拡大したおかげで、フロイトの夢が実現可能となりつつあります。すなわちそれは、「科学的心理学草稿」[113]に記されているように、彼の精神関連の理論が、いつの日か、神経生理学的事実により裏づけられるだろうというものです。

✽愛着、体験と脳

脳−心間の、そして神経科学−精神療法間の、最も強い概念的つながりは、アラン・ショアー[252,254]、ダニエル・スィーガル[264,265,268]の業績により進歩してきました。重要なことは、各著者の心理学および脳の発達に関する理解は、いずれも愛着理論・研究をその根拠にしているということです。ショアー[253]は、早期児童期における健康な**神経発達**は、健康な心理発達と同じく、愛着人物による調律された応答性にかかっているという立場に明確に立っています。すなわち、「赤ちゃんの脳は、これらのかかわり合いにより影響を受けるというだけではない。その成長には、文字通り、脳と脳とのかかわり合いが必要であり、それは母−乳児間の肯定的な関係性の文脈において生じるのである」と主張しているのです。赤ちゃんが母親の子宮から出てくる時点では、脳（ニューロンと呼ばれる何十億もの細胞から成る）は、全身体器官のうちで最も分化していない部分です。脳の発達がどれくらい保証されるかは、「神経システムの、遺伝子によりプログラムされている成熟」が、対人関係の体験によりどのように形作られるかに、主として左右されます[264]。したがって、心理学的立場と同様に、神経生物学的立場からみても、最も不可欠で影響力のある体験は、良くも悪くも、愛着関係の文脈において生じるのです。

スィーガルは、「体験」として心と身体に記録されるものとは、神経レベルでは脳細胞の発火あるいは賦活のパターンに相当すると説明しています。このような、脳におけるニューロンの発火パターンが、シナプス結合を構築し、その構造と機能の性質を決定します。スィーガルは、神経解剖学者ドナルド・ヘッブのフレーズを換言して、「共に発火する（fire）ニューロンは、共に配線する（wire）」と書いています[264]。脳の建築とは連合的なものです。すなわち、刺激（母親の優しいタッチ、慰めてくれる声、穏やかなまなざし）が入ってきて赤ちゃんの脳を賦活する引き金を引くと、同調して発火するニューロン同士が結合し、これらの安心感を伴う母親のあらゆる刺激を連合する「ニューロンネットワーク」を構築します。こうして、体験（特に、繰り返される体験）は、脳の「神経回路」を形成するのです。より若い脳は、より年上の脳から学ぶようにできており、愛着関係は、この学習のほとんどが最初に起きる場所という設定になっています。そうして関係的結びつきは神経結合となり、順次新たな体験に対する自己の応答性に影響を与えていくのです。逆に、関係的結びつきの欠如（たとえば、愛着軽視型の親と苦悩している乳児との関係がそうであるように）は、神経結合の発達を妨げる可能性があります。また、つづいて、子どもが自らの情緒を感じる力にも限界が生じてしまうことでしょう。ショアーとスィーガルは（私も、自らの臨床経験から、そう思っていますが）、基礎神経科学および早期関係の脳への影響に精通することは、治療者がより効果的に患者を援助するための助けになるだろう、という賞賛せずにはいられない意見を述べています。

✤脳の構造

さて、基礎から始めてみましょう。最も素朴な類型学の視点からみれば、脳は、真ん中の壁を共有する二軒の三階建て住宅の神経相当物とみなすことができます。その構造は、中央で右脳と左脳に分かれていて、各々の三つのレベル（脳幹、辺縁系、新皮質）が、基部から順に、上層へと移動しながら一段また一段と造られています。

脳幹

個人の発達および進化のいずれの進路においても、脳の「最も低い」レベルあるいは地下室、すなわち脳幹は、最初に現れるものです。脳幹は、子宮内でも既に十分活動的であり、誕生の時には完全に作動可能な状態になっていますので、脳のほかの全ての領域と比べて、体験と学習に左右される度合は少ないと言えます。脳幹は、脊柱のてっぺんに位置し、基本的身体機能（心拍数、呼吸、消化のような）を調節するために必要な神経機構を提供しています。またそれは、愛着プロセスを「勢いよく始める」ことを含む、反射を賦活します。すなわち、「新生児は母親の匂いに方向づけられて、乳首をさがし、母親の眼を覗き込み、髪を手で握るでしょう。……子どもの眼は、母親の眼および顔へと方向づけられています。赤ちゃんの最初の微笑もまた、養育者を引きつけるために脳幹によりコントロールされている反射なのです」（コゾリノ、二〇〇二）。

身体自己の神経的実体としての脳幹は、臨床的視点からみても重要なものです。なぜならば、それは覚醒状態の調節や、ショアー[254]が「心の生理学的基部」と表現している自律神経系（ANS）の調節をつかさどっているからです。高水準の覚醒は、ANSの交感神経側の賦活と関連し、呼吸や心拍を速めたり、血液を四肢へと集めたりして、私たちに闘争か逃走か（fight or flight）を準備させます。低水準の覚醒は、副交感神経系の賦活と関連し、極端な場合、それは強直性の静止あるいは「凍結（freezing）」に達します。

脳幹から生《は》え、二股に分かれている脳神経は、迷走神経と呼ばれています。それは、安全、危険、あるいは生命を脅かされる体験などの状況に対するはっきりとした反応を形作ります。私たちが安全と感じている時には、より成熟している分枝、すなわち**有髄腹側迷走神経**《ゆうずいふくそくめいそうしんけい》が「迷走神経ブレーキ」を踏み、交感神経系を下降調節する（つまり身体を落ち着かせ、心臓のスピードも落とさせる）ので、社会的かかわりが可能となります。私たちが危険と感じている時には、迷走神経ブレーキが解除され、交感神経系が脱阻害されて、私たちを闘争か逃走かへと突き動かします。さらに、致命的危険にさらされていると感じている時には、より原初的な**無髄背側**《むずいはいそく》**迷走神経**が引き金を引いて副交感神経によるシャットダウンを生じさせるため、私たちは動けなくなります。つまり、生命を脅かすような外傷に直面して無力な時には、私たちは「死んだふり」をするのです。たいていの場合、解離がこの身体的反応を心理的に補完しています[229,257]。

重要なことに、腹側迷走神経系は、心臓のような内臓器官のみならず、顔や頭などの筋肉組織をも一次的に支配しているため、それなしでは効果的な社会的コミュニケーション（アイコンタクト、他者をひきつけるような抑揚のある発声、随伴的な表情）は不可能なのです。危険あるいは生命への脅威により腹側迷走神経がオフラインとなり、その結果、交感神経により動かされるかあるいは副交感神経により動けなくなるかということならば、それは適応的と言っていいでしょう。しかし、過去の外傷が脳幹の迷走神経ブレーキの効力を侵食していて、その結果として闘争、逃走あるいは凍結する傾向がみられるのならば、それはほぼ間違いなく不適応と言えます。精神療法の際に、外傷のサヴァイヴァーにみられる一触即発の反応性や無表情の顔、抑揚のない声は、その証拠と言えるでしょう[229,304]。

ここで一つ、臨床的含蓄があります。すなわち、治療は、患者の過覚醒および低覚醒という脳幹に基礎を持つパターンに考慮しつつ行われなければならないということです。治療の成功は（特に外傷患者の場合には）、関係を結びたいという患者の要求（そして恐れ）のみならず、患者の生理的覚醒水準をも正確に読みとり、それを効果的に調節する私たちの力にかかっているのです。つまり、①身体、②非言語的体験、③治療的かかわり合いのニュアンス――に焦点づけることが求められると言えるでしょう。

辺縁系

ポール・マクリーンの「三位一体の脳」モデルに従い、脳幹が爬虫類の脳に類似のものだとすれば、辺縁系は概ね古哺乳類の脳にたとえられるでしょう。それは、ほかの哺乳類と私たち人間が共に保有している部分です。しばしば「情緒脳」と呼ばれているように、辺縁系とは、感情を処理している場所です。そして感情の処理は、決定的に重要です。なぜならば、情緒とは、体験を本能的に評価するという本質的な意味のみならず、効果的な社会的かかわり合いを可能にする非言語的な言葉を提供するものでもあるからです。また、辺縁系は、記憶、学習および動機づけ（愛着にかかわる動機づけも含めて）にとってきわめて重要なものでもあります。

辺縁系は、左右の脳の地階のごとく外部と交渉を持ちやすい位置にあるため、そこは内外の世界が出会う場所と言えます。情緒レベルでは、私たちはここで、自己と身体の外側にある緊急の現実との関係にとりくんでいます。また私たちは、生《なま》の体験に基づいて、何を期待すればよいのかを学びます。文字通り、母親の最初のタッチで、私たちは、心地よくしてもらうために安心して母親に助けを求められるのか否かを判断し始めます。私たちの泣き声が母親の安心させてくれるような態度を呼び起こすにせよ、私たちの苦悩が母親の苛立ちあるいは無関心を引き起こすにせよ、それらの体験は情緒記憶として記録され、その後の愛着関連状況において、私たちが安全か危険かを確実に評価できるよう手引きしてくれます。明らかに、辺縁系は、情緒自己の神経的実体と言えるでしょう。それは二つの中心構造を備えています。

扁桃体《へんとうたい》は、誕生の時には既に十分に発達していますが、それは感覚の辺縁系への出入り口と言うことができます。それは脳幹からのびている迷走神経（内的世界［心臓、肺、腸］における内臓感覚を気づきへと運び込んでいます）と共に、扁桃体は、体験に対する「本能的（gut）」反応に寄与しています[254]。扁桃体は、「眼を見て心を読む」力の中心にあり、表情にみられるサインに選択的注意を向け、ほかの人々に関する直観的な「感じ（feel）」をもたらしてくれます[14]。また、扁桃体は、「生存中枢」[240]とも呼ばれていますが、それは扁桃体が、闘争か逃走かの反応の引き金を引く役割を担っているからです。扁桃体は、わずか一秒以内に、感覚入力（怒っている顔、犬のひと吠え）を評価することができます。その入力が安全か脅威かに関係している場合には、特にそうです。

扁桃体は、脳幹に信号を送り、交感神経系を賦活させることにより、危険に関しほぼ瞬時に下された評価を身体的反応へと変換します。そうして身体に、戦うべきか逃げるべきかを入れ知恵するのです。これらの評価のうちいくつかは、生物学的普遍性（たとえば、人間は本能的に蛇を恐れる、など）に基づいていますが、残りのものは特定の個人史により条件づけられます。

扁桃体は、評価器官であると同時に記憶器官でもあり、体験を非意識的前象徴的「情緒記憶」の形で記録しています[176]。言語では接近できないこれらの過去の形跡（traces）（ことに外傷的過去）は、完全に意識の外で、現在の体験に関する評価を偏らせます。そのため、戦争による心の傷を持つ退役軍人は、街道で車のバックファイアの音を聞いただけでも、反射的に冷や汗をかきながら路上にうずくまってしまうことがあります。同様に、外傷的愛着の生育史を持つ患者も、曖昧なシグナルや、脅しとは無関係のシグナル、あるいは肯定的な社会的シグナルでさえも、自動的に危険のサインとして読みとってしまう傾向がみられます。

海馬は、扁桃体の無差別的でコントロールされない一触即発の反応に対し、その偏りを調節していま す。一連の流れ（sequence）および文脈に従い情報を整理することに特化されたその働きにより、私たちは、目の前でとぐろを巻いているガラガラヘビと、動物飼育場内にいてガラスの向こうで巻き上がっているガラガラヘビに対し、全く異なる反応を示すことができます。扁桃体はそのような区別をする力を持たないために、言わば交感神経系を加速するアクセルとなってしまいますが、海馬は、非常ベルが誤報と判断された場合には、ブレーキとして副交感神経系を働かせ、（呼吸や心拍をスローダウンすることによって）私たちを落ち着かせることができるのです[264]。

臨床的には、海馬は生後二〜三年目にしかオンライン状態にならないということを知っているのは重要なことです。それ以前すなわち生後一年目に、無意識的情緒記憶として扁桃体に記録された体験・学習は、包括的で過度に一般化されたものとなる傾向があるため、不均衡な影響を及ぼしてしまうのです。治療でも、そのような記憶には、患者の早期体験の身体表象・情緒表象・エナクティヴ表象を順次反映している感覚・感情・衝動を通してしか接近できないでしょう。

対照的に、海馬は、皮質というより高度な脳センターと結びついており、後期思春期に至るまで成長をつづけるため、海馬の助けを得て記録された記憶は、明示的で、言語的に取り出し可能であり、時・場所・人の文脈に従っています。安定した関係性が、子どもの海馬を扁桃体の反応性を調節できるように発達させるのに対し、急性外傷および関係外傷は、海馬を一時的にシャットダウンするかあるいはその発達を抑制してしまうため、過剰警戒している扁桃体の反応性を、多かれ少なかれ調節されないまま放置してしまう可能性があります。

ルドゥー[176]の主張を換言すれば、扁桃体の情緒記憶は永続的と言えるかもしれません。しかしながら、恐怖反応とはひとつの条件反応であり、連合学習の産物です。つまり、過去の愛着外傷が、近接性と危険との間に強い連合（共に発火するニューロンは、共に配線する）を生んでしまったということなのでしょう。それでも、患者が精神療法において新たな愛着関係のもとで古い外傷を再訪するならば、脳と心に新たな連合を作り上げることは可能です。安全な文脈において、児童期の恐怖と傷つきを思い出して再体験すれば、患者の想起する過去を徐々に変化させ、長い間呼び起こされてきた扁桃体に基礎を置く自動的反応プロセスをくじくことができるのです。

新皮質

解剖と機能

脳幹と辺縁系の上に層を成しているのが脳皮質、つまり左右脳神経の上階にあたります。ほかの霊長類と私たちが共に保有しているこの「新哺乳類脳」は、体験に意味を持たせたり、世界とのかかわり合いを組織したりしています。それは、進化論的な順序においても、個人の発達においても、脳の中で最後に現れる部分です。またそれは、体験と新規学習の増加により、まさに一生を通じて、ほんの少しずつ、徐々に成熟していきます。皮質の後方領域は、五感と身体を通して物理的世界を知覚することに特化されています。他方、前方領域は、脳のほかの領域からの情報を処理したり、行動を手引きしたりすることに特化されています。

前頭葉は、「管理脳」[64]とみなされています。すなわち、意識的思考、計画、記憶、意識的行動、意図的注意、抽象的推論などを可能にしています。つまり、それは言語の「座」であり、それらの着想や意識レベルでとらえられる心的表象が、検討され操作される場所と考えられています。前頭葉は、自己の象徴的／表象的側面、反省的側面、マインドフルな側面に神経的実体を与えているとみなされています。

皮質のうちでも最も優れている領域、そして精神療法に特に関連の深い領域は、**前頭前皮質**《ぜんとうぜん》です。これは二つの主な領域に区分されます。その一つは背外側部領域で、認知的知能に特化されており、海馬および言語脳としての左脳とネットワークしています。もう一つは、スィーガル[269]が「中前頭前皮質」と表現している領域で、情緒的知能に特化されており、扁桃体および情緒脳としての右脳と密な結びつきを持っています。

背外側部領域は、「理性的な心」[304]、あるいは「意志脳」の中心と表現されてきました。それは、体験について**意識的に**考えること、つまり自らの知覚・記憶・発想に対し意識的に注意を向けることを可能にします。また、いざという時には、過去・現在・未来の心的表象を用いることをも可能にしてくれます。この領域は、作動記憶の神経的現場とみなされています。すなわち、問題を解決したり、決定に関して熟考したり、物事の意味を概ね理解しようとしたりするための「心の黒板」[264]です。

中前頭前皮質は、（狭義の）身体、脳幹、辺縁系、皮質をつなげて統合している領域です。ショアー[252][253]、スィーガル[264][269]は共に、愛着行動、情動調節、社会的コミュニケーションおよびメンタライゼーションの媒体としてのこの領域の重要性を強調しています。特に、彼らは、両眼のすぐ後ろに位置する皮質領域——**眼窩**《がんか》**前頭皮質**（あるいはOfc）——すなわち「皮質の一部であるのと同じくらい辺縁系の延長でもある」と考えられている領域に注目しています。

この領域は、表情、身振り、声のトーンのような非言語的手がかりを「読みとる」力をもたらすことにより、情緒的シグナルの暗号を解くことに寄与しているようです。「情緒脳の思考する部分」[131]として、Ofcは、情動調節において中心的役割を演じています（情動調節は、安定した愛着関係のために必要なものであり、またその成果でもあるとみなされています）。そのような調節は、Ofcが、脅威の知覚に対する扁桃体の迅速な反応を加減する際に生じます。Ofcは、脅すような表情に対し（まるで扁桃体のように）反応するだけでなく、その脅しを文脈に当てはめたり、その度合を測ったりします（これは扁桃体にはできないことです）。この種の識別は、自己調節と社会的かかわりの両方を促進します。逆に、眼窩前頭皮質損傷あるいは欠損は、①情緒をとり扱うこと、②他者に対し自らが与えている影響力を測ること、③他者からの社会的シグナルや他者の心理状態に適切に応答すること——の困難さにつながります。脳の各領域が独自の結びつき方でほかのそれと適切に結びついているなか、Ofcは、収斂帯として、また統合器官として、身体・情緒・認知の各経路を通して伝達される情報の流れを総合するものとみなされています。この総合力は、内的モデルを更新する力や、他の人々と効果的に同調する力にとって、決定的に重要です。それらの力はいずれも、我が子の難しい発達状況に直面した際、私たち自身が安定して愛着されたり、子どもに対して安心感を伝えたりするために、きわめて重要なものと言えるでしょう。もちろん、これらの力は、患者に安心感を与えたいと思っている治療者にとっても重要なものにほかなりません。

Ofcが「社会・情緒脳の上級管理職」[253]と呼ばれているかたわら、その上後方の領域——すなわち、**前帯状回**《ぜんたいじょうかい》——もまた、愛着、情動調節およびメンタライジングにおいて決定的役割を演じています。前帯状回は、母性的行動、暗示・明示的自己感および意識的情緒体験のための神経的基礎を提供しているかもしれないと示唆されています。また、それは身体状態の最も統合された視点の源でもあるようです。さらに、それは瞬間毎の注意の方向づけや、情緒に導かれての運動神経の反応にも寄与しているようです。[6,64,68]

Ofcと前帯状回のほかに、中前頭前皮質の第三領域

——**島**《とう》——があります。島は、精神療法にとって、突出して特別なものです。島は、「内受容性」、すなわち自らの身体状態（特に内臓状態）に注意を向けたり、それに気づいたりするために不可欠なものです。体性感覚は情緒を裏づけているため、「おそらく、島がほかのどの構造よりも深くかかわっている」[69]内受容性とは、私たちがどのように感じているのかを知るための主要な手段と言えるでしょう（ダマシオ、二〇〇三）。加えて、島は、**他者**の情緒を感じとる力の中心でもあるようです。なぜならば、それは、**他者の**情動行動に関する感覚運動的印象（すなわち、光景、音声の調子、「感じ」）を、皮質から扁桃体へと中継するからです[155]。これは共感と**鏡**《ミラー》**ニューロン**の境域です。これについては、少し後で立ち戻るつもりです。

それはどのように作用するのか

ホーキンズ[142]は、重要な臨床的含蓄を含む皮質機能モデルを提案しています。このモデルにおいては、新皮質とは、何よりもまず記憶と予測にかかわる器官です。五感および身体を通して体験をとり入れつつ、皮質は、繰り返される体験パターンを記憶として記録します。そしてその記憶は、直近の未来および遠い将来に期待できることに関する予測を形作るのです。ニューロン間におけるシナプス結合パターンとして保管されたこれらの皮質記憶は、三つの特徴により定義されます。すなわち、それらは**自己連想的**で、**不変表象**を含み、**階層構造**を有するということです。

視覚記憶は、その最も明解な例でしょう。かくれんぼをしている時、娘の足がカーテンの下からのぞいているのを見れば、たちまち彼女の全身がありありと私の心に思い描かれます。皮質記憶は「自己連想的」であるという事実は、部分が全体の引き金になるということを意味しています。すなわち、視覚的には断片しか見ていなくても、記憶がイメージを完成させるのです。ほかの例としては、暗い映画館で、通路の数列下にかすかに見える横顔が、ほんの短時間、目に留まります。その数秒後、見覚えのあるぼんやりとした横顔は、突如、自然と見分けがつき、友人の顔の心的イメージが視界に飛び込んできます。この部分から全体への変換は、どのようにして起きるのでしょうか？

ホーキンズ[142]が「不変表象」と呼んでいるものは、皮質における神経パターンであり、そこには体験が**種々の項目毎に独立した形で**保管されています。これらの不変記憶形が、断片的な（あるいは歪《ひず》んだ）視覚入力により賦活される際、それらは私たちが見ているものが何なのかを予測します。そして、現に私たちが見ているものの大部分が、この方法で決定されるのです。ゆえに、ホーキンズ[142]によれば、「あなたが知覚するもののほとんどは、五感を通して入ってきているわけではないのです。すなわち、それはあなたの内的記憶モデルから生み出されているのです」。不変表象がなければ、私たちが体験している世界は、乳児が体験している世界のごとく、「曖昧で混沌としている（blooming, buzzing confusion）[b][158]」状態にとどまってしまうことでしょう。

皮質の各領野は、六層のニューロンから成っています。ホーキンズの言う「皮質の階層（cortical hierarchy）」におけるこの六層から成る構造が、私たちの主観的体験を生み出しています。すなわち、「下位の」三層からの今ここでの感覚入力と、「上位の」三層からの記憶に基づく予測と、を結合させることにより、それを生み出しているのです。認知科学者は、記憶の知覚への影響のことを「トップダウン」プロセシングと呼ぶ一方、感覚入力からの知覚形成のことを「ボトムアップ」プロセシングと呼んでいます[176]。そのような構造は、自動的に、以前の体験知識を現在のそれに応用できるようにしてくれるため、有利なのです。たとえば、髭を生やしていた友人の、髭をきれいに剃った顔（リアルタイムの視覚入力）を初めて見た時でさえも、それは彼の顔だと（不変表象）見分けがつく、というように。そのような構造、すなわち「観察されたパターンは、その階層を上向きに流れ、予測は下向きに流れる」[176]という構造の不利な点は、記憶により駆動される期待

b　訳注　訳は『心理学（下）』（W・ジェームズ著　今田　寛訳　岩波書店）より引用。

が、しばしば新規の体験に勝《まさ》ってしまうということです。そしてその結果、たとえば友達が思いがけず髭を剃っていた時、それに気づかなかったというようなことが起こりえます。つまり、見ると期待しているもの**しか**見えていないということが、しばしばあるのです。

視覚野の機能において真実とされるものは、ほかの感覚様式においてどころか、体験をとり入れたり処理したりするあらゆる方法において、全面的に真実とされるようです。ここでの含蓄の一つは、私たちが知覚とみなしているものは、常に（多少なりとも）解釈上の問題なのだということです。そしてもちろん、これらの解釈は、過去に基づいています。ホーキンズ[142]は、「人の心理の大部分は、早期の生活体験、愛着、養育のなりゆきに基づいています。なぜならば、脳が世界に関するモデルを最初に建造するのは、まさにその時期だからです」と記述しています。

鏡《ミラー》ニューロン系

ある種の原始的社会性（すなわち、自己を他者と区別しない）が、霊長類の脳には深く組み込まれています。

——レスリー・ブラザーズ[54]

一九九〇年代半ば、イタリアの神経科学者リゾラッティが、大変重要な発見をしました。彼は、マカク猿の運動前野に、ある種のニューロンを見つけました。それらのニューロンは、自ら行っている動作の際に発火するのみならず、ほかの猿のそれに相応する動作を見ている時にも発火したのです。それにつづく研究により、人間も霊長類と同様に、他者の行動を自らの脳において複製あるいは擬態する「鏡ニューロン」系というものを持っているということが確証されました。

しかし、ご注意ください。鏡ニューロンを発火させる引き金となるのは、**意図的**な行動だけですから。どうやら、共鳴反応の引き金となるのは、行動の知覚それ自体ではなく、むしろその背後に意図が見受けられるような行動の知覚らしいのです。鏡ニューロンはまるで、発火を生じさせる行動と同じくらい、その根底にある心理状態に反応して発火しているようです。この点を強調している研究もあります。すなわち、他者の意図状態の知覚のみならず、他者の情緒や身体感覚も、鏡ニューロンの発火を生じさせることができると言うのです。たとえば、私たちが誰かほかの人の表情から感情を読みとっている時や、彼らがちょっとした嫌がらせを受けているのを見ている時にも、それは生じるのです。先に言及したように、島が、他者の情動に関する印象を皮質から扁桃体へと伝達し、扁桃体が身体に基づく感情の引き金を引くということが理論化されています[155]。

　このように、鏡ニューロンの働きにより、自己は他者にみられた行動および推論された心理状態（感情など）をいずれも真似るようです。それだけに、鏡ニューロン系は、共感、情動調律、メンタライジングおよび間主観性の神経的実体とみなされています。それは、私たちがほかの人々と共有している、私たちは「ひとつ（oneness）」だという体験の基礎になっているとさえ言えるでしょう[6,116,270]。

左右差——一人に二つの脳

　大脳の各半球は、体験を異なる方法で処理し、表象するように特化されています。**右半球**は、オーンスタイン[225]が「右の心」と呼んでいるように、情緒的、全体論的、非言語的、直観的、関係的、受容的に応答するように特化されています。それは辺縁系や身体（ことに扁桃体やANSを含む）との密な神経結合を有しています。そのため、それは体験に対して本能的に反応することができるのです——言わば、内側から出《い》でるかたちで（from the inside out）。この半球は、情報を「アナログ的」に処理すると言われています。すなわちそれは、統合された全体像として体験をとり入れ、表象します。右脳は、現実の意味を理解するためにそれを抽出したり解体したりする、ある種の「デジタル」解析をせずに、何にでも直接的に反応します。すなわち、形態（gestalt）を見、全体的文脈をとり、そして一つ一つを独立的に見るよりもむしろ互いの関係性の中でその部分をとらえようとするのです。右脳は、文脈や体験に関する多重の視点への気づきを促進するため、また非言語的コミュニケーションの暗号を解けるように調律されているため、反省自己あるいはメンタライズする自己の神経的実体とみなすことができるでしょう。また右脳は、無意識の座、そしてフロイトの一次過程の座とも考えられています。

左半球は、全く異なる記憶域で応答するようにデザインされています。それは意識的思考の源泉（フロイトの二次過程）として、線形論理に従い、言語的に体験を表象します。その情報の基礎単位は、単語です。私たち自身の意識的思考について調べてみると、通常、それが基本的には単語の流れから成っているということに気づかされます。いわゆる内的独白が、内容的には右脳から情報を得ているとしても、その言語表現は主に左脳による産物なのです。また、もしも私たちが左脳にしか頼らないとすれば、細部にばかり目が行ってしまい、木を見て森を見ずということになってしまいがちです。

脳の両半球間における情緒的労働にも分担があるようです。左脳は中間的・肯定的情緒体験により賦活され、右脳は強烈かつ（あるいは）否定的色合いを帯びた情緒により賦活されるようです。それに対応して、左脳は接近を仲介するのに対し、右脳は引きこもりを仲介するようです。

両方の半球にアクセスすることは、有効な適応を可能にする柔軟性を持つために必須と言えます。したがって、それらが互いにコミュニケーションを欠いているとしても、「二つの脳があるほうが、一つよりはいい」のです。幸いにも、脳は両半球間のコミュニケーションが促進されるような構造になっています。すなわち、**脳梁**《のうりょう》です。それにより二つの脳半球が神経線維の帯で結びつけられているおかげで、各々の脳の特殊性をうまく利用し、よく調和された統合という利益を刈りとることができるのです（たとえば、右脳の情緒的反応性と左脳の分析とを統合することなど）[64,254,264]。

✤統合と脳

健康な愛着関係（特に生後数年における）は、右脳機能と左脳機能の発達と統合のために必要不可欠ですし、辺縁系機能と皮質機能の発達と統合のためにもまた同様です。そのような統合により、脳の多様な能力（感覚、運動、情緒、分析など）が機能的に連結されることで、脳の全ての潜在的資源を最も協調的かつ適応的に利用できるようになるのです。

これらの種々の脳の統合（右と左、基底と上方）は、心理的統合の神経系における必然的結果であるということ、そしてそれは安定した愛着の報酬であるのみならず精神療法の目標でもあるということを、心に留めておいてください。この種の心理的統合（すなわち、心と身体を連結させるのと同様に、思考と感情、自己確定と関係性というように心の異なる状態を連結させること）により、体験全体の深みと幅広さにふれることが可能となります。そのような統合により、私たちは、自らのある部分を否認あるいは拒絶する必要を感じることなく自己の多重側面を発達させ、調和させられるようになるのです。

成人の脳が、発達途上にある子どもの脳と同様に、現在の体験により作り直されうるということ、すなわち現在の体験が、新たなニューロン結合を構築するのみならず、脳の実際の物理的構造までも変えるということを調査研究が示していることは、私たち臨床家にとって大いなる励ましとなることでしょう。この**神経可塑性**の所見は、もしも私たちが治療的変化を効果的に促進したいのならば、身体、脳、心が最初に発達した愛着母体を作り直すことが決定的に重要だろうということを強く示唆していると言えるでしょう。

安定を取り戻すこと——愛着、体現された心、マインドフルな身体

脳は、身体のとらわれの聴衆である。

——アントニオ・ダマシオ[67]

『**デカルトの誤り**』（邦題『生存する脳』＝訳者）の中で、ダマシオ[67]は、心と身体の不可分性を論じるために、神経生物学的根拠を整理しています。すなわち、感情とは、本質的に、心による身体状態の読み

とりであるということ、また、理性が真に合理的であるためには、身体から発せられた情緒的シグナルに錨を下ろしていなければならないということを、彼は主張しています。しかし、その「体現された心[173,308]（embodied mind）」が人間の状態に関する事実として多くの科学者や哲学者に認められるようになってきているとしても、私たち治療者や患者にしてみれば、それは「仮定」以外の何ものでもないというのが現実です。身体から分離された心、あるいは心ない身体に住んでいるかのように見える人が、どれほど多いことか。

自己の多重側面（身体、情緒、表象、反省、マインドフル）を統合することと、脳の個々別々の領域（左脳と右脳、皮質と皮質下）に相互結合性を設けることとは、言わば同一のコインの表と裏です。安定した愛着史がもたらすものとしての、また愛着志向的精神療法の目標としてのこの種の統合は、体現された心という主観的体験およびマインドフルな身体というそれを、いずれも育むことでしょう。

体現された心があれば、私たちは地に足がついていると感じられますし、私たちの行動は内側から手引きされたものとなります。そのうえ、自らの体性感覚や情緒への、有益で心理的に豊かな接近の機会を得ることもできるのです。なお、このような感触（felt sense）とは、「生きている人間の身体から生じ、それにより形作られ、それを通して意味を与えられる」ような、感じたり考えたりする道すじを指しています[173]。

愛着用語で回避型あるいは愛着軽視型と表現されるような患者は、通常（多少なりとも）、「身体から分離されて」います。そのようなある患者は、そのことを「私は身体に着地しているというよりも、むしろ体験の上を舞っています」と表現していました。このような患者にとっては、どのように身体が機能しているのか、とか、外見がどうなのかが重要なようで、内側で何を感じているのか、とか、何を感じとっているのかが重要であったためしがないようです。彼らは、左脳の物差しで測り、情緒志向の右脳からの情報が全く入らないまま生活しているかのように見受けられます。それどころか、彼らは、自らの行動を束縛し、感情や感覚から注意をそらさせる強力な皮質下の「反射」により支配されています。そのような患者にとって有効な治療には、通常、自己の生来的・本質的部分としての感じ、感覚する身体を再生する援助が必然的に含まれます。

身体から分離された心に住んでいるように見える患者とは正反対に、「心ない（mindless）」身体（すなわち、身体の表現に心が疑問を差し挟めないために自己を支配している身体）に宿っているような患者がいます。これらの患者には、しばしばとらわれ型か、あるいは未解決の外傷がみられますが、彼らは自らの身体により裏切られ、虐待されていると感じているようです。多くの場合、彼らは「身体化する人（somatizer）」であり、情緒や記憶を主として身体という言葉で表現しているのがわかります。これらの情緒や記憶が耐え難いものになると、それらを隔離している身体は、物理的に遺棄されます。すなわち、身体を離れること（解離）です。それは、「逃げ場がない時の逃げ場」を提供してくれます（パトナム、一九九二）。しかし、そのような患者は、身体という資源に近づくことができません。身体という資源――それはマインドフルで、気づきに満ちている身体です。それは、感じとられ、知られるのみならず、感じとり、知ることまでもできるのですが……。

スィーガル[267,269]が指摘しているように、心臓と腸（それらは脳を擬態した細胞構造に囲まれています）は、それぞれ循環と消化のための器官であるのみならず、知覚のための器官でもあります。そのため、文字通り、「心からの気持ち（heartfelt feeling）」、「腹の底からの（本能的）反応（gut reaction）」と表現されます。「身体の声を聞く（minding the body）」（ダマシオ、一九九四）ことができれば、私たちは、**自己認識および他者認識の深遠さ**にふれることができます。それは、ほかの方法では不可能です。最も重要なのは、おそらく、心が宿っている身体と、身体により情報を与えられ生かしてもらっている心とを持つことができれば、私たちはより十分に現在に在ることができるということでしょう。これは核心と言える点なので、事あるごとに立ち戻りましょう。

私たち治療者は、安定型愛着の子どもに統合を有効に育んでいる親とまさに同様の方法をとることにより、患者の中にそのような統合を育むことができます――すなわち、暗示でも明示でも、身体、情緒、言葉のどれを通して伝えられても、コミュニケーションの全範囲を認識し、調律された様式で応答することによって。この種の「全範囲」的受容性・応答性は、患者が適応力を発達させ、体験を統合する助けになることでしょう――患者の最初の愛着では不十分な居場所しか作れなかった、身体と心の最も広範囲の体験を。

✤脳に立ち戻る

患者の心と身体の統合をすすめるためには、すなわち思考と感情、気づきと体験の統合をすすめるためには、既にふれたいくつかの所見を含む最近の神経科学的所見からの臨床的含蓄を、真剣に受けとめることが賢明です。

これらの所見は、第一に[69,269]、進化および個人の発達のいずれにおいても、脳の「より高次の」（皮質／左半球）構造は、「より低次の」それ（皮質下／右半球）を頼りにしている、そしてしばしば「低次の」ほうが優位に立っているということを示唆しています。この影響パターンと一致して、神経「交通」は、トップダウンよりも、ボトムアップ（すなわち扁桃体［恐怖反応］から皮質へ［恐怖管理］）のほうが、ずっと比重が大きいのです[176]。これらの事実は、精神療法における、それに相応するボトムアップ・アプローチの必要性、すなわち行動と思考を裏づけている身体感覚と情緒に一貫して基づく臨床作業の必要性を論証していると言えます。またそれらは、治療関係の非言語的な、主として右脳優位の側面、つまり何を言うかよりも、むしろ何を感じとり、感じ、するかを通して表現される治療関係の側面への焦点づけを包含することの必要性を論証してもいるでしょう[223,256,301]。

第二に、皮質から扁桃体へと流れる神経的影響は、**背外側皮質領域からではなく**、**主として中前頭前皮質領域から生じる**ということです。覚えていらっしゃると思いますが、後者は脳全体からの入力の情動調節統合担当者です。それに対し、前者（「理性的な心」）は、意識的な言語的情報処理を主として専門としています。この背外側皮質領域と辺縁系とは（ほとんど）連結を欠いているということの臨床的含蓄として、私たちの患者（特に外傷患者）とつらい情緒に関してただ単純に声に出して考えることは有用だろうけれども、それだけでは不十分だということが言えます（後述の通り）。

加えて、私たちは、このような患者が、自らの内的体験（特に身体体験、とりわけ呼吸）に注意を向けられるよう援助することにより、中前頭前皮質を賦活する必要があります。心の注意力を身体へと向けることは、このような患者の性分には反しているかもしれませんが、そうだとしても、そのように焦点づけることは、彼らの情動調節力および自己調節力を強化するための潜在的資源になりうるのです[304]。この内受容への注目は、患者が現在の瞬間《プレゼントモーメント》に降り立つ助けとなるマインドフルネスの一形態と言えます。それは、外傷的過去や恐ろしい未来に関連した苦悩を調節する可能性があるのです。患者に、身体に感じていることに呼び名をつけるようにとお願いすることは、すなわち、痛ましい皮質下（すなわち身体／情動）体験を処理するにあたり、皮質の能力を用いることになります。そうすれば、彼らは、ただ単純に体験を同定しそれに圧倒されると感じるだけではなく、むしろそれを**観察する**ようになるかもしれません。身体への意識が高まり、感情とは痛ましいけれども耐えられないものではないという感覚が育てば、以前は解離されていた体験の意識的処理・統合が可能となるでしょう[221]。

第三に、層を成している皮質の機能に関する理論を思い出してみてください。すなわち、下位の三層は、感覚と身体からの現在の入力を処理します。上位の三層は、「不変表象」として保管されている記憶に基づいて、来たるべき体験を予測します。ところが、不変表象は、現在の現実を誤表象するかもしれません[142]。ここでの一つの臨床的含蓄は、そのような**不変誤表象**（たとえば、もう古くなった内的作業モデル）の束縛から解き放たれるためには、私たちは、患者の中に、今ここでの体験にマインドフルな注意を向ける力を培う必要があるということです。きわめて文字通りに、彼らが「自らの感覚にたどり着ける」[160]よう援助することにより、私たちは、皮質の階層を上へと向かって流れていく現在の体験のデータが記憶と予測の下向きの流れによりのみこまれてしまう見込みを減少させるのです。

最後に、メンタライジングとマインドフルネスに直接関係している神経科学的所見にふれましょう。メンタライジングに関する研究は、それが前頭前皮質のみならず扁桃体をも賦活することを示しています[6]（リバーマン、印刷中）。ここでの含蓄は、患者が自らのメンタライジング力を実際に行使するためには、彼らは、**苦悩している感情を実際に感じている最中にそれと向き合う必要がある**ということです。そうでなければ、それはただの「偽メンタライジング」なのです（フォナギー、私的対話にて、二〇〇六）。研究はさらに、苦悩を伴う体験を言葉にすること（すなわちそれは、明示的メンタライジングの本質的特徴ですが）により、その神経的影響を減弱させることができるということを示していま

す。すなわち、狼狽させられるような画像を見せられ、それについて言葉で描写するよう指示された被験者は、その画像を見せられただけで言葉にするよう指示されなかった被験者と比べて、扁桃体が賦活される度合がずっと低かったのです[139][140]。同様に、つらい情緒体験を「再評価」あるいは「リフレーミング」することが、扁桃体における反応を調節しうるという証拠も示されています[220]。これらのような研究は、ボトムアップのみならずトップダウンまでも統合した治療アプローチについて論じていると言えます。なぜなら左脳／皮質的資源（言語、解釈）が右脳／皮質下体験（身体に基づく感情）のリアルタイムでの処理の際に用いられれば、情緒調節は確実に強化されるということを表しているからです。

脳研究はまた、呼吸している身体へのマインドフルな焦点づけを通しても、情緒調節は促進されるだろうと示唆しています。オースティン[12]は、呼吸に対し瞑想的注意を払うと、より長く息を吐き出すことができるということを指摘しつつ、**息を吐き出すことは、扁桃体における発火を減弱させる**（したがっ

て、「脳を静め」、身体を落ち着かせる）ということを示唆する所見を引用しています。ラザーら[175]は、呼吸に焦点づけることに腰を据えてとりくんでいる瞑想者の皮質が厚くなっている（辺縁系と連結し、身体に基づく感情と思考とを統合している皮質であるところの島においては、特にそうである）、ということを観察しています。先行研究（すなわち、手品を習っている人の視覚運動野の皮質が厚くなっているということが示された研究）を参照しつつ、著者は、呼吸その他の内的感覚に注意を集中することは内受容の訓練になるということ、そしてそのプロセスにおいて、おそらく自らの情緒への接近および他者のそれへの共感を促進している島の「増進」が見込まれるだろうということを提案しています。

おおざっぱに言えば、体験の特定の側面に意識を向けることは、それらの体験に連合している脳の領域における神経発火の引き金を引くということのようです。そのような体験に**繰り返し**意識を焦点づけると、新たなシナプス結合が生み出され、ついには「皮質の改築」に帰結します[175]。ここでの臨床的含蓄は、患者の体験の異なる側面（身体、情緒、表象など）に繰り返し焦点づけたり**連結したり**することにより、患者の脳内に新たな連結を設けることができるということです。そのような連結とはすなわち、患者を最初に形作ってきた関係性よりも包含的で共同作業的な関係性を通して、私たちが促進しようと望んでいる心理的統合の神経相当物です。

私たちが提供しようとしている新たな愛着関係を、患者が可能な限り最良の方法で利用できるよう援助するためには、早期の愛着にみられる多様なパターンを（安定型にせよ不安定型にせよ）理解することが、本質的に重要です。親などの養育者がどのようにして安定した愛着を可能にしているのかを理解することは、私たちが統合および安定性を促進するような方法で患者に応答できるようになるための助けになることでしょう。多様な不安定愛着について理解することは、患者の最初の愛着が全く居場所を作ってくれなかった体験を同定する助けになることでしょう。そしてそのような体験が、ついには統合されうるような、ある種の応答を差し出すのを助けてくれると思われます。

◆原注

1　著者によっては、「情緒」、「情動」、「感情」という用語を交換可能なかたちで用いていますが、私は、「情緒」という言葉を、心理生理学的覚醒と体験に対する反応性との全てを包含する概念に照らして用いているのに対し、「情動」を、情緒が身体の外側からはどのように見えているのかを描写する言葉として、また「感情」を、情緒が身体の内側からはどのように感じられているのかを描写する言葉として用いています[69,217,240,264]。

2　これに関連して、ブッチ[57]は、内的表象あるいは内的作業モデルとしての「情動核」に関し、何がそれらを駆動するのかという視点において論じています。ブッチとしては、「情緒スキーマ」という用語のほうを好んで用いていますが。

第六章　愛着体験の多様性

最初の愛着関係は、最初の心の青写真を用意します。すなわち最初の愛着関係における対人的コミュニケーションパターンが、自己という名で知られる構造化されたパターンのコレクションとして内在化されるのです。暗黙のエナクティヴ表象（すなわち、内的作業モデル）のレベルでは、媒体こそがメッセージです。つまり、生存のよりどころとなっている人との発達上の対話の構造が、内的世界の最初の構造となるのです[183,306]（メイン&ゴールドウィン、一九八四‐一九九八）。

最も単純なレベルでは、乳児の非言語的コミュニケーションのうち、親から良く調律された応答を引き出すものは何でも、言わば採用されるのに対し、嫌な応答（あるいはわかりづらい応答）を引き出すものは何でも除外されます。メインの研究が明らかにしているように、乳児がこれらの最早期のやりとりから引き出したルールは、彼らがどのように行動するかのみならず、何を感じ、欲しがり、考え、記憶するのかをも支配します。これらのルールは、子どもの内的作業モデル、すなわち愛着史に関する知識を保存し現在と未来における他者および自分自身との関係性を形作る作業モデルとして暗号化されるのです[196]。

しかし厳密には、乳児期の愛着パターンとは、どのくらい永続的なものなのでしょうか？　フォナギーは、主要な長期研究の結果を要約し、一歳ちょうどの時のストレンジ・シチュエーション分類における安定型 対 不安定型の比率は、成人期の成人愛着面接（ＡＡＩ）分類におけるそれと六八～七五％の割合で一致していると明記しています。

すなわち、「この乳児期に観察される行動と成人期における所産との間にみられる一貫性は、前代未聞と言っていいレベルだろう」と、彼は述べています[97]。またメアリー・メインの最初の研究の示す最新の所見は、乳児期から十九歳までの一貫性のレベルは八〇％をゆうに越えるということを示しています。ただし、外傷が関与している被験者については、分析から除外されています。外傷（これらの被験者においては、親の死など、虐待以外の形での外傷）は、全てを変えてしまいうることが明らかなうえ、通常、あまり良い方向には向かわないためです[195]。一方、生育史からは不安定型になるだろうと予測されていたにもかかわらず、まとまりのあるＡＡＩ物語りを語る、いわゆる「獲得安定型（earned secure）」と呼ばれている達成を表している成人もみられました。このような証拠の存在は、精神療法にとっては朗報でしょう。同様に、結婚が成人の不安定愛着を安定型に変えうるということを示している研究もありますが、それらは、愛着に関する作業モデルは愛着関係の性質の変化により好ましい影響を受ける可能性があるということを示唆しています[66,144]。

不安定愛着患者にとっては、治療者との新たな愛着関係は、最初の愛着関係において適応できなかった体験を統合するためにきわめて重要なものと言えるかもしれません。児童期の愛着が最初の自己を構造化していたとしても、患者の治療者への愛着が、後に不安定な作業モデルを獲得安定型のそれへと変え、自己を**再構造化**するかもしれないのですから。

このようにして変化を生じさせられるのならば、精神療法は、必ずや、解離された過去のために居場所を作ると同時に、現在における関係性の新たなモデルを患者に差し出すことでしょう。なお、重要なことに、古い体験を統合することと、新たな体験を創造することとは、結局のところ、同一のコインの表と裏と言えるかもしれません[7,183]。

臨床家として、新たな愛着関係を提供することにより変化を促進しようとするにあたり、愛着体験の多様性に関する知識（安定型も不安定型も）は、患者の再早期の関係においては居場所を与えられなかった感情、思考および他者とともに在る在り方を同定し、ついにはそれらの居場所を作るための、よい助けになることでしょう。そのような知識はまた、患者の児童期の生育史のみならず主観的体験に関しても想像し、理解し、共感的に共鳴するための私たちの力を強化してくれることでしょう。そのうえ、それは、特定の患者の発達的要求に最も同調しそうな特定の治療的スタンスに関する手がかりをも与えてくれると思われます。

乳児期およびそれ以後における愛着パターン

メアリー・メインの先駆的な長期研究は、一九七〇年代半ばに始まり、ある家族群について、乳児が児童期、思春期を経て早期成人期に達するまで追跡しつづけてきました。二種類のストレンジ・シチュエーション評価（一つは母親との、もう一つは父親との）が施行された乳児について、メインはその五年後に、彼らとその家族についての二時間にわたるビデオ録画を用いた評価を行いました。それらはストレンジ・シチュエーションと同様の、分離と再会をめぐる構造化された評価でした。

ストレンジ・シチュエーションを越えて愛着研究を前進させようとして、メインは乳児期以降の愛着行動に焦点づけたのみならず（そしてより重要なことに）、心的表象についても解明しようとしてきました。心的表象とはすなわち内的作業モデルですが、それは人生全体を通じて愛着行動を形作るものと考えられています。もはや決して見ることのできない文明を心に描こうと苦心しつつ人工物を発掘収集している考古学者のように、メインは、被験者から「表象的人工物」（たとえば、親の成人愛着面接［AAI］記録や子どもの家族画など）を収集し、目に見えない内的世界を目に見えるようにしていったのです。

乳児、六歳児および成人の愛着体験・愛着表象に関する彼女の所見[196]は、愛着に関わる四つの主要な心理状態各々の発達、特徴およびその帰結に関する喚起的詳細を明らかにしています。愛着モデル・ルールの持つ**浸透するように広がる影響力**を認識したうえで、表象パターンの構造的連続性、すなわち乳児期に現れ、徐々に発達し、多重の様式（非言語的行動、言語、心象などを含む）においてその表現が認められるという構造的連続性を明らかにすべく追跡することが、まさにその要約の目的です。その自己の多様な側面を交差する連続性こそが、患者の（そして私たち自身の）愛着パターンを、非常に活き活きとした形で認識したり理解したりできるようにしてくれているものなのです。

✤安定型／自律型愛着
――自由に結びつき、探索し、反省する

ストレンジ・シチュエーションにおいて安定型に分類された乳児は、母親との近接性に心地よさを求めることと、おもちゃで一杯の部屋をひとりで探索することとの間に、概ね柔軟なバランスを示していました。なお、母親が乳児の注目の対象になっていないようにみえますが、母親から乳児への要求や期待はみられませんでした。

さて、連続性に注目してみましょう。同じ子どもが六歳になっても、情緒的には概ね開放的にみえました。すなわち、感情を呼び起こすような分離を写した写真を見せられても、快適な気分のままで、その写真の子どもの感情について話し合ったり、素性について想像したりすることができました。そのうえ、その危機に対する建設的解決方法を思い描くことさえできました。すなわち、安定型乳児のとる行動に対応させつつ、その写真の子は分離の「危機」の後、喜びをもって母親に近づき、心地よさを得ることに成功し、そうして探索行動や遊びへと戻っていく――と、思い描いたのです。同様に、両親との再会時における行動はと言えば、すぐさま両親を温かく迎え入れ、言葉を交わす際も「流暢」と判断されました。つまり堅苦しくなく、むしろ流暢で、交互に話していましたし、何を話すかについてもさほど制限されてはいませんでした。安定型の六歳児の家族画は、概して写実的で、しばしば両親と子どもが寄り添い、腕を伸ばし、まるでお互いに安心して触れ合おうとしているかのように描かれてい

ました。評価の開始時に撮った家族のポラロイド写真を手渡された時も、安定型の六歳児は、それを見て喜び、微笑むか、あるいは何気ないコメントを述べ、そしてその写真を調査者に返してよこしました。メインの同僚のナンシー・カプランは、このような子どもを「安定のための資力に富んだ（secure-resourced）」と表現しています。[191,193,196]

この研究は、そのような安定型の子どもの親について は、何を明らかにするでしょうか？　始めに、彼らのＡＡＩ記録は、概ね「安定－自律型」のカテゴリーに入っていました。これらの記録の内容にも形式にも、親の愛着関係を自由に評価する力および客観的に反省する力のいずれもが示されていました。メインは、これらの親の「談話様式」を、「まとまりがあり、協力的である」と記述しています。すなわち、彼らの注意は、調査者の質問や調査と、自らの記憶・感情・思考との間を、柔軟に行ったり来たりしているようでした。このような親は、自らの愛着史を非常につまびらかに思い出しながらも、十分に「現在」に居るように見受けられましたし、思慮深く、またさほど消耗することもなく自由に情緒を表現してもいました。親自身の両親との非常に辛い体験について思い出している時でさえ、バランスのとれた視点を維持する力があるようでした。またその視点は、両親を理解しようとし、時には許そうと努力していることを反映してもいました。

これに関連して、メインは後に、安定型の親の下位グループを同定しました。すなわち、「獲得安定型」と呼ばれる親です。そのような親は、通常ならば不安定愛着につながりそうな種類の、問題の多い、痛ましい児童期の生育史を語っているにもかかわらず、その生育史をまとまりよく、協力的に語っていました（メイン、ゴールドウィン、一九八四－一九九八）。精神療法にとってはまさに朗報ですが、このような「獲得安定型」の成人とは、しばしば親しい友人、恋人および（あるいは）治療者と、情緒的に重要な関係を結んできた人たちです。[264]

安定型の子どもの親はまた、自らの愛着体験を思い出す、まさにそのプロセスにおいて、考察し、考え直す力があると思われました。この決定的に重要な力——**体験すると同時に体験を反省する力**（自らの体験の**内側と外側の両方に**立ってみる力）を、メイン[190]は**メタ認知的モニタリング**と呼んでいます。安定型の親の持つ愛着関連の幅広い記憶・感情・思考に気づき統合する力と共に、メタ認知的モニタリング力は、愛着に関わる安定した作業モデルあるいは安定した心理状態を反映していると思われました。

メインは、そのようなモデルあるいは心理状態（正確には、安定型の親が、特定のルールに縛られておらず、まさに開放的で、柔軟で、自己モニタリングできるということ）こそが、彼らに安定した子どもを育てられるような敏感な応答性を賦与しているのだと提案しています。このような親には、愛着関連の内的「ニュース」を検閲あるいは編集する必要が少ししか（あるいは全く）ないので、子どもの対人的コミュニケーションやシグナルの全範囲に応答する余裕があるのでしょう。このような発達上の対話の持つ包含性（inclusiveness）は、心理的統合のための関係的基礎（すなわち、①愛着－探索間および②関係することと－自己確定間の良好なバランス）を供給します。そしてそれらは、子どもの安定した愛着史の喜ばしい遺産と言ってよいでしょう。

これから見ていくように、不安定型の親の子どもたちは、それほど幸運ではなさそうです。

✤回避型／愛着軽視型愛着
——それほど輝かしくもない孤立

回避型の乳児は、概して、安定型の乳児にみられる柔軟性や問題処理などの工夫をする力を欠いていました。ストレンジ・シチュエーションでは、探索行動にふけるあまり、事実上、愛着行動を排斥していました。すなわち、一歳ちょうどの時、乳児は母親を能動的に避けていると思われましたが、それはおそらく、より早期において、母親に身体的・情緒的接触を求める試みを一貫して拒絶されたことに対する反応と考えられます。あるいは、ほかの研究者が示唆しているような、母親の侵入的・支配的・過剰刺激的な育児に対する反応かもしれません。[282]回避型乳児の歌は、あたかも全て単音から成っているかのようであり、また情緒を表現するのは、物に興味を示した時に限られていました。回避型乳児は、分離の際、動揺していないように見えたうえに、母親との再会に際しても彼女を無視していましたが、にもかかわらず**生理学的には反応していた**ということが、実際には苦悩していたということを否定し難いものにしていました[284]。つまり、乳児は愛着と分離に関連した自動的な情緒表現を抑えることを学んでいましたが、そのことが、それらを感じていないということを意味しているというわけではなかったのです。

再び、連続性に注目してみましょう。同じ乳児（あたかも母親に慰めてもらう望みなどないというふうに振舞っていた乳児）が六歳になった時、彼には分離の写真の中の子どもが悲しみと称される体験をしていることを指摘する力はありました。しかし、写真の中での分離の危機をどのように解決したらよいのかについては、何の想像もできませんでした。また、乳児の時、ストレンジ・シチュエーションの再会場面で母親を無視したのと全く同じように、六歳になった今も、母親を無視しました——より巧妙になってはいましたけれど。再会の際の彼らのかかわり合いは、「制限されている」と記述されました。すなわち、回避型の子どもは、主導権を完全に親側に委ね、最小限の反応しか示さなかったのです。なお、会話はためらいがちで、話し合っていたテーマも個人的なことではありませんでした。家族画については、調査者は、それを「不安定だが、耐性はある」と記述しました。すなわち、概して未分化な肖像が描かれており、皆、紋切り型《ステレオタイプ》の「幸せそうな顔」で、互いに離れて描かれていて、しばしば宙に浮いていたりするうえ、腕がないことも頻繁でした（ここでメインは、愛着軽視型の母親が乳児との身体接触を嫌うということを思い出すようにと求めています）。家族の写真を見せられた時には、回避型の六歳児は、顔をそむけてそれを拒絶するか、あるいは何気なくそれを床へと落としていました[191,193]。

回避型の子どもの親は、必ずと言っていいほど「愛着軽視型」に分類されました。彼らは決まって、愛着関係の重要性や影響を軽視していると思われたからです。ＡＡＩの文脈においては、これらの親の談話様式は、まとまりもなければ協力的でもありませんでした。彼らの瓜二つの特徴として、①幼少時の体験を思い出せないと主張すること、②体験したと主張する理想的な関係性と、実際に生きたと思われる、より問題の多い関係性との間に矛盾がみられたということ——が挙げられます。[原注1]

愛着軽視型の親のAAI記録において最も印象的なことは、彼らが自分自身の親との関係の特徴を表すために最初に選んだ、輝きに満ちた記述子（最悪でも「普通です」、ほとんどが「非常に良い」と「素晴らしい」の間だった）と、後でそれを選択した理由を説明する際に示した、しばしば落胆させられるような記憶との間にみられる食い違いでした。彼らの理想化された、あるいは正常化された表現には裏づけがない（「覚えていません」）か、あるいは、面接の後半にそれとなく言及される体験により、実はそれらは虚偽であるということが示されたのです。

メインは、自分の母親の特徴を「思いやりがあり、愛があり……人の支えとなる」と語ったある親を例にとり、そのような矛盾を次のように示しています。

ある時、私は庭の周辺で遊んでいて、腕の骨を折りました。そういうことは、きっと母を怒らせてしまいます。母はそういう出来事が大嫌いでしたから。長い間、腕が痛かったのですが、私は決して母にそのことを言いませんでした。母はそのことを隣人から指摘されて知りました——きっと、私がずっと、腕を抱えるようにしていたからでしょう。……母は、泣き虫が好きではありませんでした。だから私はいつも、泣かないようにしていました。だって、母は本当に強い人でしたから。[193]

メインが記述した親は、明らかに、子どもの頃に、愛着に関連した感情・衝動・行動を抑制することを学んできていました。成人してからも、彼女は、「思いやりがあり、愛があり、人の支えとなる」母親を理想化することを通して、そのような感情および衝動を回避しています。痛ましい記憶のために理想化することが難しくなると、彼女は、母親の欠点をリフレームして「強さ」とすることを通して、それを補強しました。すなわち「私はいつも、泣かないようにしていました。だって、母は本当に強い人でしたから」と。このようにして、愛着軽視型成人は、頻繁に、幼少時の情緒的孤立を「正当化」します。すなわち、親の拒絶やネグレクト、あるいは怒りは、きつかったけれども、そのおかげで自立できたし、決断力も育てられたのだから、それでよかったのだ――というふうに。

メインの研究における回避型の子どもの親は、無意識的ではあるにせよ、この情緒的孤立を積極的に維持しているようにみえました。すなわち、理想化（あるいは脱価値化）、選択的無視および覚えていないと主張することを通して、過去の愛着関連の体験の喚起的潜在力を軽視していました。今ここでの面接者との関係においては、彼らは、拒絶的な親および回避型の我が子（乳児）のいずれについても退屈な描写をするというスタンスを通して情緒的距離を保つようにしていました。これらの親は、誠実に協力し合うことよりも、むしろ面接を早く切り上げることのほうに関心があるのだということをアピールするかのように、巧妙に（あるいはむしろ、あからさまに）、面接者を拒絶しているようでした。すなわち、「私の母ですか？　普通の人ですよ。関係？　別にないわ。次のご質問は？」というふうに。[144] そして彼らの乳児と同様に、何の苦悩も、脆弱性も、怒りも、体験していませんでした――あるいは、それらを表現することなどもってのほかと思っていたのかもしれません。しかし、苦悩の生理学的尺度を用いた後続研究が示しているように、愛着軽視型成人における情動の欠如というのは、回避型の乳児と同様に、見かけ上のことにすぎません。[原注2] [77]

回避型の子どもと愛着軽視型の親は、愛着関連の問題への注意を徹底的に制限するという体験様式を共有していました。両集団は、感情全般について（特に愛着に関係する感情について）の気づきを最小限にするというルールにより管理された表象世界に占有されていると思われました。この情緒的に平板化された世界に関する「ニュース」は、全て良い方に偏った形で、内的には記録され、公的には「報道されて」いました。まるで、強くて、自立していて、人に頼っていないと感じていたい（あるいはそう感じているように見えたい）という排他的な要求を反映しているかのようでした。メインの研究は、この内的情景の特徴を、言わば、影に覆い隠されているかのようだと指摘しています。それでも、愛着軽視型の親の、そのような影のように接近しづらい体験の臨床的証拠を、私たちは見ることができます。すなわち、彼らは自らの否認している要求・脆弱性・怒りを、他者に（あるいは他者の中へと）投影しているように見えるのです。

愛着関連の体験に対する学習された不注意は、愛着軽視型の親およびその回避型の子どもに著しい制限を課していました。これらの親は、自らの焦点を**愛着からそらす**ことにより、他者からも、自分自身の心の最も深いところにある切望からも、自らを引き離さなければなりませんでした。そうしているうちに、彼らは、自らの（内的および対人的）体験を反省する力のみならず、子ども（乳児）のシグナルに敏感に応答する力までも制限してしまったようです。すなわち、愛着軽視型の親は、自らの情緒的生存を可能にしてきた愛着を軽視する心理状態を維持するために、乳児の愛着要求を無視あるいは抑圧しなければならなかったのです。そして回避型乳児は、自らの要求がさえぎられたことへの反応として、あたかも要求など何もないというふうな生き方を学習してしまったと言えます。

愛着関係の共構築される性質に関する後続研究を予示するように、メインは、この種の「二者間協力」が、愛着軽視型の親のモデル・ルールがどのようにして彼らの回避型の子どもたちにも採用されるに至るのかを説明しているかもしれないと推論しました。[196] 彼女は、基本的には親との関係においてエナクトされるものが子どもに内在化されていくのだと考えていました。すなわち、愛着軽視型の親が、身体的、情緒的に触れ合いたいという要求の表現を排斥するような発達上の対話を生み出す。次に、彼らの子どもが、これらの対話を未統合の作業モデルという形で内在化する。そしてそのモデルが愛着願望のための居場所を作ることはなく、ましてやそのような要求を満たそうと試みることもない――というふうに、メインは考えたのです。

しかしながら、脅威や痛みに直面した際の慰めや結びつきへの要求とは、進化論的デザインにより構築されているものです。つまり、それに抗して必死に防衛することはできても、それを消滅させることはできないのです。これこそが、回避型／愛着軽視型方略が、愛着行動システムを非活性化するために、愛着関連の内的・外的手がかりへの気づきを最小限にすることをその目的としている所以です[191]。

これらの「軽視」あるいは「非活性化」方略は、意識的にせよ無意識的にせよ、矛盾した作業モデルを用いて組み立てられ、回避型／愛着軽視型の個人の内的体験および対人的体験を形作っていきます。その第一のモデルは、意識的に抱かれているものであり、「自己は、良くて、強くて、完璧である」のに対し、「他者は、信頼できないし、貪欲であり、不十分だ」という感覚を含んでいます。第二のモデルは、無意識的な、恐れられているモデルで、「自己は欠陥があるうえに依存的で無力である」のに対し、「他者は拒絶的、支配的で、懲罰的な応答をしそうだ」という、心をかき乱す感覚を伴っています。非活性化方略は、第一のモデルが第二のモデルに抗する防衛となるよう支持を与えます[210]。より具体的に言えば、これらの方略は、距離をとり、自らコントロールし、独立独行すること（これらはすなわち、意識的モデルの本質です）を促進しつつ、他方では、（無意識的モデルにおいて落胆させられるように表象された）愛着システムを活性化しそうな情緒体験を抑制するのです。

私たち治療者は、愛着軽視型患者のこのような矛盾したモデルの臨床的証拠をしばしば目にします。そのような患者は、自分の明らかな脆弱性および要求を、他者へと「移転」させるようです。その結果、それらの他者が、「自分は弱いし、手がかかるし、好ましくない人間だ」などという体験をすることになります。より一般的に言えば、これらの患者の思い上がった自己評価は、さもなければ彼らが依存したり愛したりしてしまうかもしれない他者のあらをさがすという重大な犠牲の上に立って、その安全が守られていると言えるでしょう。

✤両価型／とらわれ型愛着
――自分の心のための空間が残されていない

　メインが回避型乳児において観察した非活性化方略の片割れが、両価型乳児においてみとめられた「過活性化」方略です。回避型が、情動の過剰調節を特徴とするのに対し、両価型は、むしろ調節不十分でした。また、ストレンジ・シチュエーションにおいて、回避型乳児は排他的におもちゃへと関心を集中しましたが、両価型乳児はただ母親に関心を集中させることしかできませんでした。

　一方ではしがみつきと怒りながらの反抗とを交互に行い、また他方では無力で受身的な態度をとるという両価型乳児は、なだめるのがきわめて困難でした。また、母親の居所に関する慢性的不安に圧倒されすぎていて、とても探索に出られる状態ではなさそうでした。この情動増幅パターン（両価性および［あるいは］無力感として表されるパターン）は、予測不能な応答をする母親に対する乳児の予測可能な応答であるとみなされました。そのような応答が、①母親の不安定な注意を確実に彼らに向けさせる助けになっていればいるほど、また②母親が止めさせたがっている彼らの自律的探索を抑制していればいるほど、そのような応答は、なくてはならないものであり、また適応的な妥協なのだと理解できました。

　さて、メインの研究における典型的な両価型の六歳児（乳児の頃もそうであったように、強烈な要求と怒りとを交互に表出する）について考えてみましょう。たとえば、分離の写真に対する反応では、ある子は、写真の中の子どもは両親のために花を買うだろうけれども、出かけようとしている両親の洋服を隠してしまうだろう、と言いました。同様に、両価型の子どもの再会場面は、混合したメッセージを伝える行動により特徴づけられました。すなわち、ある子は、ご丁寧に母親のひざに座ったかと思うと、すぐに逃げてしまいました。少しの間、親にこれ見よがしの情動を表現したかと思うと、不意に背を向けて行ってしまったのです。両価型の子どもの家族画は、「脆弱」と記述されました。すなわち、大変大きい人の肖像あるいは非常に小さい人の肖像で満たされ、決まってぎゅうぎゅうに間隔をつめて配置され、しばしば身体の脆弱な部分あるいは性的な部分の特徴が描かれているところが際立っていました。家族のポラロイド写真を手渡されると、両価型の六歳児は心がかき乱されたように見えました。すなわち、ある子などは、不安そうにそれをじっと見つめた後、自らの肌をいじり始めたのです。典型的な安定型の子どもは、その写真を楽しそうに見ていましたし、回避型の子どもは、それから顔をそむけましたが、両価型の子どもは、その写真の愛着に関するイメージに異常なほど心を奪われただけでなく、それに苦しめられてもいるようでした[191][193]。

　両価型の子どもの親は、自らの愛着に関する悩みに深く心を奪われていました。そして母親の居所を心配している彼女らの乳児のストレンジ・シチュエーションにおける探索行動が土台から侵食されていたように、これらの親もまた、「愛着人物への過度で、混乱した、怒りを伴うかあるいは受動的なとらわれ」という重荷を背負わされ、自身の愛着史において探索行動をあきらめさせられていました[191]。そのような親は子どもの自律性を損なう傾向があるという観察結果は、彼らの不安の根底にあると思われる見捨てられ恐怖と無力感により説明されると考えられます。「とらわれ型」に分類され、「E」（からみあった［enmeshed］、あるいはもつれた［entangled］のE）として記号化されているこれらの親は、AAIにおいて、まるで過去の情緒が現在におけるまとまりのある回想や反省のための力を圧倒してしまっているかのように応答していました。

　たとえば、メインの研究におけるそのようなとらわれ型の成人は、早期の記憶について尋ねられると、父親との遠い昔の出来事について怒りを交えながら述べたかと思うと、間髪入れずに、まさに現在の彼に対する苦情を苦々しくこぼしていました。そして、父親の「無標の」言葉の引用へと話がそれていきました（「だから、何でお前は、母さんの言うことが聞けないんだ?」）。あるいは、今の今、実際に父親がそこに居るかのように、直接的に語りかけたりもしました（「**もう**、私に、そういう言い方をしないで!」）。心をかき乱すような過去からの影響はますます広がり、子どものような話し方としても表されました（「ワンワンが、あたしを噛んだとき、ママはキチガイになっちゃったの」）。また、言葉の曖昧な用い方もみられました（「パパは、あたしにおひざに座って、それから、それから……」）。それから、意味のない言葉も（「えっとえっとえっと」）。ほかにも、文法的にもつれた文や完成されていない文などもみられました[144,191]。

現在における愛着と同様に、過去により呼び起こされた強烈な怒り、恐怖あるいは受動性までもが、とらわれ型の親のまとまりのある話をする力のみならず協力的に話す力をも根底から切り崩していました。これらの親は、混乱した内容および話し方でコミュニケートするため、筋を追うのが難しく、見当違いな方向へそれてしまったり、過度に長くなったりするような物語りを語っていました。面接者との関係においては、彼らには圧倒するような勢いがあり、普通の会話でも誤調律となり、自律性を殺《そ》ぐように思われました。これはまさに、ある種、両価型の乳児の「過活性化」方略を生み出しそうな親の性質と考えられました。親の信頼できない注意を確実に自分に向けさせるために、そのような乳児は苦悩の表現を増幅させることを学習してきたということを思い出してください。同様に、とらわれ型の親もまた、自ら管理できない（あるいは管理したくない）と思われる苦悩の感情に対して脆弱なように見受けられました[191,193]。

このような親および彼女らの両価型の子どもは、多重で未統合の作業モデルにより形作られた表象世界に住んでいると理解されました。これらのモデルは、予測不能な愛着人物との矛盾した体験の産物と考えられました。すなわち、ある時には比較的適切な応答を差し出したかと思えば、次には侵入的あるいは利用不可能な応答を差し出したりしながら、そのような愛着人物は、子どもたちの中に、一方では親密さの約束への持続的なとらわれを呼び起こしながら、もう一方ではそれを失う見込みへの持続的なとらわれをも呼び起こしていたのです。おそらく、親密さは時々応答してくれる他者とのかかわり合いにおける切ない自己モデルを生み出すような良好な体験と結びついており、遺棄は応答してくれない他者とのかかわり合いにおける独立的な自己モデルに帰結するような問題の多い体験と結びついているものと思われました[210]。

そのような葛藤的モデルがもたらす情緒的ないざこざが、これらの親の、乳児のシグナルを正確に知覚しその要求に一貫して応答する力を弱体化させていました。またそれは、彼女ら自身の体験を自由にかつ役に立つように反省するためのメタ認知力を阻害してもいました。そしてそこで生じた愛着のルール（苦悩を増幅させ、自律性を抑制する）のために、両価的乳児の行動方略は、元来できるはずの独自の探索（自己探索を含めて）を妨げつづけているものと考えられました。

メインは、この愛着のルールが、混乱していて情緒的に圧倒されている親のAAI反応および、乳児の非言語的手がかりに対する感受性の一貫性のなさのいずれの原因にもなっていたと結論づけています。つまり、これらの親は、過去および現在の葛藤によりひどく苦しめられているために、愛着関連の情報（内側から生じる情報［すなわち記憶］にせよ、外側から生じる情報［すなわち乳児のシグナル］にせよ）を有効に処理できなかったのです。なおメインの研究は（臨床経験と同様に）、この種の苦悩は、乳児期に創られた「**偽りの安心感**」に非常に密接に関わっているために、成人してもなかなか下ろせない荷物として背負わされつづけるということを示唆しています[195]。結果的に、とらわれ型の親の過活性化方略は、（愛着軽視型の親の非活性化方略と同様に）子どもとの間でエナクトされ、また受け継がれていく傾向にあるのです。

✤無秩序型／未解決型愛着――外傷と喪失の傷跡

無秩序／無方向型の乳児は、ストレンジ・シチュエーションにおいて母親と居る時、説明のつかない、奇異で、明らかに葛藤的に見える行動や、解離と思われる行動を、突発的に示しました。乳児を脅えさせる親、あるいは乳児の恐れにより喚起されて驚愕反応や解離反応を示す親に対する反応として生じることを考慮すれば、そのような行動は、生物学的には乳児の安全な避難所とされているものが同時に脅威の源でもあるという解決できない矛盾に直面し、危険を感じた乳児の、組織的愛着方略の破綻を表しているものとして理解されました。

またしても、メインは連続性をみとめました。すなわち、最初に乳児を無秩序型として標識した、まさにその行動特徴が、六歳児の「表象的人工物」をも特徴づけていたのです。つまり、それらの典型的な六歳児は、「不可解な恐れを抱き、何の対処もできない」ようにみえたのです[162]。たとえば、分離の写真を見せられると、沈黙に陥り、混乱のあまり反応できないか、破局的結末を想像するか、あるいはその他の言葉や行動で無秩序さを示しました。同様に、彼らの家族画は、しばしば混乱しているうえに（あるいは）、奇異な要素（ばらばらに分割された身体部位、骨格だけのもの、あるいは単純に抹消された肖像など）を含んでいました。家族写真を見せられた時も、これらの六歳児は、無言になったり、分別をなくしたり、苦悩している様子をみせたりしました（ある子は、その前までは元気だったのに、黙り込み、悲しそうな顔で、十二秒間フルにその写真に見入っていました）[191][196]。

しかし印象的なことは、乳児期に無秩序型と評価された子どもが、再会の際には新たな行動方略を活用できるようになっていると思われたことです。ストレンジ・シチュエーション反応では、明らかな方略の崩壊を示していたのに対し、五年後の彼らの行動は、①親と役割を逆転させて親の世話をすること（「ママ、疲れてない？　座ったら？　［ごっこの］お茶でも入れようか？」）、あるいは②怒りながら指示したり罰を与えたりすること（「黙って座れ！　目を閉じてろ！　目を閉じてろって言ってんだろ！」）のいずれかを通して親を**コントロール**（**支配**）しようという組織的努力を表しているように見えたのです[145]。いずれにしても、これらの子どもたちは、今なお親に脅されているのに、その親との近接性を維持するために親の役割を引き受けているかのようでした。この支配／役割逆転方略は、再会の談話、すなわち六歳児が優位に立ってすすめる「流暢でない」会話（どもったり、言い間違いで始まったりするのが特徴的な会話）の最中に、非常にはっきりと見られました。つまり、そのような六歳児は、親とのコミュニケーションを懲罰的にはねつけるか、あるいはコミュニケーションをとるために熱心に「足場を設ける」かしていたのです[191,196]。

メインの研究は、無秩序型の子どもの親には、未解決の外傷および（あるいは）喪失体験があるということを示しています。非常に重要なことに、ここで決定的と思われたのは問題の多い生活体験そのものではなく、その体験がどのように統合され理解されたか（あるいはされなかったか）ということでした。すなわち、子どもの愛着状態と統計的に関連があるとされたのは、親の喪失あるいは外傷の生育史ではありませんでした。子どもの無秩序型愛着を予見したのは、明確に、そのような生育史に関する親自身の**解決の欠如**だったのです[4]。AAIの文脈では、この解決の欠如は、潜在的に外傷的となりうる出来事（近親者の死、あるいは性的・身体的虐待エピソードなど）を想起し反省する親の力に崩壊が生じていることにより識別できました。すなわちそのような出来事について話し合おうとした際に、「論証あるいは談話のモニタリングにおける逸脱」を示した場合、彼らは**未解決／無秩序型**に分類されました[原注3]。

親が、同一の現実を相容れない視点から反省している（たとえば、ある人物が死んでいると同時に生きているとほのめかす）か、あるいは因果関係または時／場所の関係に関する、合意されたはずの想定を乱す（たとえば、死が何らかの考えに起因していると主張する）かの、どちらかの陳述をした場合、それらは**論証のモニタリングにおける逸脱**として書き留められました。喪失や虐待に関する話へと招き入れて調査しようとすると、未解決型の親は、それに対する反応として、侵入思考が一時的に氾濫を起こし、（普段は切り離され、解離された心理状態に閉じ込められている）外傷関連記憶・信念から成る優勢の心理状態にのみこまれてしまったようにみえました。

突然、「談話記録」がシフトする場合――たとえば、①外傷体験について簡潔に陳述していたのが、突然スイッチして、微に入り細に入り話し出す、②焦点のはっきりした話から、長い沈黙へのシフト。それにつづいて、その前に話していたことが思い出せない、③ある「語り口調」から別のそれへのシフト（たとえば、大事な人に先立たれた人の語り口調から、葬式の修辞を述べる人の語り口調へ）――、それらは**談話のモニタリングにおける逸脱**として書き留められました。メインは、そのようなシフトの間には意識状態の変容が起きているということ、またその変容は、それまでに一度も意識的に処理されたことのない特定の外傷体験に、言わばとりつかれた際に、その引き金を引かれるということを提案しています。

　これらの論証・談話の逸脱により、しばしば未解決型の親との面接の流れは短時間、中断されます。それは、ストレンジ・シチュエーションにおいて、無秩序型の乳児の不可解な、あるいは矛盾した行動により、通常のかかわり合いのパターンが短時間さえぎられるのと、ほぼ同様です。メインは、ＡＡＩの文脈でそのような逸脱を生み出す外傷記憶の侵入こそが、それらの未解決型の親の子ども（乳児）を無秩序型愛着にさせてしまうような恐ろしい行動の原因となっているということを提案しています[145,191,193]。

　そのような親の過去の外傷あるいは喪失に関する解決の欠如は、連続性を欠いた心理状態へと徹底的に導いてしまうため、心をかき乱すような体験の堅固な否認が、どうしても必要になります。そして情緒を揺さぶるＡＡＩの質問やそのような外傷的過去に類似した子育ての文脈がこの否認を崩壊させる時、未解決型成人は、突如、圧倒され、混乱した心理状態に陥るか、あるいは解離様の心理状態に陥っていくのでしょう。

　たとえば、慰めようもないほどのかんしゃくを起こしていたり、怒ったり、泣いたりしている乳児が引き金を引いたことでそのような状態に支配されてしまった未解決型の親は、いとも簡単に、子どもを恐れさせるような行動をとることでしょう。そして、身体的・情緒的虐待の形をとって噴出する親の憤怒は、二重に破壊的です。なぜならば、それは子どもの生物学的に駆り立てられた驚愕反応と一緒くたになって、大規模な破壊劇を演じてしまうことになるからです。子どもは、危険の源と感じられると同時に安心させてくれる唯一の避難所でもある愛着人物に対し、向かっていくことも逃げることもできません。それゆえ、無秩序型の乳児がみせる矛盾した行動は、「①可能ならば反駁《はんばく》あるいは行動抑制、②ほかに解決策がまるでない時には凍結する」ということの反映としてとらえられるでしょう。[4, 191-193]

しかし重要なことは、親の圧倒的情緒や恐ろしい虐待だけが無秩序性を引き起こしているわけではないということです。未解決の外傷はまた、親の、乳児からの物理的引きこもりや解離のような、恐怖のサインとして示されることもあります。それらは、安全基地だったはずなのに安全でない何ものかになってしまったように感じられるために、それら自体が乳児を驚かせます。そして、乳児にはそのような親の行動の根底にある動機を解釈する力がないため、ともかくも親の恐怖・引きこもり・解離は、自分のせいで起きたのだと、脆弱にも信じ込んでしまうのです。

そのような、乳児の生存がかかっている愛着人物により危険にさらされている（あるいは危険にさらしている）という感情体験は、あまりにも圧倒的すぎて統合されません。そのため、無秩序型乳児も未解決型成人も同じく、それらの体験を寄せつけないようにせざるをえないのです。そのため、これらの否認された体験は多かれ少なかれ心をかき乱すものとして残存し、意識の周辺に潜んでいて、間歇的に舞台の中心へと噴出してくるのです。

臨床家は、よく知っています――未解決型患者が過去の外傷あるいは喪失を「追放」するための努力には、途方もない犠牲が伴うということを。そのような患者は、内からも外からも絶え間なく脅されていると感じています。つまり、解離や圧倒的情緒、そして耐えがたい内的体験の投影により危険なものに仕立て上げられた外的世界に対する、今なお継続中の脆弱性という重荷を背負わされているのです。加えて、彼らのメタ認知的モニタリング力は、深刻なまでに制限されています。なぜならば、自分自身や他者を深く見つめることには、情緒的必要性から隠蔽《いんぺい》されているものに光を当ててしまう危険が伴うからです。そしてついには、メインの報告が確証しているように、未解決型の親の解離された危険な作業モデルとそのために差し押さえられている自己反省により、彼らの子どもは、それが非常に頻繁に結びついているとされている精神病理のみならず無秩序型愛着にもなってしまうという深刻な危険にさらされているのです。

警告および用語上の注意

愛着に関わる優勢の心理状態という見地から患者について考えることが非常に有益であるということは確かなのですが、現実には、彼らの全人間的な複雑さを単一の記述子（安定型、愛着軽視型、とらわれ型、未解決型）により適切にとらえることは不可能です。そのため、ほかの研究者の間では、愛着分類を問題にした論争が現在も進行中です[46]。

社会心理学者は、愛着型《パターン》を種類あるいは「類型」に分けることにさほどの意義はなく、むしろ二次元空間における各領域としてとらえたほうがよいと、明確に主張してきました。すなわち、一方の次元を（親密さや依存の）**回避**に、もう一方の次元を（見捨てられる）**不安**に、各々対応させるのです。ここで言う「不安」という用語が、エインズワースの言う「両価型」、メインの言う「とらわれ型」に対応していることにご注意ください[原注4]。このもう一つの枠組みにおいては、回避と不安のどちらが**比較的**突出しているかにより、個々人の愛着型が定義されます[210]。

患者に関して言えば、徐々に多重の心理状態をみせるようになる場合のほうが、そうでない場合よりも多いようです。それはある程度、文脈依存的に現れてきます。つまり、ある文脈においては、ほかの文脈よりも、特定の心理状態がより現れやすいようです。たとえば、ある私の患者は、普段は愛着軽視型の心理状態を示しているのに、拒絶されたと感じられる文脈においては、とらわれ型になったように見えました。治療が進んでいくにつれて、また私たちが患者のことをよりよく知るようになるにつれて、その患者が正確にはどんな人なのか、よくわからなくなった、あるいはともかくも、もはや単一の分類では済まないと感じることがしばしばありますが、大多数の人が心理的多重性あるいは「層を成した」心理状態を有しているということが、その矛盾を部分的には説明していると言えるでしょう。

さらに、患者の愛着分類（複数の場合も含めて）は、臨床的に有益な多くの含蓄を示唆しているだろうけれども、やはり最も雄弁なのは、彼らの**実生活と生育史の詳細**です。つまり、たとえば見かけ上は愛着軽視型を示している患者がずっと否認してこなければならなかった結びつくことへの思慕は、全て、特定の愛着人物との体験の詳細に関連していることでしょう。

以上のあらゆる警告をもってしても、新患の最初の一～二セッションの要約を後方視的に再考してきて思うのは、第一印象の持つ力にはつくづく胸を打たれるということです。とりわけ治療開始当初の数回の面接で、患者の**愛着に関わる優勢の心理状態**に関する臨床的に有用な理解を得ることが、通常は可能です。

最後に、言葉に関する覚書をひとつ述べておきます。メインをはじめとするＡＡＩを活用する研究者は、「愛着に関わる心理状態」、すなわち、①成人の愛着体験に関する話のまとまりを反映する評価、および②その評価がその人の子どもの愛着行動を予見するということ――について言及してきました。他方、社会心理学者は、自身の研究において、「愛着スタイル」という視点から成人について記述することを好んできました。「愛着スタイル」とはすなわち、成人が恋人その他の親しい人とかかわるなかでの体験について論じる自己報告から引き出される評価です。これらの相違にもかかわらず、「愛着に関わる心理状態」および「愛着スタイル」は、いずれも内的作業モデル、愛着方略およびそれらを生み出した生育史と結びついています。そのため、この後の章では、それらの用語を変換可能なものとして用いることにします。

◆原注

1　愛着軽視型の下位分類であるDs2は、比較的まれにしかみられませんが、その特徴は、愛着人物を理想化するのではなく、むしろ愛着人物の名誉を傷つけるということにより標識されます。[144]

2　愛着軽視型成人は、AAIの質問項目のうち、分離、拒絶、そして（あるいは）親から脅されたと感じる体験に関する質問に対し、特異的に、皮膚にびくっと電気がはしるような反応を示します。[77]

3　近年発展したAAIの第五分類（「分類不能型」）もまた、その乳児の無秩序さを予見するもののようです。ヘッセ[143]は、未解決型成人ではあるけれども、「話や論証における、短く、境界のあるひとくくりの無秩序性」を表していながら、「面接全体を通して流れている単一の、あるいは一貫性のある談話が、全般的に無秩序となるかあるいは崩壊する」というところには分類できないという成人が存在するということを提示しています。[195]その研究は、そのような分類不能型の成人は、精神障害、暴力、性的虐待に特徴づけられる生活に関連があるということを示しています。[144]

4　安定的に愛着している個人には回避的行動も見捨てられ不安もみられないため、安定型愛着は、四分円の左手上方に表象されます。両価型／とらわれ型愛着は、四分円の右手上方に表象されます——このパターンを有する個人は、見捨てられ不安のために、回避よりも親密さを希求しているからです。回避型／愛着軽視型愛着は、左手下方に表象されます。すなわち、このパターンを有する成人は、見捨てられ不安を感じていないように見えるうえに、行動が回避的だからです。最後に、右手下方の四分円には、社会心理学者が恐れ型―回避型愛着と呼んでいるものが表象されます。すなわち、メインの無秩序／未解決型と重複している、恐怖に満ちた回避型パターンで、回避的行動**および**分離不安をいずれも含んでいます。

第七章　愛着関係はどのように自己を形作るのか

……その人の他者との関係の体験が、その人自身との関係の特徴になるのである。

――ピーター・ホブソン[146]

人間の乳児とは、非常に脆弱で依存的な生きものです。乳児は、子宮外での人生における身体・情緒・環境からの挑戦を独力でとり扱うために必要な高等神経装置を持たずに、無防備なままで生まれてきます。生存するために、彼らはボウルビィ[44]の言う「より強く、また（あるいは）より賢い」他者による保護を必要とします。身体的生存を越えて、乳児は、自己という比較的安定した判断基準を形作り維持するうえで助けになる愛着人物を必要としているのです。

乳児の絶対的依存性とは、各々に特異的な強さと脆弱性とを有する愛着人物に適応することが至上命令であるということを意味しています。そして、乳児は**適応しなければならないから、適応するのでしょう**。（もちろん、ほどよい愛着人物は、それに応えて報酬を与えてくれるでしょう――乳児に適応するという形で。それゆえ、経験的所見は、愛着関係とは共同創造されるものなのだということを示しています。）エインズワースの研究は、本質的には乳児が愛着人物との近接性からくる保護を得るために発達させる適応方略の多様性に関する記録です。

乳児の愛着人物への自動的適応とは、明らかに、生存のための絶対的必要性および本能に根ざしたものです。（新生児が、あらかじめ脳幹性の原始反射を備えて誕生してくること、そしてそれにより愛着プロセスが一気に始まるということを思い出してください。）

さらに愛着は、生存のためと全く同じくらい安心感を求めて駆動されるものでもあります。乳児は安心感を自ら生み出す力を持たないために、つらい情緒のとり扱いを助けてくれる愛着人物を必要としているのです。

この情緒のとり扱いは、**情動調節（affect regulation）**と呼ばれています。乳児の心理的運命（愛着用語では、安定性あるいはその欠如）は、最初の愛着関係が、乳児の情動の調節に関して相対的にみて成功しているのか、それとも失敗しているのかということに、主として左右されます。この角度から見ると、適応的愛着方略とは、根本的に、そして浸透するように自己を形作る情動調節の方略としてとらえることもできるでしょう。

発達途上の子どもの自己は、これらの適応方略の機能として、また最初の愛着関係が有効に居場所を作れるような特定の感情、思考、行動として現れます。愛着人物から調律された応答を引き出すような子どもの自己表現は統合されますが、はねつける応答や予測不能な応答、あるいは脅すような応答（あるいは全く応答がない）を引き出すような子どもの自己表現は防衛的に排斥されるか、あるいは歪められるでしょう。ゆえに、統合されていくものは健康的な成熟の軌道を楽しむことができますが、そうでないものは未発達のままとどまる傾向があります。

愛着関係とは、統合のプロセスにとって決定的に重要なものです。[原注1] 患者が治療にたどり着く際、通常、彼らは、感じ、考える力や他者と（そして自分自身と）かかわる力がその「働き」において未統合・未発達であるという問題を伴っています。ボゥルビィ[42]は、このことに留意しつつ、精神療法家の仕事を次のように特徴づけました。すなわち、「私たちの役割は、患者が親から考えることを阻害されたり禁止されたりしてきたような考えを考えられるよう支持したり、親から体験することを阻害されたり禁止されたりしてきた感情を体験できるよう支持したり、親から考慮することを禁止されてきた行動について考慮できるよう支持したりすることにあるのです」と。要するに、臨床家の役割とは、統合を促進することと、そうして（通常は情緒発達から始まる）健康な発達を再開させるということなのです。

情動調節と愛着方略

乳児の情動に対し養育者がどのように応答するかは、その乳児がとり入れる優勢の愛着方略の性質（安定型あるいは不安定型）を決定するうえで、非常に重要です。安定型愛着の場合、養育者の応答は、乳児の①苦痛の緩和、②肯定的情緒の増幅――を、いずれも促進します。その結果、乳児は、「情動は有効に調節される」という文脈で愛着関係を体験します。そうして内的に記録されるのは、「他者との結びつきは安心・快適・喜びの源となりうる」という本能的感覚でしょう。身体・情緒体験および要求として自己の全範囲を表現するなかで、「自己とは、良くて、愛されていて、受け入れられていて、一貫性があるものだ」という感覚もまた記録されます。

この場合の情動調節のプロセスとは、乳児が、最初は思わず表出している情緒表現を、ある種の「社会的バイオフィードバック」を通して養育者の応答と結びつけるようになるプロセスを指しています。すなわち、自身の情動が、その情動を映し出す応答を養育者から呼び起こす誘因となっているということが、乳児に「わかる」ようになるのです。そうして、最も望ましいシナリオでは、乳児は多くのきわめて有益な事柄を学ぶことになります。すなわち、（一）乳児が感情を表現すれば、肯定的結果が返ってくるということ。そしてその肯定的結果が、自己と他者に関する肯定的感情を生み出すということ。（二）乳児は他者に影響を与えうるということ。そしてそのことが、行動主体あるいは自己発動性の感覚の萌芽を生み出すということ。（三）徐々に、**特定の情動**が特定の反応を引き出すようになるということ。そしてそれらの反応は、乳児が自らの感情を分化させ、ついには感情に名前を付けるようになるのを助けるということ――です[97]。安定した愛着関係は、そうして有効に情動調節することを学ぶための学校とみなされます――それも、早期児童期に限らず、人生全体を通して。

たった今、私がスケッチしてみせた安定型愛着の例は、メインが一**次的愛着方略**と呼んでいるものを表しています。生物学的にあらかじめプログラムされている進化の産物として、それは愛着人物との近接性を希求するよう求めます。愛着人物とは、その人の情動調律を、①乳児が驚愕した時のための安全な避難所として、また②乳児の自律的探索を可能にしてくれるような利用可能な安全基地として――のいずれとしても乳児が体験できるようにさせてくれる人を指します。しかし、乳児の情緒的シグナルが、近接性の希求や自律性を阻害するような誤調律の応答を養育者から引き出すのならば、この一次的愛着方略は拒絶されるでしょう。より正確に言えば、その（不安定な）養育者の持つ特異的脆弱性に適応するために、それは修正されるでしょう。すなわち、乳児は愛着行動システムの**非活性化**（**deactivation**）あるいは**過活性化**（**hyperactivation**）を示す二**次的愛着方略**を発展させるのです。乳児のこれらの方略はまた、心理的防衛の先駆として理解することもできるでしょう。つまりそれは、子どもの必要性から生じ、時には失敗したとしても悪状況をできるだけうまく利用するための努力、すなわち愛着人物自身の防衛のために相互交流により子どもの情動を調節する力が弱められている場合でも、その愛着人物に適応するための努力なのです[189,191,210]。

非活性化は、回避型に分類される乳児にみられますが、それはまた愛着軽視型と言われる心理状態の成人にもみられます。対照的に、過活性化は、両価型乳児およびとらわれ型の心理状態の成人にみられる適応方略です。無秩序型乳児は、未解決型成人と同様に、過活性化方略と非活性化方略との間を揺れ動くでしょう。

一般に、子どもの愛着関連情動への親の応答が嫌悪に満ちている場合、非活性化方略が優勢となります。この場合には、子どもの苦悩のシグナルや近接性を求める努力が、拒絶的反応や支配的反応を引き出すのです。近接性を求める努力を拒絶することで、親は子どもの情緒的平衡を回復させることに失敗します――親の侵入性が、子どもを情緒的に過覚醒にしたまま放置してしまう可能性はあるにしても。[282] いずれにせよ、子どもが自身のつらい感情をとり扱ううえで助けになるものは何も得られません――全く逆なのです。このような状況下でも可能な限り最良の愛着関係を維持するために、子どもは自らの感情とその表現を過剰調節し、また結びつきたいという衝動からも距離をとるということを学ぶのです。

ここで、強迫、自己愛あるいはスキゾイドの患者のことが思い浮かんだかもしれません。彼らの情緒の幅は狭く、また他者の情動的シグナルには多かれ少なかれ鈍感なように見受けられます。さらに、彼らの単調な応答性は、人生を貧しいものにしていると思われます――いささか、まるで死んだふりでもしているかのようです。[264] スィーガル[264]は、成人におけるこの回避型・非活性化方略は、左脳および副交感神経系の賦活への偏りに反映されることを示唆しています。[原注2] そのような方略を用いる患者にとって未統合のままとなっているのは、親密な関係性に関連した全ての情緒、願望、満足です。言うまでもなく、親密さの回避は、深い感情、性的表現、健康な依存および信頼のための力の発達を抑制します。

対照的に、両価型乳児の過活性化方略は、親密さの追求を中心に組織されているように見えます。乳児の情緒に対する応答性が予測不能あるいは誤調律の親に適応するなかで、乳児は、自身の情動を増幅させると親の注意をひきつける見込みが増すということを学びます。しかし、引き出された注意の質と量は、常に子どもの要求にぴったり合っているわけではありません。そのため、子どもは、支えを得ようと努力しても、しばしば望ましい結果を生むことに失敗するのみならず、慰めを得るためには苦悩の表現を一貫して高音量に保たなければならないのかもしれないということをも学ぶのです。要するに、子どもは、愛着システムを慢性的に活性化した状態に保つことを学ぶということです。

演技性あるいは境界例の患者にみられる過活性化方略は、（過去と現在の）愛着人物の利用不可能感への彼らのとらわれをよく表していると言えるでしょう。彼らは、自身の苦悩の表現を最大限にすることにより、それらの愛着人物の援助を得ようと希求しつづけてきたのでしょう。そのような患者にとって不運なことに、愛着システムを慢性的に活性化したままに保ちたいという要求が、彼らを過剰警戒状態にさせ、また脅威となるものの存在を誇張する傾向をもたらしています（特に、見捨てられる脅威に関しては）。非活性化方略の場合もそうでしたが、ここでも、この保護方略の代償は高くつきます。過活性化方略は、無力感を助長するうえ、少なくとも二つの理由のために、自己や他者についての肯定的感情を統合することを不可能にしてしまいます。第一に、そのような感情は、情緒的生存のために必要な愛着システムを**非活性化**する危険があるからです。そして第二に、過剰依存が自己評価を土台から侵食するうえに、無意識的に防ごうとしてきた見捨てられ体験を、まさに引き起こしてしまう傾向があるからです。過活性化型防衛はまた、①関係性における相互性、②思考や行動の自律性、そしてもちろん③情動調節——の、各々の発達をも土台から侵食します。それに関連して、過活性化を頼みの綱とする習癖は、交感神経系の引き金を引く閾値を下げてしまううえに、皮質が情緒反応をコントロールする力をも減弱させてしまうでしょう。ここでの含蓄としては、とらわれ型患者は、①自らの情緒を理解すること、および②自らの情緒反応性を調節することによりそれをとり扱う力を強化すること——の二点について援助してほしいと私たちに望んでいるのだろうということです。

無秩序型愛着とは、一般に、脅す親への近接性を希求するよう本能的に駆り立てられている、脅された乳児の側の適応方略の崩壊を表しているものとみなされています。なおメイン[191]はまた、連続して、あるいは同時に矛盾した行動パターンが示されることについても、無秩序型の証拠として注目しています——すなわち、次のように。

ある被虐待乳児にみられた実例ですが、それは強烈な愛着を示す行動（泣きながら両手を広げて親のほうへと駆け寄る）と、それにつづく不可解な回避（突然立ち止まり、黙って親に背を向ける）から成っていました。

それと一致して、未解決型成人は、非活性化方略と過活性化方略の両方を頼みの綱とすることを学んできたということが示唆されています。そのような成人の多くには、愛着人物にかかわる外傷の生育史がみられます。すなわち、彼らの愛着人物は、親密さへの回避と見捨てられる恐怖とをいずれも引き起こしていたのです[210]。このような患者は、葛藤的衝動（①攻撃される恐怖から逃れるために他者を避けたい、②独りぼっちになる恐怖から逃れるために他者にしがみつきたい）により引き裂かれ、しばしば圧倒的で混乱した感情を体験します。そのような患者の見かけ上は自己破壊的な行動が、これらの矛盾した衝動および圧倒的感情にできうる限り自己保護的に対抗しようとする彼らの過去と現在の試みを表しているのだということを、治療者として実感できれば、それは非常に助けになることと思われます。なお、ここで私たちが促進すべき統合とは、このような患者の自己・他者イメージにおける分裂の修復のみならず、外傷体験および解離された情動の統合をも含めた（しかしそれらに限定されない）多重の側面を有します。この統合を可能にするかどうかは、安定した愛着（安全な避難所および安全基地）を生み、それを増大させていく私たちの力にかかっています。そのような愛着はそれ自体、以前には耐え難かった感情に耐え、調節し、コミュニケートするための患者の力にとっての主要な資源となりうることでしょう。

子どもの発達に対する愛着人物の影響（および患者の発達に対する治療者の影響にまで拡大して）を要約するにあたり、フォナギーとメインの視点を思い起こすことは有益でしょう。フォナギーによれば、親の影響とは、親の持つ情動を映し出す性質がもたらす作用であり、また共感的理解、対処能力および子どもの新生する意図スタンスへの気づきを伝える応答を通して子どもの苦悩を「包容する」力でもあると言えます。安定した親が提供する映し出しは、随伴的で、なおかつ標識されています。非随伴的な映し出しは、回避的愛着および体験の「ごっこ」様式に関連しているでしょう。標識されていない映し出しは、とらわれ型愛着および心的等価様式とつながりがあるでしょう。一般には、安定性が安定性を生じさせる一方、親が採用した防衛方略を子どもが受け継ぐという傾向があります。

メインの視点によれば、安定性は、子どもの要求（接近要求と自律的探索要求の両方）の情動表現に対する親の敏感な応答機能に伴い発達します。不安定性は、愛着軽視型の親が子どもの愛着行動をくじく場合や、とらわれ型の親が子どもの自律性をくじく場合に生じます。メインによれば、そのような育児の情緒的必然性は、不安定型の親が自身の親と過ごした幼少時の体験に関わる実存的心理状態を維持したいという無意識的要求から来ていると考えられています。（この要求は、私たちの多くは親の育児に対し批判的であり、あらゆる面で目的意識的に育児をしているにもかかわらず、通常は親とそっくりの育児をしてしまうという逆説を、部分的には説明しているでしょう。）例えば、愛着軽視型の親は、赤ちゃんの結びつきを求める涙ぐましい努力を無視したり、拒絶したり、押さえ込もうとしたりするかもしれませんが、それは、そのことが、彼らが子どもの頃に自身の親から得た応答があまりに痛ましく不適当だったということに関連する不安を引き起こす引き金を、意識の外で引いてしまうからなのです。

親も治療者も等しく、情動調節と愛着とが相互に増強し合うような相乗的関係性を育てる潜在力を持っています。親が子どもの情緒的シグナルに調律できるのであれば、その親には子どもの情緒的要求に有効に応答する潜在力があると言えます（苦悩を除去するという形か、あるいは喜びを目に見えるようにして楽しむという形で）。そうすることで、親は愛着のきずなを強化します。またさらに、安全な避難所および安全基地として子どもに体験されていればいるほど、ますます親は、子どもが自らの情緒体験に接近し、それを調節し、分化させ、用いるための助けとなりうることでしょう。患者にかかわっている治療者についても、まさに同じことが言えると思います。

愛着人物は、「発達的に不利な立場にある」パートナー（子ども、患者）が、（関係性のパターンにより形作ったり形作られたりする）情動調節パターンを発達させるのを助けます。もしも子どもが自ら表現する感情により助けを得られるのならば、自分が何を感じているのかを知ったり見せたりすることで快適になるでしょうし、またそうするのが上手になることでしょう。そうして、そのことは安定した関係の持ち方に関する知の重要な一部分となるのです。ショアー[254]の愛着の定義、すなわち「二人組でする情緒の調節」は、健康的発達とは、関係性が、子どもの情緒体験（あるいは、精神療法における患者の情緒体験）の居場所を作り、その意味を理解するのを助けるか否かにかかっている――ということを強調していると言えるでしょう。

関係的プロセスと発達的デシデラータ

「デシデラータ（desideratum）」という言葉は、「必要の痛感されるもの」と定義されています。[209] 愛着理論・研究の多くは、育児にとっても治療にとっても同じく、安定し統合された自己の発達につながる関係的デシデラータを同定しているという点で貢献していると言えます。ここで根底にある想定は、人生早期に経験された相互交流と情動調節の生《なま》のパターンは、体験に対する未来の応答を形作る多種多様な表象として、多かれ少なかれ永続的な形で内的に記録されるということです。さてこれからは、これらのパターンがどのように内在化されるのかを探究し、そして健康な発達を最も有効に促進するような体験を同定してみましょう。

ボゥルビィは、自身の仕事が、親が安定した回復力に富む子どもを育てられるような関係性を提供する助けになればと願っていました。最初、彼は、子どもが必要な時に、親に容易に近づけるということの重要性を強調していました。後には、乳児の非言語的シグナルに対する親の敏感な応答性とその重要性を強調したエインズワースの研究の視点から、親は近づきやすいのと同時に応答してくれなければならないと明確に述べました。もちろん、問題は、親としての（あるいは治療者としての）「敏感な応答性」とは何を意味しているのかということです。

乳児に関しては、エインズワースの研究が特に有益です。誕生から三ヵ月の間、泣くことで親から苦痛を和らげる応答を最も迅速かつ頻繁に引き出していた赤ちゃんが、一歳になった時点では最小限しか泣かない最も安定した赤ちゃんでした（我が子を泣かせるのは、この頃で終わりにしたいものです）。エインズワースはまた、乳児の近接性と自律性の要求を楽に扱える親は、「愛着／探索」バランスおよび「安全基地」行動についても同様に成功裏に育んでいたということを強調しています。[5]

　乳児期を越えた人生については、愛着研究家カーレン・リヨンズ＝ルース[183]が文献を収集し、その中から経験的所見を抜粋して、彼女が「共同作業的コミュニケーション」と呼んでいる枠組みへと整理しました。養育者とそのようなコミュニケーションを持つことにより、子どもは概ね、安定性、柔軟性および愛着に関するまとまりのある内的作業モデルを発達させることができていたのです。彼女の枠組みは、四つの要素から成っています。

　第一に、養育者は、子どもの体験の全範囲に対し、受容力に富んでいるべきです（苦痛の表現のみならず）。また、子どもが感じ、欲し、信じるものに関し、できる限り学ぼうとすべきです。明らかに、この種の開放性あるいは包含性は、健康な発達に関する愛着理論の見解においてはまさしく中心とされている統合を促進することができるでしょう。第二に、養育者は、子どもとの関係が断絶してしまった時には自分のほうから修復する努力を始めるべきです。そうすることが、子どもの期待、すなわち他者とのかかわり合いを通して子ども自身の失われた情緒的平衡が修復されそうだという期待を築くのです。第三に、養育者は、子どもの新生しつつあるコミュニケーション能力に、積極的に「足場を設ける」ようにすべきです。すなわち、最初は、たとえば言語獲得以前の子どもが未だはっきりと言えないことを言葉にしてあげます。そしてその後、子どもに「自分の言葉で言ってごらん」と尋ねるようにしていくのです。第四に、養育者は、子どもの自己感および他者感が発達途上にあり変動する時期には、限界設定したり、子どもが異議を唱えることを許容したりして、子どもと積極的にとっくみ合う用意がなければなりません。このように、共にもがくことをいとわない姿勢により、子どもは養育者と離れてしまったと感じている時でさえも結びつきを保てていると体験できるようになるのでしょう。

共同作業的コミュニケーションが「他者の気持ちがわかるようになっている」かどうかに左右されるという事実[183]は、フォナギーの所見を思い出させてくれるでしょう。すなわち、安定型愛着の子どもの親は、子どもの苦悩に共感したり対処したりすることができるのみならず、子どもの「意図スタンス」を認識することもできるようだということです。つまり、彼らは、子どもの行動の根底にある感情・信念・願望の見地から、それに応答できるのです。その問題となっている行動が親自身の願望にそぐわない時でさえ、これらの親は、子どもの行動が理にかなうと思えるような**文脈**を意識しつつ応答することができます。（このような親は、通常、よく発達した反省自己あるいはメンタライズする自己を働かせることのできる親であるということに注目しましょう。）

多くの著者が、「随伴的コミュニケーション」という発達的関係性の重要性を強調しています。すなわちそれは、子どもに対する養育者の応答が、子どもの情緒体験に調和、適合、あるいは共鳴しているようなコミュニケーションを指しています。トレヴァルサン、フォナギーその他の研究者によれば、少なくとも誕生以後、人間は「随伴性の発見者」であり、誕生直後は完全な刺激応答随伴性を好みますが、概ね生後三ヵ月になる頃にはそれはシフトします。すなわち、次の通りです。

> 最初、乳児は完全な随伴性に焦点づけることで、物理的世界において身体自己を発見していきます。ところが、つづいて彼らが焦点づけるのは、かなり高率でありながら不完全に随伴的な、社会的応答性です。それにより、乳児は社会的世界において心的自己を発見することができるようになるのです[6]（アレン＆フォナギー、二〇〇二）。

主観的な言い方ですが、養育者がある観点からみた子どもの体験を実際に**共有している**場合、そのような随伴的コミュニケーションは、スィーガル[264]の喚起的フレーズを用いるならば、子どもが「感じられたと感じる（feel felt）」ことを可能にします。スターンは、**情動調律**という自ら提唱した概念を用いて、それと関連する分野をカヴァーしています。すなわち、子どもが自らの主観的状態を正当で共有可能なものだと感じとれるようにしているものの重要な一部には親の応答があるということ、そしてそれは子どもの情緒体験に反響しているけれども――ここが決定的に重要なのですが――異なる感覚領域における応答であるということです。この異種感覚応答（子どもが歓喜の叫び声をあげると、母親は身体でそれに応えてシミー［ジャズダンス＝訳者］を踊る）により、子どもはわかってもらえていると感じられるのです。もしそうでなければ、子どもは単に真似されたと感じるだけでしょう。

共同作業的・随伴的・情動調律的コミュニケーションは、子どもに安全基地体験を提供したいと願う親のための処方の核心です。言うまでもなく、このような性質のコミュニケーションを促進する努力は、精神療法においても、子育てと同じくらい不可欠です。ボゥルビィ[44]が記述したように、「治療者がいくばくかの安心を患者に感じさせることができたからと言って、精神療法が始まったとさえ言えません。私たちは、……安全基地を提供することができて初めて治療者役割を開始したと言えるのです」。

親や治療者の情動調律された応答は、子どもや患者が感じられたと感じるのを助ける――というのは、ショアー[254]が「右脳-右脳コミュニケーション」と呼んでいるもののおかげと言えるかもしれません。彼の概念とはすなわち、他者の情動的シグナルに対する私たちの敏感さおよび応答性は右脳の能力（そのほとんどは眼窩前頭皮質を通しての）の所産であり、それは非言語的に表現された情緒（すなわち、表情、声のトーン、姿勢、身振りなどを通しての情緒）を処理しているというものです。ある私の患者は、次のような言い方でそれを表現しました。「私が何か言うと、あなたはその表情になりますよね。だから私には、あなたが、私が何を感じているかをわかってくれているということが**わかります**よ」。

ショアーは、親や治療者が仮にそのような右脳によるコミュニケーション力を持っているとすれば、特定の心境にあることが求められるだろうと示唆していますが、私は彼のこの示唆は正しいと確信しています。これに関連して、彼は、①フロイトの勧告（すなわち、「平等に漂う注意」というスタンスからくる分析家の機能）、②ビオンの概念（すなわち、有効な治療のできる臨床家は、自らの「もの想い」に接近できるにちがいないということ）のいずれについても、それとなく言及しています。確かに、情緒的に調律する力は、とらわれたり距離をとったりすることなく完全に現在に在る力（開放的に、その瞬間に居る力）にかかっているというのが、私の子どもたちに関する体験であると同時に患者に関する体験でもあります。そのような受容力に富んだ心理状態（私はそれを「マインドフル」と言いたいのですが）は、その瞬間の求め（特に、子どもや患者の情緒的要求）に応じて自然に出てくるような応答を、親や治療者の内に引き起こすようです。

そのような情緒的に調律された応答を繰り返し体験することにより、ますます安定した内的作業モデルとして固まっていくような肯定的期待が生じることでしょう。別の表現を用いれば、そのような体験は、自分自身とも、また自分自身の情緒のみならず他者の情緒とも、快適で有効な関係性を持つためのレッスンと言えるでしょう。

ここで、親あるいは治療者として、いつも完全に調律している必要はないということを強調しておくのは価値あることでしょう。ついでに言えば、ほどよければそれで十分なのです。スターン[287]は、ひょうきんな言い方だけれども有益な言及をしています。すなわち、最も素晴らしい母親でも、一般に、少なくとも十九秒に一回は、乳児との間で思い違いをするという経験的所見についてふれているのです。スターンの変化プロセス研究グループ（二〇〇五）、ビービーとラックマン[21]、およびほかの大勢の自己心理学者が、関係性の不可避的特徴としての断絶を避けることよりも重要なのは、断絶に耐え、修復することであるということに賛同しています。事実、そのような一連の断絶と修復および誤調律と再調律は、不可欠なかかわり合いであり、その内在化は、特に、誤解とは解けるものなのだという信頼感を増長させます。さらに、より広い範囲では、苦悩は切り抜けられる、なぜならば、それは除去できるからだ――という信頼感を増長することにもなるのです。

共同創造、統合、間主観性

ここまでは、安定し統合された自己の発達を導くような応答性に関する研究が教えてくれていることについて、詳しくみてきました。明らかに、親が子どもにかかわる際に、そして治療者が患者にかかわる際に、意識的に応用できそうなスタンスおよび行動に関する貴重な洞察が、ここにはあります。すなわち、①随伴的で情動調律されたコミュニケーション（スィーガル、一九九九／スターン、一九八五）、②共感を伝えるアプローチ、対処能力、子どもの「志向性」を感知すること（フォナギーら、一九九五）、③子どもの主観的体験の広がりにかかわる**包含性**を体現するような応答の枠組み、子どもの新生する能力のために**足場を設けること**、断絶が生じた際には**すすんで修復を開始すること**、必要に応じて子どもと**とっくみ合う用意があるということ**（リヨンズ＝ルース、一九九九）――です。

しかし、リヨンズ＝ルースの言う共同作業的コミュニケーションという枠組みの、「共同作業的」という部分がそれとなく伝えているように、発達志向的関係性とは、パートナーのうちどちらか一人により排他的に創造されるものでは決してないということに言及しておくのは重要なことです。それゆえ、乳児－親関係は、相互に調節し合い共同創造するものとして描写されてきました。ジャフィ、ビービー、フェルドスタイン、クラウン、ジャスナウ[156]、トロニック[301]、サンダー[245]などによる全ての研究が、母と乳幼児は、各々の行為が相手の行為に影響を与え、また相手の行為による影響を受けるという力動的システムを構成していると結論づけています。乳児－親研究の出した結論は、おそらく、関係性／間主観性の流れを汲む臨床的「研究家[10][213][294]」のそれらにぴったり当てはまると考えてよいと思われます。彼らもまた、患者–治療者間におけるかかわり合いの浸透するように広がる特徴を、「相互互恵的影響」として同定しています。

もちろん、発達上の関係性においては、一般に、親の努力が影響を与える割合のほうが、子どもの努力によるそれよりも大きいと考えられています。たとえば、敏感に応答する育児により、生後三ヵ月の時点では気難しくて「育てにくい子」（慰めるのも覚醒させるのも難しい子）として評価されていた乳児が、ちょうど一歳になった時の再評価では「育てやすい子」に変わっていることがあるということを、諸研究は示しています。また同様に、育児に問題がある場合には、いわゆる穏やかな子が、育てにくい子になってしまうということも示されています。[22] 子どもとの関係性に、より重大な影響を与えていることに加えて、親はもちろん、子どもとの関係を有効に形作ることに、より重大な責任を負ってもいます。そして理想的には、必要に応じて、より多大な柔軟性を発揮するのも親なのです。

以上のような相違があるにもかかわらず、各パートナーは、相手に対して反響するような影響を与え合っています。そしてそれらの影響は、二者のかかわり合いによるコミュニケーションに、よく調整された相互に調節し合う[a]パターンを生み出していきます。親子は、各々に特有のパターンで、互いに「追跡」し合い、先に行ったり後からついて行ったり、交替したり、互いに映し出したり（あるいは失敗したり）します。このパターンは、その二人の情動調律を反映し、また二人の間の随伴的応答性の性質（すなわち相手の主導権に対する各パートナーの応答が随伴的だったりよく適合していたりする割合）を反映しています。

研究により、遊んでいる母–乳児間の向かい合って（face-to-face）のコミュニケーションにおいて、そのようなパターンが共構築されるということが明らかに立証されています。すなわち、一連の調和、

a　訳注　coordination を「調整」、regulation を「調節」と、それぞれ訳し分けた。

誤調和、修復が、毎秒毎秒の調整に伴い生じているようなのです。分割表示ビデオ（一方の側に赤ちゃんの顔と胴体を、もう一方に母親を映したもの）を用いた研究により、表情と同様に発声についても、そのような精巧な共時性が見られるということが明らかになっています。その場合、かかわり合いにおけるパートナー各々の行動は予測可能です。すなわち、相手のそれよりも十二分の一秒後になるのです。なお、生後四ヵ月の時に母親とのかかわり合いをビデオに収録された乳児が、一歳になった時点で、ストレンジ・シチュエーションのプロトコルを用いて評価されました。そこで最も興味深かったのは、次の所見です。すなわち、安定型愛着を育てる関係とそうでない関係とを分けているのは、その二人組における双方向的調整が行われている度合だったのです。

母‐乳児間における追跡の割合が中程度（つまり、「在るけれども義務的ではない」という程度の調整）であれば、生後一年の時点でのその乳児の愛着は安定型だろうと予測できました。[21]一方、追跡の割合が高すぎるか低すぎるかした場合には、不安定愛着だろうと予測できました。高水準の調整は、パートナーを油断なくモニターしすぎていることの反映であり、反対に低水準の場合は、引きこもり、抑制あるいは単純に相手との相性が悪いことなどを示していると思われました。言い換えれば、親と乳児のコミュニケーションにおける随伴的応答性が、親密でありながらも完全ではないというくらいが最適ということなのでしょう。このことは、育児と同様に、精神療法のための含蓄でもあります。

ビービーとラックマンは、この**相互交流調節**と**自己調節**とのバランスに関する研究について論じることで、これらの含蓄を明確にしています。すなわち、相互交流調節においては、パートナーの一方が、自らの内的状態（情緒状態および覚醒状態）を調節するために、もう一方のパートナーに焦点づけ、その人の応答を「利用」します（たとえば、苦痛の除去を求めている乳児は、母親の声の慰めてくれるような抑揚に調律するでしょう）。対照的に、自己調節の場合、情緒状態および覚醒状態は、**相手から離れ**

て自己の内へと向けて調律することにより調節されます（たとえば、乳児が、嫌悪の表現として睨みつけたり、身体をそらして避けたり、指しゃぶりをしたり、身体を揺らしたりする動作に見られるように）。安定型愛着を予測するような相互交流調節と自己調節とのバランスは、ほぼ中程度の追跡に反映されます。高水準の双方向的追跡は、相互交流調節側へと偏っていることを反映し（すなわち、ある種、相手に心を奪われすぎているということ）、両価型あるいは無秩序型愛着と予測されます。反対に、低水準の追跡は、自己調節側へと偏っていることを反映し（すなわち、相手とのかかわりが少なすぎるということ）、回避型愛着と予測されます。

相互交流調節および自己調節に関するこれらの所見に基づく見解が、患者のために理解され役立てられるようになれば、それは大いに助けになることでしょう。治療において、自己調節よりも相互交流調節のほうに強く傾いている患者は、私たちの応答をひとつひとつ油断なく追跡する患者なのでしょう。そして（あるいは）、自らのつらい感情を調節するのを助けてほしいと、私たちに全面的に依存してくると思われます。通常、これらの患者は、愛着人物の利用可能性にとらわれている患者と記述されるでしょう（あるいは、それを失うことへの恐怖にとらわれていると言ったほうが、より正確かもしれません）。彼らは、自らにふりかかる苦悩を除去することに関して無力なうえに、自らの苦痛を圧倒的な形で他者の目にふれさせることなしには助けを得られないと思っているかのように振舞います。このような患者にとって（そして治療者にとっても）、問題は、彼らの依存性それ自体ではないのです。そうではなくて、真相は、彼らの他者を求める用心深い要求が彼らの注意をあまりにも完全に独占してしまうために、彼ら自身の持っている資源や願望に気づいたり、それらをうまく利用したりするための好機にほとんど恵まれないということなのです。これらの患者の再統合のために必要なのは、彼ら自身の**内側**に存在しているありのままの生きる力なのであって、**外側**すなわち他者の心および反応に彼らの重心があると感じることではないのです。

もちろん、私たちは、過剰発達した自己調節力の中に脆弱性が存在しているという多くの患者とも治療作業を行っています。通常、愛着軽視型心理状態を基盤としていると思われる彼らは、自己充足性を顕示する傾向があります。この、ボゥルビィの言う彼らの「強迫的独立独行」により、しばしば治療者（あるいは配偶者）は、自分たちはこれらの患者が必要としていることや価値があると思われるようなことをほとんど差し出すことができないのではないかと感じてしまうものです。愛着の非活性化方略により、彼らは、自らが否認している「他者と結びつきたい」という要求に近づくことにつながりそうなあらゆる感情や衝動を意識しないようにしているのです。通常、そのような患者の精神療法では、愛着に関連する感情、衝動、要求こそ、まさに再統合されなければなりません。

向かい合っての乳児－親研究にみられる所見は、エインズワースのストレンジ・シチュエーション研究にぴったりあてはまります。中等度の追跡が発達的には最適であるという結論は、エインズワースの理解、すなわち安定した愛着は、①近接性の希求と探索行動、②結びつくことと自律性、③関係することと自己確定――の良好なバランスに反映されるという理解と首尾一貫しています。ビデオを用いての向かい合ってのやりとりから、安定型という成果は、母－乳児間の随伴的応答性の性質（すなわち、親密でありながらも完全ではない）に間違いなく関連していると結論づけてよいでしょう。そのような応答性は、乳児が、自分自身の内的状態は「共有できる」と同時に他者のそれと区別できるのだということを学べるようにしているものの一部なのでしょう。[原注3]

私は、中等度の追跡にみる発達的な望ましさと、それに反映されている自己調節と相互交流調節との流動的なバランスは、育児と同様に、精神療法においても、関係性における**両パートナー**の主観性のための居場所を作ることの重要性を際立たせるものだということを示唆したいと思います。「母親の原初的没頭」（ウィニコット、一九七五）により、一時的には、母親が自分自身の主観性よりも赤ちゃんの主観性のほうを優先する見込みは高まります。また、もちろん、援助者役割および倫理的責任を負うことにより、治療者は通常、自らの主観性よりも患者の主観性のほうにより大きく焦点づけることが求められます。しかし、自らの主観性を完全に保留したり括弧でくくったりするような、完全に調律された母親（あるいは治療者）というのは、おそらく、実行可能な理想でもなければ、全く望ましいものでもないでしょう。

第一、私たちのほとんどにとって、自分自身の要求や限界性を育児室や面接室の扉の外にとどめておくということは、単純に不可能です。そうしようとして身の丈をはるかに越えて背伸びをしたところで、通常は、意図してもいないし歓迎もできない結果がついてくるだけです。第二に、子どもおよび患者は、「適合（fit）」の体験を通してのみ成長するわけではなく、分離や相違の体験を通しても成長するものなのです。ベンジャミン[23]が明確にしてきたように、相互認識のための力、すなわち相手を対象としてではなく別の主体として認識する（そして、認識される）力は、「他者も関係性それ自体も、怒りや葛藤を生きのびることができる」ということの発見から新生するものです。別の言い方をすれば、断絶および修復のエピソードは、関係すること－自己確定間のバランスをとるための学習の必要不可欠な部分なのです。

二つの別個の主体が互いに譲り合うことがなければ、子どもや患者は、「ここは一人だけのための空間だ」というふうに学習してしまうでしょう。すなわち、一人が声をあげ、一人が意志を通し、一人の要求が常に優勢で、一人が常にかかわり合いを仕切っている、というふうに。回避型－愛着軽視型心理状態に占有されている場合には、必然的に、そこには自己のための空間しかないかのように感じられるでしょう。不安－とらわれ型心理状態に占有されている場合には、他者のための空間しかないかのように感じられるかもしれません。安定型愛着は、両者のための空間を作ります。

各々が他方の体験にも心理的に参加できるような二つの別個の主体のかかわり合いというのが、間主観性の本質です。スターン[288]は、私たちは皆、間主観性をあらかじめハードウェアに組み込んでいると言っています（彼は、私たちの脳はそういうふうに構成されているので、なぜ私たちは常にほかの人々の体験にとらわれてはいないのかということのほうがリアルな疑問であると指摘しています）。明らかに、そのような「間《あいだ》の体験（interexperience）」の基本的メカニズムは、スターンが鏡《ミラー》ニューロンの発見を参照しているとおり、事実上、誕生の時からの人間の神経系の特徴です。ちなみに、メルツォフ[206][207]の研究（すなわち、誕生から四二分以内に、乳児は大人のモデルがする表情を模倣することができるということを示したもの）を思い出しておきましょう。大人が舌を前に突き出す動作を見ると、乳児は同じことをしようとします。自己および他者について（あるいは舌について）よく知るよりもはるか以前から、赤ちゃんは、見たところ、他の誰かの顔に**見ている**ものと自分自身に**感じている**ものとを結びつけてとらえることができるようなのです。そのような異種感覚マッチングは、自己と他者の相互関連性（interrelatedness）のために早期から発達する驚くべき力を立証していると思われます。

この関係するための基本的な力（すなわち、より発達した間主観性の先駆としての）は、おそらく一連の脳幹による原始反射の派生物であり、それが（最初の親密な関係を必要不可欠な発達の坩堝とする）愛着および養育システムを準備するのでしょう。乳児期に限らず、人生全体を通して、私たちが依存している親しい他者とのかかわり合いは、心理的成長と変化のための中心文脈を提供してくれます。トロニック[302]は、乳児-親関係および患者-治療者関係は、いずれも「二人組の間《あいだ》で拡張される意識状態」を生み出すことにより発達を可能にしていると示唆してきました。これは、間主観性に関する臨床理論家（ボラス、ミッチェル、ストロロウ）および愛着研究家（フォナギー、リヨンズ＝ルース）が共有している理解を別の言葉で表したものです。すなわち、私たちは自分自身の心を知り、それを「育てる」ために、他者の心を必要としているということです。

子どもは、安定性あるいは不安定性が新生する場としての、ある種の共同創造的・相互調節的・間主観的かかわり合いを通して、①どのようにして関係を持つのかということ、②どのようにして自らの情緒を調節するのかということ――の両方を学びます。同様に、患者が、どのようにして他者および自らの感情とより良い関係を持つのかということを学べる可能性があるのは、まさに治療的かかわり合いという典型的な間主観的状況においてです。いずれの場合においても、発達的成果をもたらすカギは、まさに関係性における情動的コミュニケーションの質にあるのです。

相互認識および「適合性」の感覚を体験するために、両パートナーは、そのようなコミュニケーションにより、どの程度同調するのでしょうか？　子ども（あるいは患者）からのどの情動的シグナルに、親（あるいは治療者）は、調律された共同作業的様式の応答をするのでしょうか？　また、どの情動的シグナルを、無視したり、誤読したり、くじいたりするのでしょうか？　より大きな視点から言えば、情動的コミュニケーションおよび体験のために、関係性は、どのくらい大きな器（container）を提供するのでしょう？　――ボゥルビィ、メイン、スターンに立ち戻ってみるといいでしょう。すなわち、愛着関係がそれを適応させられるのならば、その個人はそれを統合できる可能性があるということです。

◆原注

1　統合のプロセスにおいて、かかわり、感情、思考という発達的体験は、密につながっており、また相互に影響し合っています。たとえば、「もしもある人が、強烈な感情を統合するのを助けてもらってこなかったとすれば、行為が思考の場所を取ってしまうかもしれません」[146]。

2　ここで言うスィーガルによる概念化は、大変役に立ちます。なぜならば、それは回避型／愛着軽視型が優勢の患者の持つ「欠陥」と、再統合されるために治療的注意を求めている未発達の能力との両方に注目しているからです。神経科学の見地からは、そのような患者は、情緒に詳しく全体論志向の右脳への入力に接近する道を得られるよう助けてくれるようなアプローチを、治療者に求めているのでしょう。それは、彼らが妨げられてきたと思われることです。

3 興味深いことに、いくつかの研究により、回避型愛着は母親による乳児の極度に高水準の追跡と相互関係があるということが示されています。ところがこの場合、乳児のほうは、まるで母親の注意から逃げているかのように応答していました。すなわち、このかかわり合いのパターンは、「追いかけ（chase）とかわし（dodge）」と記述されています。[21] 明らかに、乳児は、私たちと同様に、いくらかの私的空間《スペース》を必要としているのです。したがって、敏感な応答性とは、明らかに、相互交流調節およびそれが促進する結びつきを求める子どもの要求に調律するのと同じくらい、自己調節および「自由空間（open space）」[244]を求める子どもの要求にも調律するということを含んでいるのです。

◉第三部◉

愛着理論から臨床実践へ

既に見てきたように、愛着関係とは発達のための第一義的文脈です。愛着の文脈に許容された非言語的・情動的体験が、最初の自己核を構成します。これは体験に対する自己のスタンスを形作るのと同じ文脈です。なお、体験に対する自己のスタンスとは、発達に決定的影響を及ぼしうるものです——特に、有害な状況に直面している場合には。——以上が、精神療法にとって最も重要な含蓄を伴う愛着理論の洞察です。

最初の関係性の体験は主として言語領域の外で生じているため、きわめて重要とされる内在化された早期関係は、表象、ルール、モデルとして記録されています。したがって、それらを言語的に想起することは不可能です。このような到達しづらい表象を、後に修正するためには（つまり、古い作業モデルを最新のものへと更新するためには）、それらに接近しなければなりません——つまり、体験しなければならないのです。治療においては、患者のそのような表象は、しばしば言語以外の手段を通してコミュニケーションをとる際にのみ接近可能となります。したがって、体験の前言語領域、非言語領域、超言語領域[a]に焦点づけることは、必要不可欠と言えるでしょう。それは、患者の最初の関係性において生じた最初の学習を理解するためにも、また治療者との新たな関係性において生じうる**再学習**を促進するためにも、いずれのためにも言えることです。以上が、第八章の主題です。

ボウルビィは、現実にあった早期愛着体験の、自己の発達に対する恐るべき影響について強調しましたが、メインとフォナギーは、過去および現在の体験に対する自己のスタンスのほうが、結局のところ、より大きく影響しうるということを示しました。つまり、自らの体験を保有するのみならずそれを反省できればできるほど、安心感、柔軟性および内的自由は増進されるのです。なお、（気持ち、考えなどの）気づきの内容への理解を促進する反省的スタンスを越えるものとして、マインドフルスタンスがあります。それは、温かくて広大な気づきに関する気づきをもたらす潜在力を持っています。マインドフルであればあるほど、ますます完全に現在に在ることができ、自分自身の中心から生きられるようになるうえに、「自分は何者か」ということに関する気持ちや考えの変化に困惑するということも少なくなるでしょう。第九章では、体験に対する自己のスタンスをより反省的でマインドフルな方向へとシフトさせることが精神療法や日常生活にもたらす影響力について探究してみます。

患者の非言語的体験に接近し、彼らの反省力およびマインドフルでいる力を強化できるようになるためには、愛着領域以外の資源にも協力を求める必要があります。なぜならば、愛着理論は明白な臨床理論ではないからです。それらの資源の中心にあるのは、間主観性理論および関係性理論の旗印の下で行われてきた臨床研究です。すなわち、それらは愛着理論を臨床的に裏づけるべく長い道のりを行く治療的アプローチです。これらについては第十章で説明しましょう。

a　訳注　超言語（paraverbal）とは、声の調子、抑揚、音量などをさす。ちなみに非言語（nonverbal）とは、厳密には表情、目の動き、ジェスチャーなどをさすが、本文中では超言語の要素も含めて「非言語」という用語が用いられている。

第八章　非言語的体験と「未思考の知」

――情緒自己核への接近――

ボウルビィは、愛着に関する最後の著書において、「忘れていた」何かに気づくようになった患者にみられる特徴的な反応に関し、フロイトの所見を引用しています。すなわち、「実を言うと、私は既にそれを**知っていた**。ただ、そのことについて**考えた**ことがなかっただけだ」（ボウルビィ、一九八八）。おそらく、「未思考の知」という喚起的な新語を造ったクリストファー・ボラス[33]も、同じくフロイトのこの一節を読んでいたのでしょう。

また、「知っている」けれども考えない（あるいは、考えられない）ことというのは、話せないことでもあります。非言語的（あるいは言語化できない）知識は、意識の外に記録されているがゆえに多大なる影響力を持ち、児童期と同様に、精神療法においても決定的役割を演じます。

治療における対話が常に言葉以上のものにより作られているということが明白ならば、非言語領域に注意を向けようという立場は、なおいっそう不可欠と言えます。なぜならば、第一に、その臨床的重要性が、一般的には認識されていないか、あるいはよく理解されていないからです。第二に、話された言語の魔力により魅了されてしまうということが、非常によくあるからです。言葉の下に決定的に重要な体験の流れがあり、言葉の裏づけとなる文脈を提供しているということを、自ら思い起こそうとしていなければ、私たちは、治療においてとり交わす言葉に注意を一極集中してしまう危険にさらされていると言えるでしょう。ところが、本質的に情緒的で関係的な、この最初はなんともはっきりしない体験こそが、しばしば治療的変化のための最も多大なる影響力を見出せる場所なのです。

さて、非言語的な背後の意味の決定的重要性を確証しつつ、それをどう理解すればよいのかについて論じてみようと思います。体験（特に、愛着研究家が非常に重要なものとして同定してきた早期体験）の非言語的側面にとりくむための臨床的手段を与えてくれそうな研究・理論の探究を、ようやくこれから開始します。

非言語的体験に焦点づけた研究の要点

愛着研究から得られた少なくとも二つの所見が、患者が言葉にすることを好まない（あるいは言葉にできない）体験への注意を喚起しています——あるいは、注意を向けるよう要求しているとさえ言えるかもしれません。第一に、多数の観察的・縦断的愛着研究によりみとめられた事実があります（メインら、二〇〇五を参照）。それは、一歳になるまでに、他者とのかかわりにおいて、「自分は何者か」ということに関する最も重大で持続性のある教訓の多くを学ぶということを示しています。あるいは、もし生後四ヵ月の時の母－乳児分割スクリーン研究（161ページ参照）が証明している通りだとすれば、より早期でさえ、それを学んでいると言えそうです[19,156]。経験的証拠により、内的作業モデルの基礎は全て、言語獲得よりもずっと早期から用意されているということが明確に示されているのです[原注1]（それらのモデルとして暗号化された習慣的愛着や情緒調節方略もまた同様です）。これらは、ショアー[254]の結論、すなわち「自己核とは……非言語的で無意識的なものであり、情動調節パターンの中に存在する」を裏づけるデータと言えます。前言語的体験は、発達途上にある自己の基礎を構成しているため、精神療法において、そのような体験の反響（reverberation）および精錬（elaboration）のために居場所を作ることは、絶対に不可欠なのです。

第二に、安定した愛着を最も効果的に育てている親子関係は、**包含的**（**inclusive**）です[44,183]。包含的とは、親が子どもの主観的体験の全範囲を包含できるほど広い心の空間を作るということを意味しています。それと同様の包含的治療関係を生み出すために、すなわち患者の体験のためにできる限り広い居場所を作るために、私たちは、患者が言葉で語ることだけに注意を払うのではなく、ほかの方法で示されることにも注意を払わなければならないのです。子どもは自らの愛着関係が適応可能なものだけを統合するだろうというボゥルビィの理論は、次の意味を含んでいます。すなわち、子どもは、愛着関係を破壊する危険を伴う思考、感情、行動を意識から排斥するだろう、そしてその結果、それらの思考、感情、行動は、未発達で未統合のままとなるのみならず、しばしば言語化不可能なままとなるだろうということです。それゆえ、患者の最初の愛着により除外されてきた体験に深くかかわろうとするならば、非言語的に伝達されているものについても「聞く」必要があります。それまで防衛的に解離されたり排斥されたりしてきたものを統合するために、私たちは、患者の中の、未だ話されたことがなく、未だ考えられたことのない、そしておそらくは未だ感じられたことのないものにも接近する必要があるのです。

神経科学研究は、愛着研究の結論、すなわち患者は**発達上の理由**（言語獲得以前に生じた体験）、あるいは**防衛的理由**（考えたり感じたり語ったりすれば必要不可欠な関係を危険にさらしてしまうような体験）により、重要な体験を描写するための言葉を持っていないのだろうという結論を確証し、またさらに精緻化しています。明らかに、そこには精神力動的な障壁と同様に、神経生理学的なそれも存在しています。それらの障壁が、発達的な（また特に、外傷的な）体験へと言語的に接近することを妨げているのです。[96]神経発達に関する研究は、言語を仲介する脳センター（左脳のブローカ領域）と自伝的記憶を仲介するそれ（特に海馬）が、一歳半から三歳頃になるまで事実上「オンライン」状態になることはないということを示してきました。「乳幼児健忘」が、ほぼ普遍的な所見としてみられるのはそのためです。そのうえ、外傷により喚起される圧倒的情緒は、これらの脳構造の機能を抑制します。どうやら私たちは、自分自身を最も深いところで形作っている多くの体験に接近するための言葉を欠いているようなのです。理由としては、言語により記号化するための神経的装備がなされる以前に生じた体験だったという場合もあれば、これらの装備が圧倒的で強い痛みを伴う情緒により一時的に障害されたという場合もあるようです。

心的外傷後ストレス障害（ＰＴＳＤ）を有する患者、すなわち混乱した情緒・体性感覚・想像・衝動のカオスにのみこまれている患者は、自らの断片化された多重感覚的体験に意味や文脈を与えるための言語を欠いています。[原注2] 外傷は、ブローカ領域および海馬をシャットダウンしてしまいますが、それは「情動のハイジャック（emotional hijacking）」[131]により生じるものと考えられます。その場合には、情動志向の右脳へと連結している扁桃体が、海馬とそれと連合している力（すなわち、外傷記憶を記号化し、取り出し、文脈化する力）を圧倒してしまうのです。[原注3]

外傷による影響はそのまま記録されるという事実には、多くの（ほとんどと言うほどではないにしても）患者との治療作業のための含蓄があります。外傷の刷り込みとは身体的で感覚的なものだと論じているヴァン・デア・コーク[303]は、患者がそれをはっきり表現するための言葉を欠いているような体験に接近するために身体感覚を用いることの有効性を主張しています。彼は、ＰＴＳＤを治療している治療者に向かってのみ、この非常に役に立つ勧告を伝えていますが、私は、外傷を有する患者はある狭い範疇以外のことは何でも表象化できているという事実認識のもとに、その有効範囲を拡げたいと思っています。

乳児の愛着人物への絶対的依存性とは、養育者側の慢性的誤調律やうつ病、そして怒りが、そのまま外傷的に体験されるということを意味します。これに関連して、ショアー[253]は、「関係外傷」、すなわち無秩序型愛着の体験から生じ、境界性障害や精神病性障害に帰結すると思われている外傷について言及してきました。私はさらに進んで、私たちの患者の多く（そして私たちの多く）は、精神分析家フィリップ・ブロンバーグ[51]が外傷（および解離）の「島々」と表現してきたものに罹患しているということを示唆したいと思います。それらの影響や意味を言葉にすることは、最初は不可能です。治療者は、もしそれらの破壊的影響が緩和されうるものならば、そのような外傷体験にかかわる方法をみつけなければなりません。

愛着、神経生物学、外傷研究と並んで非言語的体験に対し治療的に焦点づける必要性を明確にしているものとして、認知科学の所見があります。認知科学者は、記憶は一枚岩ではないということを発見してきたうえに、二つの異なる記憶システムすなわち明白（explicit）な記憶と暗黙（implicit）の記憶があることを同定してきました。簡潔に述べればこういうことです。すなわち、明白な記憶とは、通常私たちが「記憶」という言葉で理解しているものと概ね一致しています。ゆえに、それは意識的に取り出したり反省したりすることができますし、言語化可能なうえに象徴的です。また、その内容は情報やイメージです。対照的に、暗黙の記憶は、非言語的、非象徴的、無意識的なので、意識的に反省するという意味では利用不可能です。また、その内容には情緒的応答、行動パターン、およびスキルが含まれます。暗黙の記憶とは、「それに関する知（knowing that）」ではなく「方法に関する知（knowing how）」なのです。

暗黙の記憶がしばしば早期記憶（early memory）と呼ばれているのは、私たちが子宮内にいる頃でさえもそれは利用可能だからです。原注4 またそれは、元来、手続き記憶（踊り方や自転車の乗り方、あるいは関係性における在り方といったような手続きを伴い、言語的には伝達できない記憶）として知られているものなのですが、その主観的特質は、**思い出**（**recollection**）と言うよりもむしろ**親しみ**（**familiarity**）と言えるものです（ひとたび自転車の乗り方を習得したら、人はそれを決して忘れないとしばしば言われますが、実を言えば、決してそれを「覚えている」わけではないのです。すなわち、そのスキルに慣れ親しんでいるから、ただそうしているだけなのです。この自転車に乗る「方法に関する知」は、暗黙の記憶の好例でしょう）。最重要の暗黙の記憶として、他者と共に在る在り方および自分自身と共に在る在り方があります。これらの記憶された手続きをまとめれば、**暗黙の関係性に関する知**（**implicit relational knowing**）と呼ばれているものになります[182, 289]。

暗黙の知は、私たちが言うことの中にはそれほど表現されず、むしろ振舞い方、感じ方、わが身の処し方、および関係性に期待するものの中に表現されます。この知は、通常、反省的意識の外に存在します。それは、私たちが知ることに耐えられないからではなく、暗黙の形式で記録されているために言語的に取り出すことが難しいからです[原注5]。

暗黙の知あるいは手続きの知は、内的作業モデルの基礎を構成しています。愛着研究家はそれを、最初の関係性の性質に含まれる機能として人生早期に出現し、（これらの関係に変化がなければ）成人期まで持続するものとして著述してきました。たとえば、乳児は、自分が苦悩して泣き叫べば、母親は即座に慰めてくれるだろうということを、暗々裏に知るようになるかもしれません。そしてこの最初の知が、必要な時には支えてくれる他者がそこにいてくれるだろうという永続的な期待となっていくのでしょう。ところが、私たちの患者の多くにとっては、早期のかかわり合いは問題が多く、骨の髄まで落胆させられるような自己・他者理解として暗々裏に記録されています。そのため彼らにとっては、はっきりと言語的に述べることが容易でないうえに、しばしば自らにとって不利になるようなエナクティングでさえも、せずにはいられないのです。

逆説的に言えば、同様の自滅的エナクトメントが精神療法において生じる場合、患者を過去の人質にしている言葉のない内的表象に私たちがかかわり、それらを変化させられる場合に限り、それらは貴重な資源となりうるでしょう。しかし、このように言葉のないレベルで患者に接近するためには、治療者は、治療における会話の未だ言語化されていない背後の意味を把握する力を持つ必要があるのです。

非言語的な言葉を理解する

精神療法においてとり交わされる言葉は、言わば、患者–治療者間の非言語的コミュニケーションの流れの上を漂っています。言語的な対話の流れは、何が話されていようと、どの程度の深さであろうと、表面的なかかわり合いの下を流れる情緒的・関係的な流れにより主として決定されます。これらの底流は、患者と治療者の体験を形作ります――赤ちゃんと養育者の体験が、彼らの（必然的な）非言語的コミュニケーションの性質により形作られるのと、ちょうど同じように。

乳児期のかかわり合いを特徴づける非言語的行動と、大人同士のかかわり合いにおいて見られるそれらとの間には、驚くほどの一貫性があることが判明しています。[21] 最早期の前言語的コミュニケーションパターンおよびその後の人生におけるそれらの相当物に関する研究により、私たちが、不可避的に、また通常は意識の外で、かかわり合っている相手に影響を与え、相手からも影響を受けているさまが明らかにされています。児童期においても精神療法においても、愛着関係が自己の発達に与える影響を決定しているのは、主としてこれらの非言語的かかわり合いの持つ性質なのです。

表情、声のトーン、姿勢や動作、発言や振舞いのリズムおよび輪郭――これらは、身体から身体へのコミュニケーションを本質的に媒介しているものの構成要素です。乳児期を通してみられるそのようなコミュニケーションは、赤ちゃんの身体／情緒自己と、養育者の身体／情緒自己との対話として理解することができるでしょう。あるいは、神経科学の視点からは、「辺縁系間対話」として理解することができるでしょう。[58,254] この対話の主題は、主として乳児の内的状態（特に、情緒および意図）です。対話は内的状態の身体表現を通して展開されるので、乳児は自分自身と他者について、以下のように学びます。すなわち、私の情緒とか意図って何なの？　ほかの人は、それらを認めて調律してくれるかしら？　私は主導権を「うまくとれる」かしら――独りで、あるいはほかの人の助けを得て、私自身の内的状態に影響するようにもっていきたいのだけれど？

左記の報告（サンダー、二〇〇二）について考えてみましょう。これは、生後八日の赤ちゃんが、母親の腕の中でぐずり始め、ちょうど父親に手渡されたところをビデオに収録したかかわり合いの一節です。

父親がほんの一瞬、見下ろして、赤ちゃんの顔を見ているのがわかる。非常に不思議なことに、同じ数コマ（フィルムの＝訳者）において、赤ちゃんも父親の顔を見上げている。それから、赤ちゃんの左腕（ぶら下がって父親の左腕の上に乗っていた）が上方へと動き始める。奇跡的なことに、同じ一コマにおいて、父親の右腕（右側にぶら下がっていた）が上方へと動き始める。一コマ一コマ見ていくと、赤ちゃんの手と父親の手は、同時に上方へと動いている。ついに、赤ちゃんのおなかの上で、手と手が出会い、赤ちゃんの左手が父親の右手の小指を握る。その瞬間、赤ちゃんの目は閉じ、眠りに落ちていく。その間、父親は話しつづけている。見たところ、彼はその小さな奇跡的特異性にまったく気づいていない——彼の腕の中で起きた、時、場所、動きにおける特異性に。

この表情と身体的な動き（movement）による「行動対話（action dialogue）」（父親のおしゃべりという「子守唄」を伴った）に、ひとつの優美な関係性の演出を見ることができます。赤ちゃんの、なだめて寝かせてほしいという要求の非言語的伝達が、一連の無意識的に調整され調律された応答を、父親から引き出したのです。そのような調律の体験が、この新生児の中で生まれ始めた他者との関係における自分自身に関する暗黙の知識に、小さいけれども発達的な影響を与えるものとして記録されたのだろうと推論することができるでしょう。

精神療法においても、右記に匹敵する非言語的演出、すなわち患者の体験に影響を与え、他者との関係における自分自身に関し彼の中で発展しつつある感覚を、理想的には良い方向へと形作っていくという演出がみられます。たとえば、少し前に、私が数ヵ月にわたり会っている患者（エリオットと呼びましょう）と話していた時、私は自分の声がいつもよりも大きくなり、話すペースも速くなっていることに気づきました。そして自分が眠気を感じていることに気づいたその瞬間、私は眠気に屈服してしまわないよう自らを刺激しようとしていたのだということを実感したのです。まぶたが重くなるような心理状態により自己吟味が疑いなく妨害されていたという状況について、何が起きていそうか、独り自分自身に尋ねてみた後、私はエリオットにも協力を求めようと決心しました。

私の体験を彼に打ち明けたところ、彼が答えたのは、彼も眠気を感じていたけれども、それを越えて、情緒的に「いなくなっていた（gone）」――つまり、私から引きこもり、（彼の表現によれば）「解離していた」とのことでした。それは、不安や怒り、あるいは絶望を感じたりしている時の、自分にとっては親しみのある反応なのだ、と彼は言いました。そして彼は、私に押し出されてしまったように感じていた――つまり、私の椅子が彼に近寄りすぎていて不快だったし、私があまりにも前かがみになりすぎていたし、私がたくさん話しすぎていたのだ、ということを明かしました。これらの煩わしい関係が、私自身の非言語的（あるいは超言語的）振舞いおよび体験に焦点づけることを通してのみ表面に浮かび上がってきたということにご注目ください。私の体験と同時並行で起きていた、最初は未だ明らかになっていなかったエリオットの私と共に居ることでの苦悩は、私たちの関係性の物理的事実に根ざしたものだったのです。

非言語的な背後の意味に注意を向けることが、先に論じたいくつかの発達上望ましいことに関連した、ひとつの治療的収穫をもたらしました。包含性に関して言えば、私たちは、エリオットが以前は無視しておかなければならなかったものを、二人の関係の内側に包容することができました。すなわち、彼の自己保護的な解離はもとより境界線問題、親密さ、安全性および自己確定を含めた私に関する（ほかの人に関するのと同様の）不穏な感情を抱えることができたのです。また調律に関して言えば、エリオットがどれほど押し出される、侵入されると感じやすいかということについて共に学んだおかげで、私は引き下がり、自らをトーンダウンさせることができました。そしてそのことが彼に安全感をもたらし、彼は私に対しより親密に感じられるようになり、また治療により積極的に参加するようになったのです。総合的には、私たちの最初のかかわり合いと、つづいてそれが生じさせた調節とは、患者に「調整不良と再調整」[254]という断絶が修復される体験をもたらしました。そしてそれにより、私たち二人は非常に心を動かされたのでした。

乳児とその父親のエピソードと同様に、このことが内的に記録されるかもしれないと推論するのはもっともなことだろうと思われます。もちろん、エリオットと私は、赤ちゃんとは異なり、同調するための努力において言葉の恩恵を受けていましたが、そうだとしても、エリオットに与えた影響は、言語的なやりとりのほうが関係的プロセスよりも内容的に少なかったのではないかと私は思っています。このプロセスにおいて、最初に自分の声と身体に焦点づけたことを通して、私はエリオットがかつて一度もはっきり表現したことのない情緒に接近し、意味深長に応答する方法を見つけたのです。非言語的な背後の意味に根ざした私たちの共有体験、すなわちエリオットの生育史が予想してきたであろう体験よりも包含的・共同作業的で彼の要求に調律された体験は、彼の「暗黙の関係性に関する知」の変化に、大いに貢献したことでしょう。

これまで説明してきたように、この種の暗黙の知は常に多大なる影響を及ぼすものですが、通常、それを言葉にすることは非常に困難です。そのような暗黙の知識の前言語的起源あるいは外傷的起源を言語的に取り出すことは、確実に不可能と思われます。ところが、明白に思い出すことのできない（そして言葉にすることのできない）ことでも、ほかの方法を用いれば、ほぼ例外なく表現されるのです。

これに関連して、以下の簡略表現を提案しましょう。すなわち、**私たちは**、**言語化できないことを他者と共にエナクトしがちであり**、**体現しがちであり**、**他者の内に呼び起こしがちであるということです**。より詳細な説明へと進む前に、私のエリオットとの体験にちょっとだけ立ち戻り、私が思い描いていることを説明しましょう。

エリオットは私と共に、あるシナリオをエナクトしました。そしてそれは全て、彼にとってはあまりにも慣れ親しんだことであると同時に、それが展開しているということが未だ認識できない（そして異議を唱えることもできない）ことでもありました。この共同創造のエナクトメントにおいて、私は自分が速い速度で、また大声で話していることに気づきました――まるで私たちの間に漂っている、知覚を麻痺させるような沈黙をかき消そうとしているかのように。私は、自らの眠気を開示することにより、彼に影響を与える試みがうまくいかないことでどんなに自分が欲求不満を感じていたかを、初めて実感することができました。エリオットのほうは、私が不器用にも彼の物理的・心理的空間に侵入していたことに、最初から概ね気づいていました。しかし、話し合っていくなかで、エリオットが、彼に接近しようとする私の努力は誤調律であり、彼の脆弱性に対する十分な配慮を欠いており、理解されたと感じたいという彼の要求よりも、効果的だと感じたいという私の要求のほうにより重点が置かれていると思っていたことを認識した際、彼は自らの罪悪感を伴う怒りと結びつくことができました。彼は情緒的反射により、私から引きこもっていたのですが、それは、侵入的で誘惑的な彼の母親から逃げていた（あるいは逃げようとしていた）のと、まさに同じ反射でした。

エリオットは、治療者役割としての私の中に、いくつかの異なる体験を呼び起こしましたが、それらは、①彼が非言語的に伝達している何かと、②それにより影響を受けるほど敏感だった（あるいは脆弱だった）私自身の内にある何か――の両方だったのだろうと、私は思っています。回想してみるに、私は自らの眠気を、彼の身体的反響（一人があくびをすると、周りの人もあくびをする）として読みとっただけでなく、私自身の欲求不満感および潜在的な怒りの感情に対する防衛的反応としても読みとっていました。まるで、私が差し出しているものはほとんど効果的でないどころか外傷的でさえあると言われているかのように思えたからです。予想通り、私のこれらの体験がエリオットの体験と結びつけられたおかげで、私は、情緒的に直《じか》に彼を知ることができました――彼の言葉により伝えられる情報を通してではなく、言わば同一化を通して。まるで私は、エリオットが感じていたことを聞いたのではなく、むしろ単純に感じたかのようだったのです。そのような主観的応答を引き出すことの上手な患者は、治療者に「内側から出《い》でる」形で彼らを知る好機を提供してくれます。[51]

患者はまた、言葉で伝達できない（あるいは伝達しようとしない）ことを自ら体現したり、治療者に体現させたりするでしょう。エリオットは、「いなくなってしまい」たい、すなわち解離するかあるいは実際に身体から離れてしまいたい――と、私に言うことができませんでした。そのため、私は、エリオットが距離をとり眠くなっているということを認識できませんでしたが、私の身体は、心が気づいていないことに、明らかに「気づいて」いました。[原注6] エリオットと居て、自律神経系のうち非活性化作用を担う副交感神経分枝の引き金が引かれ、私は眠くなりました――**彼の**非活性化に対する応答として、また／あるいは二人のかかわり合いが私の中に呼び起こした感情に対する防衛として。

エナクトメント（enactment）、呼び起こし（evocation）、体現（embodiment）は、患者が知っているけれども考えたことのない、そしてそのためにそれについて語ることもできないという何かについて伝達するための主要な手段です。それだけに、未思考の知を伝達するためのこれらの手段とは、治療者が絶対に理解していなければならない基本的なことです。非言語的体験の発達的重要性については、ボウルビィの継承者により経験的に報告されてきましたが、愛着研究におけるこの独特の所見をフル活用するためには、現代の**臨床**理論、ことに間主観性理論および関係性理論に助力を求める必要があります。この後の章では、治療者はどのようにすればこれらのほとんど言語を媒介しない知の手段にとりくむことができるのかということについて、より詳細に探究してみます。そのためには、精神療法に関する決定的に重要ないくつかの発想の糸口について、まずは考察しておくべきでしょう。その後、精神療法についても詳しく説明していきましょう。

未思考の知のエナクトメントにとりくむ

リヨンズ＝ルース[183]は、内的作業モデルの基礎を供給する早期体験の前象徴的内在化を描写するために、「エナクティヴ表象」という用語を造りました。間主観性理論家および関係性理論家は**エナクトメント**に熱心に焦点づけるため、この用語はまさに的を得ていると思われます。エリオットとの治療作業において描いた通り、エナクトメントとは共同創造されたシナリオであり、それは、最初は無意識的な、患者と治療者の脆弱性および要求が重複したものを反映しています。

精神療法におけるエナクトメントは、今ここでの暗黙の関係性に関する知の行動的顕在化として理解できるでしょう。また、その最初の起源（唯一の起源というわけではありませんが）は、私たち（**患者と治療者**）が乳児の頃、愛着人物と共に「エナクトした」ものの中にあります。たとえば、私たちが最早期になだめてほしいと求めた際に必ず歓迎されたならば、自らの苦悩をなだめるために他者に助力を求めることの有益性を、そこから学んだことでしょう。一方、そのような早期の求めが拒絶を引き出したならば、できうる限り自らの苦悩を他者の目にふれないよう隠しておく必要性を、そこから学んだことでしょう。そのような自己と他者に関する原初の教訓が身についていく（記憶され、表象され、内在化されていく）のは、エナクトされる時なのです。

後年、言語化困難なこれらの発達的体験表象は、思い出す感動（「ああ！　何があったか、今思い出したわ！」）として認識されるのではなく、むしろ通常は、主にそれらがエナクトされている時に第三者により認識されます（「きみは僕らの子どもたちを、きみのお母さんがきみをそんなふうに扱ったといってこぼしているのとまさに同じように扱っていないかい？」）。しかし通常、暗黙の知は暗黙のままにとどまります。意識的反省に役立つようになることはなく、むしろ自動的に、反射的に、単純にエナクトされるのです。

フロイト[111]は、この点について深く洞察しています。すなわち、「患者は忘れていることや抑圧していることを**思い出しはしない**が、それを**行動化する**。つまり記憶としてではなく行動として再現するのである」と。患者は過去を思い出すのではなく**反復する**というフロイトの発見は、彼の転移概念の基礎と言えます。しかし、間主観的視点からみれば、治療者は決して患者が過去を投影する単なる空白のスクリーンなどではないということを、フロイトは見落としていました。それどころか、患者の転移は、治療者の性格や行動という現在の現実を選択的に知覚することから生じているのです。この角度からみると、治療関係においてエナクトされているものは常に、両者の相互互恵的影響のらせんを反映していると言えます。そこでは治療者の寄与が患者のそれよりも重大でないということは少しもないのです。

後でさらに詳述しますが、現代の間主観性理論および関係性理論は、臨床家に、転移‐逆転移エナクトメントに効果的にとりくむために役立つ最も有力な手段を提供してくれます。これらの理論は、次のような疑問について考察するよう私たちに求めています。すなわち、患者との今ここでの直接的なかかわり合いにおいて、最も情緒的に抗しがたいものは何ですか？　現在演じられている対人関係的パターンは、どのようなものですか？　ことに、私たちのそれへの関与の性質は、どのようなものですか？　共同創造されたエナクトメントは、どのように理解できますか？――通常、これらのような疑問は、患者との対話の中でのみ答えられるものでしょう。そのような対話では、時に、治療者が「先頭を行く」ことが必要とされます。すなわち、潜在性のエナクトメントを顕在化させるために、私たちはそのかかわり合いにおける自らの体験を言葉にする必要があるかもしれないのです。

たとえば、少し前に治療を始めたばかりの、最近夫と別居したという女性患者が、夫との間に生じていた困難を悲しそうにひとつひとつ順を追って話していたので、私は共感を伝えようとしていました。ところが、私としては、きわめて調律された形で彼女を「たどっている」と感じていたのに、彼女のほうは、私の理解を示す注意深く言葉を選んだ表現を一貫して役に立たないと思っているように見えました。

患者（「キャロル」）は、いらいらと反応しながら、私が言葉で言ったことのほとんどをはねつけました。私の言葉は全くもって理にかなっていると思えたのに、それを阻まれたように感じた私は、耐え難いほど欲求不満が募ってくるのを感じました。ついに私は、彼女に、私は強い苛立ちを感じ始めているということを打ち明けました。そして、通常なら、ここでは私たち二人は味方同士だと感じているはずなのに――あなたもおそらくそう感じていると思うのだけれど――今日の会話はどういうわけか、敵対し合っているように思えるのです、と付け加えました。このことは、彼女の注意を引きました。

自らの心理構造を維持しつつ彼女にそう話した時、私は、つくづく実感しました――彼女の暗黙の挑発的価値下げを長いこと見ないようにしてきたために、私自身が憤慨していることにようやく気づいた時には、それを過度に強く体験し、表現してしまったようだ、と。この種の治療者側の無意識的関与は、決して少なくない頻度で起きるのですが、結果的には身のためになる辛酸へと転じうるものです。

キャロルの夫とのかかわり合いを映し出したような私たちのそれのあり方に関するいくぶんつらい考察に、こうしてとりくむことになるまでの長い間、彼女は時々、夫に喧嘩を売りたくなる気持ちを抑えられないと感じていたとのことでした。このことを聞き、私は、おそらく今日の彼女の議論は彼女が前回の面接の最後に語ったことに関係しているかもしれないという考えを、彼女と共有しました。それは、ついに治療が助けになり始めた面接でした。そして今、彼女の自らの感情に関する恐怖、自己満足的方略、および依存と拒絶されることへの恐怖に関する探究が始まりました――未だ進行中ですが。この面接における大変情緒的なかかわり合いは、私たちの治療のターニングポイントを標識していました。このことは、エナクトメントを最適条件で用いるということには解釈同様、治療者の真正なる応答および慎重な自己開示がしばしば大いに関わっているという事実を描き出していると、私は確信しています。

精神療法におけるエナクトメントとは共同創造されるものであるという理解は、早期愛着関係それ自体が共構築されるものであると研究により示されていることと、完全に首尾一貫しています。先に言及したように、乳児期の関係性と精神療法のそれとの間の最も重要な概念的架け橋の中に、ダニエル・スターン、カーレン・リヨンズ＝ルースおよび変化プロセス研究グループ（ＣＰＳＧ）が生み出したものがあります。スターンらは、エナクトメントを私よりも狭く定義しているかもしれませんが、最も重要な心理発達（そして治療的変化）を可能にするものとして、本質的に**エナクティヴ**なプロセスを（言語的プロセスよりも）、一貫して強調しています。患者－治療者間の「共有された暗黙の関係性」における変化の持つ治療的影響力について明らかにするなかで、彼ら独特のアプローチは貴重な臨床的貢献をもたらしています[183][184][289]。

共有された暗黙の関係性は、各々のパートナーにとって、相手は何者か、自分は相手にとってどんな人なのか、二人が一緒にいるとどんな感じなのか――ということに関する、比較的安定しているにもかかわらず発達する感覚を反映しています。それは患者－治療者間における現在進行中の直接的かかわり合いの産物であると同時に、各々のパートナーの内的作業モデル、すなわち暗黙の関係性に関する知により必然的に影響されてもいます。共有された暗黙の関係性が潜在的に変化するためのてこ台を用意してくれているのは、まさにこの①自己と他者との、②内的体験と対人関係的体験との、③予期された体験（anticipated experience）と生《なま》の体験との――関主観的な出会いなのだろうと、私は思います。

一九九八年、ＣＰＳＧは、『解釈を越えて』という副題の歴史的論文を出版しました。それは、治療において変化をもたらす非言語的体験について、暗に示しています。ことに彼らは、暗黙の関係性に関する知における変化が、主に患者－治療者の**間主観**

的領域においてエナクトされるものに応じて生じるさまを観察しています。患者と治療者の関係が変わると、患者にとって治療者とはどんな人なのか、患者は治療者にとってどんな人なのか、二人はお互いにとってどんな人たちなのか——ということに関する患者の感覚も変化すると言います。

スターンと彼の仲間は、治療は**現在の瞬間**《プレゼントモーメント》（**present moment**）（演劇用語で言えば「拍子［beat］」）のシリーズを通して展開するということ、またそれらは「今、私たちの間で起きていること」についての紛れもない主観的感覚を各々体現しているということに言及しています。時々、これらの現在の瞬間は、患者と治療者を今ここでの直接性および情緒的クライマックスへと否応なく引き込みつつ、非常に強烈な感情に満たされた状態になります。すなわち、CPSGの言うところの**まさに今という瞬間**（**now moment**）です。

まさに今という瞬間が、患者に深く共鳴している治療者からの真正なる個人的応答を引き出す場合、治療カップルは、記念すべき**出会いの瞬間**（**moment of meeting**）を体験するでしょう。それは、共有された暗黙の関係性を変化させる瞬間です。出会いの瞬間は、患者に、先在している転移の性質や暗黙の関係性に関する知からくる制約を越えて、新たな在り方をちらりと見せます。そのような修正関係体験は、突然の劇的変化への扉を開ける可能性があります。

これらの変化をもたらす対面に最初にスポットライトを当てた後、CPSGは、進行中の治療関係へと焦点を移しました。それは、高い影響力をもたらす出会いの瞬間よりも広い文脈です。先に言及しましたように、治療における発達は、幼少時におけるそれとまさに同じように、共同作業的で、調律されていて、随伴的なコミュニケーションを内包する関係性により促進されます。そのようなコミュニケーションは、患者と治療者がとり交わす言語による明白な内容よりも、暗黙の情動的なかかわり合いの**プロセス**に依拠するところのほうが、ずっと大きいのです。リヨンズ＝ルースは、以下のように説明しています。すなわち、「この理解においては、**プ**

ロセスが内容をリードしています。したがって、特別な内容が追求される必要はないのです。むしろ、対話の領域と頻度とを拡大することのほうが第一義的であり、そうすることで、より統合された複合的な内容へと到達するでしょう」[184]。

言語的対話もそうですが、情動的対話は、治療者が意図的に治療を組み立てようとしている時にではなく、むしろ治療カップルが「関係性の動きという即興」の試行錯誤をしている時にこそ拡がるものです[184]。患者と治療者のいずれもが相互に抱いている目標に向かって動くにあたり、共に適合《フィット》していると感じているのならば、それはしばしば生気を吹き込む体験へと帰結します。それは、共有された関係性とは重要で役に立つものだ――という育ちゆく感覚を増強します。関係性の即興が繰り返されれば、ますます共に適合する効果的なパターンが創造されていくことでしょう。そしてついには、そのようなパターンが患者の古い素質と競合し、それらを弱体化させるようになります。そうして可能性、流動、不調などの体験を生みつつ、それらは（しばしば不穏な）変化を起こす主観的先駆となるのです。

患者の暗黙の関係性に関する知にみられるそのような変化が、突然（出会いの瞬間において）生じるにせよ、あるいは徐々に（患者が予想していた対話よりも内包的で共同作業的なものへと進歩しつつある進行中の対話を通して）生じるにせよ、それらの文脈は、常にエナクティヴで間主観的なものです。かつて、フリーダ・フロム＝ライヒマンは、患者は体験を求めているのであって説明を求めているのではないと述べました。患者は、なぜかという理由よりも関係性を求めていると言ってよいかもしれません。

治療関係においてエナクトされるものとは、治療者の暗黙の関係性に関する知と患者のそれとの相互交流が示す作用なのでしょう。私たち治療者の関与の性質に焦点づけることは、私たちが意識せずして寄与しているかもしれない何かを認識するための基本と言えます。以上、見てきたように、共同創造のエナクトメントは、患者の自己感、他者感、関係感を変化させるための最も活き活きとした文脈を提供する潜在力を持っているのです。

しかし、臨床家が無意識的に共謀し、患者の内的表象において暗号化されているパターンを再演する場合、共同創造のエナクトメントは治療目標を実現するための障害物になる可能性があります。すなわち、古い学習がその場に固定され、慣れ親しんだ予想が確証されて、問題の多い過去が反復されるのです。そしてその結果、治療は袋小路へと入り込むでしょう。もっと悪ければ、患者は再外傷を負う可能性さえあります。加えて、私たちの体験に対するスタンスの問題があります。すなわち、エナクトメントが私たちの思慮深い注意をひきつけ損なえば、私たちはまるで自動操縦のパイロットのようになってしまいます。つまり、かかわり合いにおいて、覚醒していると言うよりはむしろ夢遊病のように、役割を通して動き、それについて反省的であったりマインドフルであったりすることなく体験に埋没してしまうのです。

この全てが厳然として私たちに向かってくるために、私たちは、患者と共にエナクトする暗黙の関係性の性質に対し、一貫して注意深くあらねばなりません。彼らが言語化できない何かに深くかかわるためには、私たちは言葉と同じくらいその言葉の響きにも調律しなければならないのです。――私たちは患者に影響を与えたり与えられたりしていることについて、どのように感じているでしょうか？　患者は私たちに影響を与えたり与えられたりしていることについて、どのように感じているでしょうか？　患者の主観的体験および間主観的体験を、どのように推論することができるでしょう？　そして、自分自身のそれについて、私たちは何を感じとっているでしょうか？　毎回の言語的やりとり、毎回の解釈、および毎回の介入は対人関係の出来事なのだということを、私たちは心に留めておかなければなりません。大きくても小さくても、しばしば予期できない場合でも、皆それぞれに、共有された暗黙の関係性に影響を与えるのです――（エリオットに「近づこう」とする私の熱心すぎる努力のように）私たちの、助けになろうとする試みが、意図したり期待したりしているものとは全く相容れない影響を与える可能性があるように。

未思考の知の呼び起こしにとりくむ

ある精力的でかなりのインテリのエグゼクティヴが、私に会いに来ました——表向きには、妻に来させられたという理由で。妻は、彼は緊張していると、とり乱しがちで情緒的に利用不可能だと、こぼすのだそうです。患者は（ゴードンと呼ぶことにしましょう）、このことに確信がなかったし、自分が治療を必要としているかどうかも定かではありませんでした。しかし、（短期間ならば）それを試してみてもかまわないと思っているようでした。治療導入期の三〜四セッションは、このまま治療が成立するかどうかわからないという印象でしたが、私は自分が慎重に言葉を選んで話していることに気づきました。わけのわからない不安を感じ、まるで検察官に脅されているみたいだとか、だから非の打ちどころのない言葉を用いなければ、などと感じていたのです。

いくらか逡巡した後、私は患者とこの体験を共有することを選びました。を聞いて、私の言ったことを聞いて、ゴードンは驚きました。彼は、私が描写していることは**彼の**体験だと、それも、ここで私と一緒にいる時だけでなく、より幅広い状況でそう体験しているのだ、と言いました。それまではそのことを描写する言葉をみつけられなかった彼が、たった今、彼の言う「内的情景」を、ここでのかかわり合いに持ち込んだようでした。これに関連して、彼は、仕事でも、漠然と脅されている感じから逃れようとして、自分の功績に強迫的に「金メッキ」をほどこすというパターンがあるのだということを、私に開示しました。そして、彼の母親（ホロコーストの生存者）が、最近になっても、彼に「不安じゃない？　あなたはそこではただ一人のユダヤ人に違いないのに」と尋ねていたのだと、付け加えました。

数セッション以上かけてゴードンの体験および私たち二人の体験を探究するなかで、彼は、自分を非の打ちどころのないものにすべく駆り立てているものは、特に批判や攻撃に対する恐れであり、周囲の人たちの理性を信用できない状況ではとりわけそうなのだと気づくようになりました。また、彼は、母親が「彼女の体験から、この同じ不安を抱いて」いて、それを何らかの形で彼に転移しているのではないかと考えました。そして目下のところ、彼は、それを私に転移していたようです。脅されていると感じることへの私の脆弱性のために、ゴードンが自分の中で避けようとして苦心していた体験が私の中に呼び起こされたのです。自らの無意識的な危機感を「移転」させることにより、彼は、私たち二人がそのことを識別し明確化できるようにさせたと言えます。そして彼は、感じる気になれなかったという彼自身の感情とは、実際のところ、もともとは母親のものなのだということを、あるレベルでは理解し始めたのです。

この患者が、知ろうという気になれないし、それゆえ語ることもできないことを、私の中に呼び起こしたということを示しつつ、**投影性同一視**（**projective identification**）について説明したいと思います。慣例的理解によれば、これは、自分自身の中に持っていることに耐えられないことを、他者に（あるいは他者の中に）投影するということを介するプロセスです。そうして自分が投影していることにその他者が同一化するというかたちで、その人と関係するのです。投影性同一視は通常、防衛機制と考えられていますが、それは同時に非言語的コミュニケーションのひとつの様式でもあるのです。[原注7]

メラニー・クラインが最初に投影性同一視を思いついた時、彼女はそれを、基本的に乳児や心理的に未熟な成人が心に抱く**幻想**（**fantasy**）、すなわち彼らの部分を他者へとともかくも移転できるという幻想であると考えていました。一方、精神分析学者のウィニコットとビオンは、概して言えば、クラインの洞察を「対人関係化」したとみなされています。彼らは、クラインが専ら内的現象とみなしていたものを、実際には対人関係的なものであると悟ったのです。すなわち、私たちは皆、生まれてこのかた、自分自身の必要としていない（あるいは歓迎しない）体験を、他者の中に呼び起こしていると言うのです。

ビオン[25]は、「正常な投影性同一視」とは、乳児期におけるコミュニケーションの比類なき最重要の媒体であると推論しました。乳児から受容的な母親へと投影された圧倒的情動を、母親は乳児へと返す前に、包容し、調整された「消化の良い」形になるよう処理します。乳児－親観察研究は、ビオンの理論を確証する傾向にあります。加えてそれは、双方向性の影響および共構築をきわめて重視しています。

カリフォルニア大学の精神分析家で研究者のスティーブン・セリグマン[259]は、次のことを提案しています。すなわち、乳児－親関係を現実的に理解するには、乳児からの投影と同様に**親からの投影**をも考慮しなければならないということです。親子にしても、ほかの親密な関係（夫婦や精神療法のような）にしても、大人たちは明らかに投影性同一視を用いています。実際、ビオン[27]は、投影性同一視とは患者－治療者間におけるかかわり合いの最も重要な形式であると主張しました。この後の章では、私は、投影性同一視の複雑さについて強調しています。すなわち第一に、それは双方向性であるという事実です。第二に、私たち治療者は、患者が私たちの中に呼び起こしていると感じられるものは患者個人に属するものだと、あまりにも安易に仮定しすぎることに用心しなければならないということです。一般に、人間は自分の帽子をひっかけておくためのフックを必要とするものです。

厳密には、どのようにして自らの体験を他者の中に呼び起こすのかという問題についても、多彩な領域における現代的研究により、いくぶん明らかにされてきています。現在のところ、患者の内的状態が治療者へと転移される（逆も同じ）のと同様に、乳児のそれが親へと転移される（逆も同じ）という現象は、主として身体から身体へのコミュニケーションという媒体を通してなされると考えられています。私たちが見ているものに私たちは成る、と言えるかもしれません。すなわち、他者の情緒を知覚する時、私たちは、それらの情緒を自分自身の中で感じているのです。

前にも述べましたが、誕生から四二分ほどしかたっていない新生児が、モデルの口を開けたり舌を突き出したりする表情を模倣します[208]。二ヵ月半もすれば、乳児は、自らの情動に相当する情緒を母親が表すのに対し反応するでしょう。[141][原注8] 関連した研究として、ディムバーグらは、[75] 成人の被験者に、三十秒にわたり、微笑んでいる一連の顔の中に怒っている顔がはめ込まれているというだけの中性的《ニュートラル》なビデオを見せました。このようなサブリミナルな断片にさらされた際、被験者は、反射的に、ビデオの中の顔に（無意識的に）見た表情に、自らの顔が一致するような、わずかな表情筋の動きを示したのです。

明らかに、私たちは、今かかわり合っている人の表情を反射的に模倣するように、進化により造られているのです。しかし、模倣は内的状態の移転にどうかかわっているのでしょう？　他者の表情を真似ることは、その人の情緒体験に関与することと同じではないですよね。[原注9] それとも？

ポール・エクマンは、表情の現象学および精神生理学における世界的に卓越した研究者ですが、彼は、表情筋反応は情緒を**表出する**だけでなく情緒を**賦活する**ということを発見しました。つまり、特定の情緒に関連した表情を故意に作ると、生理機能や脳の賦活パターンも、それに対応して変化するのです。[原注10] エクマンの研究は模倣研究と結合し、私たちは、そうしようとしていてもしていなくても、他者の内的状態に、現にしばしば接近しているのだということを示しています。そのため、私たちが無意識的に（故意にではなく）ほかの人の表情を真似ると、その人の情緒体験に共鳴、調和、あるいは一致する情緒的応答も、私たちの内に引き起こされるのです。[83,85]

これは、どれほど私たちは、治療者として、患者が体験していることを「内側から出《い》でる形で」理解する潜在力を持っているかということでしょう。患者は、言葉にできないことを、向かい合っての表情のコミュニケーションを通して伝達し、自らの情緒を私たちの中に呼び起こすのです。驚くまでもなく、エクマンは、表情とまさに同様に、声という「音楽」（トーン、リズム、輪郭）も、情緒を伝達し、また賦活すると確信しています。つまり、私たちが投影性同一視あるいは非言語的コミュニケーションと呼んでいるものは、実際には患者が自らの体験の共鳴を私たちの内側に賦活しているということなのでしょう。

ここで重要なのは、それが精神療法のための間主観的、関係的アプローチのまさに中核であるという点です。すなわち、**患者が言葉にできないことに接近するためには、私たちは自らの主観的体験に調律しなければならない**ということです。患者の呼び起こす影響を同定し、理解し、うまく用いられるよう私たち自身の主観を利用するために、現代の関係性理論がどれほど助けになるのかについては、後ほど詳細に探究します。今のところは、患者の非言語的コミュニケーションを受けとるためには、私たち自身の内側において彼らの反響を認識することを身につけなければならないとだけ言っておきましょう。

ひとたびそうするようになれば、私たちの中に呼び起こされていると確かに感じられるものを、患者に対し、しかるべき時期に慎重に開示することは不可欠となることでしょう。あるいは、患者の未だ語られていない体験に関し、より深い理解を発展させるために、呼び起こされたものについての私たちの気づきを役立てる場合もあるでしょう。さらには、患者には耐えられなかったような体験に、私たちがもがきつつもどうにか耐えているところを患者に見せる必要があるという場合もあるでしょう。これらはどれも、患者は身体言語以外の言語では伝達できないことをしばしば私たちの中に呼び起こす、ということを理解して初めて可能になることです。

未思考の知の体現にとりくむ

ある女性患者は、私たちの間に沈黙が生じそうになると、決まって急に不快になりました。この体験の詳細を探究するうちに、彼女は、もしも対話がなくなったら、私たちは単に見つめ合うだけになってしまうでしょう、と言いました。私は、もしそうなったら？　と尋ねました。すると、まさにお互いの身体を見つめ合うなかで、彼女は答えました。――ここにただ二つの身体があるだけみたいでしょう、と。このことは、明らかに、私たちの身体間の関係性に関する彼女にとって非常に悩ましい問題を刺激してしまったようでした。また、それは性の問題なのだということもわかりました。

もしも精神療法が患者の体験のためにできるだけ広い居場所を作るものだとすれば、私たちは身体を排斥するわけにはいきません。「対話療法」が頭だけで話している対話だとすれば、それは深刻なまでに内包的でなく統合的でもないものになってしまうでしょう。身体感覚は、常に情緒の基礎なのです。すなわち重要なことに、私たちは、身体的に感じているものしか情緒的に**感じられない**のです。

前言語的体験は、愛着研究により、非常に影響力のあるものとして同定されましたが、それはもちろん、主として身体体験です。そして、先にも指摘しましたように、精神療法において語られる対話に喚起的な背後の意味を提供しているのは、まさに身体から身体へのコミュニケーションなのです。しかし、このコミュニケーションによる影響の多くは意識の外に記録されるため、さがし損ねたものを見つけるのは非常に難しいということもまた真実です。臨床家が身体を無視するようではおしまいです――患者の身体も、自分のそれも。なぜならば、身体はしばしば、言葉にしていない（あるいは言葉にすることのできない）ことを受けとり、また伝達するのですから。

無秩序型愛着と同様に、急性外傷の影響も、頻繁に身体化されます。ある幼少時に慢性的に外傷を受けていたという私の患者は、身体的疼痛とそれに対する無感覚とが交互にとって代わるということに自ら気づきました。まるで、内的シグナルがほかの音を聞きとれなくするほど強烈か、あるいはほとんど聞きとれないかのどちらかになっているようだと言うのです。彼女は時々、自らの身体の捕虜のように感じ、また時々、自分には身体がないかのように感じています。彼女にとって、身体的苦痛が本当に情緒的苦痛の代役なのかどうかを知ることは困難なようです。

このような圧倒的過覚醒と無感覚の解離との間を揺れ動く患者は、常に情動調節に多大なる困難を抱えています。彼らは、体性感覚をはっきりと表現できるような感情へと翻訳することや、適応的な行動を導くために用いることに、問題を抱えています。

彼らの自動的に引き金を引かれてしまう容易《たやす》さが、考えたり感じたりすることを困難にしているのでしょう。代わりに、彼らは否認したり解離したりします。驚くまでもなく、神経生物学的研究は、次のことを示しています。すなわち、外傷歴を有する患者においては、扁桃体における反応性が増強し、またそれと一致して前頭前野における活動性は**減弱している**と言うのです[232][263]。そのような患者にとっては、「身体がスコアを記録している」のです（ヴァン・デア・コーク、一九九六）。

身体は、あたかも過去にそれが記録した苦痛を非常によく覚えているかのようであり、今では、日々の困難に対して、まるで生命を脅かす災害かなにかのように反応しています。そのような患者との精神療法作業の多くは、身体状態を認識し、それに耐え、名づける努力に関わっています。と言うのは、身体感覚は情緒と連結していると思われ、また情緒もそれらを引き起こす文脈と連結していると思われるからです。これらの患者にとっての情動調節へとつづく道や、解離された体験の統合は、通常、身体から始まります。

交感神経系による過活性化と副交感神経系による非活性化との間をスイッチする患者と対照的なのが、愛着に関わる心理状態が愛着軽視型の患者です。そのような患者は、まさに頭だけで話しているという感じに見える、比較的表現力のない患者と言えます。彼らは姿勢も硬直していて、無感動の態度を表し、声にもほとんど抑揚がみられません[原注11]。このような抑制され非活性化された患者の治療者は、ことに自分自身の身体感覚（緊張、抑制、眠気など）に調律することを考慮する必要があるでしょう。しばしば、患者自身の否認している情緒の反響やそれらに対する防衛は、最初は、治療者の身体に記録されるようですから。

ある臨床家仲間は言いました。かつて彼が「現存するマルボロマン患者」[b]の治療に携わっていた頃、

---

b　訳注　「マルボロマン」とは、煙草のマルボロのコマーシャルに出てくる伝説的なカウボーイ風の男のこと。寡黙な一匹狼というイメージ。

胸に鋭い痛みを感じたことがあった、と。この患者は、数年におよぶ治療過程において、ほとんど情動を表しませんでした。治療者は、胸に痛みの感覚を抱いたまま、黙って座り、そして実感しました――それは、自分が孤独な思春期に味わっていた感情の身体的反響なのだろう、と。彼は、その体験を、患者と共有することに決めました。彼がそれを実行し、それから患者にも、かつてそれと類似の感覚を感じたことがあるかと尋ねてみたところ、その男の目から涙が溢れ出しました。そして、初めて、少年の頃、彼自身が感じた孤独の痛みについて語り始めたのです。それは、彼がそれまでに共有あるいは克服したことのない感情でした。

精神分析家オットー・カーンバーグを換言すれば、身体とは、個人の意味に関する地理（geography）です。これらの意味を見出すために、私たちは、身体自己のための居場所を作り、①患者の身体が表しているものと、②患者自身の身体との関係性とのいずれに対しても関心を払わなければなりません。また、私たちは、自分自身の身体感覚にも注意を向けなければなりません――しばしばそれらは患者の内側に生じているものに対し共鳴する生理学的反応を表しているのですから。最後に、精神療法においてこの身体への反省をついに開始した――というビネットに示したように、私たちは、その部屋にいる二つの身体の関係性に注意を向けなければなりません。これらは全て、認識し、深くかかわることにつながる道すじなのです。そして全てがうまく進めば、それらは未だ言葉を持っていない、患者の問題の多い発達的体験からの影響を修正することにつながる道すじでもあるのです。

非言語領域に焦点づけることにより、私たちは、患者がかつて統合したこともなければはっきり表現することもできない自己の一面へと結びつけるようになります。患者が私たちと共に、何をエナクトしたり、私たちの中に呼び起こしたり、体現したりしているのかに気づけるようになれば、それは患者の「未思考の知」に関する何かを知り始めるきっかけになるでしょう。そしてその過程において、しばしば私たち自身についても学ぶでしょう。治療的かかわり合いの関係的、間主観的、情動的底流に注意を向ければ、患者が以前には否認しなければならなかった体験および気づきのための居場所を用意できることでしょう。そして、私たちの患者への応答により、その体験および気づきが深まるようであれば、それは理想的と言えるでしょう。

◆原注

1　研究によるエビデンスは、最初の関係性により設定された軌道が変わりえないということを示唆していると誤解されることのないようご注意ください。作業モデルは、アップデートされる潜在力を持っているのです。すなわち、早期体験は安定的なパターンを確定していますが、それは堅い構造というわけではないのです。

2　したがって、外傷を受けた人々は、言語的表出能力を剥奪されてしまったために、「言いようのない恐怖」を体験していると思われます[303]。

3　いくつかの研究において、幼少時に外傷を受けた人は、一般に、健康な対照群と比べて左海馬がより小さく、左脳の発達が減少しているということがみとめられてきました。それと一致して、被虐待歴を有する成人が、心を乱されるような早期記憶を思い出すようにと依頼されると、大脳活動に右脳への急激な偏りが示されます。一方、中性的な記憶を思い出すようにと依頼された場合には、偏りは左脳へと向かいます。それと対比して、対照群においては、心を乱されるような記憶であれ、中性的なそれであれ、大脳活動はバランス良く保たれていました。そのうえ、脳梁（脳の二つの半球間における主要な情報交換経路）の体積が、外傷を受けた人においては、そのような病歴を持たない対照群と比べて有意に小さいということもみとめられました。したがって、外傷は、心理的統合と同様に、神経的統合をも妨げていると思われます。すなわち、情緒志向の右脳を言語的資源としての左脳から隔離してしまうのです。

4　普通は第一愛着人物として母親を選択するということが、ほとんど決まっています。なぜならば、メイン[192]が言及しているように、新生児を順応させる母親の声は、子宮内の「サウンドトラック」として、大いに慣れ親しんだ特徴を持っているのですから。

5　フロイディアンの言う、抑圧[264]により生み出される**無意識**と共に、この暗黙の**非意識**[288]もまた、おそらくボラスが「未思考の知」という用語を造った時、彼の心にあったものでしょう。

6　自己心理学者マイケル・バッシュ[15]は、次のように書いています。「患者は、巧妙に、治療者が自動的に患者の無意識に共鳴するようにさせます。」

7　これに関連して、ショアー[254]は、次のように書いています。「フロイトは、『平等に漂う注意』という心理状態をモデルにし始めた。すなわち、そのような状態において、人は他者の無意識的コミュニケーションを受けとることができるとしていた。フロイトが、無意識がどのようにして『受容器官』として働きうるのかを記述したとすれば、クラインによる投影性同一視の概念は、無意識のシステムがどのようにして『伝達物質』として働くのか、またそれらの伝達がどのようにして他者の無意識の受容機能に作用するのかをモデル化しようと試みているということを、私は示唆したい。」

8　乳児と向かい合ってのかかわり合いをしている母親が、さまざまな表情をするようにと頼まれました。すなわち、母親が喜びの表情を見せると、それに対する反応として乳児自身の喜びが高まり、「もぐもぐする」口の動きは減少したように見えました。一方、母親の悲しげな表情に反応した乳児は、鎮まり、口のもぐもぐが増加したように見えました。母親の怒った表情に対する反応としては、乳児は怒ったように、身体をじっと静止してみせました。[141]

9　エクマンは、全ての基本的情緒（悲しみ、怒り、恐怖、驚きなど）が表情筋反応の特徴的パターンに関連しているという比較文化的証明により、最初の名声を得ました。たとえば、楽しみは、微笑に反映されるのみならず、眼輪筋の不随意的な働きにも必ず反映されるということなどです。

10　そのプロセスを明らかにするなかで、エクマンは、エドガー・アラン・ポーの**盗まれた手紙**（刑事の人間性《ペルソナ》を描いたもの）を引用し、その刑事がどれほど他者の内的状態への接近の機会を意図的に得たかを説明しています。すなわち、「私が、誰かについて、どれほど賢いか、あるいはどれほど愚かか、どれほど善良か、あるいはどれほど邪悪かを見破りたい時、あるいはその瞬間にそいつが何を考えているのかを見破りたい時には、私は自分の表情を、できるだけ正確に、そいつの表情と一致させ、それから自分の心にどのような考えや感情が生じてくるのか、それが見えてくるのを待つんだよ。あたかも心を表情に調和させたり一致させたりするみたいにするんだ」（ポー[83]）。

11　エクマンの研究は、そのような身体的抑制が、実際に、成人同様、乳児においても主観的情緒体験を抑制しているということを示唆しています。

第九章　体験に対する自己のスタンス

――埋没、メンタライジング、マインドフルネス――

メイン、フォナギーらの調査は、次のことを確証しています。すなわち、体験の中に埋没したり防衛的にそこから解離したりすることなくまとまりを保ちつつ体験を反省する力は、愛着の安定性と、安定した子ども（そしておそらく患者）を育てる力との両方のマーカーと言えるということです。安定した大人の成人愛着面接においてみられるように、この「反省的」スタンスあるいは「メンタライジング」スタンス（私はこれらの用語を交換可能なものとして用います）をとる力は、まとまりのある体験報告という形で明らかになり、そしてそれはまた、まとまりのある自己を表しているとも言えます。ちなみに私の言うまとまりのある自己とは、（一）矛盾でいっぱいではなく、意味を成している、（二）解離や否認により破砕されておらず、全体として統合され、つじつまが合っている、（三）ほかの自己と協力する力がある――というものを意味します。ダニエル・スィーガル[269]の指導に従えば、まとまりのある自己とはまた、安定していて、適応的で、柔軟性があり、活気があるものだということも、ここで示しておきましょう。

私たち精神療法家は、患者がますますそのようなまとまりのある自己の内側から生きられるよう援助することをめざしています。私たちの仕事とは、①患者自身の体験が意味を成すようになり、②患者がより「共に」在ると感じられるようになり、③患者が他者とより深く、より大きな満足感を伴いつつかかわれるようになるような、患者と私たちとの関係性を共同創造することです。精神療法モデルにおいて、この仕事の中心となるのは治療者のメンタライジングスタンスであり、それが患者自身のメンタライズ力を育てるのだと私は思っています。と言うのは、明白および暗黙のメンタライジングは、患者の非言語領域に焦点づけることを通して接近してきた解離された体験を統合するためのカギと言えるものだからです。

成人が、①愛着関連記憶に自由に接近し、協力的に反省する力、および②早期愛着体験に関し、まとまりのある物語りを構成し、語る力ほど、その人の、安定型愛着の子どもを育てる力を的確に予測するものはありません。AAI研究が、この力こそが安定型成人を、最適とは言えない愛着を体験してきた成人と区別しているものだということを明らかにしたことを思い出してください。愛着軽視型成人は、愛着記憶に自由に接近することができませんし、彼らの物語りは堅くて不完全なものです。とらわれ型成人は、協力的に反省することができませんし、彼らの物語りは混乱しています。

しかしながら、この種の体験をしている人の一**部**には、言わば彼らの発達上の軌道から脱してまとまりある物語りを生み出し、安定した子どもを育てられる人がいます。この経験的所見、すなわち「獲得安定型」と考えられる所見は、精神療法にとって非常に励ましになる含みを持つ重要な所見です。非常にはっきりと、それは、人は自らの生育史の限界を超える可能性を持っている、つまり不安定性や外傷を世代から世代へと伝達するという不利益の連鎖を壊すことは可能だということを確証しています。結局、発達上の体験と同じくらい（時にはそれ以上に）考慮すべきは、体験に対するスタンスなのです。

この結果を出発点として、体験に対する三つの主要なスタンスという視点から考えることが臨床的に（個人的にも）きわめて有用だということに、私は気づきました。すなわち、①単純に体験に**埋没する**（**embedded**）ことしかできない場合、②体験に対し**メンタライジング**および**反省的**スタンスをとることができる場合、③**マインドフル**でいられる場合、の三つです。

患者の多くは、非常にしばしば、気づかずして、問題となる体験にあまりにも埋没しすぎてしまい

（つまり信じていることや感じていることにあまりにも同一化しすぎてしまい）、その体験をほかの視点から心に描くことができなくなっています。彼らが自己保護的／自滅的な軽信にとらわれたままその体験の一側面にだけひたすらとりくむのではなく、その体験の持つ**多重の**レベルに接近できるよう援助するためには、私たちは非言語領域に調律しなければなりません。また、それを効果的に行うためには、メンタライズすることもできなければなりません。すなわち、患者の現在の体験の根底にある心理状態を直観的に把握する自分なりの方法をみつける必要があるのです。これが**暗黙の**メンタライジングであり、それができれば、私たちは、患者が未だ言葉を持っていないかもしれない「今ここで」の体験に到達し、共鳴し、よく調律された形で応答することができます。次に、この解離あるいは否認されてきた未だ話されていない体験に接近しつつ、それを患者と共に反省し、さらにはそれを統合できなければなりません。これには**明白な**メンタライジングが必要とされます。つまり、患者が、現在の瞬間《プレゼントモーメント》の文脈と同様に、既に生きた過去や予期している未来の文脈にも自らの体験を位置づけてその体験の意味を理解しようとする際に、その助けとして言語を用いるのです。私たちが暗黙にも明白にもメンタライズすることにより、徐々に患者も同じことができるようになるでしょう。

あらゆる形式の精神療法が、患者のメンタライズ力に点火したり抑制を取り除いたりするような関係性を含んでいると考えられています[97,153]。これから見ていくように、精神療法は、さらにすすんで、患者のマインドフルでいる力を培うプロセスとしても理解されてきています[122,201]。マインドフルネスとは、「純粋な注意（bare attention）」と定義されます。すなわち、「知覚の連続した瞬間において、自分に対して、また自分の中で、現に起きていることに関する、澄んだ、ひたむきな気づき」です[219]。バー[13]は、臨床的介入としてのマインドフルネス訓練に関する文献をレヴューした際、それを「湧き起こる内的・外的刺激の継続的な流れについての、一切の判断を加えない観察」と表現しています。メンタライジングスタンスと同様に、マインドフルスタンスも、統合、情緒調節、および愛着の安定性を促進する潜在力を十分に持っていると思われます。しかし、ここで治療的含蓄を述べる前に、体験に対する三つのスタンス各々について、いくらか述べておきたいと思います。

埋没（embeddedness）

体験に埋没すると、私たちはまるで、その体験がつづいている間ずっと、**その体験である**かのようになります。つまり、気づき、感じ、信じたものを、何でもかんでも単純に額面どおりに受けとります。もちろん、多くの状況において、そのようなスタンスは、まさにそのものずばりかもしれません。たとえば、音楽の楽しみに浸っている時、あるいはスキーしている時やセックスしている時などがそうです。ほかにも、決定的に不利な状況においては、私たちはそのようなスタンス**しか**とれなくなります。すなわち、危険を感じ、その裏をかこうにも運まかせになりそうな時、たとえば突進してくるトラックの進路に自分がいることに気づいた場合などがそうです。しかしながら、埋没のスタンスが、常に**ただ一つの**選択肢だとすれば、そのような自分自身および他者に関する体験には、かなり問題がありそうです。

そのような非反省的心境においては、**現実に関する情報**を提供してくれるはずの体性感覚、感情、心的表象は、**現実である**と感じられます。ここでは（そしてこれは決定的に重要な点ですが）、体験についてただ一つの見通し、ただ一つの視点しかなく、まるで知覚以外の解釈はなく、また事実以外の信念は存在しないかのようなのです。

このことにより、情緒調節が難しくなり、情緒を十分利用できなくなることは避けられないでしょう。もしもあらゆる感情が真実へと直接通じていると言うのであれば、自ら感じていることにブレーキをかける理由も力もないということになるからです。そして通例、調節されていない感情は、きわめて不十分な現実評価や行動指針にしかなりません。

たとえば、恐怖を感じている時、その恐怖を呼び起こしていると思われる状況は**疑いようもなく**リアルに危険なものとみなされます。もちろん、そのような評価は、恐怖を増幅するだけです。このように、体験に埋没すれば、私たちは混雑している劇場の中で「火事だ！」と叫ぶというような危険を冒すおそれがあります。このような場合、「問題の真相」が何であれ、内的世界が外的現実をでっち上げてしまうのです。

体験に深く埋没している時には、逆に、外的な出来事とそれが内的に記録されたものとを区別する境界線を引くことも困難でしょう。すなわちこの場合、私たちの身に起きていることは何でも、ある意味で私たち自身として感じられてしまいますし、その感情はあまりにも強制的なために、疑うことを許されません。つまり、埋没のスタンスとは**心的等価様式**[97]と同種のものです。すなわちその場合、内的世界における主観的体験と外的現実とは、単純に同等です。この在り方に閉じ込められると、メラニー・クラインが**妄想－分裂ポジション**と呼んだ状態に追い込まれます。そこでは、分裂（splitting）が優勢であり、自己は、自ら発動し解釈している主体と言うよりも、むしろ体験対象であるように感じられます。

そのようなスタンスへと制限されれば、自らの体験について熟考するために必要な刺激も心理的余地もないということになります。なぜならば、この場合、体験の客観的性質よりもむしろ主観的性質を感じとる余地がなく、**なおかつ**、調節されていない感情が思考を完全にかき消してしまうからです。さらに、埋没のスタンスは、自らの体験や他者に関する体験に対し、その根底にある心理状態を考慮しつつ**暗々裏に**応答する力をも損ねてしまいます。このスタンスが常に自動選択されるのならば、私たちは、まさに自動操縦のパイロットのように、古くなった作業モデルや習慣的に組み立てられた思考・感情・行動パターンにより、全てにわたり強く束縛された状態にあると言えるでしょう。

メンタライゼーション

メンタライジングスタンスは、情動・認知・行動の柔軟性のための潜在力を生みます。なぜならば、それは、私たちがどのような体験をしても多重の視点から想像できるようにしてくれるからです。つまり、先在するモデルがアップデートされ、習慣的パターンが「脱自動化」される見込みが高められるのです。この開放性は、メンタライジングスタンスの自問する性質と併せて、安定型成人が、ＡＡＩにおいて堅苦しい物語りや混乱した物語りではなく、まとまりのある物語りを生み出す助けになっていると思われます。

メンタライゼーションにより、①体験に関し意味深長な理解を得るための意識的努力と、②体験の土台としての感情、願望、信念に基づいて体験するための非意識的応答性とが、いずれも可能になります。そうしてメンタライジングスタンスは、情動を同定し調節する力を高めます。つまり、それにより、情動は本来の機能を発揮できるように、すなわち①世界に関する体験を評価するのを助ける機能、②その評価に基づき、行動が適応的な形になるように手引きする機能——を発揮できるようになるのです。

たとえば、最近、貪欲かつ不安定になったように見える親しい友人と距離をとりたいという衝動にとらわれている自分がいると仮定しましょう。メンタライジングスタンスがあれば、自らの感情を全く額面どおりに受けとり衝動に駆られて行動するというのではなく、むしろ自らの逃げたいという願望を不思議に思うかもしれません。そして、おそらく友人の見かけ上の脆弱性が、自分自身の脆弱性を呼び起こす不快な引き金となっているのだろう、と気づくことでしょう。この種の気づきは、意識的に反省する力のみならず、より本質的に、体験には解釈を加えられるような深みがあるということを暗々裏に知っているかどうかにも左右されます。言い替えれば、体験（友人の不安定さにより引き起こされた嫌な感情および彼と距離をとりたいという欲求のような）

には意味があり、それは、その根底にある心理状態（脆弱であることに関する自分自身の不安と、その結果として他者の脆弱さを過大視する傾向のような）の文脈においてのみ完全に理解しうるのだということです。

愛着理論家は、メンタライジングスタンスあるいは反省的スタンスの持つ多様な様相に注意を集中してきました。メイン[190]は、メタ認知力について強調しています。それは、考えについて考えるということであり、**見かけと現実との区別**（物事は見かけ通りとは限らないかもしれない）、**表象多様性**（同じ現実でも、人により異なる見方をするかもしれない）、および**表象変化**（現実に関する視点は、同じ人でも、時や文脈が異なれば変化しうるかもしれない）の認識に基づいています。フォナギーもメインと同様に、単一の状況に関し多重の視点を維持する力について強調しています。彼はまた、**マインド・リーディング**（**mind reading**）[96]あるいは**マインド・マインデッドネス**（**mind-mindedness**）[94]と彼が呼んでいるものについても強調していますが、メンタライゼーションの本質とは、根底にある心理状態の視点から人々の行動や体験を読みとったり解釈したりする力であると主張しています。ジェレミー・ホームズ[152]は、メインとフォナギーの業績を統合しつつ、彼が**物語り能力**（あるいは**自伝能力**）と呼んでいるものについて強調しています。それは、自らの心理的生活を時間と共に意識する力であり、自らの感情と他者の感情とを区別したり、考えることそれ自体が表象にすぎないということを理解したりするためのものです。

マインドフルネス

マインドフルであるということは、まさに今ここに在るということ、つまりその瞬間において十分に現在に在ることができ、どのような体験が生じようとも受容し、なおかつ体験のどの特定の様相にもとらわれないということです。マインドフルであるということはまた、いかなる判断や評価も下さずにただ体験に気づいているということでもあります。この①開放的で敏活な実在および②判断を下さない気づきは、通常、瞑想を通して培われます。しかし、瞑想訓練の究極目標は、瞑想している間だけマインドフルな状態を達成するということではなく、むしろ日々人生を生きるその営みにおいてマインドフルでいられる力を磨くということ、またそうしてその力を強化するということです。

個人的な実例を挙げてみましょう。目が回るほどストレスの多い朝を終えて、私は、何年もの間自ら指導している症例検討会へと向かいました。通常、私はこのグループの治療者と会うのを楽しみにしているのですが、今日は、不安で、イライラしていて、何もかもシャットアウトしたい気分でした。とにかく私はそこへ行きたくありませんでした。それでもそこへ行くことが、私にできる最善のことだと思われましたが、怒りのテンションにあまりにもまき込まれすぎていた私は、適切に反省するということができなくなっていました。と、その時、「マインドフルスタンスを召喚してみよう」という考えが、心に浮かびました。私は二、三回、深呼吸して、次のことをイメージするという心理的トリックに頼ってみました。つまり、私の**現在の体験**――この場合は、年余にわたり私が親交を深めてきた多くの治療者とかかわること――は、これで**最後の体験**なのだということをイメージしてみたのです。若干、腹黒い感じがするかもしれませんが、この悪知恵は、しばしば私を貴重な「今ここ」へと引き戻してくれるのです――時にはあっという間に、「ぴしゃり」と鳴り響く音と共に。意識的に数回呼吸をすることと、この「思考実験」のおかげで、私はしっかりと現在の瞬間に着地することができました。もはや孤立感はなくなり、まさしく今、自分のいる場所に、すっかり満足できたのです。埋没のスタンスからある種のマインドフルネスへとシフトする時には、「全てが変わった」ように思えるものです。

体験に対するマインドフルスタンスは、メンタライジングスタンスと同様に、かなりの利益を授与します。概して、マインドフルネス訓練は、つらい感情を調節し、自ら課している苦痛を減弱し、人生の難問により巧みに適応し、人生がもたらす楽しみをより深く体験できるよう助けてくれるようです[13,174,201,258]。

　瞑想の身体への影響に焦点づけた正式な研究が、数多く行われてきました。それらにより、瞑想訓練が例のストレス指数を低下させるということが示されています。グルココルチコイド（ストレスホルモン）レベルのみならず、心拍数、酸素消費量などをも低下させます[247]。加えて、ストレスが免疫力を損なうのに対し、マインドフルネス瞑想はそれを強化するということも示されています[71]。同じ研究で、瞑想初心者において[原注1]、肯定的情緒にかかわっている左前頭前皮質の活性が徐々に高まり、扁桃体の活性が抑制されたということも示されています。また、不安が減弱されるのみならず、肯定的な感情も増大したという初めての報告もなされました。すなわち、前頭前野の活性が左方へ傾斜するにつれ、より肯定的な感情が増大し、より否定的な感情が減弱したということです。

　年余にわたる訓練により高度に熟練された瞑想者に関する研究は、さらに劇的な結果を示していま す。ある被験者（チベットの仏教僧）は、調査者の予想に反し、推定上は避けられるはずのない、砲撃音に対する反応としての驚愕反射の所見を、はっきりとは示さなかったのです。すなわち、彼の前頭前野活性における左方への傾斜が、行きすぎてグラフからはみ出していたからです（三回とも基準から外れていました）。彼はまた、表情の微小な変化（エクマンによれば、各人の情緒的現実を表している）を読みとる見事な達人でもありました[83,132][原注2]。

　急成長をみせている研究文献[310]により、マインドフルネスおよび瞑想は、幅広い身体状態（たとえば、高血圧、喘息《ぜんそく》、月経前症候群、Ⅱ型糖尿病）や、心理的問題（たとえば、うつ病、強迫性障害、不安症、恐怖症）に関し、いくつかの非常に有益な効果をもたらすということが示されています。マインドフルネス訓練がどのようにしてこれらの効果を生むのかを説明する、いくつかの異なる道すじがあります。生理学的レベルでは、マイルドフルネス訓練は、恐怖や怒りなどの扁桃体を基礎とする情緒により引き起こされる自律神経の反応性や交感神経系の過覚醒を減弱するようです。心理学的レベルでは、考え方や感じ方の習慣的パターンの脱自動化を促進するのみならず、落ち着き、自己認識、自己受容をも促進するようです。また、私が提案しているように、それはやがて内的安全基地の創造（あるいは強化）に寄与すると思われます。さらに、マインドフルネスは共感性を高めるということを示唆する証拠が示されつつありますが[216]、それは、瞑想はメンタライジングを強化するという結論[6]と一致しています。明らかに、マインドフルネスは、精神療法において演じるべき重要な役割を持っているのです。

埋没からメンタライジングへ

私たちの患者は皆、ある時期、体験に埋没していますし、その一部は四六時中、体験に埋没しています。後者は、その瞬間《モーメント》の囚人であり、手に負えないほど「リアル」に感じられる内的・外的状況にとらわれています。理由は全く異なるにせよ、乳児や幼い子どものように、これらの患者（しばしば境界例水準の自我機能であったり、PTSDであったり、そして／あるいは大うつ病であったりする）は、体験に対し**多重の視点**を維持するということができないのです。彼らの一面的視点は、解釈に必要な心理的余地を残してくれません。したがって、心理状態に基づいて自らの体験および他者の体験の意味を理解するということが、非常に難しいのです。そのうえ、埋没のスタンスに閉じ込められている彼らは、体験（ことに痛ましい体験）により呼び起こされる感情を同定し、調節し、効果的に表出する力をほとんど持っていません。

ほかの大多数の患者（そして大多数の治療者）も、同様に体験に埋没している自分自身に気づくことがありますが、その頻度は少なく、通常は重大な苦悩に直面している時だけです。したがって、私たちのほとんどにとっては、私が埋没と呼んでいるものは文脈依存的なものであり、完全に飲み込まれてしまったと感じるような出来事や関係性、および関係性**における**出来事があるということなのでしょう。圧倒的情緒に溺れてしまっている状況では、水面から頭を出し、体験の外に出て自己のいくつかの側面からそれについて考えようとすることなど全く不可能だと感じられるものです。

　児童期でも精神療法でも、柔軟性に欠ける埋没のスタンスから、メンタライジングスタンス・反省的スタンスの持つ柔軟さへの移行は、通常、親密な関係性という環境において生じます。つまり愛着の安定性を育む関係性と概ね同じ要素が、メンタライジング力をも育てるのです。第四章で論じたように、埋没からメンタライジングへの架け橋は、情動調節、志向性[a]の認識、および象徴遊びという基礎の上に造られます。

　概ね健康な発達において、幼い子どものメンタライジングスタンスは、養育者の敏感な応答性を通して育まれます。またそのような応答性自体も、養育者のメンタライズ力（すなわち、子どもの心理状態を伝達するものとしての、主として暗黙の非言語的合図を解釈する力）に完全に依拠しています。精神療法

a　訳注　intention を「意図」、intentionality を「志向性」と、それぞれ訳し分けた。

の場合も多くの面で同じことが言えるでしょう。つまり、患者が伝達するものへの共感的調律は、そのほとんどが私たちのメンタライズ力から生まれているのです。そして、メンタライジングな治療者が患者自身の潜在的メンタライジング力を活性化するのは、確実に、安定した愛着という間主観的関係性の文脈においてであり、またそのような愛着関係は、（主としてエナクトされ、呼び起こされ、体現される）非言語的側面への治療者の焦点づけという本質的支持を得て、次第に安定性を増していくものです。

　比較的健康度の高い患者とその治療者は、首尾一貫して各々の心理状態を共に反省し合うことができるでしょう――どちらか片方が、情緒的に圧倒される体験にはまりこむまでは。そのようにメンタライジングが脱線した場合（たとえば、混乱したエナクトメントの途上で）や、そもそも潜在的メンタライジング力が未だ点火されていない場合には、患者は（そしてしばしば治療者も）埋没し、心と世界が融合

した心的等価という一面的様式にとらえられてしまいます。さて、子どもがどのように内的状態と外的現実との間にこの等価をこしらえるかは、一見する価値があります。なぜならば、埋没のスタンスにある成人患者の多彩なテーマが、ごく当たり前に見られるからです。

　ある有名な実験[133]で、三～六歳の子どもたちに、一人ずつ、M&Ms（アメリカのマーブルチョコ＝訳者）の筒状の箱を見せ、何が入っていると思うかと尋ねました。すると、全員が、「M&Ms！」と答えました。ところが、実際に中を見せられ、鉛筆しか入っていないことがわかると、どうやら全員が落胆したようでした。少し経ってから、「M&Msの容器を見ているお友達は、同じ質問に何と答えるかしら？」と、予想を尋ねられると、子どもたちのほとんどは、当たり前でしょう、と言わんばかりに、「鉛筆！」と答えました。さらに印象的だったのは、「最初にM&Msの筒を見た時、中に何が入っていると思ったか、思い出してみて！」と尋ねると、ほとんどの子が、同じく「鉛筆！」と答えたことです。

　この「誤った信念」試験は、（特に、四～五歳以前の）子どもが体験に関し複数の視点を保持することの困難さを明白に示しています。彼らの持つメタ認知的言語では、表象多様性および表象変化について、うっすらと理解するのがせいぜいなのでしょう。すなわち、お友達が自分とは異なる視点を持っているかもしれないということも、自分の視点が変わったかもしれないということも想像できないのです。この研究（および人生）によれば、幼い子どもにとっては（そして体験に埋没している成人にとっては）、内的世界を外的現実と同等にしてしまわないようにすることが、またある意味では内的世界を外的現実により取り消してしまわないようにすることが、特別に難しいと考えられるでしょう。

　なお、当然ですが、心的等価は両方向性に作用します。ある同僚が語ってくれました。彼女が、もうすぐ二歳になる息子を風呂に入れようとした時、彼は抗議して泣き叫び、彼の意思に逆らってバスタブに入れようとした！　と言って、激怒しました。明らかに憤怒に支配された彼は、彼女に噛みつき、そして「**ママが僕に噛みついた！**」と言って、再び泣き叫びました。この場合は、内的世界（怒り、そして恐怖）が、二人が一緒くたになった外的現実をでっち上げてしまったと言えるでしょう。

心的等価が通りすぎる時、その道すがらひきずる危険の一つは、内的に感じられているもの（憤怒、恐怖）をあまりにも安易に外界へと投影してしまうということ、そしてその過程において非常に危険な世界体験を創造してしまうということです。私たちが境界例と呼んでいるような、自らの体験に埋没している成人患者は、まさにこの種の危険に対して脆弱です。彼らは感情と現実とを同等とみなし、自らの感情を他者へと投影しているのに、脅されているように反応するのです。すなわち、たとえば、彼らは、治療者の誤調律に反応して怒りを感じると、同時に侮辱されたとも感じてしまうために、治療者には悪意があり、おそらく人助けには向いていないのだろうと簡単に決め込んでしまうかもしれません。

フォナギーが**ごっこ様式**と呼んでいる避難所へと子どもや成人を逃げ込ませるのは、主としてこの種の危険なのです。物理的現実からごっこの領域へと逃げ込み、そこにとどまる時、すなわち遊びや幻想の中に迷い込む時、私たちは内的世界と外的世界を同等にするのではなく、むしろ**分断**します。そうして、想像を通して、あまりにもリアルに感じられる心理状態からくる圧迫から、自らを解放するのです。子どもや成人にとっての心的等価・埋没スタンスにおける体験が、単純にそれは何か（what it is）だとすれば（しばしば驚くほどそうなのですが）、ごっこ様式における体験は、それが何であって**ほしいか**（what we **want** it to be）なのです。

このことをより活き活きと示してみましょう。ある日の朝、うちの四歳になる息子が私を起こしに来て、タオルをマントのように肩に巻きつけたいから結び目を作ってほしいと、私に頼みました。それに応じた後、私は息子に、君はまだ私の息子かな？　それとも今やスーパーマンになったのかな？と尋ねるという**失礼な言葉かけ**をしてしまいました。「パパぁ〜っ！」と、彼が第二音節にアクセントを置いたのは、明らかに非難のしるしでした。そして彼は、部屋の外へと走っていき、「どっちでもないもん！　僕はバットマンなんだから！」と言って泣き叫びました。少し経ってから、私は階段を下りながら、彼が脱ぎ捨てた「マント」を拾い上げました。いかにも心理士らしく、私は、朝食をとっている最中の彼に尋ねずにはいられませんでした――「君は今、私の息子かな？　それともバットマンかな？」。彼は、満面に笑みを浮かべながら、「僕はバットマンだよ。**時々、バットマンになるための衣装を着るんだ**」と答えました。

ごっこ様式における象徴化は、埋没や心的等価を越えた重要な発達的進歩を表象しています。象徴化している時、私たちは、ある事物により別の事物を表して（あるいは参照して）いますが、その際、象徴とそれが象徴しているものとは二つの別々の実在であるということを認識しています。バットマンのマント（象徴されたもの）を表すタオル（象徴）を身に着けることにより、私の息子は、**本当にバットマンだと信じ込むことなく**、**バットマン「である」ことができた**のです。言い換えれば、彼は象徴遊びにおいては同じ体験を二つの視点から見ることができ、また見かけと現実との相違を理解することもできるということです。ごっこ様式においては、私たちはメンタライジングの三要素の初歩版を練習する好機を得ます。すなわち、象徴化することができ、多重の視点を維持することができ、なおかつ見かけ／現実間の相違がわかっているということです。ある意味では、私たちはごっこをしている場合に限り、メンタライズできるということなのでしょう。

フォナギーも、彼の四歳になる息子のバットマン物語について語っています[6]。ある学会のための海外渡航の際、彼は、バットマンの衣装がほしいという息子の要求を満たすために、かなりの長距離をさがし歩きました。フォナギーがそれを家に持ち帰った時、彼の息子はそれを着用し、鏡で恐る恐る自分自身を見ましたが、すぐさま大声で泣き出し、その衣装を今すぐに脱ぐのだと主張しました。その直後、彼は、母親の古いスカートを持ってきて肩に巻きつけると、幸せそうにバットマンごっこをしたそうです。

ごっこ様式では、体験はあなたがそうあってほしいと望んだ通りになります。しかしそれは、現実という狼が、扉の外の十分に離れたところにいる時だけの話です。フォナギーの息子がリアルすぎる衣装をつけた自己像を見た時、**あまりにもバットマンに似すぎていた**ために、自分はバットマンだと感じてしまったのです。象徴化に必要な安定性を促進する潜在力を持ち、見かけと現実との区別があり、多重の視点を有するはずのごっこ様式が、心的等価へと転がり落ちてしまったのでしょう。

もちろん、治療においても同様の失敗が起こりえます。たとえば、最近、私は、長い間良い治療関係を持ってきたある女性患者が、このところの数セッションを通して、私と居て常に不安そうにしていることに気づきました。彼女の不安を探索するうちに、彼女が自分に対する私の本当の気持ちに関して疑問を抱き、そのことにずっと困惑していたということが明らかになりました。彼女は、私の「境界線意識」についても疑問に思っていました。すなわち、私が彼女の外見を褒めただけでなく、彼女が私のオフィスから出て行く時に彼女の肩に触れたセッション以来、ずっとそうだったのです。このエピソード（詳細は後述します）は、その時の治療関係の（保護的な）「ごっこ」あるいは「あたかも」性質の持つ壊れやすさをよく説明しています。

治療者の誤調律と患者の脆弱性とが相見《あいまみ》えれば、治療の「遊び空間」は、たちまち全てが驚くほどリアルになってしまいかねません。また、そうして埋没へと転がり落ちてしまえば、情動調節までもが崩壊してしまいかねないのです。内的体験が、突如、外的現実と何の違いもなくなってしまえば（たとえば、私たちの恐怖が疑う余地もないほど現実に裏づけられていると感じられた場合）、私たちはすっかり圧倒されたと感じてしまうでしょう――まるで、独りで、危険な、出口のない状況に直面しているかのように。

二人の四歳児と一人の成人の治療でのちょっとしたお話を、ごっこ様式がどのようにして私たちを途中まで運んで行くか（と言っても、埋没からメンタライジングへと向かう道のほんの途中ですが）を説明す

るために、提示してみました。心的等価があまりに
もリアルすぎるのに対し、ごっこは明らかにリアル
でなく、それだけに比較的壊れやすいものです。し
かしそれは、不可欠な途中駅です。なぜならば、
ごっこ様式は、私たちをメンタライジング力（それ
は体験に埋没している限り、簡単には手が届かないも
のです）へと現実的に接近させてくれるからです。

子どもは、ごっこの枠組みでの課題ならば、先に
述べた「誤った信念」試験などにおいて、ずっと高
レベルのことを成し遂げます。多くの四歳児にとっ
ても難問である「リアル版」の課題とは対照的に、
ごっことして変形された版ならば、ほとんど全ての
三歳児がなんなくやってのけるということが立証さ
れています。[134]影響力のある発達学者レフ・ヴィゴツ
キーは、「遊びにおいては、子どもはいつもその年
齢標準の上を行っているし、その毎日の行動の上を
行っている。すなわち、遊びにおいては、子どもは
まるで自分自身より頭一つぬきんでているようなの
だ」[97]と表現しています。ごっこをしている間に、子
どもは、重要なメンタライジングスキルを練習し、

強化しているのでしょう。

精神療法中の患者についても同じことが言えま
す。治療の「枠組み」（すなわち境界線）を維持して
いる治療者は、現実としての治療関係のみならず、
ごっことしてのそれをも発達させることのできる、
ある種の移行空間を創造します。この二重性は、お
そらくフロイトが「病気と現実生活との中間領域」、[110]
すなわち、患者の解離された衝動が入場することを
認められる「遊び場としての」転移について述べた
際に考えていたものでしょう。ここでのリスクは、
もう一つの重要で親密な関係におけるリスクほど高
くはないので、患者はまさに遊んでいる子どものご
とく、より多くの危険を冒すことができます。精神
療法の持つごっこの局面は、安全基地としての治療
関係と共に、自由度と安全とを供給します。つま
り、それにより、患者は、より自由に想像し、考
え、感じられるようになるのです。

しかしながら、想像することの全部が全部、私た
ちをメンタライジングへと向かわせてくれるわけで
はありません。なぜならば、それに関連した自由と

可能性の感覚は（情動調節力もそうですが）、ひとたびごっこが現実に直面すれば、いとも簡単に消滅してしまうからです。フォナギーの息子とその恐怖、すなわち彼があまりにもリアルなバットマンとしての自己イメージに直面した際の恐怖について考えてみてください。あるいは、きわめて持続性があるのに脆弱な自らに関する幻想に関し、外的現実から異議を唱えられ（他者からの反応が自分の要求に賛同するものではなかったという場合のように）、「カッとなった」というような、自己愛憤怒のまっただ中にいる患者について考えてみてください。

児童期にしても精神療法にしても、私たちが、埋没からメンタライジングへと全てを造り変えることができるのは、心的等価という「非メンタライジング・現実志向」様式と、ごっこという「メンタライジング・非現実結合」様式とを統合する好機に恵まれた時だけです[97]。そのような統合は、残忍な事実の暴政（ことに、**事実であると感じている心理状態**を含めて）から心を解き放ちますが、背後にある事実に基づいた現実から離れることはありません。

心を世界と等価とみなすでもなく、世界から分離するでもない、この「地に足がついていること（groundedness）」と想像との統合体により、私たちは、内的状態と外的現実との**関係性**を考慮しつつ体験に応答できるようになります。こういうふうに考えてみてください。すなわち、私たちが体験に埋没している時、体験は現実として「認識されて」います。それゆえ、私たちは行動するよう強いられていると感じます。一方、私たちがごっこしている時、体験は非現実として認識されています。それゆえ、現実に行動する必要はありません。ところが、私たちがメンタライズしている時には、実体験に対する現在の感覚が、正確にはどの程度現実で、どの程度非現実なのかを自問することができるのです。言い換えれば、私たちは、目下の内的状態が、外的現実と、正確にはどのくらい関係しているのかを自問することができるのです。そうして、より大きな自由とより信頼できる情報をもとに、私たちはどのように行動するか（あるいは行動するか否か）を選択することができるのです。

　このように、自問する力とは、①情動調節、②最適の覚醒水準、③メンタライジング――を順次育てるような安定した愛着体験を含む**良い循環**から生じるものです。[6] この相乗効果を持つプロセスにおいて、敏感に応答してくれる養育者（あるいは共感的に調律してくれる治療者）との進行中の関係性は、情動が調節され、覚醒水準が「耐容性の範囲」内に維持されうるような体験を提供し、そしてついにはそうしてもらえるという期待をも提供するのです。[264] その帰結としての安全基地感覚により、子ども（あるいは患者）は探索行動に入れるようになります。すなわち、養育者（あるいは治療者）の顔、心、胸中をのぞき込んでよく調べたり、そこに「意図を持つ存在」としての自分自身の反映（つまり、自らの行動が、その文脈としての感情、願望、信念の視点からみて意味を成しているというような自分自身の反映）を見つけたりするのです。

　行動（特に非言語的行動）に対し、この点（すなわち、その根底にある心理状態の視点）からの応答がなされれば、それは子ども（あるいは患者）の中に、体験の多重のレベルや多重の視点に関する気づきを生み出し、またそれらの気づきは徐々に高度化していきます。言い換えれば、それが体験に対するメンタライジングスタンスを生み出すのです。順次、メンタライジング力は、①情動調節力と、②愛着関係を安全基地として体験する力との両方を育て、徐々に成長させていきます。まさにこれが、児童期においても精神療法においても心理的成長、統合、および**内在化された安全基地**の出現を可能にする良い循環なのです。

精神療法における反省自己の強化と統合の促進

　メタ認知に関するメインの研究およびメンタライジングに関するフォナギーのそれは、次のことを強く示唆しています。すなわち、子どもが愛着関係を必要とするのは、それらが保護や安心感をもたらしてくれるためのみならず、反省力が発達しうる間主観的文脈を供給してくれるためでもあるということです。このプロセスの最初の段階には、子どもに感情について教えてくれる愛着人物との情動調節的相互交流が含まれます。情緒は発達途上の自己の中核にあるため、このような情動を**効果的に**調節する相互交流により子どもが多くの情緒体験を（解離せずに）統合できれば、その結果としてまとまりのある自己感が育つことにもなるのです。

発達途上の子どもと同様に、精神療法において典型的な間主観的文脈にある患者も、感情が認識され、他者と共有され、反省され、潜在的に変化しうるということを学ぶ（あるいは思い出す）ための好機に恵まれています。関係性を通して変化を起こすという精神療法モデルにおいては、①安全基地および②治療者が非言語的体験に焦点づけることにより、患者は解離している感情を認識できるようになります。そして、そのような否認されていた感情が、ひとたび出現し、感じられれば、それらは変わる可能性があります。すなわち、受け入れられ（過去にまつわる悲痛な怒りが和らぎ、残念という気持ちに変わるかもしれません）、そして／あるいは変化するのです（かつて否認されていた要求が「自分のものと認められ」、満たされるかもしれません）。③それまで否認されていた情緒のための居場所を作るような関係性、および④患者がそれらに耐え、理解するのを助けるような治療者――によってもまた、それらの統合はより実現されやすくなることでしょう。

しかし、年少の子どもと同様に、精神療法中の患者も、自らの内的状態を知ることに耐えられないという場合もあるでしょう。あるいは、知りうる内的状態を**持っている**ということを知るのさえも無理という場合もあるでしょう――それらが、もうひとりの人によって認識されるまでは。さてここで、どのようにして、相手（親あるいは治療者）が、そのような未だ認識されていない内的状態を知り、名前をつけ、反省できるようになるのかを、少し見てみましょう。

最初に、このプロセスが児童期に展開しているところに焦点を当ててみましょう。そしてその道すがら、精神療法へと橋を架けていきましょう。それから、いくつかの臨床例を提示します。それらにより、発達途上の子どもについて私たちが知っていること、すなわち①感情を調節するのを助けてくれるようなメンタライジングな他者に居てほしいという要求、②埋没からメンタライジングへの移行における象徴遊びと言語の利用——が、どれほど精神療法の統合プロセスに光明を投じてくれるかを説明してみましょう。

　覚えていらっしゃると思いますが、フォナギーとその仲間は、乳幼児が、随伴的で「標識された」映し出し（mirroring）[b]の体験を通して自らの感情について最初に学ぶところを観察しています。たとえば、苦悩している子どもは、母親が彼の内的状態に共鳴し、反省し、それを正確に映し返してくれるならば、落ち着くことができるでしょう。しかしそれは、母親の感情表示が**母親自身の**感情表出ではなく、**子どもの**内的状態への応答を「標識している」とわかるほどの十分な相違があればの話です。そのうえ、子どもが自らの情動を認識する力のみならず調節する力をも育てるような映し出しとなるためには、養育者は必ずその苦悩に対処できる、そしていずれは子ども自身も対処できるようになるということを示唆する態度や行動が伴っていなければなりません。

　私の私的な書庫からもう一つ、別のエピソードを例示し、このプロセスがどのように作用するのかを示してみましょう。私の娘がちょうど一歳半の時、真夜中に、「ママ！　ママ！」という彼女の大あわての叫び声で目を覚ました親は、たまたま私のほうでした。彼女はベビーベッドの中から、ドアを開けて彼女の部屋へ入ってくる**私**を見て、えらい剣幕で怒鳴りつけました。「ひどいパパ！　大っきらい！　ママを呼んでよ！」　明け方の三時に起こされた私にとって、これはほとんどありえない応対でした。そして私は、自分がみるみる緊張していくのを感じました。彼女の泣き叫びをとび越して、聞こえるように、私は彼女に言いました（疑いなく、私はかなり気がたっていました）——ママはねんねしてるから、パパは起こしたくないの、と。しかし、娘のベッド側に立ってみると、すぐさま娘の行動には反論する余地のない道理があるとわかった（あるいは、むしろ感じたと言ったほうが正確かもしれません）私は、自分自身の態度が軟化していることに気づきました。すなわち、怒り、そして十分に大きな声を出せば、私に母親を呼びに行かせることができるだろうと彼女が信じ込んでいるのは明らかだったのです。これらは全て、一瞬のうちにわかったことですが、回想してみると、そのことが私を落ち着かせただけでなく、（意識せずに）彼女の憤怒を映し出せるようにしてくれたのだということが理解できました。私は、「ごっこ」としての感情表示を目立たせる（標識する）ために、かすかなうなり声を出しながら「意地悪な表情」を誇張気味に作って見せることで、彼女の憤怒を映し出したのです。そうして、まるで彼女の怒りの下にある不幸な失望感を反映するかのように、そのうなり声は途切れることなく、長くて共感的な「うぇ～ん」へとなめらかに推移していきました。そして私はもちろん、その身振りを

言葉にしました。きみは怒っているんだね。だって、きみは本当にママに来てほしいのに、パパが呼びに行かないから——と。そうして、最初はわからなかった何かを、彼女が涙を流しながら言おうとしているのを、私は聞いたのです。その時、聞こえてきたのは、「パパ、助けて」[c]でした。つづいて私たちは、感情をこめて抱き合い、共に歌を歌いました。そして私は、彼女が眠りにつけるように、ベッドの中に、そっと下ろしたのでした。

娘がこの相互交流に応じられるよう言葉で面接するのは無理でしたから、私としては、娘が自らの感情に気づき、それらを調節するのを助ける方法は、それしかないと思ったのです。どのように、ですって？ 私が彼女を見るように彼女が自分自身を見ることによって——言い換えれば、彼女に対する私のメンタライジングな応答という鏡に映っている自分自身（すなわち、自らの行動が、知ることができ、名

b 訳注 mirroring については「ミラーリング」「照らし出し」「映し返し」などさまざまな訳し方がされているが、本書ではそれを「映し出し」とし、mirror back を「映し返し」として訳し分けた。しかし実質的には、両者の意味に大差はなさそうである。

c 訳注 原文は、“Daddy, help me feel better.” となっている。

づけることができ、共有でき、**変化できる**ものとしての感情や願望を表現しているということ、そしてそういう意図を持つ存在としての自分自身）を、彼女が見ることによって、です。

この相互交流に関するいくつかの相補的見地は、私たちの患者との治療作業に直接的に関係しているので、それらに注目しておくのは重要なことでしょう。第一に、どうにか反省的スタンスを見つけられた後になって、初めて私は、**自分自身**の感情を調節することに成功し、そのおかげで**彼女が**感じていることを理解し、映し返すことができたということです。第二に、娘の情動を彼女の意図の見地から理解した時、初めて私にはそれらの意味を理解することができたということです。そして第三に、まさしくこの彼女の情緒体験の「メンタライジング」こそが、私が彼女の助けになれるよう気をとり直して頑張れるようにしてくれたものだったということです。

精神療法において同様のプロセスを活性化するためには、私たちは、患者に対し情緒的に応答できるというだけでなく、自分自身の情緒および患者の情緒を反省することができなければなりません。ゆえに、私たちが意味を理解しようとしているその感情によって単純に心を支配されればよいということではないのです。（言うまでもなく、この種の応答性を召喚することは、時には非常に困難です。また、それには通常、治療者自身が患者として、かなりの体験を積まなければなりません。）

どのようにして子どもは自らの情緒を知り、調節し、統合するのかということに関する最近の理解をレヴューすれば、メンタライジングな臨床家の活動とメンタライジングな親のそれとの対称性が明らかになることでしょう。決定的なことは、この種の発達は、よく調律してくれる他者との関係性の文脈においてのみ生じうるということです。子どもは、そのような関係性の体験をするまで、自分が何を感じているのかを「知る」ことはできないのかもしれません——感じているということ自体を知ることはできるとしても。[62]「生の（raw）感情を象徴へと」変える[153]ために は、子どもは、他者に知られるプロセスにおいて自分自身を知ることができるようになる——

という、間主観的で情動調節的な相互交流を必要とします。まさしく同じことが、精神療法における患者についても言えるでしょう。子どもにとっても患者にとっても同様に、反省自己の発達を可能にするのは、よく調律してくれて敏感に応答してくれる他者との相互交流なのです。

随伴的で「標識された」映し出しの体験、そしてより一般的な情緒調律の体験により、子どもの情動と、①最初に（そして主に）愛着人物の非言語的応答とが連合し、②その後言語的応答とも連合することを通して、子どもは自らの情動**表象**を発達させていきます。よく調律してくれる親が、最初は非言語的レベルで身体的振舞い（すなわち、表情、声のトーン、身振りなど）を通して子どもの内的体験への共感的認識を伝え、子どもの感情に「名前をつけ」ます。そうして、子どもの内的状態の最初の表象が、母親の応答という鏡の中で発見されるのです。ウィニコット[318]が次のように著した時、彼の心の中にはおそらくこのことがあったのでしょう。「赤ちゃんがお母さんの顔を見ている時、彼／彼女は何を見ているのでしょう？　赤ちゃんは、自分自身を見ているのです。赤ちゃんを見ているお母さんにとって自分がどのように見えるのかは、彼女がそこで見ているものに左右されます。」

もちろん、親は、子どもが感情を表象するのを助けるために、話し言葉も利用します。子どもの情動に名前をつけるために「悲しい」とか「怒っている」などの言葉を用いることで、親は情緒の語彙目録を生成するのです。それがあれば、ほかの人が情動を表現するためにこれらの言葉を用いるのを子どもが聞くのに（泣いているお友達が、悲しいんだね、と言われている、など）、より便利でしょうし、子ども自身が言葉を使い始めるにしても便利でしょう（子ども自身のその言葉の理解が正しいのかどうかがわかる、など）。これらの非言語的・言語的プロセスと同様のことが、患者の治療者との関係においても展開されます。つまり、それらのプロセスにより、情緒を感じられるようになるうえに、ますます微妙な情緒の差異がわかり自己認識も深まるよう表象できるようになるのです。

決定的なことは、（特に言葉により）表象しうる感情（およびほかの心理状態）は、より容易く同定でき、共有でき、反省でき、調節できるということです。ゆえに、**児童期および精神療法のように**、感情を言葉で表現する力が発達しうるような情動調節的関係性には、とてつもない重大性があるのです。フォナギーは、こう述べています。「言語とは、明白に（explicitly）メンタライズするための**最も優れた表象媒体**です。」[6] この明白なメンタライジングの標的の多く（ほとんどではないにせよ）が、情緒です。したがって、「対話療法」における相談は、患者の情緒を調節し統合する力を強化するための潜在力を持っていると言えるでしょう。（この情緒を実感させてくれる潜在力により、「今ここで」の治療関係における情緒は活き活きとしたものになるはずです。そうでないとしたら、その相談とはおそらく、ただ話しているにすぎないものでしょう。）

子どもの象徴遊びを観察したり、それに参加したり、コメントしたりする際、親はこのような情動調節的・情動表象的相互交流における親としての役割を越えて、子どものメンタライジングを強化しています。子どもの「ごっこ」体験に対する親の言語的・非言語的応答が、追加の視点（すなわち、大人の視点）を提供するのです。そしてそれは、想像という内的世界を、あらゆる制約と可能性とを含んでいる外的世界へと結びつける助けになります。子どもの精神療法においても同様に、臨床家は、子どもの遊びに対する子ども自身の視点に共鳴したり、またそれを広げたりするような臨床家自身の視点を、暗示的あるいは明示的に差し出します。

成人の治療において、私たちが患者に共感や解釈を差し出す時にも、非常によく似たことをしているでしょう——もちろん遊びに対してではなく、私たちが共有している関係に関する患者の体験に対して応答するなかで、ですが。転移‐逆転移状況は、常に、現実性のみならず広範囲の情緒体験および心理状態（患者自身の通常の感覚から防衛的に排斥されているものも含めて）のために居場所を作るのを助ける「ごっこ」の要素をも含んでいます。ごっこの逆説とは、私たちの患者との関係がリアルでなくなればなくなるほど、そのおかげで、それは潜在的にはよりリアルに、つまり、より情緒的に深く、より真正に、より包含的になりうるということです。

患者の多彩な情緒、心理状態、体験のレベル（明示と暗示、象徴的と非象徴的）に接近し、それらを明らかにし、橋を架ける手助けをしている時、私たちは患者の情動調節力とメンタライズ力の両方を強化していると言えます。そのプロセスにおいて、私たちは、患者がそれ以前には解離あるいは否認したいという要求を感じていたような体験の統合を促進します。そしてそうするなかで、「明白なメンタライジングの頂点、言わばまとまりのある自伝的・伝記的物語りの観点から自分自身と他者とを理解する力」と呼ばれているものに寄与するのです（アレン&フォナギー、二〇〇二）。

反省自己を強化する
——臨床プロセスの実例

「レベッカ」については前にも言及しましたが（215ページを参照）、彼女は、私が彼女の外見を褒め、そしてその後、彼女が私のオフィスから出て行く時に彼女の肩に軽く触れたために不安になったという患者です。私たち二人が、その非常に心を乱す対面の情緒的副産物をどのようにとり扱ったかを振り返るなかで、愛着、情動調節およびメンタライジングの良い循環が、精神療法において実際にはどのように作用するのかを伝達できれば幸いです。

より詳細には、臨床作業における四つの持続的に織り交ざり重複している側面に関し、私がどのように考え、私自身をどのように導いているのかを明確にしようと思っています。第一に、患者の体験に対するスタンスの変化についてです。患者の体験に対するスタンスにより、各セッションにおける私の臨床的選択の性質は、ある程度、限定されます。第二に、呼び起こされ、エナクトされ、体現される非言語領域への絶え間ない焦点づけとその利用です。それは、「今ここで」の直接性において、患者の暗黙の体験および解離された体験を浮上させるための手段です。第三に、暗示を明示にすることです。すなわち、その瞬間における患者の体験を認識し、名前をつけ、その居場所を作るのですが、そうすることは、それ自体、その体験の予備的統合を促進します。最後に、さらなる統合のために、患者が自らの体験を理解できるよう丁寧に対話する努力が挙げられます。すなわち、患者の①想起された過去、②生《なま》の現在、③予期される未来の観点から、その体験に意味深長な文脈を与えるために、それらの異なる要素を結びつけるのです。この努力の要点は、精神分析家ロイ・シェーファー[250]が、「人生を語り直すこと」と呼んでいるものを含んでいます。全てが十分にうまくいけば、このプロセスは、患者の全体性（wholeness）の感覚と愛する力との両方をしっかりと定着させ、また深めることを可能にするような、まとまりのある人生物語あるいは物語りを産出します。

背景を説明するので、もうちょっとだけご辛抱ください。レベッカは三十歳代前半の医師で、離婚につづいて極度の不安定感を抱き、精神療法を求めてきました。彼女は非常に賢く、明るく、魅力的であるにもかかわらず、誰かが自分に興味を持つということを想像することさえできませんでした。表面的には自信ありげでも、断続的に襲ってくる言いようのない悲痛に苦しんでいました。その圧倒的な苦しみのために、時にはすすり泣くほどでした。彼女は、自らの情緒に戸惑い、それらが不意に襲ってくると、どうしていいかわかりませんでした。そのため、不安定な土台の上に立っているように感じていました。

ほんの少しずつ、私たちは共に、彼女にとって自分の**内側**から世界を体験するということがどんなに困難か、また彼女が自らの人生の著者であると感じることがどんなに困難かを認識するようになりました。そして彼女はそうする代わりに、習慣的に、まるで他者の目を通して見るように自分を見、主として他者の期待と要求にそって生きていたのです。私たちは、彼女の自らの気持ちを知ることの困難さは、幼少時に原初の注意を母親の気持ちに捧げていたために、必然的に発達してきたものだということを、徐々に理解し始めました。

利用可能性が予測できず、またあまりにも頻繁に激怒する、この手に負えないけれどもチャーミングな女性は、レベッカがその愛を深く切望していた人であると同時に、非難されることを恐れていた人でもありました。適応するために、レベッカは命令に従い、仲裁者《ピースメーカー》として働き、母親が重要だと思っている点において秀でていました。しかし、彼女の達成と従順の全てをもってしても、彼女はしばしば、母親にとって自分は最良でも二番手、最悪なら厄介者だと感じていました。

母親に関わる切望感と被脅迫感に加えて、レベッカは父親にも見ていてもらえなかったと感じていました。父親の注意は全て姉に向けられ一極化していたと、彼女は確信していました。真正なる結びつきという真の安定性を欠いたまま、彼女は家族の中でも孤独を感じ、自分が何を望んでいるのかもよくわからず、また要求をはっきり主張することもできませんでした。

この物語りが二年間の治療経過を通して現れたということ、そしてそれは、私たちの治療関係が始まった頃のレベッカにははっきり表現できなかったことへの気づきを反映しているということを心に留めておいてください。この関係性と、それがゆっくりと育ててきた理解により、彼女は自らの要求を知り、それらを主張できるようになったのです。まるで、彼女は今や、自分自身の人権を持ち、自分のために生きていられるのだ、と（おそらく）感じているかのように。

数年の治療を経て、レベッカは再婚しました。今回は非常に幸せに、彼女に言わせれば無条件の愛と支持を与えてくれる男性と。しかし彼女は、彼との関係のうち性的な面に関しては、問題を感じ始めていました。ことに、彼女はごくまれにしか性的願望を持たないのに、彼はいつでも彼女に性的関心を寄せているように見えるということが、不快に感じられるようになってきたのです。加えて、彼女は夫との親密な時間を体験した後に、情緒的に引きこもる自分に気づくようになり、そのたびに不安になり、困惑していたのでした。

✤体験に対するスタンスとその変化

何週間もの間、レベッカは、誤調律だった私の接触により彼女がどれほど動揺したかということについて、何も語りませんでした。彼女は、私の行動がどれほど彼女を狼狽させたかを言葉にするのは差し障りがあると確信していたようです。数年間にわたる、見たところオープンなやりとりにより、少なくとも新たな視点、ことに彼女が安全でないと感じているならば私にそう言えるくらいには、私たちの関係は安全だ――という視点を持てるようになっていたはずなのですが。明らかに、レベッカは時々、自らの体験に埋没している自分がいることに気づいていました――今回は、私たちの関係に関する非常に悩ましい体験のことですが。

ほかの時には、レベッカは、治療が部分的には「ごっこ」の性質を持っているということを理解していました。すなわち、私たちの関係は、彼女が言うには「人工物でもあり、リアルでもある」のでした。安全基地としてのこの関係性を、彼女は十分リアルなものとして感じていましたが、その一方で、子どもが遊びにおいてメンタライズすることを可能にしているのと同じいくらかの自由を彼女に体験させてくれていたのは、まさにその関係性の持つ「人工物としての性質」だったのです。セッション中のごっこという守られた領域においては、レベッカは、セッション外にいる時よりも広い範囲の感情、思考、衝動が生じてくるのを受け入れることができました。セッション中にはまた、彼女はこれらの心理状態を、ただ単に体験するのではなく、反省することもできたのです。

しかし、ごっこ様式において創造された安全な心理空間が、あまりにもごっこと調和しない体験により否定されてしまえば、それは壊れてしまう可能性がありました。彼女にとっては、言わば良い父親の衣装を着ている私を見ている時に限り、私の表象する脅威（性的なことや親密さという脅威）は、周辺へと追放されうるのでした。ところが、私が褒め言葉を言い、彼女に触れた時、安心させてくれるはずのごっこは、全てがリアルすぎる危険な感覚に取って代わられてしまったのです。

レベッカは、何セッションもかけて、私と居て「完全に安全と感じている」という「ごっこ」状態を回復・維持しようと試みました。しかし、このようなかかわり合いにおいてはよくあることですが、彼女は、私に打ち明けることも、自分のありのままを認めることも、あまりに危険すぎてできない――と感じているということを、非言語的コミュニケーションを通して表現していたのです。この顕現は、私たちの間に起きていることの意味を、彼女が私と共に考えられるようになるための第一歩でした。数セッションにわたり、レベッカの体験に対するスタンスは、埋没とごっことの間を行ったり来たりしました。そして徐々に、メンタライゼーションの方向へと移動していったのです。

✤暗黙の／解離された体験へとつづく非言語的道すじ

その一連のセッションのうちの最初のセッションは、長い沈黙から始まりましたが、それはレベッカの少し神経質そうなひと言により、破られました。彼女は、何も浮かばないし、特に話したいことはない――と述べたのです。

私が、それはあなたにとって、どんな感じですか――と問うと、彼女は、そのせいで不快に感じている、と答えました。「どんなふうに？」と私は尋ねました。彼女の返答は、「だって、私たちはお互いに見つめ合っているだけじゃないですか」でした。「で、私たちがお互いに見つめ合っているとしたら？」「わかりません。ただ、そのせいで私は不快になっているというだけです。わかります？」

彼女は、素早く、二つの類似する体験の話へと話題を移していきました。一つめは、女友達で、なぜだかわからないけれど安全な距離を保てている人との体験、二つめは、夫との体験でした。彼ら二人は、ロマンチックな週末から、ちょうど戻ってきたところでした。すなわち、最初の夜には素晴らしいセックスをしましたが、翌朝誘われた際には、彼女は彼を押しのけました。どうしてなのかは彼女自身にもわかりませんでした。喧嘩になりかねなかったのですが、彼らはそれを回避したので、残りの週末もうまくいきました。それでも彼女は、自分たち二人のことを糞味噌に言わずにはいられませんでした。なぜならば、ビデオを鑑賞し、食事に出かけ、セックスした以外は、ただごろごろして過ごしただけだったからです。――このことを聞き、私は明らかに私自身の立場から、次のようなことを彼女に言いました。「ウ～ン、いいですねぇ！」　彼女は目を丸くして私を凝視し、そして言いました。「あなたは、この種のことについては、私の友達と同じ考え方をするみたいですね。私はと言えば、何が気に入らないのかはわからないんだけれど、その良さが理解できないんですよね。わかります？」

そして、またしても沈黙がおとずれたのです。

ここで、言葉よりも音感に波長を合わせてみたところ――すなわち、私たちのかかわり合いの非言語的側面に波長を合わせてみたところ、私は、内側からぞくぞくする不安を感じている自分に気づきました。そしてそれは、彼女の不安を映し出しているのかもしれないと思いました。また、彼女が少し眉をひそめ、いぶかしげな表情をして、まさしくあてつけるように「わかります？」というフレーズを繰り返したことに気づき（これは初めてのことではありません）、私は若干いらいらするように感じてもいました。また、それがある種、特異な「わかります？」だということにも気づいていました。すなわち、ここ何週間かの間、それは神経性チックのごとく、彼女の話を強調するように発せられていたのです。おそらく、彼女はうっかり不快感をさらけ出してしまっていたのでしょう。そのあてつけるような「わかります？」は、治療者の私がわかってくれない、理解してくれない、そしておそらくは信用ならない、前は信用できていたとしても――という含みを伝えているように思われました。さて、遅ればせながら、この二～三週間（あるいはもっと長かった？）というもの、私たちの関係は、ぼんやりと不快で浅薄な感じがして、いつものかかわり合いをつなげていく容易さや深みには全く至っていないという認識が、私の心の中で形になってきました。私の体験が彼女のそれと関係があるかどうかを推測しながら、言葉を越えて、暗黙の未だ言葉になっていないレベルにある現在のかかわり合いにまで届くようにと願いつつ、私は沈黙をやぶり、彼女に、「今、何を感じていますか?」と声に出して言ってみました。

彼女は、さっきからそうだったように今も不快だと、また、黙ってお互いに見つめ合っていることが、自分を少しばかり不安にさせているのだと思う、と言いました。私は、試しに、私の感覚を分かち合ってみました。あなたは実際のところ、ここしばらくの間、ここにいてたいそう落ち着かない感じがしていたみたいですよね、このセッションだけではなくて、おそらく何週間かそれ以上も——と。

彼女は、半ばため息、半ばうめき声のようなもので応答し、目をそらしました。私は、「ため息ですか? それとも、うめき声ですか?」と尋ねました。彼女は、自分には何が起きているのかわかっているのだと思うけれど、そのことを話せるかどうかは定かでない、と言いました。より柔らかい声で、「あなたにとって、それがどんなに大変なことか、わかりますよ」と言った後、私は、そんなにも明白にあなたを悩ませていることについて、私に語るのをそこまで困難にしているのは何なのか、あなたにはわかっていますか? と、尋ねました。

彼女は困惑しながら、自分がこれから言うことにより、私は打ちのめされるだろう、もっとも、おそらくこの種のことを前にも言われたことがあると思うけれど——と言いました。ついに彼女は、「混乱と狼狽」の引き金となったことについて、私に教えてくれました。それは、たぶん一ヵ月くらい前、私が彼女を褒め、肩に触れたことだ、と。その時に至るまで、彼女との治療作業では、私は彼女に触れたことがなかったのだそうです。私がそうした時、突然、私たちの関係に関するあらゆることに疑いが生じるようになったのだ、と。——そう言っている彼女の目は、涙でいっぱいでした。

その面接における非言語的（あるいは前言語的）シグナルへの焦点づけ、すなわち①私の不安とイライラ、②先行する面接が私には退屈に感じられたこと、③レベッカがボディランゲージを伴いつつ「わかります?」と繰り返し言ったこと、そして、④彼女のため息——は全て、重要で悩ましいけれども暗黙の、解離されている体験へとつづいている道すじでした。この時間に、私がつづいて行った介入は全て、その体験のためにできるだけ広い居場所をつくるためのものでした。そうすることで、彼女のここでの体験が、私にとって優先的なことだということを、暗示的にも明示的にも伝えたのです。この①彼女の情緒や考え、怒りや嫌疑を受け入れる姿勢、そして②それらに対し真に興味を持ったこと――により、彼女は私に対し、十分な安心感を持てるようになったようです。そしてそのおかげで、自らの体験をより深く探究できるようにもなったようです。

✤暗示を明示にする

精神療法において、患者が長い間、自らの関係性や自己感、あるいはその両方から排斥する必要を感じてきたことを適応させるためには、暗黙の体験が浮上してくることが決定的に重要です。時には、そのような否認あるいは解離された体験への接近は、それ自体が治療的変化をもたらすための必要かつ十分条件です。それに加えて、私が思うに、暗黙の体験を言葉にしつつ順を追って説明するということこそ、より頻繁に必要になります。

レベッカをそこまで動揺させていたその瞬間をぼんやりと想起しながら、私は、以下のように私なりの理解を開示することもできただろうと思いました。すなわち、私はおそらくその時、彼女に対し、親密さを感じると同時に、彼女を気づかっていたのだろう、また私のその動作は、その前に言った褒め言葉同様、おそらく私の（無意識的）願望、つまり私は彼女と共に居ますよ、ということを積極的に伝えたいという私の願望から生じたものだったのだろう、と。しかし、そのような開示は時期尚早であり、彼女の体験を侵害してしまうだろうと感じました。それで、その代わりに、彼女のその体験のための居場所を作りたいと願うだけでなく、彼女を安心させたい（そしておそらくそうすることで、私たち二人を、彼女の私に対する恐れから守りたい）とも願いつつ、私は彼女に、こう伝えました。私は、そんなにもあなたを明らかに困惑させたうえに私と共有するのが困難だったことについて、今こうして話し合えていることに、実のところ、ほっとしている――と。また、あなたの苦悩のシグナルの一つは、あなたが「わかります？」と繰り返し言っていたことであり、それは以前のあなたの話し方にはみられなかった、と言うか、少なくとも私はそれに気づかなかっ

たということ、さらに、どんなに私があなたを狼狽させていたかということについて、私に語ってからというもの、あなたが「わかります?」と言うのを、私は一度も聞いていない、ということについても彼女に話しました。

私の言葉を聞きながら、彼女はすすり泣き始めました。彼女が落ち着いたようなので、私は、それは何についての涙なのでしょう、話せますか? と尋ねました。彼女は、悲しみの涙です、と言いました。すなわち、彼女は非常に感情を抑えがちなほうで、ここでも親密になりすぎないようにしたいと切に望んでいたのに、話すことでより親密になってしまった感じがして、困っているんです――これって悲しくないですか、と。「私は、治療を区画したままにしておかなければならないんです。あなたと安全な距離を保つ必要があるんです。治療って、人工物ですよね。それは、すっかり現実というわけではないんですよね。現実であって、現実でない。でも、あなたが褒め言葉を言い、私に触れたことで、それはあまりにも現実と混同されたものになってしまったんです。」

「そして、そのことがあなたを、極度の不安に陥れたのですね。」

「そうです。このさき、治療をつづけていけるかどうか、わかりません。突然のように、私にはあなたの意図がわからなくなったし、私たちの関係が、実際のところ、どういう種類のものなのかもわからなくなってしまいましたから。」

「そしてさらに悪いことに、私のしたことと、そのことがあなたにどう影響したのかということについて話すことにも、あなたは不安を感じていた、ということなのですね。」

ここで述べられているのは、もちろん、私との関係における恐怖感および不信感という、彼女の暗黙の体験です。私が表象する特定の危険に関し明示することの困難さ（今でさえも）は、彼女がどんなに危険だと感じているかを測る物差しと言えるでしょう。そして、この危険および彼女がそれにどう対処していたのかを言語化することができないまま、私たちは次のセッションを迎えました。

レベッカは、その面接を、ある種の冗談から始めました。小首をかしげ、両掌を胸の高さで合わせて前後に動かしながら，「私たちは，一緒に居ても大丈夫かしら？」と言ったのです。私は彼女と共に笑いましたが，その後，彼女のユーモアは，おそらく前回の面接での話が未だ終わっていないという彼女の感覚を映し出しているのではないかと示唆しました。彼女は，「その時，私はとても混乱していたし，今日も未だそうです。私があなたの誠実さを疑っていると，あなたには受けとれるかもしれないような言い方をしてしまって」と言いました。

私は，「つまり，あなたにしてみれば，私が誘惑的だったと言ったことで，私の誠実さを疑ってしまったように思えたということなんですね？」と言いました。

「そんな感じです。あなたの誠実さに疑いをはさまずに，あなたが私に性的関心を示しているみたいだった，と言うには，どういうふうに言えばよかったのかしら？それに，あなたが本当にそうだったのかなんて，私にはわからないですし。……そんなふうに感じられてはいたけれど，私にははっきりわからないですから。あるレベルでは，あなたはそうではないとわかっていたし，あなたは本当に多くの方法で私を助けてくれたし，あなたの気づかいを疑う筋合いなんて全くなかったと思うし。でも，それ以前には，あなたが私に触れたことは一度もなかった。だから……私は，そんなことは起きなかった，とか，そんなの何の問題もないわ，という，まさにごっこをしようとしたんです。」

「でも，もちろん，それは大問題だった。私との治療をつづけられるかどうかわからないと思うほど，あなたにとって大変なことだったんですよね。だから，あなたはそれを言葉にできなかった。」

レベッカの暗黙の不信感と恐れが，より深いレベルで，徐々に明白になってきました。第一に，私の褒め言葉と接触には彼女を食いものにするような意味合いがあるのではないかという疑惑。そして第二に，私がひどく防衛的になることなく，彼女の疑念について聞けるかどうかという疑惑，でした。

「私には，まだ十分理解できていないことがあります」と，私は彼女に言いました。「私があなたに性的関心を示していることに，あなたが困惑していたということを，あなたが言えていたら――そして私が実際にあなたに性的関心を示していたとしたら――それは，私の誠実さを疑っているのではなくて，単にあなたが自分自身を大事にしているということではないでしょうか？ 私は現行犯で捕まった、みたいな。」「もちろん、そうです。でも、全てはあなたが正直だと仮定した場合のことですけれど」と、彼女は答えました。私は彼女の不信感の深さに少し驚き、そして言いました。「そして、あなたにとっては、そう仮定するのはとても難しいようですね……つまり、あなたにとって、私を信頼するのがどれほど大変か、ということを、私たちは今、共に見つめているのですね。」

その少し後に、彼女は、なぜあなたはそこまで堅い決意でこのことについて洗いざらい話し合おうとしているのか、と私に問いました。すなわち——ここに何か発掘される価値のあるものがあり、何か彼女が学ぶべきことがあると思っているからなのか？ あるいは私が何か悪いことをしてしまったのではないかと心配していて、それを明らかにしたいと思っているからなのか？ と。それで、私は、私自身の体験をいくらか明示しました。

私は、「今、一緒に探究していることには、とても多くの重要なことがあると、私は確信しています」と言うことから始めました。それから、「私は常に、私たちの間で起きていることの私側の要素について知ることに対して、とにかくオープンでありたいと思っています」と付け加えました。しかし、実質的には途中まで言いかけたところで、自分の言葉が、月並みで心のこもっていない言葉のように思えて、私たちの間に在るその瞬間が要求しているものとは、ちょっと違うな……という感覚を持ちました。

そこで、私は、「より真正」と感じられるような言い方に変えました。「もしも、ここで起きていることが、私たちの関係をとり返しのつかないかたちで傷つけているのではないかと感じたり、あるいは私が何らかの無意識的で破壊的な衝動を行動化しているのではないかと感じたりしていたとすれば、私は間違いなく自己批判的になっていただろうと思います。でも、事実、私はそういう気持ちにはなりませんでした。今となっては、何が起きていたのか、全てを詳細に思い出すことはできないけれど、そのセッションが終わる時、あなたに対して親密な感じを抱いていたということは確かです。そして、何かあなたにとって大変つらいことをあなたが体験しているように思えたから、私はあなたと共に居ますよ、ということを伝えようとした——結局のところ、ちょっと下手くそだったけれど、いずれにせよ伝えようとしたのだと思います。」

レベッカは、この私の話を最初から最後まで聞いて、とても安心した、と答えました。「どうしてですか？」と、私は尋ねました。「それはまさに、ここで私側に起きていることについて考えるための、より広い空間を、私に与えてくれたからです」と彼女は言い、二〜三瞬間《モーメント》沈黙し、その後、苦悩に満ちたトーンで、申し開きをするように尋ねました。「なぜ、この全てが、私にとってはそんなに途方もない脅威に感じられてしまうのでしょう？」そうして彼女は、この質問に自ら答えようとして、もがき始めたのです。

ここでのレベッカの応答は、私の感覚、すなわち治療者の慎重な自己開示は、時に、患者が自らの情緒的現実に埋没している感じを軽減するための助けになることがありうるという感覚に、ぴったり合っています。おそらく治療者は、異なる観点からはっきり述べることで、患者が自らの体験に関して複数の視点から考えられるよう道を開いているのでしょう。とりもなおさず、それはメンタライジングの特質です。

私たちに不可欠な共鳴と調律とを表す非言語的行動のほかに、レベッカのような患者が、私たちは共に居るのだということを感じるためには、また自分は理解されているのだと感じるためには、必ずと言っていいほど、話し言葉による随伴的応答を必要とします。患者が、私たちの表情のみならず言葉の中にも私たちの気持ちを読みとれるのならば、それは、私たちとの関係を、それまでは解離する必要を感じていたであろうことにも適応できる関係として体験する助けになることでしょう。

私たちが、名づけられていないものに名前をつけるために言葉を用いるならば、それは、患者が独りでは耐えられない感情や思考に耐え、それらとコミュニケーションをとる際の助けになることでしょう。この患者の苦悩の相互交流調節は、①彼らの情動耐性、および②安全基地としての治療関係という体験を、いずれも強化します。これから見ていくように、そのような相互交流調節もまた、メンタライジングを促進するのです。

✤体験の意味を理解する
——解釈、メンタライジング、物語り

臨床作業の現実には最善ということはめったにありませんが、わかりやすくするために、私が記述してきた治療プロセスの最適版の概要を述べさせてください。①安全基地、②移行空間（患者が私たちと共に居て、「転移だけ」に在るのでもなければ「現実」だけに在るのでもないと感じられる体験をすることのできる空間。すなわちフロイトが「中間領域」と呼んだもの）の両方を創造しながら、今ここでの患者の暗黙の体験に接近するために、私たち自身の内側からの非言語的シグナルおよび患者から発せられるそれを読みとります。（ダマシオを換言すれば、私たちは、患者が、何かが起きているという**感じ**（feeling）に結びつくのを助けているのです——その体験の情緒的側面および身体的側面と結びつくのを。）患者の内的作業モデルや暗黙の物語りの知覚できる部分に触れられたならば、その暗示を明示にしようと試みます。そのプロセスを経て、ようやく私たちは、その意味を理解するために、その体験を患者と共に反省しようとすることができるのです。

私が概要を述べてきた一連の理論的理解は、それまでは**ただ感じられていただけ**の（あるいは全く感じられもしなかった）体験が、理解され、新たな文脈を与えられるような関係性という環境において、徹頭徹尾体験されるというプロセスを可能にします。安全に共有された体験は、明白であれ暗黙であれ、変化します。これを**表象書換え**（カミロフ＝スミス、一九九二）と言い、それにより機能的で影響力を持つ過去（しかしもちろん歴史的過去ではない）が変更されることで、現在における新たな可能性が利用可能になるのです（スターン、二〇〇四）。結局のところ、私たちの目的は、患者が、まとまりのある自己体験を反映するような自らの人生に関するまとまりのある物語りを生み出せるようにするということなのです。これは、私のレベッカとの治療目的であり、解釈はその目的を実現するための重要な部分でした。

レベッカが悲しげに、「なぜ、あなたが私に触れたこと

が、私にとってそれほどの脅威となったのかしら」と尋ねた時、彼女は明らかに、もはや体験に埋没してもいなければ、現実から切り離されたごっこの探究に没頭してもいませんでした。「私は、男性にとって魅力的でありたいと思っていることを自覚してはいるけれど、ただ見てもらいたいだけであって、触れられたくはないと思っているみたいなんです。相手が誰であろうと、親密になりすぎるのはイヤなんです。だから、誰かが私に性的関心を示してきたら、私は必ずその全てをスイッチオフしてしまうんです。過去のことを言っているみたいだけれど、今でもそうで、夫からもすぐさま引きこもってしまうんです。これって、あなたとの間で起きていることと似ていませんか？　あなたとのことも、誰かが私に性的関心を示すと自動的に退却するということの一例ですよね。でも、それだけじゃない、何かほかにもある、という感じがするんです――それが何なのかは、まだわからないけれど。」

私の応答は、次のような解釈でした。「私には、その何かがわかるような気がします。私があなたを褒め、肩に触れたことで、あなたが混乱を感じた時、あなたはそれがなぜなのか、全くわからなかったんですよね。あなたは、私は誘惑的だったのであって、あなたに親しみを感じたり、支えになろうとしていたわけではなかったのだと決め込んで、それをご自分に言い聞かせていたんですよね。そして、私があなたに性的関心を示していたという考えは、ここでの私たちの親密さの感覚を全て打ち消したのでしょう。私が思うに、親密さとは、あなたにとって貴重なものだけれど、恐怖でもあるんでしょうね。」

彼女は、「それは当たっていると思います。当たっている感じがします」と言いました。そして、親しい女友達や夫など、誰かが彼女と親密になりたがっているというシグナルを察知すると、彼女は引きこもってしまうという実例を挙げました。大人になったら独りでいるほうがよくなったわ――と、彼女が言っているのに、私がこのように応答したことで、彼女は当惑をおぼえたようです。ここで、彼女の目は涙でいっぱいになりました。そして、私が、彼女の内側では何が起きているのかと尋ねると、彼女は、今ちょうど、非常に心を動かされるイメージが心に浮かんだ、と言いました。それは、彼女がボクサーになり、私や、彼女の夫や、女友達が「彼女のコーナーにいて、彼女側に立っている」というものでした。

次のセッションで、レベッカの症例を描写するのは最後になりますが、彼女は、この前の私たちの会話は彼女の心を開いたけれども、まだ開いたままになってはいない、と言いました。彼女は週末に夫とセックスし、特別な親密さを感じたのですが、二人はあたかも互いに再び逆戻りしてしまいそうな、崖っぷちに立っているようだったのです。それから彼女は、「まさにシャットダウン状態になって、心を閉ざして、黙りこくってしまった」のでした。彼女は自分がほとんどわざとそうしているかのように感じていました。数日後、彼女は彼から性的に誘われるかもしれないと想像して狼狽し、「私はただ、一人でカウチに座って本を読んでいたいだけなのよ！」と、先制するように彼に言ったのでした。

彼女は、自分の中のある部分は彼を信頼したいし、親密になって心地よくなりたいのだけれども、もう一方の部分が自分をそうさせたくないのだ、と言いました。「私の中に、怒っていて、傷ついていて、恨みを抱いていて、ただそこから離れて独りになれればいいと思っている幼い少女がいるみたいなんです。実際のところ、私自身、夫との関係を終わりにして、独りでいられる居場所を得て、完全に私らしくしたいと思っているんです。毎日、暖炉の上を装飾するのに、この絵画とあの織物と、どちらがいいのかしら……なんて、いちいち気にしなければならないなんてことはなしにして。その少女は、そんなにも怒っているんです。まるで、私が心を開きたがっても、その子は絶対、私にそうさせない――みたいな。」

私は言いました。「その子がなぜ怒っているのかわかりますよ。独りにならなければ、したいことができないと感じているんですよね。あなたもまた、多くの時間、そう感じているのではないでしょうか。もちろん、その子は、あなたにとってはとってもとっても大切な子なんですよね。」悲しそうな、それでいて少し切ないような涙声で、レベッカは言いました。「その子は長い間、私の良い友達でした。」

さて、ここからはレベッカの解釈です。「その子はずっと一緒に居てくれた気がします。ほとんど、私の本当の気持ち――あらゆる傷つきや怒り、そして私には手に入らないから、ごっこするしかなかった全ての願望――の保護者のようでした。気持ちを分かち合ってくれる人は、私の家族にはいなかったものですから。でも、その子はずっと、私の気持ちを抱えていてくれたんです」と、彼女は言いました。

「で、今でもまだ、気持ちを分かち合ってくれる人はいないのですか?」

「今はもう、私は独りにならなくてもいいとわかっています。でも、全然、そうは思えないんです。もしかしたら、信じたくないのかもしれません。まるで私は、不信感にしがみついているみたいなんですよね——つまり、あなたが私に性的関心を示すとか、夫は性的にしか私に関心がないんじゃないかとか、そういう考えに。あるレベルでは、私はその全てが本当ではないとわかっていま す。今はもう、ずっと欲しかった愛や支持を得られます。なのに、どういうわけか、それがなかった頃よりもつらい気がするんです。だから、私は実際には全て持っているのに、ほかの人を羨んでしまうんですよね。ああ、なんて狂気じみているし、悲しいことでしょう。」

患者が自らの主観的体験に対するスタンスを変えられるよう援助することは、ある部分では、私たちの明白なメンタライジング（たとえば、解釈）如何にかかっています。それは、体験の異なる要素間に結びつきをもたらすのです。そのような結びつきは、心の解離された状態、つまりレベッカの症例に見られるように、一方では過剰に信頼しているのに、他方では頑なに不信感を持っているという状態の統合にとって大変重要なことです。この統合なしには、患者の自己感も自伝的物語りも、まとまりのあるものにはなりえないのです。

レベッカの物語りは、自律性と親密さは相互に排斥し合うものだという暗黙の知を含んでいました。この物語りのある部分では、自分にとって重要な誰かと親密になろうかどうしようかという時に、レベッカは発言権（voice）、すなわち独立した意志を持っていませんでした。ゆえに、私の接触に関し、彼女は沈黙していたのでしょうし、夫の誘いを拒否することも困難だったのでしょう。しかし、この物語りの別の部分では、彼女は、応答性のある支持的な他者を信頼することができました。ただし、その視点がごっこの性質を有する場合に限られていたということが、それを非常に不安定なものにしていました。つまり、その物語りは自己矛盾を孕《はら》んでいたために、レベッカは、しばしば発言権を持たないのみならず、当惑を感じるはめにも陥ったのです。

私との共同作業により、レベッカは、自らの矛盾した心理状態に接近し、それらの関係性について考え始められるようになりました。また、彼女のまとまりのない物語りが、現在の彼女に役立つような可能性をほとんど表象していないということもわかってきました。具体的には、それは、**親密であることとほしいものを得ることとをいずれも不可能にする状態**に、彼女を置いていたのです。今や、彼女は**単一の心理状態において**、願望と不信感とをいずれも体験し、それらを反省するということができています。それは、それらの統合が現在進行中であることのシグナルと言えます。

以上に描いてきたような関係的・情緒的・解釈的プロセスは、解離された心理状態の統合に寄与するのみならず、感情‐思考間、暗示‐明示間に橋を架ける助けにもなりえます。また、脳においては、右脳‐左脳間にも、皮質の「より高度な」機能と辺縁系および脳幹といった「より低い」機能との間にも橋を架ける助けになりうるのです。この種の統合は、情動調節・愛着・メンタライジングの良い循環を含む精神療法がもたらした収穫と言えるでしょう。そのような精神療法は、患者の自己感と自伝的物語りの両方を、よりしっかりとまとまったものへと順次育てていきます。

どの**特定の理解**よりも、患者が理解されたと感じたり、自己理解を鼓舞されたと感じたりするような関係性の体験こそ、何と言っても最高に治療的です。したがって、私たちが患者にできるようになってほしいと望むこととは、どの特定の洞察よりも、むしろ洞察を可能にする気づきなのです。暗黙および明白なメンタライジングを通して、私たちは患者の中に、洞察と共感という一対の力、すなわち一緒になればメンタライジングとおおよそ同等の力を培うのです。

✤メンタライジングとマインドフルネス

フォナギーは最初、反省自己のことを「心的生活の内的観察者」と呼んでいました[100]。そのような内的観察者がいなければ、私たちは、客観的現実と混同された主観的体験に簡単に埋没してしまいます。感情‐事実間の相違を反省することができなければ、自らの体験の「現実性」を分析する方法も、それを習慣的に構築する方法もわからない状態にとどまってしまうのです。

これらの問題、すなわち①内的観察者の重要性、および②（客観的と言うよりもむしろ）主観的な性質の心理状態の重要性——の両方の周囲に、メンタライジングスタンスは、マインドフルスタンスと重複して見られます。[原注3] その二つは、主観的体験とはその大部分が心理的解釈であるという認識や、心理的苦痛の多くは結局のところ（無意識的に）自ら生み出しているものとして理解できるという認識を促進しつつ、一つに収斂《しゅうれん》していきます。すなわち両者とも、①体験への埋没および②それにより課される自動反応性から私たちを引き上げてくれる潜在力を持っているのです。

そうだとしても、メンタライジングとマインドフルネスは明らかに別物です。各々に連合している心的活動の種類が異なるうえに、各々が精神療法にもたらすことのできる貢献もまた異なっています。メンタライジングは、望遠鏡を用いることにたとえられてきました。すなわち、過去や無意識を「近くに」を引き寄せることにより、「遠くの」体験の視点を鮮明にします。マインドフルネスは、顕微鏡を用いることにたとえられてきました。すなわちそれは、直接的体験に関し、ともすれば平凡な光景の中に隠されたままになるかもしれない活き活きとした詳細な視点を与えてくれます。[241] メンタライジングがまとまりのある自己を構築するための中心経路を提供するのに対し、マインドフルネスは自己を超越するためのカギとみなされてきました。マインドフルネスは、仏教の持つ二五〇〇年もの伝統の中で最も重要なものです。そしてその目的とは、自己という実在しないイメージにしがみつくことにより引き起こされる、自ら課した苦痛を解消することなのです。

精神療法におけるマインドフルネス

……ほとんどの精神力動的治療において、現在の瞬間《プレゼントモーメント》を置き去りにしたまま、意味へと突進するという事象が見られる。

——ダニエル・スターン（二〇〇四）

ハーバード大学の開発政治学者ロバート・ケーガンは、連続した、より高水準の心理的成熟へと結びついている意識の形、すなわち「社会化精神《マインド》（socialized mind）」、「自著精神《マインド》（self-authoring mind）」「自己変形精神《マインド》（self-transforming mind）」について論じています[165]。ケーガンの分類は、埋没からメンタライジングへ、そしてマインドフルネスへという流れと一致した進歩をトレースしていると言えます。

明らかに、メンタライジングは、「社会化精神」に表象される家族的過去および文化的過去の束縛から自由になるのを助けてくれます。暗黙の理解と明白な反省とを通して、メンタライジングは、体験および表象から一歩下がって、それらの意味を理解することを可能にしてくれます。そうして、ますます自分自身の人生の著者であり解釈者になれるようにしてくれるのです。

マインドフルネスは、体験の**内容**を理解することよりも、むしろ体験している瞬間毎《ごと》の**プロセス**へと、感性豊かな意識を向けさせてくれます。そのような注意は、潜在的には、世界に関する体験を仲介している心がそれ自体を変化させるという「コペルニクス的革命」にかかわる可能性があります[90]。

マインドフルネスと精神療法に関する最近出版された本の著者ら[122]は、マインドフルな気づきに関し、次のように述べています。

○**非概念的**。マインドフルネスは、思考プロセスに吸収されることのない気づきである。
○**現在中心**。マインドフルネスは、常に現在の瞬間に在る。体験に関する思考とは、現在の瞬間から一歩離れたものである。
○**非判断的**。体験をそのもの以外にしたがるのであれば、気づきが自由に生じることは不可能である。
○**意図的**。マインドフルネスは、必ずどこかへと注意を向けるという意図を含んでいる。現在の瞬間へと注意を戻すことは、マインドフルネスに経時的連続性を与える。

○**関与しながらの観察**。マインドフルネスは、観察することと分離されてはいない。それは心と身体をより親密に体験することである。

○**非言語的**。マインドフルネスの体験を、言葉でとらえることはできない。なぜならば、気づきは言葉より前に心の中に生じるものだからである。

○**探究性**。マインドフルな気づきは、常に知覚を微妙なレベルで調べている。

○**解放すること**。瞬間毎のマインドフルな気づきは、条件づけられた苦痛からの解放をもたらし、自由にしてくれる。

（ジャーマーら、二〇〇五）

マインドフルネスの瞬間は、日々の体験でも時折生じていると思われますが、瞑想中のみならず、日常生活において右に記した気づきのあらゆる性質と共に意識的に現在へと注意を焦点づけるという絶え間ない努力もまた、マインドフルネス**訓練**に含まれます。この後すぐに説明しますが、この訓練の収穫こそが、内在化された安全基地の持つ安心感を（いくつかの異なる方法で）強化してくれるようなマインドフル自己の発達なのです。

✤マインドフル自己の目覚め

マインドフルネスおよび瞑想とは、精神療法も本来そうであるように、体験しながらわかっていくものです。認知行動学者のスィーガルら[258]は、マインドフルネス訓練の研究および治療への応用のために、彼ら自身がマインドフルネス訓練を体験する必要があったと書いています。また、本書の第一章でも言及しましたように、マインドフルスタンスの重要性についての私自身の最初の経験的気づきは、（瞑想を通してではなく）反省自己の性質について考えている最中に生じました。

私にしてみれば合理的な疑問、すなわち「ここで反省しているのは、いったい誰なんだろう？」という疑問について自問した際、当たり前のごとくわかっていたはずの自己が、突如、内破するという、抗し難い、軽くめまいを覚えるような感覚に襲われたのです。そして残ったのは（おそらく私の疑問への解答ですが）、ただ気づいているだけの無「自己」そのものでした。私の生育史と同一性とがすっかり浸み込んだ、心理空間を大いに占めている通常の自己体験の代わりに、全く空間をとらない、意識の一点のように感じられるものが、そこにはありました。二週間かそこらの間、私は心の中で好きなように、この新しく発見した自己感あるいは「無我（no self）」と再結合することができました。そうしている時、私は幸福感と感謝の気持ちを体験しましたし、現在に在る力がはるかに高まっているとも感じました。また、防衛が減弱し、共感力や受容力が高まるという体験もしました。そして、苦痛はもとより気づきをも共有できる受容力のようなものを基礎として他者と結びついているという強い感情をも体験しました。

とうとう、それまでは何の苦労もなく接近できていた心理状態に、もはや結びつくことができなくなると、私は驚きと落胆を覚えました。しかし、友人や同僚と議論するなかで、瞑想とは実際のところ、特にマインドフルな心理状態と連合している「筋肉」を働かせることなのだと、私は確信するようになりました。

もちろん、瞑想には多くの形式があります。おおざっぱに言えば、二つの基本的なアプローチに分けることができます。すなわち、集中瞑想と、ヴィパッサナー瞑想あるいはマインドフルネス瞑想です。ジャーマー[121]は、前者における注意の焦点づけをレーザー光線にたとえ、また後者のそれをサーチライトにたとえています。集中瞑想とは、気づきの対象（典型的には、呼吸）へと狭く心を焦点づける訓練です。それに対し、マインドフルネス瞑想は、気づきの中で優位を占めるものなら何にでも、次から次へと開放的・非選択的に焦点づけることを必要とします。集中瞑想は落ち着きを育てると言えますが、マインドフルネス瞑想の利益は、自己理解のみならず心そのものの性質についての理解をも含んでいると言えるでしょう[122]。

これらのアプローチの両方を含む、私が引きつけられた訓練とは、マインドフルネスストレス低減法（カバットジン、一九九〇）、およびうつ病のためのマインドフルネス認知療法（スィーガルら、二〇〇二）を含む多彩な精神療法において挙げられているのと同じものです。[原注4]通常、座して静かに目を閉じるように指導されるこの訓練は、息を吸ったり吐いたりすることに注意を集中し、**気づきを局在化する**ことから始まり、同じ一連の流れを無限に繰り返すことを意味します。それから私たちは、自発的に生じ、注意を「ハイジャック」する思考、感情、身体感覚、知覚の感触（現在の瞬間へと向けられた意識が一時的に途絶えるような）を観察します。没頭しがちな思考や感情、あるいは感覚の中に、ついに自分が「消えてしまった」ことに気づいたら、その時すべきことは、自分がとらわれた体験に**名前を付ける**ことです。それが済んだら、また、緩やかに呼吸と気づきへと**注意を戻して**いきます。

最も単純なレベルでは、この種の瞑想の目的は次の通りです。すなわち、体験しているものを性格づけたり判断したりする自分自身の傾向を意識的に抑制する一方で、注意を現在の瞬間の体験へと自発的に向けるということの意味するものを、自らに熟知させるということです。心をこめた受容と共に現在の体験に焦点づけるということを忘れずに繰り返すこと、そしてこの焦点を失っては取り戻すということを繰り返すことは、多くの有益な効果をもたらす訓練です。

安定した愛着関係の産物としての内的安全基地と同様に、マインドフルネスにより育てられた内的安全基地も、困難な体験に直面した際、私たちを落ち着かせてくれます。だとしたら、この発達は、どのようにして生じるのでしょう？　マインドフルスタンスが、「**歓迎することと許容すること**、……それは、困難さへと『心を開く』ことと、あらゆる体験に対して優しい態度をとることとを促進する」（スィーガルら、二〇〇二）ということについて考えてみましょう。そのようなスタンスに接近できればできるほど、私たちはますます容易に、内側にある落ち着いた場所、すなわち「変化する世界の中の、静止している場所」（エリオット、一九四三

／一九九二）に位置することができるようになります。なぜならば、落ち着いた受容の場所が、自らの知るところとなるからです。そのような受容の基礎となるのは、苦しい体験へと心を開く際に現れる、自分に対する思いやりです。すなわち、「マインドフルネスは、苦痛を拒絶したいという要求を放棄することにより、苦痛と自分との関係を変化させる方法を示してくれます。これは自分自身に対するひとつの親切行為なのです」（フルトン、二〇〇五）。

加えて、マインドフルネス体験は、気づいている自己状態の（肯定的あるいは否定的な）変化を促進するのではなく、気づきそのものとの同一化を促進します。そして、気づきと同一化していると強く感じれば感じるほど、ますます内的自由と安心感は増大するのです。最初の安全基地が、保護者の利用可能性の確実さに左右されるとすれば、内在化されたマインドフルネス安全基地は、保護を必要としないという感覚に基づいているところがあります。気づきとの同一化とは、実際に避難所をさがし出したり危険を回避したりするというよりも、むしろ一時的な自己状態にしがみついたり、逆にそれを回避したりすることにより自分自身を守ろうとするような窮乏感を（多少なりとも）除去するものなのです。

マインドフルネス訓練はまた、気づきを伴って現在に在ることと、ある場面にただ単に居ることとの相違に関し、経験に基づく教育をもたらしてくれます。それは、注意とは自分でコントロールできる能力なのだという感覚を確固としたものにしてくれるのです。すなわち、意識的に現在に居ようとし、現在に居ない時にはそれに気づけるようであれば、私たちは「今ここ」へと注意を向け直すことを選択できるでしょう。そのような「注意の主体」としての行動は、十分に現在に在るための力を次第に高めてくれます。そして十分に現在に在ることとは、もっともっと、あたかも各々の瞬間が最後の瞬間かもしれないと思って生きるということを意味しているのでしょう。マインドフルネス訓練はまた、「内的観察者」という感覚、すなわち思考、感情、感覚に完全に同一化することなくそれらの存在に気づけるような感覚をも強化してくれます。言い換えれば、マインドフルネスは、「脱理没」に寄与するのです[243]。これら全ての効果は、治療者およびその患者にとって、特に意味のあるものでしょう。

私たち治療者は、①瞑想を通して、あるいは②より形式ばらずに意識的に「目覚める」努力をしたり、受容的態度で今ここでの体験に注意を向けたりすることを通して、マインドフルスタンスをとる力を培うことができます。おおざっぱに言って、もしも患者と共に座っている際に、そのようなスタンスをとることができれば、私たちは、より十分に現在に在ることができるでしょう。なぜならば、自らの体験に抵抗することなく、ある意味、それに「なっていこうとしている（softening into）」のだからです。具体的には、マインドフルスタンスは、情動耐性、共感および「平等に漂う注意」のための力を強化してくれると言えるでしょう。

私たちはまた、そのようなスタンスを、患者との治療作業におけるある特定の局面について告知したり、明確にしたり、強調したりするために用いることもできます。この見地によれば、精神療法とは、（患者が瞬間毎の体験に判断を加えることなくマインドフルでいられるよう援助するという役割を、私たちがとったうえでの）二人のための、ある種の瞑想としてとらえることができるでしょう。ここで私たちがしばしば直面するのは、患者の（そして私たち自身の）、現在に在り、気づき、受容するということの困難さです。もちろん、これらの困難さこそが、私たちの心をこめた注意の焦点になります。つまりこのマインドフルな注意を失っては取り戻すということを何度も何度も繰り返すことこそが、精神療法という瞑想訓練なのだと理解できるでしょう。

最後に、瞑想が役に立ちそうな患者に、それを紹介するのもいいでしょう。通常、私の経験では、①情動の調節に助けが必要で、また②十分に、あるいは統合された状態で現在に在るということが困難な患者が、それにあたります。私は若干名の患者にマインドフルネス訓練の基本を教えていますが、彼らのうち、私が瞑想を推薦した患者のほとんどが、それを教えてくれるクラスを希望しました。（私たち治療者は治療においてマインドフルネスをどう利用できるのかということの詳細については、第十七章で論じる予定です。）

✤マインドフルネスという治療行動

マインドフルネス訓練が、メンタライジングや愛着との良い循環において治療的に作用する情動調節力を育てるということは明らかです。安定した愛着関係と同様に、マインドフルネスは、不安定愛着の個人（ことに、とらわれ型や未解決型と呼ばれている個人）の情緒プロセスを特徴づけている扁桃体と交感神経系の急激な反応を和らげることができます。

これまでにも言及してきましたように、瞑想によりストレスフルな覚醒の生理学的指数が低下するということが、経験的に示されてきました。この所見は、呼吸している身体に焦点づける瞑想の持つ落ち着かせる効果に関係していると、私は考えています。瞑想者の、意識的に注意を向ける力の内に育ってくる自信というのも、それと同じことなのでしょう。注意の行動主体あるいは発起人としての自己感が強化されるにつれて、心乱されるような考えや感情あるいは身体感覚によるいじめに対し、反射的に抵抗したり、自動的に降服したりするよう強いられていると感じることは、少なくなるでしょう。そして、それらを押しのけたり（回避／愛着軽視型）、あるいはそれにからめとられたままでいたり（不安／とらわれ型）する代わりに、ただそれらと共に**在る**ことができるようになるでしょう。加えて、（瞑想でも日常生活でも）自ら体験する心理的出来事に名前を付けるという訓練により、それらの持つ情緒的な力を減弱させることができます――たぶん、皮質下の情緒反応を調節するために皮質の資源を用いることによって。[139][140] ①自らの思考、感情、感覚に繰り返し注目し、名前を付けること、そして②瞑想において、呼吸と気づきに注意を戻すこと――により、煩わしい情緒状態から「脱同一化」する力を強化することができます。そしてそのような脱同一化は、患者と治療者が、煩わしい情緒状態に抵抗したり、それらに支配されたりするのではなく、それらを理解しようとすることのできる心理空間を拡大するのです。

なお、瞑想は、愛着軽視型と呼ばれているような患者にとっては、精神療法の貴重な補助物となりうることでしょう。概して、これらの患者は自らの感情から遠ざかっているので、しばしば自らの体験に十分に従事することが困難な時があるからです。彼らはまるで、自分にとって重要な他者から隔たっているだけでなく、自分自身からも隔たって生きているようなのです。呼吸に焦点づける瞑想により、そのような患者は、身体（すなわち情緒の座席）に基づき実際に現在に在るとはどういうことかという感覚の高まりを体験できるようになります。ここで私は、「ホバーリング（hovering）」という隠喩《メタファー》がぴったりの体験をしたという、あるきわめて分析志向の患者のことを思い出します。すなわち、彼はあたかも絶え間なく自らの人生の上を舞っているかのようで、決して自分の身体や関係性に着地することがないように感じているのです。毎回の面接の最初の五～十分間の瞑想は、明らかに彼が治療に着地する助けとなっているようです。

精神療法と同様に、臨床内外におけるマインドフルネス訓練は、自らの心を知ることにつながる一つの方法です。ジャック・エングラー[90]が、瞑想プロセスについて述べているのを聴いてみましょう。

反応を最小限度に抑え、瞬間毎の精神生理的出来事の流れへと向けられるよう訓練された注意は、意識をそれらへと向け直すことにより、知覚的・概念的刺激を記憶し、選択し、組織し、解釈するという心理作用を脱自動化する引き金となることでしょう。これが生じると、かつては意識されたりコントロールされたりすることなく自動的に調節されていた心理機能が、気づきへと接近できるようになるのです。

エングラーの述べているプロセスは、リラックスした状態で黙って行う自由連想の形式を通して生じるものと理解されます。再度になりますが、瞑想中にすべきこととは、現在の瞬間において生じたどの心的出来事にも選り好みや判断をせずに注目しながら、呼吸に焦点づけることです。①呼吸に焦点づけること、そして②呼吸（および気づきについての気づき）へと注意を向け直すことができるとわかっていること——は、比較的落ち着いた、非防衛的な心理状態を育てる助けになります。そのような状態では、以前には抑圧されたり解離されたりしていた思考、感情、感覚が意識にのぼってくる可能性があります。しかしこれらの思考、感情、感覚は、今や、かなり異なるものとして体験されることでしょう。なぜならば、それらはダニエル・スターン[288]が「現在の想起文脈」と呼んでいる、新たなものとして浮上してくるからです。

治療者との安定した関係性により、潜在的にこの種の変化する文脈がもたらされうるのとまさに同様に、瞑想を通して呼び起こされた落ち着いた状態によっても、そのような文脈はもたらされうることでしょう。そのような心理状態において、個人史に由来する煩わしい心的体験に再度対面すれば、それらの煩わしさの強度を調節するという方法で、またおそらくは「より適切な過去の記憶として書き直す」という方法でさえも、再文脈化できるかもしれません[288]。いくぶん異なる角度から見れば、この場合の治療作用とは、心理的にも身体的にも楽な状態にある時に煩わしい体験を再訪するという積極的脱敏感化の一形態としての瞑想の効果から引き出されるものと言えるでしょう[130]。そしてそのプロセスにおいて、そのような体験は、より統合されやすい方法で変えられると考えられます。

加えて、日々のマインドフルネスと同様に、瞑想も、瞬間毎の体験を基礎に、私たちの体験や患者のそれが構築されてはさらにまた構築し直されるというプロセスを明らかにするのを助けてくれることでしょう。マインドフルな時、私たちは、自らの思考を表している言葉を「聞く」ことができます——意識の片隅でひそひそとささやく声から、イヤでも聞こえてくる熱弁まで。私たちは、感情が一時的に自らをぎゅっとつかまえるところから、それが消えていくところまでを感じることができます。また、身体感覚および知覚的感触が、現れては消えていくのを体験することができます。そして、これらの自らの体験の多様な表象が、どのように相互作用するのかということに注目することもできます。すなわち、ある思考はある感情あるいは身体感覚を、ある身体感覚はある思考あるいは感情を、ある印象はある感情を、など——を導き出すかもしれません。**そして、私たちは現在の瞬間に立ち戻ることができるのです。**

自らの展開しつつある体験の軌道に追従していると、必然的に、少なくとも二つのことを学びます。第一に、私たちの「今ここ」への注意は、繰り返し見つかったり失われたりするということです。すなわち、私たちは、現在に在ったりなかったり、気づいていたりいなかったりする可能性があるのです。第二に、体験とは流動的な解釈であり、行ったり来たりする心の状態において結晶化される思考、感情、感覚の万華鏡のごとき相互作用を通して、次々に再形成されるということです。これに関連して、仏教心理学の基本的教義——すなわち、私たちが**自己**としているものは、それ自体が絶え間なく流転する、ゆえに、固有の自己、永続的自己、不動の自己などというものは幻想にすぎないのだ、という教義についても考えてみるといいでしょう。

✤マインドフル自己と反省自己

さて、反省自己および見かけと現実との区別へと、ぐるりと戻ってみると、そこでもマインドフルネスは、心理状態の「**単に表象にすぎない性質**」に関するさらに深い理解へと私たちを導いてくれます[190]。つい先ほど述べたように、マインドフルネス訓練は、私たちが考え、感じ、感じとるものの持つ一時的で変わりやすい性質を知る手段を提供します。

マインドフルスタンスは、反省的スタンスやメンタライジングスタンスとは異なりますが、それらの持つ影響力は同様のものと思われます。すなわち、心理状態とはただ単に心理状態であり、客観的と言うよりもむしろ主観的で、固定的と言うよりもむしろ流動的であり、私たちである何かと言うよりもむしろ私たちが持っている何かである——という認識を促進するのです。手短に言えば、マインドフルネスは、メンタライジングと同様に、埋没の解決策として働く可能性があるのです。

加えて、マインドフルネスは、メンタライジングがその最も発達した形、すなわち「メンタライズされた情動性」[97]においてそうするのと同様に、「社会的‐情緒的」右脳と「解釈する」左脳との統合を促進します。まさしく反省自己が「感情について考え、考えについて感じること」（ターゲット、二〇〇五、私的対話にて）を可能にするように、マインドフル自己も、思考から感情へと情報を流したり、感情から思考へと情報を流したりすることを可能にするのです。

それどころか、マインドフルネスはまた、メンタライジングが提供しないことまでも提供します。**マインドフル自己**は、反省自己に気づいているうえに、体験を反省することと体験するために十分に現在に在ることとは全く異なるということにも気づいているのです。繰り返し気づきに気づくようになることを通して、私たちは「**自己表象から気づきそれ自体へと主観の所在をシフトします**」（エングラー、二〇〇三）。このように、マインドフル自己体験は、「内的観察者」を強化するための潜在力のみならず、私たち自身の中心にある、自分は何者かという深遠でゆるぎない感覚に接近するための潜在力をも持っているのです。先にも言及しましたように、仏教心理学・訓練におけるマインドフルネスのきわめて重大な目的とは、自己核に在るのは全くの無自己であり、むしろ「気づきの体験の絶え間ない流れ」なのだということを発見することです[93]。なお、精神療法において、この「無我」の悟りに近いのは、理解と成長のための潜在力を抑制している**具体化された自己イメージ**（たとえば、全く一人でも平気だとか、あるいは全く無力だとかの）への情緒的投資を徐々に剥脱するということでしょう。

言うまでもないことですが、反省的スタンス（私たちが自らの体験におけるパターンを経時的に理解するのを助ける）とマインドフルスタンス（私たちが現在の瞬間の体験に深く存在するのを助ける）のどちらかを選ぶ必要はありません。精神療法においては、両スタンスとも癒すことができますし、各々がもう片方の可能性を引き出すことでしょう。フォナギーが断言しているように、マインドフルネス訓練は、確実にメンタライジングを強化します。エクマンの所見、すなわち熟練された瞑想者には「表情から心を読みとる」高度に発達した力があるという所見は、行動を通して表現される心理状態を認識するということを意味するメンタライジングと同じ方向性にあります。同様に、情動調節、共感および信頼に寄与しているメンタライジングは、まさしくマインドフルスタンスをより到達しやすいものにすることにも寄与していると言えるでしょう。

メンタライジングとマインドフルネスとの関係は、何やら曖昧なものかもしれませんが、その両者に価値があるということ、また患者を理解し、深くかかわり、助けになるための私たち治療者の努力において、それらが相互に支え合う役割を演じているということを、疑う余地はないでしょう。両者とも、安全基地体験の内在化や、統合、そして患者が自由に感じ、反省し、愛する力を強化する心的空間を開くことに寄与していると思われます。

◆原注

1　これらの被験者は、毎週二～三時間の瞑想指導セッションに八週間、そして追加の一日コースの黙想に参加しました。

2　もう一人の非常に熟練した瞑想者と共に、この僧は、エクマンが試験したほかの五千人のどの被験者よりもはるかに高いスコアを示しました。

3　精神分析家で仏教教育者のバリー・マジッドは、瞑想の持つ影響力について、次のように記述しています。すなわち、「呼吸に追従し、考えに名前を付けることは、まず、葛藤的情緒に打ちのめされたり、連想や沈思黙考の流れにより一掃されてしまったりすることのない安定した内的『観察者』をつくり上げることへと導いていく」と。

4　弁証法的行動療法（リネハン、一九九三）は、座禅瞑想に感化されたマインドフルネス技法を用いていますが、それは正式な瞑想訓練を用いているわけではありません。

第十章　愛着理論の臨床的側面を深める

――間主観性と関係性の視点――

ボウルビィの独創的洞察に感化された研究は、人間発達を関係的プロセスとして理解するための経験に基づく枠組みを、精神療法家に与えてきました。したがって、愛着理論は、発達に関する関係性理論であり、またおそらく内的世界、防衛および精神病理に関する関係性理論でもあると考えられます。それは**臨床理論**ではありませんが、それでもなお、明らかに精神療法にとって非常に豊富な含蓄を含んでいます――すなわち、愛着理論の臨床的補完物としての間主観的視点および関係的視点へとまっすぐに向かわせる、次の二つの含蓄を。

第一に、発達とは基本的に関係的プロセスなので、精神療法が健康な発達の再開を促進するためにあるのならば、それは関係的観点から理解されなければならないということです。第二に、非言語的なかかわり合いの発達における重要性を思えば、精神療法は、患者が言語的に接近することのできない過去の体験領域および潜在的体験領域へと到達するための好機を見出さなければならないということです。

ところで、臨床的に言って、関係的観点から精神療法を理解することとは、正確には何を意味しているのでしょうか？　また、患者が言葉にできない体験と結びつけるようになるためには、私たちはいったいどうすればよいのでしょう？　愛着理論における関係性の強調と並んで、精神分析におけるいわゆる「関係性への転換（relational turn）」が、これらの疑問に対し、非常に有用な解答を提供してくれます。

ワン・パーソン・サイコロジーを越えて

メインとフォナギーが、愛着の安定性の前言語的・関係的起源に関して研究していたのとほぼ同時期に、多様な学派に属する精神分析家が、患者との治療作業について、それと密接に関係している観点から綿密に調べていました。ちょうど愛着研究が、個人の内的作業モデルの性質はそれが形作られる関係性の性質に左右されるということを示してきたように、これらの精神分析家は、治療における患者の体験の性質は治療関係の時々刻々の性質に左右されるということに注目していたのです。

臨床的証拠（彼ら自身の患者としての体験をいくつか含めて）に基づき、彼らはまさしく「ワン・パーソン・サイコロジー」の持つ重大な限界性を認識していたところでした。この「ワン・パーソン・サイコロジー」という用語は、次の仮定を示しています。すなわち患者の思考、感情、行動は、基本的に全て内側から生じるということ、またそれゆえ治療的注意は患者の精神内的作用に集中されるべきだということです。

それに対し、関係的、間主観的、あるいは構成主義者と呼ばれるに至った臨床家は、患者の「心的現実」は、治療カップルにおける**両パートナーにより共同で創造された**経験的現実という文脈でのみ有意義にとり扱われるだろうと主張したのです。ちょうどボゥルビィが、両親の行動の現状が子どもの発達に影響するということの承認を求め、強く主張してきたように、「ツー・パーソン・サイコロジー」の提唱者は、今日、患者の思考、感情、行動は、常に（少なくとも部分的には）治療者に対する反応であると主張しています。治療者の善意の介入のほかに、**無意識的**な関与という実情も、患者に影響を与えていると言うのです。

この視点からみれば、治療者も、患者と同じく、個人としての主観をオフィスの扉の外に置いてくることなどできませんし、治療者が自らの無意識、脆弱性および自らの理論の影響を否認したり除去したりしようとする努力は、破滅的であるばかりか反治療的でさえあります。治療者の「減じることのできない主観性」[233]という現実は、治療者の（仮定としての）冷静な客観性という能力に由来する権威ある真実の仲裁人という資格を剥脱してしまいます。それどころか、治療者と患者は等しく親密な関係性という不可避的状況に支配されているのです。（ここで言う親密な関係性とは、スティーブン・ミッチェル[212]、ロバート・ストロロウ[294]、ジェシカ・ベンジャミン[23]の全員が、**相互互恵的影響**［**mutual reciprocal influence**］と呼んでいる関係性のことです。）

そのような影響を認識することが、精神分析におけるパラダイム転換の核心です。すなわち、それは今や、何が有効な精神療法を構成しているのかということに関する発想の主流さえも変えつつあるのです。「間主観性理論」は、この新たなパラダイムにとって最良の包括的用語と言えるでしょう。第四章で述べたように、間主観性とは「ある関係性における二人の人の意識的・無意識的主観性の互恵的影響」と定義されています[218]。私は、次のことを付け加えたいと思っています。すなわち、間主観性における「間（inter）」は、患者と治療者の体験は共に**かかわり合い**（**interaction**）を通して創造される（したがって、個人は二人組に埋没している）[原注1]という現実を強調しているのに対し、間主観性における「主観性（subjectivity）」は、治療的客観性という誤謬《ごびゅう》と、それよりも情緒的応答性の高い治療者だからといって主観を減じられるわけではないのだと仮定することの利点とを強調しているということです。新たなパラダイムに関連する臨床的革新は、①ある種の治療的多元論に賛成するために、どの標準的技法をも拒絶するということ、②慎重な自己開示という選択肢の開発、③洞察や新たな体験への中心経路であるのみならず、それらの潜在的障壁にもなりうるものとしての転移－逆転移エナクトメントに焦点づける——という三点を含んでいます。

愛着と間主観性
——収斂し、補完し合う理論

愛着研究は、患者と治療者が相互互恵的影響を及ぼし合うのは避けられないということを強調すると同時に、その説明を助けてもいます。間主観性理論も同じことをしていますが、それに加えて、問題にもなりうるが資源にもなりうるというこの影響をとり扱うための概念的・技法的手段をも提供しています。

ボゥルビィは、乳児期およびそれ以降、私たちは無意識的に、自分が依存している人に適応している（これらの愛着人物が自分にとって良いか悪いかにかかわらず）ということを認識しました。この、時には自滅的となる適応は、多くの場合、成人期の愛着をも運命づけます。さて、言うまでもないことと思いますが、患者とその治療者は、互いに依存し合っています。私たちは、患者がどれほど治療者に依存しているかを知っているのに、患者に関する私たち自身の要求に関しては、あまり考えない傾向があります。

もちろん、そのような私たちの要求は、多種多様です。個人開業しているとすれば、患者に経済的に依存しています。このような現実的依存性のほかにも、私たちはまた、患者に関し、いわゆる自己愛的要求、すなわち個人としても専門職としても私たち自身を良いものとして感じていたいという要求を抱いています。私たちの心理構造によっては、自らが有能で役に立ち、親切だとか、力強いなどと感じられるように、患者が助けてくれることを当てにしているという場合もあるでしょう。また、私たち自身がもっと安心できるように患者が助けてくれることを当てにしているという場合もあるかもしれないのです。

互恵的影響には多重の源がありますが、私たちが依存している人にまつわる要求や願望は、確実にその一つです。患者と治療者の依存性（それは相互的ではありますが、必ずしも左右対称ではありません）は、適応のための可能性に富んだ境域へと通じていますが、その可能性は、助けになる潜在力を持つ場合もあれば、逆に非常に問題となる場合もあります――特に、それらが認識されていなかったり、はっきり表現されないままでいたりする場合には。愛着理論は、この患者と治療者の相互依存的かかわり合いが生み出しうるパターンのいくつかを明らかにしています。

間主観性理論は、相互互恵的影響の不可避性および浸透性について強調しているだけでなく、治療者にいくつかのアプローチを提唱してもいます。すなわち、各治療関係を特徴づける共謀（および衝突）に対し、（患者との）共同作業による応答を潜在的に生み出しうるアプローチです。これらのアプローチの核心は、①患者‐治療者関係への私たちの埋没により転移‐逆転移エナクトメントが生じることは不可避であるということ、また②それは当初は無意識的で、患者と治療者の要求と脆弱性とが重複したものを反映しているということ――を認識することです。間主観性理論は、伝統的分析概念の抜本的再考に基づいて、これらのエナクトメントにアプローチしていきます。

✤治療者の個人的まき込まれ

関係性の用語により、転移、逆転移、抵抗、中立性について再定義しながら、その理論は、治療者役割を人間的にし、愛着関係の発達をめざしつつ患者を尊敬する姿勢を強調しています。また、新たなパラダイムでは、私たちは、患者と同様に、治療的かかわり合いにおいて起きていることに**常に**関与していると考えます。

したがって、患者の**転移**が治療者の関与という現実性から完全に分離されるということは、ありえないのです。またそれゆえに、転移の探究は、治療者に関する患者の視点には、今ここでのもっともな根拠があるという想定に基づいて行われなければなりません。**逆転移**は、治療者の不可避的に主観的な（しかしそれでもなお有益な）患者に対する反応を表しています。逆転移は、患者の転移を明らかにするのみならず、部分的にはそれを形作ってもいるため、治療プロセスを促進する潜在力と、それを妨げる潜在力とをいずれも持っていると言えます。**抵抗**も同じく、患者と治療者のかかわり合いにおいて共同創造されるものとして理解されます。それだけに、それは対抗するものと言うよりも、むしろコミュニケーションとして再考されています。また、治療における**中立性**の目標とはすなわち治療者の価値観や性格による影響から患者を隔離する努力ですが、間主観性の枠組みにおいては、そのような中立性は、不可能な、誤解をまねく理想であると同時に（あるいは）、患者と治療者がある特定のエナクトメントの持つ支配力をゆるめるように共に作業するなかで一時的に達成される以外にはありえないこととされ、かなり違ったものとみなされています。

伝統的想定では、治療者は治療関係の中立的観察者でありつづけるために、治療者の**個人的まき込まれ**が最小限になるよう制限する努力が推奨されていました。最良の場合、この伝統的スタンスは、患者の自律性への尊敬を反映していました。最悪の場合、それは治療者をよそよそしい存在へと変えてしまいました。すなわち、治療者の情緒的不応答性と、ありえない客観性を求める自己欺瞞的要求とが、患者の陰性転移を引き起こし、頑なにしてしまいがちだったのです。

もちろん、関係的アプローチは、非常に異なるスタンスへと導く全く異なる想定に基づいています。

この枠組みでは、治療者は観察者であるのとまさに同じくらい、患者との関係性への関与者でもあるのです。私たちの真正な個人的まき込まれや情緒的応答性、そして不可避的な主観性は、妨害になるどころか、成功裏に進んでいる全ての精神療法の本質的特徴なのです。この場合、役に立つ理解を得るための最良の望み《ベストホープ》は、患者の主観的体験のみならず私たち自身のそれをも調べることをいとわない姿勢の中にあるのです——それ自体が治療的変化の推進力となりうるような関係を、**共に**創造しながら。

間主観性理論は、ワン・パーソン・サイコロジーおよびフロイトの最初の規定、すなわち、分析家はブランク・スクリーンとして、映し出す鏡として、あるいは精神的外科医として機能すべき[原注2]だという規定に対する反応として生まれたものです。転移－逆転移の持つ力に関する正当な関心から引き出されたこととはいえ、分析家は自らの主観性に従う行動を消すべしというフロイトの勧告は、実行不可能であるのみならず、しばしば反治療的でさえあったからです[原注3]。

この単項的アプローチに異議を唱えながら、間主観性理論および愛着理論は、親密で共同創造される関係性を、発達のまさに核心として位置づけることに収斂しています。それらの理論はまた、発達する自己は、共同創造される関係性において認識され、表現することを許容された思考、感情、行動という機能として現れるという理解をも共有しています。早期発達においても精神療法においても、より包含的な関係性は、より統合された内的世界を生み出すのに対し、体験の全範囲を包容することのできない関係性は、解離に特徴づけられる内的世界を、子どもの中では作り上げ、成人の中では維持するのです。

✤統合、解離、多重性

ボゥルビィとメインが不安定愛着の個人の多重（すなわち、矛盾していて相容れない）作業モデルと呼んでいるものは、本質的には、発達上の関係性に居場所を作ってもらえなかった体験の所産です。それらはつまり、結果として解離されざるをえなかった体験なのです。そのような解離された体験は、優勢の自己感から防衛的に排斥されますが、そのプロセスにおいて、それらもまた保存されます——言わば、未熟な形として。

対人関係精神医学の父、ハリー・スタック・サリヴァンは、『人の個人性についての錯覚』[296]という有名な報告において、人は人間関係の数だけ異なる自己を持つと主張しています。この時点で、サリヴァンは、現代の関係性臨床家および間主観性臨床家の研究、すなわち**自己の多重性**および**社会的に構成される自己**という観点からの著述（部分的には愛着研究家の結論と重複するかたちで発達のなりゆきについて記述されている）を、予示していたと言えます。

この「社会構成主義者」の視点においては、私たちは皆、多重の自己（すなわち各々の自己に相当する各々異なる感情、記憶、態度、衝動のセット）を持っており、また同時に、私たちのほとんどが、単一の自己であるという「適応的錯覚」を維持することもできます。[51]そのような自己とは、固定的なものではなく、むしろ流動的なものです。すなわちそれは、対人関係のさまざまな文脈で、さまざまな形を呈するのです（ここでおそらく、前章でふれた、自己の仏教的視点、あるいは無我［no self］の木霊《こだま》が聞こえてきたことでしょう）。重要なことに、この多重に構成された自己という心理は、愛着研究の所見、すなわち矛盾している作業モデルは状況依存的であるという所見と首尾一貫しています。つまり、それらが出現したり活性化されたりするのは、状況、すなわち内的状況（たとえば、憂鬱気分）および外的状況（たとえば、現実世界の失敗）次第だということです。

間主観性臨床家や関係性臨床家にしてみれば、健康か病理かという問いは、これらの多重自己がどの程度統合されているか、あるいはいないかということにかかわっています。別の言い方をすれば、私たちの異なる自己感の間に、コミュニケーションの通路はどのくらい開いていますか？　（その）患者は、現在の心理状態とは異なるさまざまな心理状態と、どのくらい容易く結びつくことができますか？　ということです。これらの問いに関し、愛着理論と間主観性理論は、またしても収斂します。すなわち、いずれも自らの体験への自己の**接近**の性質へと焦点づけているからです。

多重の自己感の統合の失敗へと帰着する発達軌道について論じるなかで、関係性理論家は愛着研究家と一致して、最重要の関係性において適応されえなかった体験は、抑圧されるというよりもむしろ解離され、未発達なままとなる傾向があるということを示唆しています。それらは防衛的に「忘却」されるのではなく、むしろ意識の片隅へと追いやられるのです。そこで、それらは望まれない自己の部分、あるいは否認された自己の部分として残るのです——異なる状況により規定される新たな心理状態の文脈において、以前は瑣末な存在だったものが今やまさに全ての中心になるという、その時までは[51,72,291]。

たとえば、私の患者で、自分のことを並外れて気前がよく思いやりのある人間だと思っている人がいました。彼女にしてみれば、その考えは、自分自身に関して良い感情を抱くためにまさしく重要なものでした。彼女は若かりし頃、幻想と信念の中間に、自分自身に関するヴィジョン、すなわち彼女の非凡なほどの「親切さ」や「善良さ」ははっきりと目に見えるものなので、彼女とふれ合う人々を精神的に高め、変えられるかもしれない、というヴィジョンを、ずっと持っていたのだそうです。たぶん予想通りでしょうけれど、この患者は、幼少時、自らの怒りを抑制せざるをえませんでした。そうしなければ、父親の憤怒を危険なほどにエスカレートさせてしまいかねなかったからです。今や、彼女自身が新米の親になりましたが、ひどくむずかる息子（乳児）にコントロールできない怒りを引き出されてしまうことに気づき、深く動揺しているのでした。彼女はこの行動に関し、こう主張します——「それは**私**じゃないわ！」と。ここでは明らかに多くのことが起きています。すなわち、彼女の苦悩とは、①彼女の人間としての特別な優秀さをもってしても息子をなだめるには不十分だということ、②息子がまるで彼女の父親のように、彼女が抑制してこざるをえなかった種類の感情を表現しているのを見た時の、憤怒に対する彼女の脆弱性、③自分もまた怒る親なのだとすれば、きちんとした親であるはずの彼女が抱く困った感情——です。ここでの治療課題は、この患者の自らに関する矛盾した体験を統合し、そして調節することでした。矛盾した体験とはすなわち、彼女が自分の安全と父親への愛着とを守るために否認し解離してきた怒りと、自尊心の源として誇張しつつしがみついている善良さのことです。

ご存知の通り、「解離」とは、少なくとも二つの意味を持つ用語です。すなわち第一に、解離とは、防衛的に現実感を修正することを意味しています。これは、患者が、ぼうっとする、身体を離れる、あるいは自分が存在しないと感じるといった体験について述べている際に言っていることです。第二に、解離とは、ある人が普段思っている自分自身とは相容れない体験を切り捨てること（splitting off）を言います——先の患者が、自分の怒りについて、「それは**私**じゃないわ！」と言ったように。

後者の意味での解離は、自己の各局面を統合せずに分離させるという内的作業モデルの特徴です。解離の度合いが大きければ大きいほど、自己感は、より矛盾していて、不連続的で、不安定で、混乱したものとなりますし、そのうえ「多重自己」間のコミュニケーションがより少ないということにもなります。極端に病理的な場合には、解離性同一性障害（多重人格障害としても知られている）をみとめるでしょう。その場合、異なる自己がお互いの存在にほとんど気づいていないかもしれません。連続体においてその対極にあるのは、いわゆる「解離の島々(islands of dissociation)」です。それはすなわち、最も健康的な人でさえもするような体験を特徴づけているものです。その中間のどこかに、不安定で無秩序な個人の、断片化された「多重の」作業モデルがあると言えます。

解離の意味において、愛着研究家と関係性理論家との間に相違があるとすれば、それはこういうことでしょう。すなわち、愛着の世界では、解離は、安定型の個人の精神構造においては全くもって重要な役割を演じていません。対照的に、関係性理論家の間では、解離は人間である限り避けられない局面とみなされています。どんなに普段の自己感が統合されているとしても、私たちは皆、情緒的に圧倒される体験をすることがあるので、時には皆、必然的に「正常な解離」と呼ばれる手段に頼ることがあるだろうと言うのです。「正常な解離」とはすなわち、私たちが考えたり、感じたり、あるいはしたりしていることが、普段の自分自身の感覚と全く結びついていないという一時的な心理状態の体験を言います。

臨床的含蓄として、愛着研究と関係性理論は、発達的関係性のモデルを精神構造にも適用し、精神療法は、患者の解離された、またそれゆえしばしば未発達となっている体験の局面を統合することにつながるものであるべきだと示唆しています。すなわち、治療者は、（安定型乳児の親のように）最大限包含的な関係性を創造することをめざすべきだと言うのです。この見地から、精神療法は、治療者の主観性を資源として重視するようになってきています。なぜならば、治療者の主観的体験は、時々、患者の体験のうち、以前の発達的関係性の文脈では解離されざるをえなかった局面を包容すると考えられているからです。これに関連して、私たち自身の多重自己の中のどれが患者とのかかわり合いにおいて現在活発になっているかを問うということも有用でしょう――関係性の共同創造される性質により、その問いに対する答えは、私たちが今かかわっている患者の多重自己を理解する助けになるかもしれませんから[214]。

伝統的概念の再考――精神療法を民主化し、治療者役割を人間的にすること

ボゥルビィと彼の後継者たちの発想は、患者が潜在的に治療者を新たな愛着人物として体験できるような治療関係という有力なヴィジョンを提供しています。したがって、愛着志向療法は、ある程度、最良の親子関係をモデルにしていると言えます。

同様に、このモデルの影バージョンと呼べるであろう伝統的分析アプローチは、治療者に、大いに権威ある臨床家の役、すなわち患者の依存性により誇張された親の含みを配役します。ここでさらに違いを明確にしているのは、患者の視点は無意識的願望、防衛、幻想により歪められていると予想されるのに対し、臨床家は客観性を持って理解する特権を与えられているという仮説です。

きわめて対照的に、新たなパラダイム（治療的客観性という虚構を解体し、転移は歪みであるという伝統的信念を拒絶することによる）とは、治療関係を民主化することだと言えるかもしれません。理由はこの後、説明しますが、そのような、治療者が**労せずして得た権威**に異議を唱え、患者により大きな信頼性を付与するという「平等化」アプローチにより、患者は、治療者を新たな愛着人物としても安全基地としても体験しやすくなることでしょう。同時に、このアプローチにより、精神療法において患者が子ども扱いされるというリスクも減少するようです。

客観的観察者としての治療者というありえない理想を放棄するということは、専門的技術や権威を持たないということを意味するのではなく、むしろこの専門的技術および権威のほうに特別な根拠があるということを意味しているので、ご注意ください。すなわち治療者とは、治療関係の文脈において現れる、患者の慣れ親しんだ体験パターンおよびかかわ

り合いのパターンを、認識し、探究し、変化させるプロセスの専門家なのです（あるいは、そうなるべく訓練を受けることができるのです）。

間主観的視点によれば、このプロセスは、治療者の患者に対する感受性に左右されるだけではなく、治療者の認識力、反省力、そして願わくば関係性における治療者自身の特徴的な関与のあり方を変える力にも左右されると考えられています。そのような「自己反省的応答性（self-reflective responsiveness）」（ミッチェル、一九九七）は、転移のような伝統的なワン・パーソンの概念をツー・パーソンの文脈に再配置することにより促進される可能性があります。ツー・パーソンの文脈のほうが、関係性において患者が在る在り方、関係性において治療者が在る在り方、そして二人のかかわり合いを明らかにすることに慣れていると考えられるからです。

✿転移の再定義

フロイトが、過去の関係性が現在のそれを形作る（大変重要なことに、患者の治療者との関係性を含めて）ということを発見した際、彼はとてつもなく有力な臨床的資源をもたらしてくれました。転移を介して、患者は自分自身や他者に関わる最も問題の多いパターンを体験し、理解し、変化させられる可能性があるということは、今や自明のこととなっています。解決できそうにないほど痛ましい過去の困難でも、治療者と共に居るところで再現されるならば、患者には、苦しくも慣れ親しんだシナリオを徹底操作するためのセカンド・チャンスが与えられるのです——そしてきっと、今度はそれらを解決できるでしょう。

最初の転移概念によれば、患者は幼少時からの重要な人物に関して以前体験した感情、思考および行動を、治療者に置き換えるものとされていました。このような患者の過去の現在における表現は、生育史により排他的に決定される論理に従って展開されるものとされ、治療者という現実存在の影響からは全く切り離されたものとして考えられていたのです。このモデルでは、治療者は患者の転移が投影されるブランク・スクリーンとしてそこに存在するということになります。したがって、転移は、現実の人間としての治療者を正確に知覚することができないという患者側の歪みとして理解されていたのです。

関係論的視点[9,10,147,150,153,212,214,215,233,234,236,237]では、相互的影響の不可避性からみて、治療者とは患者が転移というドレスを着せた、なにやら特徴のないマネキンと同等の機能である、という概念については、どう考えてもありえないこととして放棄しました[316]。また、臨床家の動機や態度に対する患者の視点が当てにならないのはわかりきったことだというそれと同種の信念に関し、ギルとホフマン[126]が調査を行ったところ、分析家の逆転移についての患者の知覚は、しばしば分析家の**自己査定**よりも正確だということが明確に示されました。

分析家の匿名性という目標は、非常に問題の多いものです——患者にとっては自明のことですが。現実には、治療者の個人的性格は、治療関係に影響を与えているのですから。同様に問題の多いものとして、患者の治療者に関する知覚＝歪んでいるという等式により、患者の判断を暗々裏に軽視するということがあります。転移に関するこれらの伝統的仮説は、治療者が安全基地として体験される潜在力を、容易に土台から侵食しうるものです。時には、それらは従順さを引き出し、偽の治療と呼ぶにふさわしいものを生み出します。また時には、それらは手に負えない反抗（あるいはそのほかの陰性転移）を引き出し、治療者が解釈的に応答する際（傷つけるための「洞察」を添えて）には、その反応はさらに激しいものとなることでしょう。

間主観的枠組みにおいては、転移はもはや歪みとはみなされません。なぜならば、患者の治療者に関する知覚には、必ずといっていいほどもっともな根拠があるからです。代わりに、転移は、治療者の行動についての信頼に値する多くの解釈があるなかで、患者がただひとつだと信じずにはいられないという事実に反映される硬直性という類のものとみなされています。したがって、転移とは、選択的注意および選択的感受性に関わるものなのです。それは、治療者の人間性《ペルソナ》（persona）という現実性から切り離されたものと言うよりはむしろ、患者の関係性を体験する習慣的傾向を表していると理解されます。重要なことに、この枠組みにおいては、転移は解釈されるのみならず、構成されるのです。すなわち、臨床経験により、しばしば患者は、対人関係の現実に関するその患者特有の解釈の裏づけを引き出すように振舞っているということが確証されています[10,125,212,236,237]。

私たちの態度や動機についての患者の考えが、私たちの自己知覚とかけ離れているからといって、それをまるで根拠のない幻想の領域へと委ねてしまうことは、ほとんど常に誤りです。私たちが自分自身について知りえないことを、部分的には、ほかの人は知っているかもしれないのです。私たちはあまりにもたくさんのことを無意識のままにしているので、いついかなる瞬間においても自分がどの程度自己認識できているかに関し懐疑的でいることと、患者を私たちの気づいていない私たち自身の局面を同定する助けになってくれる潜在的協力者とみなすこととは、いずれも必要不可欠です[8,9,147]。

技法的には、私たちが、患者の転移の視点のうち何がもっともらしいか（あるいは単純に正確か）を強調することから始められればベストでしょう。そのような尊敬の念に満ちた応答は、患者の思考や感情がどんなに狼狽させるようなものであったとしても、治療者はそれらを受け入れる用意があるということを、患者に信頼してもらうための基本です。この種の開放性により、解離された体験の統合を可能にするような包含性が育まれます。またそれにより、洞察につながる探究や、一部の患者にとっては修正感情体験となるような共同作業が促進されるかもしれません。

患者の転移反応のためにできるだけ広い空間を作ろうとするにあたり、私たちの行動や態度のうちで、患者のその「解釈」を導いたのは、正確にはどれだったのだろう？　と、声に出して自問することは、非常に役に立つでしょう。また、しばしば、患者が治療者をどのように体験しているのかを同定し理解するための最も効果的なアプローチは、治療者が患者をどのように体験しているのかを、患者に推測してもらえるよう励ますことだったりします。言い換えれば、患者の転移を把握するためには、私たちの逆転移に関する患者の考えを聞くことも必要だろうということです。最後に、患者が、私たちについて、本当は何を考え、感じているのかを直接表現するのを非常に嫌がるという場合には、彼らの転移体験を暗号化したり隠喩にしたりする事実解説としての治療外転移体験（extratransferential experience）に関し、彼らが伝えていることを聞くのも、しばしばその解明に役立ちます。

たとえば、ある患者は、その前日に会った内科医が彼女の医学的訴えを深刻に聞いてくれなかったことで、どんなに怒ったかということを、私に語りました。彼女がその医師との体験について述べるのを聞いていて、彼女は私に対しても怒っているのではないかと、私は推論し始めました。その可能性についてとり上げたところ、彼女は本当に私のことですっかり悩んでいたということがわかりました。つまり、私が彼女の問題を些細なことだと決め込んでいると、彼女は感じていたのだそうです。この彼女の印象に関して探究していくうちに、彼女は突然、彼女の訴えに対する私の応答は、**本当のところはどうだったのか**、と尋ねました。私は少々面食らいつつ、それでも彼女と、たった今私が気づいたことについて共有しました。すなわち、私は彼女の苦痛を**リアルに感じること**や、それを深刻に受けとるべきものとして応答することに苦労していた――という、彼女を不安にさせてしまいそうな事実を共有したのです。この応答は何か私の中にあるものと関係があるかもしれないし、私はそれについてもっとよく理解する必要があると思うけれども、それはまた、彼女がどんなに不幸なのかを私に伝える際に、しばしばそれを軽視あるいは否認したいと感じているようだった（と私には感じられた）ということも関係しているかもしれない――と、私は彼女に語りました。そうして、私たち二人を困惑させていたかかわり合いを生み出すうえでの彼女の役割および私のそれについての、つらいけれどもきわめて生産的な探究が始まったのでした。

このビネットが示唆しているように、新たなパラダイムは、患者の転移体験に関する開示を歓迎し、敬い、共感するスタンスを促進するのみならず、そうすることが役に立ちそうだと思われる際には、私たちが自分自身の逆転移体験を開示するための場所をつくるものでもあるのです。

✤逆転移再考

逆転移反応とは、フロイト[109]が「受容器官」と呼び「患者の伝達している無意識に対して」さし向けるべきものと考えていた分析家の無意識から現れる重要なデータの一部です。それだけに、それらは患者の解離された体験への活き活きとした接近の機会を提供してくれます。古典的には、治療者の心理的欠点から時々または挿話的に生じる邪魔なものとして理解されていたのに対し、新たなパラダイムでは、逆転移は、患者との進行中の関係性の特徴であり、もうひとつの「無意識への王道」とされています。

情報を伝えるリアルな潜在力、ことに、ちょうど患者の転移に影響している時にそれを明らかにする潜在力を持っている一方で、逆転移はまた、邪魔なものという最初の理解通り、妨害することもありえます。患者–治療者関係とは共同創造されるものなので、どちらのパートナーからも、体験と探究の自由な流れに障害物を導入することがありうるのです。たとえば、治療者の解離あるいは現在に在ることの困難さは、患者の解離された体験へと通じている扉を閉ざしてしまうことでしょう。したがって、逆転移の**トータリスティック**（**totalistic**）な概念（すなわち、治療者の主観的体験で、資源にも抵抗にもなるもの、という概念）は、精神療法の間主観的アプローチにおいて、絶対的中心役割を担っていると言えます。

この枠組みにおいては、逆転移を除去しようとすることは、不可能というだけでなく、好ましくもありません。ジョセフ・サンドラー[246]が、「逆転移役割応答性」と呼んでいるもの（すなわち、患者の期待通りになってしまう治療者の傾向）は、欠点になりうるのと同じくらい利点にもなりうるものです。逆転移をエナクトすることは、それを認識する前提条件と言ってよいかもしれず[233]、そのため治療者は、そこで優勢となっている対人関係の流れに心を動かされるままに、わが身を任せるとよいとされています。デール・ボースキーは、以下のように書いています。「分析家が、遅かれ早かれ意図していなかった仕方で情緒的にまき込まれるということがないとすれば、その分析が成功裏に終結へと進むことはないでしょう。」[233,236]　このように、まき込まれること、そしてそれにつづいて、そのまき込まれの性質を明らかにし、変化させることは、精神療法を有効に行うための必要条件と言えるでしょう。変化のための触媒としての、真正の非常に情緒的な対面というのは、患者の深い没入のみならず治療者のそれにも左右されるのです。[127,200]

この角度からみれば、私たちの有効性は、逆転移のエナクトメントを起こさないよう抑制することにより、実際に土台から侵食される可能性があると言えます。レニックが示唆しているように、熟練された臨床家がしばしばより効果的にかかわれるのは、逆転移をより十分に徹底操作できているためにそれをエナクトすることが少ないからではなく、むしろ逆転移に関してそれほど防衛的にならず、また逆転移に対する患者の反応を徹底操作する自らの力量に、より信頼があるからなのです。ポーカーフェイスをとることが情緒を下方調節するという研究所見についても考慮してみてください。[86]　匿名性を維持するために、逆転移反応を覆い隠したり黙らせたりしようとすれば、患者を情緒レベルで理解させてくれる活き活きとした主観的シグナルに接近しづらくなってしまうことでしょう。

介入に関しては、新たなパラダイムは、逆転移の慎重な開示を賢明に用いることを奨励しています（「慎重な」とは、進行中にさしたる考えもなしに何気なく出てしまったというような自己開示とは対照的です）。逆転移に声を与えることの詳細（すなわち、患者に対する私たちの体験を、声に出さずに情報として利用するよりもむしろ開示するということを、なぜ、いつ、どのように選択するのか）は、間主観性理論から湧き出でる技法的革新に対応するかたちで浮上してくることでしょう。

✤抵抗再考

伝統的視点によれば、抵抗とは、患者の精神の中にある何かが、決して気づかれずにいたいために生じるというものです。すなわちその起源は、精神内的なもの以外の何ものでもないということです。新たなパラダイムでは、抵抗とは、またしてもほとんど常に対人関係的な意味を持っています。この視点からは、それは患者−治療者間における共謀の産物、すなわち「何も新しいことや脅威となることは起きない」ということを保証するための共謀の産物として理解できます。別の言い方をすれば、患者の体験（通常、耐え難い情緒的苦痛を感じさせられるような何らかの体験）に対する抵抗とは、治療者からの応答が助けにならないのではないかというおそれに関連しています。つまり、再三ですが、治療関係とは共同創造されるもの（相互互恵的影響の産物）なので、治療者が**どれほどまき込まれていないか**を判断するのは困難なのです。

この視点からは、私たちがこれまで抵抗の根拠とみなすようにと教えられてきた行動（患者の遅刻、表面的言動、感情にふれたがらない、のような）を、治療者による調律の性質（あるいは調律の欠如）に対する至極当然の合理的反応として、必ず考えるべきです。（どういうものであれ）抵抗を引き起こしている治療者の役割を患者がどう受けとっているのかを明らかにしようと試みれば、患者の反応の根底に先在しているものが何であれ（期待や恐れなど）、それを明らかにすることができるかもしれません。

もちろん、「抵抗」という用語それ自体が、けなすような意味を含んでいることは否めません。確実に、伝統的視点は、抵抗を、治療の進展に対する患者の無意識的**対抗**（**opposition**）として理解しています——まるで、患者がより多くを知ったところで、自分の愚かさをすぐさま棚上げにして話を前に進めるだけだろう、というように。しかし、患者が最も自らの利益になることに対抗したり、治療者に対抗したりしていると考えてしまえば、治療関係に対立的な雰囲気を生じさせてしまう危険がありま す。さらには、それは患者に罪深い秘密を隠す人の役を配し、治療者に道徳的に勝《まさ》っている刑事あるいは聖職者の役を配してしまいかねません。どちらの文脈も、患者が言ってはならないことを言ったり、以前には知らないままにしておかなければならなかったことを知ろうとしたりするよう励ましそうにはありません。したがって、古典的な抵抗概念は、探究と統合に対する障壁として働いてしまいかねないと言えるでしょう。

対照的に、指導的な関係理論家チャールズ・スペッザノ[279]を含む著述家は、主流に属する精神分析家ロイ・シェーファー[249]と同様に、抵抗を、患者にとって耐え難く、また言葉にするのが難しい体験の局面に関するコミュニケーションとみなすことを提唱してきました。この視点によれば、患者は、自分では抱えきれないものを間接的に伝えたり、無意識的に治療者の中に呼び起こそうとしたりしているということになるでしょう。要するに、抵抗のコミュニケーションという側面に留意することは、患者の解離された体験に気づき、その統合を可能にするためのもうひとつの道すじになりうるということです。

✤中立性再考

伝統的理解における中立性とは、①ある結果 対 別の結果 という時、治療者側からどちらかに肩入れをしないこと、②治療者の性格、価値観、理論の患者への影響を減じること――です。新たなパラダイムでは、そのような中立性は、最良の場合には、理想的、すなわち治療者の不当な影響から保護することにより、患者の自律性を守り、患者に葛藤をもたらしている矛盾し合う側面のための居場所をつくるものとみなされますが、最悪の場合には、それは誤解を招くような錯覚であり、成し遂げられないものとみなされます。なぜならば、治療者の主観性がつるし上げられもしなければ隠されもしないということになりかねないからです。主観性は貴重な治療的資源でもあるので、そのような中立性ならば望ましくもありません[235,293]。

間主観性理論家は、私たち治療者が、意識的に自らの主観を「括弧でくくる」よう努力したところで、実際には、**無意識的に**患者に影響を与えようとしてしまう見込みを増大させてしまうだけだと主張してきました。私たちが自らの主観的応答に関し、すすんで知ろうとし、細かく調べようとしたほうが、患者の自律性は、より成功裏に保護されることでしょう。それらが患者に対しどう影響しているのかを調べることも、また同様です。これに関連して、レニック[237]は、治療者が「カードの表を上にして遊ぶ」時が、しばしば患者にとって最も役に立つと主張しています。

ここで根底にある仮説は、治療者も患者も客観的ではありえないということです。どちらも現実を特異的な視点で見るし、またどちらかの視点に権威があるということも考えられません。古典版の中立性をめざすことにより、私たちはそれらの有用な視点の持つ利益を患者に与えないということにもなりかねないのです。また、患者の自己探究を効果的に促進するためには、時には、私たちは、自らの視点を提示する必要があるでしょう――それが受け入れられることをねらってではなく、むしろそれについて考えるために。

間主観的視点からみた中立性とは、患者と治療者が、いくつかの対人関係的抵抗を共に効果的に徹底操作することにより共有された達成と言えるでしょう。そうするなかで、患者と治療者は、現在の関係的現実に関する特定の解釈に汲々《きゅうきゅう》とするのではなく、広々とした可能性の感覚という新たな始まりを生み出すのです。そのような「中立性」の体験とは、転移–逆転移という連動し合う強制力から、つかの間、解放されているということを反映しているのでしょう[123]。

臨床レパートリーへの間主観性の寄与

間主観性理論は、関係性領域における治療者の理解力／介入力を高める重要な臨床的革新を生み出してきました。愛着関係とは心理発達が生じる主要な文脈であるという経験的所見を考慮すれば、これらの革新は決定的に重要なものです。具体的には、それらは、①包含性、②断絶を修復する用意があること、③葛藤や不和に関し効果的に交渉すること――を特徴とする治療関係に向かって進んでいます。それらはまた、治療者が患者の非言語的体験に接近したり、メンタライジング力およびマインドフルネス力を強化したりする際の助けにもなるのです。

✤エナクトメントの弁証法

関係性の枠組みにおいては、転移と逆転移はつながっているため、どちらも個別的に理解することは不可能です。治療者の注意は、転移－逆転移として理解される対人関係の混合物へと向けられるのが最も有用です。事実、転移－逆転移エナクトメントに焦点づけることは、間主観的臨床アプローチの核心です。エナクトメントが現れる互恵的影響のらせんにおいては、治療者の関与は患者のそれと同様に重要です。したがって、治療が癒しをもたらすためには、治療者も患者と同様に、変化しうるようでなければなりません。

エナクトメントとは、私たちが一時的に飛び込む臨時の体験ではないのだということを心に留めておくのは重要なことです。ヘンリー・スミスは、分析において「エナクトメントのない」やりとりを想像するのは無理である、と書いています。そして、デール・ボースキーが、「何が**エナクトメントではない**のかを言うのは、ちょっと難しい」と述べているのを引用しています。[275] なお、各患者と私たちとの関係において進行中のエナクトメントに気づけるようになることは、必要不可欠です。すなわち、エナクトメントが意識化されればされるほど、それらは治療課題が達成される中心文脈となりうるからです。逆に、それらが意識の外で自動的に展開すればするほど、それらは洞察や新たな体験に対する障壁として働くでしょう。

説明のために、次の臨床ビネットについて考えてみましょう。ロドニーという回避型愛着の中年男性患者が、彼の心配（すなわち、彼は人生において全ての人［彼の顧客、彼の妻］を権威ある人物にしてしまっている、という心配）を、声に出して語った時、私は突如、私とロドニーの面接も、まさにそれと同じ、予想通りの形を呈してきていることに気づきました。すなわち、彼は私のために、その一週間において成功あるいは失敗したと感じていることを広げて見せ、もし彼が彼の視点からみて進歩していると思っているようならば、私は暗々裏に彼を励ましていたし、もしそうでないようならば、彼がもっとうまくやれるように助けようとしていたのです。このパターンを反省してみて、私は明らかに、彼の要求のみならず私の要求をも表しているシナリオを、彼と共に演じていたのだということを実感しました。

権威者とみなした人に対する年甲斐もない卑屈さというロドニーの関心事が好機を与えてくれたので、私はその問題を彼と一緒にとり上げてみました。――**私たち**もまた、そんな感じでやってきたのではないでしょうか？　あなたは私を、ガイドか何か、あるいはあなたの努力を監視し、必要な指示を与えてくれる尊師としてさえ体験しておられるようなのですが――と、私の印象を提示してみたのです。また、あなたがその指示を成功裏に用いた時、あなたは報われたように感じておられたのではないか、またそうでなかった時には、おそらく支えがなくなったように感じておられたのではないか、と私は思っていました――と、付け加えました。

この瞬間まで、私は考えもなしに、そのシナリオにおける自分の役割を演じていたということ、またおそらく、その役割を楽しみすぎていたために、それは完全には私の意識にのぼらなかったのだろうということにご注目ください。ゆえに、ロドニーが、私たちの関係を、彼が引き合いに出していたそのほかの人たちとのそれに類似したものとして体験していたということに限っては、彼の暗黙の視点、すなわち私は彼に対して自らを権威ある人物に見せていたという視点は、歪みではなくて、私のスタンスに対する合理的な反応だったと言えます。この全てについて彼に話している間でさえも、私は彼が特徴的に私にお仕着せた権威的役割（そして私も特徴的に引き受けていた役割）から逃れられてはいなかったのです。

私の介入に対する反応として、ロドニーは、そのエナクトメントに全面的に賛成しながら言いました。「つまり、あなたは、これは何らかの回避されるべきことだと言っているのですか？」と。私は応答しました。「おそらく、これはあなたと私の十八番《おはこ》ですよね？」[a]　そして、彼の応答は、いわゆる（茂木健一郎の言う＝訳者）「アハ（aha）」体験でした。ところがその後に、彼が、前回の面接以後、求人への応募をしていないことに関し、半ば白状／半ば弁解を述べ始めた際、私は、エナクトメントが元通りになっていることに気づきました。しかし、なぜかその時、――このような形で会話を結んでいる私たちって、ついさっき話し合ったばかりのことを、またやってしまっているのではないでしょうか？　と、彼に尋ねようという考えは、私の心には浮かびませんでした。

言うまでもないことですが、このようなエナクトメントは、ありえないほどの粘着性を持っています。患者と一緒に、私たちもそれらにはまりこんでしまいかねないのです。再三再四、私たちは気づきを招集し、これらのエナクトメントを通して、何か期待もしていなかった有用なものが生じるような治療作業ができるよう主導権をとっていく必要があるのです。

ロドニーのような患者は、治療者との間に、①旧と新との間、②安全と危険との間、および③反復と変化との間――に在る力動的緊張を反映するようなかかわり合いのパターンを生じさせます。そして私たち治療者も、同様の緊張を体験します。すなわち、転移－逆転移構成の私たち側の役割をエナクトする引力と、この引力に身を任せたりそれに抗して反射的に防衛したりすることなくむしろそれを理解するために私たちの衝動を補強しうるような相対的「客観性」との間の緊張です。スティーヴン・スターン[290]は、これらの弁証法を、「反復する関係性」および「必要な関係性」という用語で論じていますが、それらはどちらも精神療法においてエナクトされる潜在力を持っています。

スターン[290]は、投影性同一視とは、患者が治療者を「コーチ」し、これらのパターンを（古い体験の再創造であっても、新たな体験を可能にするにして

a　訳注　原文は、“Perhaps, this is more of the same?” と表現されている。

も）関係性の中で生き返らせるための手段なのだろうと示唆しています。カレン・マローダ[200]が「身体から身体へのコミュニケーション（body-to-body communication）」と表現しているように、投影性同一視は、患者が投影しているものに治療者が同一化するように患者が治療者を扱う際に生じるとされています。[原注4]

スターンの弁証法的概念、すなわち患者はある時には**反復する**関係性を活性化し、また別の時には**必要な**関係性を活性化するという葛藤的衝動を持っているという概念は、愛着研究家の結論、すなわち不安定型の個人においては愛着に関わる優勢の心理状態とそれにより解離されがちな対抗する心理状態とが必ず同伴しているという結論に、非常によく適合しています。たとえば、愛着軽視型患者は、まるで情緒的親密さにはほとんど興味を持っていないかのように振舞うかもしれませんが、それでもなお、そのまさに否認されている傾向は、彼らが他者から情緒的要求を向けられているという圧力を期待し、それにとらわれる中に見つけられてしまうでしょう。

このような問題の多い過去を再創造するような応答を治療者から習慣的に呼び起こす患者はまた、当然、満たされていない発達上の要求を満たすような応答を暗々裏に画策することでしょう。反復を招く強い力に抗すれば、新たな関係的可能性が現れるような体験を求める患者と治療者との共有の願望が、そこに並んでいるのが見えてきます。

✤自己開示

新たなパラダイムを古典的なそれと区別する技法的変化が一つだけあるとすれば、慎重な自己開示という選択肢を開発したことが、まさにそれにあたります。[80,200] 関係論的視点によれば、治療者の匿名性を守ることは、不可能であるのみならず望ましくない目的でもあるということを思い出してください。その見地によれば、自己開示の禁止を擁護する伝統的な理論的根拠はなくなってしまいます。代わりに浮上してくるのは、治療者のレパートリーにこの介入を加えることを賞賛せずにはいられないような多くの理由です。おそらく最も重要な理由は、私たちの考えや感情を明白に開示することにより、患者がそれまで否認したり解離したりする必要性を感じていた体験を認識し「自分のものと認める（own）」のを助けることができるという事実でしょう。

フォナギー[96]のような愛着理論家が、子どもが自分自身の心を知るためには他者の心を必要とすると主張しているように、関係性臨床家[33,279]は、患者が否認している考え、感情、願望を統合するためには、彼らが自分ひとりでは抱えられない体験を一時的に**包容してくれる**治療者の精神（psyche）を必要とするということを述べています。治療関係においては、患者の「未思考の知」（ボラスのフレーズですが）は、治療者の内側に存在するようになるのです。

これらの状況下では、治療者自身の主観的体験が患者に対して開示されなければ（あるいは開示されるまでは）、それは十分利用されないまま資源としてとどまってしまう可能性があります。ここで根底にある仮説は、患者は自らの信念（ある事柄はあまりにも危険すぎるので、絶対に知ったり感じたり欲したりすることはできない、という）が真実かどうかを見極めるために、無意識的に、しかし意味深長に、治療者を試すということです。自分自身の「個人的」体験（たとえば、ある患者と共に居て、治療者自らが感じていることに気づいた悲しみ、というような）を包容し、考え、そして今やそれに声を与えようとしている治療者は、患者の「感じていることを知ったり見せたりするのは危険だ」という信念を反証するかもしれません。ここでの治療者の自己開示は、患者が仮定していたよりも多くのことが安全に体験され、また表現されうるのだということを示すことになるのです[148,149]。

間主観性理論は、私たちの主観的体験を沈黙のまま用いるにとどまらず、そうすることが治療を目的に向かって前進させそうだと思われる場合には、その体験について患者と共に話し合うことを、明確に奨励しています。さて、慎重な自己開示は、統合を促進するという役割を越えて、治療効果をどのくらい高めてくれるのでしょうか？

それは、エナクトメントをとり扱う作業においては、決定的に重要な資源です。そのような潜在的障害物を癒しの好機にするために、私たちは、ある時には「エナクトメントを客観視する」必要がありますす（そうでなければ、利用可能な理解を伴わない生《なま》の[raw] 体験になってしまいます）し、また別の時には「エナクトメントにどっぷりと入り込む」必要があります（情緒的学習を可能にする生《なま》の[lived] 体験を伴わない「理解」にならないように）。

エナクトメントは、しばしば治療者にまるで拘束衣でも着せているようなシグナルを発して、その存在を知らしめます。言い換えれば、自由に考え、感じ、患者とかかわり合うことに関わる私たちの可動域が著しく狭窄していることに気づいたら、その時には、私たちはすっかりエナクトメントに支配されているのかもしれないということです。そのエナクトメントがより固定的に、より反復して生じ、逃れることが困難であればあるほど、その支配をゆるめるということが、私たちにとって重要な課題になります。そのような状況において、私たちの体験を言葉にするという危険を敢えて冒すことにより、しばしばエナクトメントの魔力は打ち砕かれ、より大きな自由や真正さ、そして明快さをもって患者とかかわれるようになるのです。

一方、患者との間に距離があるように感じている時、すなわち持続的な退屈感や眠気、あるいはよそよそしさを感じている時や、進行中のエナクトメントの性質が全てにおいてあまりにもあいまいな場合には、私たち自身の患者との体験を開示することが、行き詰まったかかわり合いに活気を与えたり、潜在性のエナクトメントが顕在化するのを助けたりする可能性があります。たとえば、最近の面接で、私はこう言いました。「私は今、あなたのおっしゃっていることに、すっかりまき込まれてしまっていて、いつものように共感することが難しいと感じています。それに、現在に居ることも難しいという気がします。これは完全に私だけに関係があることかもしれないし、ここで私たち二人の間を流れていることに関係があるのかもしれません。あなたが体験していることは、どんなのか、教えていただけますか？　それと、私が今言ったことを聞いて、あなたはどう感じましたか？」

患者は深いため息をつき、自分が思っていた通りのことを私が言ったので、それを聞いて救われた、と言いました。つまり、彼女は、私を見ていて、私がどこかほかの場所に居るみたいだと思っていたと言うのです。また彼女自身も、現在に居るようには感じていなかったし、「ただ無駄話をしている」自動操縦装置に乗っているようだった、と付け加えました。そして、このやりとりをした後、私たちは、言わばその軌道から降りることができたのです。治療者の表現的関与は、共感の行き詰まりを解決し、両者をより十分にその部屋に居られるようにし、二人が共同で創造したエナクトメントに関する理解を促進する潜在力を持っていると言えるでしょう。

治療者の自己開示はまた、私たちが治療経過において強化したいと望んでいる多くの力を包含するモデルを患者に提供することにもなるでしょう。すなわち、メインとフォナギーが安定型愛着と結びつけた反省力、およびマインドフルネスのための力のいずれもが含まれているモデルです。①自らの体験を注意深く熟考できる治療者、②体験を額面通りに受けとらず、むしろ探究することのできる治療者、③体験に関する多彩な解釈を考慮することのできる治療者――は、特に、メンタライジングのモデルになります。すなわち、「体験を形作る心理状態の変化という見地から、それに応答する力」に関するモデルになれるのです。同様に、自らの今ここでの体験について防衛的にならずに話し合うことができ、患者にも同じようにすることを励ますような治療者は、マインドフルスタンスの特徴となる、価値判断を押しつけない現在中心の性質を持つ気づきをもたらします。

治療者側からの自己開示はまた、つらい感情や反応を言葉にする力のモデルにもなりますし、患者が抑制あるいは解離する必要を感じていたような体験に言語的表現を与えることで、統合作業を促進することにもなるでしょう。

最後に、自己開示は、患者の治療者に対する影響力という視点、すなわち患者は他者に対して影響を与えうるのだという視点を患者に与えるという点でも、貴重なものと考えられます。ここで私は、次に述べる治療のことを思い浮かべます。私はある患者に、こう言ったのです。すなわち、私は彼に話しかける時、ひどく慎重に言葉を選んでいる自分自身に気づいたということ、また非の打ちどころのないメッセージを伝えなければと感じている自分がいるということ、なぜかと言えば、彼は私が言うことのあらをさがそうとしているように思えるから、と。彼は、このことに驚きを覚えたようです。すなわち、**私が**彼に脅されているように感じているとは想像しておらず、むしろ実際のところ、彼自身が**私に**用心する必要性を感じていたからです。治療が進む毎に、私たちは繰り返し、このやりとりに立ち戻りました――最近では、彼が、部下とのコミュニケーションの際に彼らを防衛的にさせたということを業務査定の際に指摘され、混乱した、という時に。今や馴染みとなったパターンを認識しつつ、彼は、判断を下されることへの自らの恐怖を他者に置き換えることなく、自分で理解し、他者に安心を求めること[原注5]によりそれらをとり扱うことの必要性を実感していました。

関係性理論は、慎重な自己開示を、常に利用可能な選択肢としています。すなわち、ある瞬間に私たちがそれを用いることを選択するか否かは、全ての合理的な臨床的判断と同様に、何が患者のために最も役立つと私たちが思うかにより判断されなければなりません。治療者の開示する主観的体験が、患者には何の関係もないかもしれないし、また（あるいは）有用でもないかもしれないというリスクは、治療者が「熟練されたあやふやさ（skillful tentativeness）」（サフラン&ムラン、二〇〇〇）および患者の反応を十分に考慮することをいとわない姿勢を以てそれについてコミュニケートすることにより、減じられることでしょう。

なお、私たちが自らの秘密を守っていたとしても、もちろん危険は存在します。患者によりかき立てられた強烈な感情あるいは冷淡さを認めるのは難しいことでしょうし、ましてや開示などと思われるかもしれませんが、より理解されやすいであろう沈黙にも、しばしばそれ相応の代償が伴うものです。つらい感情を隠すことは、それを表すことよりも、もっと大きな損害をもたらすかもしれません。私たちは感情を抑えて、ただ患者と共に現在に在るというふりをしているだけで、実際には引きこもっているということになってしまうかもしれません。さらに、私たちの感情があまりにも強くなりすぎて、それらを抱えていられなくなった場合には、予想外の瞬間に、破壊的に行動化してしまう危険性もあるのです。マローダ[200]とレニック[234]は共に、これらの感情を表すことに私たちが消極的なのは、そのような開示が、患者から見た私たちの権威的で奇特なイメージを壊し、私たちを台無しにし、脆弱にしてしまうのではないかという恐怖に由来しているのかもしれないと示唆しています。

おそらく私自身の性分に合っているからだと思いますが、私にしてみれば、自己開示という資源の持つ利益を抜きにして有効な精神療法を行おうとするのは、片手でピアノを弾こうとするのと同じくらいナンセンスなことと思われます。しかしながら、伝統的理論が自己開示を禁止しているのに対し、新たなパラダイムは自己開示しなさいと命令しているというわけではありません。もちろん、全ての患者に対し、全ての治療者がそうすべきということではないのです。自己開示は、選択肢のひとつにすぎません。これから見ていくように、この選択肢を臨床的に意味あるものとして選択するか否かは、特定の治療者と患者が決定すべき性質のことなのです。

✤「かかわり合いの母体《マトリクス》(interactive matrix)」

この用語は、ジェイ・グリーンバーグ[135]が、治療における特定の出来事が意味を獲得するような共同創造される文脈を表すために造ったものです。それは、患者と治療者のよく調和した(あるいは不調和の)主観性から成っています。グリーンバーグは、個々の治療がどのように運ばれていくかを決定するのは、どの「標準的技法読本」でもなく、むしろ治療における特定のかかわり合いの母体なのだと主張しています。言い換えれば、何が癒しになるのかは、専ら、特定の治療者と共に作業する特定の患者にとって何が有効なのかにかかっているということです。

パートナーの二人の感性が同調している時、彼らはとてもスムーズに調和しているため、彼らの間のかかわり合いは何も起きていないかのようにみえるでしょう。そしてそのような場合、関係性および愛着の問題は、周辺へと流れていってしまいます。対照的に、不調和の場合には、かかわり合いは際立ち、これらの非常に高い緊張を伴う問題が、まさしく中心に据えられることでしょう。まさに今、治療カップルの平衡を回復するための交渉（共感、解釈、そして時には治療者の自己開示を混ぜ込みつつ）が求められているのです。この、治療者－患者間の不調和は平衡を回復するための交渉を求めるという概念は、乳児－親研究家の出した結論、すなわち①安定性を生み出す中心因子は繰り返される体験だということ、そして②それは完璧にスムーズなかかわり合いではなく、（避けられない）断絶とそれにつづく修復だということ――に、類似しています。

不調和か調和か、適合か葛藤かという問題は、いずれも対人関係の問題であり、かつ内的な問題でもあります。対人関係レベルでは、治療者のかかわり方が患者の要求や願望に調和しているか、調和していないか、また患者は治療者の介入をうまく用いているか、用いていないか――ということです。しかし、その対人関係レベルでおきていること（たとえば、治療者の自己開示に対する患者の反応）は、治療者が**何をするのか**（介入）と治療者が**どういう人なのか**（性格）との間の内的適合（適合か葛藤か）に大いに関係するに違いありません。

たとえば、ある治療者は、匿名性を維持することは良い技法だと教えられてきたために、最も伝統的な様式で実践することを選ぶかもしれません。もし彼が、その様式は自分の性分に合っていて快適だと思うようであれば、彼の臨床的人間性《ペルソナ》は、彼の援助的努力の自然な表現として、患者に受け入れられるでしょう。他方、もしもその治療者がそのような方法に心理学的基礎を置いているものの、ブランク・スクリーンとして機能しようとするのは感情抑制的だと感じていて、そのために罪悪感が生じているのならば、彼の努力は、患者にとっては破壊的なものとして体験されるでしょう。繰り返しになりますが、治療者が主観的であることは避けられないことであり、患者は、私たちの主観的体験を表すしぐさを敏感に察知しているのです。したがって、私たちが何をするのかだけが問題なのではなく（おそらくより重要でさえあるのですが）、自分たちのしていることを私たちがどのように感じているのかということもまた、問題なのです。[309]

✤「分析の第三主体」

トマス・オグデン[224]は、患者と治療者のかかわり合いが、無意識的な意味でいっぱいの雰囲気を生み出すということを主張しています。言わば、それらは空気中にあります。この間主観的に創造された意味でいっぱいの雰囲気こそが、オグデンが分析の第三主体と呼んでいるものです。彼はこの「第三主体」が、そのかかわり合いに対する両者の体験に浸透し、またそれを形作っていると確信しています。それゆえ、患者と居る時の私たち自身の体験の最も微妙な様相、すなわち身体感覚や横道にそれた思考（通常、気を散らすもの、あるいは自己愛的没頭のしるしとしてふり払ってしまいがちな思考）を注意深く観ていくことは、患者の危険な情動および心理的解離状態へとつながるカギと言えるかもしれません。そのような「分析の第三主体」のトレースは、無意識へと開いているもう一つの窓を示しているのです。

患者と治療者の体験が重複《オーヴァーラップ》している際立った瞬間には、「第三主体」のさらに深い証拠がみとめられるでしょう。何年か前、私はある若い男性と週四回の面接をしていました。彼は、私が月曜の夕方に会う最後の患者でした。次の朝、私は三本のペニスを持つ女性の夢を見て、早く目がさめました。その日の午後、私はその患者に会いましたが、彼は前の晩、究極的に奇妙な夢をみた――と私に語ることから面接を始めました。彼が次に何を話すか、私には直ちにわかりました。彼は言いました。「私は三本のペニスを持つ女性の夢を見たのです。」このような例がその不可思議なありさまを示唆しているように、強い間主観的関係性は、患者だけにも治療者だけにも属していないけれども二人の神秘的な混合物に属しているという共有体験を生み出す可能性があるのです。

間主観的視点が愛着理論に付加するもの

チャールズ・スペッザノ[280]は、関係性治療者は、エナクトメントと自己開示との合間には何をして時間をつぶしているのか？　と尋ねています——疑いなく、皮肉として。実際、その疑問は決定的に重要な問題を浮上させます。間主観性理論と関係性理論が正しいとすれば、つまり、真正なる修正感情体験は、部分的には、意識の外に生じるエナクトメントに私たちが陥り、そしてついにはそこから脱出するということから得られるとすれば、私たちは、それらを認識するまでの間、**意識的には**患者と共に何をしようとすればよいのでしょうか？

間主観性理論と愛着理論とを統合することでの大いなる力とは、前者はこの疑問に対してとても有用な枠組みを作り、後者もまた私たちがそれに答えるために前者と同等の有効な助けを与えてくれるということです。

要約すれば、こういうことです。すなわち、愛着理論は、治療者とは潜在的には患者が愛着の新しいパターンを発達させられるようにかかわる新たな愛着人物であるということを示唆しています。愛着理論は、子どもに安定性を育てるような子育ての様相を同定することで、治療者が患者の中により大きな愛着の安定性を生み出せるような適応的スタンスを選択したり、それを熟考しつつ明らかにしたりするのを助けてくれます。その理論はまた、異なる愛着型の描写を通して、治療者がある特定の患者の愛着パターンを同定し、それに応じた特異的なアプローチを発展させることをも助けてくれます。最後に、愛着理論は、反省機能の重要性およびその正常発達の道すじを明らかにしつつ、患者の「意図スタンス」（まだそのスタンスは萌芽かもしれませんが）への気づきを一貫して表すようなコミュニケーションにより安全基地を提供しようとする治療者の努力、およびそれを患者のメンタライジング力に結びつけて強化しようとする治療者の努力に焦点づけていま す。第四部で詳述する予定ですが、愛着理論は、治療者が患者のために意識的に何を提供しようとすればよいのかを決定するための力強い枠組みを提示してくれます。

明白な臨床的視点からは、間主観性理論／関係性理論が、多くの重要な事実にとりくんでいます。すなわち、第一に、精神療法家ならば皆、知っていなければならないことなのですが、精神療法において生じていることの多くは（ほとんどではないにしても）、治療者側あるいは患者側の意識的な意図の結果では**ない**のです。それよりも、治療中に、ふと何の気なしにやってしまうというような無意識的動機による体験と意識的な意図との相互作用の産物であることのほうが、ずっと多いのです。第二に、患者は通常、治療者が暗々裏に提供している新たな愛着関係を利用することについて、非常に葛藤的です。そして第三に、患者は、自らの体験の重要な面に関してはっきり表現することを好まなかったり、単純にはっきり表現できなかったりすることが多いのです。

間主観性理論は、患者の世界に私たち自身が意図せずして関与している局面にとりくむための手段や、患者の体験のうち決定的に影響力のある部分（それらは言葉にされていなかったり、しばしば言葉にすることができなかったりするのですが）に従事するための手段を提供することにより、愛着志向的治療アプローチに必要不可欠な貢献をしています。

第一に、関係性の視点は、治療者は、**エナクトメント**を通して患者の世界の一部になっていくなかで、言葉を介さない情緒的に直接的な方法で患者を体験し、また知ることができるという事実を強調しています。このことにより、治療者は、患者の体験の「未だ言語化されておらず、また言語化することのできない」領域に接近できるようになるのです。

関係性の視点はまた、「敏感な応答性」という愛着理論の理解の拡張にも貢献しています。共感と調律を促進することに加えて、患者が求めていると私たちが推定しているものを提供しようとする努力から**ではなく**、むしろ意識的な意図にかかわらず予想外に生じる、複雑で、困難で、時には痛みを伴うかかわり合いにおける私たちの患者への没頭から生じる、「理解された」、「包容された」という深い感情に、関係性理論の強調点があります。愛着理論は、ガイダンスとして臨床家に意識的な準備を提供しますが、間主観的アプローチは、患者との関係への私たちの（最初は）無意識的な関与についてとり扱うことから引き出される利益に焦点づけることを付言しています。

さらに、間主観的アプローチは、治療者が提供しようとしている共感および包容という**新たな愛着**をうまく利用できるようになるにあたり患者が体験する**葛藤**についても、エナクトメントへの注目を通して理解する好機があるということを強調しています。

最後に、間主観性理論は、愛着理論に、治療関係における多重の役割（治療者にとっての「相談役」を含む）に患者も従事できるよう招き入れるような相互性および対話の強調を付言しています。私たちは皆、無意識的に、また暗々裏に、患者に治療者の体験の解釈者として協力してくれるよう求めていますが、そのような順応性は、大いに助けになりうるものです。

愛着理論と間主観性理論との統合（すなわち収斂し、互いに確証し合うという統合）には、強力な相乗効果があります。いずれも人間が最初に形作られる坩堝として、また愛と精神療法のどちらにおいても早期の情緒的な傷つきが潜在的に癒されうる坩堝として、親密な関係性を同定しています。また、いずれの理論も、厳密に言語領域の外側に在る関係的体験に注目しています。より重要なことは、どちらの理論も相手を補完しているうえに、おそらく相手を完成させてもいると考えられることです。間主観性理論は、愛着理論においてはかなり未発達な、臨床的側面を満たしています。そして愛着理論のほうは、間主観性理論の発達的・診断的側面を、測り知れないほど深めているのです。精神療法にとってのそれらの利益という観点からみると、そうしてそれら二つの理論が結合するならば、それは概念的な「最高の組み合わせ（marriage made in heaven）」と言えるでしょう。

◆原注

1　ミッチェル[212]、ストロロウら[294]、ダニエル・スターン[288]の全員が示唆しているように、「単独の心」というのはフィクションであり、矛盾語法なのです。

2　「私は、精神分析療法のモデルを外科医とすることを、躊躇なく仲間に薦めることはできません。人間的な同情を含む自らの全ての感情を脇に置き、できうる限り高度な技術で手術を実行するというただひとつの目的に心を集中するというのが、外科医ですから。」[109]

3　**季刊精神分析**の前編集長オーウェン・レニックは、以前は、患者によっては伝統的アプローチのほうがほかのそれよりも有効だと信じていたけれども、今やそれは**全ての患者**にとって最適ではなく、ある患者にとってはほかの患者以上に有害だと主張したい、と述べています（個人的対話にて、二〇〇二）。

4　「必要な」側面および「反復する」側面には、患者の「タイプⅠ」および「タイプⅡ」投影性同一視[290]が相当します。それらは治療者から独特の反応、すなわち一方では、過去の体験を再創造する反応を引き出し、他方では、新たな体験を可能にする応答を引き出します。ストロロウら[294]は、そのような「双極性」の転移概念に関連した領域をカヴァーしています。すなわち、交互に、外傷的再現により患者を脅したり、未だ出会ったことのない自己対象ニーズを満たすことにより患者を心理的に養ったりするのです。同様に、ワイスとサンプソン[313]のコントロール・マステリー理論は、治療者が患者の病因的信念を強めるか弱めるかを試す転移を通して反復するエナクトメントを、必要なエナクトメントへと変化させるための手引きとして理解することができます。

5　これに関連して、それぞれの治療者の独自性を考慮すれば、治療関係における患者の体験がほかの関係性における患者の体験に必ずしも一致すると推察できるわけではないということは、強調するに値することです。ゆえに、患者が私と共に体験することと、ほかのどこかで体験することとの間には類似性と相違の両方があるけれども、重複しているところに注意を払うならば、それは非常に啓発的なこととなるかもしれない、というふうに、患者に示唆するほうが役に立つと思います。

◉第四部◉

精神療法と愛着型

私たち治療者が行っていることで、あらかじめシナリオを書いておけることなど、ほとんどありません。変化プロセス研究グループが観察してきたように、精神療法とは関係性の動きにおける**即興**を通して前進するものです。しかしそうだとしても、もしも治療者の動きが「発達促進的関係性とは、実際にはどのようにみえるのか」を意識したうえでのものならば、そのような即興は、より有益なものとなることでしょう。

愛着研究は、子どものその後の人生における安定性、回復力および柔軟性の発達へとつながる共同作業的対話の特徴を同定してきました。児童期の変化プロセスと精神療法のそれとの間に重複があるとすれば、この研究は、患者との共同作業的対話を育てるための枠組みをもたらしてくれるということになります。その研究はまた、私たちが各患者に優勢の愛着型を同定できるように、またそうすることで彼らの早期関係を「想像」できるようにしてくれます――特に、それらの関係性が何を受け入れ、何を受け入れなかったかということに関する推測を含めて。

第十一章では、まとまりのあるコミュニケーションを育てるために、また不安定型患者の持つ独特の「まとまりのなさ」を評価するために、経験的所見を臨床的勧告へと翻訳します。そうしつつ、それにつづく三章で、患者の愛着に関わる優勢の心理状態が愛着軽視型なのか、とらわれ型なのか、それとも未解決型なのかを認識することの治療的応用について詳述する準備をしていこうと思います。

第十一章　発達の坩堝を構成する

幼児期においても精神療法においても、安全基地が提供されていることは、「ほどよい」愛着関係を示す明らかな特徴です。そのような関係性は、脅威に直面した際、より強くより賢い他者は利用可能であり情緒的平衡を回復するのを助けてくれるだろうという期待を育てることにより、情動調節力を強化してくれます。またそれは、エインズワースが安定型愛着のサインとみなした、結びつくことと探索行動との柔軟なバランスを育みます。この種の関係性の体験が携帯できるようになれば（すなわち、「内的安全基地」）、それは子どもや患者に測り知れないほど価値のある資源を与えてくれます。それは、自己信頼と他者への信頼とを強化してくれるうえに、世界とは、愛し、育つための安全な場所だという感覚をも強化してくれるからです。もちろん、問題は、どうすれば私たちはそのような関係性の体験を生み出すことができるのか？　ということでしょう。

精神療法において共同作業的コミュニケーションを促進する

多重研究（multiple study）と研究伝統（research tradition）との収束点に注目することにより、リヨンズ＝ルース[183]は、最も良好な発達的成果へとつながる親−子コミュニケーションの中心的特徴を四点、同定しています。そのようなコミュニケーションとは、共同作業的で、まとまりのあるものであり、親に以下のことを要求します。すなわち、（一）子どもの感情、願望、要求および視点について、できうる限り知ろうとするようなかかわり合いを組み立てる、（二）関係に断絶が生じたら、かかわり合いによる修復を始める、（三）子どもの新生する潜在力についていけるよう、対話を向上させる、（四）子どもの自己感および他者感の感覚が未だ流動的な時期においては、子どもと積極的にとっくみ合い、もがく——ということです。

それに符合して、敏感に応答する親としての私たちが提供するものと、共感的に調律する治療者としての私たちが提供するものとの間にみられる対称性を思えば、私たちは次のことをめざすべきと言えるでしょう。すなわち、（一）患者の主観的体験（感情、思考、願望）を、できうる限り受け入れる言語的対話ならびに情動的対話、（二）関係の断絶に対する感受性、およびすぐに修復を始める用意があること、（三）患者自身が今できると確信していることよりも少しだけ多く期待をかけることと受容的スタンスとの併用、（四）患者に直面化したり、限界を設定したり、共にもがいたりすることをいとわない姿勢（患者の同一性および治療関係において変化が起きそうな時期がつづいている間は、しばしばそうする必要があります）。

臨床実践においてこの枠組みをどう実行すればよいのかを説明するにあたり、患者の最初の関係性よりも心理発達の助けになれるような愛着関係を提供するための**意識的な**努力の構成要素について述べてみましょう。

✤対話を包含的なものにする

私たちは、患者が自らの主観的体験の全範囲（特に、情緒体験を含む）に接近し、表現できるように援助する必要があります。ボウルビィ[44]が述べているように、「患者－治療者間の情緒的コミュニケーションこそが、決定的に重要な役割を演じているのです」。**あなたはどう感じますか？　あなたは、今ここで私たち二人の間に、何が起きていると思いますか？　あなたは何を求めていますか？**——これらのような質問（明白に述べられるにせよ、治療者の心の中に沈黙のまま抱かれているにせよ）は、包含的対話を生み出すための私たちの努力に一貫してみられる特徴です。

しばしば患者は、それらの質問に正確に答えられないものです。なぜならば、患者の最初の関係性が排斥してきた種類の体験を含んでいるからです。それゆえ、私たちは、患者が非言語的にしか伝えられないものに調律しなければならないのです。先に述べたように、そのような「未思考の知」に関する暗黙のコミュニケーションは、患者の表情、声のトーン、姿勢、身振りを通して表現されることでしょう。また、私たちの中に、感情、身体感覚、イメージ、思考として刻まれることもあるでしょうし、二人の関係においてエナクトされることもあるでしょう。この種の暗黙のシグナルを感知するためには、一方では患者に対し、もう一方では私たち自身の主観的体験に対して、振り子のように交互に注意を向けることが求められます。「自己反省的応答性」（ミッチェル、一九九七）および「共感的内省的質問(empathic introspective inquiry)」（ストロロウら、一九八七）とは、このような双眼的ヴィジョンを描写する用語なのだろうと思われます。

さもなければ排斥されてしまうであろうものを包含するために、時に私は、患者に関する私の体験、私自身に関する私の体験、あるいは私たちのかかわり合いに関する私の体験を明示することが有益だと感じることがあります。そのような体験を明白に言語化すれば、患者自身の体験の解離された局面あるいは否認された局面に患者が接近する助けになる可能性があるのです。

たとえば最近、私は、ある患者の関係性に関する悩みについての報告に対し、驚くほど心を動かされないと感じている自分に気づきました。沈黙したまま、なぜだろう――と考えてみたところ、その患者が、まるで質問でもしているかのように、ほとんど全ての陳述の語尾を揚げて結んでいることに気づきました。それに彼女は、私が彼女の話を非常に我慢して聞いているのではと疑ってでもいるように、とても早口で話してもいたのです。私はこの所見を彼女と共有し、おそらく彼女は自ら話していることについて不快に感じているのではないか、あるいは私が興味を持って聞いているかどうか疑わしいと思っているのではないか、と示唆しました。すると彼女は、異議を唱えました。「いいえ、そうでもないですよ。あなたが、『あなたは、あなたの体験をしていいんですよ』的な表情をしているからっていうわけでは決してないですから。」それでも私は、主張しました。すなわち、私は二人の少女間の会話を漏れ聞いたのです――一人は、もう一人の子が関心を持ってくれていることを確信しているみたいでした。でももう一人は、お友達が注目してくれていることにあまり自信がないとみえて、話すスピードを速め、各々の文を疑問符でしめくくっていました――と、彼女に言ったのです。彼女の応答は、こうでした。「あなたは何か手がかりを持っているんでしょうね、きっと。だって、あなたが話している時、私は落ち着いてきたように感じたから。さっきまでは高ぶっていて、落ち着かない感じだったのにね。」まもなく私たち二人にとって明らかになったのは、彼女の言葉とは正反対に、実際には彼女は、自分自身の体験をしてもいいとは全く思っておらず、ほかの人にとっては、それはとるに足らないことなのだろうと推論していたということだったのです。

患者の言葉はしばしば、彼らが実際に何を感じたのかを伝えようにも非常に部分的にしか表現できておらず、時には誤解に導くことさえあります。したがって、患者の直接的体験に対する私たちの共感は、重要な出発点にもなりえますし、また同時に、もしも私たちがそこで立ち止まってしまうのであれば、より包含的な会話へと向かうことに対する障害物にもなりうるのです。たとえば、患者は、変化したいという願望か、変化することへの恐れかの、どちらかだけを述べがちです。通常は両方とも存在するので、その二つを統合するためには、患者がさしあたり黙っているほうの体験について、治療者がふれることが有益でしょう。しかし、患者がそのような応答を意味あるものとするためには、彼は治療者の言葉の中に自分自身の反映を見出さなければなりません。それを見出せた場合には、そのような介入により、患者は治療者に、より深いレベルで認識され、また全人格を受け入れられたと感じることでしょう。

統合を可能にする包含的対話を促進するために、私たちは患者の体験（ことに情緒体験）を**認識する**必要があるのみならず、患者が理解されたと感じられるような方法でその認識を**伝える**必要があります。しかし、この、治療者に理解されたという感情は、しばしばそれだけでは不十分です。そのような時に、十分に認識されたと感じるためには、患者はまた、**感じられた**と感じていなければならないのです[264]。スーザン・コーツ[62]は、こう述べています。「治療者がすべきこととは、患者の感情を理解するというよりも、むしろ患者の感情を**自らに感じさせる**（すなわち、患者が認識できるようなかたちで、患者の感情を自ら引き継ぐ）ことなのです」と。情動が「伝染性を持って（contagious）」いて、かつ治療者の応答が患者のコミュニケーションの性質に適合《マッチ》している場合、それは随伴的応答性および間主観的な出会いの非常に強力な形を表していると考えられます。確実に、そのような応答により、患者が（おそらくゆゆしき恐怖を伴って）体験していることは、治療者との関係においては実際に包容される可能性があるのだということが追認されることでしょう。

　患者が理解され、感じられたと感じられるような応答性を越えて、包含性および統合という目標へと推し進めていくような治療者のコミュニケーションには、さらに二つの要素があります。これに関連して、フォナギーの示唆、すなわち、子どもの苦悩に応じる親は、①共感、②対処する態度、③子どもの「意図スタンス」への注目――を提供すべきであるという示唆は、完全に的を射ています。児童期と同様に、精神療法においても、共感的共鳴、調律、映し出しは、確実に求められます。しかし、フォナギーの規定が意味しているように、もしも患者が、私たちとの関係は十分に安全なので、よりあからさまな自己暴露という危険を冒してもかまわないと感じているとするならば、彼らは映し出し以上のものを求めていると言えます。

　第一に、患者は、私たちを、つらい感情に対処する助けになれる人として体験したいと望んでいます。そうでなければ、なぜ彼らは、普段感じなければならない以上のことを自ら感じるままにしておくものでしょうか？　ショアー[254]を換言すれば、**愛着とは情緒の相互交流調節そのものなのです**。そのような調節は、私たち自身の痛ましい感情に耐え管理する力に、大きく左右されます。この力が十分に発達していれば、私たちは、患者のつらい感情を認識し、それに共鳴できるのみならず、それらは確実に対処可能だということを伝えることもできるでしょう。ここでは、私たちの理解したいという願望、そして理解することを通して助けになりたいという願望を表現する行動のみならず、(もし可能であれば)穏やかな態度が有用です。

第二に、私たちは、患者の言葉や行動が意味を成す文脈としての根底にある意図、感情、信念に応答しなければなりません。このように、患者の「意図スタンス」の見地から応答すれば、患者は深く理解されたと感じられるでしょう。そしてこのことは、受け入れられているという感覚へと翻訳されます。理解され、受け入れられていると感じることにより、彼らの体験(たとえ彼らが忘れていなければならなかった体験でさえも)は新たな愛着関係においては安全に包容されうるのだという信頼が育まれることでしょう。

包含的対話を促進するために、おそらく最も重要なことは、患者の中で情緒的に生きているもの(それが直接表現されていない場合でさえも、あるいはそういう場合こそ特に)を感じとり、十分に受容し、またそれに十分に没頭するために、私たちは情緒的に現在に居なければならないということです。

✤積極的に修復を開始する

治療カップルが平衡を回復するために用いられるものとして、共感、慎重な自己開示、解釈が挙げられます。不和を修復する場合、通常、どのような解釈にも何らかの間主観的交渉の形式が含まれています。治療者との交渉を通して葛藤が解決されれば「その安全基地は、実際に安全なものなのだ。つまりそれは、失望、相違、異議に伴う緊張を生きのびることができるのだ」という患者の信頼感は強化されることでしょう。

二週間の休暇の後、治療を再開したランドールは、私の数年来の患者ですが、いつもの「客観的な」言い方で、もう二度と長つづきする親密な関係を持つことはできないのではないかという恐れについて話し始めました。彼は、拒絶されるのを恐れているくせに、誰かが自分に真剣に興味を抱いてくれても、いつも自分のほうから興味を失ってしまうのだ、と語りました。彼は、私が今まで提案してきたことは全てうまくいかなかった——と、前置きとしてほのめかした後、私はどう思うか、と尋ねてきました。私は、若干、ふざけた言い方で、「精神療法を試せば」と示唆しました。

ランドールは、少しびっくりした様子でした。と言うか、明らかに不愉快そうでした。彼は、最近の治療は自分にとってはあまり役に立ってはいなかった——とこぼしつつ、前に私たちの関係について精密に見てきた頃のことについて、それとなく言及しました。そして彼は言いました。その頃の私たちの共同作業は、情緒的に没頭できるものだったし、価値あるものだったけれど、今は確実にそうではないのだ、と。

私はふと、最近（今日が格好の例ですが）、彼の心が全くここにないように見えていたな——と思っている自分に気づきました。また、私のほうも、思ったほど彼に対して親密さを感じていないということに、その面接のもっと早い時間帯から気づいていました。ひょっとして、私の「冗談」は、彼のよそよそしい態度と非難に対する欲求不満の表れだったのでしょうか。つづいて私は、彼が休暇をとる前の、私が没頭していると感じていた頃の面接のことを思い出しました。それを思うと、彼が、**私が**距離をとっていると、そしておそらく拒絶していると体験したのも、わかる気がしました。

いくつかのやりとりの過程で、私は彼に、彼が私の助けを求めて表した想いは、恋人を求めて増大する願望や、私たちは何も進歩していないのではないかという恐れを思えば、非常に差し迫ったものだったのかもしれないですね、と言いました。そして私は、前回の面接のことで何かひっかかっていることはありますか？　と尋ねました。彼は私に、前回の面接は非常に憂鬱だった、その時の話は全て、彼のパートナー探しのゆきづまりに関するものだった——と、思い出して語りました。私は、「私の言うことがその時のあなたの憂鬱な気持ちに関連しているかどうかはわからないのですが、その面接中、私の頭は考えごとでいっぱいでした。私はその時、現在にいることが難しかったのだと思うのですが、あなたはそれを非常に敏感に察知していたのですね」と言いました。そして、この文脈では、私の若干軽薄な言葉は、少なくともいらいらさせるものだったかもしれませんね、と付け加えました。

彼は少し涙ぐみながら、私の言葉を聞いて救われた、と言いました。すなわち、彼は、私が引きこもっていると思い、それはこの前、私が約束の時間を変更してほしいと求めたことに対し、彼が「いやです」と言ったせいで怒っているのだろうと懸念していたのだそうです。その面接の終わりに、彼は、再び私と結びついていると感じた、と言いつつ、感謝を表していました。

このような一連の断絶と修復（特に、治療者側から始めた修復）は、治療関係とはつらい感情を包容し、それらの解決を助けてくれるということを当てにしていいものなのだという患者の信頼を強化します。またそのプロセスにおいて、それらは自己調節の先駆としての相互交流情動調節を利用する患者の力を増進させます。加えて、修復エピソードが連続して生じれば、それらは患者の先在する転移からくる予想をくつがえすこともありえます。ちなみに私の患者の場合、その予想とは、彼の驚くほど自己愛的な母親との体験に由来するものでした。すなわちそれは、誰も自分が引き起こした問題に責任をとらず、彼だけが責任を負わされるだろう、というものだったのです。

対話を向上させる

ブロンバーグ[52]は、患者を変わらないまま変化させるプロセスとしての精神療法について述べています。それと同じ路線で、フリードマン[114]は、私たち治療者は、患者自身が望むままでいることを受け入れると同時に、そのまま落ち着いてしまうことをよしとしないという姿勢が必要であると示唆しています。この種のバランスを思えば、私たちは、患者は自ら思っているよりも、いくぶん多くの感情を感じとったり、思慮深さや結びつき、あるいは主導権を行使したりする力があるものだと仮定することを余儀なくされます。もし私たちの期待が小さすぎれば、患者は自らの希望に背かれたと感じることでしょうし、反対に期待が大きすぎれば、患者は自らの脆弱性を理解されていないと感じることでしょう。

治療における対話をより高度な気づきと複雑さを含むものへと向上させるためには、発達学者が「足場を設ける」と呼んでいることが求められます。たとえば、親は、子どもが自らの体験について述べるための言葉を獲得する以前には、子どもに**代わって**話してあげることにより、そして後には「自分の言葉で言ってごらん」と尋ねることにより、子どもの新生する言語能力のために足場を設けます。

治療者も同様に、患者の中に新生しつつある、感じたり、反省したり、自発性を発揮したりする能力のために足場を設けることでしょう。実際には、それには、患者が未だはっきり表現できないかあるいは未だ認識できない感情を、時には私たちが代わりにはっきり言ってあげるということが必要となるかもしれません。また別の時には、患者が感じられるような（あるいはより深く感じられるような）空間を作るために、私たちの受容力に富んだ沈黙が必要とされることでしょう。そしてある特定の瞬間には、私たちが「先に行き」、私たち自身の感情を表現することにより、より開放的な情緒レベルの対話へと向上させる橋渡しをする必要があるかもしれません。

反省力の点火を助けるためには、私たちは通常、患者の体験の根底にある心理状態について語る必要がありますし、時には、患者にとってこのように自らの体験について考えることがどんなに大変なのかということについても語る必要があるでしょう。また、体験が意味を成すための私たちの努力に患者にも加わってもらいたいと思うこともあるでしょう。すなわち、そのプロセスにおいて、私たちはメンタライゼーションを「形作る（model）」のです。主体性や自発性を発揮する力を強化するためには、患者が（治療内外で）自分自身のために欲することと、自分が何を欲しがっているのかを知ったりそれに基づいて行動したりすることの困難さとの、いずれにも焦点を合わせつづける必要があるでしょう。また、私たちの活動を通して患者の自発性を暗々裏に奪うことなくどのようにしてそれを積極的に育てればよいのだろう、という困惑を、患者と共有しようと思う場合もあるでしょう。

対話を向上させるための最も効果的な方法の一つは、対話それ自体を議論の焦点にするということです。「対話に関する対話」を持つということは、私たちが全ての患者において促進することをめざしている**個人の心の中に生じる発達**（すなわち、メンタライジングの発達）の**対人関係版**なのです。ここでは、媒体こそがメッセージであるということを思い出してください。つまり、メタコミュニケーション的対話（つまり、コミュニケーションに関するコミュニケーション）を育むことにより、私たちはまた、考えについて考えることとして知られるメタ認知をも育むのです。何でもかんでも自らの体験に埋没する患者にとっては、この種の対話は、より深くより情緒的情報を持った反省への扉を開く助けとなることでしょう。

説明のために、ついさっき論じていた、「精神療法を試せば」と私が無造作に（しかし「多元的に決定された［overdetermined］」）示唆を与えた患者について考えてみましょう。私の言葉により引き起こされた断絶をまさしく成功裏に修復した私たちですが、次の面接でも、その悪事の場面は再度、問題になりました。

ランドールは、まるで不信を確証しようとでもしているかのように「拒絶をさがし求めて」いるようだということ、そしてそのために、他者と対面する際、本当の自分でいることが非常に難しくなっているのだということに気づきました。私は彼に、ここでも同様の不信により厄介な思いをしているようですね、と言い、彼が最初に語った落胆（すなわち治療への失望、私が彼から引きこもっているという感じ、それに私が怒っているのではないかという恐れ）を思い出させました。少しばかりいらいらしながら、彼は言いました。「じゃあ、どうすればいいんですか？　あなたはどうですか、と聞けばいいんですか？　あなたはうまくやれていないんじゃないか、と言えばいいんですか？　あなたは、ここでは専門家なんだから、動揺するに決まっているじゃないですか」と。私は言いました――そう思っていたのなら、先週、私たちに生じた不和での私の役割を、私がすすんで考えたことで、あなたが安堵し感謝していたのも理解できます、と。彼は、この種のオープンさは実際に最初から、私との体験のうちで最も有意義な特徴のひとつだ、と応答しました。私が自分の役割を快く認めるたびに驚かされたし、心を動かされもしたのだと、彼は言いました。

私は尋ねました。「あなたが私と共に同様の情緒的インパクトのある体験をしたことは、これまでにも何度もありましたけれど、それでもなお、いまだに驚きを感じますか？　まるであなたにとっては、その体験と結びつき、より信頼できると感じることができたとしても、それはその瞬間に限ってのことのようですね。だから、今度また本当に厄介なことや嫌なことがあっても、あるいは私から得たいと思うものがあるとしても、あなたにとっては遠慮なく言うということが、とても大変なんですね。」

かなり長い沈黙の後、彼は言いました。「遠慮なく言ったことなんて、一度もありませんよ。全てが自動的で、私は疑問をさしはさめないのです。私は堀に囲まれてしまっているかのようです。私が壁の後ろから出てくるなんてことはありませんよ。だって、いつだってほかの人たちは危険な感じがするんですから。でも、これが、さっき話していた、拒絶をさがし求めるということなのかもしれないですね。私があなたの応答を取り入れたがらないのと同じですね。だから何も定着しなくて、毎回、驚いてしまうんですね。さてと、あなたやほかの誰かが本当に私のことを好いてくれて、安全そうだとしたら、私はどうしたらいいのかわからなくなってしまいそうだなぁ。」

対話についての対話、すなわち何が許容範囲内で、何が拒絶されるのかについての対話により、患者は一つの体験に対し二つ以上の視点を持てるようになります。そしてその結果、患者の内的ルール・モデルにおける変化は促進されます（もちろん、これは、反省するためのみならず、感じたり結びついたりするための、より大きな自由を手に入れさせてくれる反省的スタンスの本質です）。患者に、言わば一度に二つの場所に立てるようになってもらうこと、すなわち体験の内側では参加者として、外側では観察者として、そのいずれにも立てるようになってもらうことにより、そのような対話を新たなレベルの気づきや複雑さへと向上できることでしょう。

✤四《よ》つに組みa、もがくことをいとわない

ある時期、子どもは、ぶつかってくれたり子どもの要求に構造を与えてくれたりする親を必要とします。そして、子どもが成長するにつれて、親がその構造をゆるめ、子どもにより大きな主導権を譲り渡すこともまた必要です。患者が治療者に求めるものについても、ほとんど同じことが言えるでしょう。

患者はある時期、共感よりも直面化を必要とするということを、私たちは理解すべきです。この理解が私たちの多くにとって性に合わないものであればあるほど、治療関係とは**現実の**関係でもあるのだということを肝に銘じておくことが有益でしょう。すなわち、ほかの関係では、破壊的行動に対し、したり顔で賛成するということはありえないにもかかわらず、私たちは確実に、患者とのかかわりにおいては、直面化をしたがらないのです。患者を受け入れるということは、患者の治療内外での自己破壊的行為に反対する立場を明確にすることと、決して矛盾しません。

私は、慢性的に急性の自殺行動を繰り返す男性患者を、ただ単に生きさせておくために、数年間もがいていたことがあります。あまりに多すぎる痛ましい危機一髪の行為、入退院の繰り返し、そしてついには本当の進展を可能にした骨の折れる限界設定を通しての達成を経て、私が患者から聞いた言葉は、こうでした。ええ、あなたと私が構築してきた構造は、重要でしたとも。ええ、私たちはこのところ、うまくやれているかもしれません。でも、あなたはあることを知る必要がある。それは、私は、いつかは**自殺するつもりだ**、ということです――と。その患者の言葉を聞いて、私はカッとなりました。その要旨は、こうです。「自殺のことを好きなだけ話せばいい。でも、私はその言葉に脅されるつもりはない！　あなたは不治の病に侵されているわけでは**ない**し、私は一**度だって**あなたにホスピスケアを提供するためにサインをしたことなど**ない**のだから。」私の言葉を聞きながら、その患者は落ち着き、安堵したように見え、現に私の怒りに感謝しているようでした。そして彼は、私に再び言いました。前にも言ったように、私はあなたに、私よりも「大き

な」存在であってほしいのです――と。言うまでもなく、私のこの患者に対するカッとなっての応答は前もって計画していたものではありませんでした し、技法として推奨するつもりもありません。にもかかわらず、それは、私たちの調律された応答性とは予想外の形をとりうるものだということを、よく説明しています。

精神療法という親密なパートナーシップにおいて、私たちがもがくことをいとわないことは、両パートナーを守るのみならず、患者の異論や怒りのための居場所を作りもします。そのように、積極的に四つに組めば、私たちは、ある私の患者が、「あなたがそんなにも素晴らしいと、私はイヤな態度をとりづらいです」と、ひかえめにそれとなく言ったような落とし穴にはまることからも守られるのです。つまり、限界設定する治療者や、患者の行為に対する不快感を自発的に表現する治療者は、患者が関係性において独立していながら、なおも結びつきを維持していられるという感覚を発達させるための文脈を、患者に与えるの**かもしれません**。

そのような潜在的に不穏な瞬間に引きつづいて決定的となるのが、パートナー間において終局的に達成されうる「適合性（fittedness）」あるいは間主観的理解の度合です。出来事それ自体（たとえば、患者および／あるいは治療者による怒りの表現）は、ひとつの事象であって、それが意味を成すプロセスとは全く別物です。通常、その出来事の治療的価値を強固にしているのは、このフォローアップ・プロセスなのです――特に、そのプロセスが、つらい感情を和らげたり、その二人のパートナー間のきずな、ないしは同盟感覚を回復させたりする交渉を含んでいる場合には。ここで、「共同作業的コミュニケーション」のいくつかの中心局面間にみられる相乗効果にご注目ください。すなわち、積極的に四つに組

a　訳注　原語は、engage であるが、「関与する」などの一般的な訳では、この文脈においてはぴったりこないため、あまり一般的ではないが、「四つに組む」という訳をあてた。もとは、相撲で両力士が右または左で差し合い、まわしを引き合う組合いをさす言葉であるが、それに準じ、「相手と正面から向き合う」などの意味がある。

むこととは、断絶とその修復、および包含的対話の助けにもなるものなのです。

もがくこと、および積極的に構造を提供することの必要性は、外傷に関連した無秩序型あるいは未解決型と呼ばれる患者にとっては、特に断言できることでしょう。しかし、これからみていくように、治療初期においては、治療者からルールや目的を少し説明してもらうことは、ほとんど全患者にとって助けになることです。

患者を精神療法に導入する

リヨンズ＝ルース[185]は、共同作業的対話とは、「他者の心がわかるようになること、そしてかかわり合いを構造化したり調節したりする際には、それを考慮に入れること」を意味すると述べています。患者の心を考慮に入れるならば、私たちは、患者のほとんどが精神療法の不慣れな規則やその役割についてのオリエンテーションを必要とするということを仮定していなければならないでしょう。患者を精神療法へと導入するということ（initiating）は、共同作業なしには成功しえない関係性に、彼らが積極的にとりくめるようになるよう援助するというプロセスを含んでいます。もちろん、この導入の大部分は暗々裏に生じるものです。しかし、治療構造を神秘に包まれたままにしておけば、それは患者に害を及ぼします。共同作業を促進するためには、私たちは患者に何を期待しているのか、また患者は私たちに何を期待してよいのかということを、患者と共に明白にしておく必要があります。治療関係とは、普通の社会的かかわり合いにおける関係性とは似ても似つかないほどユニークなものです。それゆえ、治療者は、その関係を可能な限り効果的に用いるための方法を患者に「伝授（training）」する責任を負わなければならないのです。

初回面接では、私はたいてい、治療者とのこのような継続的対話に何を期待していますか？　と患者に尋ねることから始めます。初回面接の後半では、もしもこのまま治療をつづけていけそうならば、私は通常、私たちが何に対して共に作業しようとしているのかが厳密に明らかになるまでに二～三セッションを要するかもしれないということを付け加えるようにしています。私たち治療者は、しばしば、患者の目標（あるいは明確になった問題）を私たちの目標として受け入れることと、私たちの目標（あるいは明確になった問題）を患者に課すこととの間にある微妙なラインの上を歩く必要があります。たとえば、愛着軽視型患者は、より自己充足的になれるように助けてほしいと望むかもしれませんが、私たちとしては、彼らが強迫的に自分のみに頼る傾向を減らしたほうがよいと確信しているという場合があります。

それにつづく面接では、特に患者が、私との時間を最大限有効に用いるにはどうすればよいのかが、まだはっきり分かっていないようであれば、「私たちが定めた治療目標に関連がありそうなことが心に浮かんだら、何でもおっしゃってください」と示唆する場合もあります。このようなコミュニケーションには、私が彼らに何を期待しているのか、そしてどうすれば最も効果的に共に治療作業をすることができると考えているのかを、患者に知らせるという目的があります。このような、患者が私に何を期待してよいのかに関するコミュニケーションには、暗黙と明白の両面があります。私の応答性の特質でありながら暗々裏に表現していることと並んで、私は通常、私が患者と共に何をしようと考えているのか、そしてなぜそうしようと考えているのかということについて、必ず明示します。そのような明示性は、ほとんどの患者にとって役に立つものと思われますが、不安定愛着患者あるいは外傷や喪失体験に関連した未解決型愛着患者にとっては、それは本質的なことと言えます。なぜならば、彼らが非言語的なしぐさのみに基づいて他者の意図を正確に読みとることは困難な場合が非常に多いからです。

治療関係を探究することの理論的根拠が患者にとって自明などということは、ほぼありえないことです。ところが、治療者とのかかわり合いに焦点づけることがどれほど患者が治療目標に到達する助けとなりうるのかを明示する必要性は、しばしば無視されています。患者のほとんどにとって、この必要不可欠な治療作業の方法（正式には、転移−逆転移分析と言われていますが）は、単純には意味を成さないので、彼らが**治療外**の関係性に目を向けることのほうに、はるかに多くの興味を抱くのはもっともなことです。したがって、もしも患者が私たちの導きに単純に従うだけでなく、それ以上のことをすべきだとすれば、私たちは彼らに説明すべきですし、あるいは、このアプローチの有用性を示せれば、なお良いでしょう。

最も望ましいのは、患者の定めた問題あるいは目標と、治療者との関係において起きるであろうことを結びつけることです。ここで、私の言わんとしていることを例示してみましょう。

ある女性患者が、初回面接の際、私に言いました――彼女の男性との関係は、いつも壊れてしまうのだと。なぜならば、彼女が言うには、「私は欠点の見当たらない男性と未だ出会ったことがないからです」とのことでした。それまでの治療が、この防衛的価値下げパターンについての洞察を、既にいくらかは彼女に与え始めていました。

驚くまでもなく、治療作業が始まると、まもなく彼女は私の欠点を見つけ始めました。彼女が、印象としてこぼしたのは、私は冷淡で非共感的だとのことでした。そして彼女は前へと向き直りながら、このことが彼女を困らせている、なぜならば「ヒョウの斑点は変わることがないでしょう」と付け加えたのです。この時点で、私は彼女に、次のようなことを言いました。「あなたは、あなたの男性とのかかわり方について洞察を得たいから、男性治療者と治療作業をしたいとおっしゃったのを覚えていますよね。もし、私たちが今**ここで**私たち二人の間に起きていることを調べてみるならば、外での男性関係で起きることについて、非常に良い洞察を得られるかもしれませんよ。こう言っているのは、あなたは、ほかの男性との関係を運命づけてきたとあなたが言った、まさにそのパターンを、私と共に反復する、ぎりぎりのところの立っている**かもしれない**からです。」この言葉は彼女の注意をとらえ、そして治療内外での彼女の体験に類似の事柄があるかどうかを探究するための、よい刺激になりました。それらはまた、私たちのかかわり合いに焦点づけることにより、彼女の男性とのかかわり合いにおいて彼女が未だ自分自身にも私に対してもはっきり表現できない局面に気づけるようになるかもしれないということを認識する助けにもなったのです。

一般に、このような対話は、患者が治療関係において毎度生じている転移－逆転移エナクトメントをうまく利用して私たちと十分な共同作業を開始できるようになる以前に、一度ならず生じていなければならないことです。もちろん、通常、今ここでのかかわり合いに注意を焦点づけるよう指導的役割を果たさなければならないのは、治療者のほうです。治療関係における今ここでの体験（患者の治療者に関する知覚や感情を含む）を探究するにあたり、患者が初めて主導権をとったならば、その時点こそが真の共同作業を標識するものと言えます。

このような方法で患者を精神療法に導入する際、私たちはまた、愛着の枠組みにおいて特に顕著な部分を持つ、治療関係における特異的な出来事に、効果的に接近する準備もしているのです。

分離、中断、終結

分離と喪失は、ボゥルビィの理論にとって、愛着と同じくらい重要なものです。事実、子どもの分離および喪失体験が発達に深く影響することを理解する必要性こそが、愛着理論の最初の定式化をもたらしたのです。愛着が子どもの情緒的・身体的生存に必要不可欠であるということを考慮すれば、愛着人物の喪失（一時的喪失、すなわち分離も含めて）は、典型的愛着外傷と考えられるでしょう。それゆえ、患者の新たな愛着関係における現実の、あるいは恐れとしての治療者の喪失を含む出来事は、それが一時的でも永続的でも、患者の愛着史に直接関連のある感情（あるいはその感情に対する防衛）を、必ず呼び起こすものです。

未解決となっている喪失や外傷により発達が障害されている場合、患者は、たとえば治療者の休暇に対し、あたかもそれが壊滅的脅威であるかのように反応するかもしれません。ある機知に富みエネルギッシュだけれども非常に自己破壊的な患者は、私が夏休みのために初めて治療を中断した際、妄想的になり、短期間ですが自殺傾向を示しました。未解決の喪失を生育史に有する多くの患者と同様に、彼は一時的な分離と不可逆的な遺棄とを、容易には区別できなかったのです。また、そのような患者にはよくあることですが、この男性の治療における進展は、私との分離に対する反応としての彼の苦悩が徐々に和らいでいくことにより明らかにされました。徐々に、彼は、私たちの関係における休みは関係そのものが壊れることと同じではないということ、そして私が休みたいと思うのは、私が**彼**から去りたいということと同義ではないということを実感できるようになっていきました。

この種の進展は、主として、分離により呼び起こされる患者の喪失反応のために居場所をつくる治療者の力にかかっています。なお、ここで言う分離とは、時には、面接終了時に引き起こされる分離さえも含んでいます。分離の影響に対し注意を向けるよう訓練されている治療者は、それを統合できるような包含的対話を促進することができます。分離に関して作業することはまた、関係における断絶が修復されることを保証することでもあります。そうして分離に対する反応を効果的にとり扱うことは、ついには安全基地としての関係性に対する患者の信頼に寄与します。

患者が、その反応は実のところ分離を引き金として生じているのだということを実感しないまま、分離に強く反応しているということは、決して少なくありません。休みなどに対する患者の特徴的反応に焦点を合わせつづけることを通してのみ、これらの反応の意味が明らかにされうるということもしばしばあります。しかしもちろん、それは意味の問題だけではありません。私たちが患者の反応のために居場所をつくり、よく調律したかたちで応答すれば、新たな体験が可能となるのです。無秩序型愛着に帰着するのは、喪失あるいは外傷それ自体ではなく、未解決の喪失あるいは外傷なのだということにご注意ください。私たちが**新たな**喪失（たとえば治療者の休暇により表象されるような）という潜在的外傷に対する患者の反応をとり扱う際には、患者が再外傷の体験をせずに、解決という癒しの体験をする見込みは高まることでしょう。

先ほど私が記述したような体験をする患者の多くは、愛着に関わる未解決型の心理状態に結びつくことが研究により示されているような、まさに重篤な喪失を、幼少時に患っています。さらに、より無秩序の度合いの少ない喪失であれば、私たちの患者の大部分（すなわち、不安定愛着と呼ばれている患者の大多数）の生活史に、特徴的にみられます。

ここで文脈を用意するために、親からの分離の遷延に耐えている幼い子どもが一連の特徴的な反応を示すということを思い出してみてください[39]。最初は、**抗議**です。それは、涙ぐんだり、怒ったりして積極的に表現されるもので、まるで子どもの苦悩の純粋な強さが親を連れ戻すかもしれないと思わせるほどです。次に、**絶望**です。すなわち、希望がしぼんでいくにつれ、子どもはまだ涙ぐんではいるものの、徐々に静かで消極的になっていくというもので、まるで深い哀悼の状態にあるかのようです。最後に、希望がなくなるにつれ、絶望は**脱愛着**へと少しずつ変わっていきます。すなわち、子どもは、表面的には社交性がみられ、快活にさえ見えるにもかかわらず、今やよそよそしくなり、親の不在に対し、つい最近まで痛々しく哀悼していたはずなのに、親に関する全ての興味を失ってしまったように見受けられるのです。

抗議、絶望、脱愛着は、急性と表現される劇的な喪失に対する反応の各段階です。多くの不安定愛着患者の体験においてみられる、より劇的でない喪失は、慢性的なものです。

不安の強いとらわれ型愛着の成人は、予測不能な応答（すなわち、存在したりしなかったり、適切に調律したり不適切な誤調律になったりする）をする親により養育されたという事実が、しばしばみとめられます。つまり、そのような成人は、子どもの頃、（利用可能で調律してくれる）愛着人物を繰り返し喪失するという体験をしていたことになります。その時も今も、愛着関係（治療者との関係を含めて）における彼らの行動は、そのような喪失への恐れを反映しています。抗議の段階にある子どものように、喪失の脅威に対する反応としても、喪失を避けるための方略としても、彼らは強烈に感情的です。このような患者に必要なのは、私たちが、彼らの激しい感情表出を操作とみなしたり、それにより困惑して逃げ腰になったりしないことです。私たちは、彼らの抗議（すなわち、彼らの涙と怒り）のための居場所を作らなければならないのです――自分は一人では無力だという彼らの感覚を認めてしまわないように注意しながら。

対照的に、愛着軽視型成人は、ボゥルビィの言う脱愛着の段階にある子どものように行動します。研究により、このような成人は、決まって情緒的に距離をとる親を有するということ、またそのような親は、彼らが早期において心地よさや結びつきを求めて近寄るのを拒絶していたということ、そしてそのような親自身も、乳児期に赤ちゃんでいることを許されなかったということが示唆されています。したがって、愛着軽視型成人の他者からの脱愛着、そして自らの感情からの脱愛着とは、世話をしてもらえる望みがないということと対する反応なのです。それはまた、現在におけるさらなる喪失と、過去の喪失の遺物としての悲哀とのいずれからも自らを守るために、予防線を設けているとも言えるでしょう。つまり、愛着軽視型患者は、彼らが軽視してきた要求および避けてきた感情に結びつけるような援助を必要としていると言えます。

一般に、現在の喪失は、過去の喪失の反響（こだま）を呼び起こします。精神療法中の患者にとって、継続している関係における毎回の休みは、古い感情および古い防衛の引き金にもなりえますし、また分離と愛着をめぐる未終結の仕事にとりくむ好機にもなりえます。愛着に関わる優勢の心理状態により、患者は、分離に対し異なる仕方で反応する傾向があります――私たちもそうですが。とらわれ型の心理状態にある患者および治療者は、しばしば分離をめぐり不安になりますが、愛着軽視型の患者および治療者は、一般に、何事もなかったかのような反応を示します。そして、既に述べたように、未解決型成人は、分離に直面すると無秩序あるいは無方向状態になることがあります。私たち自身の分離に対する特徴的反応を知っているということは、既に患者にとって（私たちにとっても）馴染みになりすぎてしまっている問題の多いシナリオを患者との間で反復するリスクを減少させるために不可欠です。たとえば、愛着軽視型の治療者は、愛着軽視型患者と共謀して、治療における分離を、まるでとるに足らないことのようにとり扱ってしまうかもしれません。それはすなわち、愛着それ自体がとるに足らないことだということを肯定するのと同じことです。

精神療法では、究極の分離がやってきます――そう、終結です。たとえ患者が治療終結後に戻って来ることができる（そして時々、実際にそうする）としても、治療を終えるということは、とてつもない情緒的重大性および治療的潜在力を持つ貴重なプロセスです。治療が提供してきた新たな愛着関係が終わってしまうことを予期するという体験は、感情（痛みとほろ苦さと）を、深く揺り動かすことでしょう。それだけに、終結は患者の愛着と喪失をめぐる過去と現在の問題を再訪し、さらなる解決をはかるための延長された好機を提供してくれるのです。言うまでもなく、終結とは、大変情緒的な振り返りの機会であるのみならず、できうる限りあらゆる種類の感情を十分に感じながら「さよなら」を言う機会でもあります。

次章以降で、私は異なる愛着分類に関してさらに述べる予定ですが、ここでは終結に直接関係しているいくつかの一般論のみ挙げておきましょう。すなわち、遺棄の恐怖を抱き自らの無力さを誇張して演じるとらわれ型患者には、適当な時期が来たら、治療者は、治療終結のスケジュールやルールを明確にし、その結果として生じる患者の抗議のための居場所を作る必要があるでしょう。感情を回避し、関係性の重要性を軽視する愛着軽視型患者には、治療者は、ドアを横棒で閉ざして、患者が恐怖と願望とをいずれも情緒的に体験するための居場所を作る必要があるでしょう。喪失により壊れてしまう可能性があるのみならず孤独を恐れてもいる未解決型患者には、治療者は、段階的終結のほうが適切と考える必要があるかもしれません。すなわち、彼らが必要性を感じるのならば、またそうすることに耐えられるのならば、治療に戻ってくることができる（そして大多数が戻ってくる）ということを理解しつつ、「早すぎる（prematurely）」さよならをするというのがよいかもしれません。

患者の愛着に関わる心理状態を評価する

その患者の愛着に関わる優勢の心理状態を認識することにより、治療者は、何が患者の関係性のみならず自己の多様な側面にも特徴的な形を与えている最初の組織原則（primary organizing principle(s)）あるいは指導的隠喩（guiding metaphor(s)）なのかを同定できるようになるでしょう。

たとえば、回避型愛着患者について考えてみましょう。拒絶的で（あるいは）支配的な、情緒的に距離をとる両親により育てられたそのような患者は、自分がされたことを自分自身（および他者）に対しても、します。彼らは、関係性において、拒絶し、距離をとり、支配力を及ぼそうとする人になりがちです。彼らは、自らの感情をも拒絶し、距離をとり、コントロールしようとします。自らの愛着願望・目的を自分のものとして体験する時点で、彼らはそれらにより容易に支配されていると感じてしまうため、結果としてそれらを拒絶してしまうのでしょう。要するに、彼らは、彼らの親が彼らとの接触を避けていたように、彼ら自身および他者との接触を避けるのです。ここでの指導的隠喩は、拒絶されることや支配されることを避けるための自己隔離（self-isolation）ということでしょう。

患者の愛着に関わる心理状態を同定することにより（仮定であり臨時のものとしてではありますが）、治療者は、患者の幼少時を思い描いたり、その情報に基づいて患者の発達上の関係性に関し推量したりすることもできるようになります。患者の発達上の関係性は、どのような種類の感情、願望、思考、行動を受け入れてくれたのでしょうか？　患者は、何を否認したり抑圧したりする必要があったのでしょう？　患者は愛着のきずなを維持するために、どの関係方略および情動調節方略をとる必要があったのでしょうか？――これらのような疑問の答えを出すことは、患者が私たちに何を求めていそうかを確定する助けになることでしょう。また、患者が否認あるいは抑制してこなければならなかった感情、願望および力を認識することは、私たちが提供することで最も効果の上がりそうな種々の応答性を明らかにする助けになることでしょう。

患者の優勢の愛着型（複数の場合もある）を同定する方法はたくさんあります。一般に、その患者固有の愛着に関わる心理状態により、患者は各々異なる「感じ（feel）」を持っています。そしてそれと一致して、私たちは、彼らと共に居る時、異なる感じを持つ傾向があります。加えて、お馴染みの分かりやすい診断分類（強迫性、演技性、境界性など）は、愛着分類と非常によく符合しています。しかしながら、患者の愛着型を同定するための最も貴重な手がかりは、成人愛着面接（ＡＡＩ）から得られるものです。

✤臨床的評価とＡＡＩ

ＡＡＩは研究手段ですが、臨床面接のごとく非常に良く構造化されています。被験者のＡＡＩ物語りの研究から得られた結論的記述をみると、その強調点は、内容にではなくむしろプロセスと形式に置かれています。それはまさに、患者との初回面接における強調点ではないでしょうか。話の内容が無関係ということでは決してありませんが、ＡＡＩ研究（治療も同じですが）における評価の最大目的は、その人が直接的に**語ることのできない**局面を把握することです。「愛着に関わる心理状態」[191]とは内的作業モデルの産物であり、またそれらが暗号化したルールでもありますので、その大部分は非意識的で暗示的なものです。それゆえ、最も意味深長なのは、その人が何を明白に**語れる**かではなく、その人の談話様式を通して何を暗々裏に**見せる**かなのです[193]。

ＡＡＩ研究を何度も追試することを通して、メインは、次のことを示しています。すなわち、まとまりがあり協力的な談話は安定型作業モデルを反映しているということ、また逆に、まとまりがなく的外れで、そして（あるいは）論証に逸脱のある談話は不安定型あるいは無秩序型の作業モデルを反映しているということです。個人の愛着に関する**談話**はその人の愛着に関する内的作業モデル（複数の場合もある）を反映しているということの発見は、治療における臨床的評価に直接応用できるものです。患者が私たちの中に呼び起こしたり、私たちと共にエナクトしたり、体現したりするもののほかに、患者の**言葉使い**も、逆説的ですが、患者が言葉にできない体験の局面を明らかにします。

定義によれば、患者とは、その苦悩のために助けを求めて、より強く、より賢いとみなされるほかの誰かのもとへとたどり着いた人です。したがって、最初の一、二回ほどの精神療法面接は（ストレンジ・シチュエーションやAAIそれ自体のように）、愛着行動やそれに対する防衛を活性化させる文脈と言えます。おそらくは最初の電話から、そして治療者のオフィスの敷居をまたいだ時点では確実に、患者は自らの特徴的な愛着方法を私たちに見せ始めます。患者が私たちに語りかける際の語り方を聞くことは、特に意味深長なことです。なぜならば、AAIを用いた研究により、安定型、愛着軽視型、とらわれ型、未解決型の成人が愛着について伝えがちな独特の語り方が分類されているからです。

患者のコミュニケーションには、どれくらいまとまりがありますか？　また、それはどれくらい協力的ですか？――患者の愛着に関わる心理状態を同定するために傾聴するにあたり、留意すべき重要な質問があります。AAIからのヒントをとり入れて、患者の談話に関する四つの局面について注意深く聞く必要があるのです。すなわち、メインが、哲学者ポール・グライス（一九八九）に従い、質、量、関連性、方法と呼んでいるものです[b]。

質に関しては、問題はその患者の正直さにあります。すなわち、患者は自ら話していることの根拠を持っているでしょうか？　あるいは、彼の主張は、後で彼が言ったことにより実証されない、あるいは矛盾しているという印象が残りませんか？

量に関しては、患者はコミュニケーションにおいて簡潔で、なおかつ完全でしょうか？　あるいは、私たちの質問に対する患者の応答が、無関係な詳細により圧倒されているように感じられたり、短すぎて手がかりがないまま終わってしまったと感じられたりしませんか？

関連性については、患者は手元にあるトピックとの関連を維持できているでしょうか？　患者が私たちの質問に留意していながらもなお、自らの体験に調律することができているかどうかを尋ねるという、別の方法もあります。

最後に、**方法**に関しては、患者は明解かつ秩序ある方法でコミュニケートできていますか？　あるいは、患者はあいまいで、混乱していて（あるいは混乱させるような）、そして（あるいは）非論理的ですか？

一般に、安定型患者は、正直さを保ちつつ簡潔にコミュニケートでき、なおかつ関連性と明解さを維持してもいます。彼らは思慮深く、また情緒を喚起するような体験に関し活き活きとした情動を伴って語ることができます。彼らは強烈な感情に没頭している時でさえ有能に見え、治療者との結びつきを保ち、対話の目的を注意深く心に留めています。

対照的に、愛着軽視型患者が、まとまりを保ったり、共同作業的であったりするのは非常に困難です。特に、彼らは正直さに難があります。すなわち、しばしば主張していることの実証に失敗しますし、時には矛盾することもあるのです。彼らはまた、過度に簡略化し、愛着に関する体験についてはほとんど語りません。単純に「覚えてません」と言うだけのこともしばしばです。たぶん、記憶の欠如という主張は、彼らが表象を発展させる際の習癖としての関係論的文脈と結びついているのでしょう。すなわち、可能な限り最良の愛着を維持するために、結びつきたいという要求に関連した願望や感情あるいは体験を意識したり思い出したりしないようにしているのでしょう。

それと一致して、愛着軽視型患者は、治療に訪れ

b 訳注　第三章、表3・2（50ページ）の訳注を参照のこと。

た理由となる問題についても、ほとんど語らないかもしれません。なぜならば、そのような問題についてコミュニケートすることは、愛着システムを活性化する危険を孕んでいるからです。愛着軽視型成人のAAI記録が最も短いものになりがちであるという所見と一致して、愛着軽視型患者はしばしば沈黙に陥るため、治療者が空いた時間を埋めなければならなくなってしまうことがあります。

とらわれ型患者のコミュニケーションは、非常に多くの点で、対照的です。すなわち、彼らは正直かもしれませんが、めったに簡潔でなく、関連性もなく、明解でもないのです。彼らの強烈でやっかいな感情（特に、過去の愛着に関する）により、物語りはしばしば本筋から逸れたり、あいまいになったり、筋を追うのが難しくなったりしてしまいます。このような患者は、まるで彼らの苦悩からの圧力が共同作業する力を圧倒しているかのようであり、私たちが尋ねたトピックにとどまるということが、なかなかできないようです。結果として、面接は、そのような患者が自分の話のポイントらしきものに到達できる前に、時間切れとなってしまうかもしれません。幼少時の関係性について尋ねられても、現在の関係性について話すかもしれませんし、逆も真なりです。両親に関する古い感情（怒り、恐れ、あるいは無力感）が、彼らの現在の関係（治療者との関係を含む）の中に注がれてしまっているようです。

最近、私は、あるとらわれ型患者からの果てしなく長い留守番電話メッセージを受けとりました。彼女は、私の留守番電話の録音時間が切れるまで話しつづけていました。彼女は非常に大人の語り口調で話し始めますが、徐々に、ひどく不幸な幼い少女のような声の響きへとシフトしていきます。この患者は、過去に由来する未解決の愛着に非常にとらわれていたために、現在を漂っているうちに、小さな子どもが応答してくれない父親に助けを求める哀れな懇願を思わせるような話し方へと、いつの間にか引き込まれていったものと思われます。

この事例が示唆しているように、とらわれ型の心理状態は、しばしば未解決型のそれと重複していま す——特に、現在におけるコミュニケーションを歪めてしまうような過去の心を乱す出来事に没頭するという点で。未解決型患者のコミュニケーションは、メイン[191]が「論証あるいは談話のモニタリングにおける逸脱」と呼んでいるものに特徴づけられます。愛着および外傷や喪失のテーマにふれると、これらの患者の談話は、場所、時、因果関係に関する通常の論証から、短時間、離れてしまうことがあります。先ほど私が記述した患者は、自分が母親のことを考えるのをやめたせいで母親が死んだと思い、悩んでいました。また別の患者は、ずっと前に亡くなった父親のことを、未だ生きているかのように話していました。

談話における逸脱は、患者の声のトーンや態度における比較的顕著なシフトに反映されますが、ある種、それは患者が別の解離された意識状態に入り込んだということを示唆するものです。また解離は、まさに未解決型患者の体験として頻繁にみられる特徴の一つです。患者は突然、空想にふけり始めたように見えたり、ささやくような声のトーンで話し始めたりするかもしれません。あるいは、心を乱すような体験について語り始めると、さっきまで座っていた患者が今やカウチの端っこに横たわり、顔だけは治療者のほうを向いているということもあれば、完全に背中を向けてしまうということさえあります。

この後のページでは、私は、患者の愛着に関わる優勢の心理状態が、愛着軽視型なのか、とらわれ型なのか、それとも未解決型なのかを認識することから得られる治療的含蓄に焦点づけていく予定です。特に、患者が以前は否認したり解離したりしていた体験の局面を統合できるよう、慎重に育てていくような関係性について考察するつもりです。

第十二章　愛着軽視型患者

――孤立から親密へ――

通常の診断用語では、愛着軽視型患者は、一方の端には強迫、そしてもう一方の端には自己愛およびスキゾイドを有する連続体のどこかに位置すると考えられます。そのような患者は、たとえ安定した関係を長期的に維持できている場合でも、真に親密になれるほど他者を十分に信頼するということは、非常に難しいようです。そして彼らは、自分自身とも、決して親密というわけではありません。彼らの「強迫的独立独行」[39]および自己価値の防衛的過大評価が、他者からの支持や結びつき、あるいは配慮を求める気持ちを彼らの中に引き起こしてしまいそうないかなる感情、思考、願望も、常に遠ざけておくことを必要としているからです。

しかしそうだとしても、生物学的本能としての愛着要求を絶やすことはできません。愛着軽視型成人は、AAI文脈では自らの気持ちを「全て良好です」と主張するかもしれませんが、生理学的測定では別の兆候を示しています――ちょうど回避型愛着の乳児が、ストレンジ・シチュエーションにおいてほとんど苦痛を表さない一方で、心拍数やストレスホルモン値の上昇が別の物語を語っているのと同じように[108]。明らかに、愛着軽視型患者は、他者と深く結びつきたいと思うような情緒を感じるのを嫌がりますし、そのような感情を表現することなど、なおさら嫌なようです。しかしそうだとしても、私たちは、これらの患者と情緒的結びつきを築くことを通してしか、変化を可能にするような関係を結ぶことはできないのです。ここでのカギは、情動に追従することです。

私たちは、愛着軽視型患者の微妙な情動の手がかりに、鋭敏に調律しなければなりません。通常、それらの手がかりは、身体を通して伝達されます。患者の瞳には、何が見えるでしょうか？（眼差しが逸らされるのならば、恥ずかしがっているのでしょうか？あるいは、下方へと向けられるならば、悲しいのでしょうか？瞳が濡れているようであれば、心を動かされたかのようですね？上瞼が上がっているのならば、怒って睨みつけているのでしょうか？）患者のあご、口、髭のセットからは、何が観察されるでしょうか？患者の姿勢に、何か表現されているでしょうか？また、声のトーンからは、何を推論できるでしょう？

おそらく、より一層重要なことは、私たちは患者と共に座っている際の、自らの精神生物学的状態における微妙な変化に調律する必要があるということです。なぜならば、患者は感じたくないことを、しばしば無意識的に、治療者の中に呼び起こすからです。私たちの内的体験の変化が患者の情緒体験と無関係ということは、めったにありません。なお、私たちの内的体験に注意を向けることが最も実り多いのは、私たち自身が感じていることのありのままを受けとめられるような落ち着いた状態にあり、なおかつそれらの感情を隠す必要がさほどないという時のようです（エクマンの研究、すなわち、ポーカーフェイスを決めこんでいると、表情が平坦になるばかりか、**情緒体験**までもが平坦になるということを示した研究を思い出してみてください）。愛着軽視型患者の治療に私たち自身の感情を持ち込めば、彼らが自らの解離された感情を統合し始める助けとなりうることでしょう。

しかし、精神療法がそのような統合を可能にすべく安全基地を提供するためには、治療者は患者にとって重要な存在にならなければなりません。そして、治療者を重要な存在として位置づけるということは、もちろん愛着軽視型患者の非活性化方略（すなわち、他者の重要性を低めるという方略）とは合致しません。したがって、中心課題は、患者が治療者を重要だと思えるようにすることと言えるでしょう。

多くの場合、そのような患者は、治療開始当初には、まるで、治療者はほとんど役に立たないとか、脅威を表象しているから近寄らせてはならないなどと思っているかのように振舞うものです。ここでの苦境は、感じることに抗する障壁により、患者は治療者を重要と思えなくなっているうえに、治療者を重要と思えないことにより、感じることに抗する障壁が増強されるということです。もちろん、これはより広範な生活上の問題に直面した際の愛着軽視型成人の防衛方略の本質です。感情の自己保護的抑制と親密さへの回避が、そのような患者を治療へとたどり着かせるような典型的な情緒的・関係的困難を生んでいるのです。

苦境を生きのびる方法をみつけるために、私たちは共感的調律と直面化とをバランス良く用いることが求められます。普通、患者は前者を必要としま す。なぜならば、私たちに分かってもらえたと感じたいからです。しかし、愛着軽視型の患者は、しばしば特に後者を必要とします。それは、私たちの存在を感じたいからです。すなわち、私たちは患者に影響を与えることができ、彼らも私たちに影響を与えることができるのだということを、彼らは感じたいのです。愛着軽視型患者と本当の意味で結びつくためには、私たちは、患者が私たちにどれほど影響を与えているかを、彼らにわかってもらうということが必要なのかもしれません。

共感と直面化

共感的調律と直面化はいずれも、患者が自らの情緒体験をより快く受け入れられるようになるという本質的目標に向けて用いられるものです。感情に関しては、愛着軽視型患者はまさしくクローズド・システムですが、それは彼らが、苦痛を認めたり表現したりすれば欲求不満かあるいはそれよりも悪い結果になるだろうということを学習してきたということなのでしょう。

患者の体験に対する共感を言葉にすれば、私たちが支配したり拒絶したりするのではないかという患者の恐怖は低減されるかもしれません――そのような応答が、患者を安心させる場合には。しかしそれはまた、裏目に出ることもありえます。思うに、愛着軽視型患者は、愛着人物からの共感というものを、ほとんど知らずに育ってきたのでしょう。ゆえに、私たちの共感的コミュニケーションは、彼らにとってはさっぱりわからないものかもしれないのです。そして彼らは、それを「真の」助けの代わりにしては不十分だと思うでしょう（「あなたにできることは、それっぽっちなんですか？」）。あるいは、共感は親密さと依存に関連した多重の脅威を呼び起こす可能性があるため、無意識的にそれを拒絶するよう強いられているのかもしれません。

私は、ほとんどいつも共感から始めますし、それは欠くことのできない安全な背景を持続的に提供してくれると確信しています。しかし、愛着軽視型患者に関しては、治療初期に彼らと結びつくためには共感的映し出しを越えたものが必要とされるということ、またそれを言うなら解釈を越えたものが必要とされるということがわかっています。ここで言う「～を越えたもの」とは、患者のコミュニケーションの受け手と言えるであろう私たちの主観的体験の慎重な表現、または自然に出てくる表現のことです。これこそ、私が直面化と呼んでいるものです。

患者に私たちとの関係性の体験に入ってきてもらうということは、通常、私たちが感じている何かを開示することを意味します。そして、私たちが情緒を表現することは、自らの情緒をほとんど感じていない患者にとっては、特に重要なことかもしれません。彼らの自己覚知（self-awareness）は、彼らを感じ、考え、記憶するままにさせておかせない何かにより、ひどく抑制されています。これらの患者は、普通ならば覚えている価値のある「付箋（tag）」となる体験であるはずの強い情緒を非活性化してしまうため、前言語的体験は明白な（explicit）記憶にまぎれてしまったのでしょうし、その後の思い出も暗号化されずじまいだったのでしょう。

しかし、それでもなお、そのような患者が彼ら自身の中では接近できないものが、治療者を含む他者の中でならば呼び起こされるかもしれません。したがって、私たちの主観的体験は、さもなければ彼らが接近することのできない感情、思考、記憶へとつながる重要な道すじを提供してくれるかもしれないのです。さらに、愛着軽視型患者の防衛方略は、彼らの共感能力を減弱させるうえ、彼ら自身の他者への影響に気づくことをも妨げるため、私たちの主観的体験が彼らの前で明るみに出れば、それは並外れて活き活きとした資源となりうることでしょう。

第八章で論じた患者（力に満ちた、かなり知的なエグゼクティヴの患者）のことを思い出してみてください――私が、まるで起訴の脅威に直面しているかのように、自らの言葉を不安げに「非の打ちどころのないものに」していることに気づいた患者のことです。私がこの体験を「ゴードン」に開示した際、彼は驚きました。私が、**彼**の体験（何やら危険にさらされているような感じ）に声を与えたように、彼には思えたようです。それ以前には、彼はその体験のための言葉を持っていなかったのですが、それにより彼は、仕事で裁定されたり攻撃されたりするのを恐れて自らの仕事に「金メッキ」をほどこすよう駆り立てられていたのでした。彼は、母親（ホロコーストの生存者）が、彼が仕事で不安になるような憶測をしていたことを思い出しました（「そこではユダヤ人はあなただけにちがいないわ」）。彼の脅されているという感情は、母親の生育史の遺物だったようです――すなわち、外傷の世代間伝達の結果だったようです。ゴードンのような患者に、彼らとの関係性に関する治療者の体験を以て直面化することは、①彼らが自らの情緒体験に結びつくための、そして②彼らが他者に与えている何らかの影響を明らかにするための、いずれの潜在力をも持っています。

決していつもというわけではありませんが、時に、直面化は、何かを思い出させるような、ある種の言葉の「鋭さ」を持っています。前にも述べましたが、若干いやいやながら来ていた患者が、私の理解を示す調律された言葉や振舞いの全てが全く役に立たないと思っているということが、初期の面接で明らかになりました。私の共感的な申し出に対し、彼女は、まるで私が実際の敵であるかのように反応し、ますます軽蔑的態度をとるようになってきました。このつまらない欲求不満を招くやりとりを二十分ぐらいした後、私はその患者に言いました（若干、鋭い言い方で）。すなわち、私は彼女と居て非常にイライラさせられると感じ始めているということ、またそれは私の彼女に対する慣例的な反応ではないということ、そして私たちは今ここで何が起きているのかを正確に理解する必要があるということ――を伝えたのです。若干、不意を打たれた患者は、気をとり直し、そして、彼女の人間関係は、家でも職場でも、彼女の議論好きで時には人をいじめる傾向により台無しになるのが常なのだということを認めたのでした。

そのような患者は、特に治療初期には（それに限るわけではありませんが）、（良くても）治療に片足しか突っ込んでおらず、もう片方の足は外に出しているのです。彼らは、問題を孕んでいる古い用語ですが、「抵抗（resistance）」を示しているように見受けられます。すなわち、治療者や治療目的に対抗するように働いていると思われるのです。しかし、愛着軽視型患者の見かけ上の抵抗を**コミュニケーション**として理解するほうがはるかに有益であり、より患者の体験している真実に近いと言えます。いやいやながら、非協力的に、あるいは支配的になることで、これらの患者は親密さおよび依存への恐怖を伝達しているのです。また、愛着研究が明らかにしているように、愛着軽視型患者は、本当にこれらの恐怖にさらされてきたのです。すなわち、彼らの愛着史の文脈で考えれば、助けを必要としていることを認めてしまえば、拒絶を招くか、あるいは屈辱的な不十分さをさらすことになりかねないと感じているのかもしれません。

助けを必要としているのにそれを認めないというのは常に危険なことですが、助けを**得る**ことのほうが、なお一層大きな危険を表象するのでしょう。重要な関係において助けられていると感じることは、他者を弱くて依存的だとして価値下げするのに対し、自己を強くて完璧だと評価するという優勢の意識的作業モデルを弱体化させる危険につながります。その代わりに明るみに出るであろうものは、恐れている無意識的モデル、すなわち、自己は無力で脆弱なのに対し、他者は拒絶的、支配的、あるいは懲罰的だというものです。このモデルの支配下では、患者は不安と同様に怒りをも感じがちです。そのうえ、治療者のことを、すすんで助けようとし、また助けることのできる人として体験してしまえば、早期の愛着人物が、助けることのできない、またすすんで助けようともしない人だったということにまつわるひどい悲しみが呼び起こされるかもしれないのです。

精神療法は、愛着軽視型患者を、その助けが役に立つことを期待できない新たな愛着人物に依存するよう暗々裏に誘うことにより、窮地に陥らせます。しかし、私たち治療者は、一方では患者の体験に調律するよう努力し、もう一方では私たち自身の体験を認識する（そして時には開示する）よう努力するという、その両極間を行き来するなかで、このような患者の予想を反証し始めるかもしれません。おそらく、二つの対極をなす応答様式は、ほぼ必ず相互交流し始めるだろうということを、ここで明確にしておく必要があるでしょう。

結局のところ、私は、主として私自身の体験を通してしか、そしてそれを基にすることによってしか、患者を理解したり、患者に共感したりすることはできないのです。これに関連してですが、私は時々、患者についての私の理解は私自身の体験から引き出されるものだけれども、それは結果として患者に関係のあることかもしれない（あるいは、ないかもしれない）から――と、前置きしてから自己開示します。加えて、慎重な自己開示のプロセスにおいて、私は通常、自分自身がより患者に調律していると感じるのみならず、患者とより親密になったようにも感じます。逆に、患者に共感する体験や、時には直接的に共感を表現するという体験において、しばしば私は、より自己を知ることができ、またより自分自身と結びついているようにも感じています。

治療的かかわり合いと愛着軽視型患者

治療者の主観の真正なる表現は、自分とは別の人としての治療者の実在を愛着軽視型患者が**感じられる**ようにするために欠くことのできないものかもしれません。患者が自分の親を拒絶的あるいは情緒的には不在として体験してきた場合には、特にそうです――そのような場合、治療者の情動的応答は緊張を与えるかもしれませんが、同時に安心させるものでもあるでしょうから。親から過度に支配されたと感じ、その結果、内にこもってしまったという患者にとっても、感じたり感情を表現したりする力を持っている、時にはひ弱な人間存在としての治療者から話を聞くことは、重要なことでしょう。

特に、愛着軽視型患者が、よりそっけない態度をとっている時には、現在（すなわち、治療者の主観の情動を伴う本物の表現を提供しうる場所としての現在）に在るための刺激や励ましが必要かもしれません。他方、患者がより情緒的に深くかかわっていて応答可能な状態にある場合には、治療者にはただ単に傍にいてもらえればいいと思っているかもしれません――言わば、彼らが自らの体験をより深く感じ、また理解するのを助けてもらうために。治療者の自己開示には実際に危険が伴いますが、過度に抑制されたり差し控えられたりしているようにみえる場合（すなわち、ブランク・スクリーンですが）も、同じく危険です。紋切り型《ステレオタイプ》の中立性や、「客観的」治療者（特に、愛着軽視型治療者の場合）は、愛着軽視型患者の防衛と共謀するはめに陥るかもしれません。つまり、患者の発達の足かせとなっている情緒的孤立を、不注意にも増強させてしまうかもしれないのです。

もちろん、ただ正直に述べ立てることが肝心なのではありません。そうではなくて、むしろ患者が利用できる形で私たちの体験を伝達するということが肝心なのです。当然ですが、これは、時にはきわめて難しいことでしょう。愛着軽視型患者は多くの感情に触れずにうまく暮らしているようですが、怒りについては、感じられないわけではないのです。すなわち、悲しみと異なり、怒りは距離をとることを促進するからです。また、怒りが、患者の非活性化方略に特有の明白な（あるいは隠された）価値下げを通して表現される場合、それはしばしば治療者の中に強烈な感情を引き起こすことでしょう。

正確にはどのような感情がどのように表現されるかは、主として私たち自身の愛着パターンによるでしょう。愛着軽視型寄りの治療者は、冷淡になったり引きこもったりしがちかもしれません。あるいは、支配的になるかもしれませんし、言わば傷つけるような洞察を加えながら解釈するかもしれません。強い見捨てられ不安を抱いているとらわれ型の治療者が、どんなに打ちひしがれているかを見せないようにするのは難しいかもしれませんし、あるいは急に怒り出してしまうかもしれません。

理想的には、私たち自身の感情を、ある情緒レベルで患者に到達するちょうどよい情動に乗せて伝達できるくらい、十分に安定していられればよいでしょう。もちろん、私たちは、患者とのかかわり合いにおいて展開する情緒の全てをコントロールできるわけではありませんし、そうすべきでもありません。時には、いきすぎて失敗することもあるでしょうし、また時には、私たちの応答が、患者の引きこもりや過剰支配を映し出すこともあるでしょう。いずれにせよ、私たちと愛着軽視型患者との間に生じがちな転移－逆転移の特徴的な型《パターン》を認識し理解することができれば、最適の応答性が保証されるというわけではありませんが、助けにはなるでしょう。

それには三つの際立った型があり、各々回避的愛着のうちでもいくぶん異なる生育史に関連しているようです。第一の型は、最前線の防衛が価値下げである患者との間で、また第二のそれは、（最初は）理想化する患者との間で、そして第三は、コントロールが合言葉となっている患者との間で、各々演じられます。通常、私たちは、同一の患者との間に二つ以上の型を体験しますが、治療の早期にはそのうちの一つが優勢となる傾向があります。そして、それは患者の最前線の防衛を表象しているため、しばしば治療内外における困難な時期には再度、出現します。また、治療関係とは共同創造されるものなので、私たち自身の愛着特徴が患者に影響を与えることは避けられません。たとえば、もしも私たちが理想化されたいという要求を持っているならば、患者は率先して私たちを理想化するようになることでしょう。

✽価値下げ型

カップルにおける愛着軽視型成人は、「融合慎重型」と表現されてきましたが、なかでも価値下げする人々のことは、「愛することをサボタージュする融合慎重型」と表現されてきました（ゴールドバート&ウォーリン、一九九六）。慣例的診断用語では、これらの患者は「自己愛者《ナルシスト》」と呼ばれる傾向があります。彼らは、愛に乏しく自己愛的に価値下げする親の子どもとして、情緒的には砂漠のような環境で育ってきています。親の防衛を借りて、すなわち自分自身を過度に良いものとみなし、他者を過度に悪いものとみなすことによって、彼らは自らの満たされない要求および怒りを伴う欲求不満から自らを守ることを学んできました。

しかし、これらの患者を守り、心地よくさせてきた特別幻想は、やがてはますます空虚になっていく愛の代用品だということが判明してしまうでしょう。ところが、真の親密さには、親に受けとめてもらえなかった依存への思慕および怒りの感情を暴露してしまう危険が伴っています。結果的に、（潜在的に）親密な関係に対する彼らの反応は、飢えた人が宴会に参加しているのに、その食べ物はきっとあまりおいしくないから食べないでおこう、と自らに言い聞かせているのと同種のものとなります。

愛着軽視型患者に関し、心に留めておくべきことは、**彼らの完全さ**に関し彼らが自ら生み出したプロパガンダ、そして（なおそれ以上に）**私たちの不完全さ**が、彼らに対し、恥辱からの保護（非常にとげとげした類の）をもたらしているということです。患者がこの保護を無意識的レベルで必要不可欠と感じていればいるほど、それはまた自滅的でもあり、それだけに治療的注目を必要としてもいるのでしょう。

しかしながら、患者を保護している敵意に直接焦点づけることよりも効果的なのは、彼らにとって人任せにすることがいかに難しいかを強調するようなコメントをすることです。治療において、患者はそのような難しさを、治療者は自分にとってさほど重要ではないということを確認しようとして（無意識のうちに）努力するというかたちで表します。たとえば、治療において、差し迫った休みに直面すると、患者は面接をキャンセルするか、あるいは治療者の不在のおかげで患者が支払わずに済むであろうお金についてコメントするかもしれません――まるで、治療者の不在がどんなにとるに足らないことかを自らに確認しているかのように。

そのようなある患者に一年かそれ以上かかわってきて、ついに私は、彼のかなり印象的な面接の始め方と終え方についてコメントしました。面接室に入るなり、彼は私の傍らを大またで歩き、私のほうを見ずに、そしてしばしば現に少しの間、目を閉じて、小切手を私に手渡すのでした。そして別れる時には、彼は私のお決まりの「お大事に」あるいは「また次回に」の挨拶に対し、黙って背中を向け、大また歩きで出て行くのです。

私はしばしば彼の振舞いにより締め出され、軽んじられているように感じていたということには言及せずに、単純に事実だけを述べました。そして彼に対し、おそらく何か意味があるのではないかと示唆しました。私の言ったことを聞いて、彼は、初めは自らの振舞いを正そうとしているように見受けられました――彼のほとんどの仕事上の人間関係を表しているような、ある種「軍隊ばり」の振舞いを遵守して。しかし、彼の体験について二人で探究するにつれ、彼がここでの関係性の「私的」な面を快く思っていないということが明らかになってきました。

たとえば、治療には必ず終わりがある。なのになぜ、ここでは、それほどまで私的に、あるいは親密になるにまかせていなければならないのか？　と、彼は指摘しました。彼は、信頼するということに問題があると認め、つづいて、たぶん彼の母親が、彼の振舞いのモデルをその理由と共に示したのだろう、と述べました。すなわち、彼の母親は、決まって、微動だにせずに、あるいは別れの挨拶もせずに、寝室に引きこもっていたのだそうです。彼が学校から帰宅しても、彼女からはそれに気づいたというそぶりもなければ、「おかえり」と言ってくれることなどなおさらなかったのでした。すなわち、彼女はただ沈黙したまま寝室に隠退していたのです。それはまるで、誰もいない家に帰ってきたかのようだった、と彼は言いました。

防衛的に価値下げする患者と共に居ると、暗示的に（本事例のように）、あるいは明示的に、私たちは、異なる二種類の応答をエナクトしていることに気づくかもしれません。私たちが愛着軽視型の心理状態にあるならば、患者の価値下げ転移に対し、価値下げあるいは怒りの逆転移で応答するでしょう。対照的に、とらわれ型の心理状態にあるならば、私たちはまともに受けとりすぎて傷ついてしまうかもしれませんし、また患者の価値下げを私たちの不十分さのせいだとして正当化するかのように応答してしまうかもしれません――すなわち、もしも患者が自分を重要だと思っていないとすれば、それは自分が彼に差し出せるほど重要なものを何も持っていないせいなのだろう、と。いずれの場合にも、もしも私たちがさらなる価値下げの可能性に対する不快感に耐えることができ、また患者のほうも「暴露された」感の不快さに耐えることができるのならば、私たちは、患者の治療者とのかかわり合いのみならず他者とのそれについても形作っているであろう重要な関係性の型を（防衛の型と同様に）探究する好機を得ることでしょう。

✤理想化型

愛着軽視型で理想化する患者も、価値下げする患者と同様に、しばしばあからさまに自分のことに夢中でひそかに不安定な親に育てられています。そのような患者は、子どもの頃、親の自己愛的要求が常に一番なのだということを感じとり、これらの要求を満たすことにより情緒的な「砂漠の中のオアシス」を見つけることができるということを悟るようになったのでしょう。親が特別だと感じられるように手伝うことを通して、彼らは自分自身をも特別だと感じることができたのでしょう――そうすることで、依存的になったり怒ったりする危険を回避しながら。

この型で児童期を適応してきたということが分かれば、一部の愛着軽視型患者が私たちを理想化する傾向を理解する道が開けることでしょう。心に留めておくべき重要なことは、これらの患者の賛美は、多元的に決定されるために誇張されてしまうということです。私たちがどんなにひどくても、患者は、あるレベルでは常に私たちを賛美する義務があると感じています。また彼らは、関係を維持するためには、彼らの想像している（あるいは知覚している）私たちのぐらぐらと動揺しがちな自己愛的平衡に梃子《てこ》入れしなければならないということを「知って」います。一般に、そのような患者は、治療者は不安定であり安心を求めているという暗黙の想定を、胸に秘めたままにしておきます（時には自分自身にも気づかれないように）。暗黙のまま、この想定は、彼らの治療者との関係に「あたかも」的性質を賦与し、距離を保つのです。この角度から見ると、理想化する患者は、価値下げするほうの患者よりも、かなり深くかかわり合っているように**見えてい**ながら、実のところは同じくらい回避的なのかもしれません。

おそらく、私たちはそのような患者の理想化要求を、先述の型の価値下げ要求と同じくらい重んじるべきものとしてとらえる必要があるでしょう。そして最終的にはちょうどよいタイミングで、その患者にとって役に立つと思われる方法で、その防衛をとり扱う必要があります。何年も前に、私は、非常に強烈で残念な体験を通じて、それをしないことがどんなに危険かということを学びました。

長期間にわたる、見たところ成功裏にすんだ治療を経て、ある患者（アンドリューとしましょう）は、深遠な、つらい気づきを体験しました。すなわち、彼の私との関係は、彼の自己愛的な母親（手に負えない、ただ表面的にだけ利用可能で、彼女をとりまく全ての人から賛美されることを求め、実際に賛美されているような女性）との、義務的に理想化している関係の再生産だった、という気づきでした。

この患者は、突然、怒って治療を終結し、私たちの関係におけるこの側面を私が理解していなかった（おそらく私自身の、理想化されたいという要求のために）ということと、そのことがもたらした彼の治療の限界に関して、私を非難しました。何年か過ぎ、私は偶然、アンドリューと出会い、そして彼に言いました――長い間、考えていたけれど、あなたは正しかった、と。すなわち、私はそのエナクトメントを理解していなかったし、それ以前の、もっと情緒的にまき込まれてほしい、もっと自己開示し

てほしい、もっと自己反省してほしい、と懇願する彼の言葉に耳を貸してもいなかったのです。[原注1]

価値下げと同様に、理想化も、無意識的な必要性の感覚により多かれ少なかれ駆り立てられていると思われます。しかし、価値下げが主に依存を回避したいという要求により動機づけられるのに対し、理想化は、主として患者のいわゆる二人の相互的賞賛社会（すなわち、自らの特別さの感覚を強化するために用いることを学んできた社会）を維持したいという要求に仕えていると考えられます。この理解により、患者の理想化に異議を唱えるよりもむしろ、①治療者の脆弱性に関する患者のとまどい、および②治療者は梃子《てこ》入れされる必要があり、結局のところ本当にそこまで「理想化可能」なのだろうかという疑念から遮蔽《しゃへい》される必要があるのだという彼の結論に焦点づけるべきだということが推察されます。

とらわれ型の治療者は、患者による理想化を不快に感じるかもしれません。そしてその結果、患者が二人を高い位置に保とうとして膨らませていた風船を、刺して破裂させずにはいられないと感じることもあるでしょう。対照的に、愛着軽視型の治療者は、患者による理想化を額面どおりに受けとりすぎてしまったり、それを楽しむあまり、かかわるための防衛型としてのその役割を認識できなくなったりするかもしれません。患者の賞賛の不快さあるいは楽しさのどちらかに気づけば、それはしばしば理想化が存在していることを知る手がかりとなりうることでしょう。

✤コントロール型

一部の愛着軽視型患者の場合、彼らと治療者との（そして他者との）関係が、支配力闘争（power struggle）になってしまうことがあります。これらの患者は、しばしば「強迫的人格」と呼ばれているように、強迫的にコントロールしたがり、コントロールされることを恐れているようです。驚くまでもなく、そのような患者は、しばしば支配的で無愛想で厳格な親に育てられています。またその親は、自らの怒りを抑制しがちであり、親密な身体接触を嫌うようです。おそらくこれらの親は、子どもの苦悩やちらかす性質、あるいはかんしゃくには、ほとんど耐えられなかったのでしょう。しかし、価値下げする患者および理想化する患者の親とは異なり、これらの親は、怒りを伴う拒絶や引きこもりではなく、むしろ侵入的支配というかたちで反応します。子どもの頃、これらの未来の患者は、二つの方法により対処してきています。一つは、愛着軽視の防衛をとっている全ての人と同様に、できうる限り自らの感情と距離をとってきたということです。二つめは、彼らは（しばしばひそかに）親によるコントロールに反抗してきたということです。つまり、まるで心地よさや結びつきの危険な追求から無力感に対抗する闘争への没頭に至るまで、その全てから顔を背けるかのようにしてきたのです。

そのような患者の精神療法においては、パワーとコントロールの問題が、イライラさせられるほど頻繁に、突如として入り込んでくるように思えることでしょう。私たちは、料金やスケジュールをめぐる闘争、あるいは患者との治療作業における技法選択をめぐる闘争に引き込まれるかもしれません。他方、患者はしばしば治療者のことを、患者の意志に反して無理強いする支配的人物とみなします（実際には、治療者のほうこそ、すっかり攻囲されていると感じていることが多いのですが）。重要なことは、これら全ての闘争の患者にとっての意味を同定することです。多くの場合、それらは、言わば親との再試合を表象しているということがわかります。また同時に、根底にある愛着の問題の回避をも表象していることでしょう。すなわち、人は普通、絶えず悩まされていると感じる相手とは、親密になりたいと思わないものです。

これらの患者にかかわる際の中心課題とは、服従を通して支配力闘争を回避することでも、単純に彼らより優位に立とうとすることでもありません。最初のエナクトメントでは、私たちは憤りを感じがちです。二番目のエナクトメントでは、私たちは罪悪感を持つでしょう。どちらをとっても、それ自体が特に治療的とは思えません。しかし、私たちがそのエナクトメントにおける自らの役割に気づいていれば、両者は支配力闘争に関する有意義な探究を開始できるかもしれません——次に述べる臨床要約が描写しているように。

「セレナ」は、料金がまさに議論すべき問題となる患者でした。「不況が我が身にふりかかった女性実業家です」と、ぼったくられまいと言わんばかりにはっきり言った時の彼女は、決然としていました。治療を可能にしたいという思いと、実際に治療効果が上がりそうだと判断したことがあいまって、私は料金の減額を提案しました。彼女にとっては、それは十分な減額とは言えませんでした。彼女は、逆提案しました。私はそれに同意しました。

しかし後になり、開示していなかったかなりの資産項目が彼女にはあるということを、私は知りました。この文脈で、私は、たぶん私たちは料金の減額問題について再検討すべきでしょう、と示唆しました。それにより、患者は、裏切られた、利用された、傷ついた、と感じたようです。私が彼女の率直さにつけ込んだ、と苦々しく訴える彼女は、お金に過剰な関心を持っていると証明済みの治療者を信用するほど自分は馬鹿ではない、と付け加えました。その後、短期間、彼女は治療を中断しました。二年後には彼女は戻ってきたのですが、彼女の経済状況がいくらか改善しているにもかかわらず、私は料金の減額に同意しました（以前ほどの減額ではないですが）。そうして彼女の仕事は、めざましく軌道に乗っていきました。

その後一年以上、私は料金については何も言いませんでしたし、彼女もそうでした。彼女の、利用されると感じることに対する激しい脆弱性は、その問題を脇に置いておく十分な理由になると、私には思えていました。そしてついに私は、この抑制は、彼女の怒りと猜疑心が再燃するのではないかという私自身の恐怖により駆り立てられてもいるのだということ、そして、沈黙を保ちながら、私は、セレナの怒りの感情やそっけない態度、そしてつけ込まれることへの脆弱性の、以前より若干緩和された版《ヴァージョン》を体験しているのだということを実感しました。そうして、私は翌月には腹をくくり、彼女に、料金を上げる予定だということを告げたのです。

うっすら罪悪感を抱いているような笑みをうかべながら、彼女は、いつ私がそう言い出すかと思っていた、と言いました。そして、料金を上げるのは彼女の分だけなのか、それともほかの患者の料金もそうなのかと尋ねました。私は、ほかの患者の料金については、だいぶん前に、既に上げていたのだけれども、最初の治療期間に料金の問題について提案した際に、それが彼女をどれほど深く悩ませたかと思うと、彼女の分を引き上げるのを躊躇していたのだと答えました。彼女は、私が彼女の気持ちをそこまで考えていてくれたということに心を動かされた、と言いました。

新たに与えられた光栄なイメージを完全なままにしておきたいという誘惑を抱きつつも、私はあえて彼女に言いました――実際のところ、私を沈黙させていたのは、彼女の怒りおよび裏切られたという感情が生じてくることへの私自身の恐れだったということ、またそれらの感情は激しすぎるあまり、以前には彼女が治療にとどまることができなくなったほどのものだったということを。さらに私は、「ところが、沈黙を保つこともまた、思ったよりずっと、自分をあなたから遠ざけてしまうことだったのです」と付け加えました。

私が今言ったことを聞いて、いかがですか、と私は彼女に尋ねました。彼女は、私がもっと前に料金を上げる提案をしなかったことに、なお一層感謝している、もしそうだったとしたら、今ほどには信頼を感じられなかっただろうから、と言いました。しかし彼女はまた、彼女の怒りや猜疑心を抱くおそれが、そこまで私に、手に負えないほどの影響を与えていたということ、そして拡大解釈すれば、彼女とほかの人との関係においてもそうなのだろうということを知り、興味をひかれたと同時に不安にもなったとのことでした。興味深いことに、彼女は、自身の治療からの逃避が料金の問題により促進されたのだったということを完全に忘れていたのでした。

コントロールのために闘うことの意味は、患者によって異なります。コントロールを失うことは、患者の同一性や（過剰な）自信、あるいは自律性に対する脅威に等しいのかもしれません。あるいは、コントロールを手放すこと（あるいは共有することでさえも）が、降服あるいは服従のように感じられるのかもしれません。セレナにとっては、（特に治療初期には）関係性において他者によるコントロールを知覚し、それに支配されていると感じることは、すなわち危険を感じることでした。治療が進むにつれて、彼女は、その危険な感じというのは、親密になることや傷つきやすさ、そして依存的になることに関する彼女の心配ほど真に迫ったものではないということを考え始められるようになりました。要するに、ここでのコントロールの問題は、多くの愛着軽視型患者にとってそうであるように、それ自体の重要性もさることながら、同時に親密さと愛着に関わる危険からの逃げ場でもあるのです。しばしば精神療法が進み、私たちと患者との関係が深まるにつれて、その焦点は攻撃性から愛へとシフトしていきます――すなわち、コントロールするかされるかの危険から、愛し愛されることの危険へと。

✽神経生物学的覚書に基づくまとめ

大脳の右半球は、**社会–情緒脳**と表現されてきました。理想を言えば、治療者と愛着軽視型患者との関係とは、患者の最初の愛着関係においては成されなかった方法で「右の心」（オーンスタイン、一九九七）の発達と統合を養うものです。

順当に行けば、考えることと感じること、言語と体験といった**神経結合**や、他者に関わる自己感を養ってくれるはずの**関係的結びつき**の大部分が、そのような愛着軽視型の両親のもとで回避型の子どもとして育ってきた患者には、欠落しています。①愛着および養育行動、②表情認識、③自分自身および他者の非言語的・身体的手がかりの読みとり――は、全て右半球の機能であるということを思い出してください。親密さや感じること（主として右脳を介しての活動）を避けるなかで、愛着軽視型患者は、主として線形論理・言語により組織された左半球の世界にとどまることを学習してきたのでしょう。

患者の「右の心」をうまく引き出して治療者との関係へと招き入れることは、**右脳–右脳コミュニケーション**（ショアー、二〇〇三）に、大いに依拠しています。すなわちそれは、主として非言語的・暗示的に生じますが、体現したり情緒を呼び起こしたりするような言葉のやりとりを通しても生じうるものです。左半球でのみ排他的に処理する（愛着軽視型の）治療者が、親密な関係になったり感じたりするための患者の未発達な力を活性化しようとしても、全く成功しそうにありません。他方、左脳による言語的・解釈的資源を利用することに困難を抱えている（とらわれ型の）治療者は、患者が反応できるように言葉で話してあげるということができないかもしれません。私たち自身の心理構造に依拠しつつ、感情から思考へと情報を与えたり、感情を効果的に思考へと変換したりするためには、私たちは十分に心を静めている必要があるでしょう。

マインドフルな状態に入る力は、愛着軽視型患者との治療作業においては特に有用です。なぜならば、マインドフルネスは、治療者である私たちの中に、ある種の開放的で統合された体験を育てるからです。そして私たちは、患者の中にもそれを育てたいと望んでいるでしょう。マインドフルスタンスは、私たちの患者との関係性における非言語的・情緒的底流を①感じとる力、②言語的に表現する力を、いずれも高めます。**患者の**マインドフルネス力の発達を促進することも、もちろん重要であり、非常に役立つことでしょう。愛着軽視型患者は（そのうち一人が自らについて語る際に言っていたのですが）、しばしば自分の人生の上を舞ってしまい、決して真に自らの身体に着陸することはないのです。私たち治療者は、これらの患者と共に居る時、できうる限り完全に現在に居て、地に足を着けている必要があるのです――もしも、彼らが当然望んでいいはずの彼ら自身との、そして愛し愛されるはずの人々との深い結びつきを経験できればいいと願うのならば。

◆原注

1　私の患者が、自分の鎧のひび割れを隠しておきたいという私の要求をそのままにしておくことに寄与し、そうすることで私への理想化を維持していた頃の彼の解釈は、正しかったかもしれませんが、完全だったというわけではありませんでした。私がそれをそのままにしていたのは、完全に見当違いの信奉の表れでした――すなわち、今思えば、非常に問題の多い（ひどく破壊的ではないにしても）治療関係に関する視点への信奉です。もちろんそのような伝統的視点では、たとえ患者にとって利益になるとしても、治療者の内側で何が起きているのかを患者に知らせることは稀です。今や私は、反対に、この種の知識は、しばしば患者を良くすることができると確信しています――それどころか、私のアンドリューとの治療作業が例証しているように、それを開示することを拒絶することこそ有害なのです。

第十三章　とらわれ型患者

――自分自身の心のための居場所を作る――

愛着に関わる心理状態がとらわれ型優位の患者は、多くの点で愛着軽視型患者と対極にあります。後者はしばしば生気が乏しく、自らの感情から遮断されており、また他者と親密になることを快く思っていないように見えます。前者はしばしば快活で生き生きとしていますが、同時に自らの感情に圧倒され、他者と疎遠にならないようにすることに心を奪われているようです。少なくとも表面的には、愛着軽視型患者は自己評価や自律性に関し、ほとんど問題がないのに対し、とらわれ型患者は、全く自信がないうえに、自立しすぎることを恐れています。愛着軽視型患者はほとんど常に、他者に頼ることに問題を抱えています。一方、とらわれ型患者は、時には自分自身も頼るに値すると信じることに問題を抱えています。また、愛着軽視型患者が社会－情緒的右脳の資源から遮断されているように見えるとすれば、とらわれ型患者は無秩序の体験が意味を成すように秩序立てる、言語志向の左脳の能力を利用することに難があるように見えます。ダイアナ・フォーシャ[107]を換言すれば、愛着軽視型の人は**対処する**ことはできるけれども**感じる**ことができず、対照的に、とらわれ型の人は**感じる**ことはできる（そして**動揺する**こともできる）けれども**対処する**ことができないのです。

とらわれ型患者は、一方の端が演技性、そしてもう一方の端が境界性であるところの診断的連続体のどこかに当たると思われます。前者は圧倒されていて無力に見えますが、表面的には協力的で、時には誘惑的です。後者は怒っていて、要求がましく、混乱しているように見えます。とらわれをテーマとするどちらのバリエーションも、その人生が最も根本的なところで見捨てられる恐怖により形作られているという患者を含んでいます。

そのような患者は、「融合渇望型」と表現できます（ゴールドバート&ウォーリン、一九九六）。すなわち、「（彼らにとっての）最大の脅威は、分離、喪失、そして独りぼっちになることなので、親密さは最良のものとして体験される。つまり、それは解決であり、決して問題ではない」のです。しかし、これらの患者が親密さを追求する際のやり方は、たいていの場合、解決をすっかり問題に変えてしまいます。とらわれ型患者の過活性化方略には、少量の安心を買うだけのために途方もないコストがかかってしまうのです。

予測不能な応答をする愛着人物との早期体験は、これらの患者に、他者からの注目と支持を得るのに最も有望な方法は、自分自身の苦悩を目立ちすぎて無視できないものにすることだと教えてきたのです。この解決法の問題点は、彼らは自らの苦悩を増幅するために、常に内的・外的手がかりをさがしまわっていなければならなくなるということです。したがって、彼らは脅威に関連した考え、感情、身体感覚の全てを意識しすぎている傾向にあり、またそれらの重大さを誇張しがちでもあるのです。同様に、彼らと関わりのあるパートナーが非難したり、引きこもったり、拒絶したりするかもしれないという現実あるいは想像上のサインに対し、彼らは過度に警戒しています。愛着システムを慢性的に活性化状態にしておきたいという要求は、とらわれ型患者の情緒的バランスを保つための潜在力のみならず、自己評価や他者信頼のための潜在力までも、根底から崩してしまうのです。

それゆえ、精神療法において、そのような患者の情緒的バランス、自己評価、信頼といった力を強化すべく助けたいのならば、私たちは、彼らの過活性化方略に代わる手段を示せるような関係性を提供しなければなりません。実際には、これは、患者が、自らの情動、無力感、および（あるいは）表面的な協力的態度を防衛的に増幅することによってしかこの応答性の質は得られない——と感じることなく治療者の情緒的利用可能性と受容力を当てにできるような関係性を意味します。言い換えれば、私たちは、とらわれ型患者に、過活性化方略がますます必要でなくなるような関係性を提供する必要があるのです。

これは、想像するよりはるかに難しいことです。人目を引くほど不安定であることが、当てにならない他者からの注目を得るための最も確実な方法とされてきたのです。ゆえに、それを放棄するのは困難です。加えて、これらの患者は、自らの圧倒的な感情、不安定さおよび疑念を、（少なくとも意識的には）変えてもいいと思えるような「方略」として体験しているわけではなく、むしろ「それは私自身だ」という感覚に根ざした、自らの存在そのものとして体験しているのです。自分自身および他者へのアプローチとしてのこれらの見地は、**方略と同一性との両方**にとって支えになるため、とらわれ型患者は、無意識的に（そして時には意識的にも）、それらの厄介な見地を採用します。

自滅的アプローチだとしてもそれにしがみついていたいという患者の主観的要求をとり扱うにあたり、一般に治療プロセスとは変化している間も患者が同じでありつづけるのを許容することにより治すものなのだということを心に留めておくと、有益かもしれません。[52]私たちは、とらわれ型患者の自己感が組織されているところを包囲している強い感情および親密さの追求の重要性を否認するどころか、感情や親密さのために**より広い居場所を作る**必要があるのです。特に、私たちは、患者の示す苦悩の根底にある、より深い感情に応答する必要があります。また、患者が他者の利用可能性へのとらわれの中に消えてしまうことなく、むしろより十分に真正なる現在に居られるような、より拡がりのある親密さを育てる必要があるのです。

個々のドラマチックな言動の根底にある感情（恐怖、怒り、願望）をとり扱いながら、私たちは、患者のかつては適応的だったけれども今や自滅的となっている過活性化方略に焦点づけていきます。親密さのためには何が必要かということのみに狭められた患者の感覚をとり扱いながら、これまで患者が否認してこなければならなかった自己同一性の局面を明らかにしていくのです――特に、見捨てられる恐怖によりほんの少しの居場所しか残してもらえなかった、強さ、野心および要求という局面を。

どのようにすれば、この情緒と親密さという一対の焦点を最も効果的に用いつつ治療作業をすることができるのか――それはまさしく、患者についての私たちのアセスメント（特に、一方の端には演技性、そしてもう一方の端には境界性が置かれた連続体における彼らの位置という観点からのアセスメント）に、ある程度、左右されます（それらの「サブタイプ」について、ここでは教育目的で、まるでとらわれ型患者が常にこのように明確に区別できるものであるかのように記述しているということを御承知おきください。実際には、明確に区別できることもしばしばあるけれども、必ずしもそうではないというのが、私の臨床的印象です）。ストレンジ・シチュエーションにおいて両価的乳児が親と再会する際にみられる特異的行動は、成人のとらわれ型患者にみられる特異的行動の前兆と言えるかもしれません。すなわち、一見して無力な乳児は、より演技性の障害に発展しやすく、しがみつきと怒りながらの拒絶との間を揺れ動く乳児は、より境界例に近い成人になりやすいということです。

いずれにせよ、明らかに無力感が「先に立つ」とらわれ型患者がいる一方で、あっと言う間に怒りや必死の要求をあらわにするとらわれ型患者もいるということです（後者は、しばしば外傷と喪失により特徴づけられる生育史を有します。そのため、未解決型と表現してもよいかもしれません）。とらわれ型のテーマにおけるこれら二つのバリエーションには、各々、いくぶん異なる治療的アプローチが必要となります。

無力型

「演技性」という用語で表される患者は、（ほとんどのとらわれ型患者がそうなのですが）過度に感情的でメロドラマティックにさえ見えるために、そう呼ばれています。これらの演技的な患者をより問題の多い従兄弟分と区別しているのは、彼らの依存要求がさほど極端でないということ、また依存欲求がくじかれた際の反応も同様にさほど極端ではないということです。そのような患者は、人生をひとつの長い緊急事態であるかのように感じる傾向があまり強くないので、彼らの関係要求を満たすためのアプローチは、割合魅力的で成功しやすいのです。

一般に、彼らは怒りよりも無力感を通して他者と結びつきます。彼らは、自らの窮乏状態を包み隠さず見せる一方で、自分の要求を自分で満たすのがとても下手です。あるいは、自分の要求を真に理解するということさえも、とても下手なのです。彼らの重心は、自分の外側にあるようで、まるで他者の心の中に住んでいるほどには自分の心の内側には住んでいないかのようです。見捨てられることを必死で避けている彼らは、おどおどしていて自己主張もできないし、あまりにも人を喜ばせようとしすぎます。

治療に入る際、彼らはしばしば私たちの前で矛盾した態度を見せます。すなわち、彼らは、かなりの心理的資源を持っているうえに、きわめてたしなみのある人に見えることでしょう。しかし、治療が始まってしまうと、自分の苦悩を処理するにしても、それを理解しようとするにしても、まるで無力であるかのように振舞うのです。早期には、彼らは私たちの助けを望むあまり、熱心な患者であるということを強く印象づけます。また、すっかり治療に身をゆだねる準備ができているうえに自らの情緒にも非常によく通じているように見えるために、助けてあげたいという私たちの願望を引き出しやすいかもしれません。みるみるうちに、私たちはこのような患者に対し、きっと治療しやすい患者だろうという期待をふくらませてしまうことでしょう。しかし、第一印象は、判断を誤らせる可能性があります。そこには、目に見えている以上のものと以下のものとの両方があるのです。

しばしばこれらの患者は、自分が思っている以上に感情を処理する力もその意味を理解する力もありますし、自ら認める以上に自分の体験についてわかっていますし、自ら認める覚悟ができている以上に人としての長所も持っています。一方、彼らの治療関係に入ることへの見かけ上の快諾は、むしろ彼らの応じたり喜ばせたりする願望のサインであり、共同作業する力を示すものではないのです。これらの患者は、治療者との親密さが運んでくると期待している心地よさを得るためには無力であるように見せつづけなければならないということを「知って」います。そして、治療者が良い気分でいられるよう奉仕しなければならないということも「知って」いるのです。

ここでの私たちにとっての課題は、表面的なこととその下にある真実とを混同しないこと、そして患者の防衛方略をとり扱うべき困難ととり違えないことです。もしもその無力感を額面どおりに受けとってしまえば、私たちは、自分は無力だという患者の感覚を認め、患者の役に立とうとするかもしれません。そして、もしも私たちが魅惑されたり誘惑されたりして偉大な治療者を演じるならば、申し分のない患者でありたいという患者の要求を見失ってしまうことになるでしょう。またそうしているうちに、患者をそこまで従順で人好きのする感じにさせるほどの恐怖や猜疑心にとりくむための好機を否認してしまうかもしれないのです。

そのような患者と居る際、私たちは、患者を救いたいとか、理想化されたいなどと、過剰に望まないよう自戒する必要があります。しかし、自分がそのような衝動をエナクトしていることに気づけば、私たちは、異なる影響を及ぼしうるうえに、患者の体験の中心的側面を照らし出すこともできる好機にしばしば出会うものです。再三言うようですが、次に述べる臨床素材が活き活きと示しているように、治療者というのは、治療において患者の進歩に貢献できると同時に、制約を加える危険性もあるのです。

極めて有能な大学教授（エレーンと呼びましょう）が、パニック発作が続いているとのことで、私の助けを求めてきました。治療の初めに、彼女は私に言いました。「沈黙になったら、私は必ず急性の不安に襲われます」と。どうやら、私はこの不安でいっぱいの患者をもっと不安にさせることだけはしたくなかったようです。すなわち私は、その問題をとり上げるよりもむしろ、沈黙にならないようにするという習癖に陥ったのです。そうしたところで彼女にとっては何の治療にもならないということを悟るまでには、何ヵ月もかかりました。いくらか戦慄をおぼえつつ、私は、次に沈黙が生じたらそのままにしておこうと決心しました。

驚くまでもなく、静けさの中で、エレーンは非常に不安になり始めました。しかし、私たちはそのことについて話し合うことができました。「体験の意味を自力で理解しようと思うと、無力感を抱いてしまうので、沈黙になると、みるみる不安になってしまって」という話から始まり、つづいて彼女は、「無力感を抱くのが怖いんですよね」と言いました。私は、「ヘンだなぁ。誰かが体験の意味を理解することで、あなたが生きていけるようにしているのだとしたら、その人こそ、あなた独自の意味を理解しようとして無力感を抱くに違いないでしょう」と示唆しました。それにつづく対話の中で、彼女は、子どもの頃に培ってきた、彼女の言うところの「過剰な無力感」に気づき始めました。その頃も今も、予測不能な利用可能性を示す母親と結びつくためには、圧倒されることが最善策なのだと、彼女は悟っていたのです。同様に、彼女は、自力で解決できない問題に関しては、主に父親と結びつきました——若い頃には宿題のことで、またその後は学問や仕事の問題で。

さらに治療が進み、沈黙の際にもより快適でいられるようになるにつれて、エレーンは次のことを実感しました。すなわち、これまで、私たちの間に言語的接触がない時、彼女は脅されているような独りぼっち感を抱いていたのだと、つまり、あたかも言葉なしでは私を傍らに置いておくことができないと思っているかのようだったのです。今や、ある意味では全てが新しくなり、彼女は沈黙の中で、私との間に、より確実に持続している結びつきを体験できるようになりました。このことは、彼女にとって、私と共に居ながら独りで居られる、そして一緒に独りで居られるという大切な体験でした。

エレーンの不安の引き金を引いてしまうのではないかという恐怖のために、私は、彼女の防衛の根底にありそれらの不安を必要としている体験にとりくむ代わりに、しばらくの間、それと共謀してしまいました。そしてそのプロセスにおいて、私はうっかり彼女の感情への対処にまつわる無力感を強めてしまいました（その際の最も重要な感情とは、見捨てられ不安でした）。一方、ひとたび自分が何をしているのかを悟り、自分の行動を変えてしまうほどの（私自身の）不安に耐える方法をみつけてしまえば、私は彼女の「過剰な無力感」（過活性化方略の一つの版《ワン・ヴァージョン》）を理解できるようになりました。その後、彼女がリラックスして「一緒に独りで」居られるようになった時、私は彼女の達成を、安全基地体験のゆるやかな内在化の表れとして読みとりました。すなわち、彼女は、もはや私に（無力感や苦悩を通して）彼女と共に居ることを強要する必要がなくなったのです。なぜならば、今やたいていの場合、彼女は私が居るということを信頼していたからです。

エレーンのような患者にとって、過活性化方略への依存傾向の減少は、治療者を安全基地として体験する力が育ちつつあるということと密接に関係しています。もちろん最初は、そのような患者は見捨てられる恐怖を治療関係に持ち込みます。彼らは、治療者の情緒的利用可能性や善意をあてにすることができません。母親の利用可能性にとらわれている両価的乳児のように、探索のための空間をほとんど持たないままにされてきた彼らのエネルギーは、治療者との結びつきを維持することに吸いとられてしまうのです。

とらわれ型患者が、自らの体験により十分な注意を向け直すことができるのは、彼らが治療者の応答をモニターしたり管理したりするよう強いられているとそれほど感じていない場合だけです。私たちが、患者の原初の関係性よりも多くのことを患者に提供できるような関係、そして**患者により多くのことを自らするよう求める**ような関係を生み出すのならば、私たちは、いつでも傍らに居て何でもかんでも支持を与えるような資源ではなく、むしろ安全基地になれることでしょう。

先に引用した発達促進的関係性の中心的特徴[183]のうち、ここで特に突出しているのは次の二つです。すなわち、①包含性、②「発達勾配」の必要性です。具体的に言えば、私たちは、患者ができるだけ多くの自分自身の体験と結びつけるよう励ますような関係性を目指さなければなりません——特に、患者の最初の愛着が居場所を作らなかったような体験と結びつけるように。また、私たちは、患者が元々できると感じている以上のことを期待しなければなりません。すなわち、患者自身は認識したがらないか、あるいは認識できないような資源が患者の中にあるということを認識し、それらを引き出さなければならないのです。

✤包含性（inclusiveness）

とらわれ型患者の情緒性（emotionality）は、しばしば「他者志向」の性質を持っています。とらわれ型患者が感情を表現する場合、その目的は、通常、自らを表現するためではなく、他者からの注目や助けを得るためです。そうしないとその他者は利用不可能になってしまうと、彼らは信じているのです。もちろん、これこそが過活性化方略の本質です。

過剰な気遣いをしたり、過保護になったりする（ありがちな誘惑ですが）ことによりその方略と共謀するのではなく、患者がそのように「公然と」情緒を表現した場合でも、それを表現しなかった場合と比べて、利用可能性が同じくらいかあるいはそれ以下に保つというのが、対応の秘訣です。同様に重要なことは、私たちは、患者が間接的にしか表現できない「私的な」情緒に関する手がかりを与えてくれる、ある種の共感的ガイガー計数管[a]を持つ必要があるということです。

ここでもまた、私たち自身の主観的体験に焦点づけるのと同様に、患者の身体という非言語的な言葉にも注目するということが、患者が排斥するよう学んできたことへの最高のアクセスを提供してくれます。当然、ここでの詳細は患者の生育史の特殊性によりさまざまでしょう。しかしながら、私自身の臨床経験からは、頻繁に（またしばしば順々に）現れ、徐々に患者の自己感に統合されていくものとして、①不信感および見捨てられる恐怖、それから②怒りおよびそれに関連した「ノー」と言う力、そして最後に③悲哀および真正の要求、並びに「イエス」と言う（そしてそれは本当に「イエス」を意味する）力

──が挙げられると思います。

✤発達勾配

ある患者と初回面接の予定を決めて電話を切った後、私は、その会話の間じゅう、言語的にも知的にも自らを抑制し、この領域における彼女の明らかな欠陥との対比を表すことで彼女を「傷つけ」てしまわないようにしていたことを悟りました。しかし実際に会ってみると、彼女は電話越しに伝わってきた感じよりもずっと力強くはっきりと述べる力がある（しかし普段はその力を行使していなかった）ということに気づきました。彼女が、まず自分の弱さから表現し始めたので、私は最初、必要以上に過保護な応答をしていたのです。

この患者（および彼女のようなほかの患者）には、少なめよりはむしろ多めに期待することが必須であるということがわかっています。もちろん、私たちは、患者の水準に合わせて患者と会わなければなりません。しかし、私たちがあまりにも早合点しすぎて、患者が進歩できると仮定して引き受けることができないようであれば、通常は、患者を失望させてしまいます。それよりもずっと役に立つのは、患者が実際には見た目よりもずっと深く感じ、考える力を持っていると想定することです。現に、全般的に、とらわれ型患者は、自らの強さと資源を低く見積もる傾向があります。そして、私たちが患者のネガティヴな自己評価を額面どおりに受けとってしまうようであれば、それは大問題と言えるでしょう。

時々、私は、患者の自己評価に関する過度な謙遜に対し、率直に直面化してきました。すなわち、「あなたは、誰もあなたに興味を持つことなんかないだろうと言いますよね。でも、私は思うんです。じゃあ、どこが悪いって言うんですか？　って」。その瞬間だけみれば、そのような介入は全く非生産的と思えるでしょう。しかし、長期間にわたり、それは時折、ある種の試金石を提供します。すなわ

a　訳注　ガイガー計数管＝放射能測定器。微量の物質を測定する器械を、患者の「私的な」情緒がたとえ微量でも感知できるような、治療者の敏感な感受性を言い表すべく、引き合いに出されていると思われる。

ち、患者が自らの強さを防衛的に否認しているという鮮烈なイメージです。しかしながら、支えになろうという思いから申し出たとしても、この種の直面化が歓迎されることはめったにありません。なぜならば、それは患者の自己感と調和しないうえに、患者の適応方略に異議を唱えることになるからです。おそらくより有用なのは、通例では、単純に、患者自身の力に関する患者の視点、およびその視点がどのように発達してきたかを探究することです。加えて、患者には自ら思っている以上に力があるという私たちの確信を暗々裏に伝達するという方法で介入することは、必要不可欠です。

たとえば、ある患者がある面接を、彼女の夫（彼女は彼に話を聞いてもらえず、見ていてもらえず、理由なく非難されると感じています）との最近のかかわり合いのいくつかに関する怒りととり乱した気持ちについての話から始めたので、私たちは、彼女を悩ませたそれらのエピソードを分解してみました。すると彼女は、夫は実際には全く彼女を無視してもいなければ攻撃してもいないということを、なにげなく認めました。すなわち、「彼は実際には私の言うことを聞いていないわけでも理解していないわけでもなかった。ただ、私がそう感じていただけなんですね。批判についても同じです。彼は私を尊重し、愛してくれているし、私のことを責めてもいない。ただ、彼は別の意見を言っているだけなんだということがわかりました。でもそれは、どう**感じる**かというのとは別なんですよね。」

私が、どう感じたんですか？　と尋ねると（「あなたの別の部分では彼はそんなことはないと思いつつも、彼があなたを無視している、あるいは攻撃していると感じるということが、どんなふうに起きているのか、あなたの感じとしてはどうですか？」）、彼女は、「正直、わからないんですよね」と答えました――まるで、これで彼女の探究は終了です、と言わんばかりに。「でも、だからって、本当にわからないとしたら、あなたはそのことについて考えられないはずですよね？」　そうして彼女は、現にきわめて生産的な前進を遂げたのです。

これらの患者は強烈な情緒表現を使って、悪状況を最大限利用してきたのでしょう。ゆえに、彼らは、感情で思考をかき消してしまうということをしがちです。つまり私たちは、彼らの感情の居場所を作らなければならないのはもちろんですが、彼らが何を感じているのかについて考えるよう励ましてもいかなければならないと言えます。私たち治療者が、もしとらわれ型患者の反省自己を活性化させたいのであれば、きわどくバランスをとる（balancing act）必要があります。私たちは、いくらかは患者に代わって考えなければなりませんが、それをしすぎるのもよくないのです。私たちはメンタライジングのモデルになる必要があります――たとえば、患者とのかかわりにおいて私たちの中に呼び起こされた感情について考えたことをはっきりと述べることによって。しかし、患者の体験の意味を理解する責任を、私たちが独りで負うよりも、むしろその努力に患者も加わるようにと勧めたり、患者自身の体験を声に出して考えられるように尋ねたりすることのほうが、より適切でしょう。

私たち治療者は、患者が自信と独立の感覚を発達させることを本当に怖がっているのだということを、心に留めておかなければなりません。なぜならば、自律性や自己発動性は、早期においてその発達を妨げられ、他者の注目を確実に得るためにどうするのが最も効果的かということに関する患者の信念とは相反するものとなってしまったからです。それゆえ、患者にとっては自分の資源を信頼するということがどれほど困難かということに、私たちは気づいていますよ――と、患者に伝えるのもよいでしょう。

さらに、患者の自律性には制約があるということを考慮すれば、治療者に対して浮上してくる怒り、批判あるいは失望に、私たちが気づき、それらのために居場所を作ることは、特に重要かもしれません。患者も治療者も比較的無傷のままで、そのような抗議についても理解し合うことができれば、分離や自律性が親密さと共存することは、事実、可能なのだということに、患者が気づき始めるのを後押しすることになるでしょう――患者が、最初の愛着体験において習得したこととは対照的に。早期学習がどうであれ、最新版はまさしく新たな愛着関係の文脈において患者－治療者間に生じたものにかかっているのです。

✤関係性——パターンと落とし穴

患者－治療者関係は、全ての愛着関係と同様に共同創造されるということは真実ですが、カメレオンのように他者の期待に適応しがちなとらわれ型患者の場合には、特定のパターンがあるというのもまた真実です。彼らの融合要求は、私たちが利用不可能なのではないかという恐れに駆り立てられて生じるため、彼らは用意周到になりすぎて自分自身に没頭することができなくなってしまうのです。そしてその結果、私たちが得るのは、しばしば、私たちが欲しがっているのではないかと彼らが思っていたものだった、ということになってしまいます。つまり、治療関係の形は、まさしく治療者の愛着方略と相互交流しているとらわれ型患者の愛着方略の機能と言えるでしょう。

もちろん、そのような関係性は、各々独特で予測不可能なものです。治療方針の明確さ（情動的表面の下にあるものに調律し、共謀せず、無力感を補強せずという）如何に関係なく、私たちは必ずや驚かされます。もしそうでないとするならば、私たちはおそらく現実の患者ではなく理論を治療しているか、あるいは私たち自身が自然で情緒的で脆弱な人間存在としてではなく治療マシーンかなにかのように振舞っているのでしょう。しかし、そのような驚きがあるにしても、なおも多くのとらわれ型患者の治療を標識する特徴的パターンおよび逆転移の落とし穴があります。これらのパターンについての知識が、私たちがそれらに陥るのを止めてくれるというわけではありませんが、止めてくれなければ無意味だということでもないでしょう。なぜならば、私たちと患者とのかかわり合いの性質を認識することは、私たちが患者を理解できるようになること、そして患者が私たちを理解できるようになることの、最も重要な部分なのでしょうから。また同時に、この種のことを概括的に知っていれば、その関係性への私たち自身の無意識的関与の特徴を同定する助けにもなることでしょう。そして、ひいてはそのことにより、私たちは、より柔軟性のある治療者になれることでしょう。

治療者の利用不可能性に関する持続的な恐れのために、患者は熱心に結びつこうとするでしょう（そしてまた、そのような恐れは熱心さの背後に隠されてしまうこともあります）。患者は、親密さという心地よさと安心への要求を多くの方法で表現するでしょう。見かけ上の無力感、苦悩の表現、従順さ、誘惑、そして／あるいは「良い患者」であろうとする努力が、ほかに何を表象していようと、それらは皆、距離を縮め、治療者からの支持を得ようとする暗黙の試みでもあるのです。治療においてこれらの申し出が早く現れれば現れるほど、そしてそれらがより強烈に、あるいはより頑固にエナクトされればされるほど、私が思うに、その患者には、より根深い不信感および見捨てられ不安があります。そして、そのような申し出に対する私たち治療者の応答は、ある程度、私たち自身の愛着型により形作られることでしょう。

私たちがさほど不安定ではなく、むしろ安定しているほうならば、患者の結びつきを求める間接的アピールの根底にある、より深い感情に共鳴することは、比較的容易でしょう（より深い感情とはすなわち、世話をしてもらえないのではないかという恐れや、他者の注目を確実に得るための我をも失わんばかりの怒り、ならびに深い窮乏感や悲しみのことです）。安定型心理状態の場合、私たちは比較的自由にかかわり合うことができるのみならず、共同創造のかかわり合いにおける患者自身の役割を彼らが理解するのを助けることもできるでしょう。

私たちの心理状態が愛着軽視型寄りならば、おそらく私たちは、患者の愛着方略が自らのそれと対極にあるという事実に関わる多くのありがちな落とし穴に対し、慎重になるべきでしょう。いくぶん感情や親密さを恐れている私たちは、不快感を抱いている自分自身に気づくかもしれません。あるいは、患者の強烈な情動および融合への渇望に辟易《へきえき》さえしていることに気づくかもしれません。より快適になろうとして、私たちは、知的な理解により患者の強烈な感情を「囲い込む」という援助方法を選択するかもしれません。患者のより深い感情に共鳴したり、言っていることと感じているであろうこととの食い違いに気づいたりするのではなく、むしろ言葉と解釈により（私たちを）安心させるような枠組みを、時期尚早に与えようとするかもしれません。そして、患者は孤独を感じたり、誤解されたと感じたりするという反応を示すかもしれませんし、あるいは意味深長な治療的探究の「ごっこ」版を演じつつ従順に私たちに協力するという反応を示すかもしれません――あるいはその両方かもしれません。

　あるいはまた、私たちは、自分自身の中にではなくむしろ患者の中に、私たちの否認している情動や依存性を見出すことができるので、それにより無意識的に救われるということもあるでしょう。この場合、私たちは、患者の防衛方略に共謀してしまいがちです。たとえば、患者の情緒的困窮をきわめて額面どおりに受けとると同時に、自分にはそのような要求がないということでの安心感を暗々裏に抱くかもしれません。また同様に、私たち自身の自己評価を支持するために、あからさまに無力な（しかし密かに支配的な）患者により理想化された素晴らしい治療者という役割を、即座に引き受けてしまうかもしれません。このエナクトメントが起きている状況では、私たちは無意識的に、それでいて故意に、患者の不信感や怒りに気づかないままでいるかもしれませんが、患者にしてみれば、自己保護的に私たちの自己愛的ニーズを操作しているのです。

　私たちの愛着に関わる心理状態がとらわれ型寄りにあるとすれば、とらわれ型患者との関係において直面する問題は異なってくるでしょう。一方では、私たちは、自分自身の体験と重複するために、患者の体験に対してより共感的でいられるでしょう。しかし他方では、私たち自身の見捨てられ不安のために、共感以上のことができなくなってしまいがちです。たとえば、患者の無力感の持つ防衛的な性質に関してとり扱おうと思うのならば、私たちは患者とは異なる視点を伝える必要があるでしょう。しかし、そうするには、患者との間にある程度の距離が必要です。そしてそれを、私たちは容易に攻撃性と混同してしまうかもしれませんし、あるいは患者と私たちとの進行中の治療関係を脅かすものとして体験してしまうかもしれません。したがって、自分自身の愛着へのとらわれのために、私たちは、患者の苦悩においては患者と「結びつく」ことができても、結局は患者がよりうまく対処できるよう助けるための介入を欠いてしまいがちになるのです。また同じ理由で、患者自身の持つ資源を認識するよう助けるよりも、むしろ患者を「救済」したいという衝動に身を任せてしまうかもしれません。加えて、考えるよりもむしろ感じることへと向かいがちな私たち自身のバイアスが、(私たち自身の中でも患者の中でも)「解釈者としての左脳」を用いる力を阻害してしまう可能性があります——「解釈者としての左脳」は、情緒体験を、重荷や症候、あるいは単なる事実として体験するよりも、むしろシグナルとして用いることができるため、それに意味を持たせられるのですが。

✤恋愛性転移

以上に述べたような、とらわれ型患者の治療においてありがちなかかわり合いのほかに、私たちは、私が「親密転移(intimate transference)」と表現しようとしているものに、たびたび対面します——逆転移という補完物と一緒に。通常は恋愛性転移という見出しのもとで議論されていますが、これらのかかわり合いは、性やロマンス、そして(あるいは)なだめることのできない切望という側面を含んでいます。それらはしばしばそれ自体としても重要ですが、同時にそれは、根底にある愛着の問題を曖昧にしてしまう可能性があると思われます。

多くの著者が指摘しているように、恋愛性転移—逆転移状況の成り立ちの性質は、主として患者とそれにまき込まれた治療者の性別に左右されます[167,227,319]。私は、ここでの第二の影響因子として、愛着型を付け加えたいと思っています。

非常に手短に言えば、親密転移および(特に)性愛化転移は、総合的にみて、患者が女性で治療者が男性という場合に最も生じやすいと言えます。少なくとも一般的には、女性のほうが、より分離を恐れる傾向にあり、同じく一般的には、男性のほうが、より親密さを恐れる傾向にあるためです。それゆえ、女性にとっては（特にとらわれ型の場合には）、治療者との恋愛性の（あるいは性的な）結びつきの追求は、しばしば隔たりに対する防衛を表していると同時に、より根本的な愛着の問題に対する防衛をも表していると言えるでしょう。対照的に、男性にとっては、治療者に対する恋愛感情や性的感情を**回避**することは、性や愛着との分離という特徴的な男性的解決を表象しているのと同様に、しばしばより深くまき込まれることに対する防衛をも表象しています。男性（特に愛着軽視型の男性）が、治療者に対して**性的感情を発展させた**場合、それらの感情は、なおも親密さと依存性の回避を表していると考えるのが適切です。なぜならば、治療者を性愛化するということは、男性にとっては、彼を依存へと誘惑しかねない愛着人物としての治療者を価値下げする方法ということなのでしょうから。

私たち治療者への患者の恋愛性転移の情緒的インパクトは、私たちの愛着に関わる心理状態により異なるでしょう。もしも私たちの愛着型が愛着軽視型寄りであれば、患者の恋愛性あるいは性愛的切望を歓迎するかもしれません。なぜならば、それは私たちの自尊心を支持するからです。逆に、嫌がる場合もあるでしょう。なぜならば、そのような切望を、私たちが他者から習慣的に距離をとっていることに対する抗議として体験するからです。一方、私たちの愛着型がとらわれ型寄りである場合には、私たちは患者の願望を、親密さのシグナルとして歓迎するかもしれません。一方で、同じ願望が、深刻な狼狽を招くものとして体験される場合もあるでしょう。なぜならば、それは、いずれは拒絶しなければならないということの序章を表しているからです。そして、患者は、私たちが拒絶しているのは彼女の願望だけではなく彼女そのものなのだと感じとるだろうと推察するからです。

理想を言えば、私たちは、自分自身が患者の切望の対象になっているということを許容していられればよいと思います――それに拍車をかけたり、あるいは無理にでもシャットダウンしなければ感じたりすることのないようにして。私たちがこの切望のために居場所を作ることができればできるほど、治療関係におけるその役割を（拡大解釈すれば、患者のほかの親密な関係におけるその役割を）探究する好機を得られることでしょう。性は愛着の代理人として用いられているのだろうか？ それへと向かう間接的ルートとして？ それとも、その回避として？ 治療的文脈の中核にあるのは、患者の治療者への切望は、決して十分に満足されることはないのだという現実です。それだけに、そのことは、欲求不満にされた願望というパターン（すなわち、患者の最初の愛着の特徴、そしておそらくは現在の愛着の特徴でもある）の外で生きるということを表していると言えるでしょう。恋愛性転移は、とらわれ型患者にとって、信頼し、愛するための、より深みのある適応力の発達へと向かう途中の重要な停車駅となることも、しばしばあります。しかし、もしも治療者が患者の願望に過度に喜んだり、あるいは過度にうろたえたりした場合には、その歓迎されるべき発達を妨げてしまうかもしれません。

最初に言及しましたように、とらわれ型患者は、診断的連続体のどこかに位置するものとして理解できます。ここまでは、その連続体の一方の極、すなわち、無力感、情動の増幅、誘惑的なほどの従順を含む演技性の特徴を持つ患者により占められているほうの極に焦点づけてきました。次に向かうのは、その連続体の対極のほうです。

怒り・混乱型《カオス》

研究により、多くの（ほとんどではないにしても）境界例患者にとらわれ型の愛着に関わる心理状態がみられるということが示唆されています。これらの患者の大部分は、特定の下位分類に区分されることがわかっています。すなわち、外傷的出来事への恐ろしいとらわれです[98,226]。とらわれ型連続体の最も問題の多い極にいる患者は、しばしば完全に解決されないまま繰り返し再発する外傷や喪失に特徴づけられる生育史を体験しているようです。ＡＡＩ用語では、そのような患者は、**とらわれ型と未解決型の両方**にあたります。それゆえ、私の言わんとしていることのほとんどは、とらわれ型連続体の最も問題の多い極にいる患者のみならず、未解決型の患者にもよく当てはまることでしょう。

とらわれ型の境界例患者は、しばしば人生を進行中の危機として体験しています。彼らの情緒は、単に苦しいというだけでなく、その強烈さも圧倒的です。安定した自己感を持たないこれらの患者は、内的混乱および空虚感を感じています。彼らの関係性はいつも激烈で、しばしば何らかの裏切りのように感じられるものの内に終末を迎えます。依存への恐怖と底なしの要求との狭間で引き裂かれ、彼らは必死に助けを求めているようで、それでいて自分の要求が助けを追い払ってしまうだろうという確信により虐げられているようでもあります。彼らは、絶望時には接近するかもしれませんが、恐怖や怒りの時には引きこもってしまいます。そのような患者の治療者として、私はしばしば、助けを差しのべても、あたかもそれは攻撃だと言わんばかりに撃退するような、溺れている人を助けようとしているみたいだと感じてきました。そのような患者との治療課題は、すなわち私たち自身が押しのけられてしまわないようにするということです。

マーガレット・マーラーは、著作『乳幼児の心理的誕生』において、「孵化（hatching）」という用語を用いていますが[187]、境界・とらわれ型患者の治療者としての私たちは、あたかも、ひよこか卵を抱くために必要とされても、最善でも（あるいは最悪でも）、私たちのほうがひよこか卵によって母親の座から叩き落とされるというようなものです。患者が必要としている新たな愛着関係を提供するためには（そして維持するためには）、私たちは共感と限界設定とを結合することができなければなりません。どちらも一方だけでは、これらのような圧倒し圧倒される患者を「包容する」ために、あるいは患者が私たちの中にいとも簡単に呼び起こしてしまう恐れや怒り、そして無力感を「包容する」ために、十分とは言えません。治療関係が**十分な包容力を持ちうる**のであれば、患者は、最初の愛着には何のモデルも与えてもらえなかったような性質の内的・対人関係的安定性を発達させる好機を得ることでしょう。

✤共感

患者の内的体験を理解することができ、またある程度それに共鳴することができない限り、私たちは、助けにはなれないでしょう。治療者の共感的調律がなければ、患者は理解されていない、孤独だと感じるでしょうし、あるいはもっと悪い場合には、脅された、裏切られたと感じるでしょう。しかし通常、そのような調律を実現するのは並たいていのことではありません。それは、少なくとも三つの事柄に左右されます。すなわち、私たちの①関連理論や研究を利用する力、②自分自身の体験の全スペクトラムに対するオープンさ、③共感および結びつくことに対し相互的に生み出される障害物を、少なくとも一時的には中和しつつ患者とかかわり合うための力――です。

外傷にひどくとらわれているこれらの患者は、しばしば両親との体験により（あるいは両親から遺棄された体験により）圧倒され、時には恐怖をも感じていたと明言します。彼らの両親は、とらわれ型患者全般にみられる両親と同様に間違いなく予測不能ですが、それにとどまらず、恐怖を感じさせるほどの怒りや利用不可能性を示していたのだろうと思われます。

ある患者は、父親がアルコール依存症の警察官で、いつ残忍になるか予測できなかったと私に語りました。患者の仕事は、このすぐカッとなる男をともかくも楽しませておくか、あるいは今にも暴力を振るいそうな時には気をそらすかすることでした。時々は成功しました。しかし成功しなかった場合には、彼は父親の憤怒の的になりました。一度など、父親は拳銃を抜いて彼の頭に向けたこともありました。

このような患者の悲劇の一部として、そのような幼少時に犠牲者とされたシーンが、患者のその後の関係性（最も重大なことに、患者自身との関係性も含めて）においてエナクトされつづけるということがあります。フォナギー[95]は、「健康な（constitutional）」

自己あるいは真の自己の代わりに、これらの患者は「よそ者」自己表象を内在化しているということ、またそれは虐待的な愛着人物の反応を体現したものであるということを理論化しています。ところが、このよそ者自己は、迫害者であると同時に真の自己と不和なために、追い出されなければならないのです。この危険な内的存在の結果として生じる投影により、患者は、確実に、他者を迫害者として体験するようになるでしょう。他者に投影できなければ、患者は自分自身を迫害するよう強いられていると感じるかもしれません——時には自傷を含む、自己への過酷な攻撃を通して。フォナギーの理論により、共感に対する障害物として働きかねない混乱した行動の意味を、私たちは理解することができるでしょう。そのような理解は、私たちの患者とのかかわり合いが患者の過去のかかわり合いを真似してしまう恐れがある場合には、特に必要不可欠です——ついさっき私がふれた、外傷的生育史を有する、警察官の息子の事例のように。

いつになく協力的な面接の次の回、この患者は二十分遅れで到着し、遅刻について何のコメントもしないまま話し始めました。彼は私に支払わなければならないはずなのに、小切手を持っていないと言いました。また、治療にはうんざりしている、ここでの話は全て自分にとっては邪魔になるだけだ、たぶんそれがなければずいぶんと気分がいいだろう——と言いました。

遅刻および小切手を忘れたことをめぐり、私は自分が苛立っていることに気づきましたが、彼が私たちの共同作業を攻撃し始めた時にはかんかんに怒っていると感じていました。と、その時、私は、彼の怒り狂う迫害者を演じるよう誘われているということに気づきました。なぜならば、もしも私がそうならずに協力者でいるならば、彼は自らの内に居る迫害者と共に、独りとり残されることになるからです。それどころか、彼は、私を信頼するという馬鹿な（おそらく無意識的には生命を脅かすような）危険を冒させようとして、私が彼を誘っていると体験しているのかもしれませんでした。

私は、「もしかしてあなたは、親密さを感じるよりも、むしろ喧嘩を売ろうとしているのでしょうか」と、戸惑いを口に出してみました。そして付け加えました。「思うに、私たちがとても親密に共に作業することができた前回のような面接は、まさしくあなたを不安にさせるものだったのかもしれないですね」と。驚くまでもないことですが、彼は怒りながら、私の示唆について、論争をふっかけてきました。しかしながら、私の解釈は、私たち二人共にとってプラスに働いたようです。そのおかげで、私は押しのけられたように感じることなく、彼と共に居ることができました。また彼は、その後、これと非常によく似たシナリオを、私と共に、何度も再体験するなかで、ますます解釈を利用できるようになっていったのです。

当然のことながら、より問題の多いとらわれ型患者と私たちとの体験を理解するために利用できる理論や研究は、まだまだたくさんあります。①分裂（splitting）、②体験への埋没、③メンタライジングの失敗、および④パワフルで悪意のある他者により圧倒されている自己という包括的隠喩——に関しては、後ほど立ち戻って説明しますが、全て大変有用な構成概念です。しかし、理論のほかにも、その粗暴で自己破壊的でいつも決まって感じの悪い行動のために、私たちにとって耐え難く、また共感することなどなおさら困難と思わせられる患者に対しても思いやりを持ちつづけるためのひとつの資源として、私的体験があります。

これに関連してですが、私は、患者の体験の反響（こだま）を自分自身の中にみつけることができれば有益だということに気づきました。たとえば、過去に自分だけが不公平な目にあったと思ってしつこく憤慨している患者に対し、怒りを感じていた際、ふと、私にしてみても、寛大であるということが時にはどれほど難しいことか、ということを思い出し、とても助けられた感じがしたのです。私たちは、共有体験に基づいて他者を理解する際に、最も深いレベルで理解できるのだということを、私は確信しています。もちろん、時には、その共有物が理解しがたいものである場合もあるでしょうし、不快すぎて認められない場合もあるでしょうけれど。

共感（私たちの患者への共感、そして患者の自らへの共感）を可能にするためには、しばしばそれに対する障壁を解消する潜在力を持つ介入を必要とします。共感に対する第一の障壁は、治療者の陰性逆転移です。私たちは驚かされたり、怒りを感じたり、低められたと感じたり、患者に優位に立たれていると感じたりすると、患者の体験の情緒的論理を理解できるほど十分に患者の立場に立ってみることができなくなってしまいがちです。しかし、治療者がそうすることなしに、患者が自らへの共感性を拡げるよりどころを持つということは、ありえないのです。

陰性逆転移を感じることは、おそらく避けられないでしょう。たぶん、それは望ましいことでさえあります――患者や患者により呼び起こされる反応がわかるようになるための道すじとして。一方、陰性逆転移に溺れることは、避けられないことではないですし、望ましいことでもありません。黙ったままで、あるいは患者と共に、私たちの困った体験を言葉にする方法をみつけるだけでも、十分感情を調節できる場合もあります。しかし、それだけでは不十分な場合もあります。ここで、まさに限界設定が必要となってきます。

✤限界設定

限界設定について伝える際、私たちは患者をコントロールしようとしているわけではありません。そんな不可能なことをしようとするのは愚かなことです。にもかかわらず、私たちには、自己コントロール力を働かせながら、特定の状況において私たちは何をし、何をしないのかを患者に伝えるという選択肢があるのです。その公式は、こうです。すなわち、もしもあなたがXをするならば、私はYをするでしょう、ということです。もしもあなたが何かを私に向かって投げたら、面接は終わりです。もしもあなたが私に、あなたの主治医およびあなたの精神科医と話すことを許可してくれるならば、私はあなたと会いつづけましょう。もしもあなたが、自殺感情について話すために私に電話してきたら、私があなたに言うであろうただひとつのことは、警察に電話してあなたを病院に連れていくように頼む必要があるかないか、です――など。当然のことですが、異なる状況で、異なる治療者と異なる患者のために、異なる限界が必要とされます。しかし、私が記述してきたような性質を持つ患者には、いくつかの限界は、当事者を守るためにも治療自体を守るためにも、ほぼ普遍的に必要なものです。それらは、あまりにも強烈すぎる陰性逆転移（すなわち共感を不可能にし、またそのプロセスにおいて患者が治療関係を安全基地として体験するための潜在力を消滅させてしまうもの）に抗して、当事者全員を守ってくれます。

私たちが設定した限界に従って行動すると、しばしば初めは混乱が生じます。私は、ある患者が自殺を犯さないと私に言うことができなかったその後に、警察を呼んでその患者の家に差し向けたことがあります。彼は激怒しました。しかしそのような混乱はまた、修復の機会でもあるのです。患者はついに、私の行動が、彼を傷つけたり支配力を及ぼしたりしたいという願望からではなく、むしろ彼を守りたいという願望から生じているのだとわかるようになったのです。このような患者には、治療者が四つに組み、もがくことをいとわないということが必要不可欠です。逆に、それがないと、患者は私たちに見放されていると感じるかもしれません。そして、その感情の正しさが証明されることもあるでしょう。もちろん、四つに組み、もがくということは、それほどまで必要であると同時に、かなり消耗させられることです。それでも、私たちの努力が、より深く、より親密で、より生産的な関係性という実を結んだ暁《あかつき》には（ことにその時、患者が快方に向かっていれば）、そのような患者は、私たちにとって最も重要な患者の一人になることでしょう。

✤関係性――パターンと落とし穴

ある意味、これらの、怒りが先に立つ、より苦しんでいるほうの患者は、無力感が先に立つとらわれ型患者と同じ心理を示していると理解できるでしょう。しかし、その共通の心理に関する何もかもが増幅されているのです。体験に埋没する感覚、メンタライジングにみられる限界、それに関連した衝動性と並んで、情動もより極端です。また、どちらの種類のとらわれ型患者も、言わば彼らの最初の愛着人物により植民地化された心理空間で暮らしているのですが、それらの人物の性質は異なっています。

無力なほうの患者においては、主観的体験は、迫り来る内在化された他者があまりにも大きく、心理空間の大部分を占拠してしまうため、自己確定のための空間がほとんど残っていないというものです。この場合、内的会話における声の大部分は他者の声であり、不明瞭な声しか出せない自己に対し、それらは大きくはっきりとした声で応答しています。関係性においても、患者はそれと一致して、他者にとらわれており、自らの要求、視点、意欲についてはは曖昧です。

怒っているほうの患者にとっては、主観的体験はまるで内的他者そのものであり、迫り来るだけでなく、悪意があり、決まって自己を脅かしているようでもあります。関係性においても、この悪意のある他者は、患者が依存したいと思っている他者（治療者を含む）に（あるいはそのような他者の中へと）、頻繁に投影されます。その結果、患者は自らの願望を認識し、それを満たそうとすることよりも、むしろ知覚された危険をかわすことに、ほぼ没頭してしまうのです。

そのような患者に対するスタンスを決める際には、フォナギーの、安定型の親のその子どもへの応答に関する説明を思い出すと、とても役に立ちます。これらの応答は、次のことを伝えています。すなわち、①子どもの苦悩への親の共感、②子どもの行動の文脈としての願望、感情、信念に理解を示すこと、そして最後に③子どもが圧倒されると思った体験に対処する親の力――です。私たち治療者は、内的体験および対人的体験が脅威に満ちているという患者には、同様の性質を持つ応答性を示すことを目指す必要があります。ことに、それらの患者は、①自分自身を同情的に理解する力がほとんどなく、②自分自身の志向性にもほとんど気づいておらず、③自分自身の体験は管理可能だという自信もほとんどないからです。

反省自己あるいはメンタライジング自己がほとんど欠如しているために、これらの患者は、①心理的現実よりもむしろ物理的現実により、②言葉や思考よりもむしろ行動により、③心よりもむしろ身体により——その性質が確定されるという主観的世界に生きています。そのため、私たちは、①私たちが患者の立場に立っているということ、②私たちは理解するということ、③私たちは対処可能だということ——を、説明する必要があります。また、そのような患者にとっては、さまざまな面で、①私たちが何を言うかよりも、何を**する**かのほうが先に、②私たちが何を語るかよりも、何を**見せる**かのほうが先に——影響を与えるようです。

私たちを決まって押しのけるという彼らの行動が不可解に見え、また私たちがどうにか切り抜けられたならばそれは運が良かったということなのだろうと感じさせられる場合、そのような患者は巨大な情緒的圧力と内的にもがいているのだということを心に留めておくと有益でしょう。このひどく苦しい奮闘を外在化すること、あるいは**対人関係化すること**(**interpersonalizing**)（すなわち、それを私たちに手渡すこと、あるいはそれを「共有すること」）は、患者にとっては、圧倒的感情をとり扱うことと、それらを伝達することとの両方を可能にする方法なのでしょう。

ある忘れがたい面接において、先述の父親に銃で脅されたことがあるという患者は、私に言いました。「最近購入したピストルで、いつでも自分の脳を撃ち抜くことができるんだと思うと、気が楽になります。それはベッドの傍の引き出しにしまってあるんですけどね」と。それをとり出して手に持ち、引き金に指をまわすだけで、彼は気が楽になるのだと言うのです。今のところは自殺する気はないのだ、と私を安心させるように言いましたが、最後には自殺するというのが自分の運命だと感じているようでした。

この銃のことを初めて聞いた私は、そんな、自分のコントロール力の限界を越えた脅しに対処しなければならない立場に立たされたことで、怒りを感じたのは言うまでもありませんが、極度の不安にも襲われていました。(私はまた、ある男のことを想起し、吐き気がしてきました。彼は、私が一度だけ治療で会った夫婦の片割れでしたが、二度目の面接で会う前に、彼が拳銃自殺したということを、私は彼の妻からの録音メッセージで知ったのでした。)

私はその患者に、銃について私に語ってみてどんな気持ちかと尋ねました。彼は、銃を持っていることと、そのことを私が知っているということの両方のおかげで安心したと言いました。「これで、秘密はないですね」と。素晴らしい、あなたがそんなにも私に対して正直でいてくれて、嬉しいよ――と、私は思いました。さて、私はあなたが私を信頼したことに対し、あなたの安心毛布(security blanket)を取り上げるという方法であなたを罰しなければならない。私は、まるで彼が私の頭に銃を当てているかのように感じていました。私は、彼に言いました。「銃は私を脅している。拳銃自殺をしようとする患者は皆、本当に私を脅しているんだ。そして私は、もしもこの脅しを感じつづけなければならないのなら、あなたに対し、いかなる助けにもなれない。もしもあなたが私に、治療作業をつづけてほしいのなら、その銃を私のところへ持ってきてもらわなければなりませんね」と。

このエピソードについては、大いに議論の余地があるでしょう。でも今は、このような患者について、いくつかの点を説明させてください。最初に、その患者の主観的世界は物理的行動の世界であり、ここでの治療における対話は全て、行動対話です。第二に、患者は、自分の世界の本質を私の体験の中に呼び起こすような行動を通して、私に伝達しました。すなわち、ある意味で、私は**彼の**恐怖や無力感、そして怒りを、私自身のそれと一緒に感じたのです。第三に、彼の行動はコミュニケーションだということと、私の行動もまたそうであるべきだということを知っていたおかげで、私は断固たる態度で、またそれでいて懲罰的になったり脅威になったりすることなく介入することができました。言い換えれば、それは私が対処するための助けになったのです。第四に、私たちは、それにつづく面接を通して、患者の表面的には穏やかだけれども深いところでは自暴自棄の行動を、患者の耐え難い感情と私の援助を望むことに関する葛藤という文脈に位置づけることができました。これらは、(フォナギー、二〇〇〇を換言すれば)患者が、考え、感じる存在としての慈悲深い他者の心の中に、彼自身を見つけられるようにしてくれる体験と言えるでしょう。そして――そう。彼は私に、銃を預けてくれたのです。

もちろん、私たちは、そのような患者には、繰り返し「試され」ます。願わくば、失敗するよりもずっと多く成功裏に処したいところです。しかしそれでもなお私たちが失敗する時にも（たとえば、懲罰的になったり、あるいは抑制的になったりする時にも）、修復の好機があります。それどころか、私たちはそのような文脈において、①失敗する余地はあるのだということ、②いくらかの失敗は避けられないということ、そして③私たちが部分を全体と混同しない限り、それは耐えられるものなのだということ——を、患者に示すことができるのです。言い換えれば、全か無かでも、白か黒かでも、今しかだめ（now or never）でもない関係的・情動的世界を患者に見せることができるのです——患者が一般に住んでいる分裂した世界の向こうには、より統合された世界が広がっているということを。

しかし、再度になりますが、分裂を用いる患者や、感情をはっきりと言葉で表現するよりもむしろ危険で時には生命を脅かすほど重大な行動化を起こす患者にかかわる場合、私たちの思慮深く統合された視点を維持する力は、時には簡単に消失してしまうものだということを強調しておかなければなりません。ストレスおよび治療作業の求めに直面した私たちが、時には圧倒され、驚き、無力感を抱き、そして（あるいは）激怒したりするのは避けられないことでしょう——まさに、これらの患者が、親の困難を手に負えない重荷として背負わせられたことで、きっと親に対して感じていたのと同じ感情を。そのような患者の治療者としての私たちにとって、唯一の救いとなるのは、事実の後に、患者に、私たち自身に、そしてある面では私たちの理論に見出されるその裏づけなのかもしれません。そしてまた、全てではないにしても、これらの患者の多くが、私たちとの関係を、回復と癒しのために、効果的に用いているというのは事実なのです。

✤マインドフルネスと瞑想の位置づけ

私が論じてきたような患者の「超過活性化」方略は、非常に反応しやすい自律神経系に関連しているようです。象徴的にだけではなく、文字通り、これらの患者の驚愕反射は増幅されがちで、平衡をとり戻すのに時間がかかります。彼らは、あたかも扁桃体の反応を海馬でなだめることができないかのように、知覚された脅威に対し、強烈かつ敏速に反応してしまいがちなのです。自律神経系の交感神経枝が賦活されると、彼らはまるで「闘争か逃走か」の様式《モード》に入ったかのように、極端に興奮してしまうでしょう。また副交感神経枝が引き金を引かれると、彼らは眠くなってしまったり、解離しているように見えたり、あるいは「凍結」しているように見えたりすることがあります。

瞑想は、身体をなだめる潜在力を持つ（メンタライジングの強化と同様に）ようなので、とらわれ型のうちでもこの下位グループの患者の治療においては、特に有用な役割を演じるでしょう。そのため私は、彼らのうちの何人かに瞑想を教えてきました。これらの患者の何人かとは、私は毎回の面接を短時間の瞑想から始めています。そのような患者は、見るからに興奮した状態で私のオフィスに入ってくることが珍しくないからです。通常は、瞑想を始める前に、彼らの感情を確認する二、三の言葉を交わします。五分か十分の瞑想を終えると、これらの患者はたいてい、より穏やかになったように見え、感情的になったりそれにより生理的にも圧倒されたりすることなく、彼らの体験について考えることが、比較的可能となるようです。

彼らの自律神経の過剰反応性の背景には、急性あるいは慢性の外傷的な早期愛着体験の存在がみとめられることが、かなり多いと思われます[253]。先に示唆したように、愛着に関わる心理状態がとらわれ型の患者のうち、より問題が多いほうの患者は、しばしば未解決の外傷や喪失の生育史を治療するために、治療に訪れるのです。

第十四章　未解決型患者

――外傷と喪失の傷を癒す――

成人愛着面接（ＡＡＩ）は、前章で述べたようなとらわれ型の成人のみならず、愛着軽視型や安定型の成人にさえも未解決型を同定しています。この所見は、私たちのほとんどが、生育史において外傷および解離の「島々」を持っているという事実によく合致していると言えるでしょう。[51] しかしながら、たいていは、未解決型の心理状態と重篤な心理的問題との間には、連結がみられるようです。全境界例、解離性障害、心的外傷後ストレス障害は全て、幼少時における無秩序型愛着の生育史そのものとしての未解決の外傷と、明らかに関連しています。[78,144,180,276,277]

未解決型患者を同定するためには、患者が外傷や喪失に関する私的体験にふれる際の論証や談話に逸脱がないかどうかに注意する必要があります。覚えておきたいのは、圧倒的に痛ましい体験それ自体が、持続的な無秩序をもたらすような影響を人格に及ぼしているというわけではないということです。むしろ決定的なのは、患者のそのような体験に関する**解決の欠如**です。具体的には、メインとヘッセが記述しているような種類の逸脱を通して明らかにされます。[144,191] そのような逸脱に気づかされれば気づかされるほど、外傷や喪失が患者の治療において重大な形で現れてくるだろうということがわかります。しかし重要なことは、外傷の影響を治療することは**独特**というわけではないのだということです。全ての愛着志向的治療と同様に、関係性がその治療行為の居場所なのですから。

何年か前、私は、コミュニケーションさえよくなればそれでいいと、具体的に希求しているカップルに会いました。二回目の面接で、夫が妻のサラとまなざしを交わしました――私がかろうじて聞き分けられるような言葉と一緒に。その要点は、何かを……話してもいいかな、と彼女の同意を得ようとしているというようなことでした。確か、彼は見出しを提示しただけで、そこからは彼女が物語を語り始めたのだったと思います。それは、彼女が十代の頃のある日、学校から帰宅すると、母親が父親によって殺されているのを発見した――という話へとつづいていきました。

この恐ろしい外傷的喪失の開示を聞いて衝撃を受けた私は、ほとんど言葉を失いました。サラは、静かな口調だけれども明らかに捨て鉢な言い方で、「その出来事とその余波は、今の私とは全然関係ありませんから」と主張しました。私が、「もしもあなたが十分に安全と感じていらっしゃるようでしたら、ご自分の体験について少しだけ開示してみてはいかがでしょう」と励ました時の彼女の応答は、非常に印象的なものでした。

それまでのところ、彼女はよく語り、情緒的にも利用可能な状態に見えたのに、今や彼女は無気味で超然とした平板なトーンで、殺人を発見した時のことを話していました。彼女の話は、極端に長い沈黙により数回中断されましたが、その間、彼女は内へと引きこもり、無関心そうに見えました――まるで自分を見失っているかのようでした。その度毎に、私か彼女の夫が、言葉や質問を発して、彼女を今ここへと引き戻す必要があるように見受けられました。なお、壊滅的な過去について語っている時、彼女の話は間歇的に現在形へと逸脱しました。

未解決の外傷を示すこれら全ての標識（サラの意識状態の明らかなシフト、無気味で超然とした声のトーン、過去を現在形で陳述すること、長い中断）は、無秩序で無方向の「解離された外傷の再現」を表しているものとして理解できるでしょう。明らかに、この患者は、ある意味で、外傷体験に関して話せば必ず再外傷を受けてしまうようでした。

私の奨めにより、彼女は個人精神療法を受け始めましたが、当初は解離しなければならなかった外傷を徐々に解決し、統合できるようになっていくのがつぶさにわかりました。さらに、夫婦療法がすすむにつれ、彼女は、長い間、過去をできるだけ些細なことと思うようにしようとしてきたけれども、それはいつもそばにあったのだと、つまり「それは、靴の中に尖った小石があるようなものなのです。あなただって、靴の中に小石が入れば、どうしてもヘンな歩き方になってしまいますよね」と言っていました。

途方もなく困難だけれども潜在的には格別に報いてくれるという未解決型患者の治療は、ほかの患者の治療に類似しています――しかし、大規模なのです。ほとんどの患者の治療において、統合を促進することは、私たちの仕事の重要な一部分ですが、解離がまさに中核にあることが特徴の未解決型患者の治療では、多種多様に統合を促進することは、治療作業のまさに核心です。同様に、ほとんどの患者にとって治療者との関係性が治療の重要な一部分だとすれば、未解決型患者にとっては治療関係こそが治療なのです。そして最後に、記憶の問題があります。それはほかの患者よりも、未解決型患者にとってはより問題の多いものです。

私たちの患者は全員、暗黙の手続き記憶として刷り込まれ保管されている前言語的愛着体験の影響を受けていますが、それらは言わば、かかわったり、感じたり、考えたりする際の、その患者独自のパターンを形作っている右脳作業モデルの建築用ブロックです。そのような暗黙の記憶は、言語発達以前に刻まれているうえに、理解可能な意味を含む文脈に記憶を配置できる脳構造（ことに海馬）の発達以前に刻まれています。

しかし、思い出してください。海馬の発達は、外傷により一時的に非活性化されます。それゆえ未解決型患者にとっては、前言語的体験に関する暗黙の記憶（しばしば無秩序性の）のみならず、その後の**外傷体験**に関する暗黙の記憶も、言葉もなく、時間もなく、文脈も欠いたままになっているかもしれないのです。そのような体験は、記憶から意識的に取り戻すことができないために、外傷を受けた患者は、思い出しているという感覚なしに、単純にそれらを再体験する傾向があります。

これらの患者は、しばしば無秩序な愛着関係において育てられていますが、それは少なくとも二つの意味で外傷的だったと言えます。すなわち、それらは圧倒的に痛ましかったということ、**そして**それらはその痛みに対処するために何ひとつ安全な文脈を子どもに与えなかったということです。つまりそれは、いつも決まって修復されることのない壊滅的混乱という体験だったと言えます。そのような体験は、これらの患者の中に、多重でまとまりのない自己モデル・他者モデルおよびそれらの関係性モデルを生み出します。これらは深く落胆させるモデルであり、未解決型患者を精神療法へとたどり着かせるものです。

フロイトが「不可能な職業」と呼んでいた開業臨床家としてそのような患者とかかわる私たちのミッションは、彼らに異なる体験および異なる関係モデルを提供することです。すなわち、安全で、信頼できて、包含的で、混乱も修復できるという新たな愛着関係を生み出す必要があるのです。この関係性はまた、患者の資源（過去の外傷を解決するために必須の資源を含む）の発達をも促進しうるものでなければなりません。ここで問題となるのは、意識的には苦痛から救われたいと願っているはずの患者が、無意識的には、何の助けも希望もありえないという古くて深い危険な関係を、私たちとの間で再創造するよう強いられているということです。そして危険と感じられてしまう治療関係の文脈では、患者の外傷を解決することは、当然、不可能なのです。

患者の安全への恐れを克服する

未解決型患者にとっての、共感的で調律された治療者との安全な関係を許容することの困難さは、多くの治療に限界をもたらしているパラドックスです。患者が実際に安全と**感じられる**関係を創造することは、本質的なことですが、困難なことでもあるのです。それは治療の最終目標でもあり、患者の外傷を解決し始めるための前提条件でもあると理解できます。こういう表現をすると、おそらく矛盾しているように感じられるでしょう――安全な関係を創造することと外傷に直面することとは織り交ざったプロセスなのだということを理解するまでは。これから説明しますように、**治療者との関係において安全感を増大させることが、外傷を解決する**のです。

そして同時に、外傷がより十分に解決されれば、治療関係（および他者との関係）を古い脅威とのランデブーとして再体験するという患者にとっての必然性も、徐々になくなっていくのです。

「大文字のTの外傷《トラウマ》」（九・一一や、私の患者の母親殺しの発見のような）と、「小文字のtの外傷《トラウマ》」（何の修復も提供してくれない愛着人物に関連する恐怖、無力感、屈辱、恥、遺棄といった、子どもの繰り返される体験）との間には、区別がなされています。[262] 小文字のtの外傷はまた、「関係外傷」（ショアー、二〇〇二）、「累積外傷」（カーン、一九六三）とも呼ばれています。そのような外傷により、子どもは（そして成人後も）、解離や投影性同一視を含む原初的自己防衛機制に訴えるようになります。治療者との関係において、患者の危険な内的世界を活気づかせているのは、主としてこれらの防衛の所業なのです。

これらの防衛にとりくむこと（先に述べたような共感的調律と限界設定とを通して）により、治療関係に関する患者の体験を、徐々に修正することができます。この関係性が進展して、より安全と感じられるようになるにつれ、それは患者の幼少時の外傷に反応して生じたモデルと「競合する」新たな作業モデルを構築します。この意味で、徐々に安定していく関係性の体験は、間接的に早期外傷の影響を和らげます。そしてその間に、患者の外傷に、より直接的に直面するための準備がなされていくのです。

しかし、再度心に留めておいていただきたいのは、治療関係を徐々に進展させることと外傷に直面することとは織り交ざったプロセスだということです。関係性にとりくむことは、しばしば外傷に関連する感情へと結びつきます――外傷体験について話すことが、しばしば関係性の問題を生じさせるように。ここで私が、治療作業について、あたかもそれらが厳密に分離されていて順次起きるものであるかのように論じているのは、単にわかりやすくするためです。そして、治療関係が安定してから外傷をとり扱うという流れがあるとすれば、それは幾度となく繰り返されるものです。

安全な関係性を徐々に増大させていく道は、通常、はっきり言って非常に険しい道です。なぜならば、患者が痛ましい過去を回避しようとして用いる防衛が、しばしば現在においてもそのような過去の再創造を引き起こすことに終始するからです。したがって、ここでの治療課題は、この過去の呼び起こしに対し、断固たる態度で、それでいて共感的な形で応答するということです。そうして、患者を激怒させたり恐れさせたりする古い愛着と、患者が最初はかすかにしかイメージすることのできない可能性を約束する新たな愛着との間に、徐々に楔《くさび》を打ち込んでいくのです。

別の見方をすれば、私たちの目的は、完全に体験に埋没している（したがって、現実と彼らのあらゆる気持ちや信念が単純に等価になってしまいがちな）患者が、それらの気持ちや信念とは合致しないかもしれない世界をちらりとでも見ることができるようにすることです。やがて、私たちの目を通して彼ら自身を見ることと、堅固に抱いた予想をゆるめるようなかかわり合いに参加することとが結合すれば、彼らの体験に対して二つ以上の視点から考える力が点火し始めることでしょう。その力とはすなわち、メンタライズする力です。さて、①過去の外傷、②防衛、③患者の治療者との関係——の相互作用に関するこれらの発想は、実践においてはどのようにその役割を果たすのでしょうか？

非常に長い精神療法過程の初回面接が始まるにあたり、その患者（救急治療室担当の臨床医で、ケーシーと呼ぶことにしましょう）は、両親はともに自殺したのだと私に語りました。私の表情を見てなのか、彼は即座に明確にしました——両親はアルコール依存症およびそれに関連した形での自己ネグレクトにより「ゆっくりと自殺した」のだ、と。治療導入期の数ヵ月間に、一連の喪失に直面したケーシー自身も、自殺念慮を抱くようになりました。今や彼は、見るからに必死で助けを求めていましたが、それをさがし出せなかったり利用できなかったりしていました——早い段階で（少なくとも私にとっては最初から）明らかになった理由のために。

早期児童期から、ケーシーは、年少のきょうだいに対してのみならず、虚弱な母親と暴力的な父親に対しても養育者役割を演じることを求められていました。この役割をとるなかで、彼は明らかに遺棄されネグレクトされていると感じていましたが、その役割のおかげで、彼の世界をずたずたに切り裂く憤怒や虐待にさらされることを、いくらかは（全てではありませんが）回避することができました。他者の世話をすることは、彼にとって、攻撃に抗する保証であるのみならず、彼の同一性の源にもなりました。しかしそれは、彼が、特に両親に関連した恐怖のために演じていた役割でもあったのです。

決して彼のものではないはずの責任を負わなければならなかったことに対し、長い間怒ってきたケーシーは、両親から押しつけられた重荷をほかの人には押しつけないということを「選択」しました。その結果、彼はジブラルタルの岩[a]とみなされてきました。しかし、この逆依存的防衛は、明らかに、堅いだけでなくもろくもありました。彼は、実際の喪失および喪失の恐れに直面すると、（私が思うに）それらが過去の遺棄および外傷の幽霊を生じさせるために、自殺したいほど抑うつ的になるのでした。しかし、圧倒されていると感じている時でさえも、彼にとっては、自らの要求を直接的に認めたり私の助けを受けとったりするということは、途方もなく困難なことでした。

一年以上もの間、私たちの治療は、緊急事態の連続のように感じられました。しばしばそれらは、患者だけでなく私にとっても同じくらいのインパクトがあったと思われます。頻回の入院治療のみならず、数え切れないほどの夜半の電話、自殺の脅し、自殺のそぶり、自殺企図がありました。私は患者を生きさせておくために戦わなければならないのだと感じながら、時には怒り、不安、混乱、強迫的まき込まれ感により、ほとんど圧倒されていました——まるで、私が彼のケアをただの一度でもしくじったならば、死あるいはそのほかの惨事に導いてしまいかねないというように。

そのとっくみ合いから一歩引いてみると（断続的にしか、私にはそうすることができませんでしたが）、これらの感情は、おそらくケーシーが子どもの頃、脅すのみならず実際にいつでも「自殺」しそうな両親と共にいて経験したことに関係しているのではないかと認識できました。彼は、これらの圧倒的感情を統合してみようとしたこと

a　訳注　ジブラルタルの岩。イベリア半島南東端に位置する凛々しい岩で、イギリス領。歴史的に、イギリス海軍の拠点として機能した。ここでは、ジブラルタルの岩のごとく、ゆるぎなく、何でも負える人——という意味。

が今までにはなかったですし、今も全くできそうにありませんでした。その代わりに、彼は解離し、自らの耐え難い体験を（ほとんど無意識的に）どうにかして私の中に呼び起こそうとしていたのでしょう。

私自身の生育史のおかげで、私はそれらをすぐさま同定することができました——と言っても、私が文字通り同じ外傷を体験していたという意味ではありません。むしろ、私自身の体験がケーシーに深く共鳴するための呼び水となり、また時には彼の両親との外傷的関係の解離された局面を彼と共にエナクトするための呼び水にもなったのです。

解離、投影性同一視と逆転移

この患者との治療作業の話に戻る前に、このような患者を外傷による影響から守っている防衛（不幸なことに、それらはまた、彼らの外傷の要素が反復してよみがえることを確実にしてもいるのですが）の文脈に、それを位置づける必要があります。そのような防衛は、治療者の逆転移を呼び起こすという役割を果たします。そして、治療者の中に呼び起こされたものは、しばしば患者と共にエナクトされるため、これらの防衛は、治療関係を形作るうえで、ゆゆしき影響を及ぼすことになります。

「解離」から始めてみましょう。それは二つの異なる意味を持つ用語です。それは、多様な種類の「統合崩壊（disintegration）」を表しています——耐え難い心理状態（たとえば、ある人の父親が母親を殺害したことなど）を、その人の進行中の自己感に直ちに統合されるようなほかのより耐えやすい心理状態から、自己保護的に分裂排除することを含めて。解離はまた、防衛的に変容されたトランス様の意識状態を表してもいます——夫婦療法をしていた私の患者が、母親の殺害という外傷が再浮上した際に陥ったように。このいずれの種類の解離も、未解決型患者の体験および精神療法において、中心的役割を演じます。

初めに、統合の失敗ですが、それはこれらの患者にはよくみられる心理状態です。分裂（splitting）とは「原初的解離」としても知られていますが（カーンバーグ、一九八四）、それは境界人格障害患者の防衛の特徴です。自己と他者に関する体験を生み出している感情、思考および関係することにおける全か無か、白か黒か、あれかこれかの形式が、それにあたります。その場合、自己と他者との体験は、区画され、過度に単純化されており、非現実的で不安定です。多くの未解決型患者の主観的世界においては、人間はヒーローか悪者か、迫害者か犠牲者か、救済者か無力な人かというふうになっています。そしてそのような患者の部分を全体と混同する傾向によれば、彼らも彼らがかかわり合う人物も、価値があるほうの範疇からその反対へと容易に移行しうるのです。これは、他者（治療者を含む）との間に、不安定で、荒れ狂うような、これらの患者にとって当てにするのがきわめて難しい関係性を持つことにつながります。

少し異なる角度から見ると、未解決型患者の内的世界は、互いに防衛的に解離されざるをえなかった作業モデル・心理状態の上に、大なり小なり組み立てられています。たとえば、虐待された子どもにしてみれば、絶え間ない恐怖状態を生きるのを避けるために、その子どもの恐怖に満ちた虐待体験から派生したモデルを、それほど脅威のないかかわり合いから生まれたほかのモデルから解離する必要があったのでしょう。そしてそのような生育史は、その子が成人してからの内的世界においても徹底的につながりを断たれているために、平常心から圧倒された心理状態へと突然シフトするという脆弱性へと帰結してしまいます。

神経生物学の立場からも、解離を必要とする早期関係が支払う代価の一部として、愛着人物に脅威を与えられている子どもは、脳の緊急反応系すなわち扁桃体の調節を助けるような統合的神経構造（海馬、眼窩前頭皮質、脳梁のような）を十分発達させることができないかもしれないということが言われています。そのような統合や調節がなされなければ、扁桃体の過剰反応性は、比較的無害な引き金でも、多くの未解決型患者にみられるような、極端に強烈な自律神経反応を引き起こしてしまいかねません。

このような患者の心理生物学的構造を形作ることに加えて、解離はまた、最前線の防衛としても働きす。よく「逃げ場がない時の逃げ場」（パトナム、一九九二）と表現されているように、解離は統合の失敗という問題であるのみならず、催眠状態（自己と現実との関係が防衛的目的のために変容している）でもあるのです。全ての防衛と同様に、それは大きな代価を払って自己保護をもたらします。未解決型患者は、現実をよりリアルでなくしたり、ぼうっとしたり、眠くなったりすることなどにより、圧倒されそうだと恐れている体験の影響を鈍くすることを可能にしてきました。しかし、その同じ変容状態、すなわち痛ましい現実を寄せつけないようにしている変容状態のために、それらの現実に効果的に直面できなくなってもいるのです。その結果、未解決型患者は、まるで地階でくすぶっている火から立ちのぼる煙の匂いに気づくことを拒んでいるかのように生きています。彼らは常に圧倒される寸前にあり、（隠喩を混ぜれば）あたかも、もう片方の靴が落ちるのを果てしなく待っているかのようです——既にそれは落ちてしまっているのだということを認めずに**b**。

そのうえ、変容状態としての解離は、通常、「身体から離脱する」体験をもたらします。そしてそれは、たくさんの非常に問題の多い帰結をもたらす可能性があります。痛ましい体験を避けるために物理的に遺棄された身体は、ある意味で、失われているのです。すなわち、それはもはやその人の身体ではないのです。そのプロセスにおいて、多くの未解決型患者は、情緒のソマティックマーカーに接近できなくなったり、それらを読みとりづらくなったりします。ベッセル・ヴァン・デア・コークは、外傷のサヴァイヴァーに関する記述において、それを次のように書いています。「身体状態の言葉や象徴への翻訳に失敗した彼らは、情緒を単純に身体的問題として体験するようになってしまいます。……（彼らは）苦悩を、心理状態としてではなく、むしろ身体感覚として体験するのです。」[305] そうして、解離している患者の身体は、心理的問題が最後まで戦い抜かれる戦場と化すことでしょう。部分的にはその結果として、そのような患者は、しばしば多くの身体的問題を抱えています。さらに面倒な問題もあります。すなわち、彼らはあまりにも身体から離れることが容易すぎて、しばしば身体を丁寧にケアすることが困難になるのです。とうとう解離している患者が自分自身および自分の身体から切り離されすぎていると感じ始める頃には、彼らはすっかりパニックに陥っていることでしょう。そして再度、身体と結びつくためには、思い切った方法を必要とします。自らを切る、焼く、殴打するという形での自傷は、そのような患者が解離により混乱するほど身体から切り離されたと感じ、現実感を持てなくなっている時に、再度、身体と共に在ると感じられるようにしてくれるのです。身体をとり扱うこと、すなわち未解決型患者の精神療法の中心概念については、第十六章でとり扱う予定です。[295]

解離は、サリヴァンの言う、自己の一部としての「悪い私（bad-me）」および「私でない（not-me）」部分を分裂排除しますが、それにより未解決型患者は、過去と現在における一連の主観的に耐え難い体験を「脱同一化（disidentify）」することができます。防衛的に解離された体験が消えてしまうわけではありませんが、それらは意識のきわめて周辺部分へと追いやられるのでしょう。そうして統合されずに否認された体験、記憶、表象、感情は、比喩的に言えば、家をさがしているのだと思われます。

もしもそれらを患者の内に心理的に宿すことができないのならば、それらを他者へと移住させざるをえません。これこそが防衛としての投影性同一視であり、治療においては、「他者」とはもちろん治療者です。解離された体験を私たちの中へと移住させるプロセスにおいて、患者は、自らの内に抱えてい

---

b　訳注　「もう片方の靴が落ちるのを果てしなく待っている」とは、「起こるはずのことを不安な気持ちで待つ」ということを意味する。ワールド・ワイド・ワーズ（WORLD WIDE WORDS）の記事によれば、この言葉の起源は、二十世紀初頭から言い伝えられている次のような話だとのことである。――すなわち、ある男が夜遅く下宿屋へ帰り、ベッドに座って片方の靴を脱ぎ、床に落とした。そのときに音がしたので、その男は、ほかの宿泊客の迷惑にならないようにと、もう片方の靴を脱いで、そっと床に置いた。そして着替えを終え、眠ろうとすると、階下から叫び声が聞こえた。「もう片方の靴を落とせ！　眠れないじゃないか！　もう片方の靴が落ちるのを待ってるんだ！」――これは有名なコントなのかもしれないが、出所は不明とのことである。

られないものを私たちの中に呼び起こすというかたちでとり扱い、そして私たちはそれに同一化するのです。

広義の逆転移は、患者の投影性同一視と私たち自身の心理との相互交流から生じます。それはおそらく、未解決型患者の治療者にとっては避けられないことであり、患者が投影により私たちを誘ったその形式で、私たちはエナクトするでしょう。逆転移が認識され、とり扱われるまでは、それは単純にエナクトされる傾向にあります。したがって、もしも患者の外傷的な過去の関係性よりも良い関係性を生むことに成功したければ、転移－逆転移状況の展開を認識しようとすることは必要不可欠です。

逆転移への気づきは、破壊的エナクトメントにブレーキをかける潜在力を持っています。このことは、私たち自身が未解決型患者とのかかわりにおいて何をし、何を感じ、何を欲しているかに注意を向けるべきだということの最も重要な理論的根拠と言えるでしょう。治療関係における自らの関与の性質を認識すればするほど、私たちは、自分にとって大変つらい、いわゆる「陰性」逆転移反応を単純に行動化したり（あるいは）否認したりするのではなく、ついにはそれを包容できるようになることでしょう。

これに関連して、私は、未解決型患者に関し、彼らの自己と他者に関する作業モデルの観点から考えることが大いに助けになると考えています。外傷を受けた患者で解離している人（先に述べた、暴力的な父親の息子で臨床医のケーシーのように）は、他者とのかかわりにおいて四つもの異なる自己体験をしているかもしれないということが理論化されています。[180][181]愛着人物による虐待、ネグレクト、喪失、あるいは累積関係外傷を体験することで、彼らは犠牲者としての自己モデルを持つようになります。外傷とそれへの反応としての怒りとの両方に責めを負う者として自分自身を体験することで、そしておそらく攻撃者に同一化することで、彼らは迫害者としての自己モデルを持つようになります。愛着人物との間で「親化（parentified）」すること（無秩序型乳児がしばしば世話役の［すなわちコントロールする］

子どもになるということを思い出してください）に含まれる役割逆転を体験することで、彼らは救済者としての自己モデルを持つようになります。そして最後に、頻繁に解離に頼ってきたことにより、彼らは認知的に無能あるいは混乱しているという自己モデルを持つようになります。

転移－逆転移相互交流というかかわり合いにおいて現実に生じるものとは**関係性**なのだということを、心に留めておいてください。たとえば、私は、絶え間なく、ケーシーを救うように強いられていると感じていました――おそらく、彼が、恐怖心から彼の親を救うように強いられていると、まさに感じてきたように。さしあたり、私とのかかわり合いにおいて、ケーシーは、彼が自分の両親に関し彼ら自身のケアができていなかったと感じていたのと同じくらい、自分自身のケアができていないように見受けられました。この様式《モード》で、ケーシーが母親（あるいは父親）に同一化していると思われた際、私の逆転移は彼の作業モデルの「自己」成分に同一化していました。この後すぐに明らかにするように、その一方で、私は、彼の怒っている親あるいは遺棄する親という逆転移役割に容易に占有されてしまいもしたので、そういう時には、ケーシーは（当然、そのような人物に対しては疑い深くなるのですが）、私にかかわる際には非常に慎重になり、必然的に引きこもってしまうのでした。

患者の安全への恐れを克服する（つづき）

ケーシーが最も自殺の危険を抱えていた時期を通して、私は彼と週三回面接していたうえに、ほぼ毎日、少しだけ、彼と話していました。私にせよ、彼の主治医にせよ、彼の精神薬理学者にせよ、皆、彼の生命と人生を救うために戦っているということは、きわめて明白でした。しかし患者は、解離や自己判断での服薬により苦痛を和らげることで危機から否認へと脱するという悪循環を繰り返していました。彼は、危機の間は、怒りながら必死になって助けを求めて腕を振り回していました。否認している間は、助けなど必要ないと頑固に主張しました。

後者の様式では、彼は頻繁に治療をやめると脅しました――もしも本当に治療をやめたら、私は彼が本当に自殺するのだということを知ることになるだろう、と言いながら。私はこの患者のことで、いろいろと激怒し、恐れ、混乱している自分に気づきましたが、それでも、ほとんどいつも、彼を守りたいという思いでいっぱいでした。

時には、私は、これら全ての感情が、ある部分ではケーシーの内的世界に関する非言語的・投影的・エナクティヴコミュニケーションの産物なのだと理解できました。私が彼との関係に関する自らの体験に完全に埋没していた（「はまっていた（stuck）」と読んでください）時には、これらのコミュニケーションに喉首をつかまれて、かわるがわるケーシーの迫害者、犠牲者、無能な援助者、あるいは救済者のようになりました。それらの支配から自由でいられる時には、私はそれらのおかげで患者の解離された体験に共感することができました。またそれらは、どのように介入する必要があるのかということに関する手がかりを与えてくれもしたのです。

ある時点で、ケーシーが決まって約束の時間より遅れて来るようになったことについて、私は怒りが増してくるのを感じ始めました。彼の混乱した自己破壊的な行動が、助けを求める叫びであることは自明でした――もっとも、実質的には、彼は自分のために何ひとつしていないようでしたが。私は、彼が、私ひとりが彼に対し責任を負っているのかと思えてくるような関係を生み出していると感じていました――きっと、彼の両親が、子どもの頃の彼に押しつけてきた責任に対し、彼がひとり腹立たしく感じていたのとまさに同じように。

そうして彼が遅刻してきたとある面接で、その理由に関してはひと言もないまま、彼はまたしても治療をやめると脅しました。私は、最初は激怒し、つづいて、むしろ落とそうとする拷問にかけられているような感覚にかられて肝をつぶしているように感じました。しかしこの感覚に伴い、あるイメージが結晶化し、それと共にケーシーの行動に関する私の感情と理解に変化が生じたのです。

待ち望んで受けたコンサルテーションならびにこの理解により鼓舞された私は、ケーシーに、「あなたが治療をやめたいと思う気持ちが、分かるような気がします」と語りかけました。私の心に、赤ちゃんとしての彼のイメージ――抱っこされていて、そして突然落とされるという――が浮かんだ、と言ったのです。思うに、私たちの関係は、きっと、もう一度抱っこしてあげると誘われて、そして、必然的に、落とされる、ということのように感じられるのでしょうね、と。

すると彼は、明らかに衝撃を受けたようでした。無言で私を見つめながら、それでいて彼は、初めて長時間、実際に現在に居ました。そして彼は言いました。彼の体験を想う私の気持ちの深さに「畏敬」を感じる、と。そして、「そう。あなたが私を落とさないだろうと信じるなんてことは、私には無理なんです」と言ったのです。「それは単に時間の問題なのです」と。しかし彼はまた、違った状態になれればよいのにと切望してもいるのだと断言しました。私は、短い沈黙の間に、認知が共有されたと感じました。私たちは、情緒的な嵐の中の静けさを見出すことができたようでした。

二、三瞬間《モーメント》後、私は彼に言いました。「もしも私が本当にあなたを抱っこして落とさないでいられるとしたら、私はあなたに、抱っこされたままでいてみてほしいと、切に思うのです」と。そして、「あなたにそれができるのかどうかはわからないけれど、私としては、あなたを助けたいのです。つまり具体的に言えば、私はあなたに治療をやめていいですよと同意するつもりはないし、それを言うなら、あなたがあまりにも遅く来所しつづけるために、しばしば一時間のうちの半分以下しか一緒にいられないということにも同意するつもりはないのです。これからは、もしもあなたが二十分以上遅刻したら、私はあなたに会わないけれども、料金はいただきます」とも付け加えました。彼は抗議せず、今までより時間通りに面接に現れるようになりました。重要なことは、私自身が怒りを感じにくく、彼を落とすようなことになりにくくなるような限界を設定したということです。私は、その同じ限界が、ケーシーが「悪い」と感じることや、自己管理不可能だと感じることをより少なくし、より効果的に抱っこされることを助けたとも推察しています。

ここで私が伝えたいのは、一方では共感的調律を、もう一方では適応的限界設定を提供することによる治療的相乗効果についてです。このような患者には、その両方が必要不可欠であり、どちらか一方だけでは不十分なのです。共感的調律がなければ、患者は理解されているとも感じてもらえているとも感じられないでしょう。患者と治療者を守るために必要な限界設定がなければ、私たちは圧倒されたり怒りを感じたりするあまり、共感その他のどのような種類の意味深長な援助を差し出すこともできないでしょう。また、理論と同様に、私たち自身の主観的体験、すなわち感情、イメージ、衝動からも支持を得るということの必要性とその力についても伝わればいいと思います。それらもまた、未解決型患者が実際に私たちに求めていることを、私たちが理解する助けになるのです。

おそらく、ケーシーのような患者の、進行中でありながら最も即時的でもある要求とは、彼らが自らの圧倒的情動をとり扱うことにまつわる援助なのでしょう。私たちの調律された共鳴と共感、私たちが設定する限界、私たちの確実な利用可能性および思いやりは、全て、患者の最初の愛着人物にはできなかったかたちで私たちが満たそうとしている相互交流情動調節の要素です。患者の気持ちに名前をつけたりそれらを意味づけたりするために私たちが用いる言葉もまた、この相互的情動調節のためのカギです。そのような援助を提供することに成功すれば、患者の転移性の予想を反証し、安全基地としての治療関係という感覚を強化できることでしょう。

この種の援助を効果的に準備することは困難でしょう。通常、未解決型患者が新たな関係の持つ情緒調節の可能性を信頼し始めるようになるまでには、調律と誤調律、そして相互交流的修復を、幾度となく繰り返す必要があります。断絶と修復の一連の繰り返しは、必須です。なぜならば、痛ましい感情に耐えるにあたっての私たちの援助は、きわめて頻繁に、患者にとっては役に立たないと感じられるからです。それは、支配的、侵入的、（あるいは）誤調律として体験されるでしょう。あるいは、それは患者にとっては、もう一度「落とされる」リスクへの危険な誘いとして受けとれるかもしれません。

そのような反応は、しばしば患者の最初の愛着人物との適応的な情動調節的相互交流の欠如を反映しています——外傷的相互交流の存在と並んで。これらの相互交流に関する暗黙の記憶が、治療者との関係において生き返るのです——その間、未解決型患者は、多くの時を、記憶を生きることに費やしているかもしれないということに気づいていないのですが。しかし、患者の外傷に駆られての予想を反証するような情緒で満たされた断絶と修復の一連の繰り返しの後には、事態は変わるかもしれません。患者がゆっくりと、治療関係を安定と安全の源とみなして頼ることができるようになるにつれて、彼らは徐々に、過去と何の違いもないかのように現在を体験してしまうという自らの厄介な傾向を、以前よりも認識することができるようになるかもしれないのです。

外傷を言葉にする

ヤッシールは、パレスチナ人の建設業者ですが、数年間、私との治療を断続的につづけてきました。最近のとある面接が中盤に向かう頃、彼は不快な様子を見せ始めました。彼は汗をかき、不安な様子でした。彼は、なぜかわからないまま閉所恐怖を感じ、怯えているのだとわかりました。彼の閉所恐怖感を探究していくと、彼は突然、一九六七年に戦争が始まったエリコでの、八歳の少年だった時の体験を思い出したのです。

彼は、その記憶を現在形で語りました。「空爆のサイレンとジェット機の音がしている。外へ出て、通りから空を見上げると、空中戦をしているジェット機が見える。私が安全を求めて走って向かったのは防空壕《シェルター》だが、そこは人がぎゅうぎゅう詰めで危険そうだ。階段を下りながら、窒息しそうだと感じる。人をかき分けて抜け出そうとしても、引きずり戻されてしまう。恐怖を感じる。」

次に、彼はそれにつづく何ヵ月かについて話します。すなわち、彼の一家がヨルダンへと逃亡した時のことでした。その途中には、炎上した車や死体、そして負傷者が横たわっていたということ。そしてそれにつづいて、肩ほどの水深があるため、赤ん坊を頭上に乗せて渡らなければならないヨルダン川を密かに渡ったという、夜の帰路について。——この時点で、彼が沈黙したので、何を体験しているのかと私が尋ねると、彼は、「あなたは、このことを信じられないと思っているんだろう。わかっている」と言うだけで、答えは全く返ってきません。

それから彼は、「ここはひどく風通しが悪いね」と言いました。

ちょっとしたら、この面接に立ち戻りましょう。しかし、最初に強調しておきたいことがあります。すなわち、大多数の未解決型患者にとって、適切な「拍子記号（time signature）」もなしに、治療者との関係において外傷に関連した感情を単純に再体験することよりも、むしろ外傷的出来事の体験を思い出してそれらを言葉にすることのほうが重要なのだということです。未解決の外傷に関する侵入的記憶は、そのような記憶に対する防衛と同様に、無力感を生みます。むしろそこで外傷に関連した感情に名前をつけることが、マステリー感覚の発達を促すのです。なお、整理されていない外傷の記憶は、時間的に「凍結」されています。その結果、歴史上の過去が主観的現在として体験されてしまうのです。一方、古い外傷体験を、患者が再外傷を受けていると感じることなく再訪することができれば、外傷記憶は変化します。スターン[288]を換言すれば、今や患者は、それらを「新たな想起文脈」で想起しているのです。すなわち、より強いかあるいはより賢い他者との関係の持つ（相対的）安全性のもとで、患者が圧倒的出来事を感情を伴いつつ想起すれば、それを変化させられるうえ、それらの意味も書き直せるのです。そのような文脈内でならば、未解決型患者は、自らの外傷をいたるところに現れて混乱をもたらすにまかせておくのではなく、それ自身の時と場所に閉じ込められることでしょう。

過去の外傷のための新たな文脈を構築しつつ、私たちはまた、①不穏な過去と、②その瞬間における帰結とをつなげる必要もあります。すなわち、こんなふうに。

ヤッシールが、この部屋は風通しが悪いと言った時、私は、もしかして今ここでも閉所恐怖を感じていますか、と尋ねました。彼が、「少しね」と答えた時、私は既に面接室の窓を開け、カーテンを袖へと引いていました。彼は二、三度、深く息をすると、すぐさま生き返ったように見えました。私たちは、なぜ彼が、もっと早く、彼が欲し、求めているとわかっていたこと、すなわち部屋にもっと空気を入れてほしいということを、私に頼めなかったのかということについて探究しました。その探究は、彼の生存者の罪悪感《サヴァイヴァーギルト》についての考察へと行き着きました。

戦争が始まる一年前、彼の母親は、深刻な障害を負った彼の弟を出産しました。その頃、かつては「有力者」だった父親は、心臓発作を患い、落ちぶれてしまい、通りで宝くじを売っていたのでした。ヤッシールが自らの要求（「靴がほしい、教育を受けたい」）をほかの人の要求より後まわしにしなければならないと決心したのは、この間のことでした。それが、彼が自らの願望をはっきり表現することを抑制していた所以でした。私たちは、彼のほとんど恐怖に満ちている毎日の体験にもふれましたが、あまりにもたちまち恐怖が生じてしまうために、合理的に扱うことはできませんでした。明らかに、彼の外傷の歴史と現在の心配性とを結びつけるということには、まだまだ長い道のりが必要と思われました。

多くの未解決型患者と同様に、彼は、自らの警戒心を解くことに、極端に消極的でした。彼は次の惨事に備えており、彼の恐れている惨事は既に起きてしまったのだということに、まだ十分納得できてはいなかったのです。

メンタライジングとマインドフルネス

①再外傷を受けることなく外傷を想起すること、②外傷関連の感情および身体感覚に名前をつけること、③暗黙の記憶を明白にすること――（全ては、安心感が増大し、効果的に情動調節できるような治療関係の文脈内でのことですが）は、未解決型患者の治療における主成分です。メンタライジングとマインドフルネスも然りです。

患者の行動の根底にある感情、要求、信念の見地から応答する際、私たちは患者の生物学的基礎を有するメンタライズ力に点火し始めます。この力により、患者は、ますます自らの直接的体験（たとえば恐怖体験）を理解するために、そこから一歩下がって見ることができるようになります。また、そのような反省により、感情や行動をより良くコントロールできていると感じられるようにもなるため、それらはより有意義で予測可能なものとなるでしょう。

このことはさらに、特に未解決型患者にとっては通常、非常に不足している安定性を生み出す助けにもなります。

最後に、マインドフルネスは、未解決型患者の治療者にとっても、患者自身にとっても、ある役割を演じます。治療者がマインドフルな状態に入る力を持っていれば、外傷を負っている患者の治療において生じる逆転移の圧力を減弱することができます。未解決型患者は、マインドフルネス瞑想により、情緒的な言い方をすれば、嵐から自分を守るシェルターをみつけられる可能性があります[179]。第十六章で述べますが、身体へと（そして特に呼吸へと）マインドフルな注意を向けることは、患者の自律神経の過剰賦活を徐々に鎮めるための手段であるのみならず、パニックや解離の対処法としても有用です。最後に、思考、感情および身体感覚を観察することや呼び名をつけることといったマインドフル訓練（それらを避けたり、それらにより一掃されたりするのではなく）は、患者の発生しつつあるメンタライジング力を支持してくれることでしょう[6]。情緒・感覚・信念の影響力にほとんど抵抗できない未解決型患者にとっては、このことは非常に有用なある種の支えになることと思われます。

◉第五部◉

臨床的焦点を鮮明にする

患者に安全基地を提供しているならば、それ自体が癒しをもたらすような修正関係体験（corrective relational experience）を差し出していることになります。この視点からみると、患者が治療者との関係において発達させる愛着のきずなは、重要な治療的介入と言えるでしょう。さらに、愛着関係はまた、①患者の体験の解離された側面を統合することと、②患者が反省するための潜在力およびマインドフルに生きるための潜在力をいずれも養うことのための、非常に有効な文脈としても働くでしょう。どのようにすれば、治療者は、この新たな発達的文脈を最も有効に利用できるのかというのが、この後の三章の主なテーマです。

第十五章では、非言語領域（しばしば解離された領域でもある）への入り口としての、①私たちの主観的体験、②共同創造のエナクトメントに関する私たちの気づき——を利用可能にする方法の詳細について、簡潔明瞭に説明します。

第十六章では、身体に集中します。患者の体性感覚、表情、動作および姿勢は、言葉を用いずに話します。治療者のそれらも同様です。身体をとり扱うことを通して、私たちは患者の情緒に到達し、その調節を助けることができます。そして、前言語的体験および外傷は、いずれも精神のみならず身体にも刻まれているので、身体に焦点づけることにより、言葉ではっきり表現できない体験や解離された体験を明るみに出すことができるのです。

第十七章では、心理的解放への相補的な小道としての、メンタライジングおよびマインドフルネスについて述べます。前者は理解を通して、そして後者は受容、在ること、および気づきを通して、私たちを解放します。私たち治療者は、患者の体験に対するスタンスをより反省的でマインドフル志向のそれへと変化させる助けとなるために、さまざまな方法を試みることができます。その際、どのくらい役に立てるかは、結局のところ、どのくらい私たちが自分自身のメンタライジング力およびマインドフルネス力を有効に培うことができるかにかかっていると言えるでしょう。

第十五章　非言語領域Ⅰ

――呼び起こされたもの　およびエナクトしたものをとり扱う――

愛着志向精神療法における私たちの目的は、患者との間に、最初に彼を育てた関係性よりも調律されていて、内包的で、共同作業的な、新たな関係性を生み出すことです。多くの理由から、患者との間にそのような関係性を生み出すためには、治療における対話の、情緒を基礎とした非言語的な背後の意味に、集中的に焦点づけることが必要とされます。①患者の前言語的愛着体験、②患者が言葉を持たない外傷、③患者が解離しなければならなかった感情および要求――これら全ては、患者がそれらのことを**直接はっきりと述べる際にではなく**、むしろ患者が私たちの中に呼び起こしたり、私たちと共にエナクトしたり、体現したりする際に、主として接近可能となります。

それゆえ、私たちは、患者の言葉を聞き、私たちの言葉で応答する傍ら、言語的なやりとりを形作っている情緒的・関係的・内臓的／体性感覚的底流にも、少なくともそれと同量の注意を払う必要があります。言葉は、その性質上、重要な意味を必ずしも伝達するとは限りません。暗黙の非言語的な背後の意味は、ほとんどの場合、伝達されます。つまり、それが**ここで起きていることに関する感じ**（すなわち、治療関係において、実際には何が進行しているのかということに関する感覚）であり、とりもなおさず①患者の体験および②患者と私たち治療者とが共同創造しているかかわり合いのいずれにおいてもさしあたり最も突出しているものへと私たちを導いてくれるものなのです。

私たちの注意が患者の言葉へと一極化してしまうリスクを最小限に抑えるためには、患者の身体言語を「読む」ことを忘れないようにする必要があります。身体言語とはすなわち、姿勢や動作などの持つニュアンスのみならず、表情や声のトーン・リズム、患者の呼吸のペースや局在などをもさしています。なお、同様に重要なこととして、**私たち**の内部で起きていることを（すなわち、元々あった推論的思考ではなく、むしろ身体・情緒体験を）感じとれるように、言わば小休止したり深呼吸したりすることを忘れずにいる必要があります。私たちは、十分に現在に在り、自らの情緒に気づいていて、患者と深くかかわり合っていると感じているでしょうか？　もしそうでないなら、**何が**私たちの体験の本質ですか？　また、それはどのように患者の体験にかかわっているのでしょう？　さて、これから①患者について、②患者に対する私たちの応答の性質とその意味について——その両方をより良く知るために、私たち自身を調べてみましょう。

愛着研究は、親の心理状態が発達途上の乳児に決定的影響を及ぼすということを確証しています。臨床経験は（精神分析でもそれ以外でも）、治療者の愛着に関わる心理状態が、同様に決定的だということを示唆しています——精神療法における患者の発達への影響は、早期関係ほど強力というわけではないかもしれませんが。

私たちの心理状態の患者への影響について気づけるようになるためには、私たちが言ったりしたりすること（あるいは、言いそこなったりしそこなったりすること）に対する患者の反応に、鋭敏な注意を払う必要があります。これらの情動反応を認識するためには、患者の言葉に注意を払うことはもちろんですが、患者の非言語的コミュニケーションにも注意を払うことが求められます。ここでは、①患者の体験それ自体と、②関係性への私たち自身の関与の性質を認識する手段としての患者の体験との、いずれについても焦点づけてみましょう。

もちろん、このことは、私たちを、転移－逆転移エナクトメント（すなわち、患者と治療者の相互交流する主観性の行動的表現）の問題へと、直接的に運び込みます。エナクトメントが常に生じていて避けられないものだとすると、問題は、私たちはエナクトメントに**関与しているのかどうか**ではなく、**どのように関与しているか**ということになります。私たちは、実際には患者と共に**何をしている**のでしょうか？　私たちは、どのような役割を背負いがちなのでしょう？　私たちは、何に焦点づけようとしているのでしょうか？　私たちは、何を避けようとしているのでしょう？　そして、私たちの側では、どのような無意識的動機がそのエナクトメントに作用しているのでしょう？

エナクトメントは、転移と逆転移の**連動し合う**影響力から生じているため、その相互交流への私たち自身の寄与に気づけるようになることは、しばしば患者の寄与を明らかにするための前提となります。

この種の自己認識により、私たちはしばしば、同調感を高めたり、患者と治療者の共有目標を達成するための二人の共同作業を促進したりするような直観的介入ができるようになります。この「適合性」の感覚の深まりは、治療カップルが新たな愛着関係（すなわち、患者の不安定な作業モデルを「獲得」安定型へと変化させられるような愛着関係）を生み出すうえで、最も重要な道程のうちのひとつです。

第八章で説明しましたように、治療者と患者は、「関係性の動きという即興」を通してそのような適合性のほうへと手探りで進む試行錯誤プロセスに、共にまき込まれています[36][184]。一方では、このプロセスは、①両者各々の内部で、②相手の内部で、③両者の間で、それぞれ進行しているものを両パートナーが感じとり、そしてそれらに沿った応答をするというかたちで暗々裏に（そして最初は非言語的に）展開します。また他方では、そのような暗黙の体験を**明白にする**ことが、精神療法において「進んでいくこと」が同時に「前進すること」にもなるという見込みを高めるような認識プロセスの主要部分を占めていると思われます。

治療的かかわり合いの暗示的・非言語的側面に臨床家が効果的に働きかける助けとなるよう、私は次の手短な表現を提示してきました。すなわち、患者がはっきり述べられないことは、呼び起こされたり、エナクトされたり、体現されたりする傾向にあるということです。本章および次章へとつづく議論は、それに対応して編成されていますが、これらの分類は、決して理論にみられるほど実際には明瞭ではありません。患者が私たちの中で呼び起こすものを、しばしば私たちがエナクトする、患者が体現するものを、彼らはしばしば私たちの中に呼び起こす、という感じです。

そのうえ、既に示唆しましたように、治療関係における底流が一方向へと排他的に流れるということは、めったにありません。私たちは、患者が私たちにとってそうであるのと同じくらい、患者にとって刺激的な存在でしょう。私たちは患者がそうであるのと同じくらい、エナクトメントを開始することに加担していることでしょう。そして私たちは患者と同じくらい、身体を通して、知らず知らずのうちに自らの感情を表現していることでしょう。

なお、治療関係は、この種の相互性のみならず、非対称性という特徴も持っています。患者と治療者は、不可避的に相互に影響し合い、また多くの同一の脆弱性を共有しているのに対し、治療者の受けた訓練、臨床経験、個人治療（病歴はないにしても）は、しばしば患者にはない有利さを治療者に与えてくれます。最も重要なことに、そこには、無意識の持つ力についての経験的に引き出された認識のみならず、私たち自身の感情および他者のそれに耐え、それらを認識し、理解するための良く発達した適応力も含まれています。

加えて、治療者と患者の役割は、非常に異なっています。すなわち、一人は助けるためにそこにいて、もう一人は助けを受けるためにそこにいるのです。結局のところ、治療関係の主要な焦点および**存在理由**とは、私たちのではなく患者の脆弱性、不満および希望なのです。この非対称性は、私たちは患者よりもずっと安心感を持っており、また普段の私たちよりもずっと安定してもいるだろうという文脈を創造します。その結果、ほかの関係性における私たちよりも、そこでは安定した愛着関係を築けるような柔軟性と共感的調律（非言語的情動体験への調律を含めて）を提供できるということが、しばしばあります。

第十章で論じたように、愛着研究がまさにその中心として同定した非言語的体験を、間主観性理論および関係性理論を用いてとり扱うとすれば、それらの理論は独特の有力な資源となることでしょう。ことに、これらの理論の主要部分は、どのようにすれば、治療関係において呼び起こされ、エナクトされるものを最も効果的にとり扱えるのかということを明らかにしているからです。言い換えれば、私たちはそれらの理論により、暗黙の未だ言語化されていない転移－逆転移相互交流を認識し、理解し、その中で介入できるようになるのです。これらの最初は無意識的な相互交流は、最も難しい障害物であると同時に、非常に貴重な資源にもなりうることでしょう。

しかし、そのことについて詳細に論じる前に、非言語領域における体験の知覚と表現に関する個々人の相違についてのいくつかの研究および臨床理論にふれておきたいと思います。なぜならば、治療者と患者がお互いの非言語的メッセージをどのように伝達したり解釈したりするのかということが、両者が同調しつつ一緒に進歩できているという感じにたどり着ける度合に多大なる影響を与えるからです。愛着スタイルが異なれば、非言語的コミュニケーションの方法もまた異なるという傾向があるため、これらの相違について何かしら知っていれば、患者を理解する際にも、私たち自身を理解する際にも役立つことでしょう。

非言語的コミュニケーション

最初の関係性において安定性を育てる助けとなる「敏感な応答性」は、愛着人物の、①乳児の非言語的シグナルを正確に読みとる力、②随伴的な非言語的コミュニケーションで応答する力（すなわち、乳児のシグナルに調律しているか、調和しているか、あるいは適合している）――に、大いに左右されます。同様に、私たちの患者に対する共感的調律は、私たちの、①患者の非言語的手がかりを正確に読みとる力、②患者の内的状態を理解しているというだけでなく、何らかの形で治療者がそれを**感じ**てもいるということが患者にわかるように、非言語的に（言語

的にも）応答する力——に、大いに左右されます。[254,264]

私たちは皆、非言語的コミュニケーションという言語において流暢でありたいと願っているかもしれませんが、非言語的メッセージを理解したり伝えたりする力は、人によりさまざまです。社会心理学的研究は、安定した人は、そうでない人よりも、非言語的にコミュニケートするのがうまいということを示唆しています。[251]すなわち、安定した人による他者の非言語的メッセージの読みとりは、より正確であり、逆に彼らからの非言語的メッセージも、より明確で直接的という傾向があります。

不安定な個人の非言語的コミュニケーションは、その個人の愛着スタイルに部分的には左右されるため、いくぶん問題がある可能性があります。表現の側面から始めてみましょう。安定した個人のそれと比較した場合、彼らの非言語的振舞いは、社会心理学者により「回避的」（すなわち、愛着軽視型）と記されている個人においてはきわめて制限されたものとなる傾向があります。彼らの表情はより乏しく、他者を見つめることも触れることも声のトーンが肯定的感情を伝達することも、より少ないようです。愛着に関連した文脈では、彼らが非言語的に助けを求めることはより少なく、顔を背けたりどこかよそのほうを見つめたりすることのほうがより多く見られます。対照的に、「不安」（とらわれ型）と記されている個人の非言語的振舞いは、非常に表現力豊かなものとなる傾向があります。彼らが助けを求めている時や、否定的な情緒を抱いている時には、特にそうです。

非言語的手がかり（特に、要求あるいは苦痛のシグナルとなっている手がかり）に対する感受性という点では、回避的個人がそれらを無視するかあるいは気づかないように見えるのに対し、不安なほうの個人は過剰反応する傾向にあり、時にはそれらのシグナルを正確に知覚するのではなく、彼らがそうだと思い込んだシグナルに対して反応するようです。なお一般に、不安定な個人は、他者に対し、偏っているけれども特定の方法で評価を下すようです。研究により、回避的成人は、自らを他者とは異なっていて比類のないものだと思いがちであること、そして自らの**望ましくない特徴**の（投影による）根拠を他者の中に見る傾向があることが示唆されています。また不安なほうの成人は、対照的に、他者は自分と似ていると思いがちであること、そして自らの**実際の特徴**の（投影による）根拠を他者の中に見る傾向があることが示唆されています。[210] これらの偏り（偽りの比類のなさ、あるいは偽りの一致）および投影（望ましくない、あるいは実際の特徴の）のパターンは、患者の転移反応において一つの役割を果たしているかもしれません。それらはまた、私たちの逆転移応答における一つの因子でもあるかもしれません。そして、もちろん、その二つは相互交流しています。

たとえば、ある愛着軽視型で、うしろ暗くも自らの攻撃性を否認する傾向のある患者は、しばしば私の声のトーンや表情の中に怒りを読みとって（あるいは誤認して）いました。ある角度からは、私は、彼の偏向的解釈を、投影と偽りの比類のなさの帰結として理解することができました。すなわち、私の非言語的手がかりについての彼の読みとりに従えば、私は怒っていて、彼は怒っていないのでした。

他方、この患者の転移は、時々、私の逆転移により疑いようもなく「批准され」ました。彼の敵意を見抜くための鋭い目と、彼と傷つき易さの感覚を**共有している**（偽りの一致）と思いたいという私自身の傾向とが結合して、私から過保護で過剰統制された応答を呼び起こしていたのです。そして、患者に向けて非言語的に表す事柄に関し、きわめて慎重にならなければならなかったために拘束衣を着せられているように感じていた私は、徐々に、彼に対し苛立ちを感じるようになってしまいました。

ほとんど同じ脈絡で、あるとらわれ型でしばしば苦悩している患者は、他者の気が動転しているという非言語的サインを見た（あるいは見たと彼女が思った）時、何をどうしてよいかわかりませんでした——つまりは、彼女の気遣いに応答して、彼らに「大丈夫ですよ」と言ってほしかっただけなのですが。私たちの関係については、彼女は私に、私たちは二人とも気難しすぎるから良い関係にはなれないと思うわ、と語りました。これは、偽りの一致ということでしょうか？　もちろん、私たちの共有心理に関する彼女の考えに関して、私たちは非常に興味深い会話を持ちました。

偏りおよび投影に関する研究と並んで、それに関連した所見により、回避的個人も不安な個人も等しく相手の振舞いに敵意を読みとる傾向がある（手がかりが、そのような意図はないと示唆している時でさえも）ということが示唆されています[251]。一般に、問題のある愛着史を有する患者は、表情などの非言語的手がかりの暗号を正確に読み解くことに困難を抱えており、またその結果として、他者の情緒や意図を誤解しやすいようです[254]。

そのような患者にとっては特に、治療者が、遠まわしに表現するよりもむしろ、より率直に表現することが重要と言えるでしょう。このような患者に対し、私たちが自らを不可解なままに保つとすれば、意図せずして余計な陰性転移を引き起こしてしまうかもしれません。そのような患者が、誤って種々の感情を私のものとしてとらえているように思えた場合には、私はしばしば自分の情緒体験を慎重に開示するようにしています。その開示した内容について患者が疑う場合には、私の話を聞きながら**私の顔を見てくださいとお願いします。そこには何が見えますか？　私が何を言っているように聞こえますか？　二つのチャンネルは調和していますか、それとも調和していませんか？**——と。もちろん私は、患者が、私の気づいていない私の体験のある局面に注目しているかもしれないという可能性を明白に残し、それを受け入れる姿勢を保ちます。そのような敬意を込めた文脈で、患者が非言語的手がかりをより正確に読みとれるよう、それらに意識的に注意を向ける力を強化しようと考えているのです。患者にとっては、ここでの初めの一歩は（しばしば当惑を伴うとしても）、そのような手がかりについての自らの自動的解釈に対し、少なくとも疑問を持ち始めたならば、そのことを許容するということです。

これまで論じてきた、情緒の非言語的伝達および感受とは、神経科学的根拠によれば、右脳の専門域にあたります。これに関連して、ショアー[256]は、次のことを示唆しています。すなわち、臨床家は、患者の顔の左側に焦点づけるのが賢明だろう、なぜならば非言語的・社会情緒的右脳により支配されているのは左側だからだ、と。確かに、研究により、顔の左側のほうが右側よりも情緒表現が豊かであるということが示されています[199]。ショアーの示唆は、些細で機械的なことのように思われるかもしれませんが、私の経験によれば、それはとてつもなく有用なことです。患者の顔の左側へと「右脳で調律する」べきだというのは、もちろん、非言語的手がかりに注意を焦点づけることのより広範な必要性を例証する非常に的確な勧告です。

非言語的に伝達されることの多くは、暗黙に留まっています。なお、暗黙とはすなわち、瞬間毎に、話されている対話を形作っては作り直す、敏速な情報提供・応答の情動的培地です。患者－治療者間において進行する、この視覚的・聴覚的手がかりのやりとりにより、二人が情緒的に同調していると感じられるような安全な雰囲気が生み出されることを、誰もが望んでいます。その一方で、非言語的にしか表現されない（そして患者はそれを特定できないか、あるいは特定したがらないかもしれない）共有された暗黙の関係性には、混乱をまねくような底流もあることでしょう。

これら二つの非常に異なる性質の体験を明白な形でとり扱うかどうかは、しばしば治療者次第です。私たちは暗黙のかかわり合いを明白にすることを選択することもできれば、そうしないこともできます。もしも私たちが、暗示を明示にすることを選択するならば、さらに答えるべき疑問があります。すなわち、私たちは患者とのかかわり合いにおける自らの体験を、直接的に開示すべきだろうか？　あるいは、そうはしないで、たとえば共感的コメントや解釈という形式で、その体験を間接的に用いるべきなのだろうか？　という疑問です。これらのような疑問は、患者が自らの体験の局面を、私たちの内部にうまく呼び起こしていると感じられる時には、特に切迫したものとなります。

呼び起こされたものを、どうとり扱うか？

①患者が私たちの中に呼び起こした体験を、**どう**

とり扱うべきだと思うかということと、②実際には、**どうとり扱う**だろうかということとは、結局のところ別物なのだということがお分かりになると思います。すなわち①は、通常、患者にとって何が最も有用そうかということに関する私たちの意識的感覚に左右されますが、②は、最初はほとんど意識されていないほかの多くの因子に左右されます。これらの因子（患者からの影響のみならず、私たち自身の心理、気分、その瞬間に専心している度合をも含む）は、予測不能で私たちの意識的コントロールの範囲からいくぶん外れた応答を生み出そうとして、意識的な意図と相互作用します。しばしば、これらのあらかじめ考えられていない応答は、生産的なものとなります。また時には、問題の多いものとなります。

五十歳代前半の離婚歴のあるヒッピーのような弁護士「ニール」は、自らの不安を克服するために、私の助けを求めてきました。数ヵ月にわたる経過を共に歩んできて、私たちは、その不安（彼の気持ちのうちでは最も公然とした苦悩ですが）は、実際には、彼にとって耐え難い多くのことのうちの一つにすぎないということを理解するようになりました。ある日の私たちの面接は、長い沈黙から始まりました。そしてついに、私がそれを破り、ニールに、彼の内部では何か起きているのかと尋ねました。彼は言いました——車の運転中に、ラジオでジェリー・ガルシアが死去したことを聞いたのだが、ちょうど今、「ちょっとした悲しみの疼《うず》き」を体験していたところだ、でも、グレイトフル・デッドのギタリストだったガルシアは聖像的で、真の六〇年代のヒーローだったから、ファンが大勢いて、皆、つくづく何かを感じているに違いない——と。

彼にとっては、感じることそれ自体が、どれほど大変なことか、と私が考えている間に、再び、短い沈黙が生じていました。私は、ニールに、そのちょっとした悲しみの疼きについて、もう少し語ってみませんか、と誘ってみようかと考えていました。と、その時、私は自分自身の悲しみに気づいたのです。私も、その朝、ガルシアの死について聞いていたのですが、その時は反応しないように抑え込んでいたのです。今、その感情がより強く、より鋭敏になってきました。ニールは私の情緒に気づいているようでしたが、もちろん彼は、私のその朝の反応のことを知りません。そして私は、自分の体験を伝えれば、彼の感情の居場所ができるかもしれない、と思いながら、言いました。「このことが、あなたにとってしっくりくるかどうかはわからないけれど、私も、ここへ来るまでの運転中に、ガルシアの死について聞いていたということを、ちょうど今、思い出したのです。私は仕事に向かう途中だったので、その気持ちを感じていたいというう思いを抑えたのを覚えています。どれくらい感じてよいのかというのは、誰にとっても、本当に難しい問題ですよね。」これらの言葉を言いながら、私は自分の眼に涙がこみ上げてくるのを感じました。そして彼の眼にも、涙が浮かんでくるのがわかりました。二、三瞬間《モーメント》後、彼は短く感謝を述べました――おそらく自分は「ちょっと悲しいどころではない」気持ちだったのだろう、と。すると、彼は強烈に不安になったのです。

ここまでの描写での、私のニールとのかかわり合いから、患者が治療者の中に呼び起こした体験をとり扱うことの有用性に関するいくつかのポイントが見えてきたことでしょう（治療者が患者の中に呼び起こした体験に関しても同様です）。

第一に、このような作業方法は、①包含的で、②患者が自らに期待しているよりもほんの少しだけ多くを患者に求めるような治療関係の一助となるかもしれません。とりもなおさず、それらは研究者が安定型愛着に関連するものとして認めてきた発達的関係性の二つの特徴です。[183]（i）ニールが私の中に呼び起こした悲しみに注意を向けること、（ii）その前の私自身の悲しみを十分に感じることへの躊躇を開示すること――により、ニールの情緒とそれらに関する彼の不安とが、直接的にその部屋へと持ち込まれました。彼が解離するよう学んできた感情が、体験され、理解され、潜在的には統合されるであろう場所としての私たちのかかわり合いにおいて、息を吹き返したのです。また、ニールと共にこの方法で作業することが、③「対話を向上させること」[183]へとつながっていきました。すなわちそれは、「未**感受**の知（**unfelt** known）」と言い表せるであろうことのために居場所を作り始める場面です。治療における対話が、考える心のみならず「感じる身体」にも関与できるよう保証するということは、ニールのような患者、すなわち愛着志向性が愛着軽視型優位と思われる患者にとっては、特に決定的なことでしょう。

第二に、私たちのかかわり合いは、患者－治療者関係において両方向性に流れている喚起的影響に留意することの重要性を説明しています。ニールが自らの（防衛的に最小限に抑えられた）悲しみの体験について話した際、彼は、私の（先に最小限に抑えられた）悲しみを呼び起こしました。そして今度は、私の言葉と涙がこみ上げた眼を通してニールへと伝達された悲しみが、彼の涙を呼び起こし、数瞬間《モーメント》後には、彼の不安を呼び起こしたと私は考えています。

この種の情緒的「伝染」が各治療カップルの体験をどの程度特徴づけるのかは、多くの因子に左右されることでしょう。ある角度から見れば、それはおそらく常に組み込まれていることでしょう。進化により鏡《ミラー》ニューロンが備えつけられてきたため、私たちは皆、ほかの人の主観的体験に関与するようにできているのですから。別の角度から見れば、それは、私たち治療者が、患者からの影響のために、すすんで自分自身を情緒的に利用可能な状態にする度合とその力量にもよるでしょう。最終的には、患者がうまく呼び起こせるあらゆるものが、その患者とかかわっている治療者の中に「喚起されうる」ようにならなければなりません。すなわち、患者が自分の帽子を引っかけることのできる内的な「フック」が必要なのだということです。さて、ここで、治療者の性格の特色について大雑把に言及するのみならず、治療者の生《なま》の体験の詳細についても、よりつぶさに言及してみましょう。たとえば、もしも亡くなったミュージシャンが私にとって全く重要でなかったならば、私はニールの（ほとんど）感じられていない感情に、それほど深く共鳴できはしなかったかもしれないと思うのです。

さて、少しだけ、面接に戻ってみましょう。

ニールは、涙ぐんだ少し後から、非常に落ち着かない様子を見せ始めました。私が、どうしましたか、と尋ねると、彼は、みるみる不安になり始めており、その感情がコントロールできなくなり溢れ出てしまうのではないかと心配しているのだ、と語りました。私は、「涙ぐむことは、あなたにとって非常に怖いことのようですね」と言いました。彼は、こう思うのは変だとわかっているけれど、もしも泣いてしまったら、きっと、小さくて弱くなったような気持ちに陥ってしまうから、それが自分には怖いのだ、と言いました。私は、さっき自分自身の泣きたい衝動をこらえていなければと感じていたのは仕事に向かう途中だったからだ、と、ふと思いました。それから私は、最近スティーヴン・ミッチェルの論説を読んだことを思い出しました。そこには、「男は働き、そして女とセックスする」と患者に言ったという別の分析家が、患者により引用されていたのでした。

ここで、オグデン[224]の「分析の第三主体」という概念を思い出してみてください。すなわちそれは、臨床の時間における私たちの主観的体験（今述べたような、あたかもさまよっているような考えを含む）は、両パートナーの無意識的精神的混合物から出でるということ、そしてそれゆえ、それは患者の体験の様相のみならず治療者の体験の様相をも反映しているだろうという発想です。

私はニールに、もしかして、泣くのは男らしくないことだと感じているのではないでしょうか、と尋ねました。彼は、記憶を現在形で語るというかたちで応答しました。――母親の葬式に参列している。母は心臓疾患で亡くなったのだ。彼は涙を流さないように、必死でこらえている。と、その時、驚いたことに、彼の人生においてそんなことは最初で最後なのだが、父が泣いているのだ。彼は、「なんて弱虫なんだろう」と思った。　この記憶が、ニールの、「陰性の」感情を堅く抑制しておきたいという思いに関する話し合いの扉を開けました――そして、見た感じ、私は自らの感情にきわめて容易に圧倒されてしまうようだ、という彼の心配についても。それはまた、ニールが母を失ったことおよびそれに伴う未だ終結していない悲嘆についても、治療へと持ち込んだのでした。

患者―治療者間に展開している関係が、互恵的に反響し合う影響力のらせんを通してどれほど予測不能な発展をみせるかということが、おわかりになることでしょう。ニールが私の中に応答を呼び起こし、それが彼の中に応答を呼び起こし、それが私からのさらなる応答を引き出し、……などなど。このまま次々と跳ね返るような影響力のほとんどは、暗黙のまま語られずにインパクトを残します。患者と治療者が情緒的に同調している場合には、どちらも両者のかかわり合いの（調和した）性質を明白にする必要性を感じないでしょう。しかし、治療関係が、不快とか、機械的とか、敵対的とか、あるいは結びつきが断たれているなどと感じられるようになってきた場合には、そこで求められるものは非常に異なってくることでしょう。その際、多少でも暗示を明示にすることができれば、通常は、患者の治療者との関係が、最終的には安全で、調律されていて、共同作業的で、包含的なものとして体験されるという見込みが高まります。ここでカギとなるのは、ちょうど最初の愛着関係[168]におけるカギと同様に、パートナー二人の間でのコミュニケーションの進路が開かれているということです。早期発達においては、そのような開かれたコミュニケーションは、主として乳児の非言語的シグナルに対する養育者の感受性に左右されます。治療的発達の文脈においては、それは患者の非言語的シグナル（治療者の中で体験を呼び起こすことにより伝達されることも含む）に対する治療者の感受性に左右されます。

患者とかかわっている最中に、私たちの主観的体験の正確な意味をつきとめることは、しばしば困難です。この私たちの体験は、実際のところ、どの程度、患者により呼び起こされたものなのでしょうか？　また、どの程度が、言わば私たち個人のものなのでしょう？　これに関連して思うに、患者と共に居る時に体験していることは、ほとんどいつも、どちらか一方の問題ではなく、むしろ両者の問題であると仮定すると助けになります。たとえば、ニールと居た時、私の悲しみは、既に私の中で呼び起こされるためにそこに在りました。同時に、彼の悲しみは、彼には耐え難いものであり、それゆえに彼はそれを私と「共有」したのだと思うのです。

患者が呼び起こすものの意味を明らかにする際、融和的（concordant）（共感的）逆転移反応と補完的（complementary）逆転移反応（ラッカー、一九六八）とを区別して考えると役に立つでしょう。前者は、患者が治療者の中に、患者の**自己**体験のうちの否認された局面との同一化を呼び起こす場合に生じると考えられます（たとえば、私自身がきわめて強く感じていると気づいた、ニールの部分的に感じられていなかった悲しみ）。後者は、患者が治療者の中に、患者が内在化している他者に関する体験の局面との同一化を呼び起こす場合に生じるでしょう。この種の補完的同一視の瞬間として、私は次の瞬間を思い出します。すなわち、その後のニールとの治療作業において、彼が私と距離をとっているように見えた時、怒りを感じている自分自身に気づいたのです。この体験を探究してみると、私は彼の母親イメージに同一化していたと思われました。彼の母親は、彼の言葉を借りれば、彼が「独立し過ぎている」時にはいつでも彼に対して怒ってしまうという人だったのです。

しかし、この逆転移という枠組みが有用だとしても、治療関係における影響力がただ一方向性にのみ流れているとは決して仮定すべきではありません。先にも言及しましたように、自分の中に呼び起こされたものを処理しようとして実際にどうとり扱うかは、良くも悪くも、患者にとって最も有用なことは何かということに関する私たちの考えを越えたものに左右されることでしょう。私たち自身の感情・思考・関係における比較的固定的なパターン（すなわち内的作業モデル）も、決して些細なものではないですし、治療外の状況により引き起こされる心理状態の一時的な変化も、同様に重大なものです――次のように。

ある朝、私はその日の最初の患者に会うために、いつになく危うい心境で到着しました。私たちが着席するや否や、患者はこう告知しました。すなわち、「言いにくいことなのだけれども、最近のあなたは、私の要求を扱うにあたり、なんとまあ、共感性が不足していることでしょう」と。これは、珍しい会話ではありませんでした。以前にも数回、彼は、私に対する不満について、きわめて率直に話したことがあります。けれど私は、不当に打ち負かされたと感じたことはありませんでした。その理由の一部としては、彼の訴えにメリットがあるかどうかは別として、それは「転移性の試し行為」の一部だとも感じていたからです。治療の早い段階から、私は、この患者（父親が自殺している）は、自らの怒りや力が致命的なものなのではないかという恐れに関する確信をゆるめる助けになるような応答を必要としているのだろうと確信するようになっていました。それゆえ、私が彼の批判を快く拝聴し、その中での私の役割（私がそれを負っていると理解した場合には）に責任を負うことは、彼にとってはきわめて安心できることだったのです。

しかし、この朝の面接では、彼が抱いている不満を詳細にリストアップし始めるにつれ、私は自分自身がだんだんと冷たく、非共感的になっていくのを感じました。私は聴いてはいましたが、共感を欠いていました。まるで、一瞬（a moment）でさえも、精一杯彼の立場に身を置いてみようとするだけの精神力を持ち合わせていないかのようでした。少し経つと、私は完全に、それ以上聴いていられなくなりました。ぴんと張りつめた、緊張していて何となく怒っているような声のトーンで、私は患者に対してこう言いました。本当に、彼の訴えについて、何と言えばよいのかわからない、と。すなわち、それらは純粋に**彼の**訴えだったのです。

驚くまでもなく、彼は、私の応答によりショックを受けたと言うほどではないにしても、明らかに不意を打たれたようでした。非常に混乱した、落ち着かない様子で、彼は引き下がり始めました。すなわち、おそらく彼は私に対して不当だったし、過度に強く迫っていたかもしれないし、たぶん多くを期待しすぎていたのだろう……などと言って。彼の明らかに傷ついた様子によって、言わば我に返った私は、気をとり直し、その朝、彼に会う前に、極度にストレスフルなことがあったのだということを説明しました。重大なことは何もないのだけれど、その結果として、私は今、普段のように応答できる状態にはないのです、と言って、私は彼を安心させようとしました。すると彼は、私の説明を聞いて安心したと言いつつ、それを彼の以前の治療者の失敗と対比しました。すなわち、以前の治療者は、かつての彼の両親と同様に、問題があったとしても、邪魔になっているのは彼ら自身の問題なのかもしれないということを認めてくれなかったのでした。それでも彼は、すっかり安心するのは、明らかに難しいようでした。この時間の終わり近くにも、また次の面接でも、私たちは、彼の心配、すなわちきっと私は彼の怒りを嫌々とり扱っているのだろう、あるいはとり扱うこと自体できないだろう、という心配について再三話し合いました。

この情緒満載の対面は、現実とは多くの場合、はるかに微妙なものであるということの特別はっきりした例です。すなわちそれは、患者の喚起的影響を受けての私たちの体験とは、常に部分的には私たち自身の減じられない主観性[233]の作用なのだということを示しています。それ以前の面接においては、患者の不満の表現は、私の中にほんの小さな不安の形跡しか呼び起こさなかったのですが、その面接では、ついさっき述べたように、それにより私が感じた怒りが、共感の妨げになるほどだったのです。

連続体の対極としてのこれら二つの非常に異なる反応について考えてみると、それらは①患者のほぼ同じ様相に対する治療者の体験が、時には変わりうるということ、②極端な反応（心を動かされないか、あるいは過剰に動かされるか）は、どちらにしても、通常、何かを無視しているということ——を示唆しています。たとえば、心に余裕がないと感じていた時には患者の訴えをそれ以上聴きたくないと思ったということにより、それ以前の私が彼の批判に応じながらも落ち着いていられたのは何らかの否認の表れだったのかもしれないということが浮上してきました。すなわち、おそらく私は、助けようとする私の努力に対する彼の「破壊性」に対しての、自分自身の反応を体験するのは、気がすすまなかったのでしょう。

私たちは、患者が自らの転移イメージを投影するブランク・スクリーンなどではありえないのと同様に、患者が私たちの中に呼び起こすものの純粋な器などではありえないのです。私たちの最良の望み《ベストホープ》は、それほど純粋ではない器、すなわち患者の喚起的影響力に対する応答を形作る自分自身の主観性の性質について、できる限り詳しくなるということです。患者と共にすることを、私たちは意識的に**選択している**と確信しているかもしれませんが、にもかかわらず、しばしば決定的なのは、私たちの**無意識**

的要求・感情・意図だったりします。非言語的コミュニケーションというルートを経由して患者に届くのは、まさにこれらなのです。

患者と治療者それぞれが自らの無意識によりおよぼされる内的影響と並んで、両者が互いにおよぼす非言語的影響の相互性によっても、患者が私たちの中に呼び起こすものを最大限利用するということが極端に複雑なことになってしまうのは確実と言えます。幼い子どもの非言語的手がかりに応答する養育者の役割の複雑さに似て、ここでの治療者の役割の複雑さは、リアルであり、かつ逃れられないものです。それを無視すれば、まさに患者に害を与えることになります。一方、それを考慮すれば、①患者について、まだ「**理解**」**できていない**ことは何なのかを知ることと、②注意を焦点づける必要があるのはどこなのかを知ることとの両方（すなわち、患者と治療者の別々の主観的体験および二人の関係を知ること）のために役立ちます。

同一の相互的・無意識的影響が、患者が私たちの中に呼び起こすものを利用するための私たちの努力を、いちどきに難しくしたり促進したりするということが、エナクトメントのとり扱いの、まさに中核にあるのです。

エナクトしたものを、どうとり扱うか？

ほかの関係と同じく治療関係においても、言葉とは、単に言葉というだけのものではありません。それらはまた、行為（act）でもあるのです。すなわち、「話し行為（speech act）」です。マクドゥーガル[204]が、**患者の言葉**に関する議論において、この点について説明していますが、それは臨床家の言葉にも適用されるものにほかなりません。すなわち、「患者は、気分、発想、自由連想について伝えたいと希求するよりもむしろ、分析家に何かを**感じさせたり**、彼に何か**させるように刺激したり**することを意図していると思われる」と。「エナクトメント」という用語は、内的体験を行動に変換するということを示唆しています。定義の通り、エナクトメントは、**行動**（**behavior**）を含んでいます――非言語的行動のみならず、言語的行動も。しかし、エナクトメントが話し言葉として演じられる時でさえ（治療においてもしばしばそうであるように）、それらの本質的な意味は、話された言葉の中にではなく、むしろ言葉が実際に**している**ことにより生み出されるたとえば、患者の言葉は、私たちを引き込んだり、あるいは押しのけたりするかもしれませんし、私たちの心を開いたり、あるいは閉ざしたりするかもしれませんし、私たちを快適にしたり、あるいは不安を高めたりするかもしれません。そしてもちろん、私たちからの患者への言葉も、同種の影響力を持っています。

転移–逆転移エナクトメントにおいては、エナクトされるものは言語的にも非言語的にも特別な性質の関係性です。それは、親子関係あるいは恋愛関係でもありえますし、同盟関係あるいは敵対関係でもありえますし、安心感を得られる関係性あるいは危険を感じさせられる関係性でもありえます。おそらくバリエーションは無限にあります――患者と治療者という、いずれも自らの多重自己群をその関係に持ち込む独特の個人としての二人のかかわり合いにおいてなされること次第なのですから。

エナクトメントとは、患者と治療者の、言わば無意識的要求および脆弱性の交差において生じるシナリオです。この交差においては、良くも悪くも、患者の関係パターンと治療者のそれとが出会い、互いに連動します。もしも、転移–逆転移を二つの円で表すとすれば、エナクトメントは、これら二つの円が重複する部分としての共有された空間に現れるものとして理解できるでしょう。

エナクトメントにおいては、治療者の表象世界の様相（すなわち最初の愛着体験の遺産）が無意識的に活性化され、その生を全うします。全く同じことが患者にとっても真実です。エナクトメントが認識されない間は、治療者も患者と同じく、単に体験に一緒に埋没しているだけです。それだけに、各々は、相手に対して自動的に、また非反省的に行動していいます。それに気づかないまま、両者は対人関係としての出会いの現状に対して応答しているのみならず、それと同じかそれ以上に、いずれも目下のところ気づいていない内的圧力に対しても応答してしまっているのです。

エナクトメントが意識の外で展開しつづけていればいるほど、それらは通常、体験できることおよび理解できることを強制的に制限します。そうしてそれらは、治療において、より包含的でなく、またより協力的でもない対話を生んでしまうのです。しかし、エナクトメントが意識されうるのであれば、それらは非常に重要な、患者、治療者および両者が共有している関係性の、未だ認識されていない側面への接近を可能にする潜在力を持っています。そのうえ、それらの共同創作されたシナリオを盲目的に演じることなくむしろ探究するというプロセス自体が、包含性、共同作業、メンタライジングに関する修正関係体験を構成することでしょう。この意味において、エナクトメントとは（レニック、一九九三bを換言すれば）、生産的治療技法のための、いつでもそこにある生の材料なのです。それだけに、それらを避けることは、不可能であるのみならず、全く望ましくないことです。

エナクトメントは、全ての愛着関係と同様に治療関係は共同創造されるという事実の、特に鮮明な表現です。この関係性において生じるものは、必然的に、患者と治療者の影響力の合成物です。ツー・パーソン・サイコロジーの視点からみれば、両者の影響力は内的でも対人関係的でもあります。患者と治療者の体験と行動がいずれも①両者の関係性とは別個の患者と治療者、②その関係性に応答している患者と治療者――の両方により無意識的に形作られることは不可避と言えるでしょう。

さて、前節で私が記述してきた事象は、文字通り自明というほどではないにしても、議論の余地がないほど明らかであると思われます。――ええ、もちろん、治療者は患者と同じくらい無意識の影響に対して脆弱です。そして――ええ、患者と治療者は、等しく、不可避的・互恵的影響を断続的に及ぼしあう主体です。これらの対称性は、私たちが、ひとたびツー・パーソン・サイコロジーにより記述されているような臨床的事実を認めてしまえば、議論の余地がないほどリアルなことと思われます。ところが、私たちの実際の行いは、頻繁に、この理論を十分考慮しそこなっています。私たちが治療者として実際にすることや考えることは、しばしばツー・パーソン・サイコロジーよりもワン・アンド・ハーフ・パーソン・サイコロジーから生じることのほうが多いと思われます。すなわち、言い換えれば、私たちはツー・パーソン・サイコロジーの眼鏡を通して観察する傾向を持っていながら、実際に観察しているのは患者だけなのです。さて、もっと詳しく見てみましょう。

しばしば時代遅れの訓練により、また私たち自身の要求・防衛の働きとしてほとんど不可避的に、私たちは、まるで患者が自分よりもはるかに無意識の影響を受けやすいかのように治療作業をしがちなのです。ほとんど自動的に、私たちは患者の行動およびコミュニケーションの持つ無意識的な意味をつらつらと考えます。なのに、私たち自身の言葉や行為の根底にある無意識的な動機は、そのような自動的精査の対象には全くなっていません。

同様に歪められたものとして、その理論が示すところの相互互恵的影響をとり扱う際に、私たちがしがちな行いがあります。ここでは、投影性同一視の概念について考えてみましょう。この概念的枠組みにおいて、私たちは、患者の無意識的に動機づけられた行動により呼び起こされるであろう自らの体験について考えるよう完全に準備されてしまっています。しかし一般に、患者の体験が、私たちの無意識的に動機づけられた行動により、まさに同じ方法で影響されているかもしれないと考える傾向は、あまりないのです。

患者と私たち自身に関する私たちの習慣的思考方法におけるこれらの非対称性はあまりにも自然に生じてしまうのですが、そのためにエナクトメントを認識し効果的にとり扱うということが、非常に難しくなってしまいます。どうせ歪みがあるのならば、自然に生じるものの反対向きのほうがよいでしょう。最初に**患者の**行動の意味に集中するよりも、むしろ自分自身に焦点づけることから始めたほうがよいということも、しばしばあるのではないでしょうか。

患者とまさに同じように、私たち自身の未思考の知および未感受の知も**エナクト**されます。それゆえ、**私たちが**何を言ったりしたりし、また**私たちが**何を言ったりしたりしないのかに注目すれば、私たち自身のエナクトメントへの無意識的関与の本質にふれる窓を開けることができます。また、エナクトメントは共同創造される相互互恵的影響の産物であるため、治療者としての私たちの行いは、意味深長に（偶発的にではなく）患者の体験に関係していることのほうが、そうでないことよりも多いのです。したがって、エナクトメントにおける私たち自身の無意識的な関与の本質に気づけるようになることは、ほとんどいつも、患者の関与の本質および意味を明らかにする助けとなります。

これに関連してですが、私たち治療者の行動が、意識的な意図よりも無意識的動機づけにより形作られることのほうが多いというほどではないにしても、同じくらいそうなのだということを心に留めておく必要があります。ゆえに、あるレベルでは、私たちは患者と共に、新たな、そしてよりよい愛着関係を、意識的に生み出そうとしていることでしょう。そしてそのために、よく調律し応答性のある聞き手でいられるよう努力するでしょう――患者の情緒に共感的に共鳴したり、彼らが自らの体験の意味を理解するのを助けたりなどと工夫しながら。しかし、別のレベルでは、私たちはいつでも無意識的に、患者と共にさまざまなシナリオをエナクトしています――私たち自身の無意識的要求、内的作業モデル、防衛などに由来するシナリオを。

そのようなエナクトメントは、少なくともある角度から見れば、私たち自身の要求のみならず患者の要求にも一致している場合があります。たとえば、私たちが意識的に提供した共感が、部分的には、批判的だとか支配的だとは思われたくない、むしろ親切だと思われていたいという私たち自身の無意識的要求により惹起されたものであったとしても、それが患者を癒しているという場合もあるでしょう。同様に、ある直面化が、部分的には私たちの、無力だとか支配が及んでいないとか感じたくない、むしろパワフルだと感じていたいという無意識的要求に動機づけられているとしても、それがまさに患者が最も必要としているものだったという場合もあるでしょう。このような場合、私たちは通常、共感や直面化を、言ってみれば、患者にとって最善のことだからそうしたのだ、と思うものです。しかし、役に立ちたいがためにする私たちの努力は、たとえ良心的だとしても、常にその下で、自らが気づいていない動機によりしっかりと縛られているものです。

通常、そのような動機は、私たちの行動を形作り、患者と共に偶然の結果をもたらします。たとえば、私たちの首尾一貫した共感の供給が、自らの不信感と怒りに気づかないでいたいという患者の要求にぴったりとはまりすぎてしまうという場合があるでしょう。同様に、直面化もまた、それが意図された通りに有用だったとしても、自らをコントロールするには無力だと感じていたいという患者自身の要求と一致していて、本当は役に立っていないという場合もあるでしょう。お分かりと思いますが、私がここで描写しているのは、患者と治療者の無意識的要求間の重複から生じたエナクトメントです。

このようなエナクトメントは、認識されにくいでしょう。なぜならば、それは、私たち治療者が、ごく普通に、また無自覚に行っていることに、あまりにも完全に埋没してしまっているからです。この場合の秘策は、私たちは決して自分自身から逃れられないのだということを忘れないでおくことです。私たちの主観性は、最も思慮深い介入から、最も明らかな逆転移に基づくミスステップに至るまで、私たちの患者への関与のあらゆる側面に浸透しています。それゆえ、私たちは、まさに患者と同じように、**絶えず**エナクトメントに関与していると仮定すべきでしょう。先に述べたように、ここでの私たち自身に対する本質的な問いは、私たちはエナクトメントに関与している**かどうか**ではなく、**どのように**なのです。

✤エナクトメントを認識する

不快な緊張感を抱いた時にだけ認識できるという逆転移感情に似て、あまりにもはっきりしてきたり、あるいは不快に感じたりするために無視できなくなるというエナクトメントも、なかにはあります。しかし、これらは例外です。エナクトメントは、定義の通り、最初は無意識的であり、しばしばかなりの間、そのままでいつづけます。

エナクトメントにおける私たちの役割に気づけるようになることは、かなり難しいことと言えるでしょう。なぜならば、自分自身を完璧に透明視することなどありえないからです。私たちは自らしていることの多くを、単純にそれが自動的で暗黙の自分らしい表現だからという理由で、無知なままにとどめています。加えて、私たちの自己認識が不完全なままにとどまってしまうのも、まさしく不可避なのです。なぜならば、私たちはそのように動機づけられているからです。言い換えれば、私たちは、自らを煩わせたり動揺させたりしそうな気づきを無視したり抑圧したりする傾向があるのです。200 234

自覚を促進する自己受容がどれほど不足しているとしても、エナクトメントにおける自らの役割を探究するにあたり、私たちは自らの欠点や精神病理を同定しようとしているわけではないのだということを心に留めておくことは有用かもしれません。そうではなくて、単純に、自分が実際には何をしているのかということに気づけるようになろうとしているだけなのです。この種の自己探究に加えて、マインドフルネススタンス、すなわち現在の瞬間《プレゼントモーメント》への受容を伴う気づきのスタンスをとるとよいでしょう。そのようなスタンスをとれば、患者にかかわる際に自らがしていることを、良いか悪いか、正しいか間違っているかの判断を下すべきものとしてとらえるのではなく、むしろ観察したり注目したりするための「事実そのもの」とみなせるようになるでしょうから。

特定の患者に対する私たちの行動の独特の様相を同定するためには、次の二つの疑問に答える際に、できる限り客観的になろうとする必要があります。すなわち、①私たちの行動の根っこにある心理はどのようなものだろうか？　②私たちの行動は、患者にどのように影響しているのだろうか？——ということです。エナクトメントにおいて自分のしていることの意味に気づけるようになり、そのような気づきを患者との対話に持ち込めるようになるにつれて、その対話はしばしばより包含的になり、エナクトメントにおける私たちの役割も、より制限の少ないものになってくることでしょう。

✽エナクトメントの型《パターン》

これまで述べてきたように、エナクトメントとは多くの形式をとりうるものです。しかし、非常におおざっぱな言い方をすれば、二つの型がこれらの共著の筋書を性格づけています。すなわち、共謀と衝突です（ゴールドバート&ウォーリン、一九九六）。

共謀している治療カップルは、両パートナーの自己保護的要求に奉仕するような無意識的「密約(deal)」をこしらえます。そのような密約においては、パートナーの片方の個人的防衛は、もう片方の防衛を映し出したり、あるいはそれと調和したりします。

たとえば、愛着軽視型が優勢でありそれを互いに映し出し合っている治療者と患者は、強い感情を避けるために共謀するかもしれません。そうしながら、両者にとって親しみのある、情緒的に距離のある関係をエナクトしているのかもしれないのです。そのような関係性においては、決定的に重要でありながらも不安を引き起こすような問題は、避けられつづけるでしょう——エナクトメントが認識されるまでは。したがって、共有された恐れと防衛により、共謀のエナクトメントは非常に安定したものになってしまうのです。そしてそれらのエナクトメントは、ある種習慣的でとぎれることのない映し出し方をするために、患者と同様に治療者にとっても認識しづらいものでしょう。

治療者の防衛と患者のそれとが異なっているにもかかわらず、少なくともその時だけは調和しているという場合には、より不安定な共謀が、結果として生じるでしょう。たとえば、とらわれ型愛着の治療者は、愛着軽視型患者の否認している感情を全て取り込んでしまうかもしれませんし、表現することさえあるかもしれません。このエナクトメントは、その患者にとっては心理的に便利でしょう。すなわち、その患者が関係的・情緒的問題に直接的にかかわることでの不安を、治療者がほとんど自分自身のものであるかのようにすすんで引き受けているようである限り、患者はそれをなかったことにできるのですから。患者の注意を引こうとして必死になっている治療者は、さしあたり慣れ親しんだ役割を（慣れ親しんだ苦悩でもあるにせよ）再演してしまうことでしょう。

そのような、パートナー同士の防衛が異なる場合の共謀は、いつでも衝突になる可能性を孕んでいます。この場合、患者は、治療者の情緒的ふれ合いを求めるうわべの要求によりコントロールされているとか、重荷を背負わされているなどと感じるようになるかもしれないのに対し、治療者は、患者の断固としたよそよそしさに対して苛立たしく感じるようになるかもしれません。そうなると、治療カップルは、自分たちが不和になっていることに気づくことでしょう。

このことは、必ずしも悪いことではありません。治療者と患者が共謀している限り、二人の共同創造のエナクトメントの根底にある本当の恐れと要求は、おそらく隠されたままでしょう。しかし、その共謀が断絶して衝突が生じると、つらいけれども潜在的には解放につながる現実に、おそらく初めて焦点が合うかもしれないのです。

そのような幸先のよい結果になるかどうかは、治療者が、自ら埋没していたエナクトメントを認識し、その意味を理解し始めるだけの十分なメンタライズ力を再度用いられるようになるかどうかにかかっています。まさに共謀と同じように、衝突も、治療の行き詰まりを生み出す材料となりうるのです。共謀したり物議をかもしたりするエナクトメントを共同作業的探究および修正体験のための好機へと変化させるためには、少なくとも断続的にはメンタライジングスタンスをとれるということが、治療者に求められます。

私は数年間、非常に優秀な物理学者である患者（ジャクソンと呼びましょう）と会いつづけているのですが、彼は愛着軽視型であるために自らの感情から遠ざかっており、またそれを表現することもできませんでした。ある日、彼はその面接を、こう語ることから始めました。すなわち、彼が若かりし頃に、誰かが彼のことを、最近、彼が十代の息子に対してはっきり言ったのと同じくらい正直に言ってくれていたらよかったなと思う、と。それから彼は、その頃の自分は、息子が今、つらい真実を聞くことに対して抵抗するのと同じくらい抵抗しただろうか、と声に出して自問しました。——大人になってまで、おそらく自分はまだ、権威ある人から「ありのままをずばっと言って」もらいたいと思っているのだ、と彼は付け加えました。しかしその発想は、彼を脅えさせるものです。なぜならば、その権威ある人から、自分が聞きたいと思っていることを言ってもらえるとは限らないとわかっているからです。

この面接の数日前、私は、自分と彼との関係について考えていました。その時、私の心に浮かんできたのは、情緒的に表現すれば、私たちがプールの端っこの浅い部分で延々と遊んでいる姿でした——意識的には、私は彼がもっと深くもぐっていけるように援助しようと意図していたはずなのですが。愛着軽視型患者の治療的要求についてては少しは知っているので、過度に知的なアプローチを避け（あるいは避けようと思い）、ジャクソンの感情とそれらに対する防衛とに焦点を合わせつづけようとしてきたはずだったのです。なぜ彼がテレビ解説者さながらの話し方から脱するよう手助けすることが、私にとってそれほどまでに難しいのか、全くわかりませんでした。

さて、私は、ジャクソンが、誰かから権威的に「ありのままをずばっと言って」もらいたいという自らの葛藤的願望について表現することで、この私たちの問題をほのめかしているのだろう、と思いながら聞いていました。しかし、彼の言葉は私と彼について間接的に語っているのではないかと、私がふと口に出して言うと、彼は、次の疑問により異議を唱えました。すなわち、「私はあなたの権威に寄りかかるのではなく、むしろ私自身が権威者になることを求めているのだと、私たちは一緒に結論づけたはずでしたよね?」と。

それから私は、——この問題について、彼と会談を持ちたいとは思わないな、と言っている自分自身の声を、心の耳で聞きました。**会談**？ 心の中だけでつぶやいたその言葉が、私の注意をとらえました。なぜならば、それはおそらく私が会話の中で一度も使ったことのない種類の言葉だったからです——たぶん、この特定の患者との会話を除いては。

そうして私は、きっと、彼の知的な地位との関係において自分の地位を守りたいという私自身の無意識的要求のために、彼に対し、慎重で、非常に理路整然とした、過度に注意深い語り口調で語るようになっていたのだろう、と悟ったのです。この私たちのコミュニケーションの歴史に関する考えと、どれほど私自身の心理が「あなたは必要と恐れとの両方を抱いているようですね」などの直接的な話し方を抑制してきたことだろうという考えを、私が声に出して言うと、ジャクソンは、「そんなことは思いつきもしなかった」と言いました。彼は、私が自分自身を知的に恵まれていない人のように思っているかもしれないなどとは想像することもできなかったのです。と言うのは、彼自身の知力がかなり良いということによる自信が、その点についてのあらゆる心配に対する免疫として働いていたからです。

それから私は、嬉しくもあり、非常に驚きもしたことについて思い出しました。すなわち、二年前、彼が私のことを「天才」だと思うと言った時のことです。そこで私は、私たち二人を知的に比較してしまうという不安定さは**私の**問題なのだろうけれど、おそらく彼の不安定さを引き出すのは、別の種類の知能、すなわち情緒的知能に関する比較なのかもしれないですね、と示唆しました。

ここで、彼は言いました。幼い頃から彼は、もっぱら、いかに聡明で理路整然としているかということにより自信を得てきたのだが、同時に、いじめられないように自分を抑えざるをえないとも感じていたのだ、と。私は、今日は、彼に対する私の言葉遣いのことだけでなく、たとえば彼が些細な事柄にとどまっているように思えた時により直接的に介入することへの気のすすまなさという点でも、部分的にはどれほど**私が**抑制的だったかということに気づき始めている、と答えました。その時、浮上してきたのは、彼の話の過度に細部にまでわたる脱線の持つ意味でした。すなわち、彼にしてみれば、これらは感情を実際に感じることなしに情緒体験を伝達する差しさわりのない遠回しな手段だったのです。彼は言いました。そうすることで、「情緒遅れ」と思われる――あるいは自分でそう思う――リスクに抗して守っているのだ、と。

この対面から私たちの無意識的共謀の性質をひとたび認識すると、安堵感と、改めて治療契約をした感じが、私たち二人共にもたらされました。物事を安全に保ち、かつコントロール下に置きつづけるために、私たちは別々の存在でありながらも関係しているという危なっかしさを回避しながら、無意識的に、情緒的に窮屈な関係をエナクトしていました。しかしそれはまた、私たちのいずれにも、ますます（そして無駄に）不全感を感じさせるような関係でもあったのです。患者の言葉（私たちのコミュニケーションの欠点に関する隠喩的メッセージ）は、私の振舞いについての私自身の観察（競争的に過度に洗練された話し方）と共に、私がその共同創造のエナクトメントにおける自分の役割を同定し理解するための助けになりました。そして、この気づきの共有から、患者の役割を明らかにする対話へとつながっていきました。そのプロセスにおいて、私たち二人は関係を深め、また各々が相手の居るところでも安心して感じ、知り、コミュニケートできるような感覚を拡張していったのです。

　しばしば、患者と共に居る際の私たち自身の行動（反復する行動や、著しく柄に合わない行動）の性質についての慎重な精査や突然の気づきは、私たちの目からうろこを取り除くのに十分な働きをしてくれます。しかし、時々、エナクトメントはコンサルタントの助けによってしか認識されなかったり、個人精神療法でしか認識されなかったりする場合もあります。未だ大学院にいた頃、私は、ある症例をスーパーヴァイザーともう一人の学生の前で提示しました。私は、ある議論好きの女性患者との関係において、毎回かならず生じてしまう葛藤に悩まされていたのです。オーディオテープに録音された面接を聴きながら、コンサルタントたちは面白がって目配せしたりしていましたが、そのうちに、ついに彼らのうちの一人が、何が面白いのかを私に教えてくれました。「まったく、あなたたち二人ときたら、お互いに戦っているどころか、いちゃついているとしか思えないんですけど？」　そうしてついに、私と患者が対話においてエナクトしている衝突としての議論好きは、確実に、二人がお互いに惹かれあっているという困った感情に対する防衛だということが発覚してしまったのです。

　時々、患者は、ある種のコンサルタント（治療者の体験の解釈者）の役割を果たします。すなわち、患者の「介入」は、エナクトメントが目に見えない拘束衣のように治療カップルの両パートナーを制限しているところを、目に見えるようにする助けになってくれるのです。次の事例は、患者のおかげで、かなり問題の多い形でエナクトされていた私の親密になりたいという衝動に気づくことができたというものです。

休暇のために発つ直前に、私はある患者（ダニエルとして紹介することにしましょう）と会いました。彼は、治療がまもなく休みになることに、いくばくかの不安を抱いていると告白しました。彼は、新恋人と付き合い始めていたのですが、ここで最近話し合い始めていた性の問題に彼独りで直面することについて、心配していたのです。話しているうちに、私は彼がますます落ち着かなくなってきていることに気づきました。「これらの事柄について私と話していることは、あなたにとってはどうなのでしょうか？」と私が尋ねると、いくらか気がすすまなそうに、彼は語りました――彼が自らすすんで性的葛藤について語っている時にみられる私の明らかな興奮が、おそらく私自身の理由から彼に課題を無理強いしているように感じられたのだ、と。「セックスについて語ることは、私にとって良いことだと思っていらっしゃるんでしょうけれども、それはジムでトレーニングするようなものなのであって、必ずしも自ら望んでそうしているというわけではないのです」と、彼は言いました。

私は即座に、患者が私に帰《き》した熱中の性質を認識しました。私は**興奮していました**――部分的には、彼が重要な心理的難題に挑戦することを選んだことによって。そして別の部分では、私にとっては（特にというわけではありませんが）、セックスは心を引きつける話題であるということによって。しかし、私はまた、性に関する対話が私たち二人をお互いにますます親密にさせてくれればいいと願う私の衝動を満たしてくれるだろうと感じていたために、それに熱中していたということもあるのではないかと推察しました。この仮説の背景には、私の父親との体験がありました。私の父は社会学者で、性行動に関し広範囲にわたる調査と著述を行っていました。彼の性に関するオープンさと好奇心のおかげで、そのテーマの周辺でならば、私たち親子は容易に結びつくことができたのです。たぶん、私は無意識的に、患者と私がそれと類似の価値ある結びつきを体験できる同様の対話を想定していたのでしょう。

　私は、その面接では、これらの詳細を開示しないことを選びましたが、それらを理解のために用いたことで、エナクトメントにおける自分の役割をより容易に認めることができました。すなわち、私が私の（良い）父親を演じている間に、患者は私を、彼の（悪い）母親として体験していたということが判明したのです。

　彼が十代の頃、彼の、普段はよそよそしい母親が、彼に打ち明けたのです――父親が性的不能だということを。すなわち、性関係を持ちたければ、母は寝室の周りで父を追いかけまわさなければならず、またそれでもたいてい父は役目を果たせなかったのです。患者は、一人か二人いた以前のガールフレンドからも、母親と同様の不快なメッセージ、すなわち女性のために性的な務めを果たすことは男性の義務だ、もし本当に男ならば、というメッセージを受けとってきました。私がダニエルの性愛的探究を応援したことにより、彼は私を彼女らの仲間として位置づけてしまいかねませんでしたが、同時に彼は、私が真に彼女らの意見に同調しているわけではないということを「知って」いました。

　二人のかかわり合いについて話し合うなかで、ダニエルは、良いことを悪いことへと転じたいという、彼の既に慣れ親しんだ要求の持つ影響力に再度気づき、不安になりました。彼は、いかに自分が自動的に、（「よりにもよって」）セックスを望んでいない義務として体験してしまうことか、またいかに自動的に、彼の治療者（熱中しすぎと自認している）の助けを強制的な重荷として体験してしまうことかと、驚きを覚えました。彼の側でのエナクトメントが、とりわけ彼の母親の苦しみ、すなわち母の「幸せストライキ（happiness strike）」に釣り合う苦しみを自分も持っていたいという彼の罪深い要求を反映しているということもわかってきました。「それはまるで、十字架の上で母親と一緒に苦しまなければならないというようなものなのです」と彼は言いました。私は、トム・ウェイツの抒情詩を引用して応答しました。「十字架から降りて来い、俺たちはその木材を使うことができるぜ。」

　それに先立つまじめな探究と共に、ウェイツの一節に対する患者の騒々しくも満足げな笑いは、私たちの共同創造のエナクトメントによる支配をゆるめたようでした。

✤認識されていないエナクトメント

もちろん、全てのエナクトメントが、先述のようなハッピーエンドと呼べるものになるわけではありません。第一、私たちは、患者と同じくらいエナクトメントに埋没している可能性がありますし、私たちの行動を無意識的に駆り立てている動機を認識する助けになるはずのメンタライジング力を利用できなくなっている可能性もあります。あるいは、エナクトメントを単純に見落としているということもあるかもしれません。これらの理由により、多くのエナクトメントは認識されないまま進行します。

時には、その帰結は、比較的無害なものや、良性のものでさえある場合もあります。治療における全ての共有体験について、その無意識的な意味を明白に細かく調べるというわけではありませんし、そうすべきということでもありません。そのうえ、認識されていないエナクトメントには、この後説明するように、まさに患者にとって必要なものも含まれています。

しかし、しばしば進行中のエナクトメントに気づかないまま進んだ結果が、非常に問題の多いものになることがあります。そのような気づけなさのために、治療関係において、患者の最も必死になって認識されようとしている局面のための居場所を作り損なうという結果になるかもしれないのです。たとえば、情緒的に距離のある関係をつづけさせておきながら、自らの役割に気づかないままでいる治療者は、愛着軽視型患者が自分の感情をよく知らないままでいることを、何の気なしに保証しているのかもしれません。しばしば、そのような気づきの欠如は、治療者の不当な信念、すなわち自分は患者の感情に対する防衛にとりくむための治療を現にこうして準備しているのだという信念により強化されます。これに関しては、先に記述した患者（物理学者）とのエナクトメントについて考えてみてください。

もっと問題なのは、それらの認識されていないエナクトメントで、進行中の精神療法を腐らせたり、あるいは爆発させたりするものがあるということです。ここで私は、ある男性患者との関係性を、後悔とともに思い出します。私は、彼の、ひきこもりがちだけれども断続的に激しやすい父親との生育史の局面を反復するというエナクトメントを、彼と演じきっていたのです。異なる種類の愛着人物でいようと尽力していながら、私は無意識的には患者の挑発に対して直面化し損なうというかたちで、私自身の生育史の局面を反復していました。さしあたりそれに気づくこともなしに、私はだんだんと憤慨するようになりました。ついに、その面接がやってきました。患者が私に対して異常に失礼な態度をとったのです。そして私は、カッとなりました。患者は最初、無言となり、それから激怒しました。そしてそのダメージを修復しようとする私の努力にもかかわらず、それが最後の面接となってしまったのです。

✤反復としてのエナクトメント、修復としてのエナクトメント

エナクトメントをとり扱う際には、私たちをそのままの状態にとどめようとする力と、変化させようとする力とが織り交ざります。第十章で論じたように、エナクトメントは、古いものと新たなもの、安全と危険、「反復する関係性」と「必要な関係性」の間の力動的緊張を反映しているのです。[290]

患者と治療者は同じく、かかわったり、感じたり、考えたりする際の習慣的パターンを反復したいという要求により無意識的に支配されています。私たちの内的作業モデルとそれらにおいて暗号化されたルールは、結局のところ、前述の示唆のように、私たちを制限しているのに、私たちはその制限を知らないでいるという、ある種の目に見えない拘束衣になります。そうして転移－逆転移エナクトメントにおいて、両パートナーは、これらの遍在する強制に、最初は気づかないまま自らの役割を演じます。これが、エナクトメントの反復的側面です。

一方、大多数の治療者と患者はまた、無意識的に（意識的にも同様に）、彼らが発達上の関係性において学んできた在り方よりも包含的で幅広い新たな在り方を体験するよう動機づけられてもいます。「反復強迫」（フロイト）、および不安定な作業モデルの自己永続する傾向（ボゥルビィ、メイン）に対抗す

るものを列挙すれば、心の「自己是正」傾向（スィーガル）、コンピテンスの動機づけ（ホワイト）、発達のための内的衝動（ワイス&サンプソン）がありま す。また、生物学的基礎を持つ、愛着や探索を促す行動システムもあります（ボゥルビィ）。これらの動機は、私がエナクトメントの持つ修復的側面として表現しようとしているものの根底にあるものです。

時に、未だ認識されていない（ひょっとすると永遠に認識されないかもしれない）エナクトメントは、そのような「進歩的」動機づけによる直接的影響を反映しています。たとえば、安定した愛着へと導く調律された応答性を意識的に提供する治療者と、それを明らかにうまく利用できる患者は、もっぱら修復的エナクトメントにおいて相補的な無意識的要求を演じているのかもしれません。そのようなエナクトメントは、おそらく、治療的変化を可能にするために不可欠な①安全な背景と、②「適合性」[289]の高まりを体験するうえで、決定的に重要です。

しかし、これらのエナクトメントよりも劇的で非常に情緒的なエナクトメントで、認識し、探究することで**修復的**エナクトメントへと変化するような**反復的**エナクトメントがあります。

何年もの間、私は、ある男性患者の治療面接を行っていました（アルと呼ぶことにしましょう）。約二十年前、彼は八歳のわが娘に性的いたずらをしていました。大人になったその娘と彼女の治療者との三者面接が設けられ、数回にわたり父親の参加を求められたことがありました。アルの個人療法により生じた変化のほかに、これらのつらいけれども明らかに生産的な会合が持たれたことは、彼女の外傷の解決に、部分的には貢献しました。さて、アルの息子クラークも、彼自身の成長期の体験および父親との現在の関係の両方に対して妹の外傷が与えた影響に関し、同様の面接を求めました。私の患者が、息子に、一対一で話し合うのがいいか、それとも治療者が同席するのがいいかと持ちかけると、息子は後者の選択肢を選びました。また彼は、自分の治療者ではなく父親の治療者と会いたいと付け加えました。

息子同席の面接の直前の面接を、アルは、差し迫る対面に不安を感じているという話から始めました。彼が、その面接が確実に役に立つものになるように、助けになるガイドラインを与えてくれないかと私に求めた時、私は、最初に彼自身の不安な気持ちに関してもっと話したほうが役に立つのではないかと思う、と答えました。彼は、それよりも息子に何を言いたいのかをはっきりさせる必要があるのだと言いました。それから、彼は、著しく抑制的で慎重なトーンで話し始めました――まるで台詞のリハーサルでもしているかのようでした。あるいはひょっとしたら彼の息子クラークが既に私たちと共にその部屋に居て、彼を不安にさせているようでもありました。アルの言葉そのものが意味のないものだったというわけではありませんが、彼の形式ばった話し方はそれらの持つ情緒的インパクトを無効にしているように思われました。アルが、狂気じみた父親のことや、彼自身の過去の痛み、そして彼が子どもの頃、関係を性愛化するなかで感じた慰めのことを話している時、彼はほとんど自分ではなく他人のことを話しているかのようでした。

私は聴いていて、いつになく彼に対し共感するのが難しいと感じていることに気づきました。数年かけて彼のことを知ってきて、概ね、私が彼に情緒的に同調したり、彼が情緒的に近寄ってきたり離れていったりするのを感じとったり、それらの意味を理解したりするのは、そう難しくないと思っていました。しかし今、彼の息子が私の心の中に居る（そしておそらく彼自身の心の中にも）となると、事情が変わったように思えてきました。不意に、これまで私は、アルのしたことの重大さを、自分自身に十分には感じさせてこなかったのではないかと思えてきたのです。彼と共に居て、自分が助けになれていると感じていたいがために、私は彼の過去の事実から情緒的に安全な距離をとっていたかったのだということが、心に浮かんできました。そうすることで、ちょうど彼のとっている情緒的な距離が彼自身の過去の局面を反復していたように、私も私自身の過去の局面を反復していたのです。私たちは、これまで防衛の共謀をエナクトしていたようです。そしておそらく今は、そうしてはいないのでしょう。

ここで私は、彼の話をさえぎって次のようなことを言ったのを覚えています。「アル、あなたが私と同様の体験をしているのかどうかはわからないけれど、でも私のために言わなければなりません――あなたにとってもきっとそうだろうと思うのですが……。まるで、クラークが、既にここ、この部屋で、私たちと一緒に居るみたいですよね。そして私からみれば、彼が既にここに居るという感じは、あなたが実際にしてきたことと、あなたがそれと向き合ってこなければならなかったという事実とを、とんでもなく痛々しいほどリアルなものにしています。そしてそのことから、どれほど私は――そしておそらく、どれほど私たちは**二人とも**――それらの事実をなんとか耐えられるものにしておくために、よりリアルでなく感じようとしてきたことか、とつくづく思うのです。」

この時点で、アルは打ちひしがれたように見え、少々混乱した様子で、目をそらしました。そして彼は言いました。「私は父親……じゃなくて、ええと、私は……じゃなくて、**クラーク**が、起きてしまった現実から目をそらしつづけなければならないようにはしたくないんだ。」

私は言いました。「おや、あなたはたった今、口をすべらせましたね。最初はあなたのお父さん、そしてあなた、それからクラーク。――たぶん、**あなたが**現実から目をそらしつづけてこなければならなかったと感じている、という意味なんですよね。」ここで彼は、やや哀しげに、疑問符で答えました。「父親に、なぜいつも酒を飲んでいるの？　と聞いた時、父は何と言ったと思います？『ママに聞きに行け』ですよ。」補足的に言えば、アルが少年だった頃、父親は、何年もの間、母親と全く話をしていなかったのです。そのため、七人いる子どものうち最年長のアルが、間に入らされ、父親の言葉を母親に伝えたり、その逆をしたりさせられていたのでした。

私は言いました。「ええと、そうだなぁ、もしも私が、何か完全に屈辱的で恥ずかしいと感じるようなことを、息子に話しているなんてことを想像してみるとしたら……ああ……」――ここで、私の声は次第に消えていってしまいました。耐えがたくて想像することさえもつらい感情を描写するのに、言葉に窮したからです。アルを見ると、頭を後ろに傾け、苦悩に顔をゆがめているのが見えました。それから長い沈黙が訪れましたが、ついに私はそれを破り、何が起きているのか話せますか？　と尋ねてみました。

感情にむせぶような声で、彼は答えました。十四歳の頃、学校で、友達に、大丈夫？　と尋ねられて、ただがっくりと崩れ落ち、すすり泣いたことを思い出していた、と。そして、その時泣いたのは、父親のことや、嘘と黙殺、汚れた家、そして彼が育ってきたグロテスクな家族のことだけではなかったのだと、彼は言いました。むしろ、彼がずっと押しのけつづけてきた、**彼**の存在にまつわる羞恥心と罪悪感という押しつぶされそうな恐ろしい重荷のほうが、重大だったのだ、と。

私は、恐ろしい逆説に言及するというかたちで応答しました。すなわち、——羞恥心の外的な源から、なんとか自分自身を守ろうとして、性的行動をとってきたのでしょう。また、そうすることで、羞恥心のうちの他者から我慢を強いられるという面を減らし、他者に我慢を強いるという面を増やしてきたのでしょうね、と。するとアルは、彼がしてきたことにまつわる羞恥心は、あまりにも耐え難すぎて、今でも時々、まさしくそれを押しのけなければならないのだ、と言いました。私は言いました。「あなたはそれを押しのけるけれど、それでもあなたはそれを持っているんですよね」と。

私たちは、痛ましい感情を押しのけないということは、彼にとっては何を意味するのだろうかということについて話し合っていきました。また、その痛ましい感情が彼の恥ずかしい否認された中核としてではなく、彼の痛ましい部分、つまり単なる一部分として体験されるようになる可能性についても話し合いました。その時間が終わる時、私たちは新たな立脚点に二人一緒に立っているという共有感覚がありました。私がついに彼のしてきた極悪な行為を心底感じることに耐えられた（既に私は、彼がされてきた極悪な行為については感じられていたのですが）という事実により、彼は、自分自身をひどく苦しめている羞恥心に、以前よりも耐えられるようになり、また自分がしたことにかかわらず、理解され、受け入れられると感じられるようにもなったのです。

別れの時がくると、彼は私に、ハグしてくれませんか、と求めました。「もちろん」と、私は言いました。付け加えておきたいのは、今まで私が彼にハグしたいと思ったことはなかったということです。それは、私の抵抗感が、彼を情緒的に、あるいは別の方法で、しっかりと抱擁するということを不可能にしていたのではないかと、私は推察しています。今や、私たちのハグは、十分に自然で適切なものと感じられました。すなわちそれは、情緒的理解の深さを共有認識としたということの身体的表現であり、またこの面接が新たに可能にした結びつきでもあったと、私は思っています。

このような臨床の時間において、治療者は、反復的エナクトメントを修復的エナクトメントや必要なエナクトメントへと変化させる好機を得ます。しばしば、アルと私との関係の場合のように、このような変化への道すじは、治療者がエナクトメントにおける自らの関与を認識することから始まります。

犯人の目を通してではなく、その犠牲者の一人の目を通して「犯罪による外傷」[170]を見ることにより、私は、自らが無意識的に回避していた、アルの行動に関する感情に気づけるようになりました。私にとっては、そのような回避は、自分自身の成長期における最悪の体験の情緒的インパクトを寄せつけないでおきたいという古い要求の新たな版を反映していました。この防衛的排斥は、アルに関する私の逆転移の一部です。同様の手段（弱めるか、あるいは回避するという）により、アルも、時々は（ほんの時々ですが）、娘に性的いたずらをしたことに関する感情的インパクトをどうにか和らげることができました。すなわち、これらの防衛は、彼の私に対する転移性の不信感からくる自己保護機能だったと言えるでしょう。ここでの反復的エナクトメントは、ほとんど全てのエナクトメントがそうであるように、治療者の逆転移の様相と患者の転移の様相との重複（実際には適合ですが）を通して生じていました。

事実、この起きるべくして起きる適合こそが、エナクトメントにおける治療者自身の役割に関する気づきをそこまでパワフルな資源にしているものなのです。すなわち、私たち自身の関与の性質を認識することにより、患者は、それまで言葉にできなかったり言葉にしたがらなかったりしたような体験の側面を、はっきり表現できるようになるのです。

✤エナクトメントに関する気づきに従って行動する

私たち治療者が、ひとたびエナクトメントにおける自らの役割を認識してしまえば、通常、少なくともいくらかは、それによる支配から解放されます。ならば、実際にはどのように私たちは自らの気づきを利用できるようになるのかというと、それは理論的基礎により規定されうる問題ではないということが少なくありません。なるほど理論は一般的な手がかりを与えてくれるかもしれませんが、実際には何が「有効に働く」のかと言えば、それは常に、特定の患者との関係における特定の治療者の持つ特殊性に左右されることでしょう。この交ざり合った主体性が構成するユニークな「相互交流母体《マトリクス》」[135]が、治療者の患者への介入が意味をもたらす文脈となるのです。

この患者は、何を求めているのだろう？　また、自分の性格と適応力で、何を提供できるだろうか？——これらの疑問に対する自分なりの答えにも、その瞬間《モーメント》が求めるものに関する自らの感性にも頼りつつ、私たちは、多少なりとも反省的に、自らの体験を慎重に開示したり、患者の体験に関し共感的にコメントしたり、二人のかかわり合いをよく観察したりするという形で応答することでしょう。そのほかにも、有用な応答には、解釈、ユーモア、受容的沈黙、限界設定など、エナクトメントの支配力をゆるめる作用を患者に提供しそうなあらゆる技法が含まれると、私は考えています。

内的体験を整理することと、内的プロセスを共有すること——

治療的介入のための実践的・即興的アプローチ[236, 238]を奨励することにより、関係性理論および間主観性理論は、広範囲にわたる「関係性の動き（relational move）」[184, 289]の価値を見出してきました。特に、エナクトメントに関しては、私たち治療者にとってのカギは、私たちが新たに獲得した**自由**を患者に示すというかたちで介入することです。ここで言う自由とはすなわち、私たちが自らエナクトメントに関与するよう強制されていた（そして強制していた）ということを認識する以前には全くできなかったような方法で、今や考え、感じ、行動できる自由という意味です。

そのような関係性の動きには、暗示的で微妙なものもあれば、非常に直接的なものもあります。また、楽々とやってくる場合もあれば、ゆゆしき困難さを伴ってやってくる場合もありますが、それは私たち自身の無意識的要求と患者のそれとのいずれの支配の頑固さにも左右されます。そしてそれらは、治療者の動きが有用で解放に役立つものか、それとも破壊的でありがたくないものかを示唆するような患者からの反応を呼び起こすことでしょう。このような関係性の動きの何が潜在的には治療的なのか（どういう形であれ）というと、治療者は変わったということ、そしてもはやエナクトメントにより拘束衣を着せられてはいないということを、それらが示しているということです。治療者が変化すれば、通常、関係性も変化しますし、時には患者も変化します。もちろん、このことは必ずしも即時的あるいは敏速に生じるというわけではありません。エナクトメントについての私たちの気づきをとり扱うこととは、出来事ではなくて、プロセスなのです。

エナクトメントに関する著述において、多くの著者が、反復的エナクトメントによる支配を弱め何か新たなことを学んだり経験したりできるようにするためには、二つのスタンス間を柔軟に行ったり来たりするのがよいだろうということを示唆してきました。すなわち、一つは解釈的スタンス、そしてもう一つは個人表現的スタンスです。ホフマン[148][149]は、これらの交互的治療スタンスについて、一方を弁証法的に構成された真正なる自己表現、そしてもう一方を訓練された理論的知識を以ての理解という用語で論じています。バーク[59]も、「相互性－非対称性ジレンマ」の概要を述べるなかで、同じ領域を探究していますし、ミッチェル[213]も、現代クライン派と相互交流のための対人関係的アプローチについて述べています。

解釈的スタンスでは、治療者は、関与しながらの**観察者**という役を与えられますが、表現的スタンスでは、観察しながらの**関与者**という役を与えられます。前者の強調点は、治療者が自らのエナクトメント体験を抱え、内的に整理することにより、それを十分に理解し、またその理解を患者に伝達できるようにするということに置かれています。後者の強調点は、エナクトメントの「呪いをとく」のに十分なほど心を動かさずにはおかない、豊かな表現性と真正さとを以て患者に応答するということに置かれています。

各々のアプローチの実例を示させていただきましょう。両方とも同一の未解決型患者です。とある女性で、エレンとしましょう。彼女は、両親にネグレクトと虐待をかわるがわるされてきたために外傷を負っています。私は治療において七年間、彼女に会ってきました。これから描写する面接は、エナクトメントに対する解釈的応答について説明しています。

とある面接で、私は、エレンと私との関係において反復しているかかわり合いのパターンに気づきました。特に、治療の休みをめぐり、私に対する依存性を認識することで、彼女は、恐れと羞恥心と怒りの入り混じったほとんど耐え難い感情を抱くようだったのです。しばしば彼女は、それに対する反応として、私に会いに来る回数をきっと減らすから！　と言いました。時には、彼女は喧嘩をふっかけたり、治療をやめると言って脅したりもしました。私は応答するにあたり、彼女のつらい感情およびそれらに対する防衛を理解しているということを伝えるのみならず、現に彼女に依存性が在るとしても、それは恥ずかしいことでもなければ異常なことでもなく、むしろ私が差し出しているものを利用できる健康な力が育ってきていることの反映だということも、暗示的にも明示的にも伝えていただろうと思います。

エレンが自らの依存性に関して感じていた恐れと怒りに対する、私の、一見よく調律していて適応的でありながら、もはやあまりにもマンネリ化している応答について考えてみたところ、ついに私は、エナクトメントにおける自らの役割を認識しました。私は、彼女を「救い」たいという願望を、自らの行動の中に見たのです。すなわち私は、用心深い自己保護的な孤独から彼女を引っぱり出して、関係性の世界へと導き入れたいと思っていたのです。私は、彼女が切望していると同時にどうしても叶《かな》わないと思っているのは、まさに私との「現実の」関係、つまり比喩的に言えば私と一緒に自分の古い世界から出て新たな世界へと入っていくということなのでしょうね、と示唆しました。

私がこの理解を伝えると、彼女はすぐに安堵したようでした。きっと、私の言葉により、自分を苦しめるだけでなく深く混乱させもしていた反応パターンへのとらわれが減ったように感じたからだろうと、私は思いました。彼女は、自分の依存性の意味をそんなふうに考えたことはなかったけれども、その考えは、治療の休みのたびに、決まって恐れだけでなく怒りや羞恥心をも感じるということの意味を理解する助けになった、と言いました。また、この理解のおかげで、ひょっとすると、私から得たいものを**何でも**得られるわけではないということに対する怒りのために、私からきわめて現実的に得られると期待できる**いくつか**のものを得ることまで自制してしまっているのかもしれないということにも気づけた、とも言いました。――しかし、自分自身をそういうふうに理解することもまた心を乱されることなのだ、と彼女は語りましたが、それは明らかに謙遜でした。回想してみると、この面接での会話が、この治療の岐路を表していたと理解できると、私は思っています。

次に私が提示する面接は、その二ヵ月前にあったものです。それにより、エナクトメントを「超越」しようと試みる際の個人表現力の利用について説明したいと思います。

エレンは私のオフィスに入室し、緊張した様子で、いささか疑うような目で私のほうをちらりと見ました。彼女は着席すると、喧嘩を売るような声のトーンで、今日は治療に来るような気分じゃなかったわ、と言いました。事実、彼女は来るのをやめようと思っていました。エレンがそういう態度をとっても、その時の私はいつもよりリラックスしているように感じていました。理由は後ほど説明しましょう。私は確かに、慣れ親しんだあきらめの境地としての考え（「また始まったよ」）を抱いていましたが、同時に、彼女の私に会うことにまつわる葛藤的願望に関し、生産的会話を持つことができそうだとも感じていたのです。――おそらくわずかに微笑みながら、私は言いました――「ええ、そうですよね。戻って来たら、そのことについてたくさん話しましょう」。つまり私は、今から瞑想を始めますよ、と暗に言ったのです――私たちは、決まって各面接の最初に五〜十分間、そうしていましたから。私の心からの、しかし若干ふざけたようなコメントに、彼女は目をくるくる回して反応しました――あきれてからかっていたのか、それとも本気で苛立っていたのかはわかりませんでしたが。それから、私たちは瞑想しました。

つづきへとすすむ前に、私はこの面接に先立つ直近の数セッションについて述べなければなりません。私たちは、彼女の怒りの感情のみならず、私のそれについてもとり扱い、またその意味を理解するために、ずっと二人でもがいてきたのです。私には、彼女が医学的危険を顧みずに好き勝手なことをしているように思えてなりませたが、話し方は、単調なトーンでよそよそしく話すというのではなく、この時、エレンがこの面接で起こした怒りは、自分がどうしていいのかわからないでいることを表していたのです。つまり、その時に本当に彼女にとって役立つ自分自身を私が見つけたいと思ったのです。ここで、最初は彼女の体験を理解しようとしてきましたし、彼女が無事でいられるよう保証するためにいくつかの限界設定もしましたが、その反面、いいかげん憤慨してもいたのです。一方、エレンのほうは、私のことを、懲罰的で侵入的だけれども結局のところ役に立たないというわけでもないと、怒りながら体験していました。

現在の面接の少し前に、私は、共同創造のエナクトメントにおける私の役割と思われるものを認識したのです――かなりの安堵と共に。私は、自分自身の依存性に関わる葛藤と、両親に対して子どもの頃抱いていた怒りとの両方を反映するかたちで、エレンに対して怒っていたのだとわかりました。エレンのほうも、彼女自身の依存性に関わる葛藤のみならず、侵入的で虐待的な父親と、ネグレクトしがちで仮病を使い、助けを求めても拒絶する母親との両方に対する自分の憤怒を反映するかたちで、私に対して怒っていたのだろうと想像できました。彼女にしてみれば、自分自身が母親のようにならないようにともがいている時に、私は彼女の父親だったのです。私にしてみれば、自分自身が見た目は寛容でも密かに憤慨している父親のようにならないようにともがいている時に、非常に要求がましいくせに残忍で自分以外信用しない母親と共に居たということです。もちろん、この分析は、エレンと私のお互いとの、また自分自身との間における非常に複雑な関係性を簡略化しすぎています。しかしそうだとしても、この理解により、私は現在の面接を、より軽く、より鮮明に体験できるようになりました。まるで、今、初めて私は心の中に動ける空間を持ったかのようだったのです。

瞑想を終え、再び目を開けると、エレンと私はお互いに見つめ合いました。そうして私は、そのふれ合いにおいて、二人の間に、非常に印象的で、心を動かされるような、深く結びついている感覚を体験しました。彼女も同じことを感じているのだろう――私は密かにそう思いました。彼女の表情が和らぎました――まるで、一種の受容をしたかのように。それまでには一度も、その瞬間に彼女がそうだったような、落ち着いていて開放的な様子を、私は見たことがありませんでした。

それから彼女は、カウチの上を移動し、私に会いたくなかったという気持ちについて、おざなりな感じで、それでいて詳細に話し始めました。彼女は、前回の面接での若干物議をかもすような議論をつづけているようでしたが、話し方は、単調なトーンでよそよそしく話すという程度のものでした。まるで、私がエナクトメントから自らを救い出したという事実が暗々裏に彼女に伝わり、既に部分的には彼女をもその支配から解放したかのようでした。明らかに、彼女の言葉は意味のないものではなくなっていましたし、それらがその部屋で進行していることと適合していない（特に、私にとって）ように思えることも、もはやありませんでした。私が感じていることを、彼女も感じていたのだろうと思います。この瞬間には、解釈は場違いな気がしました。――彼女は、何を考えているのかと、私に尋ねました。

「あなたがここへ来たくない気持ちと怒りについて話しているのと同じタイミングで、私もそのことを考えていました。その気持ちは確実に、最近、私たちがここで一緒にする体験の大部分になってきていますね。それと、あなたは、今日はとても、今ここに居られているように見えますし、実際、怒ってはいないようですよね。よくわからないけれど、私たち二人の間に、今ここに、非常に強くて非凡な結びつきと受容の感覚があるというふうに、私にはただ思えるのです。これが、まさに今、私が体験していることです。そして、あなたもそうなのではないかしら。」

「すごい察知力（perceptive）ですね。」そうして長い沈黙があり、「それで、あなたはそのことについてどう思いますか？」と、彼女は言いました。

「それこそ、愛と呼ばれているものだと思います。」その言葉は、考えるよりも先に、口をついて出てしまったものです。私は、自分が一種の軽口をたたいたということに気づいていました――まるで、そう言った通りの意味のことを、ともかくも伝えようとしていたかのように。それは重大なことでした――確かに。しかし、それはまた、それほどひどく常軌を逸していたというわけでもありませんでした。そして確実に、言ってはならないことを言ったというほどひどく常軌を逸していたというわけではなかったのです。

目に涙をためて、私のほうを真っ直ぐに見ながら、彼女はうなずいていました。

私の心は、未だ瞑想の後に二人で共有した見つめ合いのところにとどまっています、と私は彼女に言いました。「ちょうど今、私はあなたとの間に特別な結びつきを感じていたところです。まるで私たちは二人とも、まさしく今ここに一緒にいて、とても落ち着いた気持ちでいたかのように思えるのです。あなたの顔には、以前ならば考えられなかった表情が見られました。あなたはとっても穏やかに見えたのです。明らかなことはわからないけれど、あなたのその時の体験も、私のそれと同じだったのではないでしょうか……どうでしょう、そうではないですか?」　彼女は泣き笑いしながら同意し、それは彼女にとって特別な瞬間のように感じられた、つまり、とってもリラックスしていて、とっても親密で、とっても感動的だった、と言いました。

「でもそれは、その体験から顔を背けなければならないと、あなたなら感じてしまいそうな体験でしたよね――まるで、結びつく感じや落ち着いた感じに、心地よくとどまってはいられないというように。」

「信じられないわ。」

「もちろん、信じられないでしょう。あなたの両親は、そういう体験を信用できるようにはしてくれなかったのでしょうから。まさに真逆ですよね。もう片方の靴が落ちるのを待つことをやめるのは、ありえないほど危険だと感じられるに違いないでしょう。ましてや、あなたが得られないだろうとわかっているものを望むなんて。」

再び長い沈黙になった後、彼女は言いました。「デイビッド、あなたは、私にとって心から大切な人です。今は、望むということが、かつてないほど容易になってきています。私は例の同じ反射的反応をしたりしないし、あらゆるものを見た目通りだと仮定することもありません。感情がとっても強烈な場合でさえも、それを常に信用しなければならないということはなくなりました。月曜日、私は自傷したくなったけれど、『これは、きっと通り過ぎていきますよ』と、あなたが言っているのを思い浮かべました――そしてそれが、私が自傷するのを止められる、ただひとつのことだったんです。あなたはいつでも私と一緒にいてくれているみたいなんですよね。まだ、時々は物事が迫ってくるように感じてしまうけれど、それでも正しい見方を取り戻せるし、以前よりずっと早く回復できるんです。」

その面接時間が終了する間際、私は、あなたはきれいですね、と自然に彼女に言ってしまいました。その事実は、否認できないものでした。「内面的にきれいっていう意味ですよね」と、彼女は答えました。

「本当のところ、それは私の言った意味とは違うんですけれど。でもそれも確かに、真実ですよね。」　面接が終了する直前、私たちはハグしました。互いに見つめ合い、両者とも感動していたのは明白でした。彼女は私の頬に、ちょっとだけ触れました。そうして彼女は去っていきました。

あとがきとして。——次の回に、この面接について話し合った時、エレンは、私の顔に触れたことで境界を踏み越えたと私に思われたのではないかと心配していた、と語りました。私は、そのような考えは、私の心には全く浮かんでいません、と答えました。この言葉は、明らかに彼女を安心させました。その接触に対する私の反応とは全く別に、それが彼女を悩ませたという可能性もあるのではないか？　と、私が問うたところ、彼女は異議を唱えました。その面接は彼女にとってどのような意味を持っていたかということを探究していったところ、彼女は、喜びの感情を持って帰路に着いたのだと言いました。すなわち、私の彼女に対する思いやりの深さを非常に力強いものとして体験したことで、きっとほかにも自分のことを深く思いやってくれる人がいるだろうと思えてくる気がした、とのことでした。しかし彼女は、どれほど自分がこの可能性の感覚を、早々と抑圧してしまうことか、ということにも気づいていました。しかしそうだとしても、彼女は今でも、好きな時に、この二人の体験を思い出すことができるのだ、と言っていました。

これら二つのエレンとの面接を並置してみることは、エナクトメントのとり扱いに関するいくつかのキーポイントを説明する助けになることでしょう。さしあたり、本書の最終章で、これらの面接を再訪しつつ各々を順次、ごく短くとりあげてみましょう。エレンとの私の治療物語の残りの部分についても述べ、それが生じさせる極度に複雑な問題について、さらに考察してみる予定だということを心に留めておいてください。

修正感情体験？　それとも、エナクトメント？——

ほとんど常に、両方の面があります。エナクトメントを超越すれば、確実に、修正感情体験も生じるでしょう。そのうえ、その体験自体も、回想してみると、しばしば新たなエナクトメントの一部として理解できると思います。

たとえば、つい今しがた述べたエレンとの面接には、変化を起こす「出会いの瞬間（moment of meeting）」（スターンら、一九九八）が含まれていると思われます。私たちにとって親しみのある物議をかもすエナクトメントを認識し、そこから私自身を一時的に救出することで、私はエレンとの関係性の非常に異なる側面に気づけるようになりました。この側面においては、私たちには相互的なつながりの感覚、共通性、そして——そう、お互いのための愛が、前景にありました。エレン側から見ると、私たちの関係に関する私の感じ方が変わったということを体験したことで、彼女自身の体験にも変化が生じたのです。まるで、愛らしく美しい存在という、彼女に対する私の応答において、彼女は自らの新たなイメージと可能性の感覚とを垣間見たかのようでした。

この面接におけるエレンの私との体験は、明らかに癒しのインパクトを持っていたと思われますが、後から考えれば、それはまた、エナクトメントの一部としても理解できると思われました。ここでは、私は、エレンを彼女の過去から救出したいという（かなり誇大的な）願望を演じきっていました——彼女のほうは、私が不注意にも推奨していた偽りの希望により誘惑されているように感じていたのですが。そしてその偽りの希望には、彼女が「愚かな希望」とみなしていた、ほかの男性との本格的な関係のみならず、かなわぬ望みとしての私との治療関係以上の関係までもが含まれていました。このエナクトメントでは、彼女が運命だと信じてきた未来とは異なるより明るい未来を、私が暗々裏に想像させようとして誘惑するので、彼女はいじめられていると感じていたのです。理解できるように、治療の休みのために、私たちの関係の限界を否認できなくなると、彼女は怒りと羞恥心とを抱きました。しかし、エナクトメントを認識することにより、私たちは、さしあたりそれを超越し、「偽りの希望」体験の背後に隠れていた現実的可能性を知覚できるようになったのです。

新たなものの中にある古いものと、古いものの中にある新たなもの——————

過去と現在は、エナクトメントの中で織り交ざります。ある角度から見ると、私たちが患者と共にエナクトするシナリオは、リサイクル瓶に入った古いワインのようです。私にとっては、エレンを「救出」し、さしあたり彼女をまるごと新たな見地から見たということは、私の母との慣れ親しんだつかの間の安心させてくれる体験を反映していました。エレンにとっては、私が持ち出した、失望に終わるに決まっている希望は、彼女の父つまりある瞬間には誘惑的になり、次の瞬間にはサディスティックになるという父との体験を反映していました。

別の角度から見ると、反復としてのエナクトメントはまた、古い体験に情緒的に活き活きとした洞察を加えうるような新たな体験が浮上してくる可能性のある生《なま》の素材でもあります。しばしば、治療者と患者はエナクトしているシナリオ（ほぼ確実に、双方ともオリジナル版で演じられることはないという）について今や話し合うことができるというまぎれもない現実は、新たな体験へと変容していきます。ともすれば、それはただの単純な反復のように感じられてしまうかもしれない体験なのですが。

そしてさらに別の角度から見ると、そこには逆説もあります。すなわち、新たな体験（たとえば、反復的エナクトメントの探究から生じてきた体験）は、治療者と患者を共に古い領域へとより深く押し込んでいく可能性もあるのです。私がエレンとの物議をかもすエナクトメントから自分自身を救出し、出会いの瞬間を可能にした面接は、その好例でしょう。彼女の抑圧された愛と結びつきを求める願望を部分的に満たすことで、私たちの対面は、彼女を満足させました。しかしそれはまた、彼女に恐ろしいリスクをとるよう推奨してもいたのです。それらの見地に立てば、彼女は、過去における父親のように、現在における治療者が、彼女を危険区域へと巧みに誘いこもうとしているのだという視点へと、防衛的に立ち戻るよう呼び水されていたとも言えるでしょう。

解釈、個人表現力、治療者の変化する力――――

理想的には、治療者は、表現的にも（エレンの、より先の面接において見てきたように）解釈的にも（二ヵ月後の面接において見てきたように）エナクトメントに応答できる柔軟性と気づきの力とを持っています。そのような柔軟性は、反復的エナクトメントによる支配力をゆるめるために、なくてはならないものです。また、同様の柔軟性により、患者の治療者との対面における関係性は、情緒的に生きたものになるうえ、反省を受け入れやすくもなるでしょう。さらに、柔軟性があれば、私たちは、患者が同一化できるモデルとして、少なくとも二つの方法で機能することができます。

比較的よくコントロールされたかたちで、私たちが「いくらか情緒を見せる」[200]ことができれば、関係性における感情は安全に感じられるし、表現することもできるという生きた証拠を、患者に提供していることになるでしょう。そうして私たちは情動調節の有効なモデルとなるのです。また、患者と同様に私たち自身がエナクトメントに関与している際に、私たちが声に出してエナクトメントを反省できれば、メンタライズ力のモデルにもなれるでしょう。

私たちがエナクトメントを認識し、それを言葉にすることにより暗示を明示にする際には、行動には理解可能な心理的意味がある（すなわち、なるほどと思えるような感情、思考、願望の文脈がある）ということを、患者に伝えていることになるでしょう。さらに、私たちがエナクトメントについて探究する際には、患者の無意識的心理モデルへの気づきを覚醒させたり深めたりしていることになるでしょう。つまり、それにより患者は表象世界の実在とその影響力に関し、より意識的になれると思われます。このようにして、エナクトメントは、治療者にも患者にも同様に、反省機能を鍛えることのできる文脈をもたらしてくれるのです。

表現的にも解釈的にも介入できる柔軟性は、疑いなく願わしいものですが、患者のために私たちが各自することが、治療外での私たちとも矛盾しないものであれば、なおのこと願わしいでしょう。人間には非言語的シグナルに対する敏感さというものがあることを思えば、私たちがすることだけが患者に影響を与えるわけではなく、私たちがすることに関して自ら知覚している感情も患者に影響を与えると言えます。たとえば、私たちがそのような慎重な自己暴露を不快に思っていながら、それでも自らの情緒反応を表現することを選ぶとすれば、患者は私たちの不快感を敏感に察知するでしょうし、また私たちの行為と、その行為に関する私たちの語られていない態度との間にみられる適合の欠如に当惑を感じることでしょう。

しかし、もちろん、そのような調和の欠如もまた、エナクトメントを形作っている材料なのです。私たち治療者自身が、性格特性に反するかたちで行動している自分に気づいたら、なぜだろう？　と、考えてみる必要があります。私たちは、何をエナクトしているのだろう？　そして、私たちのかかわり合いの体験は、患者にどう関係しているのだろうか？　と。――これらの事象さえも、その大部分は、特有のかたちで変化する治療者の適応力なのです。つまり、時には私たちが自らの性格特性に逆らって進むことにより患者が変化できるという、そんな適応力です。ここで、年少の子どもの愛着分類は、養育者が変化するならば変化しうるということを示した研究を思い出してみてください[203]。

転移−逆転移エナクトメントは、力動的システム、すなわちパートナーの片方の行動における変化がもう片方の行動に影響することは避けられないというシステムから生じます。理想的には、治療者は、「内側からシステムを変化させること」のちょっとした専門家です。実際には、このことは、私たちが自ら埋没しているエナクトメントを認識できるということのみならず（しばしばそれ自体が立派なことですが）、自らの関与のあり方を変化させることができるということ（すなわち、より大きな自由と気づきをもって考え、感じ、関係することができるということ）を意味しています。

不安定愛着の生育史により柔軟性を与えられなかった場合、その個人の脆弱性と治療者のそれとが交差することにより、その治療カップルの選択の幅は狭まってしまうことでしょう。それこそが、エナクトメントの生じる時です。しかし、より自由に考え、感じ、関係するのに必要な手段を見出せる治療者は、患者のために新たな選択肢を開くことができるでしょう。自らの限界とエナクトメントの圧力という二重支配から自分自身を救出できるほど変化できるたびに、私たちは、変化は可能なのだということを実際に見せることができます。またそうすることで、患者が自ら望み、また恐れてもいる変化をも、次第に促進することができるのです。

第十六章　非言語領域 II

――身体をとり扱う――

……最終的に変わるためには、解離されていた身体体験と結びつくことが必要である。

ウィルマ・ブッチ（二〇〇二）

一般的に言って、精神分析（すなわち、「対話療法」）、およびそのほかの対話を介しての治療は、身体に対する関心を臨床作業に統合するという点では不十分な仕事しかしてこなかったと言えます。現実には、私たちは皆、自らの身体を通して自分自身と世界とを体験しています。自らの心理モデルを通して濾過された、出来事に関する第一印象は、五感を経由して記録されます。ちなみに五感は、心拍数、呼吸、筋緊張、内臓感覚など、身体の内部で生じていることに関して情報を流してくれる自己受容体の「内部感覚」と相互作用しています。私たちがどのように感じているのかわかるようにしてくれているのは、ほとんどこの内部感覚なのです。つまり、私たちは身体で情緒を感じ、そしてそれらの感情が、私たちの現実を形作るのです。したがって、生《なま》の体験も、体験に関する記憶も（情緒体験に関しては特に）、基本的に身体に根ざしているものなのです。

ここで、愛着志向の枠組みが身体への焦点づけを含んでいることの重要性を明白にしておかなければなりません。と言うのは、情緒は身体体験であり[67,68,264]、愛着関係は情緒の調節を学ぶ文脈だからです[97,254]。この相互交流的心理生物学的調節により、私たちは、徐々に、身体感覚を感情へと「翻訳」できるようになります。そうしてそれらは認識され、名前をつけられ、包容され、解釈できるものになるのです[171]。

最初、乳児は、身体感覚の持つ情緒的な意味を、敏感に応答してくれる愛着人物による良く調律された身体的行動（タッチ、まなざし、表情、声のトーン）を体験することを通して学びます。私たちの患者が、早期に、良く調律された応答を欠いていた場合（特に彼らが外傷体験をも有する場合には）、彼らは通常、情緒を調節するための適応力の脆弱さに悩まされています。彼らは、自らの情緒を体性感覚や身体症状としてしか体験していないため、心ではなく身体がスコアを記録しているのです[303]。そのような世界では、感情＝事実です。なぜならば、感情は身体的現実だからです。それだけに、感情は圧倒的なものとなったり、逆に否認されたりするのでしょう――しかし、反省されるということは、起こりえないのです。

治療者が、治療に身体体験への焦点づけを含めることは、多くの患者にとって重要なことです。そして未解決の外傷を有する患者にとっては、それは本質的なことと言えます。身体言語を感情言語へと翻訳することは、患者が治療者を新たな愛着人物として、また安全基地として体験できるようにしてくれる相互交流情緒調節を促進する助けとなります。また互恵的に、安全基地としての治療者に対する患者の信頼は、身体体験についてのさらなる探究を促進するうえに、感情とは耐えうるものだという感覚が育つことをも促進することでしょう。やがて、そのような相互交流情緒調節は、患者が自らの体性感覚の暗号の解き方を習得する助けとなることでしょう。そうして情動は、自らについての、また他者についてのシグナルとして用いられるようになるのです。このようにして、感情が、体験（すなわち、不変の事実ではなく、解釈しうる象徴としての体験）に関するコミュニケーションとして認識されるようになると、それにつづいてメンタライジングへの扉が開かれ、またメンタライジングがもたらしてくれる洞察、共感、内的自由への扉までもが開かれるのです。

身体への焦点づけは、患者の情緒調節力を高めることに加えて、患者の最初の愛着関係では受け入れられなかった体験の統合を促進する潜在力をも持っていいます。（鈍麻、あるいは興奮のような）身体状態や、（あくび、あるいは身振りのような）身体表現を通して、患者は、未だ認識できていない感情、あるいは認識したくない感情（および、感情に抗する防衛）を表現します。

そのうえ、身体は表現するのみならず、記憶してもいます[154,240]。解離された記憶は、しばしば身体に蓄えられています——現在も再体験しうる感覚としてのみならず、患者の最初の外傷体験に関連した身体的姿勢や起端動作（incipient movement）としても。たとえば、ある頸と肩に慢性疼痛を抱えているうつ状態の患者は、あたかも強打から自分を守ろうとして退避しているかのように、常に右肩を挙上し内転させた姿勢をとっているということを、初めて認識するようになりました。その後、私たちは、彼の右手が拳骨になるのを見ました。「拳骨——そうしたくても、決して殴り返してはならなかった」と、彼は言いました。そうして彼は、彼を身体的に虐待した父親に対して感じていた憤怒に、初めて情緒的に結びついたのでした。

したがって、患者が私たちの中に呼び起こすものや、私たちと共にエナクトすることのほかに、彼らが身体を通して表現するものも、（以前ならば解離しなければならなかった）感情や記憶の統合への道すじとなりうるのです。事実、治療的変化の基礎となる統合を促進することができるのは、多くの場合、面接において身体・感覚体験を賦活することを通して、またそのような体験を反省可能なイメージや言葉へと結びつけることを通してなのです[53,56,57,220]。患者の①身体感覚、②感情、③感情に帰するものとしての意味——を結びつけることはまた、脳の皮質下領域と皮質領域との統合にも貢献します。そのような作業により、患者が**身体も心も**統合された状態で現在に居られるようになる可能性は高まることでしょう。このことは、身体体験を反省する力を欠いているために、マインドフルな身体の中で生きられずに「心ない」身体の中で生きているという未解決型患者にとっては、決定的に重要なことと言えます。また、しばしば身体と切り離された心に住んでいると思われる回避型患者にとっても、身体をとり扱うことは、彼らが疎遠にしてきた情動・身体体験に、彼らを再度結びつけるうえで、決定的に重要なことと言えるでしょう。

身体に注意を向ける

身体を治療的資源にするためには、マインドフルネスが治療者に求められます。[172,179,221] マインドフルなスタンスで、自分自身の注意と患者のそれとを、今ここでの体験の詳細（特に**内的体験**）へと意識的に向けるのです。そして、それを変えたいと（あるいは解釈したいと）望むことなく、むしろ観察し、受け入れ、強い興味を持つという態度をとるのです。患者に「あなたが感じているものと共に居て、それについてより良くわかるようになりましょう」と示唆する治療者は、この態度を実践に加えているのでしょう。そのようなスタンスにより、私たちは、身体感覚が圧倒的だとか、あるいは受け入れ難いなどと思うことなく、むしろ身体を有効に用いられるようになることでしょう。身体感覚を耐え難いほど強烈なものとして**感じている**（あるいは恐れている）時には、マインドフルネスは、パニックや解離の対処法となりうることでしょう。また、身体感覚が習慣的に鈍麻したり、あるいは回避されたりしている場合、それらに対するマインドフルな注意は、非現実的な感じ、生気を奪われる感じ、そして分断されている感じに対する対処法として働くことでしょう。

マインドフルになれるような介入をすれば、患者の中にマインドフルネスを培うことができます。マインドフルであるとはすなわち、何かを体験している間じゅう、その体験を意識するということです。[222] しかし、ほとんどの治療者は、現在の瞬間《プレゼントモーメント》に注意を引きつけようとしていながら、患者の身体よりも情緒に焦点づけるように慣らされています。情緒体験に関する質問やコメント（「今、どんな気持ちですか?」あるいは「悲しそうですね」）は、身体体験に関する質問やコメント（「今、身体に何を覚えますか?」あるいは「さっきと呼吸が変化したようですね」）よりも、治療における対話の特徴として馴染み深いものでしょう。身体の雄弁さというものが存在し、また体性感覚がしばしば否認・解離されているる体験をさし示しているという事実があるとすれば、この歪みは修正されるべきでしょう。

✤身体を読む

患者の身体と同様に私たち自身の身体における瞬間毎の変化を観察するということは、治療における対話の非言語的な背後の意味に接近するひとつの手段です。身体を読むことは、私たち自身の感情および患者のそれを理解する助けになります。またそれは、治療パートナー間の結びつきの度合や、両者が自らの体験と結びついている（あるいは結びついていない）度合を測る助けにもなります。さらに、怒りや悲しみをフルに表現しているような患者の心理状態がはたして有益なのかどうか、あるいはそのような除反応により患者は圧倒されたり再外傷を受けたりしていないかどうかを評価する助けにもなることでしょう。

情動の語彙

ダーウィン[70]からエクマン[83]に至るまで、科学者は、いわゆる「絶対的」情緒あるいは「基本的」情緒と呼ばれる各情緒（幸福、悲しみ、恐れ、怒り、嫌悪、羞恥心）には、身体表現としてのサインが一セットずつあるということを観察してきました。これらの普遍的表現は、内的には内臓感覚として、また外的には目に見えたり（顔や姿勢に）聞こえたり（声のピッチ、トーン、リズムに）する筋／骨格反応として示されます。加えて、各情緒は、特定の種類の行動や、行動を駆り立てる衝動として表現される傾向があります。

次の要旨[83,240]は、身体言語を言葉で表しうる感情へと翻訳する際に、役立つかもしれません。

幸福——深い呼吸。ため息。微笑。笑い声。明るい眼。

悲しみ——胸が詰まるような感じと、のどにひっかかっているかたまり。への字型の唇。濡れて、赤くなった眼。ゆっくりとした身体の動き。泣く。

恐れ――心臓の速い鼓動。口渇。浅く速い呼吸。振戦。眉が挙上され、見開いた眼。逃走衝動。

怒り――特に顎と肩の筋緊張。すぼめた唇、動かない顎（しばしば前に突き出ている）、中央に引き寄せられ、下がった眉、にらみつける眼、上がった上瞼。赤くなった頸部。大声で叫ぶ。闘争衝動。

嫌悪――吐き気。しわが寄った鼻と、上がった上唇。立ち去る。

羞恥心――ほてった顔。赤面。そらされた眼。隠れたい衝動。

身体的逆転移

患者から収拾したものの多くを、私たちは最初に、身体で感じます。おそらく呼吸で、最も直《じか》に感じるでしょう。

ルイス・アロン（一九九八）

私たち自身の身体体験を観察することは、患者のそれを観察することと等しく重要なことです。なぜならば、脳の鏡《ミラー》ニューロン系により、患者に自動的に共鳴するよう現に保証されているため、私たちの身体状態は、患者の非言語的伝達に対する無意識的応答をよく表していると考えられるからです。たとえば、患者の恐れに関する私たちの無意識的知覚は、島から扁桃体へとリレーされるでしょう。つまり、患者が感じている恐れを知覚し、鏡ニューロンがそれに共鳴して発火する際に、私たち自身が恐れを感じるよう呼び水するのです[155]。要するに、私たちの身体／情緒体験は、患者の身体／情緒体験を真似ることができるのです。

なお、その一方で、逆転移（身体的逆転移を含む）とは通常、両側通行（two-way street）性のものですが、その交通の流れは、時には、患者側からよりも治療者側から生じることのほうが多い場合があります。それゆえ、私たちは、自らの感情状態の患者への投影と共感的共鳴とを区別するために、注意力を働かせ、前頭前野を従事させ、また時には患者と対話する必要があると言えます。

私たち治療者の身体的な気づきには、さらなる重要性があります。私たちが快適に「自らの身体の中に居る」時には、より容易に現在に居られるでしょう、役にも立てるでしょう。患者が私たちの心を読む必要はありません。なぜならば、身体を読むことができるからです。そうして私たちが現在に居るとわかれば、患者は私たちの体験に関してそう心配せずに、自分の体験に注意を向けることができるのです。逆に、私たちが**落ち着いていない**ということを身体で感じている場合（すなわち、心地よくない、落ち着かない、眠い、あるいはあまりにも排他的に「自分のことに気をとられて」いる場合などのように）、それは自己反省の弱まり、十分に現在に居る力の中断、そして／あるいは私たちが患者から距離をとっていることのシグナルでしょう。そして順次、その全てが、患者が現在に居ることや反省すること、そして私たちと結びついていると感じることを、より困難にしてしまうのです[182]。

先に、私は「マインドフルな身体」について参照しましたが、それは気づきおよび受容と共に現在の瞬間に居ることのできる身体という意味です。そして、身体の中に居る力と現在に居る力との間には、確実に、堅い結びつきがあります。現在に居たいのならば、身体の中に居る必要があります。もしも身体の中に居ないとしたら、どうやって十分にその瞬間に居られると言うのでしょうか？　アイゲン[81]は、「**息をしている身体**」と現在にいる力とのつながりに格別の注意を向けてきましたが、彼はこう書いています。「息をしていることとの気づきにより構成されている自己は、……時の後から走っていくわけでもなければ、先を行くわけでもない。むしろ、それは単純に時と共に動いているようだ」と。また、ディメン[76]は、「呼吸にマインドフルに内在することは……また、身体、関係すること、願望および無意識に内在することでもあるのです」と言い、さらに「息をしているのなら、あなたは感じているはずだ」とも言っています[原注1]。重要な点は、患者にとっても治療者にとっても等しく、呼吸（特に、深く、比較的ゆっくりとした呼吸）を意識することが、よりマインドフルな体験（身体体験を含む）への入り口なのだということです。つまりそれは、私たちを今ここへと引き戻してくれるのです。

耐容性の範囲

スィーガル[264]、ロスチャイルド[240]、オグデンとミントン[222]は、①患者の自律神経の覚醒を耐容可能な範囲内に保てるよう援助できているのであれば、臨床的介入は、短期的には概ね有効に働いていると言えること、また②長期的には、有効な介入とは「耐容性の範囲」を拡げることのできるものであり、その結果、患者が自らの考え、感じ、行動する力を損なうことなく覚醒水準の高まりを体験できるようになるということであると主張しています。治療者として、身体感覚および呼吸に注意を焦点づけることは、外傷的な過去や恐ろしいものとして想像される未来が氾濫し、患者の現在の体験へと流れ込んできていると思われる場合には、特に重要でしょう。そのような氾濫は、患者が認識したくないか、あるいは認識できないという場合でさえも、治療者には明らかにわかるものです。その証拠は、身体的サインの中にあります――すなわち、呼吸、皮膚の色、心拍数です。それらが、患者の自律神経系（ANS）のどちらかの分枝あるいは両分枝の過剰賦活を表しているのです。

交感神経系（SNS）の過剰賦活を示すサインには、散大した瞳孔や、血液が頭部から四肢へと急に流れたために蒼白になった皮膚に加えて、呼吸数や心拍数の増加も含まれます。この状態では、患者は圧倒され、無秩序になっていると感じていることでしょう。副交感神経系（PNS）の過剰賦活は、呼吸数と心拍数の著明な低下、縮小した瞳孔、紅潮した顔に反映されます。この状態では、患者はしばしば鈍麻し、休止状態にあるように感じています。

扁桃体（「生存中心」）が、①神経内分泌系の反応の引き金を引き、闘争や逃走のために身体を準備するというかたちで、あるいは②外傷の事例において頻繁にみられるように、先の二つの選択肢が閉ざされてしまった場合には「凍結する」（緊張性無動）というかたちで――知覚された脅威に反応するということを思い出してみてください。ANSの両分枝（闘争か逃走かを促進するSNS、無動を促進するPNS）が同時に過剰賦活しているという徴候を見れば、その患者が圧倒されていると感じていることがわかります。たとえば、呼吸は速いけれども顔は紅潮しているという患者は、おそらく外傷に関連した情緒の氾濫にのみこまれたように感じているのでしょう。これこそ、ブレーキを踏む時なのでしょう――きっと。

こういう場合の一つのアプローチとして、患者に、感情ではなく身体感覚に注意を向け、それについて述べてもらうよう依頼するという方法があります[222,240]。もしも、この身体内部への焦点づけが無理なようであれば、患者の注意を外へと向けるのもいいでしょう――たとえば、治療者の面接室に関する感覚的印象などへと。三つめのアプローチは、患者に、ゆっくりと規則正しく呼吸するという呼吸訓練に従事してもらうという方法です[311]。これら全てのアプローチは、患者の古い、しばしば外傷に関連した情緒による支配をゆるめ、患者に現在の瞬間を直観するということをわかってもらう助けになることでしょう。成功裏に働けば、そのような介入は、患者の自律神経系の覚醒水準を、「前頭前野に仲介された、柔軟に反応する力」が再び働き出せるような「耐容性の範囲」へと回復させてくれます[264]。

✤身体について語る

身体についての対話は、いくつかの方法で構成することが可能です。まず、患者の身体を観察し、私たちが見ているものについて直接的にコメントすることができます。また、患者に、自らの身体感覚に注目し、それについて述べてみるよう奨励することもできます。そして、患者の身体感覚、感情、思考の間の結びつきへの気づきを促進することもできます。しかし、身体に関する対話がどういう形をとろうと、患者にとってそれがきわめて困難なものとなる場合があるのは確かです。ある女性にとっては、確実にそうでした。彼女の声が腹よりもはるかに喉に近いところから出ているようだということを、私が指摘した時のことです。彼女は、私の観察が彼女を非常に不快にさせた、と反応し、自分の声のトーンのことはわかったけれども、それで困るということは全くないので、と付け加えました。身体に関する示唆は、仮定として、また敬意を表しつつ差し出さなければなりません――患者が暴かれたように感じたり、自意識過剰になったり、あるいは批判されたと感じたりする可能性を意識しながら。

　第八章で、私は、「エリオット」という回避型愛着が優勢の患者との治療作業について言及しました。最近の面接で、妻から引きこもりたいという衝動について話し合っていた時、彼はあくびをしました。そして、またもや、あくびです。私は、「今、あくびをしましたね。おそらく、ここでは意味深長なものでしょう。何か感じていそうだという感覚がありますか？　どうでしょう。あるいは、感じたくないとか？」

　長い沈黙を経て、エリオットは言いました。「疲れた。」「ふむ。疲れたという感情に、何か意味がありそうですか？」

　エリオットは沈黙していましたが、少し怒っているように見えました。私が、どうしたのかと尋ねると、彼は言いました。「あなたがその質問をするのを、私は好きじゃないんです。なんだか操作的で、ある種のおとり商法みたいで。あなたが何か思惑を持っているような感じがするんです。」

　徐々に明らかになったのは、私がエリオットに、あくびについて尋ね、さらに「心理的に追いつめた」ことで、不安な状態にさせられたと彼が感じていたということでした。すなわち、彼が自分の体験を開示したことに反応して、私は、もっと何かありますか、ほかにもありますか、と尋ねていたのです。彼が自分の感情（「疲れた」）を表現したので、私は彼に、それを説明してほしいと思いました。おそらく、それは解離だろうと思ったからです。しかし、彼は言いました――彼にとっては、それは解離ではなさそうだった。以前は、あくびがその兆候だったということはわかっているけれど、と。

　私は、それについて説明することで、ここでの不和を修復しようとしました――部分的には、直接的体験に基づいて。あくびや眠気は、しばしば現在に居たくないという要求を反映していると、私は考えている、でも、この説明が一般的だという確証は全くないし、私は、あくびについての彼自身の理解を、純粋に知りたいと思っているのだ、と。そして、私にとっては、「疲れた」は、未だ把握できていない意味を伴う身体感覚としての**感じ**以上のものではないので——ということを付け加え、最後に、彼がどう感じたかを教えてくれたことに関連した痛ましい傷つきに、深謝しました。

ここで彼は、ほっとした様子で、さっきは言う気になれなかったことについて語ってくれました。すなわち、私のオフィスへ来る途中で見た、電信柱に貼られたポスターのことです。離れたところからは、そのポスターは、彼が数ヵ月前に、「カウチの巣窟（Couch Hollow）」で見たものに似ているように思えたのだそうです（「カウチの巣窟」とは、サンフランシスコで、治療者のテナントが圧倒的に多い区域の俗名です）。それらの貼り紙は、「指名手配」ポスターみたいなもので、明らかに非常に憤慨している患者が作ったものでした。それは、患者の境界を越えて侵害した非人道的治療者により困らされるという、危険を周知するための公的警告でした。エリオットは、私のオフィスビルの近くにあったポスターが、それと同様に憤慨している私の患者の仕業ではないかと想像していたのです。それを読める距離まで近づいたところ、それは、迷い犬を捜し出すために助けを求める懇願のポスターだということがわかったのでした。

彼の幻想および私が侵入的に振舞う危険に関する彼の「不合理な」感覚について話し合うなかで、私たちは、彼のあくびに関する私の質問に対する反応としての怒りと用心深さについてのみならず、それが彼の妻から引きこもりたいという要求とどうかかわっているのかということについても、さらに理解できるようになりました。彼は、私の行動に関する説明では、未だ完全には安心できないと主張していましたが、もはやあくびをしそうに感じることはないということは認めていました。

私たち治療者は、しばしば患者の身体的伝達や身体体験の持つ意味に関し、直感（hunches）を抱きます。たいていの場合、私は、自分が見たと思ったことについて簡単にコメントし、そのコメントが通常引き出す共同の探究から意味が生まれるようにもっていければと思っています。しかし、難しくて全くコメントできないものも、しばしばあります——ある面接で、顔をひっかいたり、目にかかる髪をかき上げたりするために、繰り返し顔に手を持っていっていた、ある患者のそれのように。

彼が何度も何度も手を顔へと持っていくのを見て、何が気になったかと言えば、一本だけ伸ばされた指（中指）でした。その指が、私たちのほとんどが慣れ親しんでいる動作を構成していたのです。私にはこの身体的伝達の意味が信じ難かったので、それを声に出して言う気にはなれませんでした。

それから私は、前回の面接の際、その患者が料金の支払いを忘れたということを思い出しました。今や私は、少々イライラし始めていました。と、その時、おそらく患者が私と共にエナクトし、私の中に呼び起こし、そして体現してもいるものは全て、同一のメッセージを伝達しているのではないかということが、私の心に浮かんできました。自らの声に出さない解釈により勇気づけられて、私は彼の動作についての観察を、彼と共有してみました。

患者は、信じられないという様子でした（先の私と同じように）――最近、ある別の学生が、同じ悪名高き指で、鼻の上にある眼鏡の橋梁部を繰り返し押し上げているのを見たということを思い出すまでは。彼は、どういうわけでその人が自分のしていることに気づいていないなんてことがありうるのかと、疑問に思ったようでした。驚くまでもなく、私たち二人は、どういうわけで他人のほうが、自分が気づくよりもずっと早く自分の怒りに気づくということがしばしばあるのか、という議論に行き着きました。

患者の身体に関し、私たちがコメントするための文脈とは、もちろん治療関係です。理想的には、治療者が安全基地として機能することで、患者は身体体験を安全に探究することができます。逆説的ですが、治療関係において未だ話されていない危険に時々声を与えられるような状況を作っているのは、まさにこの安全性なのです。

ある日、外傷歴のある患者が面接室に入って来た時、その姿勢に胸を打たれた私は、彼の身体に観たものを、何とかして彼のために言葉にしようと努力しました。私の持った印象を**語ろう**としたのですが、うまく伝えられなかったので、私は、私が見た彼の姿勢を**やって見せたい**のだけれど、と頼んでみました。彼の承諾を得て、私は立ち上がり、自分の身体でやって見せました――つまり、彼の姿勢を映し出そうとして、胸と顎を突き出して見せたのです。

彼の姿勢を私が真似たことにより、明らかに落ち着かなくなった彼は、――（それは）怒っていて、攻撃的な感じに見える、と言い、――今ここで、不快な感じがしてきた。それも身体的に不快な感じが――と、付け加えました。私は、その感覚について詳述してもらえないだろうかと、彼に頼みました。「この緊張は全て、ここを通してのものみたいです」と、彼は答え、自らの手を、胸の前を横切って、肩から肩へと動かしました。「ひっぱたくと同時にこらえたいというような感じなのです。」

ここで私は、彼の顎が動かなくなり、また彼が自分の右手を繰り返し、ぎゅっと握っているのを見ました。彼は背中を弓なりに伸ばし、短く身震いしました――まるで、半分はその感じに動揺し、もう半分はそれを振り払おうとしているかのようでした。それから、彼は腰掛けたまま身体を前屈させ、頭を胸のあたりまで落とし、両前腕を大腿の上にのせて休ませました。その同じ動きの中で、彼は右手（もう握ってはいない）を左手のほうに持っていきました。両手を堅く握り、ゆっくりと撫でながら、今や、まさしくあきらめたというイメージに見えました。私は彼に、自分の身体が何をしているか、気づいていますか、と尋ねてみました。

彼は頭を横に振り、そして言いました。「あのですね、そんな話はしたくないんです。ここでこの種の感じを持っても大丈夫だとは感じられないんです。私が以前、身体的なたわごとに陥った時、あなたは完全に私から引いてしまって、客観的にそれを分析しているようでしたよね。」

彼が何のことを言っているのか、私にはわかっていました。すなわち、その前の数回の面接にわたり、彼の身体は突如、何やら実質上、無意識的にものすごい力で発作様の動きを噴出させていたのですが、それは（私の目には）怒りの一発とまではいかないにしても、脅しているように見えたのです。彼が、このエピソードに関する私たちの体験の「底面」にとりくむための好機をもたらしてくれたことで、私は不安と安堵が入り混じったような心境になりながらも、彼に言いました。おそらく私は、彼に脅されていると感じていたのだと思う、すなわち、事態が私のコントロールを超えてしまうのではないか、あるいは彼は私を殴るのではないかと、恐れていたのだ、と。また、彼が感じとっていた私の引いた感じは、この恐れを、自分に対しても彼に対しても十分に認めることができない私の無力さの結果なのだと思う――という推測についても、彼と共有しました。

彼は、今、私が認めたことを聞いて安心した――なぜならば、彼はその頃から、私が正直な気持ちで彼とかかわってくれていないように感じていたのだ、と応答しました。その面接の後半に、彼は（非常に言いにくそうに）、私を「ぶちのめす」幻想を、繰り返し抱いていたのだけれども、今までそのことについて私に語ることができなかったのだ、と語っていました。

患者の進行中の身体感覚を追跡することは、決定的に重要です。なぜならば、それはほとんど常に、予想外かつ意味深長な変化をみせるからです。私たちが、患者がつらい感覚を持ったままでいられるようにすれば、患者は、身体体験に注意を向けることで、それを明るみに出すだけでなく、それを変化させることもできるということを学べることでしょう。そうして身体のマインドフルネスを育みながら、潜在的には自己調節と解離された体験への気づきとの両方をも促進するのです。加えて、身体感覚の変化を追跡することは、時に、新たな体験の扉を開いてくれます。

早期愛着が健康な依存のための居場所をほとんど作ってくれなかったという患者は、妊娠中の妻があまりにも動転しやすいということについて怒っていました。彼は、彼と一歳の息子を残して二週間の出張に出ようとしている妻が、自分自身の心配、すなわちどこに泊まるのか、どうやってそこへ行けばいいのかなどのことで、彼に重荷を負わせるのだと、こぼしていました。おそらく彼の妻の不安の源だろうと思われること（すなわち、彼女は夫や赤ん坊である息子、そして彼女の産科医から、今にも離れようとしているのだということ）を、彼が認識できるように援助したところ、そのことが、彼にとっては彼女に共感するということがどんなに大変かという彼の悩みを呼び起こしました。彼の怒りと無視の意味するものを理解しようとする私たちの努力に進展がみられなくなった時、私は、彼に自らの身体感覚に焦点づけてみるよう示唆しました。

彼は、胃が「そわそわして落ち着かない感じ」がするということに気づきました。そして彼は、それらを恐れとして解釈しました。その腹に感じられる感覚にとどまるようにと勧めると、彼は、それが「こみあげてくる」のを感じる、と言いました。彼の眼の背後に、圧力がありました。すなわち、涙と悲しみです。彼は黙っていました。それから、何か気づきましたか、と尋ねると、彼は、純粋に悲しみを感じている、と言いました。私はそれを聞いて驚きました。彼は、全く異なる性質の情緒が花開いた、と言いました。彼は、妻と親密になりたいという願望を感じ、妻が「愛にあふれた表情で」自分を見ているところをイメージしていたのです。

当然のことですが、身体的な気づきに関する全ての実践が、そこまで実り多いというわけではありません。この事例のような回避型患者は、身体に調律するよう勧められても、しばしば完全なる失敗に終わります。しかし、さらなる不断の努力によってでも特に何の感覚にも気づけない場合でさえも、エネルギーと情報の潜在的源泉としての身体から患者が疎隔しているということを明るみに出すことはできるでしょう。患者が現在感じたり、考えたり、想像したりしている何かを心に留めている限り、彼らは自らの身体に体験している何かに気づいているのだということを示唆することは、常に有益です。

✤身体を用いる

脅威にさらされている時、より強いかあるいはより賢い他者という「安全な避難所」をさがすように生物学的にプログラムされているということは、まさに愛着理論の基礎です。そのような保護してくれる人物が、誰ひとり利用可能でないならば、私たちの積極的選択肢は、闘争か逃走かへと狭まってしまうことでしょう。そして、これらの選択肢がどちらも作用しえない場合、残された選択肢は、凍結あるいは無動だけです。無力な受動性、つまり圧倒的脅威に直面しての積極的対処の抑制が、多くの外傷の根本にあります。身体を用いることにより、そのような抑制を解消することは、外傷の影響をぬぐい去るために不可欠と言えるでしょう――脅し、そして無動にさせる愛着人物（安全に接近することも逃れることもできない愛着人物）により引き起こされた関係外傷の影響も含めて。[223]

無動にさせる外傷は、覚えていらっしゃると思いますが、脳の一部を賦活低下させる可能性があります。すなわち、危険が持続している間、意志（背外側前頭前皮質）を鎮め、声（ブローカ領域）を黙らせてしまうのです。外傷に関連した一過性の麻痺および「言いようのない恐怖」[303]は、長持ちする遺産を残してしまいがちです。したがって、患者の多くは、適切な境界線を設定したり、自分の利益に立って有効な行動をとったりする（助けを求めて他者に接近することを含めて）ことについて無力なままであるのみならず、服従しなければならないという慢性的な強迫に苦しんでいます。これらの患者は、過去には実際に犠牲者だったのですが、彼らの習慣的抑制が、現在においても彼らを犠牲者にしつづけてしまうのです（たとえ欲求不満を感じ、断続的に激怒しているとしても）。「ぐったりする（going limp）」とは、外傷から生じた抑制が、どれほど身体を通して表現されつづけるかということを示唆する比喩です。しかし、身体感覚に注意を向けるなかで、患者はしばしば解離されていた衝動を発見します。つまり、以前にはあまりにも危険すぎてやってみることができかったような方法で、自己保護的に行動してみたいという衝動です。[221] 患者にこれらの阻害されていた衝動に基づいて行動できるようになってもらうこと（はっきり言うという行動も含めて）は、習慣的抑制を壊すための助けとなりうるでしょう――次のビネットで説明いたしますが。

上司に虐政を行われていると感じている「ローウェル」は、幼少時に身体的虐待を受けてきた患者ですが、彼はその仕事をやめる決心をしたものの、（彼の暗示的誇張によれば）まだ「引き金を引く」ことができずにいました。数回の面接で、私たちは、彼の退職願望を表現することが引き起こすであろう壊滅的恐怖について探究しました。すなわち、彼の上司は激怒するだろう。彼は退職させてもらえないだろう。あるいは、もし退職させてもらえたとしても、ローウェルはブラックリストかなにかに載せられ、二度と働けなくなるだろう。さもなければ、彼の上司は完全に打ちひしがれてしまうかもしれない――。これらの矛盾した恐れの不合理な本質を理解するようになると、ローウェルは、ようやく行動することに決めました。しかしその結果、外傷的緊張によるパニックに襲われてしまいました。彼は、狂ってしまいそうだと感じていました。ローウェルの不安に加わったのは、彼は「あまりにも弱虫すぎて」仕事をやめられないにちがいないと、私に非難されることに対する恐れでした。

私は、彼の苦悩に対し、共感を伝え、現実的決定を一時とり下げて、代わりに彼がパニックから気をとり直し、その意味についてのより確かな手がかりをつかめるよう援助することに集中するのはどうかと示唆しました。彼の今ここでの身体体験に焦点づけることは、心を鎮めると同時に啓発的でもあるだろうと思った私は、――ここでのちょっとした試みを、快く引き受けてもらえるだろうか、とローウェルに求めました。すなわち、「自分の身体感覚に、注意を払ってみてくれますか?」と頼んだのです。彼がもっと苦しくなったと感じるようであれば、いつでも中止して、やり方を再考する、ということで合意しました。

最初はぴんと張った、抑制された声で、ローウェルは、腹に感じる緊張の感覚を描写し、そして気分が沈んでいると感じる、と言いました。私は、「その身体感覚にとどまり、それについてもっと理解することができそうですか?」と尋ねました。彼は、身体の内部に何かあるような感じがする……圧力みたいなものが生じてきて、その緊張が、内臓から肩や腕へと上がってきた――と言いました。未だ抑制された声で、彼は、何かを押し出したいと思っているみたいだ……まさしく、それを取り除くために（この部分は、若干、力強い言い方でした）――と言いました。

「それで、今、自分の身体がしたいことをさせるとしたら、どうなりますかね?」「それは怖い感じがします。」「あなたは何やら過ぎたことをしてしまうのではないかと心配しているのではないでしょうか。大きすぎるとか、強すぎるとか。」「たぶん。」それから彼は、両手で拳骨《げんこつ》をこしらえ、身体を支えるためにカウチにもたれかかり、両脚で蹴り飛ばす動作をしました。そして彼は、数回、繰り返し身体を動かしてキーキーという音をたてました。「オレの前から、とっとと失せろ!」

彼の言葉と動作のパワー、そして憤激は、反響するように漂い、ゆっくりと消えていきました。私は、彼の内部では何が起きているのか、また、今、何を意識しているのだろうか、と尋ねました。微笑みをちらつかせながら、彼は言いました――「もう私は、気分が沈んではいないということに気づきました」と。この体験を一緒に整理していくことで、上司に対して「引き金を引いて」しまう見込みによるローウェルのパニックと、彼が子ども頃に感じていた恐れ、すなわち、邪悪な、脅す父親に向かって彼が実際に自滅的な暴力を振るったとしたら起きていたであろうことを解き放ってしまう恐れとの間のつながりが、情緒的にリアルなものとなりました。その後間もなく、彼は上司と話しましたが、上司は彼に対してずっと好意的になりました――それでもローウェルは、退職することを考えつづけていましたけれど。

身体的に抑制されている適応的防衛を実際に解き放つことに加えて、そうすることを**イメージすること**も、患者にとって役に立つでしょう。現代神経科学は、知覚と筋肉運動との間の推定的境界を解明するなかで、脳に関する限りでは、以前仮定されていたほどには、生《なま》の体験とイメージによる体験との間に大した相違はないということを示しています。ここでの含蓄は、治療的変化は、実際に新たな方法で行動することにより促進されるのみならず、新たな行動をイメージすることを通してでも促進されるだろうということです[266]。それゆえ、患者に次のようなことを尋ねてみるのは、賢明なことかもしれません。――**もし、子どもの頃のあなた自身が、お父さんの憤怒に反撃することによって、あるいはあなた自身を強く弁護することによって、効果的に直面しているところを心にありありと思い描くとしたら、どんなでしょうか？**　あるいは、**もしあなたのお兄さんによる虐待からあなた自身をうまく守るために、お兄さんはあなたを可愛がっているのだと母に言っているところをイメージするとしたら、どんな気持ちになりますか？**――などというように。今までイメージしたことのない方法で行動したり、そのように行動しているところをイメージしたりできるよう助けられれば、彼らのために新たな可能性を拓くことができるでしょう。

脱身体化と未解決型患者

情緒とは、本質的に心身相関的なものである。
――ジョイス・マクドゥーガル（一九八九）

「脱身体化」[171]とは、外傷を受けた患者との治療過程における中心的側面を表す用語です。これらの患者は、通常、自らの情緒を、感情としてではなく、むしろ体性感覚あるいは身体症状として体験します。人間の意識は「心という劇場」[30]と表現されていますが、未解決型患者は、しばしば「身体という劇場」に住んでいるように見え、解離および「心身症的発症」だけが、そこからの出口になっていると思われます[205]。脱身体化とは、これらの患者の身体体験に精神を再注入することを意味しますが、それは、潜在的にもうひとつの出口をもたらすものと言えるでしょう。

明らかに、未解決の外傷および無秩序型愛着の遺物は、心理的なものであるのみならず生物学的なものでもあります。ストレスに関連した慢性的に高レベルの自律神経の過覚醒は、身体症状（筋緊張、血圧上昇、呼吸困難のような）を産出する場合がありますし、免疫系の機能を低下させる場合もあります。病気や疾患の危険因子となるような調節されていない情動は、しばしば外傷患者を、自らの身体の犠牲になっているという気持ちにさせます[248]。私たちが、最大限、これらの患者の役に立つためには、患者がしばしば陥っている情緒調節異常と身体的ストレスとの悪循環を理解することが不可欠です。

外傷的ストレスおよび調節されていない情動は、直接、脳に影響します。それらは海馬の活動性を抑制するどころか、それを萎縮させることさえありま す。そうして扁桃体を、無差別的に知覚された危険に反応させてしまうのです。普通なら海馬が行っている文脈構造、明白な記憶および制御機能による点検がなされないために、外傷患者の扁桃体は、一触即発に作用します。車のバックファイアどころか、興奮や尽力による心拍数の増加というような、私たちのほとんどが中性的《ニュートラル》と評価するであろうサインにも反応することで、自律神経系をでたらめに賦活するのです。未解決の外傷の結果、常に進行中の緊急時を生きているような人生になってしまう場合もあります——現実あるいは想像上の危機により重荷を負わされた身体や、身体状態を共有・反省・調節可能な感情へと翻訳する余地を持たない心と共に。この翻訳、すなわち脱身体化が起きうるような心理的余地を開く関係的空間を提供することこそ、治療者が外傷患者と共にする仕事なのです。

脱身体化のプロセスは、一にも二にも、これらの患者が身体感覚を解離させてしまわずにそれに耐えられるようにする治療者の力にかかっています。解離とは、耐容性の範囲を越える恐れのある覚醒水準に対する患者の反応です。治療関係という比較的安全な場においては、身体感覚の変化を観察するよう患者を励ましたり、身体言語を言葉にしたりすることにより、そのような過覚醒を調節し、解離を解消できるよう援助することができます。そうして患者が身体体験を描写する語彙を築き上げられるよう援助するのです。

そのような語彙には、未解決型患者にとって重要な二つの機能があります。彼らの情緒反応と身体反応とを**同等視する**傾向を考えれば、感情と身体感覚とを区別する力は、これらの患者を「身体的等価」（たとえば、心臓がドキドキするのはおそらく情緒的な意味を伴わない自律神経の条件反射だろう、ではなくて、**恐怖である**）の虐政から解放する助けとなりうることでしょう。彼らの身体反応と情緒反応とを**分断する**傾向（心臓がドキドキするのは単純に心臓の症候であり、決して恐怖のマーカーではない）を考えれば、感覚を感情に**関連させる**力は、これらの患者が自らを理解したり他者とコミュニケートしたりするための基礎として内的体験を用いる助けとなりうることでしょう。

身体の情緒との関係を明らかにするために、情動として認識できるものとしての声の韻律や表情・姿勢・動作のパターンを描写することは、患者にとって特に有益でしょう――すなわちそれは、目に見える、あるいは耳に聞こえる情緒のサインなのですから。ひとたびこれらの身体感覚および情動が治療における対話の一部となってしまえば、次に目標となるのは、それらを呼び起こす文脈のみならず患者の感情（そして感情に対する防衛）とも、それらを結びつけることです。

マーラは、早期に喪失、ネグレクト、外傷を体験してきた患者です。ある面接で、彼女はいつにもまして呆然としている感じに見え、全く何も感じたり考えたりしていないようでした。私が彼女に、今現在、自分の身体に何を意識しているかと尋ねると、彼女は、――上腹部に、ぴんと張りつめたような感じがあるのを意識している……みぞおちのところに――と言いました。

その感覚について二人で探究するにつれ、彼女は、腹筋の緊張のために、深い呼吸がしづらいということを認識しました（ディメンの見地[76]――「息をしているのなら、あなたは感じているはずだ」――から、私は、少ししか息をしないということは、この患者にとっては、少ししか感じないための方法なのだ、と考えている自分に気づきました）。彼女は、ぴんと張りつめた感じには、もう慣れっこになっている、それは彼女を不安にさせる社交に関連していて、彼女がほかの人から何かを得たい時のかかわり合いでは、特にそうなのだ――と言いました。

身体をとり扱うことは、私たちにとって、彼女の解離された情緒を直接、私たちの関係へと持ち込むための、ひとつの手段となりました――特に、発達上の体験が、彼女に否認するよう教え込んできた、依存要求を誘発するような情緒を。

脱身体化とは、身体感覚および情動を認識し、包容するのみならず、それらを解釈することやそれらの意味を理解することをも含んでいます。最も根本的なレベルで身体感覚および情動の意味を理解することには、それらを感情として解釈することも含まれます（「お腹がぴんと張りつめていて、呼吸が浅ければ、私はたぶん、怖いと感じているのでしょうね」と、マーラが言ったように）。別のレベルでは、解釈は、現在の身体・情動体験を、それに先立つ過去の体験へと結びつけることを意味しています。たとえば、ある患者は、母親から心理的に「拷問を受けている」と感じていた時の、恐怖の幼児期体験と、自らの睾丸の痛みとを関連させるようになりました。

脱身体化とは、未解決型患者との精神療法における重要な一側面です。そして、それが最もうまくいけば、情緒調節力が強化されるのみならず、反省自己意識のための力も強化されます。これらの一対の力を高めることにより、患者は徐々に、自らの身体に捕われる体験と、それらから解離される体験との間を行ったり来たりしなくてすむようになることでしょう。また、本来、心理的なものであるはずの困難に対する反応を身体に集中的に向けずにいられない（自己判断での服薬や自傷のような）という傾向を減らすことも可能となるでしょう。要するに、脱身体化により、未解決型患者は、身体のみならず心でするつらい体験をも整理できるようになるのです。

✤「再身体化」と回避型患者

愛着軽視型成人は、自らの愛着史について話し合っている間じゅう落ち着いているようにみえるということを示した研究のことを思い出してください――彼らがほんのかすかにしか感じとっていない情緒的苦悩でも、生理学的測定が、それを明らかにしてしまうのですが[77]。このような患者はしばしば、自らの感情と結びついていないのと同じくらい、自らの身体感覚とも結びついていません。おそらくそれは、彼らの「非活性化」愛着方略が、彼らが他者を希求する気持ちに気づいてしまいそうな**全ての**内的シグナルを察知しないよう求めるためでしょう。そのような患者は、主として「頭の中で」生き、身体を、**感じる**のではなくむしろ**する**ことに専従させているために、しばしば活力が低く、情動的に抑えられ、楽しむための力が制限されているように見えます――関係性の文脈では、特にそうです。スィーガル[264]は、彼らが「全般的副交感状態過多」を示しているかもしれないということを示唆しています。通常、早期において身体的に抱っこされ、育まれる体験を欠いている彼らは、自分の身体との間にそのような養育的・受容的結びつきを持っていないのでしょう。

このような患者との治療作業の一環として、感じる身体の再生をめざす必要があります。それには、患者がしたことのない方法で、治療者が身体に注意を向ける必要があります。患者の身体体験に関する私たちの関心を伝えることにより、身体が**感じている**ことは本当に重要なのだということ（それ自体としても、患者の情緒体験のシグナルとしても）を伝えるのです。患者の体を無視するのではなく、むしろそれについて調べ、観察する必要がありますし、また身体が言葉を用いずに「話す」時には、患者に、私たちが聞いたことを知らせる必要があります。回避型患者がより身体に基づけるよう援助できれば、私たちはまた、彼らがより存在できるようになるよう援助しているということにもなります――彼らの感情に対しても、他者に対しても、彼ら自身に対しても。これは、包含的治療関係を生み出すことにより、患者が体験（この場合は、身体体験と情緒体験）を統合できるようにするための、もうひとつの方法なのです――それまでは患者が自らのものだと主張することのできなかった体験を。

◆原注

1　エプスタイン（一九九五）およびアロン（一九九八）についても参照のこと。

第十七章　メンタライジングとマインドフルネス

――心理的解放の二重らせん――

心理の流れの内容は、それらのことを知っている意識ほど重要ではない。

マーク・エプスタイン（二〇〇一）

愛着研究は、次のことを強く示唆しています。すなわち、比較的永続的な心理状態は、瞬間《モーメント》毎の主観的体験と同様に、私たちが生きている内的・外的状況それ自体により影響を受けているのと同じかそれ以上に、それらの状況に対する私たちの**スタンス**により影響を受けているだろうということです。

安定した愛着関係は、反省的メンタライジングスタンスをとる力、すなわち①柔軟な注意、②新たな情報を受け入れる姿勢、③同じ体験に対して多重の視点から考える力――を育みます。そのようなスタンスは、他者および自分自身を理解したいという場合には、きわめて重要です。特に、それにより次のことを認識できるような**心理的**視点を持つことができます。すなわち（一）行動を形作る内的世界というものが存在するということ、（二）この内的世界とは表象世界であり、それがモデルとしている外的世界と関係があるけれども決してそれと同一ではないということ――です。反省的スタンスはまた、内的自由を増進します。すなわち「主観的体験とは流動的で柔軟性のあるものだ」という気づきを促進するのみならず、個人発動性（すなわち、体験の性質に、意識的に影響を与えようとすること）を発揮できる見込みをも増進するのです。

対照的に、不安定愛着や未解決の外傷は、堅くて時にはもろい注意方略、すなわち新たな情報に基づいて古いモデルを最新版に変更する力や、多重の視点から体験について考える力（最も重要なものとして、それなしでは自分自身の行動や他者のそれの意味を理解することができないという心理的視点を含む）を制限してしまうような注意方略へと帰着します。この場合のスタンスは、埋没です。すなわち、ほかのあらゆる視点が情緒的には無関係になってしまうという、その瞬間の体験に関する狭い視点により、きわめて制限された状態になってしまうのです。そのようなスタンスにはまってしまえば、自らの体験を解釈することができないどころか、単純にそれにより限定されてしまいます。

私たちの助けを求めている患者の多くは、慢性的あるいは断続的に、自らの体験に埋没しています。彼らは、苦痛や症候、そして制限に、独力で影響を与えるには無力だと感じ、そのために治療を受けに来るのです。そのような患者が、体験そのものとそれに対する自らの反応との相違を理解することができない場合、彼らはまるで、「全ては正真正銘のゆるぎない事実だ」と言わんばかりの情緒と信念により監禁されているように感じてしまいがちです。もちろん、客観的事実とは異なり、主観的体験（すなわち、身体感覚、情緒、思考の流動的で多重の形態を持つ合成物）は、私たちが各自住んでいる独自の個人的表象世界が内的・外的現実に関する知覚を濾過する際に生じるものにすぎません。しかし、私たちの患者は、しばしばその表象世界の影響に気づけないか、あるいはその気づきから利益を得られないのです。それだけに、彼らはそのような世界に埋没する羽目に陥り、まるで地図が現地であるかのように生きているのです。

最悪の場合、彼らは既に考えていること以外は何ひとつ考えられなくなり、現在感じていること以外のことを感じているところを何ひとつ想像できなくなり、現在陥っている視点や行動方針以外では何ひとつ検討できなくなってしまいます。そのような埋没のスタンスが、個人発動性の感覚（これらの患者に、自らの体験を自分で形作ることができると感じさせてくれる感覚）のみならず情動調節や応答の柔軟性までも土台から侵食するということは、避けられないのです。

私たち治療者も、時には埋没してしまうことがあるでしょう。そしてその結果、自由に考え、感じ、行動する力は、重篤に制限されてしまうことでしょう。転移–逆転移エナクトメントは、**共有された**埋没の実例です。単純に体験に埋没している時、私たちは、**自らの内的表象世界および外的現実の世界**（ほかの人々の行動を含む）の両方に支配されています。メンタライジングスタンスやマインドフルスタンスには、そうして二重に埋没している内的・外的状況による支配をゆるめてくれる潜在力があるのです。

「脱埋没」のプロセスとしてのメンタライジングとマインドフルネス

臨床的に決定的に重要な所見、すなわち、ある成人の①考えについて考える力（メタ認知）および②根底にある心理状態の観点から人間行動を解釈する力（メンタライジング）は、その成人の愛着史として記憶されている事実よりも、愛着の安定性および安定した子どもを育てる力に関する優れた予言者であるという所見[99]を思い出してください。明白に、反省的スタンスをとるための良く発達した力は、個人の生育史がきわめて恐ろしいものであったとしても、それをしのぐことができるのです。

ある私の患者は、幼少時に、その重篤さという面ではほとんどグロテスクと言っていいほどのネグレクトと虐待を受け、心理的に傷ついていました。しかし、非凡な回復力を持つ彼は、決して外傷的生育史により障害されてはいませんでした。彼の情緒的生存のカギとなったのは、五歳の頃、自分の母親が「狂っている」ということを認識できたことでした。この早期のメンタライジングにより、彼は、発達的に悲惨と言える状況からの影響を和らげることができたのです。

生涯を通じて、メンタライジングは「自分たち自身の主観的体験にも他者のそれにも解釈できる深みと表象にすぎない性質とがある」ということへの気づきを促進することにより、私たちを内的世界と外的現実への埋没から解放する潜在力を持っています。たとえば、私の患者は、母親の不安定な心理状態を見抜くことにより、恥と罪悪感にまつわる自らの内的体験を埋め合わせることができました。母親を正気とみなし、自分自身を悪いものとみなすのではなく、母親を「狂気」として描写し直したのです。そうして、彼自身は善良なのだという見込みを維持したと言えます。

メンタライジングにより可能となる「表象書換え」[164]および解釈により、今ここでの生《なま》の体験の暗黙の心的土台のみならず、想起された過去および想像上の未来の観点からみたその文脈までもが明らかになることでしょう。すなわちメンタライジングは、それ「心のタイムトラベル」[314]を促進するのですが、それにより逆説的に、私たちは、より十分に現在の瞬間に居られるようになります。逆にメンタライズ力を欠いている場合には、往々にして、落胆するような過去の影や壊滅的な未来の想像の中で、現在を体験しているということになってしまうものです。

メンタライジングにより、私たちは、体験についてその根底にある心理状態およびそれらの歴史の見地から考えられるようになるため、それまで罠にかけられてきた反射的で自滅的な反応からの脱同一化が促進されます。そうしてメンタライジングは、習慣的に考え、感じ、実行するパターンの「脱自動化」[73]に寄与します。メンタライジングは、体験とそれに対する反応との間に心理的空間を開いてくれるため、またしばしば時間間隔をも広げてくれるため、それは「脱埋没」[243]と表現できるでしょう。

メンタライジングとその特徴としての反省的スタンスが、愛着理論においては突出して注目されているのに対し、マインドフルネスは、愛着理論家からはほんの付随的な関心しか得てきませんでしたが、それも、問題の多い心理状態からの脱埋没・脱同一化を促進する、体験に対するスタンスです。

しかし、体験の心理的な**深み**（その無意識的側面およびその歴史を含む）に注意を焦点づけるメンタライジングとは異なり、マインドフルスタンスは、現在の瞬間《プレゼントモーメント》における体験の**広がり**に意識的かつ非判断的に注意を集中することにより、内的・外的状況による支配をゆるめるのです。

マインドフルスタンスにおいては、体験の意味について**考える**（私たちが意図的にメンタライズする時、そうしているように）のではなく、ただ単純に、今ここでの全景に**注意を払う**のです——今ここでの体験をできる限り直接的に理解するために、できる限り十分にその体験の中に意識的に居るようにして。[32] そのためには、受容すること、手放すこと、[124] あるいは時に信心と呼ばれるものが必要になります[82]——特に、私たちが注意を向けている体験が痛ましいものである場合には。しかし、もしも私たちが、そのような体験に対抗するのではなく、それに目を向けることを選択するのならば、瞬間から瞬間へとつづく体験を途切れることなく形作ってはまた作り直すという、思考、感情、身体感覚のつかの間のパレードに気づけるようになることでしょう。

注意をどこへ、またどのように向けるかを意識的に選択することは、マインドフルスタンスのカギと言えます。そして、ここで意識的に選択できるか否かは、まず自分の注意が**どこに向いているかがわかるかどうか**にかかっています。ひとたびわかってしまえば、気づきと気づきの対象とを区別する感覚を強化するというかたちで体験に専心できるようになるでしょう。またそのプロセスにおいて、内的安全基地として機能しうる自らの**気づきに関する気づき**との同一化を強めることもできるでしょう。マインドフルな注意により、体験の持つ万華鏡のように絶えず変化する性質（仏教の慣用句で言うところの**無常**）が明らかになるにつれ、通常、体験はより堅くないものになる（すなわち、より単一的でなく、より融通性のあるものになる）ため、私たちはより楽にその体験の中を動けるようになります——そうして、変化のプロセスも促進されるのです。

同時に、マインドフルスタンスにより、自分自身および他者に関する体験は、**より本物として**、すなわちより血の通った、手に取るような経験的「リアルさ」のある体験として感じられるようにもなります。そのような変化は、過去と未来が、主観的に現在の瞬間の体験から剥ぎとられる時に生じます。すると、「今ここ」は、突然、解放的な超時間性という性質で満たされているように感じられることでしょう――窒息させられそうな永続性ではなく。

この雰囲気においては、①「気楽さ（lightness of being）」と、②より慈悲深く、地に足のついた現在中心の在り方で体験に応答する緊急性――という、逆説的な両方の感覚があります。この自由と緊急性という生気を吹き込む二重感覚により、内的世界が外的現実とかかわり合う際に時々生じる無力な催眠状態（trance）は、打破されます。マインドフルネスにより、体験に対するそれまでの自動的で無意識的な応答に気づいたり、そこから脱同一化したりできるようなある種の目覚めが促進されるのです。このように、患者にとっても治療者にとっても、マインドフルネスは、メンタライジングスタンスと同様に、脱埋没および変化のための有力な資源になりうると言えます。

もちろん、メンタライジングは精神療法実践の主成分の一つです。根底にある心理状態という視点から行動に応答すること、すなわち体験に意味を与える感情、信念、願望の観点から体験を理解することとは、私たちが毎日、患者と共に行っていることです。マインドフルネスもまた、疑いなく、その本来の価値で、私たちをよりよい「メンタライザー」にしてくれることでしょう――私たち治療者を、より十分に、また落ち着いて現在に居られるようにしてくれることによって。この「開放的な存在（open presence）」[91]という性質は、患者および私たち自身の中で最も情緒的に突出したものに対する敏感さを高めてくれます。狭くない、むしろ幅広い注意の焦点を通して、マインドフルスタンスは、統合的で、心と同じくらい身体の産物でもあると思われる、直接的なある種の知（knowing）を可能にします。この統合された知は、患者が感情について考えたり、思考により呼び起こされた感情を体験したりできるよう援助する際に、大変役立ちます。したがって、マインドフルネスにより私たち自身のメンタライジングが高まれば、患者のメンタライズ力を強化する助けにもなると言えます。

関係的文脈においてメンタライジングとマインドフルネスを発達させる

ボゥルビィが示唆しているように、愛着関係とは、発達のための文脈として非常に強い影響力のあるものです。なぜならば、子どもはそれを必須のものとして体験しているからです。エインズワースが明らかにしたように、個々の愛着関係が安定性を授けるのか不安定性を授けるのかを決定しているのは、まさに（最初は非言語的な）発達上の対話におけるコミュニケーションの質（すなわちその包含性、柔軟性および情動調節の有効性）なのです。そして、メインが示したように、早期の対人関係的対話は、注意力を有効利用するための作業モデル・ルールとして内在化され、（とりわけ）体験に対するスタンスを形作ります。

精神療法においても、児童期の発達と同様に、体験に対するスタンス（特に、非常に情緒的な体験に対するスタンス）は、愛着関係という母体《マトリクス》において形作られ、また作り直されもします。体験から脱埋没することのできる治療者（あるいは親）は、患者（あるいは子ども）も同じくそれが身につくような関係性を生み出すことができます。患者にとっても子どもにとっても同じく、安定性およびメンタライジングの発達のカギとなるのは、愛着人物がその人（子）の心のことを気にかけてくれているという関係性の体験です[97]。精神療法におけるそのような体験は、共感的に調律する治療者のメンタライジングスタンスにかかっています。すなわち、敏感に応答してくれる親のそれのように、暗示と明示のいずれの側面も有するメンタライジングスタンスです。

暗黙のメンタライジングには、非言語的情動的手がかりを、その進行中に直観的に読みとることが含まれています。それは右脳の専門分野であり、それにより私たちは行動の持つ心理的な意味の視点からそれに応答することができます。患者の情緒状態を、それと一致した表情や声のトーンで反射的に「映し出す」時、私たちは通常、意識の外で暗々裏にメンタライズしています。行動に対するこのような（すなわち、共感的な）自動的解釈および応答は、患者が感じてもらえている、理解されていると感じるような関係を育てるために、決定的に重要なものです。

明白なメンタライジングとは、対照的に、**意識的な**プロセスです。すなわち、しばしば暗示を明示にしつつ、行動の意味およびその心理的土台を意識的に反省するために、「左脳という解釈者」[117]の持つ言語的資源を用いるのです（患者の怒った声のトーンに表れている否認された恨みについて、治療者がコメントする場合のように）。私たちが、患者の体験（あるいは、治療関係における私たち自身の体験）を理解するための努力を言葉にする時にはいつでも明白にメンタライズしていると言えるでしょうし、患者にも同様にするよう奨励していると言えるでしょう。

とりわけ、患者のメンタライジングスタンスをとる力を徐々に強化しているのは、まさに、より一層安定していく愛着関係の文脈において暗示的にも明示的にもなされる治療者によるメンタライジングなのです。同様に、マインドフルでいられる治療者は、患者のマインドフルでいられる力を育てる助けになるよう愛着関係を用いることができます。

先に示唆しましたように、マインドフルネスは「伝染」します。落ち着いていて受容的なもうひとりの人がいれば、自分の中に平穏さとわずかばかりの自己受容をみとめることは、より容易でしょう。私たち治療者がマインドフルでいられる時には、しばしば患者が共通の立場で私たちと会っているように感じられます。この全ては、暗々裏に生じることです。また、患者のマインドフルネスを**明示的**に奨励することもできます。たとえば、患者が現在の瞬間の体験にとどまれていることを彼らに示唆する場合や、今ここでの体験に焦点づけずには答えられないような質問を彼らに持ちかける場合がそれに当たります。私たちが、**起きてしまった**ことや**起きようとしている**ことに注意を向けるのではなく、**起きている**ことに注意を向けている時にはいつでも、患者がマインドフルでいられるための好機を生み出しているのです。また、患者が、気づきと受容を以て現在の瞬間に「在る」ことができている時にはいつでも、彼らは自らのマインドフルネス力を強化しているのです。

二重らせん——臨床事例

思うて、しかも思わないすべを、われらに教えたまえ。
静かに座るすべを、われらに教えたまえ。[a]

——T・S・エリオット[88]

精神療法におけるメンタライジングスタンスとマインドフルスタンスの関係は、二重らせんに喩えられるでしょう。すなわち、部分的に重複している一対のらせんで、繰り返し、繰り返し収斂したり分岐したりしているものです。メンタライジングとマインドフルネスは異なるものですが、相補的で織り交ざっている、体験を理解したりそれに対して応答したりする方法であり、各々、他方を強化します。すなわち、「洞察は落ち着きを誘発し、落ち着きは洞察を誘発する」のです。[63] メンタライジングスタンスとマインドフルスタンスのいずれによっても、患者が①より有効に情動調節し、②発動性の感覚を感じ、③それまで解離されていた体験を統合できるよう助ける治療者の力は強まることでしょう。またいずれによっても、心が世界の体験を仲介しているやり方を私たち（治療者も患者も）が認識できれば、気づきも内的自由も増大することでしょう。

目的は、もちろん①苦痛を減らすこと、そして②患者がより活き活きとし、自分自身とも他者とも、より結びついていると感じられるよう援助できるようになること——です。埋没している患者の苦痛は、多くの形をとり、また多くのことを引き起こします。その多くは、苦痛を避けようとする試みから生じています。不安定愛着に関わる非活性化および過活性化方略は、未解決の外傷に関連する解離や「行動化」と同様に、現在の苦痛と未来の苦痛の見込みとをいずれも減弱させるための自動的で防衛的

a 訳注 訳は、『エリオット詩集』T・S・エリオット、上田保・鍵谷幸信訳、思潮社より引用。

な手段として理解することができます。治療者のメンタライジングおよびマインドフルネスは、患者の苦痛と共に在る在り方であり、また苦痛を避ける方法でもあります。すなわち両方とも、それのための居場所を作ることができ、また潜在的にはそれらを減弱させることもできるのです。

しかし、治療者も患者と同様に、情緒的な痛みには脆弱であり、時にはそのような痛みに対する自らの習慣的防衛に埋没してしまうことがあります。結果的に、私たち治療者も、単純に埋没している間は（患者がきわめて頻繁にそうしているように）、決まって、自己保護的な思考・感情・関係パターンにうっかり出たり入ったりしているのです。そこでは私たちは、まるで暗記しているかのように演じきります。

✤「一年間、ありがとう」

この言葉で、エレンから私へのクリスマスの手紙は終わっていました。エレンは強迫的に自殺企図を繰り返す患者で、その治療については、既に第十五章で論じ始めています。そこ（430～436ページ）では、エレンとの二回の面接を要約しています。すなわち、最初のは、**修正感情体験付きのエナクトメント**を特徴とするものであり、二番目のは、エレンの手をとり、彼女を安全だけれども不毛な孤立から引っぱり出して、新たな関係性の世界へと導き入れようとしている私自身のイメージに基づいて結晶化された解釈を特徴とするものでした。この二つの面接により、その後の一連の面接が動き出しました。そしてそれらを振り返ることにより、①患者と治療者の共有の埋没と、②それらの支配をゆるめる助けとなったメンタライジングおよびマインドフルネス――という二つのエナクトメントの間にみられた複雑な関係性を明らかにできるのではないかと思います。

エレンと私の長期にわたる関係性における①生死にかかわる賭け、②ゆっくりだけれども確実に進展しているという感覚、③二人の体験における部分的「重複」――が、私たちの間に強いきずなを育ててきました。何年もの歳月の後、彼女は深く（**完全に**

安定してはいないにしても）私に愛着していますし、私のほうも、今や彼女に対する愛情は深く、また責任感もゆるぎないものとなっています。これは、遷延した苦しみの期間（自殺の脅しと自殺企図、夜半の電話、警察沙汰、救急医療、入院を含む）と、その後の（ある程度の）嵐の後の静けさがあってこそ得られたものです。

私たちがもがいてきたのは（事実上、治療開始時から）、依存をめぐる問題です。誰が誰の世話をするのか？　それが問題なのです。エレンは、これまでの人生を通して、他者の世話をするよう強いられていると感じてきました。ごく早期から、これは両親から彼女に命じられた役割でした。両親は、本来、自分たちが彼女の世話をすべき時期に、彼女に、彼ら二人のみならず年少のきょうだいたちの世話をもするよう要求したのです。大人になったらなったで、彼女に依存する他者を持つことが、情緒的には彼女の「お決まりの職務」となりました。治療において、私に依存したいという自らの要求と戦っていた彼女は、まるで溺れているのに救助に抵抗する人のようでした。

また、彼女は無意識的には救われることを切望していました――まさしく私が、彼女を救えるようになりたいと無意識的に切望していたように。輝く鎧《よろい》を身につけたエレンの騎士という私自身のイメージこそが、救われたいという彼女側の希望のみならず、彼女を「救いたい」という私自身の要求をも初めて私にちらりと見せてくれたものでした。治療のターニングポイントとして第十五章で記述した面接において、私はこのイメージとその意味についての推測を、彼女と共有しました。

その後、数回の面接にわたり、エレンはいつものように、かなり怒っている様子で不平を言いました――彼女はあまりにも私に依存しすぎるようになってしまった、と。彼女は、私の示唆、すなわち彼女の狼狽が、彼女を魔術的に救いたいという私の願望および魔術的に救われたいという彼女自身の願望に関する話し合いに伴って生じたのではないかという示唆を、ほとんど聞き入れようとしませんでした。彼女は、自らの狼狽の意味について考える心理的余地を持っていないようでした。彼女は、感じたり理解したりできるような心理状態にはなく、むしろ感情＝それに基づいて行動すべき事実という息が詰まりそうな心的等価の世界に完全に埋没しているように見えました。彼女が想像することのできる唯一の解決は、私に会う頻度を少なくすること、すなわち週二回ではなく週一回にするということでした。

私は、彼女が感じていることについて私と一緒に考えようとしない（あるいは考えることができない）ということに、少々欲求不満を感じていました。けれども、考えることに関わるエレンの困難さは、その不穏な面接において私たちが少し話し合った、まさにその望みに結びついているのではないかと彼女に示唆することは、私にとっては有用なことでした。彼女の「メンタライジング」は、部分的には彼女の「飽く無き望み」、すなわち彼女が子どもの頃に得られなかったものを私から受けとりたいという望みにより妨害されているのではないかと、私が（違う言い方で）提示した時、そのことが彼女の苦境に対する私の共感を深め、彼女を救いたいという要求の切迫性を和らげる助けになったからです。なお、さらに私がより十分に理解しなければならなかったのは、私自身の心理におけるこの要求の根源でした。

✤「誰もハンドルを握っていない」

これから概要を述べようとしている四回の面接のうちの最初の面接で、エレンは、**私**が治療において何か重要なことが起きようとしていると感じているということはわかるけれども、**彼女**にはそれほどの確信がないのだと言いました。彼女は、私が何を考えているのかを、もう一度説明してほしいと求めました。

私は答えました。「あなたは、私があなたの手をとり、より良い世界へと導いていくことによって、あなたをどうにかこうにか『救済する』というイメージについて、私が語った時のことを覚えていらっしゃいますよね。そんなようなあなたの望みが、自分が何に関してもがいているのかを理解するために私と共に作業したいとあなたが思うのを難しくしているのではないかというのが、まさに私の推測です。むしろ、あなたは私と共に居て、両親との間で体験できなかったこと、つまり安心と強さとを感じながら成長するために必要としていた愛と世話の全てをここで体験すれば、何とか救われるだろうという望みを持っておられるのではないかと、私は思っているのです。」

彼女が、私がそう考えるのはわかるけれども、それが本当に真実なのかどうかはわからない、と言った時、私はこう主張しました。

「あなたが自分の感情に持ちこたえることや、それらを知ろうとすることや、少なくともそれらの手がかりをつかむためにそれらを私と共に言葉にするということについて、いかに気がすすまないかということを、私たちはこれまでに何度も話し合ってきましたよね。」

この考えは、彼女が問題なくかかわれるものでした。「気がすすまないんじゃなくて、感じていることに注意を払うということを積極的に嫌悪してきたんです。」（長い沈黙。）「だから、あなたが言っていることのその部分については、本当だと思います。」（再度、沈黙。）「本当に、ひどく骨の折れることだという感じがします。」（沈黙。）

「それで、骨の折れることだと感じてみて、いかがですか？」

「不安になります。できたはずなのにしていなかったことみたいなんですもの。でも、私にとっては重要でもなんでもないことなのに、なぜ私が悩まなきゃならないんですか？　私にとっては、もう遅すぎるんです。望みを持てる理由なんてありません。私には、未来があるようには感じられないんです。未来があると思っているなら別ですけれど、そうではないので、そこまで努力したくないですね。」

これらの言葉を聞き、私も絶望感を持ちました――まるで、私が何を言っても、彼女に届くには不十分なのだろう、というような。エレンにとって、自分のために自分の資源を用いるということが、どれほど深い困難さを伴うことか。おそらく不可能と言っていいほどなのだろう――ということを、今一度認識し、私は沈み込んでいる自分を感じとりました――エレンが車の運転席に座っているところの心的映像が、自然に、心に浮かんで来るまでは。

このようなイメージあるいは隠喩《メタファー》とは、治療者のメンタライジングから非常にしばしば生じる形式です。時に、そのようなイメージは、治療における対話の決定的に重要な部分となり、患者のメンタライジング力の強化に寄与する潜在力を持っています。どうしてでしょうか？　イメージと隠喩は（メンタライジングそれ自体と同様に）、象徴を含んでいます。すなわち、それらは何かほかのものを表しているのですが、それらは情緒的現実のとある局面を意味深長に表象する（ことが期待される）傍ら、遊びに用いられもするのです。つまり、治療において、そのような、初めは非言語的な象徴をとり扱っている時、私たちは「現実と遊んで」（フォナギー&ターゲット）いるのです（これは、私たちがメンタライズしている時にしていることの、非常にうまい表現ですね）。私はエレンと、このイメージを共有する決心をしました。

「たった今、あなたが、未来があるとは思えない——と言っていた時、私の心に、あなたが車の運転席に座っている映像が浮かびました。車は動いていません。あなたは運転席に座っていますが、気がすすまないと感じているか、あるいはおそらく実際に運転することなどできないと感じているかなのでしょう。あなたの言葉を用いれば、あなたは、フロントガラスを通して前方にある何かを見ることを『積極的に嫌悪』してきたようですし、バックミラーを覗き込んで背後にあるものを見ることも積極的に嫌悪してきたようです。前方や後方を見ることができなければ、当然、運転するのは非常に危険だと感じることでしょう。本当は、あなたはきっと、誰かほかの人に運転してほしいと思っているのでしょうね、本当に安全にどこかにたどり着けるように。」

「私は運転したくありません、あなたの言う通り……誰かほかの人に、安全なところへ連れて行ってほしいんです。」彼女は独特のトーンで、また誰かほかの人が運転すべきだという彼女の権利を表す怒りや、そのような願望に声を与えることでの羞恥心を、順次表現しているという様子で、そう言いました。

彼女の痛ましい二重感情を感じとった私は、こう言いました。「わかります。もちろん、あなたはそうしてほしいですよね。自分にはそうしてもらう権利があるという気持ちと、そうしてほしいと思うことへの恥ずかしさや屈辱感とをいずれも、あなたなら感じるにちがいないと、私には思えます。」

「怖すぎて、前を見ることなんてできません。だって、とっても心細いじゃないですか。それに、後ろを見るのは、まさに圧倒される思いがします。あまりにも長い間、そうしてはきませんでしたから。」（ここで泣く。）「コントロールできない事態になってしまいそうなんですもの。……壊れてしまう以前には、いつだってコントロールできていましたんですよ。私はいつだってコントロールできていました。でも、それ以来、なんだか、誰かほかの人が代わりにコントロールしてくれるのをただ待って、そう願っているだけになってしまって。」彼女は明らかに、自らの感情と向き合い、苦しんでいました。

私は言いました。「私は、代わりにコントロールしたくはないです。でも、私はその車の中で、あなたの隣に座っていたいのですが――ちょっぴりですが、あなたは今にも再び運転し始めるかのようだったから。そして私は、あなたが道路に目を向けつづけたりバックミラーを見たりできるよう助けるために、そこにいたんです。」

「でも、もし自分で見たり、感じたり考えたりしていることに実際に注意を払ったりなんかしたら、いっぱいいっぱいになってしまうと思うんですよね。私にはわかるんです。」

「私には、あなたがブレーキを踏めないのではないかと恐れているように思えるのですが。」

私は、彼女にはブレーキが踏めるということを示すために、いくつかの方法について詳しく語りました。すなわち、安全な場所を思い浮かべること、呼吸に注意を向けること、私たちが各セッションの始めにしているような瞑想をすること――です。その面接時間がほぼ終わりになる頃、彼女は私に言いました――彼女はいつも、車に関する夢を見ていたのだと。幼い少女の頃には、彼女は後部座席に乗って怯えている、なぜならば、誰も運転していなかったから――という夢を見ていたのです。そして今や成人になった彼女は、独りで車に乗っているけれども、運転席に座ることができない――という夢を見ているのでした。

✤「岐路に立つ」

数回後の面接で、私たちが瞑想している間に、ある考えが（後から思えば、あまりにも意味深長で明らかなのですが）、私の心をよぎりました。すなわち、

エレンが自らの発動性の感覚を体験するためには、私が運転する時間をより少なくする必要があるという考えです。私は黙り、いつもとは違って、エレンが先に話すようにするのです。つまり、彼女が、疲れを感じている、と言えば、私は、今ここで疲れているというのは、彼女にとってはどんな感じなのか？　と尋ねるのです。

ゆっくりと静かに、彼女は言いました。「いろいろ混ざっている感じがします……安心な感じと、心地よい感じと。私は、ただここに居られているみたいです……でもそれでいて、今日は何か進歩したいようでもあります。」

何か、かすかに駆り立てる発動性らしきものがありそうに聞こえたので、私は黙っていました。私の注意は、彼女の言葉へと向けるのと同じくらい、自分の呼吸や身体の内部へと向いていました。私は落ち着いていて、現在に居るように感じられ、行動しなければというプレッシャーがいつもよりもずっと少ないと感じていました。また、吸気と呼気に伴って、腹が膨らんだり沈んだりしているのにも気づいていました。そして彼女の内臓感覚をとらえているという感覚と、彼女のために空間を作っているという感覚を抱いていました。

考えと考えの間で立ち止まり、彼女は言いました。「疲れた。だって、考えが猛スピードで走っているから……私の心は、いつも、ある事柄から別の事柄へと飛び移っているみたいなんです……絶え間なく、外部から押し付けられた考えによって自分を迷わせてしまうから、実際に自分の中で起きていることと共に居られないんです。」

「よくわかります。私も、狼狽している時には、自分自身の心の中で走り回るような体験をしますよ。どこか安全な場所か、理解か、それとも結論か、枠づけかなにかをさがしているみたいなんですよね。」

「でも、あなたにはあなたの考えが見えているでしょう。私の場合はただ、自分の考えから走り去っていくだけなんです……いつも、自分の体験から立ち去っていくんですよね。」

もしも向き直ってそこへ向かっていけるのならば、そうしたほうがいいんだけれど、というのが、私が考えていたことでした。それから、私は自らの注意を、再び内部へと向けました——呼吸している身体の、私自身の体験へと。今や私は、何も計算しようとはしていませんでした。落ち着いていて、開放的な感じがしていました。

非常に長い沈黙の後、エレンは言いました。「なんとなく、私は岐路に立っているように感じています……でも、正確には言えません。」

次の長い沈黙を破って、私は言いました。「あなたは、選択か、あるいは方向を決めようとしてもがいているという感じなのでしょうか。」

「デイビッド、私は、自殺しようという考えを放棄することに関して、もがいているんです。」

深い、聴きとれるほどのため息を、私はつきました。

「そしてそれはとっても難しい……そうすることはとっても難しいんです。だって、それが私のたったひとつの安心材料なんですもの。ずっと、私にとっては当てにできるものだったんです……ずっと、私が欲しかった、ただひとつのことは、安心感を持つことでした。でも、私の人生には、どこにも安心感など見当たりません……でも、子どもたちはもう大人になったから、私が自殺しても困らないだろう、と信じ込むことが、実際、どんどん難しくなってきているんですよね。」

ここでの、彼女の深まっていく共感性は、メンタライジングの標識であり、また彼女が「ごっこ」の世界から脱埋没していることの標識でもあると思われます。彼女は、虚無という慰めを求める自らの気持ちに安易に順応しようとして、「子どもたちは私なんかいないほうが、ずっと楽でしょう」という想像をしていたのです。

「このことが正しいのかどうか、教えてください。あなたがますます子どもたちの身になって考えるようになっているというふうに、私には感じられるんです。あなたは、あなたの自殺が彼らにとってはどう感じられるんだろう、と想像していますよね。そして、そうしてみた時に、『その影響力は、たいして大きくもなければ、それほど破壊的でもないだろう』という信念を維持するのは不可能なんですよね。」

「その通りです。それに、私はあなたのことも考えます。でも、自分の気持ちとなると、どう扱えばいいのかわからないんです。パニックになった時には、私はここで学んだことを自分に言い聞かせられるだろうと思います。『それは、きっと通りすぎていきますよ』と。でも、私には何かが欠けているみたいなんです。脳の一部か、あるいは体験について考える力か、洞察かなにかが。」

「私はあなたの力が欠けているとは思いません。あなたには実践が足りないんだと思いますよ。でも、感情に注意を払うこと＝まさしく圧倒されることだと恐れているのならば、実践したいと思うのは難しいでしょうね。」

「でも、ここで感情について語っても、帰る時にはそれほど圧倒されてはいなかったという体験もしたんですよね。」

この面接が終わりになる頃には、エレンが自ら見つけた岐路が、自殺という「安心」を放棄することによってのみならず、生きることを選択することによっても不安になるという見込みを表象しているということが、いくぶん明らかになってきました。そしてこの選択は、体験から逃げるのではなく、自分自身でハンドルを握り、何とか自分の体験へと向き直る勇気と主体性とを召喚するという恐ろしいイメージを、彼女に予感させたのです。

✤「考えたくないんです」

その面接の最初のほうで、エレンは言いました
――ほかの州に住んでいる妹を訪問する予定のクリスマス旅行のことで、非常に強い不安を感じているのだ、と。具体的には、何に関して不安になっているのでしょうか？　彼女は、強くて完璧でなければならない、すなわち彼女は妹の世話をすることができなければならないと感じていたのです。とにかく、エレンは、妹から見て自分がこのイメージにそぐわないのではないかとすっかり怯えきっていて、その感情や考えに異議を唱えることができないか、あるいはそうする気になれないようでした。つまり、そうだと言ったらそうなのでした。
私は、このコンクリートのような融通性のない世界に、今一度、欲求不満を感じました。この辺で、ちょっと考えるべきことがあるだろう。それが、彼女にはわからないのだろうか？　彼女が自ら創り上げた不幸から外へ出る道を掘り進むのを助ける責任を、なぜ私だけが負っているみたいなんだろう？
――エレンを困惑させそうなこれらの応答を自制していると勘違いして信じ込みながら（たぶん私はそれらを隠していると言うべきなのでしょうけれど）、私は、むしろ彼女の妹は、**エレンほど**強くて支えてくれるような他者を**必要としてはいない**ということがはっきりするような議論へと、彼女をうまく引き込もうとしました。そうしたところ、エレンが自分の

殻の中へと引きこもろうとしているようだということに気づいたため、妹の世話をする必要があるという自らの確信について、私と話し合ってみるのはどうか、と彼女に尋ねてみました。

「私には、あなたが私を叱っているか、あるいはガミガミ説教しているようにしか感じられないんですけど」と、彼女は応えました。

私はため息をつきました——もちろん、彼女が正しいとわかっていましたから。ここでの関係の断絶を修復するための努力として、私は言いました。「おっしゃる通りだと思います。実際、私は時々、短気を起こすことがありますし、欲求不満になることもあります。あなたはご自分の感情を感じているところなのに、私は明らかに、あなたにその感情と共にもっと何かしてほしいという私側の要求を、あなたにしつこく向けてしまいました。だから、自然と、あなたはその要求のターゲットになっていると感じる羽目に陥ったんですね。でも、言っておきたいのですが、あなたを助けようとする努力によって、逆にあなたが傷ついてしまうというのは、私がいちばんしたくないことなんです。」

目に涙をためて、彼女は言いました。「あなたが私を傷つけたかったなんて思っていません。でも、あなたがわかってくれているとも思えないんです。そう感じるのをやめようと思って自分に言い聞かせているんですけれど……でも、ちっともうまくいきません。その感情は消えていかないんです。」

「もちろん、そうでしょうね。私が、あなたにそう感じるのをやめさせようとしていると思っていたのですか？　私が言っているのは、全く別のことです。私が言いたいのは、あなたが感じていることがその点での最終判断というわけではないのではないかということです。つまり、あなたが感じていることについて考えてみるのはどうかと言っているんです。」

彼女は涙の抗議で、こう答えました。「デイビッド、私は考えたくないんです。私は責任を負いたくありません。誰かほかの人に考えてほしいんです。誰かほかの人に責任を負ってほしいんです。子どもの頃、あまりにも多くの責任を負ってきましたから、もうこれ以上負いたくないんですよ。」

ここで、私は彼女のもっともな苦痛に対する共感を体験していますが、また同時に、ほんの二～三分前に、叱られていると彼女に感じさせたのと同じ欲求不満も、いくらかは体験していました。まだ私自身の手ごわい感情と向き合い、もがきながらですが、それでも、愛と世話を求める彼女の切望の深さは、私に聞いてもらい、**感じてもらわなければならない**のだということが、私には理解できました。そうすれば、彼女はそれにつづいて、その切望に関してもう一つの視点から考えてみることができるかもしれないのですから。メンタライジングのための空間を開くには、エレンはまず、かつて与えられるべきだったのに与えられたことのなかったものを今得たいという、彼女の絶望的に満たされていない望みの「真実性《リアリティ》」を、私が認めているのだということを感じる必要があったのです。

「まだ子どもなのに、親でいなければならなかったというのは、理不尽なことですよね。私には、誰かにあなたのために責任を負ってほしい、あなたの親にはできなかったかあるいはとにかくしなかった、必要不可欠な方法であなたを世話してほしい――というあなたの望みがよくわかりますし、正当なことだと思えます。」

さて、彼女が次のように応答した際、私は、彼女の安堵感の形跡と、もう一方ではよりかすかではあるけれども抗議の形跡とをいずれも感じとりました。「責任を負うということに、全く自信がないんです。とにかく、できないんです。誰かほかの人に運転してほしいし、誰かに世話をしてほしいし、私のために考えてほしいんです。でも、そんなことは決して起こらないだろうと、わかっています。どんなに私が求めたとしても……誰も、本当にそうすることは、ないでしょうね……わかっています、私しかいないし、自分のためにやるしかないんだ、と。……でも、とにかくそうしたくないんです。」

「繰り返しになりますが、あなたの望みがどんなに無理な望みであったとしても、私にはよくわかります。それには情緒的な意味があります。それに、明らかに、私はあなたの世話をしたいと思っているし、あなたも私から世話を受けていると感じていると思います。でも、ここで、私があなたのために考えるということがあまり多すぎても、あなたは対価を払うことになると思っているんです。なぜなら、そうすると、あなたはますます自信が持てなくなるし、ますます独立独行できないとか、よりあなた自身をコントロールできていないなどと感じる羽目に陥ってしまうでしょうから。」

「本当に、あなたが思っているみたいに、私にはできると思える自信が全くないんです。本当に、無理なんですから。」

もし彼女がこのことを何年か前に言っていたとしたら(何ヵ月か前か、おそらく何週間か前でさえも、こう言っていたとしたら)、私は、こんなふうに応答することの有用性に確信が持てなかったでしょう。「以前にもこんな会話をしたことがありましたよね。一緒に思い出してみませんか? あなたはとにかく考えることができないのだと私に語っていた、そんな会話を。でも、次の面接で会った時や、次に電話で話した時には、あなたは多くの考えを持ってきましたよね。それにあなたは、日記を書いている時には、明らかに思慮深いですよね。だから、少なくとも時々は、問題は、体験について思慮深く考えることができないというよりも、考えたくないということなのではないでしょうか——たぶん、特に、ここで私と居る時には。」

「そうだとしても、たぶん、考えることなんて何もないですよ」と、彼女は言いました。それから、少し悲しげに、「たぶん、私はただの、本当につまらない人間なんです。おそらくあなたのほかの患者さんたちみたいな複雑さを持ってはいないんです。あなたはもう、私について知るべきことは全て知っていますよね。もう知るべきことなんてないわ。だから、本当にもう、考えることなんてないんです」とも。

私はここで、再び欲求不満を感じましたが、同時にメンタライズできてもいましたし、エレンのメンタライジングプロセスを引き出せるだろうという希望もありました。私は言いました。「現に、考えることならたくさんあると思いますよ。あなたは、誰かにあなたの世話をしてほしいとあくまで主張しつづけるべきか、それとも私の助けを得ながらご自分のためにあなたにできるベストを尽くそうとし始めるべきかを決断しようとして、もがいているんですよね。これは、あなたの立っている岐路の別の側面ではないでしょうか? もしもあなたが自殺しないとしたら、あなたはご自分の人生をどうしたいですか?」

二言三言かわした後、その時間は、せいぜい何やら不確かな言葉らしきものに帰結しました。私は動揺し、少々落胆した気持ちに陥りました——再度、私は、うまくやろうとしてあまりにも一生懸命、彼女を説得しすぎてしまったということをつくづく実感しながら。それは、一歩後退という感じでした。

次にエレンと会う日の朝、私は次のことを私自身のために書き記しました。その背景にあったのは、私自身の生育史に関する反省（メンタライジング）でした。

なんともつれた網目を織らねばならないことか[b]。私は自分自身を苦境から救い出すために、エレンに良くなってほしいと求めているのだ。それに対し、彼女は自分自身を苦境から救い出すために、自らの無力感を強調することで、私にも無力感を感じさせたいと思っている。同時に、彼女は、私が彼女を癒してくれるのを待っている――完全に責任を負うべきだと感じてしまう私の脆弱性を、うまく誘い出して。だから、私は怒っている。彼女が私に、彼女を治させてくれないからだ。肝心なことは、ここにはエナクトメントがあるということ。そして、もし私がよりマインドフルで、彼女を良くしたいという自らの要求に駆り立てられることがより少なければ、私の問題ある部分は弱まるだろうということだ。もし私が自分の志向をより控えめにし、物事をあるがままにさせておけるのならば、それは助けになることだろう。そうすれば、彼女の体験が何であろうと、私の対処能力（そして含蓄によれば、彼女の対処能力に関する私の確信）を伝えながら、彼女の感情を自分で持たせることができるだろう。彼女の問題に、そうひっかかりなさんな。そして彼女を、私のそれに、そうひっかけなさんな。

✤「別の種類の悲しみ」

エレンとの共同創造のエナクトメントへの私の関与に関し、新たに理解が深まったように感じていることを要約してきましたが、その四回の面接のうちの最後の面接に、これから入ります。私は自らの体験にそれほど埋没していないと感じ、また私の母親との関係の様相をエレンと共に反復するというほとんど無意識的な強迫からも、より自由になったように感じていました。この、よりゆったりとしていて柔軟な心理状態において、私は、何かを起こしたいとか彼女を変えたいとかいう要求に支配されることなく受容と共に現在に居るということ（すなわち、マインドフルであるということ）が、ずっと容易になっていることに気づきました。

瞑想の後、私が目を開けると、彼女の目が濡れていたので、何を感じているのかと尋ねました。ほとんど囁くように、彼女は答えました。「悲しい……それに、不安な感じがします……。」　彼女はカウチの上で移動し、私と距離をとりました――彼女自身から逃げようとしているという印象を残しながら。それから、彼女は軽く頭を横に振りました――まるで、自ら感じていることに向かって「ノー」と言っているかのように。

「ちょっとだけ、その感情を感じていられそうですか？」

「ここ二、三日、ずっとこんな感じで、大変でした。もうこんな感情を感じているのは、無理そうです。」

「それで、何について悲しいと感じているのか、わかりますか？　あるいは、何があなたを不安にさせているのか、わかりますか？」

「妹のところへ行く旅のことを恐れているんだということは、わかっているんです。母親が埋葬されているところへ帰るのは……いつも、旅の前には心配になります。行きたくないんですよね……特に、私ひとりでは……。」

「怖いと感じる文脈の一部は、私たちがしばらく会わないということでしょうか。」

「ええ。」　それから私のほうを真っ直ぐに見て、彼女は静かな、しっかりとした声で、言いました。「私はとってもあなたに頼っているんですから。」　小休止の後、彼女は付け加えました。「たった三回、面接がないだけでしょう……と、自分に言い聞かせているんですよ……でも、とっても長いように思えますね。必要なら電話してもいいということも、わかっているのに……それでもなお……。」

私は落ち着いた、静かな気持ちで、彼女という存在を受け入れました――即座に応答しなければという、いつもの内的な圧力を体験することもなしに。彼女と一緒に居ながら、私はまた、自分自身の呼吸と身体へも注意を向けていました。私は、自分の腹を通して彼女を「知る」という、経験したことのない感覚を抱きました。すなわち、私の「直感（gut sense）」は、「私が手綱を手放した

b　訳注　ウォルター・スコット著、『マーミオン』の中の有名な一節。「ひとたび人を欺くと、（つじつまを合わせるために）なんともつれた網目を織らねばならないことか。」

ら、彼女がそれを取る」というものだったのです。

「悲しい気持ち……それは過去のことみたいだけれど」（長い休止。）まるで彼女は、たった今、自ら言った言葉を聞いているかのようでした。そして、その言葉の意味の深さを、自らに認識させているかのようでした。――彼女はつづけました。「妹のところへの旅は、まさにそれを全て振り出しに戻してしまうんですよ……過去に関する感じ方の全てや、両親にまつわる感情、それにどれほど両親が一度も私を守ってくれなかったか……。」彼女は激しく泣き叫び、それからほとんど囁くように、言いました。「誰か守ってくれる人がほしいな。」

「ふむ……そうですよね……もちろん、そうでしょう。」

彼女が話している間、私は、心の眼に映った、以前彼女が語ってくれた過去のイメージ――彼女が以前受けていた外傷とネグレクトのイメージ――を見ていました（その頃の彼女は、いくらか解離した状態で、もしあまり長くそんなイメージを抱いていたらきっと自制心を失ってしまうだろうと恐れているかのように語っていました）。彼女の話に沿って、私は相槌を打ちました。また、彼女の悲しみに同感してうなずき、その後、あたかも彼女の静かな憤慨を共有するように、軽く頭を横に振りました。それから私は、エレンが自らの感情を回避したりそれに圧倒されたりすることなく感じられているのだということを、かなり突然に、ぱっと照らし出しました。なおも驚いたことに、彼女は、いつものように気分が沈んでいるということについて語るのではなく、悲しみを感じているということについて語っていたのです。

涙ぐみ、頭を垂れながら、彼女は言いました。「私は母の墓へ行くと思うし、当然、悲しむと思いますよね。でも、私が本当にやりたいのは、母の墓を侮辱して、クソババア！　と言うことなんです……。」静かなすすり泣きの合間に、彼女は申し開きをするような声のトーンで言いました。「両親が死ぬ前に、仲直りできればよかったのだけれど……。」

「あなたは今まさに、それをしようとしているみたいですね。」

涙越しに、彼女は私を見ました。まるで、私が彼女に関して言っていることが真実かどうかを、私の表情から読みとっているかのようでした。それから、彼女は両掌の上に顔を落とし、より激しく泣きました。

彼女が落ち着いた頃、私は、今感じているのは、いつもの悲しみなのか、それとも新たなものだろうか、どうなのだろう、と尋ねました。

「それは、別の種類の悲しみみたいです。」長い沈黙の後、彼女は言いました。「私はまた、恐れも感じています……妹にお金を無心されるんじゃないかと思って。私には、妹を援助する余裕などありません。……でも、彼女を援助しないということもできないんです。」私たちは、エレンの恐れと強迫的に他者を世話する傾向について探究しました。エレンは、弟は、妹に対して、自分とは非常に異なる応答をするだろうと語りました。すなわち、「彼ならこう言うでしょう――『とにかく、自分の世話ぐらいできるだろう！　と、彼女《あいつ》にわからせてやるよ』って。でも、私にはそんなこと、きっと言えません……私には。」

「おお、広げるのにちょうどいいですね、この疑問は。あなたは、妹さんに、もっと多くの責任を負ってもらうことができるでしょうか？　私は、あなたに、もっと多くの責任を負ってもらうことができるでしょうか？　明らかに、私たちは二人とも、この疑問に直面してもがいているんですよね。思うに、私たちは二人とも、ほかの人の感情を世話することを期待されるという家族で育ったのでしょう。そして、もしそうしなければ、非常に高い代償を支払わなければならなかったんですよね。」

ここで、彼女は前の晩に見た夢について語ってくれました。――彼女は公共の場所にいて、今にも爆弾自殺をしようとしていました。医師がいて、彼女に、思い直すようにというようなことを語りかけていました。そして、非常にびっくりしたことに、医師は、爆弾を持っていくでも、彼女を世話をしてもらえる場所へと連れていくでもなく、彼女を爆弾と一緒に置き去りにしたのでした。彼が去って、独り残された彼女は、どうにか自力で、爆弾が爆発しないようにしなければなりませんでした。もしもそれが爆発したら、彼女のそばにいた他人までもが死んでしまうでしょうから――。

その夢について話し合うなかで、私は、それは、ちょうど今話し合っていることに関係があるのではないかと示唆しました。第一に、その夢は、彼女が皆の世話をし損なえば、彼らは自力でしないだけではなく、暴力的破滅までもが生じるだろうという彼女の恐れを表現していると思われました。「それこそ、私の家族に起きていたことです」と、彼女は言いました。それから私は、その夢はまた、彼女により多くのことを期待しながら、本当に私は、彼女を独りぼっちにして去っていくんだ――という彼女の苦悩を伝えてもいるのかもしれない、と付け加えました。彼女は確かにその苦悩を抱いていたと、すなわち私自身も実感しているように、彼女を安心させようとして長々と説明するというかたちで私が応答したことに辟易《へきへき》していたと白状しました。

そしてその時、どれほど私は自分ばかり話していたことだろう、またどれほど彼女のための居場所を少ししか作ってあげなかったことだろう、と気づいた私は、こう言いました。「私があなたの役に立てるからと言って、どれほどあなたの進路に乗り込んでしまってもいたことか、ということが、今ますます明らかになってきましたね。ここでそんなにも多くのことを私に考えさせているのは、あなたの世話をすることへの私自身の強迫のようですね。そしてそれが、あなたが私と一緒に作業することを困難にしているのですね。過去を置き去りにして進むというのは、まったく、とてつもなく難しいことですね……明らかに、私たち二人共にとって。……私にとっては、いつも母親のことを気にかけていなければならなかったということです——さもなければ、大変なことになったから。……そしてあなたにとっては、私が思うには、同じようなことか、あるいはもっと悪い……。」沈黙の後、読みとりづらい表情をしている彼女を見ながら、私は言いました。「私自身の育ってきた体験を聞くというのは、あなたにとってはどうなのでしょうか？」

「安心します。あなたの身に起きたことを基にして、私を理解する方法を得たということなんですよね。おかげで、私は気が狂っているんじゃないかしら——という気持ちがより軽くなったし、より安心感を持てる気がしてきました。」

この瞬間でさえ、私は、彼女に手綱を手渡すということが、自分にとってどれほど難しいことかと気づかされました。「私たちの会話について考えてみると、これらの古いパターンが、どれほど深く流れていることかと思いますよね。私は全く変わっていませんね。」私は微笑みながら、付け加えました。「まったく、私はほとんど黙っていられませんね。本当に、止まらないんですよね。」

彼女もまた、微笑みながら、言いました。「そして、私にとっては、始めることが大変なんです。」

「というと？」

「私自身の人生に責任を負い始めるということが大変なんです。ほかの人の分の責任なら自動的に負ってしまうのに……」——彼女はため息をつきました。

「今、どんな感じですか？」

「少し気分がよくなりました。どのようなことが起きたのでしょうか？」

「話して、泣いたんです。」彼女は少しだけ涙ぐみながら、彼女にとって泣くということがどれほど困難かということを、私に語ってくれました。すなわち、彼女はずっと、これらの感情から顔を背けてきたのです。もしも後ろを振り返り、この人生が違うものだったらというあらゆる可能性を思って嘆き悲しんだりしたら、彼女は逆戻りして古い抑うつの中へと沈み込んでしまうだろうと、恐れていたのです。彼女は泣くことを抑うつ的になることと結びつけていたのだと、そして再び抑うつ的になってしまうことをひどく恐れているのだと言いました。

「あなたが今、泣いているのは、悲しみであって、抑うつではないと思いますよ。抑うつは、感情ではありませんから。あなた自身を悲しいと感じるにまかせておくことは、あなたがそれほどの抑うつに陥ることを回避する方法かもしれませんよ。」後ろを振り返ることは、いつも決まって、何かにつけ自分を責めることにつながるのだと、彼女が反論した時、私は、彼女が自分を責めるのは、子どもの頃に得られるべきだったのに得られなかったものの喪失を悲しむことを避ける、もうひとつの方法かもしれないということを示唆しました。

その面接の終わりに、彼女は、抑うつと、自殺することとを手放すにあたり、非常に入り混じった感情を抱いていると語ってくれました。「それが私のしてきたことなんですもの。……それが私の生き方だったんですもの。……それに、もし私が悲しみや怒りを感じるとしたら、その強さといったら、それはもう恐ろしいものでしょうよ……」

「そうですよね。でも、あなたは現に今、それらの感情を感じ始めているんですよ。」

✤エナクトメントと二重らせん

治療的変化とは、神秘的なものです。そのうえ、私がたった今概要を述べたような一連の面接により、私の感覚、すなわち患者の中で生じる変化は治療者の中で生じる変化に左右される、また多くの場合、治療者の中で生じる変化のほうが先んじていることが求められるだろう、という感覚は、ますます強まりそうです。[274] 振り返ってみると、エレンと私があるエナクトメントに閉じ込められていたということ、またおそらく私の心理が彼女のそれと同じぐらいそれに寄与していたということは、明らかと思われます。

私たちの関係の初期には、あたかも彼女は、溺れている状態から救出してほしいと、私に求めているかのようでした。彼女は、むらがあり強烈な自らの情緒と、彼女の人生の（明らかに）手厳しい外的状況により、それほどまでに圧倒されていたのです。その後の治療においては、このエレンの救われたいという要求が私の救いたいという要求に、あまりにもぴったりとはまり込んでしまったために、以前は「感じることと扱うこと」に関する彼女の深遠なる困難さ[106]が問題になっていたはずが、今や少なくともそれと同じ量の、彼女の深遠なる気のすすまなさが問題になってきているということが、私にはなかなか見えてきませんでした。

メンタライジングとマインドフルネスにより、私は徐々に、エナクトメントにおける自らの役割を認識できるようになったうえに、それに応じて自らの行動を変えられるようにもなりました。二重らせんのイメージが、ここでは適当でしょう。なぜならば、反省的スタンスとマインドフルスタンスが、しばしば患者の脱埋没の前提条件であるところの治療者の脱埋没を促進するために、織り交ざっているからです。

メンタライジングにより、私は、最初のイメージ、すなわちエレンの手をとって新たな世界へと導くというイメージのみならず、第二のイメージ、すなわちエレンが車の中に座っていながら誰かほかの人が運転してくれるのを待っているというイメージをも、思い描くことができました。これらのイメージを言葉にするなかで、私はエレンと一緒にエナクトしているシナリオの本質を徐々に理解できるようになりました。すなわちそれは、私たち特有の私的混合物、すなわちとらわれ型患者の治療における中核的問題[31][79]として同定されてきた、スターク[285]の言う「飽く無き望みと、悲嘆への拒絶」、ならびにメイン[191]の言う支配－世話提供方略（controlling–caregiving strategy）の、私たち独自の版だったのです。

マインドフルスタンスを意識的にとること（患者

に焦点づけるのみならず、自分の呼吸している身体にも焦点づけること）により、私は、自らの援助強迫からいくらか自由になることができました——ある部分では、現状に対し抵抗したり現状を変化させたいと思ったりすることなく**現状を受容するということ**を通して。そのような受容のおかげで、私は徐々に、不安げで介入的な愛着人物としてではなく、むしろあたたかなそれとしての体験をエレンに差し出せるようになったのだと確信しています。彼女の自らの感情を感じ、考える力、すなわちメンタライズ力の著しい向上は、関係的文脈におけるこの変化に追従しているものであり、決して偶然ではないと、私は考えています。

精神療法において、メンタライジングとマインドフルネスは、安定した愛着を育てるものとして証明されてきたある種の発達的対話に寄与する潜在力を持っています。[183] 具体的には、両者は、二つの明瞭で相補的な「知」の形式として、対話の包含性を高めることや、対話を新たなレベルでの気づきへと向上させることができるのです。特に心に留めておくべき重要な点は、メンタライジングとマインドフルネスが、情動調節、自己発動性および統合に寄与しうる手段であるということです。

✤情動調節と二重らせん

ブッチ[57]は、どれほど内的表象が情動とつながっているかを強調するために、「作業モデル」ではなく「情緒スキーマ」という用語を用いています。確かに、私たちが患者と共にエナクトしている情緒スキーマから脱埋没するためには、自分自身の情動を効果的に認識し、調節しなければなりません。すなわち、効果的に認識し、耐え、調整するのです。そうすることで、私たちは、患者のつらい情動を効果的に調節できる関係性を生むことのできる安全基地として、より十分に機能できるようになることでしょう。

メンタライジングは、情動調節を強化します。エレンをケアしたいという私の不安げな望みを、より一層認識し、名づけ、理解できるようになればなるほど、ますます私はそれを包容していられるようになりました。エレンの私にケアされたいという望みと他者の世話をしたいという望みを、私がより一層認識し、名づけ、理解できるようになればなるほど、ますます彼女も同じことができるようになりました。また、これらの不安げな望みについてとり扱ったことで、その奥に在る「より深い」感情（怒り、そして最も重要なのは悲しみですが）のための居場所を作ることができたのです。エレンと居る時の私の行動の土台となっているものに関し、彼女と共に声に出して考えることは、体験に対する反省的スタンスのモデルとなりました。また、**彼女の**行動に関する私の暗黙のメンタライジングならびに明白なメンタライジングも、同じくそうでした。私は、とりわけ後者が、彼女が感じられた、理解された、世話されたと感じる助けになったと確信しています。また、彼女が自らの問題の多い感情を、それに従って行動すべき事実とみなすのではなく、むしろ理解すべき心理状態とみなせるようになったのもまた、そのおかげなのだと確信しています。つまり、そのおかげで、彼女はこれらの感情により容易に持ちこたえられたのだと思うのです。

マインドフルネスもまた、より多くの感情に持ちこたえられるようにしてくれます。すなわち、マインドフルスタンスの本質とは、**ありのままの**体験（痛ましい体験を含む）に関する心のこもった開放的で慈悲深い気づきだからです。それだけに、それには「徹底受容」[45,179]の態度で（患者の、そして私たち自身の）つらい感情および思考のほうを「向く」訓練が含まれます。徹底受容とは、実用的なことです。なぜならば、苦痛とは、非常に多くの場合、痛みを避けようとする努力から生まれるものだからです——ある患者が、「**痛み×抵抗＝苦痛**」と記したように[267]。つまり、痛ましい体験を避けようとしたり、変えようとしたりするのではなく、そのような体験の中に入って苦痛を「和らげること」や、体験の中で「呼吸をすること」により、実際に苦痛を減弱させることができるのです。しかし、ご注意ください。悩ましい体験に身をゆだねることとは、それを支持することや、それにしがみつくこととは全く別のことです。受容とはまた、「手放す」ことをも意味しているのです。ここでの逆説は、私たちが反射的に拒絶してしまいがちな体験を徹底受容することが、そのような体験を手放せるような文脈を創造するということです。加えて、痛ましい感情へのマインドフルな気づきにより、それが一時的なものであるということも、わかるようになります。そして、これらの感情が生じるところと消えていくところの両方を実感できるようになるにつれて、それらの脅威は減弱していくことでしょう。さらには、既に述べたように、単純に呼吸に注意を向けることそれ自体が、落ち着きを促進します――特に、そのような注意が、瞑想訓練を通して慣れ親しんだ心理状態と結びついている場合には。部分的には、このことは、エレンに、面接室内外で瞑想することを奨励したことの理論的根拠と言えます。

彼女にかかわる際、意識的にマインドフルスタンスをとるようにしたおかげで、私は、自らの不安に従って行動してしまうことなく比較的落ち着いてそれと共に居られるようになりました。そういう心境でならば、私は自らの感情に、受容と関心をもって注目することができたのです。この方法でそれらを包容することにより、私はエレンに、彼女自身の情緒体験を包容するための、より大きな器を提供できるようになりました。すなわち、今ここでの彼女のつらい情緒に優しく注意を焦点づけることで、それらのための居場所を作れるようになったのです。同時に、さまざまな方法で「ブレーキを踏む」ことにより彼女がこれらの情緒を包容できるよう助けたことにより、彼女がそれらに脅されていると感じることは、より少なくなったようです。

✤発動性と二重らせん

個人発動性（personal agency）は、意志、選択、自由および責任の従兄弟と言えます。行動主体（agent）は、物事を**引き起こします**。精神療法において、私たちは種々の異なる発動性の発達を促進することができます。メンタライジングな治療者は、**心理的行動主体**としての患者の自己感を育みます。すなわち、①自らの体験にも他者のそれにも解釈の余地があるということ、②主観的体験とは「ただ単に起きていること」ではなく、理解により作られては、また作り直されるというものなのだということ——を認識している人を育むのです。相似形として、マインドフルな治療者は、**注意の行動主体**としての患者の自己感を育みます。すなわち、自らの注意とその焦点づけを管理できるがゆえに自らの体験に影響を及ぼせる人を育むのです。

（埋没のスタンスではなく）メンタライジングあるいはマインドフルスタンスのいずれにおいても、私たちは、自らの気づきを利用するという選択をすることができます。エレンは、先述の面接において、自らの気づきを有効利用するにあたり発動性を行使する力がますます身についていくところを見せてくれました。彼女は、それまで隔離されていた事柄をつなげているのだと語っていました。言い換えれば、彼女は、自らの体験を完全に額面どおりに受けとるのではなく、むしろそれを**反省する**ことを選択していたのです。彼女はまた、自らの感情によりとり乱してしまうことなく、それに注意を向けることを意識的に選択しているとも語っていました。そして、それらの感情が圧倒的なものになった時には、呼吸に焦点づけたり、想像上の安全な場所に焦点づけたりすることにより、それらから顔を背けるという選択もできるということを学んでいました。これらの方法で、彼女は心理的行動主体・注意の行動主体を行使していたのです。

エレンには、メンタライズすることやマインドフルでいることを**選択**できるということがわかってきました。いずれの発達も、選択や意図が端役でしかなかったという彼女の習慣的埋没スタンスからの離脱を表すものでした。ひとりの行動主体としての彼女が無力感を抱くことは、より少なくなることでしょう——かなりのリスクがないわけではないでしょうけれど。私たちが共に理解するに至ったように、エレンにとっては、自ら運転するということはまた、失った児童期を悲嘆し、また抑うつという安全で親しみのある繭《まゆ》を放棄するという挑戦でもあったのです。

✤統合と二重らせん

私たち治療者が、患者との体験に対して意識的にメンタライジングスタンスやマインドフルスタンスをとることを選択する際には、発動性を行使します。そのような意識的選択は、私たちが回避型あるいは不安なとらわれ型の心理状態に埋没していると気づいた場合には、特に重要です。たとえば、私自身の不安をやりすごすためにエレンに対して強迫的に介入している自分に気づいた時に二人のかかわり合いを**反省する**ことができたことや、自らの体験に従って行動してしまうことなくマインドフルな状態でただ単純にそれと共に**居る**ことができたことは、決定的に重要でした。私たちが患者と共にエナクトメントに埋没したままでいる限りは、エレンの悲しみや発動性の体験のような、解離された感情や未発達の能力に接近し統合するための空間を作ることはほとんどできないのです。

治療者の意識的なメンタライジングおよびマインドフルネスと、患者のそれらは、単一の統合プロセスの相互支持的側面です。しかし、このプロセスを作動させるのは、しばしば治療者のマインドフルネスなのです。首尾よくマインドフルスタンスを始め、現在の瞬間《プレゼントモーメント》に「着地すること」により、私たちは、何が患者と私たちとのかかわり合いにおいて最も重要なことなのかが「わかる（know）」（すなわち、感じとる［sense］、感じる［feel］、あるいは直観する［intuit］）ようになります。この種の知は、気づきと受容とを融和します。ある種の全体論的で統合された、身体を基礎とした受容性を通して、それは、言葉の裏にある問題の情緒的核心へと到達します。したがって、それにより患者も治療者も、それまではっきり表現できなかった体験の側面へと接近できるようになるのです。ひとたび接近できれば、この暗黙の体験あるいは解離された体験を、明白にすることも探究することもできるようになります。すなわち、メンタライズすることができるのです。そのような一連のマインドフルな理解および反省的理解は、統合プロセスを促進するうえで役に立つことでしょう。

たとえば、最近会った新患（不幸な大企業のリーダー）の面接で、私は、なぜだか説明できない、わけのわからないよそよそしさを感じていることに気づきました。すなわち言い換えれば、そこで私のメンタライジングが行き詰まったことが判明したのです。この時点で、マインドフルスタンスを培おうと意識的に選択することで、私は、それまでは耐え難いと思っていた現在に、ある程度居られるようになりました。そしてほぼ即座に、私は、患者により支配され、脅されているという自らの感情体験に結びつくことができただけでなく、患者の深くて持続的な脆弱性の体験と考えられるものにも結びつくことができたのです。私がこの全てを言葉にしたことで、私たちは、共有のメンタライジングプロセスを開始することができました。すなわちそれは、患者自身がみとめる短気さの背後にある恐れと傷つきを、彼が認識する助けとなったのです。彼はまた、怖がったり狼狽したりした時に慰めを求めて振り返ることのできる親が、自分にはいなかったのだということも実感しました。やむをえず、彼は、自分でかき集められるあらゆる資源を用いて、自分自身を世話することを学びました——他者を脅したり自らの脆弱性を寄せつけないようにしたりするために用いていた怒りを含めて。

マインドフルネスにより可能となるその種の「広帯域」の受容性は、意識的なメンタライジングの本質的先駆と言えるでしょう。そのような受容性は、「解離された現在」、すなわち患者とその治療者が無意識的にそっぽを向いてきた感情および身体感覚の居場所を作るためにあると言っていいかもしれません。この今ここでの体験を明白にメンタライズするためには、その前に接近しなければなりません。そして治療者のマインドフルスタンスは、そのような接近を促進するのに完璧に適しているのです。

マインドフルネスは、過去と未来に関する散漫な思考を減少させます。マインドフルスタンスにおける気づきの焦点は、「物事に関する考えではなく、物事それ自体」なのです[292]。この種の気づきは、対人関係的・身体的・情緒的な知覚およびコミュニケーションの経路を開きうるものです。それらは、治療者の、体験について考えることによりそれを理解しようとする試みを越えたところに在るものであり、時にはそのような試みにより妨害される場合もあります。そのうえ、マインドフルネスは、それが促進しうる受容の質により、その範囲を大いに限定されます。治療者の持つこの種の受容性（自己受容性と、患者に対する受容性のいずれも）は、それ自体が、以前は暗黙に在ったかあるいは解離されていた体験の出現と気づきに寄与するものです。

私たち治療者の現在の瞬間へのマインドフルな注意は、そのような体験への、より鮮明な焦点づけをもたらします。そのうえ、メンタライジングは、多重の視点をその体験に向けることができます――その意味を、より効果的に理解できるような詳細な文脈を、それに与えながら。この文脈は、今ここでの体験を、過去や未来へと結びつけてくれるでしょう。それは、治療関係の歴史や治療外生活との関連において、現在の瞬間の位置を定めてくれるかもしれません。あるいはそれは、今、前景に在るものを、患者が今は接触を失っている自らの心理のさまざまな側面へと結びつけてくれるかもしれません。要するに、私たちのメンタライジングは、患者のそれと並んで、患者の治療者との生《なま》の体験を、新たな、より適応的でまとまりのある物語りへと、徐々に統合できるようにしてくれるのです。明白なレベルでは、そのような物語りは、患者の体験に意味を与えます。またそれは、治療者が患者に提供する（よう望まれる）調律していて包含的な愛着関係を介して（主として）暗々裏に生じる解離された感情、思考、願望をも統合し、「閉じこめる（lock in）」のです。

マインドフルネスを育む

……そして、全ては常に、「今」にある。[c]

――T・S・エリオット[89]

精神療法とは、（最初は）治療者と（またその後には）患者が、とりわけ受容と共に十分に現在に在

c　訳注　訳は『四つの四重奏曲』T・S・エリオット、森山泰夫訳、大修館書店より引用。

り、また気づいていようとするというマインドフルネスの共有訓練を行うための環境（setting）を提供する、親密な協力関係です。このように（すなわち一種のツー・パーソンによる瞑想として）治療を理解すると、現在の瞬間において実際には何が起きているのか（治療的かかわり合いにおいて起きている体験に関する考えのみならず、体験そのものについても）に注意を向けることの魅力が際立ってきます。マインドフルスタンスにおいてそのような注意を働かせれば、①**私たちに対して**起きていることと、②**私たちの中で**起きていることとの相異に関し、解放的な気づきが生まれることでしょう。仏教心理学では、この「純粋な注意」の実践（すなわち、①瞬間毎の体験、②体験に対する反応――を観察すること）は、それ自体が癒しになると考えられています。[91] 治療者として、患者の中にも私たち自身の中にも、そのような癒しのプロセスを培うことに専念できる多彩なアプローチがあります。

✤マインドフルな治療者

正式な瞑想に従事している治療者は、黙して座している時のみならず、他者（患者を含む）とかかわり合っている時にもマインドフルネスを可能にする筋肉を鍛えています。そのような実践により、**気づきについての気づき**が覚醒し、実際に現在に居るとはどういうことなのかが理解できるようになります。それはまた、禅師の鈴木の言う**初心**、またフロイトの言う**平等に漂う注意**という関連用語で記されているような体験に対するスタンスをとる力の強化にもつながります。すなわち、次のように。

> あなたの心が空ならば、いつでも何に対しても準備が整っています。すなわち、全てに対して開放的で居られるのです。初心には、多くの可能性があります。ところが、老練者の心には、それは少ししかありません。
>
> （鈴木、一九七〇）

その技法とは……特別に何かに対して注意を集中しようとすることなく、聞こえてくる全てに関して注意の集中を維持することから成る、落ち着いた静かな注意深さ、すなわち「平等に漂う注意」という、いつも変らぬ方策のことである。……注意がある視点に意図的に集中されるや否や、人は、目の前にある材料の中から注意すべきものを選び出し始めてしまう。……しかしこれは、まさにしてはならないことである。すなわち、もし自らの期待にこの選択が追従しているとすれば、既に知っていること以外には何も見つけられないという危険があり、またもし自らの好みに従うとすれば、知覚されるものは全て、ほぼ確実に偽造されたものだろう。

（フロイト、一九一二／一九二四）

柔軟に、**何に対しても**比較的偏りなく注意を向けるということは、先入観に影響されすぎる傾向を減弱するのみならず、自分の期待を患者に無理強いしてしまうという脆弱性をも減弱するということがわかっています。ビオン[29]は、彼の著した最も印象的な用語について述べるなかで、この種の注意について記述しています。

精神分析家は、患者と面接で会う時には毎回、初めてその患者と会っていると感じられるような心理状態を達成するよう志すべきである。もし、その患者とそれまでにも会ったことがあると感じたら、現実とは異なる患者を治療しているのである。

平等に漂っている現在中心の注意を、強烈な感情や堅固な考えにより乗っとられたことに気づいたら、（起きていることの意味を理解するために）メンタライズするか、あるいはまさしく瞑想でするように「今ここ」に立ち返ろうとするとよいでしょう。すなわち起きていることを認め、それからゆるやかに自らの呼吸あるいはそのほかの感覚体験へと注意を向けるのです。そうすれば、今一度、自らの注意（すなわち、意識的な気づき）に身を置くことができるようになるはずです。主観的には、これは、あたかも自動操縦のようなトランス状態から「目覚め」たかのように感じられることでしょう。精神分析家マリオン・ミルナー[211]は、これに関連して、治療者は、自らの身体体験に焦点を合わせつづけるのが賢明と言えるだろうと示唆しています。[原注1]

　また、行動を止める（あるいは速度を落とす）ことによっても、精神療法における現在の瞬間に再度存在できるようになることでしょう。すなわち、治療あるいは患者をA地点からB地点へと動かす努力に捕われてしまうことなく、今現在、まさにここで実際に起きていることの詳細へと、研ぎ澄まされた焦点づけと好奇心とを以て、ただ単に注意を払うことができるのです。その瞬間の体験へと注意を払うために立ち止まること、つまり「何かを起こし」たり「変化を促進し」たりするのをやめることにより、私たちは、するのではなく**在る**ことができるのです。[121] それはまた、意識的な気づきに身を置く助けにもなります（意識的な気づきとは、安全基地として機能しうる内的「静止点」です）。一度に一つのことだけに意識的に注意を払うこと（すなわち、弁証法的行動療法における「中核的マインドフルネススキル」）は、同様の効果をもたらしうるものです。[179] 私たちがよりマインドフルで現在中心のスタンスへとシフトすれば、しばしばそれは、患者がより現在の自分自身になれるよう導いたり、あるいはそうすることの困難さに少しでも気づけるよう導いたりしていることになるのです。

　最後に、患者との面接中に、私たち二人はあと**五十分しか生きられない**（あるいは、その面接の残り時間しか生きられない）というふうに想像することにより、より十分に現在の瞬間に入り込むことができるかもしれません。この心理的な手品により、治療的な出会いの体験は、ガラリとマインドフル志向に変わるため、しばしば私はこの方法で確実に今ここに降り立つようにしています。つまり、とらわれるか距離をとるかしていたり、感情的になりすぎるか知的になりすぎるかしていたりする時、この思考実験をすれば、たいていの場合、私は我に返ることができるのです。

✽マインドフルな患者

　治療者の中でマインドフルネスを培ってくれるものはまた、患者の中でも同じ働きをしてくれることでしょう――すなわち、瞑想すること（面接内外での）、身体体験へと焦点づけること、行動を止めること、一度に一つだけのことに焦点づけること、あるいは今あと数分しか生きられないというふうに想像することでさえも。暗示的には、これまで言及してきたように、私たちが患者と関わる際、私たちという存在のマインドフルな性質を通して、マインドフルスタンスを育むのを助けることができます。明示的には、いろいろな「瞑想法」を通して、マインドフルスタンスを奨励することができます（アローノー、ジャーマーらにより引用、二〇〇五）。[122] マインドフルネスとは三つの要素から成っている（すなわち、**受容**を伴う**現在の体験**に関する**気づき**）ということを考慮すれば、私たちはいつでも、これらの要素のうちの一つかそれ以上に、介入を焦点づけることができるでしょう。

第一に、今ここでの体験へと患者の注意を引きつけるという介入があります。すなわち、**この瞬間、あなたは自分の身体に何を感じていますか？　あるいは何を感じとっていますか？　今現在、あなたは自分のために何がほしいですか？　今、あなたは私に何を望んでいますか？**　あるいは、**今現在、あなたの顔には笑みが浮かびましたが、あなたはその話を楽しんでしているようには全く思えないのですが。**——というようなことです。質問するにせよ観察を伝えるにせよ、ここでの目的は、現在の瞬間において起きていることが何であれ単純に気づけるよう患者を助けるということです。

第二に、現在の体験に関する患者の受容を培うことを目的として介入することができます。もちろん、患者が（時には私たち全員がそうであるように）、自ら感じていることを十分に感じてみようという気になれないということは頻繁にあります。彼らは苦痛を避けるために、自己保護的に頑なになったり、ぼうっとしたり、あるいはほかのより危険な情緒（たとえば、羞恥心）から離れていようとしてある情緒（たとえば、怒り）にしがみついたりします。このような体験それ自体を受け入れることへの（誰もが理解できるような）気のすすまなさに気づいていないということも、頻繁にあります。このような体験に対するありがちな無意識的抵抗を意識化することは、通常、それを「和らげる」ための前提条件となります。ひとたびそれを認識し、承認できれば、患者が徐々にその抵抗を理解しようとするような示唆を与えるとよいでしょう――それが何から成っているのかを理解し、納得できるように。すなわち、**今現在、あなたは何を感じたり、感じとったりしているのか、気づいていますか？　あなたは何を感じることを恐れていそうか、気づいていますか？**――などです。それから、患者がそれまで避けようとしてきた体験へと「向かって動こう」としたり、「緊張をゆるめて入り込もう」としたりする気になっているかどうかを尋ねるということは、大変有益でしょう。これに関連して、ジャーマー[121]は、共同作業により患者の体験を受容する力が培われうるような文脈の構築をめざす「動機づけ面接」という形式を提唱しています。すなわち、次のように。

患者は、より穏やかな気持ちになることを延期しようという気になってくれそうですか？――自らの体験をより詳しく探究する間、もしかしたら最初のうちは**一層不快に**感じるかもしれないけれども、最終的にはより良い気持ちになるために。患者は、不快感を減弱しようとしてぴんと張りつめるという深くしみついた習癖が、自らの問題の本質なのだという理解を考慮に入れてくれそうですか？　患者は、もし感情をありのままにしておいたらそれはより容易に通りすぎていくものなのかどうか、探究してみようという気になってくれそうですか？

ほぼ同じ趣旨で、私も、患者にその逆説に関する理解を伝えようとしてきました――すなわち、痛ましい体験に抵抗することは、それをその場に固定したままにすることであるのに対し、そのような体験を受け入れることは、それが変化できるようにすることなのだと。この理解を言葉にすることにより、単純に自らの体験それ自体を受け入れるということの持つ癒しの力を患者が理解できるような、有用な枠組みを与えることができるのです。

加えて、患者が、自ら体験している（内的あるいは外的）出来事と、これらの出来事に対する自らの反応との相違を理解できるよう援助することができます。例えば、**あなたは、あなたの妻が遅くまで働**

いているのを拒絶だと思うのは、あなたの気分が沈んでいる時だけだということに気づいていますか？ 異なる気分の時には、それについてどれほど異なる考え方をしているか、気づいていますか？――というふうに。

さらに、マインドフルネスにより経験的にアクセスできるような洞察、特に思考や感情とはコンクリートのように堅固な「現実」ではなく、むしろ流動的で常に変化している心理的な出来事なのだという洞察の見地から介入することができます。例えば、**あなたは、今現在、感じていることと共に居ることができていますか？ 何に気づきますか？ 感じていることにおける何らかの変化に気づいていますか？**――というふうに。非判断的に観察された（それ自体、容易でないことですが）主観的体験は、通常は変化することでしょう。すなわち、苦痛な体験は、一般的にはより苦痛が少なくなり、気持ちの良い体験は、それほど気持ち良くなくなるものなのです。[258]

メンタライジングを育む

患者の苦しみの多くには、体験に対するメンタライジングスタンスの発達の失敗あるいは未解決の外傷は、脱線が含まれています。うつ病および未解決の外傷は、人格障害全般と同様に、全て「**心の誤知覚**（**mind misperceiving**）と、**心それ自体の内容と機能の状態の誤表象**（**misrepresenting**）」（アレン＆フォナギー、二〇〇二）の実例として理解できるでしょう。たとえば、うつ病患者は、絶望および自信喪失を、説明可能な心理状態としてではなく、単純に現実の正確な反映として体験しています。この内的・外的世界のうつ病的等価と対照的なのが、それらの分断であり、解離あるいは自己愛的防衛を持つ患者にみられるものです。これら二つの非メンタライジング様式の間を揺れ動くのが、境界人格障害の患者です。彼らは、自分自身の心や他者の心をのぞき込むということを、ひどく恐れているようです。これら全ての患者を助けるためには、彼らのメンタライズ力に点火するか、あるいはそれを回復させることができなければなりません。

ここでのカギは、私たち自身のメンタライジング能力です。体験に関し、ただ一つの視点に埋没するのではなく、多重の視点を生み出すことができるのならば、また内的現実と外的現実とを等価にしたり解離したりするのではなく、結びつけることができるのならば、そして根底にある心理状態の観点からお互いを理解し、自らを理解することができるのならば、私たちは、患者も同じことをし始められるよう助けてあげられることでしょう。

✤患者の心を読みとることを通して「マインド・リーディング（読心）」を教える

患者の心を読みとるためには、患者の内的体験に共鳴し、反省し、正確に映し出す（身体あるいは言葉で）ようにしなければなりません。そうすることで、患者が自分自身の心の反映を、私たちの心の中に見られるようにするのです。私たちの**暗黙のメンタライジング**、すなわち患者の主として非言語的手がかりに対する、主として非言語的な応答性は、この間主観的プロセスにおいて決定的に重要な役割を演じます。また、マインドフルスタンスは、この種の自動的・直観的応答性を申し分なく高めてくれるでしょう。そして私たちの**明白なメンタライジング**は、当惑させるような、矛盾した、（あるいは）苦しめるような暗黙の体験の側面を強調したり説明したりするために、言語を当てがいます。そのようなメンタライジングは、「暗示について解説する」のです[6,35]。

しかし、治療者側の多すぎる明白なマインド・リーディングは、患者が自分自身の心や他者の心を読みとる力の発達を、土台から侵食する場合があります。フォナギーは、治療者が患者に何が起きているのかを教えるという「老練者スタンス」に対して警告しています（「あなたは今、怒りを感じていらっしゃいますね」）。彼は代わりに、治療者が、今ここでのかかわり合いや事実の言い直しなどの様相に注目しつつ質問することにより、患者の体験を明確化するという、「わかっていないこと」を「聞きたがるスタンス」を推奨しています（「あなたの今の振舞い方ですが、それに意味があるとすれば、あなたは怒っているとしか私には思えないのですが。それで正しいですか？」）。解釈に関しても、彼は、「問題は行き先ではなくて、旅路なのです」と示唆しています。すなわち、私たちのする全ての解釈の主目的は、患者を私たちの洞察で教化することではなく、患者自身の解釈プロセスを奨励することであるべきなのだ、と（フォナギー、個人的対話にて、二〇〇六）。

たとえば、エレンが繰り返し面接に遅刻してきた際、私はだんだんと苛立ってきている自分に気づきました。ある機会に、私はこの苛立ちについて（あるいは彼女の遅刻という問題について）、全く額面どおりにとり上げるのではなく、彼女の好奇心をそそるような形で解釈することができました。私は彼女の遅刻について苛立ち始めている、そうなりたくはないのだけれども——ということを認めつつ、もしかすると、彼女にとっては、私に対して親密さを感じて拒絶されるリスクを負うよりも、むしろ喧嘩をふっかけて距離を生むことのほうが安全だと感じられるのだろうか、と声に出して訝《いぶか》ってみたのです。すると彼女は、二、三瞬間《モーメント》、じっくりと考えていたようですが、その後、今日は入室する時から、なぜかはわからないけれど、喧嘩したい気持ち**だった**のだ、と言いました。「わかっているのは、私はあなたに対して依存的に**なりたくない**のだということだけです。……あなたを怒らせてしまえば、私のほうもあなたに対して怒っていいですよね。そうすれば、誰かに世話をしてもらうとか、そういうことは全て……消えてしまうんだろうな。」その後の治療では、エレンは自らの喧嘩をふっかけたくなる衝動に注目するようになりました。彼女にとって、その衝動に基づいて行動してしまわないようにすることや、そうする代わりにそのことを私に知らせてくれることは、明らかに大変そうだったので、二人で一緒にそのことの意味を理解してみようということになりました。

✤患者のメンタライジングと治療者の介入

患者の求めに合った方法で介入しようとすることとは、患者自身が現在できると思っていることよりもほんの少しだけ多く彼らに期待するということを、しばしば意味します。したがって、面接中のあらゆる瞬間において、患者の潜在的メンタライジング力を引き出そうとする（あるいは再度働かせようとする）私たちの努力は、私たちが彼らの現在の（変動する）メンタライズ力および、現在とっていると思われる優勢となる体験様式（心的等価、ごっこ、あるいはメンタライジング）に正確に接近できる程度に応じて促進されることでしょう。

患者のメンタライジング力をその場で測るということは、決して容易なことではありません。第四章で論じたように、フォナギーらが開発した反省機能スケール[104]は助けになるでしょうし、メインの観察[190]、すなわちメタ認知力は、①見かけと現実とは異なっている可能性がある、②人は同一の現実について異なる見方をする可能性がある、③これらの見方もやがては変わりうる、ということへの気づきにおいて立証されるというものについても同様でしょう。しかし、私たちの言葉が、患者がちょうど今、考えたり感じたりしている範囲を越えている場合、私たちは、患者がどの程度それを利用できるのかを、しばしば単なる印象や直観的センスでしか判断することができません。患者の主観的体験に追加の視点を提供することが、有用なのか？　それとも、そうではないのか？　――その問いに対する答えは瞬間毎に変わりうるものなので、自らの臨床的判断について再考したり、文の途中で介入の「深さ」を実質的に調整したりするということは、けっこう頻繁にあることです。

私たちがそれを正しく理解してきたか否かというのは、患者と協力し合うなかで経験的に明らかになる問題ですが、患者が暗々裏に、あるいは明白に応答することにはきわめて深い意味があります。言い換えれば、「共同（collaboration）」という言葉は、「どれだけ、この患者には聞く力があるんだろう！」と買いかぶって患者を怒らせたり、恐怖を感じさせたり、心を閉ざさせてしまうためにあるわけでは、決してないのです。患者の反省力が、（一時的に、あるいはいつも決まって）私たちが推測しているよりも弱い場合には、誤調律の解釈は、決まって非難された、あるいは見捨てられたという体験になってしまいます。少なくとも、私たちのこのような行きすぎは、患者に不十分さを感じさせてしまうことでしょう。

通例では、患者のメタ認知力が強い場合には、別の見方や解釈を提示するのが最も有益です。対照的に、この力が抑制されているか、あるいは未だ点火されていない場合には、ほかの介入のほうが、おそらく適切でしょう。

最も重要なこととして、①患者の行動の根底にある感情、②これらの感情の文脈――を同定するのを助けることにより、私たちは、患者の主観的体験を明確化することができます。それがうまくいけば、患者の自己破壊的な部分に作用しかねないような苦痛や混乱は、低減するでしょう。患者にとって、これは有力な実例、すなわちメンタライジングに相当する生《なま》の体験となりうることでしょう。患者のつらい感情が治療者との関係において生じた際に、治療者の助けにより明確化され、理解され、和らげられるということがあれば、そのような体験の持つインパクトはなおさら大きいことでしょう。

患者の主観的体験に、豊かな表現力で共感することも、また有用です――私たちの共感性が、患者の顕在的感情に限定されておらず、今までのところ感じたり表現したりできていないかもしれない情緒へと拡げられる場合に限ってのことですが。この警告は、表現された感情が（たとえば、怒りあるいは敵意）、ほかの感情（たとえば、依存あるいは脆弱性）を隠している場合、すなわちより問題が多いようでも潜在的にはより適応的な感情を隠している場合には、特に重大です。しばしば私たちの逆転移反応は、患者が自分自身を守るために感じないようにしている感情を、私たちが認識する助けとなりうるでしょう[16]。

そのほか、私たちの逆転移が、主に、患者のメンタライズする気のなさ（あるいは、できなさ）に耐え忍んでいる際の私たち自身の苦労を反映しているという場合もあります。患者が堅固に抱いている一面的視点に対する欲求不満により共感に行き詰まりが生じた場合には、患者の複数の視点から自らの体験を考えることの困難さに対する私たちの反応を、角の取れた言い方で差し出すことが有用な場合もあります。私ならこう言うかもしれません。「今、私は引き裂かれるような気持ちでいます。一方では、あなたの視点の重要性と、あなたが感じている苦痛の真実性とを、私は理解していますよ、とあなたに知らせたいと思っています。もう一方では、私はまた、もう一つ別の視点を持っているけれども、もしそれを伝えたら、あなたは、私はあなたの話を聞いていないとか、心からあなたの側に立っていないなどと感じてしまうのではないかと心配しています。だから、どう進めたらよいのか、確信が持てなくて。」これらの言葉により、私は、患者に協力を求めつつ、同時にメンタライジングのモデルになってもいるのです。つまり、選択肢というものの存在を示唆しているのです——各々の視点については話さないまま終わる場合でさえも。そうしているうちに、私はしばしば、患者に対する共感性が回復していることに気づきます。しばしば患者も同様に、いくらか安堵を感じています。彼らは今や、共有されたジレンマとなったものの中に居て、独りぼっちではなく、私と結びついていられるからです。患者は、治療者が何を言うかと恐れているようでありながらも、あるレベルでは、自分の見方だけでは苦痛を解消するには不十分なので、もう一つの見方をとても**必要としている**ということを、わかっているのです。

ここでの私たちの主目的を、特定の洞察を生むことよりもむしろ患者と共に反省的プロセスを生み出すことであると仮定するならば、どんな特定の心理状態の意味を理解しようとするよりも前に、患者のメンタライズする自由を抑え込んでいるものについてとり上げるべきです。そのような抑制は、ほとんどいつも、心理的必然という感覚により補強されています。それゆえ、治療者が、黙ったままで、あるいは共同作業的に、患者のメンタライズ力が制限されていることの情緒的必然性について掘り下げることは、一般に重要なことです[259]。

患者の反省機能の一時的な凍結に直面した場合、私たちと患者との関係性において、最近何が起きただろうか、と考えてみるのもしばしば有用です。このように振り返ると、私たちは、患者の羞恥心をうっかり刺激してしまったり、脆弱な領域に触れてしまったり、あるいは（通常は）解離されている体験のエナクトメントへと踏み込んでしまったりしていたことに気づくかもしれません。それらは皆、短期的な断絶なのかもしれませんが、患者の共同作業的メンタライジングに対する制限を確実にその時だけのこととして終息させるためには、私たちが即座にそれに注目し、修復することが必要です。

もちろん、時には、メンタライジング力がより慢性的に制限されている患者もいます。同じような心理的瞬間でも、患者によりさまざまな困った考えや感情を持つことでしょう。ある患者は、自分自身を、自由に考え、感じるままにしておこうものなら、圧倒されたり崩壊したりするのではないかと恐れます。ある患者は、解離したままでいたいという心理的要求を抱き、メンタライジングが促進する統合により脅されているように感じます。ある患者は、しばしば外傷や侵害に伴う知への禁止により制約を受けています。別の患者は、希薄な同一性感覚を守るために、現実にはただ一つの見方しかないのだという幻想を維持しなければなりません――そして治療者も、そのことを共有しています。[260] 最後に、エレンのような患者、すなわち自分自身のために考えたり感じたりするという選択肢を取ることが、飽く無き望みを放棄し、（いつかは解放につながるけれども）痛ましい喪の仕事を始めることを意味するような患者もいます。

患者の反省力を評価すること（強いか弱いか、一時的に制約を受けているのか、それとも慢性的なのか）を越えて、患者の体験に対する「前反省的」スタンスの性質に注目することが、非常に有益な場合があります。あらゆる瞬間において、患者は、心と世界とが等しいとみなしていますか？ それとも、分断されているとみなしていますか？ また、習慣的に、患者は、主として堅くて解釈不可能な主観的現実を生きる傾向にありますか？ それとも、願望と思考が主に支配権をとっている主観的現実を？

心的等価様式にある患者は、自らが感じたり信じたりしているものと、現実的に真に存在しているものとを等価とみなしています。そのような患者と共に行う私たち治療者の仕事とは、子どもの遊びにおいて暗々裏に二つの視点を示しながら子どもとかかわっている親の仕事と同様のものです。すなわち、それは「現実」であると同時に、「ごっこ」だということです。つまり、患者の自らの体験に関する感覚を維持する力を支持する必要があると**同時に**、その体験の複雑さを考慮すべくもう一つの視点を示す必要もあるのです。

私たちが自分のことを患者なりの見方で見られていて不快に感じている場合に、自分の視点を維持しつつ患者の視点にも追従するというのは、非常に難しいことでしょう。しかし、これこそが、まさに私たちのすべきことなのです。無秩序型愛着や外傷の生育史を有する患者は、通常、少なくとも最初は、治療者を信頼できる他者とみなすことができません。もし彼らが私たちを信頼できる人として体験しているようであれば、私たちはその患者およびその患者の視点を受け入れることができなければなりません――そうすることが自分にとって不快だとしても。患者独特の陰鬱な視点のもっともらしさを認めながら、別の視点もまた心に留めつつ（また時にはそれらを伝えつつ）、患者がより複雑な観点から自分自身および他者について考え始められるような、より安全な空間を創造できるよう助けるのです。当然、このように私たちが行動すれば、患者は自らが抱いている最悪の予測に関し、疑念を持つようになりますが、それで患者が困るということはないでしょう。すなわち、「治療者に関する患者の知覚のうち、①患者の想像上の知覚と、②現実の治療者に関する知覚との対比は、転移体験の周りに引用符を付ける助けになることでしょう」（フォナギーら、二〇〇二）。

複雑な解釈を提示することが患者の思考の複雑さを向上させるということは、ほとんどありません。事実と感情・信念とを等価とみなす傾向は、患者の情緒体験における瞬間毎の変化に気づき、名づけ、探究するという治療者の一貫した努力によって除去される見込みのほうが、より高そうです。患者を圧倒的苦痛状態へと投げ込む内的・対人関係的状況を、私たちがリアルタイムで同定することができれば、それは特に有益でしょう。それらの引き金を理解すれば、そのこと自体がある程度の安堵感をもたらしてくれるものです。またそれにより、患者はやがて、内的体験とは現実の直接的反映ではなく、自分が直面している現実に対する主観的反応の特異的産物なのだということに、自ら気づけるようになることでしょう。

このような現実に関する体験が圧倒的に「リアル」な傾向を有する患者とは対照的に、「ごっこ」様式にある患者は、圧倒的現実を、いとも簡単に無視してしまいます。前者はとらわれ型・未解決型として表されると思いますが、彼らはしばしば体験について考えることにより、あまりにも圧倒されすぎます。後者は愛着軽視型と呼ばれると思いますが、彼らはしばしば体験に関する感情を抱くことを遮断しすぎるか、あるいは自らの感情を認めることを恐れています。愛着軽視型患者は、治療作業をしていない時にも、しているという印象をしばしば与えるため、彼らがごっこの様式で機能しているということを認識することは、きわめて重要です。すなわち、彼らは「作業している」ように見えるかもしれませんが、治療関係に関する彼らの洞察および体験は、情緒的現実に基づいていないために、生産的なものにはなりそうにないのです。

ここで、治療者が最優先にすべきことは、情緒的には不在の患者が実際に十分に現実に居るというごっこと共謀するのを避けるということです。代わりに、自分の気に入らない体験の持つ影響力を認めるということが――あるいはよりおおざっぱに言えば、そもそも深い感情を体験すること自体が、患者にとってどんなに大変かということに注目する必要があるでしょう。またもちろん、患者が沈黙しているかあるいはまだ気づいていない感情のサインに彼らの注意をひきつけることのできる、情動の赤い糸に追従しなければなりません。患者によっては、彼らが実際に**気づけるようになった**感情から反射的に逃避しているところを、私たちが明らかにすることができれば、その並外れた意味深長さがわかるようになる場合があります。ここでのカギとなる介入は、時には私たち自身の情緒体験の様相を明白に開示することも含めて、私たちと居る時の患者自身の体験をより「リアル」にすることのみならず、患者が距離を保っている体験の側面間に橋を架けることも含んでいます。

心的等価様式に埋没していようとごっこ様式に埋没していようと、患者は**非統合的**な方法で自らの体験と関わっています。フォナギーとその仲間によれば、子どもがメンタライズすること（すなわち、「現実と遊ぶ」こと）を身につけるのは、現実により圧倒されたと感じたり、あるいはそれを遮断したりするのではなく、これらの前反省的様式を統合することによってなのです[102]。精神療法において、私たちはそのような統合を促進するのです――先述のような介入を通して、また患者が、統合された思考・感情・願望の実在としての治療者の心の中に自分自身を見ることのできるような、そして治療者のまごころの中に自分自身を感じることのできるような、安定した関係を提供することを通して。

メンタライジング、マインドフルネス、そして治療者の寄与

これらの方法で介入する力、そしてそのような安定した関係を差し出す力は、私たち自身の統合力に非常に左右されます。また、患者が、患者の愛着人物が何を考え、感じ、望むことができたか、またできなかったかにより影響を受けてきたのとまさしく同様に、私たちが自分自身および他者を許容することのできる主観的体験の幅を主として決定しているのは、私たち自身の児童期およびそれ以降の愛着史なのです。

私たちが自らの個人療法あるいは個人分析において体験する新たな愛着関係が、私たちの愛着史において突出して目立っているということは、非常によくあることです（臨床家という職業選択が、部分的には早期愛着における傷を癒したいという無意識的な望みの産物だということも、しばしばあります）。そして、私たちが患者に提供しようと志している新たな愛着関係においても、メンタライジングとマイン

ドフルネスとを通して繰り返される脱埋没の体験により、患者の心と脳の両方において以前とは競合する組織センターが確立されることでしょう。そうして、そのような体験により、患者は、潜在的に自らの不安定型作業モデルを「獲得安定型」のそれへと置換できるようになるのです。

患者のメンタライジングは、それ自体の資質としても、患者の自伝的物語り（すなわち、患者が自らの人生の意味を理解するために用いる物語）を「書き直す」ための手段としても、いずれにしても決定的に重要なスキルです。それだけに、メンタライジングは、自著精神《セルフオーサリングマインド》の達成を促進します。マインドフルネスも同様に、貴重なスキルです。しかし、マインドフルネスは、「人生を語り直す」のではなく、むしろ著者を変化させるのです。

これらのスキルを育むことを通して、精神療法は、うまくいけば、あらゆる患者の利益となりうるような新たな安心の体験を産みます。しかし、子どもを持っている（あるいはこれから持つであろう）患者に関しては、治療者の寄与は、さらにずっと先まで届くものなのかもしれません――前に生まれてきた世代の不安定さや外傷という重荷を、それにつづく各世代へと負わせるような不利益の連鎖を壊す潜在力を持っているのですから。

◆原注

1　ミルナー[211]の見地では、この瞑想的な「身体への集中」は、患者と治療者の体験が最も深いところで理解されうる文脈を生みます。この「全身での気づき」が求めるような注意についての記述で、彼女はこう書いています。

私は、人の知覚（自分自身およびその外側の世界への）の質における驚くべき変化に気づきました。それは、狭くない、むしろ広い注意の焦点の意識的利用がもたらすものです。……人のあらゆる意識的思考のための現実の心理物理学的背景としての存在の内的よりどころ……とは、内部へと向けた注意の広い焦点づけにより、直接的に体験しうるものです。……この種の注意は、全身的内的意識に、私利を捨てて、意図的に沈み込もうとします。正しい解釈をさがすというわけでは全くなく、事実、アイデアをさがすというわけでも全くない。にもかかわらず、解釈とは、この状態から自然と生じるものなのかもしれません。

310 Walsh, R., & Shapiro, S. L. (2006). The meeting of meditative disciplines and western psychology: A mutually enriching dialogue. *American Psychologist, 61*(3), 227–239.

311 Weil, A. (2004). *Natural health, natural medicine: The complete guide to wellness and self-care for optimum health* (rev. ed.). Boston: Houghton Mifflin.

312 Weinfield, N. S., Sroufe, L. A., Egeland, B., & Carlson, E. A. (1999). The nature of individual differences in infant–caregiver attachment. In J. Cassidy & P. R. Shaver (Eds.), *Handbook of attachment: Theory, research, and clinical applications* (pp. 68–88). New York: Guilford Press.

313 Weiss, J., & Sampson, H. (1986). *The psychoanalytic process: Theory, clinical observation, and empirical research.* New York: Guilford Press.

314 Wheeler, M. A., Stuss, D. T., & Tulving, E. (1997). Toward a theory of episodic memory: The frontal lobes and autonoetic consciousness. *Psychological Bulletin, 121*, 331–354.

315 White, R. W. (1959). Motivation reconsidered: The concept of competence. *Psychological Review, 66*(5), 297–331.

316 Winer, R. (1994). *Close encounters: A relational view of the therapeutic process.* Northvale, NJ: Jason Aronson.

317 Winnicott, D. W. (1965). The theory of the parent–infant relationship. In D. W. Winnicott (Ed.), *The maturational processes and the facilitating environment* (pp. 37–55). London: Hogarth Press.

318 Winnicott, D. W. (1971a). Mirror role of mother and family in child development. In Winnicott, D. W., *Playing and reality* (pp. 111–118). London: Tavistock. (Original work published 1967)

319 Wrye, H. K., & Welles, J. K. (1994). *The narration of desire: Erotic transferences and countertransferences.* Hillsdale, NJ & London: Analytic Press.

288 Stern, D. N. (2004). *The present moment in psychotherapy and everyday life*. New York: Norton.

289 Stern, D. N., Sander, L. W., Nahum, J. P., Harrison, A. M., Lyons-Ruth, K., Morgan, A. C., et al. (1998). Non-interpretive mechanisms in psychoanalytic psychotherapy: The "something more" than interpretation. *International Journal of Psychoanalysis, 79*, 903–921.

290 Stern, S. (1994). Needed relationships and repeated relationships: An integrated relational perspective. *Psychoanalytic Dialogues, 4*, 317–346.

291 Stern, S. (2002). The self as a relational structure: A dialogue with multiple-self theory. *Psychoanalytic Dialogue, 12*, 693–714.

292 Stevens, W. (1990). Not ideas about the thing but the thing itself. In *The collected poems of Wallace Stevens* (p. 534). New York: Vintage. (Original work published 1954)

293 Stolorow, R., & Atwood, G. (1997). Deconstructing the myth of the neutral analyst: An alternative from intersubjective systems theory. *Psychoanalytic Quarterly, 66*, 431–449.

294 Stolorow, R., Brandschaft, B., & Atwood, G. (1987). *Psychoanalytic treatment: An intersubjective perspective*. Northvale NJ: Jason Aronson.

295 Sullivan, H. S. (1953). *The interpersonal theory of psychiatry*. New York: Norton.

296 Sullivan, H. S. (1964). *The illusion of personal identity: The fusion of psychiatry and social science*. New York: Norton.

297 Suzuki, S. (1970). *Zen mind, beginner's mind*. New York: Weatherhill.

298 Teilhard de Chardin, P. (1959). *The Phenomenon of man*. New York: Harper and Row.

299 Trevarthen, C. (1979). Communication and cooperation in early infancy: A description of primary intersubjectivity. In M. Bullowa (Ed.), *Before speech: The beginnings of human communication* (pp. 321–347). London: Cambridge University Press.

300 Trevarthen, C. (1998). The concept and foundations of infant intersubjectivity. In S. Braten (Ed.), *Intersubjective communication and emotion in early ontogeny* (pp. 15–46). Cambridge, UK: Cambridge University Press.

301 Tronick, E. (1989). Emotions and emotional communication in infants. *American Psychologist, 44*, 112–119.

302 Tronick, E. (1998). Dyadically expanded states of consciousness and the process of therapeutic change. *Infant Mental Health Journal, 19*(3), 290–299.

303 van der Kolk, B. A. (1996). The body keeps the score: Approaches to the psychobiology of post-traumatic stress disorder. In B. A. van der Kolk, A. C. McFarlane, & L. Weisaeth (Eds.), *Traumatic stress: The effects of overwhelming experience on mind, body, and society* (pp. 214–241). New York: Guilford Press.

304 van der Kolk, B. (2006). Clinical implications of neuroscience research in PTSD. *Annals of the New York Academy of Sciences, 1071*, 277–293.

305 van der Kolk, B. A., McFarlane, A. C., & Weisaeth, L. (Eds.). (1996). *Traumatic stress: The effects of overwhelming experience on mind, body, and society*. New York: Guilford Press.

306 van IJzendoorn, M. H. (1995). Adult attachment representations, parental responsiveness, and infant attachment: A meta-analysis on the predictive validity of the Adult Attachment Interview. *Psychological Bulletin, 117*, 387–403.

307 van IJzendorn, M. H., Schuengel, C., & Bakermans-Kranenburg, M. J. (1999). Disorganized attachment in early childhood: Meta-analysis of precursors, concomitants, and sequelae. *Development and Psychopathology, 11*, 225–249.

308 Varela, F. J., Thompson, E., & Rosch, E. (1992). *The embodied mind: Cognitive science and human experience*. Cambridge, MA: MIT Press.

309 Wallin, D. (1997). Clinical controversies: The analyst's right to privacy. *Psychologist/Psychoanalyst, 17*(1), 9–10.

Connection and empathy: Ground-breaking discoveries. Paper presented at R. Cassidy Seminars, San Francisco, CA.

267 Siegel, D. J. (2005, June 3). *The mindful brain*. Paper presented at the Emotion Meets Spirit conference, Deep Streams Institute, Watsonville, CA.

268 Siegel, D. J. (2006, March 4). *Awakening the mind to the wisdom of the body*. Paper presented at The Embodied Mind: Integration of the Body, Brain, and Mind in Clinical Practice conference, UCLA Extension and Lifespan Learning Institute, Los Angeles, CA.

269 Siegel, D. J. (2006). An interpersonal neurobiology approach to psychotherapy: How awareness, mirror neurons, and neural plasticity contribute to the development of well-being. *Psychiatric Annals, 36*(4), 248–258.

270 Siegel, D. J., Siegel, A. W., & Amiel, J. B. (2006). Mind, brain, and behavior. In D. Wedding & M. L. Stuber (Eds.), *Behavior and medicine* (4th ed., pp. 3–22). Cambridge, MA: Hogrefe & Huber.

271 Siegel, R. D. (2005). Psychophysiological disorders: Embracing pain. In C. K. Germer, R. D. Siegel, & P. R. Fulton (Eds.), *Mindfulness and psychotherapy* (pp. 173–196). New York: Guilford Press.

272 Slade, A. (1999). Attachment theory and research: Implications for the theory and practice of individual psychotherapy with adults. In J. Cassidy & P. R. Shaver (Eds.), *Handbook of attachment: Theory, research, and clinical applications* (pp. 575–594). New York: Guilford Press.

273 Slade, A. (2000). The development and organization of attachment: Implications for psychoanalysis. *Journal of the American Psychoanalytic Association, 48*(4), 1147–1174.

274 Slavin, M. O., & Kriegman, D. (1998). Why the analyst needs to change: Toward a theory of conflict, negotiation, and mutual influence in the therapeutic process. *Psychoanalytic Dialogues, 8*, 247–284.

275 Smith, H. F. (1993). Engagements in analysis and their use in self-analysis. In J. W. Barron (Ed.), *Self-Analysis* (pp. 88–109). Hillsdale, NJ: Analytic Press.

276 Solomon, J., & George, C. (1999). *Attachment disorganization*. New York: Guilford Press.

277 Solomon, M. F., & Siegel, D. J. (2003). *Healing trauma: Attachment, mind, body, and brain*. New York: Norton.

278 Spangler, G., & Grossmann, K. E. (1993). Biobehavioral organization in securely and insecurely attached infants. *Child Development, 64*, 1439–1450.

279 Spezzano, C. (1995). "Classical" versus "contemporary" theory: The differences that matter clinically. *Contemporary Psychoanalysis, 31*, 20–46.

280 Spezzano, C. (1998). Listening and interpreting: What analysts do to kill time between disclosures and enactments. *Psychoanalytic Dialogues, 8*, 237–246.

281 Sroufe, L. A. (1983). Infant–caregiver attachment and patterns of adaptation in preschool: The roots of maladaptation and competence. In M. Perlmutter (Ed.), *Minnesota Symposium in Child Psychology* (Vol. 16, pp. 41–83). Hillsdale, NJ: Erlbaum.

282 Sroufe, L. A. (1996). *Emotional development: The organization of emotional life in the early years*. Cambridge, UK: Cambridge University Press.

283 Sroufe, L. A., & Waters, E. (1977a). Attachment as an organizational construct. *Child Development, 48*, 1184–1199.

284 Sroufe, L. A., & Waters, E. (1977b). Heart rate as a convergent measure in clinical and developmental research. *Merrill-Palmer Quarterly, 23*, 3–28.

285 Stark, M. (2000). *Modes of therapeutic action*. Northvale, NJ: Jason Aronson.

286 Stern, D. N. (1985). *The interpersonal world of the infant: A view from psychoanalysis and developmental psychology*. New York: Basic Books.

287 Stern, D. N. (2002, March 11). *The change process in psychoanalysis*. Presented at the San Francisco Psychoanalytic Institute, San Francisco.

247 Sapolsky, R. (2004). *Why zebras don't get ulcers.* New York: Holt/Owl Books.

248 Scaer, R. S. (2001). *The body bears the burden: Trauma, dissociation and disease.* New York: Haworth Medical Press.

249 Schafer, R. (1983). *The analytic attitude.* New York: Basic Books.

250 Schafer, R. (1992). *Retelling a life: Narration and dialogue in psychoanalysis.* New York: Basic Books.

251 Schachner, D. A., Shauer, P. R., & Mikulincer, M. (2005). Patterns of nonverbal behavior and sensitivity in attachment relations. *Journal of Nonverbal Behavior, 29*(3), 141–169.

252 Schore, A. N. (1994). *Affect regulation and the origin of the self: The neurobiology of emotional development.* Hillsdale, NJ: Erlbaum.

253 Schore, A. (2002). Advances in neuropsychoanalysis, attachment theory, and trauma research: Implications for self psychology. *Psychoanalytic Inquiry, 22,* 433–484.

254 Schore, A. N. (2003). *Affect regulation and the repair of the self.* New York: Norton.

255 Schore, A. N. (2004, March 27). *Advances in regulation theory: The role of attachment and right brain development in the etiology and treatment of borderline personality disorder.* Paper presented at the Traumatic Attachments and Borderline Personality Disorders: Implications for Clinical Treatment conference, UCLA Extension and Lifespan Learning Institute, Los Angeles, CA.

256 Schore, A. N. (2005, March 12). *Changes in the mind, the brain, and the body in various psychotherapeutic contexts.* Paper presented at How Psychodynamic Psychotherapies Change the Mind and the Brain conference, UCLA Extension and Lifespan Learning Institute, Los Angeles, CA.

257 Schore, A. N. (2006, March 5). *Attachment trauma and the developing right brain: Origins of pathological dissociation.* Presented at The Embodied Mind: Integration of the Body, Brain, and Mind in Clinical Practice conference, UCLA Extension and Lifespan Learning Institute, Los Angeles, CA.

258 Segal, Z. V., Williams, J. M. G., & Teasdale, J. D. (2002). *Mindfulness-based cognitive therapy for depression: A new approach to preventing relapse.* New York: Guilford Press.

259 Seligman, S. (1999). Integrating Kleinian theory and intersubjective infant research: Observing projective identification. *Psychoanalytic Dialogues: A Journal of Relational Perspectives, 9*(2), 129–159.

260 Seligman, S. (2000). Clinical implications of attachment theory. *Journal of the American Psychoanalytic Association, 48*(4), 1189–1196.

261 Seligman, S. (2003). The developmental perspective in relational psychoanalysis. *Contemporary Psychoanalysis (in memoriam, Stephen A. Mitchell, Ph.D.), 39*(3), 477–508.

262 Shapiro, F., & Maxfield, L. (2003). EMDR and information processing in psychotherapy treatment: Personal development and global implications. In M. F. Solomon & D. J. Siegel (Eds.), *Healing trauma: Attachment, mind, body, and brain* (pp. 196–220). New York: Norton.

263 Shin, L. M., Orr, S. P., Carson, M. A., Rauch, S. L., Macklin, M. L., Lasko, N. B., et al. (2004). Regional cerebral blood flow in the amygdala and medial prefrontal cortex during traumatic imagery in male and female Vietnam veterans with PTSD. *Archives of General Psychiatry, 61,* 168–176.

264 Siegel, D. J. (1999). *The developing mind: How relationships and the brain interact to shape who we are.* New York: Guilford Press.

265 Siegel, D.J. (2001). Toward an interpersonal neurobiology of the developing mind: Attachment relationships, "mindsight," and neural integration. *Infant Mental Health Journal, 22,* 67–94.

266 Siegel, D. J. (2004, November 6). *Understanding emotion and empathy in relationships:*

226 Patrick, M., Hobson, R. P., Castle, D., Howard, R., & Maughan, B. (1994). Personality disorder and the mental representation of early social experience. *Development and Psychopathology, 6*, 375–388.

227 Person, E. (1988). *Dreams of love and fateful encounters: The power of romantic passion.* New York: Norton.

228 Polan, H. J., & Hofer, M. A. (1999). Psychobiological origins of infant attachment and separation responses. In J. Cassidy & P. R. Shaver (Eds.), *Handbook of attachment: Theory, research, and clinical applications* (pp. 162–180). New York: Guilford Press.

229 Porges, S. W. (2006). The role of social engagement in attachment and bonding: A phylogenetic perspective. In C. S. Carter (Ed.), *Attachment and bonding: A new synthesis.* (pp. 33–55). Cambridge, MA: MIT Press.

230 Putnam, F. W. (1992). Discussion: Are alter personalities fragments or figments? *Psychoanalytic Inquiry, 12,* 95–111.

231 Racker, H. (1968). *Transference and countertransference.* New York: International Universities Press.

232 Rauch, S. L., Whalen, P. J., Shin, L. M., McInerney, S. C., Macklin, M. L., Lasko, N. B., et al. (2000). Exaggerated amygdala response to masked facial stimuli in posttraumatic stress disorder: A functional MRI study. *Biological Psychiatry, 47,* 769–776.

233 Renik, O. (1993). Countertransference enactment and the psychoanalytic process. In M. Horowitz, O. Kernberg, & E. Weinshel (Eds.), *Psychic structure and psychic change* (pp. 135–158). Madison, CT: International Universities Press.

234 Renik, O. (1995). The ideal of the anonymous analyst and the problem of self-disclosure. *Psychoanalytic Quarterly, 64*, 466–495.

235 Renik, O. (1996). The perils of neutrality. *Psychoanalytic Quarterly, 65,* 495–517.

236 Renik, O. (1999a). Analytic interaction: Conceptualizing technique in the light of the analyst's irreducible subjectivity. In S. Mitchell & L. Aron (Eds.), *Relational psychoanalysis: The emergence of a tradition* (pp. 408–422). Hillsdale, NJ: Analytic Press. (Original work published 1993)

237 Renik, O. (1999b). Playing one's cards face up in analysis. *Psychoanalytic Quarterly, 68,* 521–539.

238 Ringstrom, P. A. (2001). Cultivating the improvisational in psychoanalytic treatment. *Psychoanalytic Dialogues, 1*(5), 727–754.

239 Robertson, J., & Robertson, J. (1971). *Thomas, aged 2 years 4 months, in foster care for 10 days* [Film]. Young Children in Brief Separation Film Series. (Available from Penn State Audiovisual Services, University Park, PA)

240 Rothschild, B. (2000). *The body remembers.* New York: Norton.

241 Rubin, J. (1996). *Psychotherapy and Buddhism: Towards an integration.* New York: Plenum Press.

242 Safran, J. D. (Ed.). (2003). *Psychoanalysis and Buddhism: An unfolding dialogue.* Somerville, MA: Wisdom.

243 Safran, J. D., & Muran, J. C. (2000). *Negotiating the therapeutic alliance: A relational treatment guide.* New York: Guilford Press.

244 Sander, L. W. (1980). Investigation of the infant and its caregiving environment as a biological system. In S. Greenspan & G. Pollack (Eds.), *The course of life: Volume I. Infancy and early childhood* (pp. 177–201). Adelphi, MD: National Institute of Mental Health.

245 Sander, L. W. (2002). Thinking differently: Principles of process in living systems and the specificity of being known. *Psychoanalytic Dialogues, 12*(1), 11–42.

246 Sandler, J. (1981). Countertransference and role-responsiveness. In R. Langs (Ed.), *Classics in psychoanalytic technique* (pp. 273–278). New York: Jason Aronson. (Original work published 1976)

Attachment-based intervention with caregiver–pre-school child dyads. *Attachment and Human Development, 4*(1), 107–124.

204 McDougall, J. (1978). *Plea for a measure of abnormality.* New York: International Universities Press.

205 McDougall, J. (1989). *Theaters of the body.* New York: Norton.

206 Meltzoff, A. (1985). The roots of social and cognitive development: Models of man's original nature. In T. Field & N. Fox (Eds.), *Social perception in infants* (pp. 1–30). Norwood, NJ: Ablex.

207 Meltzoff, A. (1990). Foundations for developing a concept of self: The role of imitation in relating to others, and the value of social mirroring, social modeling, and self-practice in infancy. In D. Cicchetti & M. Beeghly (Eds.), *The self in transition: Infancy to childhood* (pp. 139–164). Chicago: University of Chicago Press.

208 Meltzoff, A., & Moore, M. (1998). Infant intersubjectivity: Broadening the dialogue to include imitation, identity and intention. In S. Braten (Ed.), *Intersubjective communication and emotion in early ontogeny* (pp. 47–88). Cambridge, UK: Cambridge University Press.

209 *Merriam-Webster dictionary.* (11th ed.). (2003). New York: Merriam-Webster.

210 Mikulincer, M., & Shaver, P. R. (2003). The attachment behavioral system in adulthood: Activation, psychodynamics, and interpersonal processes. In M. P. Zanna (Ed.), *Advances in experimental social psychology* (Vol. 35, pp. 53–152). New York: Academic Press.

211 Milner, M. (1987). The concentration of the body. In *The suppressed madness of sane men: Forty-four years of exploring psychoanalysis* (pp. 234–240). London: Tavistock and the Institute of Psychoanalysis. (Original work published 1960)

212 Mitchell, S. (1993). *Hope and dread in psychoanalysis.* New York: Basic Books.

213 Mitchell, S. (1995). Interaction in the interpersonal and Kleinian traditions. *Contemporary Psychoanalysis, 31,* 65–91.

214 Mitchell, S. (1997). *Influence and autonomy in psychoanalysis.* Hillsdale, NJ: Analytic Press.

215 Mitchell, S. (2000). *Relationality: From attachment to intersubjectivity.* Hillsdale, NJ: Analytic Press.

216 Morgan, W. D., Morgan, S. T. (2005). Cultivating attention and empathy. In C. K. Germer, R. D. Siegel, & P. R. Fulton (Eds.), *Mindfulness and psychotherapy* (pp. 73–90). New York: Guilford Press.

217 Nathanson, D. (1992). *Shame and pride: Affect, sex, and the birth of the self.* New York: Norton.

218 Natterson, J., & Friedman, R. (1995). *A primer of intersubjectivity.* Northvale, NJ: Jason Aronson.

219 Nyanaponika, T. (1972). *The power of mindfulness.* San Francisco: Unity Press.

220 Ochsner, K. N., & Gross, J. J. (2005). The cognitive control of emotion. *Trends in Cognitive Science, 9,* 242–249.

221 Ogden, P. (2006, March 5). *The role of the body in the treatment of trauma.* Paper presented at The Embodied Mind: Integration of the Body, Brain, and Mind in Clinical Practice conference, UCLA Extension and Lifespan Learning Institute, Los Angeles, CA.

222 Ogden, P., & Minton, K. (2000, October). Sensorimotor psychotherapy: One method for processing traumatic memory. *Traumatology, 6*(3).

223 Ogden, P., Pain, C., Minton, K., & Fisher, J. (2005). Including the body in mainstream psychotherapy for traumatized individuals. *Psychologist/Psychoanalyst, 25*(4), 19–24.

224 Ogden, T. (1994). *Subjects of analysis.* Northvale, NJ: Jason Aronson.

225 Ornstein, R. (1997). *The right mind: Making sense of the hemispheres.* New York: Harvest Books.

185 Lyons-Ruth, K. (1998). Implicit relational knowing: Its role in development and psychoanalytic treatment. *Infant Mental Health Journal, 19*(3), 282–289.
186 MacLean, P. (1990). *The triune brain in evolution*. New York: Plenum Press.
187 Mahler, M. S., Pine, F., & Bergman, A. (1975). *The psychological birth of the human infant: Symbiosis and individuation*. New York: Basic Books.
188 Main, M. (1981). Avoidance in the service of attachment: A working paper. In K. Immelman, G. Barlow, L. Petrinovitch, & M. Main (Eds.), *Behavioral development* (pp. 651–693). New York: Cambridge University Press.
189 Main, M. (1990). Cross-cultural studies of attachment organization: Recent studies, changing methodologies and the concept of conditioned strategies. *Human Development, 33*, 48–61.
190 Main, M. (1991). Metacognitive knowledge, metacognitive monitoring, and singular (coherent) vs. multiple (incoherent) model of attachment: Findings and directions for future research. In C. M. Parkes, J. Stevenson-Hinde, & P. Marris (Eds.), *Attachment across the life cycle* (pp. 127–159). London: Tavistock/Routledge.
191 Main, M. (1995). Attachment: Overview, with implications for clinical work. In S. Goldberg, R. Muir, & J. Kerr (Eds.), *Attachment theory: Social, developmental and clinical perspectives* (pp. 407–474). Hillsdale, NJ: Analytic Press.
192 Main, M. (1999). Epilogue. Attachment theory: Eighteen points with suggestions for future studies. In J. Cassidy & P. R. Shaver (Eds.), *Handbook of attachment: Theory, research, and clinical applications* (pp. 407–474). New York: Guilford Press.
193 Main, M. (2000). The organized categories of infant, child, and adult attachment: Flexible vs. inflexible attention under attachment-related stress. *Journal of the American Psychoanalytic Association, 48*(4), 1055–1096.
194 Main, M., & Goldwyn, R. (1994). *Adult attachment scoring and classification system*. Unpublished manuscript, University of California at Berkeley.
195 Main, M., Hesse, E., & Kaplan, N. (2005). Predictability of attachment behavior and representational processes. In K. E. Grossmann, K. Grossmann, & E. Waters (Eds.), *Attachment from infancy to adulthood: Lessons from longitudinal studies* (pp. 245–304). New York: Guilford Press.
196 Main, M., Kaplan, N., & Cassidy, J. (1985). Security in infancy, childhood, and adulthood: A move to the level of representation. *Monographs of the Society for Research in Child Development, 50*(1–2), 66–104.
197 Main, M., & Solomon, J. (1990). Procedures for identifying infants as disorganized/disoriented during the Ainsworth Strange Situation. In M. Greenberg, D. Cicchetti, & E. M. Cummings (Eds.), *Attachment during the preschool years: Theory, research and intervention* (pp. 121–160). Chicago: University of Chicago Press.
198 Main, M., & Weston, D. R. (1982). Avoidance of the attachment figure in infancy. In M. Parkes & J. Stevenson-Hinde (Eds.), *The place of attachment in human behavior* (pp. 31–59). New York: Basic Books.
199 Mandal, M. K., & Ambady, N. (2004). Laterality of facial expressions of emotion: Universal and culture-specific influences. *Behavioural Neurology, 15*, 23–34.
200 Maroda, K. (1999). *Seduction, surrender, and transformation*. Hillsdale, NJ: Analytic Press.
201 Martin, J. (1997). Mindfulness: A proposed common factor. *Journal of Psychotherapy Integration, 7*(4), 291–312.
202 Marvin, R. S., & Britner, P. A. (1999). Normative development: The ontogeny of attachment. In J. Cassidy & P. R. Shaver (Eds.), *Handbook of attachment: Theory, research, and clinical applications* (pp. 44–67). New York: Guilford Press.
203 Marvin, R., Cooper, G., Hoffman, K., & Powell, B. (2002). The Circle of Security project:

164 Karmiloff-Smith, A. (1992). *Beyond modularity: A developmental perspective on cognitive science.* Cambridge, MA: MIT Press.
165 Kegan, R. (2000). What "form" transforms? A constructive-developmental approach to transformative learning. In J. Mezirow (Ed.), *Learning as transformation: Critical perspectives on a theory in progress* (pp. 35–69). San Francisco: Jossey-Bass.
166 Kernberg, O. F. (1984). *Object relations theory and clinical psychoanalysis.* Northvale, NJ: Jason Aronson.
167 Kernberg, O. F. (1995). *Love relations: Normality and Pathology.* New Haven: Yale University Press.
168 Koback, R. (1999). The emotional dynamics of disruptions in attachment relationships: Implications for theory, research, and clinical intervention. In J. Cassidy & P. R. Shaver (Eds.), *Handbook of attachment: Theory, research, and clinical applications* (pp. 21–43). New York: Guilford Press.
169 Kornfield, J. (1993). *A path with heart.* New York: Bantam Books.
170 Kramer, S., & Akhtar, S. (Eds.). (1991). *The trauma of transgression: Psychotherapy of incest victims.* Northvale, NJ: Jason Aronson.
171 Krystal, H. (1988). *Integration and self-healing.* Hillsdale, NJ: Analytic Press.
172 Kurtz, Ron. (1990). *Body-centered psychotherapy: The Hakomi method.* Mendocino, CA: LifeRhythm.
173 Lakoff, G., & Johnson, M. (1999). *Philosophy in the flesh: The embodied mind and its challenge to western thought.* New York: HarperCollins.
174 Lazar, S. W. (2005). Mindfulness research. In C. K. Germer, R. D. Siegel, & P. R. Fulton (Eds.), *Mindfulness and psychotherapy* (pp. 220–239). New York: Guilford Press.
175 Lazar, S. W., Kerr, C. E., Wasserman, R. H., Gray, J. R., Greve, D. N., Treadway, M. T., et al. (2005). Meditation experience is associated with increased cortical thickness. *NeuroReport, 16*(17), 1893–1897.
176 Le Doux, J. (1996). *The emotional brain: The mysterious underpinnings of emotional life.* New York: Simon & Schuster.
177 Libet, B., Freeman, A., & Sutherland, K. (1999). *The volitional brain: Towards a neuroscience of free will.* Exeter, UK: Imprint Academic.
178 Lieberman, M. D. (in press). Social cognitive neuroscience: A review of core processes. *Annual Review of Psychology, 58.*
179 Linehan, M. (1993). *Cognitive-behavioral treatment of borderline personality disorder.* New York: Guilford Press.
180 Liotti, G. (1995). Disorganized/disoriented attachment in the psychotherapy of the dissociative disorders. In S. Goldberg, R. Muir, & J. Kerr (Eds.), *Attachment theory: Social, developmental and clinical perspectives* (pp. 343–367). Hillsdale, NJ: Analytic Press.
181 Liotti, G. (1999). Disorganization of attachment as a model for understanding dissociative psychopathology. In J. Solomon & C. George (Eds.), *Attachment disorganization* (pp. 291–317). New York: Guilford Press.
182 Looker, T. (1998). "Mama, why don't your feet touch the ground?": Staying with the body and the healing moment in psychoanalysis. In L. Aron & F. S. Anderson (Eds.), *Relational perspectives on the body* (pp. 237–262). Hillsdale, NJ: Analytic Press.
183 Lyons-Ruth, K. (1999). The two-person unconscious: Intersubjective dialogue, enactive relational representation, and the emergence of new forms of relational organization. *Psychoanalytic Inquiry, 19,* 576–617.
184 Lyons-Ruth, K., & Boston Change Process Study Group. (2001.) The emergence of new experiences: Relational improvisation, recognition process, and non-linear change in psychoanalytic psychotherapy. *Psychologist/Psychoanalyst, 21*(4), 13–17.

142 Hawkins, J. (2005). *On intelligence: How a new understanding of the brain will lead to the creation of truly intelligent machines.* New York: Owl Books/Holt.
143 Hesse, E. (1996). Discourse, memory and the adult attachment interview: A note with emphasis on the emerging Cannot Classify category. *Infant Mental Health Journal, 17,* 4–11.
144 Hesse, E. (1999). The adult attachment interview: Historical and current perspectives. In J. Cassidy & P. R. Shaver (Eds.), *Handbook of attachment: Theory, research, and clinical applications* (pp. 395–433). New York: Guilford Press.
145 Hesse, E., & Main, M. (2000). Disorganized infant, child, and adult attachment: Collapse in behavioral and attentional strategies. In *Journal of the American Psychoanalytic Association, 48*(4), 1097–1148.
146 Hobson, P. (2002). *The cradle of thought: Exploring the origins of thinking.* Oxford, UK: Oxford University Press.
147 Hoffman, I. (1983). The patient as interpreter of the analyst's experience. *Contemporary Psychoanalysis, 19,* 389–422.
148 Hoffman, I. (1992). Expressive participation and psychoanalytic discipline. *Contemporary Psychoanalysis, 28,* 1–15.
149 Hoffman, I. (1994). Dialectical thinking and therapeutic action in the psychoanalytic process. *Psychoanalytic Quarterly, 63,* 187–218.
150 Hoffman, I. (1996). The intimate and ironic authority of the psychoanalyst's presence. *Psychoanalytic Quarterly, 65,* 102–136.
151 Hoffman, I. (2001). *Ritual and spontaneity in the psychoanalytic process: A dialectical–constructivist view.* Hillsdale, NJ: Analytic Press.
152 Holmes, J. (1996). *Attachment, intimacy, autonomy.* Northvale, NJ: Jason Aronson.
153 Holmes, J. (2001). *The search for the secure base: Attachment theory and psychotherapy.* New York: Brunner-Routledge.
154 Hopenwasser, K. (1998). Listening to the body: Somatic representations of dissociated memory. In L. Aron & F. S. Anderson (Eds.), *Relational perspectives on the body* (pp. 215–236). Hillsdale, NJ: Analytic Press.
155 Iacoboni, M. (2005). Understanding others: Imitation, language, empathy. In S. Hurley & N. Chater (Eds.), *Perspectives on imitation: From neuroscience to social science: Vol I. Mechanisms of imitation and imitation in animals* (pp. 77–100). Cambridge, MA: MIT Press.
156 Jaffe, J., Beebe, B., Feldstein, S., Crown, C., & Jasnow, M. (2001). Rhythms of dialogue in early infancy. *Monographs of the Society for Research in Child Development, 66*(2, Serial No. 264), pp. 1–132.
157 James, W. (1884). What is an emotion? *Mind, 9,* 188–205.
158 James, W. (1950). *The principles of psychology.* Mineola, NY: Dover Publications. (Original work published 1890)
159 Kabat-Zinn, J. (1990). *Full catastrophe living: Using the wisdom of your body and mind to face stress, pain, and illness.* New York: Dell.
160 Kabat-Zinn, J. (2005). *Coming to our senses: Healing ourselves and the world through mindfulness.* New York: Hyperion.
161 Kahn, M. (1963). The concept of cumulative trauma. *The Psychoanalytic Study of the Child, 18,* 286–306.
162 Kaplan, N. (1987, May). *Internal representations of attachment in six-year-olds.* Paper presented at the biennial meetings of the Society for Research in Child Development, Baltimore.
163 Karen, R. (1994). *Becoming attached: First relationships and how they shape our capacity to love.* New York: Oxford University Press.

R. Fulton (Eds.), *Mindfulness and psychotherapy* (pp. 113–129). New York: Guilford Press.

122 Germer, C. K., Siegel, R. D., & Fulton, P. R. (2005). *Mindfulness and psychotherapy.* New York: Guilford Press.

123 Gerson, S. (1996). Neutrality, resistance, and self-disclosure in an intersubjective psychoanalysis. *Psychoanalytic Dialogues, 6*(5), 623–647.

124 Ghent, E. (1999). Masochism, submission, surrender: Masochism as a perversion of surrender. In S. A. Mitchell & L. Aron (Eds.), *Relational psychoanalysis: The emergence of a tradition* (pp. 213–239). Hillsdale, NJ: Analytic Press. (Original work published 1990)

125 Gill, M. (1983). The interpersonal paradigm and the degree of the therapist's involvement. *Contemporary Psychoanalysis, 19*, 200–237.

126 Gill, M., & Hoffman, I. Z. (1982). *Analysis of transference* (Vol. II). New York: New York International Universities Press.

127 Ginot, E. (2001). The holding environment and intersubjectivity. *The Psychoanalytic Quarterly, 70*(2), 417–446.

128 Goldbart, S., & Wallin, D. (1996). *Mapping the terrain of the heart: Passion, tenderness, and the capacity to love.* Northvale, NJ: Jason Aronson.

129 Goldstein, J., & Kornfield, J. (1987). *Seeking the heart of wisdom: The path of insight meditation.* Boston: Shambhala.

130 Goleman, D. (1988). *The meditative mind: The varieties of meditative experience.* New York: Tarcher/Putnam Books.

131 Goleman, D. (1995). *Emotional intelligence.* New York: Bantam Books.

132 Goleman, D. (Ed.). (2003). *Destructive emotions: How can we overcome them: A scientific dialogue with the Dalai Lama.* New York: Bantam Books.

133 Gopnik, A., & Astington, J. W. (1988). Children's understanding of representational change and its relation to the understanding of false belief and the appearance-reality distinction. *Child Development, 59*, 26–37.

134 Gopnik, A., & Slaughter, V. (1991). Young children's understanding of changes in their mental states. *Child Development, 62*, 98–110.

135 Greenberg, J. (1995). Psychoanalytic technique and the interactive matrix. *Psychoanalytic Quarterly, 63*, 1–22.

136 Grossmann, K., & Grossmann, K. E. (1991). Newborn behavior, early parenting quality and later toddler–parent relationships in a group of German infants. In J. K. Nugent, B. M. Lester, & T. B. Brazelton (Eds.), *The cultural content of infancy* (Vol. 2, pp. 3–38). Norwood, NJ: Ablex.

137 Grossmann, K. E. (1995). The evolution and history of attachment research and theory. In S. Goldberg, R. Muir, & J. Kerr (Eds.), *Attachment theory: Social, developmental, and clinical perspectives* (pp. 85–121). Hillsdale, NJ: Analytic Press.

138 Grossmann, K. E., Grossmann, K., & Zimmermann, P. (1999). A wider view of attachment and exploration: Stability and change during the years of immaturity. In J. Cassidy & P. R. Shaver (Eds.), *Handbook of attachment:Theory, research, and clinical applications* (pp. 760–786). New York: Guilford Press.

139 Hariri, A. R., Bookheimer, S. Y., & Mazziotta, J. C. (2000). Modulating emotional responses: Effects of a neocortical network on the limbic system. *Neuroreport, 11*, 43–48.

140 Hariri, A. R., Mattay, V. S., Tessitore, A., Fera, F., & Weinberger, D. R. (2003). Neocortical modulation of the amygdala response to fearful stimuli. *Biological Psychiatry, 53*, 494–501.

141 Haviland, J. M., & Lelwica, M. (1987). The induced affect response: 10-week-old infants' responses to three emotion expressions. *Developmental Psychology, 23*(1), 97–104.

103 Fonagy, P., & Target, M. (2006). The mentalization focused approach to self pathology. *Journal of Personality Disorders, 20*(6), 544–576.

104 Fonagy, P., Target, M., Steele, H., & Steele, M. (1998). *Reflective-functioning manual, version 5.0, for application to adult attachment interviews.* London: University College London.

105 Forster, E. M. (1999). *Howards end.* New York: Modern Library Classics. (Original work published 1910)

106 Fosha, D. (2000). *The transforming power of affect: A model for accelerated change.* New York: Basic Books.

107 Fosha, D. (2003). Dyadic regulation and experiential work with emotion and relatedness in trauma and disorganized attachment. In M. F. Solomon & D. J. Siegel (Eds.), *Healing trauma: Attachment, mind, body, and brain* (pp. 221–281). New York: Norton.

108 Fox, N. A., & Card, J. A. (1999). Psychophysiological measures in the study of attachment. In J. Cassidy & P. R. Shaver (Eds.), *Handbook of attachment: Theory, research, and clinical applications* (pp. 226–245). New York: Guilford Press.

109 Freud, S. (1924a). Recommendations for physicians on the psycho-analytic method of treatment. In E. Jones (Ed.) & J. Riviere (Trans.), *Collected papers of Sigmund Freud* (Vol. 2, pp. 323–333). London: Hogarth Press and the Institute of Psychoanalysis. (Original work published 1912)

110 Freud, S. (1924b). Further recommendations in the technique of psychoanalysis: Recollection, repetition, and working-through. In E. Jones (Ed.) & J. Riviere (Trans.), *Collected papers of Sigmund Freud* (Vol. 2, pp. 366–376). London: Hogarth Press and the Institute of Psychoanalysis. (Original work published 1914)

111 Freud, S. (1958). Remembering, repeating, and working-through. In J. Strachey (Ed. & Trans.), *The Standard edition of the complete psychological works of Sigmund Freud* (Vol. 12, pp. 147–156). London: Hogarth Press and the Institute of Psychoanalysis. (Original work published 1914)

112 Freud, S. (1962). The ego and the id. In J. Strachey (Ed. & Trans.), *The standard edition of the complete psychological works of Sigmund Freud* (pp. 3–62). New York: W. W. Norton. (Original work published 1923)

113 Freud, S. (1966). Project for a scientific psychology. In J. Strachey (Ed. & Trans.), *The standard edition of the complete psychological works of Sigmund Freud* (Vol. 1, pp. 295–397). London: Hogarth Press. (Original work published 1895)

114 Friedman, L. (1988). *The anatomy of psychotherapy.* Hillsdale, NJ: Analytic Press.

115 Fulton, P. R. (2005). Mindfulness as clinical training. In C. K. Germer, R. D. Siegel, & P. R. Fulton (Eds.), *Mindfulness and psychotherapy* (pp. 55–72). New York: Guilford Press.

116 Gallese, V. (2001). "The shared manifold" hypothesis: From mirror neurons to empathy. *The Journal of Consciousness Studies, 8*(5–7), 33–50.

117 Gazzaniga, M. S., Eliassen, J. C., Nisenson, L., Wessuger, C. M., & Baynes, K. B. (1996). Collaboration between the hemispheres of a callosotomy patient—Emerging right hemisphere speech and the left brain interpreter. *Brain, 119*, 1255–1262.

118 George, C., Kaplan, N., & Main, M. (1984). *Adult Attachment Interview Protocol* (1st ed.). Unpublished manuscript, University of California at Berkeley.

119 George, C., Kaplan, N., & Main, M. (1985). *Adult Attachment Interview Protocol* (2nd ed.). Unpublished manuscript, University of California at Berkeley.

120 George, C., Kaplan, N., & Main, M. (1996). *Adult Attachment Interview Protocol* (3rd ed.). Unpublished manuscript, University of California at Berkeley.

121 Germer, C. K. (2005). Teaching mindfulness in therapy. In C. K. Germer, R. D. Siegel, & P.

83 Ekman, P. (2003). *Emotions revealed: Recognizing faces and feelings to improve communication and emotional life.* New York: Times Books.

84 Ekman, P., Friesen, W., & Ancoli, S. (1980). Facial signs of emotional experience. *Journal of Personality and Social Psychology, 39*, 1125–1134.

85 Ekman, P., Levenson, R., & Friesen, W. (1983). Autonomic nervous system activity distinguishes among emotions. *Science, 221*, 1208–1210.

86 Ekman, P., Roper, G., & Hager, J. C. (1980). Deliberate facial movement. *Child Development, 51*, 886–891.

87 Elicker, J., Englund, M., & Sroufe, L. A. (1992). Predicting peer competence and peer relationships in childhood from early parent–child relationship. In R. Parke & G. Ladd (Eds.), *Family–peer relationships: Modes of linkage* (pp. 77–106). Hillsdale, NJ: Erlbaum.

88 Eliot, T. S. (1991a). Ash Wednesday. In *Collected poems, 1909–1962* (pp. 83–96). New York: Harcourt Brace. (Original work published 1930)

89 Eliot, T. S. (1991b). Four quartets. In *Collected poems, 1909–1962* (pp. 173–210). New York: Harcourt Brace. (Original work published 1943)

90 Engler, J. (2003). Being somebody and being nobody: A reexamination of the understanding of self in psychoanalysis and Buddhism. In J. D. Safran (Ed.), *Psychoanalysis and Buddhism: An unfolding dialogue* (pp. 35–100). Somerville, MA: Wisdom.

91 Epstein, M. (1995). *Thoughts without a thinker: Psychotherapy from a Buddhist perspective.* New York: Basic Books.

92 Epstein, M. (2001). *Going on being: Buddhism and the way of change.* London: Continuum.

93 Falkenstrom, F. (2003). A Buddhist contribution to the psychoanalytic psychology of self. *International Journal of Psychoanalysis, 84*, 1–18.

94 Fonagy, P. (1991). Thinking about thinking: Some clinical and theoretical considerations in the treatment of a borderline patient. *International Journal of Psychoanalysis, 72*, 639–656.

95 Fonagy, P. (2000). Attachment and borderline personality disorder. *Journal of the American Psychoanalytic Association, 48*(4), 1129–1147.

96 Fonagy, P. (2001). *Attachment theory and psychoanalysis.* New York: Other Press.

97 Fonagy, P., Gergeley, G., Jurist, E. J., & Target, M. l. (2002). *Affect regulation, mentalization, and the development of the self.* New York: Other Press.

98 Fonagy, P., Leigh, T., Steele, M., Steele, H., Kennedy, R., Mattoon, G., Target, M., & Gerber, A. (1996). The relation of attachment status, psychiatric classification, and response to psychotherapy. *Journal of Consulting and Clinical Psychology, 64*, 22–31.

99 Fonagy, P., Steele, H., & Steele, M. (1991a). Maternal representations of attachment during pregnancy predict the organization of infant–mother attachment at one year of age. *Child Development, 62*, 891–905.

100 Fonagy, P., Steele, M., Steele, H., Moran, G. S., & Higgitt, A. C. (1991b). The capacity for understanding mental states: The reflective self in parent and child and its significance for security of attachment. *Infant Mental Health Journal, 12*, 201–218.

101 Fonagy, P., Steele, M., Steele, H., Leigh, T., Kennedy, R., Mattoon, G., et al. (1995). Attachment, the reflective self, and borderline states: The predictive specificity of the Adult Attachment Interview and pathological emotional development. In S. Goldberg, R. Muir, & J. Kerr (Eds.), *Attachment theory: Social, developmental and clinical perspectives* (pp. 233–278). Hillsdale, NJ: Analytic Press.

102 Fonagy, P., & Target, M. (1996). Playing with reality: I. Theory of mind and the normal development of psychic reality. *International Journal of Psycho-Analysis, 77*, 217–233.

59 Burke, W. (1992). Countertransference disclosure and the asymmetry/mutuality dilemma. *Psychoanalytic Dialogues*, *2*, 241–271.

60 Carlson, V., Cicchetti, D., Barnett, D., & Braunwald, K. (1989). Disorganized/disoriented attachment relationships in maltreated infants. *Developmental Psychology*, *25*, 525–531.

61 Cassidy, J. & Shaver, P. R. (Eds.). (1999). *Handbook of attachment: Theory, research, and clinical applications*. New York: Guilford Press.

62 Coates, S. W. (1998). Having a mind of one's own and holding the other in mind: Commentary on paper by Peter Fonagy and Mary Target. *Psychoanalytic Dialogues*, *8*, 115–148.

63 Cooper, P. (1999). Buddhist meditation and countertransference: A case study. *American Journal of Psychoanalysis*, *59*(1), 71–85.

64 Cozolino, L. J. (2002). *The neuroscience of psychotherapy: Building and rebuilding the human brain*. New York: Norton.

65 Craik, K. (1943). *The nature of explanation*. Cambridge, UK: Cambridge University Press.

66 Crowell, J. A., Treboux, D., & Waters, E. (2002). Stability of attachment representations: The transition to marriage. *Developmental Psychology*, *38*, 467–479.

67 Damasio, A. R. (1994). *Descartes' error: Emotion, reason, and the human brain*. New York: Avon Books.

68 Damasio, A. R. (1999). *The feeling of what happens: Body and emotion in the making of consciousness*. New York: Harcourt.

69 Damasio, A. R. (2003). *Looking for Spinoza*. New York: Harcourt.

70 Darwin, C. (1998). *The expression of the emotions in man and animals* (3rd ed.). New York: Oxford University Press. (Original work published 1872)

71 Davidson, R. J., Kabat-Zinn, J., Schumacher, J., Rosenkranz, M., Muller, D., Santorelli, S. F., et al. (2003). Alterations in brain and immune function produced by mindfulness meditation. *Psychosomatic Medicine*, *65*(4), 564–570.

72 Davies, J. M. (1998). Multiple perspectives on multiplicity. *Psychoanalytic Dialogues*, *8*(2), 195–206.

73 Deikman, A. J. (1982). *The observing self*. Boston: Beacon Press.

74 Dennett, D. C. (1987). *The intentional stance*. Cambridge, MA: MIT Press.

75 Dimberg, U., Thunberg, M., & Elmehed, K. (2000). Unconscious facial reactions to emotional facial expressions. *The American Psychological Society*, *11*, 86–89.

76 Dimen, M. (1998). Polyglot bodies: Thinking through the relational. In L. Aron & F. S. Anderson (Eds.), *Relational perspectives on the body* (pp. 65–96). Hillsdale, NJ: Analytic Press.

77 Dozier, M., & Kobak, R. (1992). Psychophysiology in attachment interviews: Converging evidence for deactivating strategies. *Child Development*, *63*, 1473–1480.

78 Dozier, M., Chase Stoval, K., & Albus, K. E. (1999). Attachment and psychopathology in adulthood. In J. Cassidy & P. R. Shaver (Eds.), *Handbook of attachment: Theory, research, and clinical applications* (pp. 497–519). New York: Guilford Press.

79 Eagle, M. (1999, November 15). *Attachment research and theory and psychoanalysis*. Paper presented at the Psychoanalytic Association of New York.

80 Ehrenberg, D. (1992). *The intimate edge: Extending the reach of psychoanalytic interaction*. New York: Norton.

81 Eigen, M. (1993). Breathing and identity. In A. Phillips (Ed.), *The electrified tightrope* (pp. 43–48). Northvale, NJ: Jason Aronson. (Original work published 1977)

82 Eigen, M. (1999). The area of faith in Winnicott, Lacan, and Bion. In S. A. Mitchell & L. Aron (Eds.), *Relational psychoanalysis: The emergence of a tradition* (pp. 3–36). Hillsdale, NJ: Analytic Press. (Original work published 1981)

37 Bowlby, J. (1944). Forty-four juvenile thieves: Their characters and home life. *International Journal of Psycho-Analysis*, *25*, 19–52.

38 Bowlby, J. (1951). *Maternal care and mental health* (WHO Monograph Series No. 2). Geneva: World Health Organization.

39 Bowlby, J. (1982). *Attachment and loss: Vol. 1. Attachment.* London: Hogarth Press and the Institute of Psycho-Analysis. (Original work published 1969).

40 Bowlby, J. (1973). *Attachment and loss: Vol. 2. Separation: Anxiety and anger.* New York: Basic Books.

41 Bowlby, J. (1980). *Attachment and loss: Vol. 3. Loss, sadness and depression.* New York: Basic Books.

42 Bowlby, J. (1985). The role of childhood experience in cognitive disturbance. In M. J. Mahoney & A. Freeman (Eds.), *Cognition and psychotherapy* (pp. 181–200). New York: Plenum Press.

43 Bowlby, J. (1986). *John Bowlby discussing his life and work.* (Videotaped by Mary Main, Department of Psychology, University of Virginia at Charlottesville, VA).

44 Bowlby, J. (1988). *A secure base: Clinical applications of attachment theory.* London: Routledge.

45 Brach, T. (2003). *Radical acceptance: Embracing your life with the heart of a Buddha.* New York: Bantam/Dell.

46 Brennan, K. A., Clark, C. L., & Shaver, P. R. (1998). Self-report measurement of adult romantic attachment: An integrative overview. In J. A. Simpson & W. S. Rholes (Eds.), *Attachment theory and close relationships* (pp. 46–76). New York: Guilford Press.

47 Bretherton, I. (1985). Attachment theory: Retrospect and prospect. *Monographs of the Society for Research in Child Development*, *50*(1–2), 3–35.

48 Bretherton, I. (1991) The roots and growing points of attachment theory. In C. M. Parkes (Ed.), *Attachment across the life cycle* (pp. 9–32). New York: Routledge.

49 Bretherton, I. (1995). The origins of attachment theory: John Bowlby and Mary Ainsworth. In S. Goldberg, R. Muir, & J. Kerr (Eds.), *Attachment theory: Social, developmental, and clinical perspectives* (pp. 45–84). Hillsdale, NJ: Analytic Press.

50 Bretherton, I., & Munholland, K. A. (1999). *Internal working models in attachment relationships: A construct revisited.* In J. Cassidy & P. R. Shaver, (Eds.), *Handbook of attachment: Theory, research, and clinical applications* (pp. 89–111). New York: Guilford Press.

51 Bromberg, P. M. (1998a). *Standing in the spaces: Essays on clinical process, trauma, and dissociation.* Hillsdale, NJ: Analytic Press.

52 Bromberg, P. M. (1998b). Staying the same while changing: Reflections on clinical judgment. *Psychoanalytic Dialogues*, *8*, 225–236.

53 Bromberg, P. M. (2003). Something wicked this way comes: Trauma, dissociation, and conflict: The space where psychoanalysis, cognitive science, and neuroscience overlap. *Psychoanalytic Psychology*, *20*(3), 558–574.

54 Brothers, L. (1997). *Friday's footprint: How society shapes the human mind.* New York: Oxford University Press.

55 Buber, M. (1970). *I and thou* (W. Kaufman, Trans.). New York: Charles Scribners Sons. (Original work published 1923)

56 Bucci, W. (2002). The referential process, consciousness, and the sense of self. *Psychoanalytic Inquiry*, *22*, 766–793.

57 Bucci, W. (2003). Varieties of dissociative experiences: A multiple code account and a discussion of Bromberg's case of "William." *Psychoanalytic Psychology*, *20*(3), 542–557.

58 Buck, R. (1994). The neuropsychology of communication: Spontaneous and symbolic aspects. *Journal of Pragmatics*, *22*, 265–278.

14 Baron-Cohen, S. (1999). Does the study of autism justify minimalist innate modularity? *Learning and Individual Differences*, *10*, 179–191.
15 Basch, M. F. (1992). *Practicing psychotherapy: A casebook*. New York: Basic Books.
16 Bateman, A., & Fonagy, P. (2006). Mentalizing and borderline personality disorder. In J. G. Allen & P. Fonagy (Eds.), *Handbook of mentalization based treatment* (pp. 185–200). Hoboken, NJ: Wiley.
17 Bateson, G. (1979). *Mind and nature: A necessary unity*. New York: Ballantine Books.
18 Beebe, B. (2004). Symposium on intersubjectivity in infant research and its implications for adult treatment, Part II. *Psychoanalytic Dialogues*, *14*(1), 1–52.
19 Beebe, B., Jaffe, J., Lachmann, F., Feldstein, S., Crown, C., & Jasnow, J. (2000). Systems models in development and psychoanalysis: The case of vocal rhythm coordination and attachment. *Infant Mental Health Journal*, *20*(21), 99–122.
20 Beebe, B., Knoblauch, S., Rustin, J., & Sorter, D. (2003). Symposium on intersubjectivity in infant research and its implications for adult treatment, Part I. *Psychoanalytic Dialogues*, *13*(6), 743–842.
21 Beebe, B., & Lachmann, F. (2002). *Infant research and adult treatment: Co-constructing interactions*. Hillsdale, NJ: Analytic Press.
22 Belsky, J., Fish, M., & Isabella, R. (1991). Continuity and discontinuity in infant negative and positive emotionality: Family antecedents and attachment consequences. *Developmental Psychology*, *27*, 421–431.
23 Benjamin, J. (1999). Recognition and destruction: An outline of intersubjectivity. In S. Mitchell & L. Aron (Eds.), *Relational psychoanalysis: The emergence of a tradition*. Hillsdale, NJ: Analytic Press. (Original work published 1990)
24 Bion, W. R. (1959). Attacks on linking. *International Journal of Psycho-Analysis*, *40*, 308–315.
25 Bion, W. R. (1962). *Learning from experience*. London: Heinemann.
26 Bion, W. R. (1965). *Transformations*. New York: Basic Books.
27 Bion, W. R. (1967). *Second thoughts*. Northvale, NJ: Jason Aronson.
28 Bion, W. R. (1970). *Attention and interpretation*. London: Karnac.
29 Bion, W. R. (1981). Notes on memory and desire. In R. Langs (Ed.), *Classics in psychoanalytic technique* (pp. 259–261). Northvale, NJ: Jason Aronson. (Original work published 1967)
30 Blackmore, S. (2004). *Consciousness: An introduction*. Oxford, UK: Oxford University Press.
31 Blatt, S. J., & Blass, R. B. (1996). Relatedness and self-definition: A dialectic model of personality development. In G. G. Noam & K. W. Fischer (Eds.), *Development and vulnerabilities in close relationships* (pp. 309–338). Hillsdale, NJ: Erlbaum.
32 Bobrow, J. (1997). Coming to life: The creative intercourse of psychoanalysis and Zen Buddhism. In C. Spezzano & G. Garguilo (Eds.), *Soul on the couch: Spirituality, religion and morality in contemporary psychoanalysis* (pp. 109–146). Hillsdale, NJ: Analytic Press.
33 Bollas, C. (1987). *The shadow of the object: Psychoanalysis of the unthought known*. New York: Columbia University Press.
34 Boston Change Process Study Group. (1998). Interventions that effect change in psychotherapy: A model based on infant research. *Infant Mental Health Journal*, *19*, 277–353.
35 Boston Change Process Study Group. (2002). Explicating the implicit: The local level and the microprocess of change in the analytic situation. *International Journal of Psycho-Analysis*, *83*, 1051–1062.
36 Boston Change Process Study Group. (2005). The "something more than interpretation" revisited: Sloppiness and co-creativity in the psychoanalytic encounter. *Journal of the American Psychoanalytic Association*, *53*(3), 693–730.

文　献

1 Ainsworth, M. D. S. (1963). The development of infant–mother interaction among the Ganda. In B. M. Foss (Ed.), *Determinants of infant behavior* (Vol. 2, pp. 67–112). New York: Wiley.

2 Ainsworth, M. D. S. (1967). *Infancy in Uganda: Infant care and the growth of love.* Baltimore: Johns Hopkins University Press.

3 Ainsworth, M. D. S. (1969). Object relations, dependency and attachment: A theoretical review of the infant–mother relationship. *Child Development, 40,* 969–1025.

4 Ainsworth, M. D. S., & Eichberg, C. (1991). Effects on infant–mother attachment of mother's unresolved loss of an attachment figure, or other traumatic experience. In C. M. Parkes (Ed.), *Attachment across the life cycle* (pp. 160–185). New York: Routledge.

5 Ainsworth, M. D. S., Blehar, M. C., Waters, E., & Wall, S. (1978). *Patterns of attachment: A psychological study of the Strange Situation.* Hillsdale, NJ: Erlbaum.

6 Allen, J. P., & Fonagy, P. (2002). *The development of mentalizing and its role in psychopathology and psychotherapy* (Technical Report No. 02-0048). Topeka, KS: Menninger Clinic, Research Department.

7 Amini, F., Lewis, T., Lannon, R., Louie, A., Baumbacher, G., McGuiness, T., et al. (1996). Affect, attachment, memory: Contributions toward psychobiologic integration. *Psychiatry, 59,* 213–237.

8 Aron, L. (1991). The patient's experience of the analyst's subjectivity. *Psychoanalytic Dialogues, 1,* 29–51.

9 Aron, L. (1992). Interpretation as expression of the analyst's subjectivity. *Psychoanalytic Dialogues, 2,* 475–505.

10 Aron, L. (1996). *A meeting of minds: Mutuality in psychoanalysis.* Hillsdale, NJ: Analytic Press.

11 Aron, L. (1998). The clinical body and the reflexive mind. In L. Aron & F. S. Anderson (Eds.), *Relational perspectives on the body* (pp. 3–38). Hillsdale, NJ: Analytic Press.

12 Austin, J. H. (1999). *Zen and the brain:Toward an understanding of meditation and consciousness.* Cambridge, MA: MIT Press.

13 Baer, R. (2003). Mindfulness training as a clinical intervention: A conceptual and empirical review. *Clinical Psychology: Science and Practice, 10*(2), 125–142.

愛着理論と塩むすび——訳者あとがき

本書の原著者、デイビッド・J・ウォーリン博士は、米国カリフォルニア州に二つのオフィスを持つ開業臨床心理士であり、同州バークレー市にあるライト・インスティテュートにて三十年近く臨床を実践しつつ教育にも携わってきたという熟練の教育者でもあります。本書はウォーリン博士の二冊目の著書ですが、ＭＢＴ（Mentalization Based Therapy）の提唱者としても著名な愛着理論家ピーター・フォナギーが「愛着理論・研究とその応用においてカギとなった進歩に関する、まさに最高の統合」と絶賛している良書であり、その充実した内容と卓越した表現力ゆえに全世界に浸透し、既に本書を含めて七ヵ国語に訳されています。

近年、愛着理論が精神科臨床および心理臨床において全世界的に注目されるようになるに伴い、本邦においてもそれに関する書物が続々と翻訳されていますが、なかでも本書は、治療者が愛着理論・研究を臨床実践において利用できるようにすることを目的として書かれているという点で突出しています。著者は、愛着理論を臨床に応用しようと試みるなかで、間主観性・関係性理論といった臨床理論のみならず、神経生物学、認知科学、外傷研究、意識の探究、そして仏教心理学までも取り入れて愛着理論に統合し、精神療法におけるカギとなる三つの所見を同定しています。すなわち、①愛着関係の発達的中心性、②前言語的体験、③反省機能——です。本書の前半においては、著者は、それらの所見について深めながら、関係性を通して変化を起こすという精神療法モデルを導き出していきます。そして後半においては、著者の臨床経験、育児経験や個人的体験を参照しつつ、愛着志向精神療法の実際へと物語をすすめていきます。

さて、こうしてあとがきを書きながら、実は私は大変困っています。右記のとおり、必要なことはすべて著者が本文中に書いているので、あえて解題として付記することなど、ひとつもないように思えるからです。それに、思いつくままに書くとしたら、ただ本書の良いところばかり並べたててしまいそうだとも思いました。ところが、じゃあ本書のどこがそんなに良いのかを書いてみようとすると、なかなか言葉になりません。ただ、「何かあったらこの人に相談しに行こう」と思うほど、ウォーリン先生に親しみと信頼を感じているという事実だけが、確かに私の心に在るのです。漠然とした表現ではありますが、おそらくそれが愛着志向精神療法の本質であり、ウォーリン先生が伝えていることそのものなのではないかと私は思います。つまり、愛着とは私たちの適応と生存にかかわる必須のものなので、その理論や実践も、頭で理解できるものと言うよりも、身体と心で実感を伴って理解できるものなのでしょう。また、著者が「良い治療者が患者と共にしていることとは、うまくいっている親が子どもと共にしていることに類似している」というホームズの所見（二〇〇一）を引用しているように、それは親であり子である私たち自身が過去と現在において体験していることと何かしら結びついているために、直観的に理解しやすいという面もあるのかもしれません。

愛着志向精神療法のめざすところをひとことで表現するならば、治療者が差し出す関係性を通して、不安定愛着パターンを有する患者さんの心の中に反省力のある自己を育てていくこと――と言えると思いますが、この点について、著者は、ダイアナ・フォーシャの示唆（二〇〇三）を引用しています。すなわち、「理解されること、そして愛があり、思いやりがあり、調律してくれて、落ち着いている心（mind）とまごころ（heart）を持つ他者の中に存在しているという感覚を持つこと」――そういう関係性を通して、反省的自己は現れると言うのです。これは、親子関係で言えば、子どもの苦悩に親が共鳴し、反省し、それを正確に映し出してくれれば、子どもは落ち着くことができる――ということです。このことについて、著者は自らの育児体験を例示しつつ説明しています。――著者の娘さんが一歳半の時、真夜中に目を覚まして「ママ！　ママ！」と叫んでいたので、父親である著者が代わりに様子を見に行ったところ、「ひどいパパ！　大っきらい！　ママを呼んでよ！」と怒鳴りつけられました。明け方の三時に起こされたのに、ありえない応対をされた著者は、娘さんの泣き叫びをとび越して、聞こえるように「ママはねんねしてるから、パパは起こしたくないの」と言いました（この時点で、著者は疑いなく気がたっていたということを自覚しています）。しかし娘さんの立場に立ってみると、娘さんのその行動には反論の余地のない道理があることにすぐさま気づいた（**感じた**）著者は、自分の態度が軟化しているのに気づきました。すなわち、怒り、そして十分に大きな声を出せば、母親を呼びに行かせることができると、彼女が信じ込んでいるのは明らかだと思ったのです。これらの一連の気づきは著者の中で一瞬のうちに生じたものですが、そのことにより落ち着くことのできた著者は、彼女の憤怒を（意識せずに）映し出せるようになりました――すなわち、「ごっこ」としての自らの感情表示を目立たせるために、かすかなうなり声を出しながら「意地悪な表情」を作って見せたのです。彼女の怒りの裏にある失望感を反映するかのように、そのうなり声は、共感的な「うぇ～ん」へとなめらかに推移していきました。そうして、「きみは怒っているんだね。だって、きみは本当にママに来てほしいのに、パパが呼びに行かないから」と語りかける著者に対し、娘さんは、涙を流しながら「パパ、助けて」と言ったのでした。――この、きわめて日常的な親子のやりとりのなかに、私たちは、著者の心の中に著者とは別の意図を持った一人の主体としての娘さんの心が在り、その心を娘さんに向けて映し出している著者の姿を見ることができるでしょう。そしてこのようなかかわりを積み重ねていくことが、親として、治療者としての私たちにも必要とされるということなのでしょう。

かねてから私は、大学で研究の傍ら臨床をしている精神療法家が患者さんに差し出す関係性が

「高級フランス料理」ならば、私たち開業医の差し出す関係性は「塩むすび」だ——と思っていました（決して自己卑下しているわけではありません。おいしい塩むすびを差し出そうと思っていますから——その日の患者さんの状態に合わせて、絶妙に塩加減をしながら。もちろん、高級フランス料理も必要です。念のため。）が、本書を読んで、愛着理論は塩むすびに通じるものがあると思いました。なんにもおかずがない時に、母親が作ってくれた塩むすび。父親が作ってくれた、少し大きめでいびつな塩むすび。愛着理論は、そんな日常的なごはんを患者さんに差し出すかのようなかかわり合いをつづけられるように、私たちの支えになってくれる理論なのではないかと思います。（そう言えば、児童精神科医の渡辺久子先生も、御著書*の中で『心のおむすび』と題して、「赤ちゃんの心を育てることは、ご飯をたいておむすびをにぎる過程にどこか似ている。まず心もおむすびもどんなにスイッチひとつで何でもできる世の中になっても、手作りでやるほかはない。……」と述べておられますね。）そんなわけで、本書は、地域で生活し臨床を実践している精神科医、心理療法家およびソーシャルワーカーのみならず、母子保健、児童福祉および教育など子どもの心の発達に携わる全ての専門家、そしてメンタルヘルスにかかわるあらゆる人々にとって最良の指針となりうることでしょう。拙訳ですが、多くの方々にお読みいただければと切に願っております。

さて、訳語の選択についても少しふれておきます。訳語はできるだけこれまでに広く用いられてきたものを踏襲するようにしましたが、英語と日本語の言語体系の違いや個々の単語の持つ守備範囲の相違などの事情のため、未だ一つの訳語に統一されていない用語も多くあり、その一部にはどの訳語を当てるのが適切か、相当に悩んだものもありました。たとえば、reflection については訳注にも記したとおり、最近は「内省」、「自省」といった訳語が好まれているようですが、本書においては文脈によっては「反映」と訳すのが適切な場合もあったため、最も古くから広く用いられている「反省」という訳語を当てることにしました。また authentic は、「本気さ」、「本物らしい確かさ」、「正真正銘」などと誰もが苦労して訳出している用語ですが、本書においては最も一般的な「真正」という訳語を当てることにしました。なお、knowing の訳については、ダニエル・N・スターンの著書「Present Moment in Psychotherapy and Everyday Life」の訳書「プレゼントモーメント」（奥寺崇監訳／津島豊美訳、岩崎学術出版社）では、私たちは原著者スターンが深遠なる意図をもって knowledge ではなく knowing という動詞を用いていることを重く受けとめ、「知識」などの名詞ではなく「了解」という動詞を訳語として選択しました。しかしこれが implicit knowing すなわち「暗黙の了解」という熟語となると、日本独自の社会文化的な意味合い（すなわち不文律という）を携えてしまい、それがスターンの意図を越えて一人歩きすることへの危惧もあるため、この訳語はあまり浸透していきそうにないという気がしてきました。そのため「プレゼントモーメント」の監訳者、奥寺崇先生に許可を頂いたうえで、本書では knowing を「知」と訳すことにしました。「知」ならば動詞でもあるので、スターンの意図も反映していると考えられたからです。こんなふうに四苦八苦して訳してもなお十分適切とは言えない表現もあると思いますので、そのような場合にはご指摘いただければ幸いです。

最後に、私事で恐縮ですが、若い頃レイチェル・カーソンやコンラート・ローレンツなどの生物学者の著作を好んで読んだ私にとって、愛着理論は最も自然に取り入れ臨床の基礎にできる理論でした。また、長い間師事してきた中久喜雅文先生（アメリカ精神医学会 Distinguished Life Fellow、聖マリアンナ医科大学客員教授、東京サイコセラピーセンター所長）の影響もあり、禅などの日本文化を通して培われてきた日本人の優れた身体感覚を生かして患者、治療者自身および両者の関係性を理解するということを、自らのささやかなライフワークとしてきました。ゆえに、仏教心理学をも

＊「母子臨床と世代間伝達」一六六ページ。　渡辺久子著　金剛出版　二〇〇〇年

取り入れたウォーリン博士の臨床理論には共鳴できる点が大変多く、本書と出会えたことは、私にとっては驚きと喜びの入り混じった強烈な体験でした。そんなわけで原書が出版されるとほぼ同時に翻訳を開始したのに、私の要領の悪さのせいで、訳し終わるまでに何と三年半もかかってしまいました。辛抱強く待ってくださったうえに再三の訳語の訂正にも応じてくださった星和書店の石澤雄司社長、岡部浩企画室長の御厚情に、この場を借りて深謝いたします。またネイティヴでなければ知りえない表現等について貴重なご示唆をいただいた翻訳家の岩淵デボラ先生にも深謝いたします。そして貴重な作品を本書の表紙として提供してくださった写真家の森本二太郎先生にも、心より感謝いたします。静けさの中に生命力を感じられる先生の御写真の純粋な美しさが、本書をさらに輝かせてくださいました。最後に、本書の訳出にあたり多くの支持を与えてくださった中久喜雅文先生、皆川邦直先生（法政大学教授、サイコセラピーインターナショナル所長）、開業医の私が臨床に関わる良書を翻訳することの意義と困難さとを深く理解したうえで絶えず応援してくださった悳智彦先生（埼玉精神神経科診療所協会前会長）、鈴木仁史先生（同現会長）、診療の合間に作業することを許容し本書の刊行を心待ちにしていてくれたつしまメンタルクリニックのスタッフの皆様、そして類稀なる寛容さで本書を訳し終えるまで支えつづけてくれた私の夫、津島暁生（建築家・アーバンデザイナー）に、心より感謝いたします。

平成二三年十月

津島　豊美

ら

理想化型 idealizing pattern　331-333
両価型愛着 ambivalent attachment
　AAI と――　49(表)
　「愛着のルール」と――　51-52
　概要　28-29
　コミュニケーションの質と――　30-31
　ストレンジ・シチュエーションと――　26
　――の長期的影響　34-35
リヨンズ＝ルース, カーレン Lyons-Ruth, Karlen　156, 184, 187-189
累積外傷 cumulative trauma　373
レニック, オーウェン Renik, Owen　271, 274, 283, 289(注)
恋愛性転移 erotic transference　355-357
老練者スタンス expert stance of therapist　506

わ

ワン・パーソン・サイコロジー one-person psychology　256-257, 260

——の安定性　139-144
——の長期的影響　34
非活性化方略と——　150
未解決型患者と——　369
無力感 helplessness　343-357, 363-365, 456-459
明示的メンタライジング explicit mentalizing　203, 506-507
瞑想 meditation
概要　244-249, 254(注)
精神療法と——　248-251, 503
とらわれ型患者と——　368
——の効果　209-210
マインドフルスタンスと——　9, 244-249
明白な(明示的)記憶 explicit memory　176
明白な(明示的)体験 explicit experience　232-236
メイン, メアリー Main, Mary
愛着型の安定性と——　127-144
愛着型の世代間伝達と——　55-58
出生前体験と——　36(注)
内的作業モデルと——　41-55, 43(表), 49(表)
——の研究　63(注)
——の貢献　14, 32-35, 37-38
メタ認知と——　58-62
メタ認知 metacognition　8, 58-62, 207, 467-470
メタ認知的モニタリング metacognitive monitoring　58, 129-130
メンタライジング様式(モード) mentalizing mode　70-71
メンタライジング力 mentalizing ability
概要　5-6, 65-69, 465-467
関係的文脈と——　471-473
間主観性と——　81-88, 286-289
脱埋没のプロセスとしての——　467-470
治療者と——　514-515
治療における対話と——　301-303
とらわれ型患者と——　351, 361
二重らせんと——　473-505
埋没と——　210-218
未解決型患者と——　387-388
メンタライゼーション mentalization
概要　201-204, 206-207
治療における——の促進　505-514
——の実例　237-242
マインドフルネスと——　241-242
妄想-分裂ポジション paranoid-schizoid position　205
物語り narrative　237-242
物語り能力 narrative competence　207

や

役割応答性(逆転移) role-responsiveness, countertransference　270
役割逆転方略 role-inverting strategy　140
養育 parenting
愛着型と——　27-29, 34-35, 127-144
子どもの情動の映し出しと——　73-77
ボゥルビィと——　20-21
メンタライゼーションと——　202-204
養育者の応答 caregiver response
関係外傷と——　175-176
関係的プロセスと——　155-160
情緒調節と——　148-149
身体体験と——　443
とらわれ型患者と——　364-365
——の自己の発達への影響　149-155
発達的デジデラータと——　155-160
メンタライジング力と——　211-212
四つに組む engagement　304-406
呼び起こし evocations　181, 399-408

ボゥルビィ, ジョン Bowlby, John
　エインズワースと――　14
　関係的プロセスと――　155-156
　近接性希求行動と――　35(注)
　内的作業モデルと――　38-41
　――の貢献　15-21, 38-41
　表象自己と――　96
　フォナギーと――　64-65
補完的同一視 complementary identification　405
保護 protection　15-21
「ほどよい」母親 "good enough"parent　10, 27
ボラス, クリストファー Bollas, Christopher　4, 172

ま

埋没 embeddedness
　概要　202, 204-205
　とらわれ型患者と――　361
　――の実例　229
　メンタライゼーションと――　210-218, 467-470
マインドフル自己 mindful self　101-102, 244-254
マインドフルネス mindfulness
　愛着軽視型患者と――　338
　概要　5-11, 202-204, 207-210, 465-467
　関係的文脈と――　471-473
　身体体験と――　117-124, 445-459
　精神療法における――　242-254
　脱埋没のプロセスとしての――　467-470
　治療者と――　514-515
　治療における――の促進　499-505
　とらわれ型患者と――　367-368
　二重らせんと――　473-505
　――の実例　242-244
　未解決型患者と――　387-388
マインド・マインデッドネス mind-mindedness　207
マインドリーディング(読心) mind reading　297, 506
まさに今という瞬間 now moments　188
未解決型患者 unresolved patient
　外傷(トラウマ)と――　385-387
　概要　369-372
　解離と――　376-381
　逆転移と――　380-381
　脱身体化と――　459-463
　注意方略と――　465-467
　投影性同一視と――　376-381
　――の安全への恐れを克服する　372-376, 381-385
　マインドフルネスと――　387-388
　メンタライジング力と――　387-388
未解決／無秩序型心理状態 unresolved/disorganized state of mind　50(表), 139-144, 318-319
見かけと現実との区別 appearance/reality distinction　207
未思考の知 "unthought known"
　エナクトメントと――　184-190
　概要　4-5, 172-173, 199(注)
　自己開示と――　279
　――の体現　195-199
　――の呼び起こし　191-195
見捨てられ不安 abandonment fears　347
鏡(ミラー)ニューロン系 mirror neuron system　114-115
矛盾した作業モデル contradictory working models　132-135
無秩序型愛着 disorganized attachment
　AAI と――　50(表)
　エインズワースと――　32-33
　概要　152-153
　脱身体化と――　459-460

反復強迫 repetition compulsion　423
ピアジェ, ジャン Piaget, Jean　39
ビオン, ウィルフレッド Bion, Wilfred　10, 72, 501
非活性化方略 deactivating strategies　135, 150-153
非言語的コミュニケーション nonverbal communication
　愛着軽視型患者と——　338
　身体を読むことと——　446-450
　早期愛着関係の質と——　2-3
　治療関係と——　391-395
　とらわれ型患者と——　348
　——の実例　229-232
　——の理解　177-183
　臨床実践と——　395-399
非言語的体験 nonverbal experience　172-175
皮質の階層 cortical hierarchy　113
評価 assessment　315-319
表現力 expressiveness　438-441
標識された映し出し marked mirroring　73-74, 220-222
表象 representation　5-11, 60, 177
表象書換え representational redescription　468
表象自己 representational self　95-102
表象世界 representational world　7-8
表象多様性 representational diversity　61, 207
表象変化 representational change　61, 207
表情 facial expression　178-179, 193-194, 200(注), 396
敏感な応答性 sensitive responsiveness　287
不安定愛着 insecure attachment
　愛着型の安定性と——　125-126
　エナクトメントと——　440-441
　世代間伝達と——　55-58
　注意方略と——　465-467
　——の長期的影響　34-35
　非言語的コミュニケーションと——　396
　養育者の応答と——　161-163
フォナギー, ピーター Fonagy, Peter
　ごっこ様式と——　213-217
　子どもの情動の映し出しと——　73-76
　自己の発達と——　153-155
　情動調節と——　71-76
　体験様式と——　69-71
　——の貢献　14, 64-76
　メンタライジング力と——　65-69
仏教心理学 Buddist psychology　6, 253
不変表象 invariant representation　113
ブラゼルトン, インゲ Bretherton, Inge　15
ブローカ領域 Broca's area　174, 457
分化 differentiation　97
分離 separation　15-21, 27, 309-314
分裂 splitting　205, 361, 367-368, 376-379
ヘッセ, エリック Hesse, Erik　42-43
辺縁系 limbic system　106-109
変化プロセス研究グループ Change Process Study Group(CPSG)　187-188, 292
変化を起こす関係性 transformative relationships　4, 10-11, 187-189
ベンジャミン, ジェシカ Benjamin, Jessica　83-85, 165
弁証法的行動療法 dialectical behavior therapy　254(注)
扁桃体 amygdala
　概要　107-109
　左右差と——　115-116
　脱身体化と——　462
　脳と身体の統合と——　120-124
　未解決型患者と——　377-378
　瞑想と——　209-210
包含性 inclusiveness　160, 173-174, 296-300, 348-349, 404
包容 containment　72-73, 153

匿名性(分析家の) analytic anonymity　267
独立独行(愛着軽視型における) self-reliance, dismissing state of mind　164
とらわれ型患者 preoccupied patient　340-368, 396, 313, 318
とらわれ型心理状態 preoccupied state of mind　49-50(表), 136-139

な

内的作業モデル internal working models
　エナクトメントと――　423
　親の――　45-48
　回避型愛着と――　130-135
　概要　38-41
　解離と――　261
　情動核と――　124(注)
　二重らせんと――　493
　表象自己と――　95-100
　フォナギーと――　69
　ボウルビィと――　38-41
　未解決型患者と――　377
　メインと――　41-55
　養育者への期待と――　22-23
内的体験 internal experience　429-436
内的表象 internal representations　177
二次的愛着方略 secondary attachment strategy　150
二次的安心感 "secondary felt security"　54
二重らせん(メンタライジングとマインドフルネスの) double helix view of mentalizing and mindfulness　473-499
乳児による表情の模倣 facial expressions, intimation of by infants　78, 166, 193
乳児の愛着型 infant attachment patterns
　概要　27-29, 127-144
　――と安定性　125-127
　内的作業モデルと――　38-41
　――の長期的影響　34-35
乳幼児健忘 infantile amnesia　174
脳幹 brainstem　104-106
脳と心の統合 body-mind integration　116-120
脳の構造 brain structure　104-117
脳の統合 brain integration　116-117
脳梁 corpus callosum　199(注)

は

背外側部領域 dorsolateral region　110, 120, 456-457
発達 development
　愛着パターンの安定性と――　125-144
　関係的プロセスと――　255
　間主観性と――　83-85
　体験様式と――　69-71
　内的作業モデルと――　38-41
　――への愛着人物の影響　148-155, 160-167
発達勾配 developmental gradient　349-352
発達的デジデラータ developmental desiderata　155-160
発動性 agency　495-496
母親の原初的没頭 "primary maternal preoccupation"　164
反抗(治療における) rebelliousness in therapy　267
犯罪による外傷 trauma of transgression　428
反省 reflection　5-7, 77, 201-204
反省機能スケール Reflective-Functioning Scale　66
反省自己 reflective self
　概要　100-102, 252-254
　間主観性と――　286-289
　治療における対話と――　300-303
　――と臨床プロセスの実例　225-242
　――の強化　219-242
　マインドフルスタンスと――　5-8

ツー・パーソン・サイコロジーと——　256-257
——とエナクトメント　408-441
とらわれ型患者と——　341-348, 357-368
——の実例　225-242
反省自己を強化することと——　218-242
非言語的コミュニケーションと——　177-183, 395-399
表象自己と——　95-100
未解決型患者と——　369-376, 381-385
無力型と——　343-348
瞑想と——　245-254
メタ認知と——　58-62
メンタライジング, マインドフルネスと——　201-204, 242-254, 467-470, 499-514
呼び起こされた体験と——　399-408
——を民主化する　265-274
治療者 therapists
エナクトメントと——　409-415, 439-441
互恵的影響と——　257-259
ツー・パーソン・サイコロジーと——　256-257
とらわれ型患者と——　352-367
——の個人的まき込まれ　259-261
非言語的体験と——　179-183
メンタライゼーション, マインドフルネスと——　201-204, 248-249, 500-502, 506-515
——役割を人間的にする　265-274
恋愛性転移と——　355-357
治療的愛着 therapeutic attachment
愛着型の安定性と——　125-126
愛着軽視型患者と——　321-322
概要　2-5
間主観性と——　85-88
情動調節と——　154-155
反省自己の強化と——　218-225
反省的スタンスと——　5-8, 100-102
変化を起こす関係性としての——　4
メンタライゼーション, マインドフルネスと——　514-515
治療的かかわり合い therapeutic interactions　326-329, 393-395
治療的変化 therapeutic change　172, 187
ツー・パーソン・サイコロジー two-person psychology　256
出会いの瞬間 moment of meeting　188
抵抗 resistance　259, 272-273, 325
敵意 hostile intent　398
適応方略 adaptive strategies　51, 148-153
手続き記憶 procedural memory　176, 371
転移 transference
エナクトメントと——　409-441
概要　190
間主観性と——　274-278
治療関係と——　392-395
治療者と——　259-261
投影性同一視と——　289(注)
——の再定義　266-270
呼び起こされた体験と——　399-408
恋愛性——　355-357
島(とう) insula　112, 123
投影 projection　213, 397
投影性同一視 projective identification
エナクトメントと——　411
概要　192-195
間主観性と——　278-279
未解決型患者と——　379-381
動機づけシステム motivational system　15-17, 424
統合 integration
概要　97, 160-167, 167(注)
間主観性と——　261-265
治療における——の促進　218-225
二重らせんと——　496-499
脳と——　116-117
包含的対話と——　294-298
未解決型患者と——　371-372, 376-381
無秩序型愛着と——　152-153

た

体現 embodiment　183, 195–199
体現された心 embodied mind　117–124
体験に対する自己のスタンス stance of self toward experience　2, 5–11
体験様式 experience, modes of　69–71
第三主体（分析の） analytic third　285, 403
対象関係論 object relations theory　97
大脳半球（左右差と） hemisphere of brain, laterality and　115
耐容性の範囲 window of tolerance　449–450
対話についての対話 conversations about conversations　303
多重性 multiplicity　262–265
脱愛着 detachment phase　311
脱身体化 desomatization　459–464
探索行動システム exploratory behavioral system　17, 24–25, 53
中前頭前皮質 middle prefrontal cortex　110, 120–121
中断（治療の） interruptions in psychotherapy　309–314
中立性（治療者の） neutrality, therapeutic　260, 273–274
調律（治療者の） attunement, therapist's
　愛着軽視型患者と——　322–326
　怒り・混乱（カオス）型と——　359–365
　抵抗と——　272–273
　とらわれ型患者と——　359–365
調和（治療関係における） harmony in therapeutic relationships　284–285
直面化（治療における） confrontation in therapy　304–306, 322–326
治療関係　therapeutic relationship
　親子関係と——　173–174
　かかわり合いの母体（マトリクス）と——　283–285
　患者を精神療法に導入することと——　306–309
　限界設定と——　362–363
　ごっこ様式と——　215–217
　自己開示と——　278–283
　身体体験と——　455
　抵抗と——　272–273
　とらわれ型患者と——　341–343, 352–355, 363–367
　——におけるエナクトメント　188–190, 408–441
　——における不和の修復　298–300
　反省自己の強化と——　218–225
　未解決型患者と——　372–376, 381–385
　見捨てられる恐怖と——　343–348
　メンタライゼーション，マインドフルネスと——　514–515
　呼び起こされた体験と——　399–408
　恋愛性転移と——　355–357
治療（臨床）実践 therapeutic practices
　愛着軽視型患者に対する共感と直面化と——　322–326
　怒り・混乱（カオス）型と——　357–368
　概要　170–171
　解離と——　263–265
　身体と心の統合と——　116–124
　患者を精神療法に導入することと——　306–309
　間主観性と——　85–88, 274–289
　共同作業的コミュニケーションと——　293–306
　ごっこ様式と——　213–217
　即興と——　292
　体験様式と——　69–71
　脱身体化と——　459–463
　治療者の個人的まき込まれと——　259–261
　治療における対話を向上させることと——　300–306

　概要　148-149
　身体体験と――　196-198
　二重らせんと――　493-495
　フォナギーと――　71-75
　埋没と――　215
　養育者の応答性と――　154, 223
情動調律 affect attunement　80-81, 158-159
情動の映し出し（子どもの） mirroring affects of the child　73-76, 153, 220-223
自律神経系 autonomic nervous system　105, 115, 367-368, 450-451
進化論的生物学 evolutionary biology　2, 92, 102-117, 135
身体記憶 somatic memories　99
身体自己 somatic self　92-93
身体体験 bodily experience
　概要　442-445
　解離と――　376-379
　埋没と――　204-205
　マインドフルネスと――　445-446
　未解決型患者と――　459-464
　未思考の知と――　195-199
身体的逆転移 somatic countertransference　447-448
診断分類 diagnostic classifications　315
心的外傷後ストレス障害 posttraumatic stress disorder（PTSD）　175, 369
心的等価様式 psychic equivalence mode　69-70, 205, 212-213, 215, 508-514
心的表象 mental representation　37-38
新皮質 neocortex　109-114
進歩的動機づけ progressive motivations　424
随伴的コミュニケーション contingent communication　30, 157-158, 160-167
随伴的な映し出し contingent mirroring　73-75, 220-224
スィーガル, ダニエル Siegel, Daniel　103
スキゾイドの病理 schizoid problems　34, 151
スターン, ダニエル Stern, Daniel　87, 96, 187-189
成人愛着面接（AAI） Adult Attachment Interview
　安定型／自律型愛着と――　128-130
　回避型／愛着軽視型愛着と――　130-135
　概要　37-45, 43（表）
　ストレンジ・シチュエーションと――　46-48, 49（表）
　とらわれ型患者と――　137-139
　反省的スタンスと――　6, 202
　フォナギーの研究と――　67-69
　未解決型愛着と――　139-144
　メタ認知と――　59-63
　臨床的評価と――　315-319
精神病理 psychopathology　69-71, 76-77
生来的間主観性 innate intersubjectivity　78-82
世代間伝達（愛着型の） intergenerational transmission of attachment patterns　55-58, 71-77
セリグマン, スティーブン Seligman, Stephen　193
自著精神（セルフオーサリングマインド） self-authoring mind　243
前言語体験 preverbal experience　2, 173, 196-199, 391
前帯状回 anterior cingulate　111
前頭前皮質 prefrontal cortex　110
前頭葉 frontal cortex　110
早期記憶（暗黙の記憶） early memory　176
相互交流調節 interactive regulation　162-165
相互互恵的影響 mutual reciprocal influence　257-259
相互認識 mutual recognition　83-85, 165-167
喪失 loss　57
ソロモン, ジュディス Solomon, Judith　32

交渉(治療における) negotiation in therapy 284, 298–300
声のトーン tone of voice　178–183
呼吸訓練 breathing practice　122–123
互恵的影響(治療における) reciprocal influence in therapy　258–261
心の理論 theory of mind　64
ごっこ様式 pretend mode 70, 213, 224, 228–229, 512–514
コミュニケーションの質 communication quality 29–30
コミュニケーションパターン(養育者と乳児の) communication patterns between infant and caregiver
　エインズワースと——　22, 29–31
　関係的プロセスと——　155–160
　間主観性と——　77–82
　共同作業的コミュニケーションと——　293
　自己の発達と——　125–126, 160–167
　相互調節的——　79
　包容と——　72
　メインと——　45–46, 51–52
小文字の t の外傷(トラウマ) small-t trauma 373
コントロール型　control, pattern of　333–337
コントロール・マステリー理論 control mastery theory　289(注)

さ

再身体化 “resomatization”　463
左右差(脳の) laterality　115–116
サリヴァン, ハリー・スタック Sullivan, Harry Stack　261
三位一体の脳 triune brain model　106
シェイヴァー, フィリップ Shaver, Phillip　6–7
視覚記憶 visual memory　112–113
自己愛性の病理　narcissistic problems 34, 151, 329
志向性 intentionality　160
自己開示(治療者の) self disclosure, therapist’s 236, 278–283, 298–300
自己体験 self-experience　91–102
自己調節 self-regulation　162–164
自己反省的応答 self-reflective responsiveness 266
自己変形精神(マインド) self-transforming mind 243
自傷 self-mutilation　379
姿勢 posture　178
自伝的記憶 autobiographical memory　174
支配(コントロール)方略 controlling strategy 140–141
社会化精神(マインド) socialized mind　243
社会構成主義 constructivism　261–262
社会的に構成された自己 socially constructed self　261
終結 termination　309–314
羞恥心 shame　447
集中瞑想 concentration in meditation　245
柔軟性(精神療法の) flexibility in psychotherapy　439–441, 501
受動性 passivity　138–139, 456–459
受容的態度 acceptance　10
ショアー, アラン Schore, Allan　103
象徴化 symbolization　214
情緒 emotion　124(注), 446
情緒記憶 emotional memories　99
情緒自己 emotional self　93–95
情緒スキーマ emotion schemas　124(注), 493
情緒調節　emotion regulation 122–123, 204, 297–298, 442–443
情動 affect　124(注), 446
情動調節　affect regulation
　愛着方略と——　149–155

間主観性 intersubjectivity
愛着から——へ　77-88
愛着理論と——　257-265, 286-289
概要　160-167
関係的プロセスと——　393-395
共同作業的コミュニケーションと——　293-300
精神療法と——　85-86
中立性と——　273-274
治療関係における——　86-88
治療者の個人的まき込まれと——　259-261
ツー・パーソン・サイコロジーと——　256-257
転移－逆転移エナクトメントと——　184-190
フォナギーと——　71-75
臨床実践と——　274-286
記憶 memory
愛着の神経生物学と——　108-109, 112-114, 174-175, 199(注)
身体体験と——　444-445
非言語的体験と——　173-177
未解決型患者と——　371, 385-387
危機に関する評価 appraisals of danger　105-109, 204-205
逆転移 countertransference
エナクトメントと——　408-441
概要　270-272
間主観性と——　274-278
限界設定と——　362-363
身体体験と——　447-448
治療関係と——　392-295
治療者と——　259-261
とらわれ型患者と——　362-363
未解決型患者と——　380-381
メンタライゼーションと——　509
役割応答性と——　270-272
呼び起こされた体験と——　399-408
恋愛性——　355-357
客観性(治療者の) objectivity in therapy　257
境界線(治療上の枠組み) boundaries in therapy　216
境界例 borderline patients
怒り・混乱(カオス)型と——　357-368
過活性化方略と——　151-152
とらわれ型患者と——　340
乳児期の愛着の長期的影響と——　34
未解決型患者と——　369
共感 empathy
愛着軽視型患者と——　322-326
怒り・混乱(カオス)型と——　359-363
治療における対話と——　294
とらわれ型患者と——　359-362
反省自己の強化と——　223-224
未解決型患者と——　373-376
呼び起こされた体験と——　404-408
共同作業的コミュニケーション collaborative communication　30, 156-157, 160-167, 293-306, 317
共同創造のかかわり合い co-created interaction　66-167, 187, 410-413
強迫性の病理 obsessional problems　34, 151
恐怖, 恐れ fear
身体体験を——として解釈する　447
とらわれ型心理状態と——　136-139
埋没と——　205
未解決型愛着と——　32-34, 142-143
瞑想と——　209
近接性 proximity　15-21, 92, 140, 150
クライン, メラニー Klein, Melanie　19-20, 192
クレイク, ケネス Craik, Kenneth　39
ケーガン, ロバート Kegan, Robert　243
嫌悪 disgust　446
限界設定 limit setting　156-157, 362-367, 383-385
現在の瞬間 present moments　188
原初的解離 primitive dissociation　376

——を認識する　413-415
演技性の病理 hysteric difficulties　34, 151, 340, 343
大文字の T の外傷（トラウマ） large-T trauma　373
オグデン, トマス Ogden, Thomas　285-286

か

解釈 interpretation　237-241, 298-300, 439-441, 507
外傷（トラウマ） trauma
　愛着型の世代間伝達と——　55-58
　怒り・混乱（カオス）型と——　357-368
　海馬と——　108-109, 199(注)
　身体体験と——　443, 456-459
　脱身体化と——　459-463
　注意方略と——　465-467
　非言語的体験と——　173-176
　未解決型患者と——　369-376, 385-387
　無秩序型愛着と——　139-144
　メンタライゼーションと——　505-506
外的現実 external reality　7
海馬 hippocampus
　外傷（トラウマ）と——　109
　概要　108-109
　自伝的記憶と——　174
　脱身体化と——　460
　非言語的体験と——　174
　未解決型患者と——　371
回避型愛着 avoidant attachment
　AAI と——　49(表)
　「愛着のルール」と——　48-52
　概要　27-28
　関係的プロセスと——　168(注)
　コミュニケーションの質と——　29-31
　ストレンジ・シチュエーションと——　25-28
　世代間伝達と——　55-58
　——の長期的影響　34-35
　非言語的コミュニケーションと——　396-398
回復力 resilience　34, 96
解離 dissociation
　概要　105-106
　患者の評価と——　319
　間主観性と——　261-265
　身体体験と——　444
　——の実例　229-232
　マインドフルネスと——　497-499
　未解決型患者と——　369-370, 376-381
混乱（カオス）型 chaos pattern　357-368
過活性化方略 hyperactivating strategy　136-139, 150-153, 347-368
かかわり合いの母体（マトリクス） interactive matrix　283-285
覚醒水準 arousal　218
獲得安定型愛着 “earned secure”attachment　129
家族画 family drawing　128, 131, 136, 140
価値下げ型 devaluing pattern　329-331
悲しみ sadness　446
身体から身体へのコミュニケーション body-to-body communication　278
眼窩前頭皮質（Ofc） orbitofrontal cortex　110-111, 158
関係外傷 relational trauma　175-176, 373
関係性に関する知 relational knowing　177, 181, 189
関係性のパターン relational patterns　95, 154-160
関係性への転換 relational turn　255-257
関係性理論 relational theories
　間主観性と——　274-278, 393-395
　自己開示と——　278-283
　精神療法と——　264-265
　転移－逆転移エナクトメントと——　185-190
関係的プロセス relational processes　255

世代間伝達と―― 55-58
治療者の―― 353
――の安定性 125, 128-130
脳の統合と―― 116-117
――の長期的影響 34-35
反省的スタンスと―― 5-11
フォナギーと―― 71-73
ボウルビィと―― 17-21
メタ認知と―― 59-62
メンタライジングスタンスと―― 202-204
養育者の応答と―― 149-150, 160-161
安定型／自律型愛着 secure-autonomous attachment 128-130
安定型／自律型心理状態 secure-autonomous state of mind 49(表)
暗黙の関係性に関する知 implicit relational knowing 177, 181, 189-190
暗黙の記憶 implicit memory 176-177, 371
暗黙の体験 implicit experience 232-236
暗黙のメンタライジング implicit mentalizing 203, 506-507
言いようのない恐怖 “speechless terror” 199(注)
怒り anger
身体体験を――として解釈する 447
とらわれ型心理状態と―― 136-139, 342, 351, 357-368
無力型と―― 343-344
瞑想と―― 208-210
移行空間 transitional spaces 216
一次的愛着方略 primary attachment strategy 150
偽りの治療 pseudotherapy 267
意図 intention 72-73, 286
ウィニコット, D･W Winnicott, D. W. 73, 76, 88, 223
ウガンダでの研究（エインズワース） Uganda research of Ainsworth 23-24
うつ病 depression 505
右脳－右脳コミュニケーション “right-brain-to-right-brain communication” 158
エインズワース・ストレンジ・シチュエーション Ainsworth Strange Situation
AAIと―― 41-42, 45-48, 49(表)
愛着型と―― 27-29
「愛着のルール」と―― 48-55
安定型愛着と―― 27
回避型愛着と―― 27-28, 130-131
概要 21-27
コミュニケーションの質と―― 29-31
フォナギーの研究と―― 67-68
無秩序型愛着と―― 32-34, 139-140
メインの研究と―― 37-38, 46-48
両価型愛着と―― 28-29, 136-137
エインズワース, メアリー Ainsworth, Mary
安全基地行動と―― 35-36(注)
関係的プロセスと―― 155
――の貢献 15, 21-36
ボウルビィと―― 14
エクマン, ポール Ekman, Paul 194-195, 200(注)
エナクトメント enactments
概要 98-100, 408-413
間主観性と―― 275-278, 286-289
自己開示と―― 278-283
転移－逆転移エナクトメントと―― 181-190, 392-395
二重らせんと―― 491-493
認識されていない―― 422-423
――の型 415-421
――の気づきに従って行動する 428-442
反復としての――, 修復としての―― 423-428
非言語的コミュニケーションと―― 182-183
未解決型患者と―― 380
未思考の知と―― 184-191
臨床実践と―― 408-441

索　引

あ

愛着軽視型患者 dismissing patients
　愛着の神経生物学と――　337-338
　概要　320-322
　価値下げ型と――　329-331
　共感と直面化と――　322-326
　治療的かかわり合いと――　326-329
　理想化型と――　331-333
愛着軽視型心理状態 dismissing state of mind
　愛着型の世代間伝達と――　55-58
　「愛着のルール」と――　51-53
　間主観性と――　275-278
　コントロール型と――　333-337
　ストレンジ・シチュエーションと――　49(表)
　喪失と――　309-313
　――の安定性　130-135
　――の患者の評価　315-319
　――の分類　146(注)
　メンタライゼーションと――　202
　養育者の応答と――　162-164
愛着行動システム attachment behavioral system　16
愛着スタイル・愛着型 attachment styles, attachment pattern
　概要　27-29
　患者の評価と――　314-319
　間主観性と――　286-289
　コミュニケーションの質と――　29-31
　ストレンジ・シチュエーションと――　27-29
　世代間伝達と――　55-58, 71-75
　――の長期的影響　34-35
　メインの研究と――　45-46
　用語　144-145
愛着の神経生物学 neurobiology of attachment
　愛着軽視型患者と――　337-338
　外傷(トラウマ)と――　199-200(注)
　概要　2, 102-117
　身体と心の統合と――　117-124
愛着のルール “rules of attachment”　48-55
足場を設ける scaffording　156, 160, 301
「誤った信念」試験 “False-berief” test　212
安全基地現象 secure base phenomenon
　愛着型と――　59
　エインズワースと――　22-23, 35-36(注)
　概要　16-17
　間主観性と――　286-287
　限界設定と――　362-363
　ストレンジ・シチュエーションと――　25-27
　精神療法における――　390
　とらわれ型患者と――　347, 363
　表象自己と――　96
　埋没と――　217-218
　マインドフルネスと――　246
安全な避難所 “safe haven”　17
安定型愛着 secure attachment
　AAIと――　49(表)
　「愛着のルールと」――　48-55
　安全基地現象と――　22-23, 59
　エインズワースと――　23-24
　概要　27
　コミュニケーションの質と――　29-30

著者・訳者略歴

著者

デイビッド・J・ウォーリン（David J. Wallin, PhD）

経歴はvii頁参照

訳者

津島 豊美（つしま とよみ）

1963年　愛知県生まれ
1987年　名古屋市立大学医学部卒業
　　　　愛知民医連にてローテート研修（内科、外科、整形外科、小児科、産婦人科）
1988－1996年　みさと協立病院精神科勤務
1996年　開業

現職　つしまメンタルクリニック院長

訳書　「慢性疾患と家族」（分担訳、金剛出版）
　　　「プレゼントモーメント」（奥寺崇監訳、岩崎学術出版社）

愛着と精神療法

2011年11月25日　初版第1刷発行
2020年2月27日　初版第2刷発行

著　者　デイビッド・J・ウォーリン
訳　者　津島豊美
発行者　石澤雄司
発行所　株式会社 **星和書店**
〒168-0074　東京都杉並区上高井戸1-2-5
電話　03（3329）0031（営業部）／03（3329）0033（編集部）
FAX　03（5374）7186（営業部）／03（5374）7185（編集部）
http://www.seiwa-pb.co.jp

印刷・製本　株式会社 光邦

Printed in Japan　ISBN978-4-7911-0794-0